UNE ÉCRITURE EN MOUVEMENT

ARCHIVES DES LETTRES CANADIENNES

Publication du Centre de recherche sur les francophonies canadiennes de l'Université d'Ottawa

Tome XVIII

UNE ÉCRITURE EN MOUVEMENT

Les correspondances d'écrivains francophones au Canada

Sous la direction de
Stéphanie Bernier et Michel Biron

Les Presses de l'Université d'Ottawa

2025

Les Presses de l'Université d'Ottawa
University of Ottawa Press

Les Presses de l'Université d'Ottawa (PUO) sont fières d'être la plus ancienne maison d'édition universitaire francophone au Canada et le plus ancien éditeur universitaire bilingue en Amérique du Nord. Depuis 1936, les PUO enrichissent la vie intellectuelle et culturelle en publiant, en français ou en anglais, des livres évalués par les pairs et primés dans le domaine des arts et lettres et des sciences sociales.

www.Presses.uOttawa.ca

Catalogage avant publication de Bibliothèque et Archives Canada

Titre: Une écriture en mouvement : les correspondances d'écrivains francophones au Canada / sous la direction de Stéphanie Bernier et Michel Biron.
Noms: Bernier, Stéphanie, éditeur intellectuel. | Biron, Michel, éditeur intellectuel.
Collections: Archives des lettres canadiennes ; t. 18.
Description: Mention de collection: Archives des lettres canadiennes ; tome XVIII [18] | Comprend des références bibliographiques.
Identifiants: Canadiana (livre imprimé) 20240437748 | Canadiana (livre numérique) 20240437829 | ISBN 9782760339408 (couverture souple) | ISBN 9782760339415 (couverture rigide) | ISBN 9782760339422 (PDF) | ISBN 9782760339439 (EPUB)
Vedettes-matière: RVM: Lettres canadiennes-françaises (Genre littéraire)—Histoire et critique. | RVM: Lettres québécoises (Genre littéraire)—Histoire et critique. | RVM: Écrivains canadiens-français—Correspondance—Histoire et critique. | RVM: Écrivains québécois—Correspondance—Histoire et critique. | RVMGF: Critiques littéraires. | RVMGF: Correspondance privée.
Classification: LCC PS8207 .E37 2025 | CDD C846.009—dc23

Dépôt légal: Deuxième trimestre 2025
Bibliothèque et Archives Canada

Imprimé au Canada

Équipe de la production

Révision linguistique	Josée Therrien
Correction d'épreuves	Cendrine Audet
Mise en pages	Nord Compo
Maquette de la couverture	Benoit Deneault

Image de la couverture
Albert Dumouchel, *Lettre ouverte à un jeune Beatle anglais*, lithographie, 57 cm x 77 cm, Québec (province), 1965 (Bibliothèque et Archives nationales du Québec, Patrimoine numérique, notice détaillée : 0000533851).

---

uOttawa

Les Presses de l'Université d'Ottawa sont reconnaissantes du soutien qu'apportent, à leur programme d'édition, le gouvernement du Canada, le Conseil des arts du Canada, le Conseil des arts de l'Ontario, Ontario créatif, la Fédération canadienne des sciences humaines, par l'entremise de la Subvention du livre savant (PAES), le Conseil de recherches en sciences humaines, et surtout, l'Université d'Ottawa.

Canada | Conseil des arts du Canada | Canada Council for the Arts | Ontario Arts Council | Conseil des arts de l'Ontario | an Ontario government agency | un organisme du gouvernement de l'Ontario | Ontario

Introduction : écrire / à autrui

Stéphanie Bernier
Université de Montréal

Michel Biron
Université McGill

> *Car le journal a bien des chances d'être une chose morte, tandis que dans la correspondance, chacun donnant son tour de roue, la machine renaît et garde son mouvement.*
>
> DE SAINT-DENYS GARNEAU (2020 : 253)

Presque plus personne n'écrit de lettres : c'est l'impression qui se dégage lorsqu'on s'intéresse à ce mode de communication désuet, pour ne pas dire archaïque, à l'ère de l'instantanéité numérique. S'il existe encore des situations solennelles où l'individu contemporain écrit des lettres « à l'ancienne », c'est que la pratique épistolaire demeure très présente dans la mémoire collective. On continue à *lire l'épistolaire*, comme nous invite à le faire Marie-Claire Grassi (1998), et à considérer certaines lettres d'écrivains et d'écrivaines comme des textes importants de l'histoire littéraire, des « textes à part », qui valent par eux-mêmes et non pas seulement comme documents d'appoint destinés aux biographes ou aux historiens et historiennes. C'est ce riche héritage épistolaire que cet ouvrage invite à découvrir dans le contexte particulier de l'histoire littéraire au Québec et au Canada français.

Nul âge d'or de la lettre ne marque ici la tradition littéraire, comme ce fut le cas en France au XVIIIe siècle avec Voltaire, Diderot ou Rousseau. Au Canada français, le corpus épistolaire n'a pas de statut spécifique, et il n'existe pas d'épistolier ou d'épistolière emblématique dans l'histoire littéraire du Québec. Pour en saisir les contours, il n'y a guère de tradition de lecture sur quoi s'appuyer. Il faut plutôt partir du flottement générique qui caractérise ces textes frontaliers, la lettre d'écrivain n'appartenant pas au seul territoire de la littérature. Elle joue, au contraire, sur différents registres et traverse des espaces géographiques d'abord, forgeant de nouvelles cartographies affinitaires (Hoock-Demarle, 2008) ; intimes ensuite, allant de soi à l'autre, du privé au public, du permis à l'interdit, maintenant ou abolissant la distance entre les épistoliers et épistolières; du quotidien enfin, du temps daté, celui des circonstances ou de l'actualité qui s'ouvre souvent sur l'horizon élargi de l'Histoire. Parce que la lettre est une forme infiniment malléable, poreuse, elle appelle une lecture ouverte à la mobilité des discours qui s'y retrouvent, capable de suivre les circuits sinueux de cette écriture nomade (Diaz, 2002), de cette écriture « en mouvement ».

Dans sa correspondance, l'écrivain ou l'écrivaine ne fait pas qu'écrire des lettres. Il ou elle crée, raconte, pense, expérimente, lit, annote, commente, apprend, critique, ressent. La correspondance ouvre dès lors une fenêtre sur une pensée et, parfois, sur une œuvre en train de se faire. Elle recueille les observations, le discours critique sur ce qui s'écrit et se dit dans le monde littéraire à une époque donnée. La lettre agit sur celui-ci, intervient comme « porteuse de changements, voire d'un engagement dans l'histoire, dans l'écriture et dans les pratiques littéraires » (Beaudet et Bédard, 2016 : 9). Parmi les archives littéraires, la lettre occupe, sans contredit, une place à part vu son vaste potentiel créatif et réflexif. « Hyper-archive » donc que la lettre, pour reprendre l'expression de Brigitte Diaz, « parce qu'elle actionne tous les rouages de la production littéraire» (Diaz, 2012 : 10) à la manière d'une matrice d'écriture (Anselmini et Simonet-Tenant, 2021 : 8).

L'objectif central de cet ouvrage est de montrer les diverses contributions de la lettre à l'histoire littéraire et à la compréhension des œuvres dans le contexte canadien-français. Il se distingue des ouvrages précédents en ce qu'il couvre de façon chronologique les pratiques épistolaires, ce qui permet de voir l'importance de ce corpus au fil du temps. Il s'agit de rendre compte de l'activité d'épistolières et d'épistoliers majeurs, celles et ceux qui se sont exercés à l'écriture dans la lettre et par la lettre, ou qui se sont singularisés par tel ou tel usage de la lettre (familière ou publique), par l'originalité de leurs propos comme par celle du style, par des commentaires révélateurs de leur poétique ou de leur époque, par l'intérêt ou l'audace de certaines idées, par la profondeur de leur introspection, par les réseaux sociaux réels ou imaginaires évoqués et souvent entretenus à travers les échanges épistolaires, etc.

Impossible de réduire la variété des lettres à un schéma unique, mais toutes, d'une manière ou d'une autre, se jouent à une certaine distance de la littérature. Plusieurs parlent de la vie littéraire, ou plutôt de la difficulté à mener une vie littéraire dans un contexte où règnent les « épiciers », pour reprendre la formule célèbre d'Octave Crémazie. Il s'agit parfois de déplorer ce qui manque, mais souvent aussi de célébrer ce qui existe et ce que la lettre elle-même contribue à faire exister, car la relation épistolaire supplée à l'absence et favorise des liens d'amitié en tous genres. C'est peut-être là que réside la spécificité de l'épistolaire québécois : appeler de ses vœux une scène autonome consacrée à l'activité littéraire et, en même temps, la faire advenir. À défaut d'une telle scène vouée à la seule littérature, l'échange épistolaire multiplie les relations entre les joies ou les tourments de l'écriture solitaire et la réalité extérieure. Plusieurs lettres ont, en effet, une dimension performative et donnent le sentiment qu'on assiste à l'invention d'une possible communauté affective, sinon littéraire. Par nature, la lettre favorise divers types de dialogues : entre générations, entre le monde littéraire et le monde politique, entre communautés culturelles (y compris entre Blancs et Autochtones). Peu de formes se prêtent aussi bien que la lettre familière à des réflexions croisées, dégagées des formules officielles et des contraintes propres au discours public. L'écriture épistolaire fait voir comment circule la parole littéraire selon les contextes et les personnalités.

De la lettre amoureuse au commentaire politique en passant par la lettre amicale, la correspondance, fût-elle d'écrivains ou d'écrivaines, est toujours un texte de circonstance. Mais certaines lettres acquièrent une nouvelle vie par-delà leur contexte d'énonciation initial et changent ainsi de destination. Est-ce à dire qu'elles deviennent alors pleinement « littéraires » ? Qu'est-ce, au juste, qui définit ce qui entre de plein droit dans ce qu'on appelle la « littérature » ? Les lettres de Marie de l'Incarnation en font-elles partie ? Et parmi celles d'Arthur Buies, faut-il ne considérer que celles qui sont publiées dans les journaux ? Comment raconter l'histoire littéraire des années 1930 sans tenir compte des lettres de Louis Dantin, véritable mentor pour toute une génération ? L'œuvre de Saint-Denys Garneau ne serait pas la même sans la configuration épistolaire qui lui permet de circuler. La pratique épistolaire fait partie de la manière de Ferron, qui ne cesse de jouer avec ses destinataires. Pour Jacques Brault, écrire, c'est toujours écrire à quelqu'un. L'idée n'est pas de ressasser le débat sur la littérarité formelle de l'écriture épistolaire, mais de questionner les branchements, les prolongements, les écartements ou écartèlements entre ces deux régimes scripturaires. Car les correspondances d'écrivains et d'écrivaines parlent toujours en quelque sorte de littérature, même quand c'est dans la marge, même quand c'est pour en éprouver la fragilité, parfois vécue de façon douloureuse, mais pas forcément, vu que la lettre reste toujours un acte de communication grâce à quoi l'écrivain ou l'écrivaine sort du solipsisme.

On verra ainsi comment ce vaste corpus fait (re)découvrir certaines œuvres et dévoile des préoccupations qui en disent long sur ce qu'il est possible ou non de publier à une époque donnée, sur ce qui est permis ou non, etc. Des hypothèses et des questions surgissent en fonction de chaque contexte épistolaire, par-delà les détails anecdotiques propres à la biographie : que nous révèlent les lettres que nous ne savions pas déjà ? Peut-on déceler des tendances liées aux usages de la lettre selon les époques ou les milieux ? Comment les écrivains et écrivaines au Québec et au Canada français se sont-ils investis dans l'écriture épistolaire ? La relative clandestinité propre à la lettre familière débouche-t-elle sur des libertés particulières ? Qu'en est-il de la lettre publique ? Quel est le rôle de l'épistolaire dans la création de communautés ou de réseaux d'individus, de revues, de groupes, de cercles de pairs qui interviennent dans la création, la diffusion et la réception des œuvres ? Bref, l'ouvrage donne, par une série de chapitres ciblés, une vision d'ensemble permettant de voir comment évolue l'épistolaire, depuis les écrits de la Nouvelle-France jusqu'à l'ère numérique.

Il a fallu attendre les années 1990 pour que la lettre devienne un objet d'étude en soi au Québec (Bernier et Hébert, 2020), mais c'est pour constater que les épistoliers et les épistolières ont toujours fait partie de l'histoire littéraire nationale. C'est vrai en particulier pour la période de la Nouvelle-France, avec Élisabeth Bégon (Marie-Isabelle-Élisabeth

Rocbert de la Morandière), née à Montréal le 27 juillet 1696 et devenue, par ses lettres « au cher fils », la première écrivaine canadienne (Melançon, 1997). Par ailleurs, la correspondance représente une grande part des écrits de la Nouvelle-France. Les visées utilitaires de celle-ci, qu'on pense aux *Relations des jésuites* – ces comptes rendus à mi-chemin entre le récit de voyage, la tenue de compte et l'épître –, n'épuisent pas les potentialités de cet outil de connaissance de soi et du territoire, comme le montre **Lucie Bartlett-Jeffrey** dans son analyse des lettres de Marie Guyart (Marie de l'Incarnation). Même cloîtrée et astreinte à des charges administratives considérables, l'ursuline témoigne d'une pénétrante expérience du territoire tant dans sa portée sociale (dans les rapports avec les Autochtones et, en particulier, les femmes), scientifique (dans sa description des phénomènes météorologiques) que poétique.

La littérature canadienne-française s'est par la suite largement constituée dans les marges du canon littéraire, sur le mode mineur. Des écrivains du XIXe siècle accèdent à la reconnaissance par le biais de leurs archives. Plus que sa poésie patriotique ou sa « Promenade de trois morts » inachevée, ce sont les lettres d'Octave Crémazie à l'abbé Henri-Raymond Casgrain qui assurent la postérité au poète-libraire. Spécialiste des correspondances du XIXe siècle, **Louis-Serge Gill** montre qu'à l'opposé de l'idéal patriotique de son estimé correspondant, Crémazie s'intéresse à la *vie*, un mot qui revient constamment sous sa plume et qui revêt un sens très matériel, compte tenu de l'indigence dans laquelle le plonge l'exil. Au fil des lettres, on assiste à l'érection d'un monument littéraire par l'abbé Casgrain en hommage à celui qui se dit pourtant « mort à l'existence littéraire ».

Lettre et politique font bon ménage au XIXe siècle. Dans le cas du chroniqueur Arthur Buies, il s'agissait de penser les liens entre le politique et le littéraire, mais aussi entre les lettres publiques et la correspondance privée du polémiste. **Jonathan Livernois** entreprend de concilier les « deux » Buies – la tête brûlée (« rouge foncé ») et le disciple converti du curé Labelle – au fil d'une lecture chronologique des lettres privées de 1870 jusqu'en 1880. Tout au long de sa vie, Buies a poursuivi l'idée voulant que la « vraie » littérature soit la littérature utile, celle qui permet non pas d'exalter le sentiment national, mais d'habiter le territoire, d'apprendre à y vivre, tout simplement.

La période de l'entre-deux-guerres est sans doute celle qui se rapproche le plus d'un « âge d'or » de la correspondance. Les écrivains et écrivaines voyagent de plus en plus et s'ouvrent à diverses influences, mais le milieu littéraire tarde à s'organiser. Devant la rareté des lieux proprement littéraires (revues, groupes, etc.), c'est par le biais de correspondances que des réseaux se forment. Le critique Louis Dantin en est l'exemple par excellence, lui qui s'impose, en bonne partie grâce à ses lettres, comme un des esprits les plus influents de cette période. Sa correspondance montre le rôle prépondérant de la lettre dans la circulation d'idées nouvelles, en marge ou carrément illicites, comme ce fut le cas du socialisme et du communisme. Adoptant une véritable éthique du dialogue, Dantin n'hésite pas à défendre les vertus de ces nouvelles doctrines économiques même auprès des plus sceptiques, comme Olivar Asselin, Jean-Charles Harvey et, en particulier, Jean Bruchési, comme le montre **Pierre Hébert**.

Parmi les correspondants qui ont nourri la « correspondance communiste » de Dantin figure également son ami et mentoré Alfred DesRochers. La correspondance du poète de l'Orford est ici étudiée sous l'angle de l'amitié, comme élément déterminant dans le devenir-écrivain et dans la fabrique d'un imaginaire propre, celui d'une poésie de l'artisan. **Stéphanie Bernier** scrute ses échanges avec Dantin, Émile Coderre, Jeannine Bélanger, Germaine Guèvremont et Françoise Gaudet-Smet, comme autant de jalons dans la constitution de l'œuvre de DesRochers.

L'étude de la lettre et de son engagement dans l'histoire littéraire ne saurait passer sous silence son rôle dans l'accession des femmes à l'écriture, comme l'ont bien montré les travaux de Julie Roy (2002) sur les premières épistolières. Le phénomène va s'intensifier au XXe siècle au moment où voit le jour la première génération de femmes à s'affirmer dans le métier d'écrivaine (Jovette Bernier, Alice Lemieux, Simone Routier, Éva Senécal, entre autres). Même si elle a joui d'une grande visibilité au tournant des années 1920 en figurant parmi les chefs de file du mouvement régionaliste, Michelle Le Normand (pseudonyme de Marie-Antoinette Tardif, 1893-1964) reste peu lue et étudiée aujourd'hui. **Adrien Rannaud** s'intéresse à sa correspondance avec Léo-Paul Desrosiers, qu'elle épouse deux ans après le début des échanges. On suit l'écrivaine à un tournant de sa vie personnelle et professionnelle, exprimant les tensions entre les différentes vocations qui s'offrent à elle : la vocation littéraire, celle d'épouse ou celle de mère. L'étude de cette correspondance peu connue aborde la question des voix « minorées » en littérature et leur manière d'occuper l'espace scripturaire tant privé que public.

S'il y a un avant et un après *Regards et jeux dans l'espace* dans l'histoire littéraire québécoise, on pourrait en dire autant de la parution de certains pans des archives du poète de Saint-Denys Garneau, en particulier de sa correspondance. Comme le souligne **Michel Biron**, la publication des lettres de Garneau en 1967 chez HMH, dans la collection d'essais « Constantes », marque un tournant dans la lecture de l'épistolaire au Québec. Pour la première fois, des lettres accèdent au statut d'« œuvre » en soi. *Les lettres à ses amis* « se lisent comme un roman », écrit Monique Bosco (1967) au moment de leur parution. La recherche incessante du « moi » authentique, dépouillé, compose la trame de ce roman existentiel par correspondance. Dans son étude, Biron décrit la scène épistolaire telle que Garneau la concevait, non pas comme un « à côté » de l'écriture poétique, mais plutôt comme la scène centrale de l'écriture, formant une sorte de matrice des autres écrits (les poèmes, le journal).

Tandis que les lettres de Garneau se lisent comme un « roman d'apprentissage qui tourne court » (Biron, 2021 : 14), celles de sa petite cousine, Anne Hébert, connaissent un dénouement plus heureux. On la retrouve dans sa correspondance à chaque étape de formation, de la consolidation à la maturation, dans une quête constante d'une parole poétique juste et de personnages authentiques. **Nathalie Watteyne** nous guide dans ce récit de l'écriture où les lettres viennent expliquer des tournants dans la manière d'écrire d'Anne Hébert. On y suit l'évolution de son art du roman, tout particulièrement dans ses échanges avec Gabrielle Roy et Marie-Claire Blais.

Mylène Bédard apporte une première contribution à une histoire des amitiés littéraires entre femmes au Québec à partir des archives de Jeanne Lapointe, première professeure de littérature à la Faculté des lettres de l'Université Laval. Engagée dans la vie littéraire, les débats intellectuels et les réformes scolaires, Lapointe est non seulement une figure d'autorité, mais elle agit comme amie et mentore de plusieurs écrivaines, dont Gabrielle Roy, Anne Hébert et Marie-Claire Blais. Lectrice exigeante et amie jamais complaisante, Lapointe noue dans sa correspondance un dialogue critique dont l'apport reste encore à être pleinement saisi tant il a été déterminant pour plusieurs écrivaines : « Lapointe semble même avoir fait de ces amitiés, plus intimes ou plus professionnelles, un pilier de son existence, voire un mode d'engagement » (*infra* p. 228). Une meilleure connaissance de ses archives donne la véritable mesure de l'ascendant de cette femme dans l'histoire littéraire.

Grâce aux travaux du groupe de recherche sur Gabrielle Roy mis sur pied par François Ricard et Jane Everett à la fin des années 1990, plusieurs recueils de lettres de l'écrivaine nous ont été donnés à lire. Il s'agit maintenant de mettre en réseau ce vaste ensemble épistolaire, ce à quoi travaille **Sophie Marcotte** depuis quelques années. Dans son article, Marcotte analyse comment Gabrielle Roy module son image d'écrivaine en fonction des types de liens qu'elle entretient avec sa famille, avec ses proches et dans ses rapports professionnels. À l'origine d'une œuvre romanesque souvent qualifiée d'intimiste, Roy met pourtant sa propre intimité à distance dans sa correspondance. L'amie secrète y apparaît « en représentation », soucieuse de préserver son image, mais aussi de façonner son style et sa propre vision de son œuvre.

Si l'on peut présumer que l'art de la lettre d'amour se perd, la fascination du public, elle, ne tarit pas. C'est ce que suggère en tout cas la correspondance amoureuse de Paul-Émile Borduas et de Rachel Laforest, dont le secret a été dévoilé en 2017 par François-Marc Gagnon et **Gilles Lapointe** et qui a suscité plus d'adaptations qu'aucune autre correspondance québécoise[1]. Le tableau amoureux s'enrichit maintenant de nouvelles teintes. Dans l'analyse de Gilles Lapointe, d'autres épistolières rencontrées au lendemain de la séparation de l'artiste et au début de son exil font entendre leur voix : la désabusée et languissante Suzanne, suivie de la tonique et naïve Juliette, avant d'aboutir à l'apothéose amoureuse avec Rachel Laforest. Chez Borduas, la recherche de l'amour est indissociable du besoin de dire cet amour, de le vivre par l'écriture. Borduas, l'amoureux et l'artiste, est un épistolier attentif à tous les signes, rappelant

1. En plus du livre audio *Aller jusqu'au bout des mots* (lecture de James Hyndman, de Rachel Graton et de Sébastien Rajotte, réalisation de Sylvie Lavoie) et d'une lecture publique, l'Espace Go présentait en juin 2021 une adaptation scénique d'Alexia Bürger, intitulée *J'ai cru vous voir* et interprétée par Jean-François Casabonne et Pascale Bussières.

que les jeux de l'amour épistolaire sont un ensemble de décodages et de mises en scène. Ces nouvelles sources se révèlent essentielles à la connaissance de la vie de Borduas.

Malgré l'engouement récent pour les correspondances entretenues par les grands noms de la littérature québécoise, aucune édition des lettres d'Hubert Aquin n'a encore vu le jour. Ce n'est pas faute d'intérêt que les lettres du romancier, en partie disséminées en annexe à ses publications, n'ont toujours pas fait l'objet d'une étude approfondie. Derrière l'aspect apparemment utilitaire de sa correspondance avec son ami Louis-Georges Carrier, dans les années 1950, apparaît pourtant une continuité entre l'écriture épistolaire et l'écriture romanesque d'Aquin, comme le montre **François Maltais**. Si Aquin ne semble pas, au premier abord, un épistolier très investi, c'est que la lettre le déçoit, ne lui permettant pas de véritablement atteindre l'autre ni de se connaître soi-même. De cette étude ressort cependant la radicalité de l'épistolier engagé toujours plus intensément sur les chemins de l'inquiétude, un des motifs fondamentaux de ses romans.

Dans la seconde moitié du XXe siècle, la lettre sert à l'engagement politique des écrivains et écrivaines. Épistolier infatigable, Jacques Ferron a écrit à trois cents correspondants différents, en plus de faire de la lettre aux journaux une de ses spécialités. **Susan Margaret Murphy** a eu un accès privilégié à l'une de ses correspondances les plus riches, avec le critique Jean Marcel, auteur de la première étude d'envergure consacrée à Ferron. Elle reconstitue, à travers ces lettres passionnantes, l'évolution de la relation complexe entre l'aîné, qui agit comme un mentor plus ou moins consentant, et son jeune critique, qui devient son émule tout en menant sa propre barque.

Autre épistolier majeur, Pierre Vadeboncoeur ne se gêne pas pour exprimer, dans ses correspondances privées, des vues audacieuses, voire irrévérencieuses, comme l'explique **Yvan Lamonde**, qui a lu l'ensemble de la correspondance privée (publiée et inédite) de l'essayiste, de 1942 à 2010. Les moments d'après-guerre se révèlent dans les lettres comme autant de fenêtres ouvertes sur les années cruciales de formation, sur son engagement syndical, sur les débuts de la Révolution tranquille et les référendums de 1980 et 1995. Cette traversée des lettres de Vadeboncoeur permet de mieux comprendre la singularité de son parcours, ses obsessions, sa « radicalité » même, qui est loin de s'atténuer avec le temps. La correspondance témoigne de l'entrée dans l'écriture au sens fort.

Plutôt que de passer par la lettre pour comprendre l'œuvre d'un écrivain, **François Dumont** emprunte le chemin inverse et nous invite à retrouver « l'esprit de la lettre » dans la poésie de Jacques Brault. Il faut moins chercher dans les codes de l'épistolaire que dans l'adresse ce liant fondamental entre les deux pratiques d'écriture, qui témoignent à leur façon du « plaisir de l'intimité partagé » (*infra* p. 427). En attendant que les principaux pans de sa correspondance soient restitués, le texte fait ressortir la centralité de la lettre dans l'œuvre de Brault. Et si ce détour par la poésie, l'écriture amie par excellence, montrait mieux que bien des traités et théories sur l'épistolaire ce qu'est, au fond, une lettre ?

À une tout autre échelle, parce qu'elle permet de dire ce qui ne se dit pas sur la place publique, la lettre privée et plus récemment le courriel donnent accès à une meilleure connaissance des réalités institutionnelles au Canada français. C'est ce que montre l'étude de la correspondance de la romancière acadienne France Daigle, proposée par **Pénélope Cormier** et **Ariane Brun del Re**. On y découvre comment se reconfigure la scène littéraire franco-canadienne, à la suite de la fermeture des Éditions d'Acadie, en suivant les démarches de Daigle à la recherche d'une nouvelle maison d'édition : elle noue d'abord des liens avec l'éditeur Prise de parole à Sudbury, puis avec des éditeurs québécois, multipliant ainsi les contacts et se trouvant en position de choisir son lieu d'édition. La correspondance (traditionnelle ou électronique) souligne la nouvelle mobilité institutionnelle de la romancière, qui circule entre l'Acadie, la littérature franco-ontarienne et le champ littéraire québécois, tout en gardant dans sa mire la diffusion de son œuvre en France.

L'épistolaire autochtone est investi de nobles missions : visées politiques, sociales, historiques et curatrices par la réécriture ou la réparation des torts. **Marie-Hélène Jeannotte** accomplit une traversée de l'épistolaire autochtone, depuis les lettres ouvertes datant du XIXe siècle jusqu'aux récents projets littéraires, dont *Amititau ! Parlons-nous !* piloté par Laure Morali, un moment marquant dans les rapports entre les milieux littéraires québécois et autochtone. Par sa médiation de la tradition orale, l'épistolaire mérite d'être considéré comme un pan incontournable de la production littéraire autochtone, éclairant en retour des enjeux de légitimité et de reconnaissance symbolique dont elle est dépositaire.

Qu'ont changé le courrier électronique et les autres nouveaux modes de communication à la pratique épistolaire ? Peu et beaucoup de choses, répond **Benoît Melançon**. Si son usage n'est plus généralisé, la lettre n'est pas pour autant disparue, car rien ne supplée véritablement à l'interlocution épistolaire, le seul véritable trait propre à ce type d'écrit. Le désir d'adresse (écrire à quelqu'un) revêt une telle force qu'il se manifeste encore aujourd'hui dans des moments de grands bouleversements, de crise ou d'échanges politiques cruciaux. En même temps, la dématérialisation des outils de communication et les réseaux sociaux transforment l'imaginaire épistolaire, lui conférant un sens nouveau dans des formes qui restent encore à étudier.

D'autres épistoliers ou épistolières auraient sans doute pu ou dû se trouver dans cet ouvrage pour donner un tableau plus complet de l'évolution de la lettre dans l'histoire littéraire québécoise et canadienne-française. On pense notamment à Gaston Miron ou à Réjean Ducharme, mais c'est la quasi-totalité des écrivaines et des écrivains qui ont été d'une manière ou d'une autre des épistolières et des épistoliers. L'apport central de ce collectif n'est pas de répertorier l'ensemble des correspondances issues du milieu littéraire (même si on trouvera, en bibliographie, une liste des principales correspondances littéraires qui ont été à ce jour publiées), mais de mettre l'accent sur les lettres les plus riches du point de vue de l'histoire littéraire, des lettres qui ne sont pas de simples documents d'archives et qui permettent des lectures plurielles ou invitent à reconsidérer les frontières du littéraire, tout en sachant que de nouveaux corpus épistolaires sont donnés à lire presque annuellement. Les oppositions franches (écriture utilitaire/littéraire ; transitive/intransitive) font place à une plus grande porosité, à une circulation beaucoup plus fluide de l'écriture. Plutôt que d'y voir un signe d'éparpillement, les contributions montrent toutes que les motifs, les thèmes et les traits esthétiques traversent ou brouillent les catégories génériques au profit d'une visée commune : celle d'écrire à quelqu'un, ou à quelques-uns. En cela, l'écriture épistolaire se révèle remarquablement contemporaine, comme le suggère d'ailleurs le nombre important d'œuvres récentes qui ont recours à la lettre, de *Va savoir* (1994), de Réjean Ducharme, à

Nous sommes des continents (2021), de Nicholas Dawson et de Karine Rosso. Dans ce décloisonnement auquel nous invite ce collectif, tant dans sa somme que dans ses parties, se dévoilent les pistes de lecture les plus fécondes faisant de la lettre un espace de sens incontournable pour lire la littérature d'hier et d'aujourd'hui, dans le contexte québécois et canadien-français.

Bibliographie

ANSELMINI, Julie, et Françoise SIMONET-TENANT (2021). « Avant-propos », *Trajets épistolaires : hommage à Brigitte Diaz*, Mont-Saint-Aignan, Presses universitaires de Rouen et du Havre, p. 7-13.

BEAUDET, Marie-Andrée, et Mylène BÉDARD (2016). « Présentation », dans Marie-Andrée Beaudet et Mylène Bédard (dir.), *Relire le XIXe siècle québécois à travers ses discours épistolaires*, Montréal, Éditions Nota bene, p. 7-14.

BERNIER, Stéphanie, et Pierre HÉBERT (2020). « Introduction : la correspondance littéraire : d'un objet de "nature" à un phénomène de culture », dans Stéphanie Bernier et Pierre Hébert (dir.), *Nouveaux regards sur nos lettres : la correspondance d'écrivain et d'artiste au Québec*, Québec, Presses de l'Université Laval, p. 1-20.

BIRON, Michel (2022). *La lettre comme fiction de soi : de Saint-Denys Garneau épistolier*, Montréal, Les Presses de l'Université de Montréal, coll. « Espace littéraire ».

DIAZ, Brigitte (2002). *L'épistolaire ou la pensée nomade*, Paris, Presses universitaires de France.

DIAZ, Brigitte (2012). « Archives de la création », *Revue de l'AIRE*, n° 38, p. 9-16.

GARNEAU, de Saint-Denys (2020). *Lettres*, texte établi, annoté et présenté par Michel Biron, Montréal, Les Presses de l'Université de Montréal, coll. « bnm* ».

GRASSI, Marie-Claire (1998). *Lire l'épistolaire*, Paris, Dunod.

HOOCK-DEMARLE, Marie-Claire (2008). *L'Europe des lettres : réseaux épistolaires et construction de l'espace européen*, Paris, Albin Michel.

MELANÇON, Benoît (1997). « La configuration épistolaire : lecture sociale de la correspondance d'Élisabeth Bégon », *Lumen*, vol. 16, p. 71-82.

ROY, Julie (2002). *Stratégies épistolaires et écritures féminines : les Canadiennes à la conquête des lettres (1639-1839)*, thèse de doctorat (études littéraires), Montréal, Université du Québec à Montréal.

Vivre le territoire : la Nouvelle-France de Marie Guyart[1]

Lucie Bartlett-Jeffrey
Université du Québec en Outaouais

Comme le grand fleuve de saint Laurent
a été cette année tout plein de glace,
il a servi de pont à nos Sauvages,
et ils y marchoient comme sur une belle plaine.

Marie de l'INCARNATION (1971 : 160)

salut à toi territoire de ma poésie
salut les hommes et les femmes
des pères et mères de l'aventure

Gaston MIRON (1998 : 101)

reviens-nous
écorce sacrée
des canots anciens
que mes grands-pères
soulèvent avec fierté
déposent sur leurs épaules
pour rejoindre
la veine de la Terre
qui s'émoustille
en les attendant

Joséphine BACON
(Acquelin et Bacon, 2011 : 19)

1. J'emploierai l'appellation « Marie Guyart » pour désigner Marie de l'Incarnation.

Qu'est-ce donc que ce pays où la terre s'incruste dans des mots plus larges que notre être même ? De la parole de Marie Guyart[2] à celle de Gaston Miron et de Joséphine Bacon, chacune porte en elle un langage imprégné de ce coin d'Amérique. Celle de l'ursuline a depuis longtemps retenu mon attention en raison de la posture singulière de la femme cloîtrée et mystique, qui fait vivre le territoire à la mesure de son existence : ample, sans retenue.

Michel de Certeau définit de la manière suivante la posture mystique :

> Est mystique celui ou celle qui ne peut s'arrêter de marcher et qui, avec la certitude de ce qui lui manque, sait de chaque lieu et de chaque objet que ce n'est *pas ça*, qu'on ne peut résider *ici* ni se contenter de *cela*. Le désir crée un excès. Il excède, passe et perd les lieux. Il fait aller plus loin, ailleurs. (1982 : 411)

À la source des motivations de Guyart pour découvrir et nommer la terre de la Nouvelle-France se trouve fort probablement la disposition de son être à rechercher des mouvements constants dans tous les aspects de sa vie. Ses écrits portent ainsi le sceau d'une femme qui avait décidé de ne pas vivre « entre quatre murs ». Elle explorera alors les visages

2. Née à Tours en 1599, mariée à 17 ans, Marie Guyart donne naissance à un garçon après deux ans de mariage. Elle devient veuve à 20 ans, alors que son enfant n'a que six mois. Tout en éduquant son fils Claude, elle dirige le long de la Loire l'importante entreprise de transport national de son beau-frère pendant près de dix années. Ayant toujours gardé en elle le désir d'être religieuse, elle attend que son enfant atteigne l'âge de 12 ans avant d'entrer dans la communauté des Ursulines de Tours, le 25 janvier 1631. À cette époque, la majorité des garçons de cet âge quitte leur famille pour entrer au collège ou pour commencer l'apprentissage d'un métier. Ayant entendu parler de l'œuvre colonisatrice en Nouvelle-France, l'ursuline projette d'y implanter la première école pour filles en Amérique du Nord. C'est ce qu'elle fera en 1639. Ses trois principaux ouvrages sont constitués de deux relations autobiographiques (*Relation de 1633,* contenue dans *Écrits spirituels et historiques*, t. I, et *Relation de 1654*, contenue dans *Écrits spirituels et historiques*, t. II) et de ses écrits épistolaires (*Correspondance*). Pour le présent article, voici les éditions utilisées : Marie de l'Incarnation (1985), *Écrits spirituels et historiques*, t. I, Québec, Les Ursulines de Québec; Marie de l'Incarnation (1985), *Écrits spirituels et historiques*, t. II, Québec, Les Ursulines de Québec; Marie de l'Incarnation (1971), *Correspondance*, éditée par dom Guy-Marie Oury, Solesmes, Abbaye Saint-Pierre.

de cette terre en discutant avec les Français et les Autochtones lors de l'accueil au parloir[3] et en prenant connaissance des *Relations des jésuites*.

Guyart est active dans les moindres moments de son existence. Durant ses années de vie à Québec, l'ursuline partagera ses jours entre l'apprentissage des langues autochtones[4], l'enseignement, la broderie, la peinture à l'aiguille, la dorure, la direction et l'administration du monastère, la rencontre avec les Autochtones, les habitants français et les explorateurs. Entre toutes ces activités, l'écriture de lettres destinées à la France prendra une place prépondérante. Son corpus épistolaire est constitué de lettres d'information sur la vie en Nouvelle-France (climat ; ressources naturelles du pays ; œuvre missionnaire ; exploration et développement du territoire ; mœurs, cultures et croyances autochtones ; éducation), de lettres administratives (administration du monastère ; aide financière réclamée à la France) et de lettres traitant de matières spirituelles[5], lesquelles ne seront pas abordées dans ce présent article.

La volonté de l'ursuline d'embrasser la vie se déroulant hors du cloître a produit l'une des plus volumineuses correspondances[6] de l'Amérique

3. En 1641, à peine deux ans suivant son arrivée à Québec, elle précise le nombre de personnes accueillies au parloir : « [...] plus de 700 visites de sauvages et sauvagesses [...] » (1971 : 132).
4. Guyart apprend le montagnais, l'algonquin, l'iroquois et la langue huronne. Elle rédige un catéchisme huron, des prières en algonquin, trois catéchismes algonquins, un livre algonquin de l'histoire sacrée, un dictionnaire algonquin à l'alphabet français et à l'alphabet algonquin, un dictionnaire et un catéchisme iroquois. Au XIXe siècle, des oblats en mission au Grand Nord ont apporté avec eux ces ouvrages dont la trace a été perdue.
5. Sur les caractéristiques du langage utilisé par l'ursuline pour ses écrits spirituels, voir Isabelle Landy-Houillon (2019). Pour les lecteurs désireux de découvrir les plus grands élans poétiques de la mystique, consulter *Relation de 1633* et *Élévations et exclamations* dans Marie de l'Incarnation (1985). Rédigés à Tours, ces écrits présentent une écriture déjà bien assumée et la fébrilité amoureuse d'une jeune mystique.
6. On a retrouvé et publié 278 lettres. Il demeure impossible de connaître le nombre exact de lettres écrites par Guyart. La majorité des chercheurs situent le nombre entre 8 000 et 13 000. Il me semble plus prudent de situer le nombre entre 8 000 (Deslandres, 2019) et 10 000 – en considérant sa correspondance locale qu'on ne peut chiffrer, ajoutant à la difficulté de préciser un chiffre – si l'on tient compte des propos de l'ursuline concernant son courrier annuel : « Je suis extrêmement fatiguée de la quantité des lettres que j'ay escrittes. Je croy qu'il y en a la valleur de plus de deux cens [...] » (1971 : 240). Son fils (Claude Martin,

française, dont plus de la moitié des lettres aborde de près ou de loin le territoire. Puisque Guyart a vécu cloîtrée[7] durant ses trente-trois années à Québec, que nous révèle le regard qu'elle a porté sur le territoire de la Nouvelle-France? Et comme sa vie était liée de près aux peuples autochtones, quelle place leur a-t-elle donnée dans ses écrits? Nous verrons comment les stratégies discursives sont mises en œuvre, stratégies reflétant le désir de Guyart de *vivre le territoire* de la Nouvelle-France. Seront ciblés les grands bois (marches en forêt des Autochtones et de l'armée française, besoin d'espace des élèves autochtones), l'exploration territoriale, le développement du territoire ainsi qu'un texte traitant d'un phénomène astronomique. Les écrits parmi les plus représentatifs de sa posture d'épistolière seront présentés, textes dans lesquels se marient vies humaines et activités coloniales.

Nous le verrons, Guyart est un être de mots pleinement assumés. N'ayant pas reçu l'éducation de ses confrères jésuites, l'ursuline n'en démontre pas moins une compétence certaine pour l'écriture. Et son tempérament indépendant fait en sorte qu'elle s'abstiendra, dans nombre de lettres, de recopier[8] intégralement les *Relations des jésuites* qui passent

1619-1696), qui est le premier biographe de sa mère et premier éditeur de ses écrits, commente le fait que son édition des lettres est loin d'être représentative de la quantité de missives rédigées par sa mère, nombre d'entre elles demeurant introuvables : « L'on s'étonnera peut-être de voir ce volume ſi gros & ſi rempli, n'étant pas une choſe ordinaire aux femmes d'écrire beaucoup de Lettres : Mais l'on doit plûtôt s'étonner de le voir ſi petit, puisqu'ainſi que l'on pourra remarquer en pluſieurs endroits de cet Ouvrage, il y a eu des embarquemens auſquels elle a preſque écrit un auſſi grand nombre de Lettres que celui qui compoſe ce Recuëil » (1681 : ii). Treize originaux ont été retrouvés et sont dans les villes suivantes : quatre à Québec, aux Archives des Ursulines; quatre à Mons, aux Archives des Ursulines; deux à Rome, aux Archives du généralat des Ursulines; un à Paris, à la bibliothèque Mazarine; deux à la Bibliothèque municipale de Troyes.

7. L'ursuline interviendra pour qu'à Québec les règles monastiques s'adaptent aux conditions spécifiques de la colonie. En 1647, lors de la rédaction d'une nouvelle constitution des Ursulines en Nouvelle-France, elle écrit : « [...] il nous en faut encore une [constitution] particulière pour ce païs, comme nous y avons aussy des règlemens particuliers, d'autant qu'il y a quelque chose qui ne s'y peut pas accommoder à la façon de France : le climat, les vivres et autres circonstances y sont entièrement différantes » (1971 : 229).

8. La présence de l'intertextualité fait la particularité des textes de la Nouvelle-France, notamment ceux traitant du territoire. Pour le présent article, les textes choisis sont uniquement de la plume de Guyart.

entre ses mains. Tantôt elle y ajoutera des informations qui compléteront ou modifieront les récits de ses confrères, tantôt elle racontera des récits non divulgués par les jésuites. Par l'écriture, elle s'appropriera *son* espace, *sa* parole, lesquels prennent force au cœur de la relation mystique à son Dieu, mais sans que jamais ne s'annihile son être de chair bien incarné[9] dans l'existence : « Marie de l'Incarnation recherche inlassablement la dissolution de sa personne dans l'altérité divine, mais sa forte personnalité s'impose malgré tout, créant une tension constante entre le divin et l'humain » (Smart, 2014 : 48).

Le sociologue Fernand Dumont nous rappelle l'importance du langage des commencements qui participe à tenir en éveil notre mémoire : « Ne serait-ce pas avant tout la poésie qui garde vivante la présence de l'origine ? La redécouverte contemporaine des écrits de la Nouvelle-France a restitué la fraîcheur des commencements, le neuf émerveillement de la reconnaissance du territoire » (1993 : 58). Une poésie *lato sensu* imprimant dans les imaginaires une terre implacable. C'est ce que fera bien avant nous l'oralité des peuples autochtones, c'est ce que feront les écrits des colonisateurs français, dont Guyart.

Avant d'entrer au cœur du corpus épistolaire, il faut s'arrêter brièvement, dans un premier temps, sur un rêve « prémonitoire » de Guyart et, dans un second temps, sur son sentiment d'appartenance au territoire du Canada qui s'exprimera avant son départ vers l'Amérique. Ces deux composantes représentent les germes d'une existence qui sera vécue loin de sa Touraine natale.

Rêver, partir

Quelque six années précédant son arrivée à Québec, un lieu qu'elle ne connaît pas se dévoile à l'ursuline lors d'une nuit de 1633[10]. Il lui faudra attendre deux ans avant d'élucider le sens de ce rêve. Elle en divulgue alors le contenu à son directeur spirituel :

9. Je rappelle que lors de son entrée dans la communauté des Ursulines de Tours, Marie Guyart a choisi le nom en religion de Marie de l'Incarnation pour témoigner de l'importance qu'elle donnait à l'incarnation de Dieu sur terre.
10. Dans son édition de la correspondance de l'ursuline, dom Guy-Marie Oury souligne que la première date possible du rêve est l'octave de Noël 1633 (1971 : 43).

> [...] m'étant endormie, il me sembla qu'une compagne et moy nous tenant par la main cheminions en un *lieu très-difficile.* Nous ne voiions pas les obstacles qui nous arrêtoient, nous les sentions seulement. Enfin nous eûmes tant de courage, que nous franchîmes toutes ces difficultez, et nous arrivâmes en un lieu qui s'appeloit la tannerie, où l'on fait pourrir les peaux durant deux ans pour s'en servir après aux usages où elles sont destinées. Il nous falloit passer par là pour arriver à notre demeure. Au bout de notre chemin, nous trouvâmes un homme solitaire qui nous fit entrer dans *une place grande et spacieuse, qui n'avoit point de couverture que le Ciel* : *Le pavé étoit blanc* comme de l'albâtre, sans nulle tache, mais tout marqueté de vermeil. Il y avoit là un silence admirable. [...] Nous aperçumes à un coing de ce lieu un petit hospice ou maison fait de marbre blanc, travaillé à l'antique d'une architecture admirable. [...] *Elle étoit bâtie dans un lieu fort éminent au bas duquel il y avoit de grands espaces*, et dans ces espaces une Eglise enveloppée de brouillards que l'on n'en pouvoit voir que le haut de la couverture qui étoit dans un air un peu plus épuré. *Du lieu où nous étions il y avoit un chemin pour décendre dans ces grands et vastes espaces, lequel étoit fort hazardeux pour avoir d'un côté des rochers affreux, et de l'autre des précipices effroiables* [je souligne] sans appui : avec cela il étoit si droit et si étroit, qu'il faisait peur seulement à le voir. [...] Le plaisir que je ressentois d'une chose si agréable ne se peut expliquer. Je m'éveillay là-dessus jouissant encore de la douceur que j'avois expérimentée, laquelle me dura encore plusieurs jours. (1971 : 42)

Ce récit contient des éléments dont les corrélations avec l'espace de Québec semblent assez significatives pour en faire un relevé. J'indique entre parenthèses les liens possibles : « lieu très-difficile » (un territoire non défriché et un climat rigoureux) ; « une place grande et spacieuse, qui n'avoit point de couverture que le Ciel » (la vastitude du paysage) ; « Le pavé étoit blanc » (la neige) ; « Elle étoit bâtie dans un lieu fort éminent au bas duquel il y avoit de grands espaces » (le monastère de 1642 a été bâti au haut du cap Diamant) ; « Du lieu où nous étions il y avoit un chemin pour décendre dans ces grands et vastes espaces » (outre cette deuxième référence à la vastitude, le monastère de 1642 est situé au haut de la côte aujourd'hui appelée « côte de la Montagne ») ; « lequel étoit fort hazardeux pour avoir d'un côté des rochers affreux, et de l'autre des précipices effroiables » (la configuration de la côte descendant jusqu'au pied du cap Diamant). Guyart fournit les clés de mon interprétation puisque, dans la même lettre, l'ursuline indique que c'est bien la Nouvelle-France qui s'est présentée à elle dans cette nuit de 1633 :

> Au commencement de cette année comme j'étois en oraison, tout cela me fut remis en l'esprit avec la pensée que ce lieu si affligé que j'avois veu étoit la nouvelle France. Je ressentis un très grand attrait intérieur de ce côté là, avec un ordre d'y aller faire une Maison à Jésus et à Marie. (1971 : 43)

Dès le moment où elle a su que ce rêve pouvait devenir réalité, elle entame de longs pourparlers avec les autorités ecclésiastiques afin qu'elles lui permettent d'être parmi les premières missionnaires françaises outre-mer[11]. Guyart maintiendra sa décision de partir vers Québec malgré la réaction impertinente du jésuite Dinet :

> Le R. Père Dinet ne me donne point d'autre avis que ce que je vous ay écrit, avec ces mots que j'avois omis; qu'il estime que Notre Seigneur ne me veut en Canada que d'affection, et qu'il croit que je ne verray jamais la nouvelle France que du Ciel, après que notre Seigneur aura accompli ce qu'il veut de moy dans l'état où je suis. Mais cela, non plus que tout ce que je viens de dire ne m'abat point l'esprit; mais plutôt je sens de nouvelles forces pour embrasser ce que Notre Grand Jésus ordonnera de moy. (1971 : 49)

Et celle du jésuite Salin :

> [...] la divine Majesté me pressait vivement de déclarer tout ce qui se passait en moi au sujet du Canada. J'en voulus, pour lui obéir, en dire quelques mots au Révérend Père Salin, auquel pour lors je communiquais de toutes les affaires de mon âme. Il me fit taire quasi dès le premier mot et me mortifia bien sec, se moquant de moi qui m'amusais, disait-il, à des fantaisies. (1985, t. II : 213-214)

Quant à son directeur spirituel, Raymond de Saint-Bernard, s'il a encouragé l'ursuline dans son projet de partir à Québec, son attitude se refroidit au fil des mois précédant le départ de la religieuse pour

11. Deux autres ursulines (Marie de Saint-Joseph et Cécile de Sainte-Croix) et trois hospitalières (Marie de Saint-Ignace, Anne de Saint-Bernard et Marie de Saint-Bonaventure) traverseront l'Atlantique avec Guyart.

la Nouvelle-France. L'ursuline devra jouer de diplomatie, tout en se montrant déterminée afin de briser les codes demandant soumission aux autorités ecclésiastiques. Un excès de témérité aurait eu pour conséquence de rendre impossible son départ de France et pas assez de fermeté aurait mis en péril son objectif de partir[12]. Six ans plus tard, soit le 18 avril 1639, à Dieppe, patientant avant son embarquement sur le navire *Le Saint-Joseph*, Guyart nous donne les prémices des sentiments qui l'habiteront tout au long de sa vie en terre canadienne. Ainsi, l'ursuline n'attend pas de mettre les pieds sur le continent pour nommer son appartenance au territoire qui l'attend. Ce n'est pas une troupe française qui prend la mer, mais une « troupe Canadoise » :

> Le vaisseau va en rade aujourd'huy, après quoy nous n'avons plus de temps que pour attendre un vent propre qui nous y puisse conduire sans danger dans une chaloupe. Vous pouvez juger si les momens ne semblent pas trop longs à une âme qui est dans le désir et dans l'impatience de donner sa vie pour son bien-aimé. O ma chère Mère, que le maître de nos cœurs est puissant; si vous sçaviez ce qu'il opère en notre troupe Canadoise, vous en béniriez mille fois sa Bonté [...]. (1971 : 84)

En citant cet extrait de Guyart, Gervais Carpin indique ceci :

> Dans les textes français, j'ai trouvé chez Marie de l'Incarnation un sens très particulier à *Canadois*, et il fait référence aux « Françoises » plutôt qu'aux « François » : le terme est toujours attaché à un « lieu-éponyme », mais en dehors d'un sens ethnique et dans un contexte où des émotions sont en jeu : être *Canadien* ou *Canadienne* n'est plus être natif du pays ni même l'habiter, c'est aimer ce pays, le vouloir, qu'on y demeure ou qu'on ne l'ait jamais vu. (1995 : 141)

Ne pas donner une dimension ethnique à l'emploi de l'ethnonyme « canadoise » dessine en amont une attitude d'ouverture face à une terre

12. Afin de découvrir l'argumentaire de Guyart face à Raymond de Saint-Bernard, consulter la *Correspondance*, 1971 : 24 à 74 (excluant les pages 60 et 70). Et pour connaître les réseaux sociaux qui ont permis à Guyart d'atteindre son objectif de quitter la France, consulter la thèse de doctorat de Françoise Deroy-Pineau (1989).

étrangère que Guyart adopte avant même de débarquer à Québec[13]. L'ursuline est fin prête pour le départ. Elle dira à son fils Claude :

> Il y avoit long-temps que mon eſprit avoit pris la route de Canada, & qu'il voyageoit dans les grandes & vaſtes foreſts de ce nouveau monde. [...] dès que je me vis ſéparée de la France, & que je sentis que mon corps ſuivait mon eſprit sans que rien lui fît obſtacle, je commençay à reſpirer à mon aiſe, dans la pensée qu'ils ſe joindroient bien-tôt, et qu'ils ſe ſerviraient mutuellement dans l'accompliſſement des deſſeins de Dieu. (1677 : 392-393)

De cette respiration émergera l'union de deux territoires : celui de la Nouvelle-France, celui des mots. Et, *a posteriori*, elle confirmera que c'est bien ce pays qui lui est apparu en sa nuit mémorable de 1633. En effet, dans sa *Relation de 1654*, Guyart relate à son fils que le paysage qu'elle observe aux premiers jours de son arrivée à Québec[14] est bien le même que celui du rêve :

---

13. Au fil de sa correspondance, Guyart fera référence à cette appartenance « sentimentale » chez ses destinataires de France. En 1644, l'ursuline fait parvenir une lettre à une religieuse de Tours n'ayant pas voulu partir pour la Nouvelle-France : « Pour vous, vous êtes toujours Canadoise : pourquoy donc n'avez-vous pas pris une des places qui se présentoit ? » (1971 : 232). La même année, elle écrit à une ursuline de Saint-Denys en France montrant de l'intérêt pour les missions du Canada : « Mais à ce que j'apprens vous êtes aussi Canadoise : demeurons dans cette union de cœurs [...] » (1971 : 239). En 1660, à une ursuline de Tours, Guyart dit ces mots au sujet d'une religieuse récemment décédée dans cette ville : « [...] cette bonne Mère étoit Canadoise d'affection » (1971 : 639).
14. Au matin du 1er août 1639, le gouverneur Montmagny envoie une barque à l'Île d'Orléans pour mener les ursulines et les hospitalières jusqu'à Québec, celles-ci ayant passé la nuit du 31 juillet sur l'île. Le premier arrêt se fait à l'église paroissiale Notre-Dame de Recouvrance pour chanter le *Te Deum* et assister à une messe. Cet arrêt est suivi d'un repas au fort Saint-Louis. Les trois hospitalières se dirigent par la suite en leur demeure située sur l'emplacement de l'actuelle cathédrale anglicane (en attendant l'achèvement de leur bâtiment). Les trois ursulines sont conduites à leur première maison située près du fleuve (ancien magasin des Cent-Associés). Trois ans s'écoulent avant le déménagement des ursulines dans le monastère actuel de la rue du Parloir. Pour un récit détaillé de la traversée de l'Atlantique et de l'arrivée à Québec, consulter la lettre rédigée par mère Cécile de Sainte-Croix, en appendice de la *Correspondance* (1971 : 951-958).

> Étant donc arrivée en ce pays, le voyant, je le reconnus être celui que Notre-Seigneur m'avait montré, il y avait six ans. Ces grandes montagnes, ces vastitudes, la situation et la forme qui étaient encore marquées dans mon esprit comme à l'heure même, ce m'était la même chose à la vue, excepté que je n'y voyais pas tant de brunes [*sic*] : ce qui renouvela beaucoup la ferveur de ma vocation [...]. (1985, t. II : 259)

Le rêve avait rejoint la réalité d'un espace concret situé à l'autre bout du monde, où l'ursuline vivra la dernière partie de sa vie. Si l'être mystique « ne peut s'arrêter de marcher », pour reprendre les termes de Michel de Certeau (1982 : 14), Guyart continue son chemin en quête, cette fois, d'un territoire à dire. Trois ans suivant son arrivée à Québec, après avoir disserté sur des sujets touchant la France, elle déclare à une correspondante : « C'est assez parler de votre France; il faut parler de la nôtre [...] » (1971 : 149).

Vivre les grands bois

Chez Guyart, la réceptivité au territoire ne relève pas uniquement d'une connaissance *in situ*. Habiter l'espace, c'est aussi posséder une vision installant une tension vers le lointain. Les expéditions en forêt ne font pas partie du quotidien de Guyart, sauf par la parole qui nourrit son imaginaire d'images de la terre amériquaine[15]. Je choisis ici des mots rédigés plus de vingt-sept ans après son arrivée à Québec. Ceux-ci montrent qu'après toutes ces années, l'ursuline n'a rien perdu de sa loquacité scripturale laquelle, nous le verrons, s'est déployée au fil de sa correspondance. Cette lettre aborde, par ailleurs, ce qui sera un thème récurrent : l'audace des femmes autochtones. Guyart décrit une expédition en forêt du lieutenant-général Tracy, du gouverneur de Courcelles et du chevalier de Chaumont. Cette marche, qui se déroule en 1666, a comme objectif d'atteindre des villages iroquois :

15. Le terme « amériquain » est employé par le géographe Jean Morisset, qui établit la différence suivante entre les termes « américain » et « amériquain » : « Le mot "amériquain" suivant la graphie française d'origine pour faire référence au continent nord et sud, dans son ensemble, et aussi pour établir une distinction avec le mot "américain" que, sans en détenir aucunement l'exclusivité, les États-Unis se sont approprié pour s'autodésigner » (Morisset et Waddell, 2001 : 33).

> Ils [les hommes de l'armée française] ont marché par des chemins des plus difficiles qu'on se puisse imaginer : parce qu'il y faut passer à gué plusieurs rivières, et faire de longs chemins par des sentiers qui n'ont pas plus d'une planche de large pleins de souches, de racines et de concavitez très-dangereuses. Il y a cent cinquante lieues de Québec aux Forts qu'on a fait sur la rivière des Hiroquois. Ce chemin est assez facile, parce que l'on peut y aller en canot et en chaloupe, y aiant peu de portages; mais passer au delà, c'est une merveille que l'on en puisse venir à bout parce qu'il faut porter les vivres, les armes, le bagage et toutes les autres nécessitez sur le dos. [...] il fallut faire beaucoup de chemin par des montagnes et par des vallées, et ensuite passer un grand Lac, à la faveur de plusieurs Cayeux que l'on fit. L'on fut ensuite en terre ferme jusques aux Hiroquois, mais l'on se trouva dans une peine bien fâcheuse : Le pain manqua, et l'on fut réduit à la famine. Mais notre Seigneur pour les intérêts duquel on s'étoit exposé, y pourveut abondamment par la rencontre d'un grand nombre de chastaigners si chargez de fruits que toute l'armée fut repue de cette manne. Ces chastaignes, quoi que petites, sont meilleures que les marrons de France. (1971 : 772-773)

Guyart met en scène son récit en donnant du « mouvement » à son texte par le biais d'une description des efforts physiques requis pour mener à terme cette expédition : « passer à gué », « porter les vivres, les armes, le bagage et toutes les autres nécessitez sur le dos », jumelée à un portrait précis de l'espace naturel accidenté – « longs chemins par des sentiers qui n'ont pas plus d'une planche de large pleins de souches, de racines et de concavitez très-dangereuses ». L'épistolière intègre en outre une estimation personnelle des obstacles naturels : « chemins des plus difficiles », « passer au delà, c'est une merveille que l'on en puisse venir à bout » –, donnant l'impression qu'elle a elle-même traversé ces routes. Elle passe ensuite directement de l'importante marche des troupes à une mention sur la nécessité des vivres. Une troupe affamée ne vaut rien! La découverte de châtaigniers sauve l'armée, et, au surplus, « [c]es chastaignes, quoi que petites, sont meilleures que les marrons de France ». Ses correspondants découvrent les faits d'armes des soldats français, soit, mais également la composition fruitière du territoire. Cet ajout de l'épistolière n'est guère anodin. Il représente un trait de ses écrits : un flot de détails qui, par leur présence répétitive, indique la valeur que Guyart leur accorde. Quelques passages plus loin, l'armée cherchant l'emplacement exact des bourgs iroquois, l'ursuline révèle que c'est grâce à une Algonquine[16] que les troupes se rendent à destination :

> Mais il se trouva heureusement une femme Algonguine dans la troupe de nos Algonguins qui en sa jeunesse avoit été captive aux Hiroquois, et qui dans une autre rencontre avoit été reprise par ceux de sa Nation : Elle dit à Monsieur de Courcelles notre Gouverneur, qu'il y avoit quatre [bourgs], ce qui le fit passer outre avec Mr. Le Chevalier de Chaumont. Il étoit presque nuit, quand le troisième fut pris, en sorte qu'il sembloit impossible d'aller au quatrième, particulièrement à des personnes qui ne sçavoient pas les chemins ni les avenues. Cette femme néanmoins prit un pistolet d'une main, et Mr. De Courcelles de l'autre, lui disant : Viens, je m'en vais tout droit t'y conduire. Elle y mena en effet sans péril, et afin de ne se point trop engager témérairement, l'on envoia des gens pour épier ce qui étoit dedans. Il se trouva que tous venoient de prendre la fuite à la nouvelle qu'ils avoient entendue que l'armée alloit fondre sur eux. (1971 : 774)

Guyart met l'accent sur la vivacité du geste de l'Algonquine – prendre une arme d'une main et le gouverneur de l'autre – et passe au discours direct, renforçant la détermination de l'Autochtone. Ce discours direct n'est pas une exception dans ses écrits. L'ursuline l'exploite pour donner une place prépondérante aux femmes autochtones, elle qui a été, comme le précise Roland Viau, « [...] le premier informateur allochtone à faire état du rôle décisionnel des femmes iroquoiennes dans le domaine politique » (2005 : 90). Viau poursuit : « [...] la première femme européenne à parler des femmes amérindiennes. Et, de surcroît, une des rares femmes de lettres de son temps à écrire sur d'autres femmes » (*Ibid.* : 91). La bravoure en forêt des femmes autochtones de même que leurs prises de parole impressionnent Guyart. L'exemple le plus singulier de son estime pour leur éloquence est la transcription de la harangue d'une Huronne accusant les jésuites[17], appelés « Robes noires », d'être la cause de leurs malheurs :

16. La *Relation des jésuites* traite de l'expédition, mais passe sous silence l'intervention de l'Algonquine (1666, t. 50 : 126).

17. La *Relation des jésuites* (1640, t. 20 : 26-28) fait mention de l'événement, mais ne rapporte pas les paroles de la Huronne. Sur le sujet de la désintégration des sociétés autochtones, voir Delâge (1985).

> Ce sont les Robes noires qui nous font mourir par leurs sorts; Ecoutez-moi, je le prouve par les raisons que vous allez connoître véritables. Ils se sont logez dans un tel village où tout le monde se portoit bien, si-tôt qu'ils s'y sont établis, tout y est mort à la réserve de trois ou quatre personnes. Ils ont changé de lieu, et il en est arrivé de même. Ils sont allez visiter les cabanes des autres bourgs, et il n'y a que celles où ils n'ont point entré qui aient été exemptes de la mortalité et de la maladie. Ne voyez-vous pas bien que quand ils remuent les lèvres, ce qu'ils appellent prière, ce sont autant de sorts qui sortent de leurs bouches? Il en est de même quand ils lisent dans leurs livres. De plus dans leurs cabanes ils ont de grands bois (ce sont des fusils) par le moyen desquels ils font du bruit et envoient leur magie par tout. Si l'on ne les met promptement à mort, ils achèveront de ruiner le païs, en sorte qu'il n'y demeurera ni petit ni grand. (1971 : 117-118)

Peut-être voit-elle dans la prise de parole féminine autochtone sa propre indépendance de parole? L'ursuline fait également part de leur implication à l'intérieur de leur communauté : « Ces Capitainesses sont des femmes de qualité parmi les Sauvages qui ont voix délibérative dans les Conseils, et qui en tirent des conclusions comme les hommes, et même ce furent elles qui déléguèrent les premiers Ambassadeurs pour traiter de la paix » (1971 : 546). Guyart ne se gêne pas pour exprimer des propos que l'on retrouve rarement en ce XVIIe siècle colonisateur. Elle loue « les facultés intellectuelles de la femme à une époque où on ne lui en connaît pas[18] » (Winn, 2018 : 260) et « reconnaît l'individualité de l'être[19] » (Woidat, 2008 : 4).

L'attitude novatrice de l'ursuline n'échappe pas au constat de Dominique Deslandres, qui considère que « [...] sur le plan de l'anthropologie, cette grande observatrice des Amérindiens, qu'était Marie de l'Incarnation, innova. Elle eut en effet le génie de reconnaître l'altérité

18. « Louer les facultés intellectuelles de la femme à une époque où on ne lui en reconnaît pas et, par-dessus le marché, prétendre trouver de telles filles chez un peuple jugé ignorant, n'est-ce pas là une manière d'interroger l'arbitraire des stéréotypes sur la femme et sur l'Autre amérindien à la fois? » (2018 : 260)
19. « *As a mystic and missionary, she recognizes the individuality of each human soul, particularly those of women and Indians* » (2008 : 4). « En tant que mystique et missionnaire, elle reconnaît l'individualité de chaque âme humaine, particulièrement celles des femmes et des Indiens » (traduction libre).

amérindienne, invitant ses contemporains à un relativisme culturel sans précédent [...] » (2015 : 85). Ce « génie de reconnaître l'altérité amérindienne », Guyart en fera la démonstration en répondant au besoin de liberté de ses élèves autochtones. Elle écrit en 1668 :

> D'autres [élèves autochtones] n'y sont que comme des oyseaux passagers, et n'y demeurent que jusqu'à ce qu'elles soient tristes, ce que l'humeur sauvage ne peut souffrir : dès qu'elles sont tristes les parens les retirent de crainte qu'elles ne meurent. Nous les laissons libres en ce point, car on les gagne plutôt par ce moyen, que de les retenir par contrainte ou par prières. Il y en a d'autres qui s'en vont par fantaisie et par caprice ; elles grimpent comme des écurieux notre palissade, qui est haute comme une muraille, et vont courir dans les bois. (1971 : 802)

Et en 1663 : « Nous avons fait espreuve des filles sauvages : elles ne peuvent durer en cloiture, leur naturel est fort mélancolique, et la coutume de la liberté d'aller où elles veullent estant retenue ocmente cette mélancolie » (*Ibid.* : 718). La morosité ressentie par les enfants autochtones ne peut laisser Guyart indifférente, l'ayant elle-même vécue lors de son entrée au monastère de Tours. Dans la *Relation de 1633*, elle expose sa difficulté d'intégration à la vie monastique : « La solitude que j'aimais tant me semblait un purgatoire, et ce m'était une chose insupportable d'être tout le jour en une cellule sans voir personne » (1985, t. I : 327). Ses élèves lui rappellent son propre besoin de *respirer large*, qui, à son tour, influence son schème de compréhension vis-à-vis des enfants qui réclament de vivre en liberté dans les bois. En ce XVIIe siècle où nombre de colonisateurs adoptent une position de supériorité morale, Guyart exerce une pédagogie d'ouverture[20], tel que l'a noté Denys Delâge : « Pour son époque, la directrice emploie plutôt la manière douce. Nous dirions, en termes contemporains, qu'elle “s'ouvre” à l'interculturel » (1992 : 62). De même, elle qui avait été une mère aimante[21] transporte cette attitude dans son école de Québec.

20. Même si Guyart a adopté une attitude plus souple que la majorité des missionnaires français, mes propos ne veulent aucunement minimiser le fait que son but ultime était la conversion religieuse des peuples autochtones.
21. Claude (devenu moine bénédictin) a difficilement vécu la séparation avec sa mère qu'il a aimée. Il dit de celle-ci : « [...] ne luy fit-elle [à son fils] jamais

L'ouverture d'esprit qu'elle manifeste envers les enfants autochtones qui veulent « courir dans les bois » tient-elle également au fait que l'ursuline possède en elle le dessein d'exercer son œuvre missionnaire hors du cloître ? L'obligation de la clôture monastique féminine, décrétée en 1563 par le concile de Trente, a forcé les femmes attirées par la vie religieuse à vivre cloîtrées. Ce genre d'existence convenait-il au tempérament de Guyart ? Voici ce qu'elle écrit à une ursuline de France en 1642 : « [...] le désir que j'ay du salut de ces pauvres âmes et l'extrême nécessité où elles sont, me feroit volontiers aller prier et crier miséricorde pour elles, par toutes les rues de nos Villes de France et demander l'aumône de porte en porte pour avoir de quoy subvenir à leur misère [...] » (1971 : 157). Et, en 1664, à une autre ursuline française :

> Il est vray qu'encore que notre clôture ne me permette pas de suivre les ouvriers de l'Evangile dans les nations qui se découvrent tous les jours : étant néanmoins incorporée comme je suis, à cette nouvelle Eglise, notre Seigneur m'aiant fait l'honneur de m'y appeler, il me lie si fortement d'esprit avec eux, qu'il me semble que je les suis par tout [...]. (*Ibid.* : 734-735)

Plus de vingt ans séparent les deux extraits. La distance dans le temps laisse supposer que l'idée de vivre hors clôture est demeurée présente en son esprit, même si le monastère représentait peut-être le lieu approprié pour son être vivant d'intenses expériences mystiques. Dans sa *Relation de 1654*, elle mentionnera d'ailleurs un contentement manifeste lors de son entrée au cloître de Tours : « En marchant, je ne me sentais pas toucher la terre. Envisageant mon habit religieux, je mettais ma main à ma tête pour toucher mon voile et voir si je ne me trompais point, pensant posséder ce bonheur que d'être en la maison de Dieu et une portion de son héritage » (1985, t. II : 176). Néanmoins, sa correspondance met devant nos yeux un tel croisement d'événements et de gens que son écriture ne souffre guère d'un manque d'espace, comme dans

de mauvais traitement » (1677 : 178). Il ajoute : « Elle étoit d'une humeur agreable, & quoique la prefence continuelle de Dieu luy imprimât un fentiment de gravité & de retenuë qui reffentait je ne fçay quoy de célefte, il ne fe pouvait voir neanmoins une perfonne plus commode & plus accorte » (*Ibid.* : 738). Pour une description plus complète de l'attitude de sa mère envers lui, voir les pages 168 à 178.

cet extrait de 1665 où l'ursuline accorde une attention tant au résultat de la chasse qu'à la participation des peuples français et algonquin :

> Je vous ai dit dans une autre lettre qu'une partie de l'armée a pris le devant pour se saisir de la Rivière des Hiroquois, et faire des forts sur ses rivages dans les passages les plus avantageux. A quoi j'ajoute que nos Chrétiens Algonguins sont allé [*sic*] camper avec leurs familles à l'abri des forts et de ceux qui les gardent. Ils font de grandes chasses où leurs ennemis avoient coutume d'en faire, et d'enlever la meilleure part de leur pelletrie. Leur chasse est si abondante qu'on dit que chaque jour ils prennent plus de cent Castors, sans parler des Orignaux, et autres bêtes fauves. En quoi les François et les Sauvages s'aident mutuellement : Les François défendent les Sauvages, et les Sauvages nourrissent les François des chairs des bêtes qu'ils prennent, après avoir enlevé les peaux, qu'ils portent aux magazins du païs. (1971 : 760)

Le chiasme « Les François défendent les Sauvages, et les Sauvages nourrissent les François » renforce les deux actions dont Guyart veut rendre compte afin de montrer la coopération entre les peuples : défendre et nourrir. Le paysage humain s'imbrique dans les narrations de l'épistolière, donnant amplitude à celles-ci. Ainsi, dans l'extrait suivant, elle distingue avec acuité les divers participants :

> [...] nos soldats François sont si fervans qu'ils ne craignent rien, et il n'y a rien qu'ils ne fassent et qu'ils n'entreprennent. Ils ont entrepris de porter des canons sur leur dos dans des sauts et partages [*sic*] fort difficiles : Ils ont porté même des chaloupes qui est une chose inouïe. [...] Nos nouveaux Chrétiens Sauvages suivent l'armée Françoise avec tous nos jeunes François-Canadois qui sont très-vaillans, et qui courent dans les bois comme des Sauvages. (*Ibid.* : 768)

Au sujet de ce texte, Carpin note que Guyart se préoccupe d'identifier la pluralité des habitants : « Les trois grands groupes ethniques qui se côtoient dans la colonie s'y retrouvent : les indigènes dans les "Chrétiens Sauvages" et les "Sauvages", les métropolitains dans "l'armée française", et les Français du Canada dans les "François-Canadois" » (1995 : 130). Selon le chercheur, c'est dans cet extrait de l'ursuline qu'apparaît pour la première fois[22] le terme « françois-canadois » dans la littérature de la Nouvelle-France. Se transformant en « créatrice littéraire », l'épistolière a forgé ce mot en souhaitant préciser la diversité de la composition humaine du territoire. Concernant ce même extrait, Carla Zecher mentionne : « *For Marie de l'Incarnation, all three terms – "Sauvage", "François", and "Canadois" – can be linked by virtue of the fact that they share the qualifier, "Chrétien" (i.e., Catholic*[23]*)* » (1998-1999 : 41). J'aimerais apporter une nuance dans l'interprétation de la chercheuse étatsunienne. Celle-ci indique que les trois termes utilisés – « Sauvage », « François », « Canadois » – sont liés par le fait qu'ils partagent la désignation de « Chrétien ». Or, lorsque Guyart écrit « courent comme des Sauvages », remarquons qu'elle emploie le déterminant « des » et non le déterminant « ces », faisant ainsi référence non pas aux « Chrétiens Sauvages » dont elle vient de parler, mais aux peuples autochtones. En employant en fin de phrase le terme générique « Sauvages » précédé du déterminant « des », Guyart ne fait pas de lien avec la chrétienté, mais avec l'action de se déplacer avec l'agilité « des Sauvages ». Même si cette action n'est aucunement reliée à l'appartenance religieuse, l'ursuline note cette capacité physique liant « François-Canadois » et « Sauvages » et réaffirme sa vision du rapprochement entre les peuples. Chez Guyart, la recherche de la ressemblance ne se fait pas en voulant amener l'Autochtone à être identique au colonisateur, mais en cherchant des éléments unissant les cultures autochtone et européenne : « Avec son sens exacerbé de la ressemblance, l'universalisme de Marie de l'Incarnation n'était pas une position qui avait cours d'ordinaire dans les forêts amérindiennes » (Zemon Davis, 1997 : 141). Son attitude ne se veut pas coercitive puisque sa conception de l'adhésion aux croyances religieuses est faite de souplesse. En 1646, elle écrit : « Le cœur humain est une forte pièce, Dieu le prend quand on le luy offre de bon cœur, mais il ne force personne » (1971 : 293). Et en 1668 :

22. Selon Carpin, la première occurrence attestée apparaît en latin en 1648 lorsque le père Vincent Carafa répond en latin à une lettre du père Charles Lalemant. Carpin croit cependant que cet emploi est « accidentel », selon ses propres termes, et en explique les raisons (1995 : 127).

23. « Pour Marie de l'Incarnation, ces trois termes – "Sauvage", "François", et "Canadois" – peuvent être reliés par le fait qu'ils partagent le qualificatif "chrétien" (c.-à-d. catholique) » (traduction libre).

> Dieu ne m'a jamais conduite par un esprit de crainte, mais par celuy de l'amour et de la confiance. [...] Si cette crainte étoit de durée, je ne pourrois ny vivre ny subsister, parce qu'elle regarde la séparation d'un Dieu d'amour et de bonté dont j'ay receu plus de grâces et de miséricordes qu'il n'y a de grains de sable dans la mer. (*Ibid.* : 826)

La sensibilité de l'ursuline à l'égard de l'altérité autochtone oriente son choix éditorial lors de l'écriture de ses lettres. Elle recherche toujours plus d'informations, ajoutant de ce fait des éléments qui viennent compléter les *Relations des jésuites*. L'épistolière est la seule à donner la signification des quatorze présents remis par le gouverneur Montmagny à l'ambassadeur iroquois lors du traité de paix conclu à Trois-Rivières en 1645 entre les Iroquois, les Français, les Hurons, les Algonquins et les Montagnais. Voici la signification de six d'entre eux :

> Le premier présent. Voilà pour remercier celui qui a fait le Ciel et la terre, de ce qu'il est par tout, et de ce qu'il nous voit jusques dans nos cœurs; et de ce qu'à présent il unit les esprits de tous les peuples.
> Le 2. Voilà pour reconduire vos trois prisonniers, et pour les revêtir à leur retour afin qu'ils n'aient pas de froid par le chemin, et qu'ils ne soient pas honteux de rentrer nuds dans leur village.
> Le 3. Voilà pour remercier le païs de ce qu'il a donné la vie à Coûture, de ce qu'ils l'ont bien traitté, et de ce qu'ils l'ont ramené.
> Le 4. Ce présent efface la pensée des morts, et la mémoire de tous les maux passez.
> Le 5. Pour rendre la Rivière facile, pour affermir le lac, et pour faire un chemin aisé, afin qu'on puisse voir la fumée des feux des François et des Algonquins.
> Le 6. Pour attirer les canots des Hiroquois Agnirognons à nous venir voir, pour manger avec nous, pour pêcher en nos Rivières des Barbues, Esturgeons et Castors, et chasser dans nos forests des Orignaux. (*Ibid.* : 258)

L'ajout de ces significations témoigne de son désir de ne pas dépendre des écrits de ses confrères missionnaires. Lorsque l'épistolière décide d'ajouter des renseignements – elle qui avait déjà un emploi du temps fort chargé, faut-il le rappeler –, elle enrichit certes la liste des informations destinées à ses correspondants, mais accroît en même temps sa vision touchant l'entièreté des aspects de la vie coloniale. En écrivant, elle *s'écrie.* Jeter ses idées sur le papier, que le geste soit accompli au XVIIe ou au XXIe siècle, demande une attitude volontaire, une ferme intention de se projeter hors de soi, un acharnement à ne pas rester dans le silence scriptural.

Vivre la découverte de territoires

Les résonances de l'exploration territoriale se diffusant jusqu'au monastère de Québec, l'ursuline en profite pour transmettre à ses destinataires les tenants et aboutissants des événements coloniaux significatifs. Ayant fait la connaissance au parloir de l'explorateur Des Groseilliers[24], Guyart ne passe pas à côté de l'occasion pour parler du geste de son compatriote, qui s'est tourné vers l'Angleterre afin de diriger des expéditions dans la région de la baie du Nord (la baie d'Hudson). Elle écrit en 1670 :

> Il y a quelque temps qu'un François de notre Touraine nommé des Groiseliers se maria en ce païs; et n'y faisant pas une grande fortune, il lui prit une fantaisie d'aller en la nouvelle Angleterre, pour tâcher d'y en faire une meilleure. Il y faisoit l'homme d'esprit, comme en effet il en a beaucoup. Il fit espérer aux Anglois qu'il trouveroit le passage de la Mer du Nord. Dans cette espérance on l'équipa pour l'envoier en Angleterre, où on lui donna un vaisseau avec des gens, et tout ce qui étoit nécessaire à la navigation. Avec ces avantages il se met en Mer, où au lieu de prendre la route que les autres avoient coutume de prendre, et où ils avoient travaillé en vain, il alla à contrevent, et a si bien cherché qu'il a trouvé la grande Baie du Nord. Il y a trouvé un grand Peuple, et a chargé son navire ou ses navires de pelletrie pour des sommes immenses. Il est retourné en Angleterre, où le Roi lui a donné vingt mille écus de récompense, et l'a fait Chevalier de la Jartière, que l'on dit être une dignité fort honorable. Il a pris possession de ce grand païs pour le Roi d'Angleterre, et pour son particulier le voilà riche en peu de temps. L'on a fait une Gazette en Angleterre pour louer cet avanturier François. Il étoit tout jeune quand il vint ici, et fit

24. Médard Chouart Des Groseilliers (1625-1698), né en Champagne, séjourne quelques années en Touraine avant son arrivée à Québec en 1641. Il se marie à Trois-Rivières, devient explorateur et passe au service des Anglais vers 1664 avec Pierre-Esprit Radisson. En 1674, Des Groseilliers et Radisson cessent de collaborer avec l'Angleterre.

> grande connoissance avec moi, tant à cause de la patrie, qu'en considération d'une de nos Mères de Tours, chez le père de laquelle il avoit demeuré. Sa femme et ses enfans sont encore ici. (1971 : 874)

Remarquons l'attitude de Guyart au regard de la décision de Des Groseilliers de se lier à l'ennemi. L'ursuline ne désapprouve pas sa décision, ni ne l'approuve, et se contente de mentionner que c'est une « fantaisie », minimisant le geste de l'explorateur. Rarement neutre dans ses propos, l'ursuline revient au naturel quelques mois plus tard lorsqu'en 1671 se confirme l'arrivée de navires battant pavillon anglais dans cette région nordique :

> L'on vient d'apprendre que quelques-uns de ceux qui sont en route pour la grande Baie du Nord ont rebroussé chemin pour apporter la nouvelle que des Sauvages, dont ils ont fait rencontre, les ont assurez qu'il y étoit arrivé deux grands vaisseaux, et trois Pinaces d'Angleterre, à dessein de s'emparer du port et du païs; que les deux vaisseaux s'en sont retournez chargez de peltrie, et que les Pinaces y vont hiverner. Voilà une mauvaise affaire pour le temporel, peut-être aussi pour le spirituel, puisque le païs tombe sous la domination des Infidèles. Si l'on y eût envoié de France, comme l'on en étoit averti, cette perte ne seroit pas arrivée. Ceux qui sont partis d'ici pour cette découverte, ne laisseront peut-être pas d'y planter la Croix avec les Fleurs de Lys à la face des Anglois. (*Ibid.* : 944)

Guyart ne fait aucune référence à son compatriote Des Groseilliers – peut-être par tact – et exprime son espérance de voir les Français tenir tête à l'Angleterre : « y planter la Croix avec les Fleurs de Lys à la face des Anglois ». Elle frappe l'imagination et dramatise l'événement qui est un avant-goût des disputes territoriales à venir entre la France et l'Angleterre.

Le parloir est un espace de conversations, mais aussi de transgressions pour Guyart qui manifeste son indépendance d'esprit d'une manière singulière en 1649. Comme elle l'explique à son fils Claude, qui souhaite parler à un compatriote français ayant déjà rencontré l'ursuline à Québec, elle fait venir en ce lieu un homme devant lequel elle lève son voile :

> Mon très-cher Fils, voici un petit moment qui me reste. Je m'en vais vous le donner pour l'occasion d'un honête jeune homme qui

> s'en va en France et qui est frère d'un de nos domestiques qui s'en retourne aussi avec luy. Vous me dites que vous n'avez veu personne qui m'ait parlé depuis que je suis en ce païs. J'ay fait venir celuy-cy, et j'ay levé mon voile devant luy afin qu'il vous puisse dire qu'il m'a veue et qu'il m'a parlé. Il est de trois lieues de Sais [Séez] où il m'a promis de vous aller voir et de vous dire de mes nouvelles de vive voix. (*Ibid.* : 384)

Le geste de la religieuse et de la mère n'a rien de banal considérant qu'il était interdit aux cloîtrées de dévoiler leur visage, sauf devant certains membres de leur famille et en présence des Autochtones[25]. Cette attitude « frondeuse » se transporte jusque dans ses lettres lorsque Guyart narre un événement raconté aussi par la *Relation des jésuites.* Comparons deux extraits relatant la découverte de salines en 1654 sur un territoire situé au confluent du Saint-Laurent et du lac Ontario. Le premier extrait est celui de la *Relation des jésuites* :

> Le 16. Nous arriuons à I entrée d'vn petit lac, dans vn grand baſſin à demy ſeché, nous gouſtons de l'eau d'vne ſource qu'ils [les Autochtones] n'oſent boire, diſants qu'il y a dedans vn demon qui la rend puante; en ayant gouſté, ie trouuay que c'eſtoit vne ſontaine d'eau ſalée : & en effet nous en fiſmes du ſel, auſſi naturel que celuy de la mer [...]. (1654, t. 41 :122-124)

L'extrait de l'ursuline :

> Dès lors ils [les Autochtones] désignèrent une très-belle place sur le bord d'une grande rivière, où est l'abord de toutes les Nations. Lors qu'ils jettoient les projets de cette habitation il arriva une chose remarquable. Il y a proche de ce lieu une grosse fontaine qui se

25. Le document *Constitutions et règlements des premières Ursulines de Québec, 1647* stipule ceci : « Toutes les grilles auront leurs chassis ou volets et, outre les volet [*sic*] et chassis, un rideau qui ne s'ouvrira si non lors que le voile des religieuses sera baissé, qui ne doit estre levé, la grille estant ouverte, sans congé de la Supérieure, si non pour les personnes qui selon l'esprit ou la chair, selon le spirituel ou le temporel, leur servent de père et de mère, ce qui se peut estendre à tous les proches parans jusques aux cousins germains et cousines germaines, s'il ne s'y rencontre quelque inconvient [*sic*]. Pour le regard des sauvages il y aura la mesme liberté comme estant les enfans spirituels d'instruction ou de prières de toutes les sœurs de la maison » (Lapointe, 1974 : 99).

> décharge dans un grand bassin que la Nature a formé pour recevoir ses eaux. Nos François en aïant goûté, ont trouvé qu'elle étoit salée : Ils en ont fait bouillir de l'eau, et ont trouvé que c'est une saline qui fait de très-beau et très-bon sel. Les Sauvages qui fuïoient cette eau, et la prenoient pour un poison, trouvèrent admirable cette façon de faire du sel d'une chose si méchante, et tiennent cela pour un miracle des François. Ce n'est pas un miracle, mais ce sera un trésor pour les François, qui doivent y aller habiter. (1971 : 544)

Dans un premier temps, Guyart passe sous silence la référence au démon et exclut toutes formes de miracle. Elle insiste plutôt sur l'admiration des « Sauvages » face à l'inventivité des Français. Sa description propose une lecture plus positive de cette découverte. Dans un deuxième temps, Guyart multiplie les adjectifs : « très-belle », « grande », « remarquable », « grosse », « grand », « très-beau », « très-bon », « admirable », « méchante ». Dans un troisième temps, là où la *Relation des jésuites* indique « dans vn grand baffin à demy feché », l'ursuline emploie une image à caractère davantage poétique : « grand bassin que la Nature a formé pour recevoir ses eaux ». Lorsque l'épistolière procède à ce genre de réécriture, elle ne fait pas que s'affranchir du style des jésuites : elle manifeste la satisfaction de raconter. Elle écrit en 1652 : « Je divise la réponse en deux, afin de multiplier le plaisir que j'aye à vous entretenir » (*Ibid.* : 493). En 1663 :

> Je prendrois un singulier plaisir de m'entretenir avec vous de ces matières spirituelles selon les questions que vous m'en faites; mais quand je le pense, ou que je le veux faire, l'occupation m'en dérobe le temps. J'écris bien vite, mais il y a plus de deux heures que je suis à ce bout de lettre. Sans cesse on me distrait, et autant de fois je reprens la plume sans pouvoir finir. (*Ibid.* : 716)

Le contentement de l'écriture, même dans la hâte… Le départ imminent des vaisseaux presse Guyart, assurément. Toutefois, sa personnalité joue aussi un rôle dans sa posture d'écriture, qui remonte à ses jeunes années mystiques vécues à Tours. Elle déclare dans sa *Relation de 1633* :

> J'avais une si grande vivacité intérieure qu'en marchant elle me faisait faire des sauts, en sorte que si l'on m'eût aperçue, l'on m'eût prise pour une folle. Et de fait, je l'étais, ne faisant rien comme

> les autres. [...] Quand j'avais bien chanté ses louanges [celles de Dieu], je prenais une plume et j'écrivais mes passions amoureuses pour évaporer la ferveur de l'esprit, car autrement, ma nature n'eût pu tant souffrir. (1985, t. I : 164-165)

Cette « vivacité intérieure » ne peut qu'influencer son ardeur à dynamiser ses récits. C'est ce qu'elle fait ici afin de dégager un portrait coloré de terres iroquoises découvertes par les Français et leurs alliés algonquins :

> C'est une chose merveilleuse d'entendre parler de la beauté et de la bonté de ce païs-là [pays des Agniers]. Il y a une très-grande étendue toute défrichée, on y voit de très-belles prairies où l'herbe croît haute comme des hommes, les cannes ou tuyaux de bled d'inde sont de dix, de douze et de treize pieds de hauteur, les épics ont une grande coudée, et il y a à chaque épic plus de quatre cens grains. Les citrouilles qui valent les pommes de rainètes de France, et qui en ont le goût, et les faisoles y croissent à foison. Les Hiroquois étoient pourvus de tout cela, et comme j'ay déjà dit, ils en avoient pour nourrir deux ans tout le Canada. Nous sommes ici dans un bon terroir, mais celui-là vaut mieux incomparablement : L'on sçaura si le Roy[26] désire que l'on y établisse des colonies Françoises. (1971 : 775)

La comparaison « l'herbe croît haute comme des hommes », suivie d'une précision sur les hauteurs des « tuyaux » de blé d'Inde, le nombre de grains sur chaque épi et les citrouilles qui n'ont rien à envier aux pommes de reinette, tout cela amène le destinataire à imaginer ces détails

26. Louis XIV (sous la régence de sa mère Anne d'Autriche de 1643 à 1651). Lors de son séjour dans la région parisienne, avant de se diriger vers le port de Dieppe, Guyart rencontre à Saint-Germain-en-Laye la mère du Roi-Soleil, alors reine de France et de Navarre (1615-1643). La reine désirait recevoir la Tourangelle, sa compagne ursuline mère Marie de Saint-Joseph (mère Cécile de Sainte-Croix rejoindra ses compagnes à Dieppe) ainsi que Madeleine de la Peltrie, qui fournit une aide financière à la communauté des Ursulines pour leur fondation à Québec. Dans la *Relation de 1654*, l'ursuline mentionne : « La Reine nous avait fait dire qu'elle nous voulait voir. Madame la comtesse de Brienne nous mena à Saint-Germain où était Sa Majesté, laquelle, par sa grande bonté et piété, nous regarda avec un amour tout singulier et nous témoigna être très contente de notre passage en Canada, et beaucoup d'édification de ce que Madame de la Peltrie, non contente d'y donner son bien, s'y donnait soi-même, pour risquer avec nous. Elle se fit dire tout ce qui s'était passé pour venir à l'exécution de cette entreprise » (1985, t. II : 239-240).

faisant corps avec le territoire. Les termes « merveilleuse », « beauté » et « bonté » peuvent sembler fort peu expressifs, mais faut-il rappeler qu'en ce XVIIe siècle éloigné de l'époque romantique, nous ne devons pas chercher des flots d'émotions, comme l'énonce Paolo Carile au sujet des textes des explorateurs et des missionnaires :

> Peut-être était-il anachronique de chercher dans ces textes une sensibilité généralisée à l'égard du paysage en tant que décor esthétique. Il faudra, en effet, attendre encore environ un siècle et demi pour trouver unies, dans la page écrite, émotion et description du paysage. (1988 : 88)

Sur ce point, Guyart n'est pas différente de ses contemporains. Cependant, tout au long de sa correspondance, par l'emploi récurrent d'adjectifs reflétant ses observations sur le potentiel territorial, elle s'écarte d'une froideur qui ne l'a jamais caractérisée.

Vivre le développement du territoire

La prose alerte de Guyart ne faiblit pas. Tous les sujets la passionnent, tel le climat social de la colonie en 1652 :

> On ne voit goutte, on marche à tâtons : Et quoi qu'on consulte des personnes très-éclairées et d'un très-bon conseil, pour l'ordinaire les choses n'arrivent point comme on les avoit préveues et consultées. Cependant on roulle, et lors qu'on pense estre au fond d'un précipice, on se trouve debout. Cette conduite est universelle tant dans le gros des affaires publiques, que dans chaque famille en particulier. Lors qu'on entend dire que quelque malheur est arrivé de la part des Hiroquois, comme il en est survenu un bien grand depuis un mois, chacun s'en veut aller en France; et au même temps on se marie, on bâtit, le païs se multiplie, les terres se défrichent, et tout le monde pense à s'établir. Les trois quarts des habitans ont par leur travail à la terre de quoi vivre. Nous allons aussi faire défricher le plus que nous pourrons, tant pour aider à notre nourriture que pour avoir des fourages pour nos bestiaux. (1971 : 477)

Ce portrait décline une situation coloniale critique, mais non désespérée. Le contenu du propos et la vigueur de la description sont en harmonie. L'attaque du texte installe de manière succincte l'angle dramatique de la situation, combinée à un rythme donnant force à son propos : « on ne voit goutte, on marche à tâtons » laisse présager que la suite n'aura rien de glorieux. Dès la phrase suivante, le portrait est tout autre. Le verbe « roulle » suivi de deux figures accentuant le contraste, « lors qu'on pense estre au fond d'un précipice on se trouve debout », montre l'ampleur des difficultés, mais également la détermination avec laquelle la population se relève. La rythmique brève et saccadée de la gradation appuie la portée que Guyart veut donner au dynamisme des habitants : « on se marie, on bâtit, le païs se multiplie, les terres se défrichent ». L'emploi soutenu du pronom « on » lui permet de s'identifier à la population avec laquelle l'ursuline partage les mêmes joies et les mêmes peurs.

En 1655, Guyart décrit différemment la résilience des habitants qui suit une période d'hostilité avec les Hiroquois Agnerognons :

> L'on a fait avec liberté la récolte des grains, on a fauché les prez, et on a fait la pêche de l'anguille, ce qui a causé une joie universelle à tout le païs. De plus un second vaisseau est arrivé, et nous a apporté nos autres nécessitez. En tout cela nous voions une providence admirable sur nous tous, qui nous fait revivre, lors que nous pensions être au tombeau. (*Ibid.* : 564)

L'ursuline utilise une antithèse intensifiant le caractère libérateur des événements : « nous fait revivre, lors que nous pensions être au tombeau ». Cette dextérité littéraire n'est pas une exception dans ses écrits. Elle se retrouve, entre autres, lorsque l'ursuline compare la fragilité du développement de la colonie aux feuilles des arbres ballottées par le vent. Marie, la mère, utilise cette comparaison pour exprimer son incertitude face à de possibles retrouvailles avec son fils. En 1661 :

> Il est à croire que nous nous verrons plutôt en l'autre monde qu'en celuy-cy. Dieu néanmoins a des voyes qui nous sont inconnues, sur tout dans un païs flotant et incertain comme celuy-cy, où naturellement parlant, il n'y a pas plus d'assurance qu'aux feuilles des arbres quand elles sont agitées du vent. L'épistolière installe une atmosphère emportant Claude au centre de leur relation filiale et d'un pays incertain. Avec une seule image, elle unit deux sujets distincts possédant un même caractère dramatique. (*Ibid.* : 659)

Au cœur d'un cloître ou non, le territoire s'infiltre dans le langage des êtres ayant un appétit pour découvrir leur environnement immédiat ou lointain, comme ici, en 1662 :

> Il [Monsieur de Monts] a pris possession en chemin du fort de Plaisance aux terres neuves, où il y a pêcherie de mourues dans un détour à six cens lieues de France, et dont les Anglois ou Hollandois se vouloient rendre les Maîtres. Il y a laissé trente hommes de guerre pour le garder avec un Ecclésiastique, et des vivres pour l'hiver. Depuis ce lieu là il a considéré les terres, les montagnes, les fleuves, les rivages et leurs avenues. Il est venu à Québec dont il a visité les ports et les environs de l'habitation. A la faveur d'un vent Nordest, il est monté en un jour aux trois Rivières, où il a établi pour Gouverneur Monsieur Boucher qui avoit déjà commandé en ce lieu. [...] Après que ce Gentilhomme a examiné toutes choses, il est tombé d'accord de tout ce que Monsieur le Gouverneur avoit mandé au Roy, et que Monsieur Boucher lui avoit confirmé de bouche, que l'on peut faire en ce païs un Roiaume plus grand et plus beau que celui de France. (*Ibid.* : 683-684)

L'épistolière s'active pour exposer la vie foisonnante de la colonie. Elle n'en fait pas autrement dans sa vie mystique, elle qui exprime ici un état spirituel permettant à son âme de s'activer à son tour : « L'âme fait plus de chemin en un jour dans cette disposition, qu'elle ne feroit en tout autre dans un mois » (*Ibid.* : 376). Pas de hiatus entre ces deux pans de son existence, car ceux-ci fondent son être.

Vivre le territoire céleste

Le regard de l'épistolière épouse maints territoires, y compris ceux du ciel. En 1665, elle dépeint un phénomène astronomique :

> [...] le dix-huit de Décembre de l'année dernière il parut une Comète à Québec environ la minuit, laquelle parut jusques à six heures du matin, et continua quelque temps. L'Etoile ou la tête de ce Méthéore paroissoit carrée, sa queue étoit comme des raïons, qui par saillies sembloient jetter des influences. Ces raïons étoient tournez du côté de la terre entre le Nord et le Nord-Ouest. Elle montoit encore, et venant du côté du Sud, elle portoit sa queue à côté d'elle. On a remarqué qu'un matin on lui vit porter sa queue

> du côté du Sud, puis elle sembla tomber à terre, et ses raïons tournez vers le Ciel : Depuis ce temps-là elle n'a plus paru. Le même jour le Soleil a paru en se levant entouré d'un Iris avec ses couleurs ordinaires : Et une vapeur noire sortit du Soleil, et de cette vapeur un bouton de feu. Le vingtième de Décembre sur les trois heures après midi, l'on vit paroître trois Soleils éloignez les uns des autres d'environ un quart de lieue, ils ont duré environ une demi-heure, puis ils sont venus se rejoindre au Soleil ordinaire. (*Ibid.* : 741)

Le jésuite Le Mercier rapporte aussi cet événement, mais en se servant de ses connaissances scientifiques. Les dates des descriptions diffèrent puisque Guyart et Le Mercier ont vécu ce même phénomène à des moments distincts :

> Le 21. Decembre à quatre heures & demie du matin, la hauteur de la Comete eſtoit de 20. degrez 8. minutes. Celle d'Arcturus, 44. degrez 45. minutes. Son Azimuth à la Comete 69. degrez 20. minutes. La Comete qui eſtoit pour lors de 164. degrez 58. minutes : & ſa declinaiſon meridionale, de 23. degrez 8. minutes.
> Le lendemain 22. Decembre, à quatre heures & vn quart du matin, la hauteur de la Comete eſtoit de 15. degrez 15. minutes. Celle de l'Eſpy 21. degrez 54 minutes, & l'Azimuth de la Comete à l'Eſpy 38. degrez 22. minutes, l'Eſtoile eſtoit à 1 Orient de la Comete; & par conſequent la declinaiſon auſtrale de la Comete eſtoit de 27. degrez 31. Minutes : & ſon aſcenſion droite, 162. degrez 51. Minutes. (1665, t. 50 : 70)

Guyart ne maîtrise peut-être pas les connaissances scientifiques de Le Mercier, qui a reçu une éducation dont les femmes de cette époque étaient bien sûr privées[27], mais l'ursuline n'a pas à rougir de sa description, elle qui aurait pu enseigner au jésuite l'art de décrire un événement astronomique sans avoir recours aux chiffres. L'épistolière guide l'œil du destinataire et voici que notre regard est attiré vers le nord où la queue de la comète se déploie. « Puis elle sembla tomber à terre, et ses raïons tournez vers le Ciel », deux mouvements opposés adroitement tracés. « Le même jour le Soleil a paru en se levant entouré d'un Iris » donne à l'astre du jour la forme d'un œil

27. Par sa vie et son œuvre monumentale, Dominique Deslandres considère Guyart comme étant de la trempe des Descartes et Pascal. Sur ce sujet, voir Dominique Deslandres (2019 : 265-276).

solaire. « Et une vapeur noire sortit du Soleil, et de cette vapeur un bouton de feu » : l'épistolière prend ici son habit de poétesse avec deux décasyllabes. Elle termine son texte par un phénomène optique atmosphérique nommé parhélie, lequel se manifeste par des halos apparaissant à la même hauteur, de chaque côté du soleil. Avec le texte de l'ursuline, nous admirons le phénomène; avec celui du jésuite, nous le notons.

Conclusion

Pour Guyart, la relation au territoire de la Nouvelle-France avait commencé à se dessiner dans le rêve qu'elle a fait en 1633, dans lequel la morphologie géographique de Québec lui est apparue. Les images de ce rêve auraient pu rester à l'état de vague rêverie n'eût été la propension de Guyart, la mystique, à vivre *terre à terre*, propension se traduisant par le déploiement d'une implacable énergie afin de mettre le cap vers nos espaces, qu'elle décrira sa vie durant. Les expériences mystiques constituent l'assise de Guyart, mais son monde ne se borne pas à sa vie spirituelle. Elle aura écrit avec l'entièreté de son être avide de connaissances, d'observations, d'expériences et de relations.

L'ursuline aura exploré diverses ressources du langage. Outre l'écriture, l'amour pour le chant[28] a permis à cette femme d'oxygéner son corps

28. Comme l'ursuline affectionnait l'art vocal et en connaissait l'importance pour sa communauté, cet aspect a sans doute orienté sa décision de tenir tête au rigide et autoritaire premier évêque de Québec (vicaire apostolique de 1659 à 1674), Mgr François de Laval, qui a voulu imposer de nouvelles constitutions aux Ursulines, notamment en ce qui a trait à leurs chants. Guyart écrit en 1661 à une ursuline de Tours : « Il paroît par votre grande lettre que nous ayons de l'inclination à changer nos Constitutions. Non, mon intime Mère nous n'avons nulle inclination qui tende à cela. Mais je vous dirai que c'est Monseigneur notre Prélat qui en a quelque envie, ou du moins de les bien altérer [...]. [...] Il nous a donné huit mois ou un an pour y penser. Mais, ma chère Mère, l'affaire est déjà toute pensée et la résolution toute prise : nous ne l'accepterons pas si ce n'est à l'extrêmité [*sic*] de l'obéissance. [...] Il s'en est peu fallu que notre chant n'ait été retranché. Il nous laisse seulement nos Vêpres et nos Ténèbres, que nous chantons comme vous faisiez au temps que j'étois à Tours. Pour la grande Messe, il veut qu'elle soit chantée à voix droite, n'ayant nul égard à ce qui se fait soit à Paris, soit à Tours, mais seulement à ce que son esprit luy suggère être pour le mieux. Il craint que nous ne prenions de la vanité en chantant, et que nous ne donnions de la complaisance au dehors » (1971 : 652-653).

entouré des vents de sa terre d'adoption. À une ursuline de Tours, elle écrit en 1640 : « Si en France on ne mangeoit que du lard et du poisson salé comme nos faisons ici, on seroit malade et on n'auroit point de voix; nous nous portons fort bien et nous chantons mieux qu'on ne fait en France. L'air est excellent [...] » (1971 : 109-110). Et dans une lettre à Claude, en 1647 : « [...] je souhaitterais que vous eussiez la voix aussi forte et aussi libre que moy pour pouvoir exprimer au dehors les lumières que Dieu vous donne » (*Ibid.* : 314). Le corps de Guyart témoigne en outre de la douleur de la séparation mère-fils au moment où l'ursuline quitte son pays natal : « A votre sujet, il me sembloit que mes os se déboitoient [...] » (*Ibid.* : 725). Comme l'exprime le géographe Luc Bureau, « [c]'est par le corps, notre corps sexué, matériel et spirituel, charnu ou desséché, débile ou puissant, que nous entrons d'abord en résonance avec la terre » (2018 : 238). Guyart aura vécu le territoire de la Nouvelle-France avec son être de chair et avec ses mots.

Sa curiosité, son activité épistolaire titanesque, la satisfaction de raconter, l'importance qu'elle accorde à ses sources parallèles et son indépendance d'esprit face aux Jésuites nous suggèrent que ses propos sur la Nouvelle-France n'auront pas seulement servi à fournir des informations factuelles à ses destinataires. Au centre de ses motivations se logeait une aspiration à vivre sur son large territoire personnel décloisonné, à la mesure de la relation à son Dieu, qui est « [...] un grand amour dont la largeur, la hauteur et la profondeur n'ont ni bornes ni limites » (1985, t. I : 484).

L'ursuline meurt le 30 avril 1672. Quelques années avant sa mort, à la suite de sa réélection comme supérieure du monastère, souffrant de la fatigue des ans, elle confie à son fils le poids que représente cette tâche : « Me voyant réduite à cet état, j'estimois que l'on me donneroit du repos et que l'on mettroit la charge sur des épaules plus fortes que les miennes, qui panchent si fort vers la terre [...] » (1971 : 794). Écrits au terme de ses jours, ces mots possèdent un sens métaphorique tant le territoire de la Nouvelle-France aura accompagné la vie de cette femme jusqu'à son épilogue.

Marie Guyart repose[29] aujourd'hui au monastère du Vieux-Québec, au tournant de la rue du Parloir.

---

29. Sa pierre tombale a été créée en 1972 par les Ateliers Delwaide et Bourgault à l'occasion du 300e anniversaire de son décès. La pierre est composée de granit noir orné de bois doré. Source : http://www.ursulines-uc.com.

Bibliographie

ACQUELIN, José, et Joséphine BACON (2011). *Nous sommes tous des sauvages*, Montréal, Mémoire d'encrier.

BUREAU, Luc (2018). « Mots du corps et de la Terre », dans Rachel Bouvet (dir.), *Littérature et géographie*, Québec, Presses de l'Université du Québec, p. 233-245.

CARILE, Paolo (1988). « Nature et culture dans les premières descriptions de la Nouvelle-France », dans Yves Giraud (dir.), *Le paysage à la Renaissance*, Fribourg, Éditions universitaires, p. 81-90.

CARPIN, Gervais (1995). *Histoire d'un mot : l'ethnonyme Canadien de 1535 à 1691*, Québec, Éditions du Septentrion.

CERTEAU, Michel de (1982). *La fable mystique : XVIe-XVIIe siècle*, Paris, Gallimard.

DELÂGE, Denys (1985). *Le pays renversé : Amérindiens et Européens en Amérique du Nord-Est, 1600-1664*, Montréal, Boréal Express.

DELÂGE, Denys (1992). « L'influence des Amérindiens sur les Canadiens et les Français au temps de la Nouvelle-France », *Lekton*, vol. 2, n° 2 (automne), p. 2-87.

DE L'INCARNATION, Marie (1971). *Correspondance*, éditée par dom Guy-Marie Oury, Solesmes, Abbaye Saint-Pierre.

DE L'INCARNATION, Marie (1985). *Écrits spirituels et historiques*, t. I, Québec, Les Ursulines de Québec.

DE L'INCARNATION, Marie (1985). *Écrits spirituels et historiques*, t. II, Québec, Les Ursulines de Québec.

DEROY-PINEAU, Françoise (1989). *Réseaux sociaux et mobilisation de ressources : analyse sociologique du dessein de Marie de l'Incarnation*, thèse de doctorat (sociologie), Montréal, Université de Montréal.

DESLANDRES, Dominique (2015). « La rencontre des populations autochtones d'après le témoignage de Marie de l'Incarnation », dans Raymond Brodeur et Gilles Routhier (dir.), *Risquer un monde nouveau : 375 ans de vie et d'audace*, Montréal, Novalis, p. 75-86.

DESLANDRES, Dominique (2019). « De Marie Guyart de l'Incarnation aux femmes "ordinaires" de la Nouvelle-France », dans Philippe Roy-Lysencourt, Thérèse Nadeau-Lacour et Raymond Brodeur (dir.), *Marie Guyart de l'Incarnation : singularité et universalité d'une femme de cœur et de raison*, Québec, Presses de l'Université Laval, p. 265-276.

DUMONT, Fernand (1993). *Genèse de la société québécoise*, Montréal, Éditions du Boréal.

LANDY-HOUILLON, Isabelle (2019). « Marie de l'Incarnation écrivaine? », dans Philippe Roy-Lysencourt, Thérèse Nadeau-Lacour et Raymond Brodeur (dir.), *Marie Guyart de l'Incarnation : singularité et universalité d'une femme de cœur et de raison*, Québec, Presses de l'Université Laval, p. 167-192.

LAPOINTE, Gabrielle (1974). *Constitutions et règlements des premières Ursulines de Québec, 1647*, Québec, [s. é.].

MARTIN, dom Claude (1677). *La vie de la Venerable Mere Marie de l'Incarnation, première supérieure des Ursulines de la Nouvelle France : tirée de ses lettres & de ses écrits*, Paris, Louis Billaine.

MARTIN, dom Claude (1681). *Lettres de la Venerable Mere Marie de l'Incarnation, premiere supérieure des Ursulines de la Nouvelle France : divisée en deux parties*, Paris, Louis Billaine.

MIRON, Gaston (1998). *L'homme rapaillé*, Montréal, Éditions Typo.

MORISSET, Jean, et Éric WADDELL (2001). *Amériques : deux parcours au départ de la Grande Rivière du Canada*, Montréal, Éditions de l'Hexagone.

SMART, Patricia (2014). *De Marie de l'Incarnation à Nelly Arcan : se dire, se faire par l'écriture intime*, Montréal, Éditions du Boréal.

THWAITES, Reuben Gold (1891-1901). *The Jesuit Relations and Allied Documents*, Cleveland, Burrows Bros. Co., 73 vols.

VIAU, Roland (2005). *Femmes de personne : sexes, genres et pouvoirs en Iroquoisie ancienne*, Montréal, Éditions du Boréal.

WINN, Colette (2018). « La rencontre franco-amérindienne d'après la correspondance de Marie de l'Incarnation (1639-1672) », *French Forum*, « Altérité et différences à l'aube des temps modernes », vol. 43, n° 2 (automne), p. 253-267.

WOIDAT, Caroline M. (2008). « Captivity, Freedom, and the New World Convent: The Spiritual Autobiography of Marie de l'Incarnation Guyart », *Legacy*, vol. 25, n° 1, p. 1-22.

ZECHER, Carla (1998-1999). « Life on the French-Canadian Hyphen: Nation and Narration in the *Correspondence* of Marie de l'Incarnation », *Québec Studies*, vol. 26, (automne-hiver), p. 38-51.

ZEMON DAVIS, Natalie (1997). *Juive, catholique, protestante : trois femmes en marge du XVIIe siècle*, Paris, Seuil.

« Vivre d'abord, écrire ensuite » : matérialité et expérience de la littérature dans la correspondance entre Octave Crémazie et Henri-Raymond Casgrain

Louis-Serge Gill
Collège Laflèche

Octave Crémazie serait-il « le seul véritable écrivain du XIXe siècle québécois, ou si l'on veut le seul en qui se réunissent les traits essentiels du mythe moderne de l'écrivain » ? (Marcotte, 1989 : 211) Sur le plan des idées, que l'on trouve exposées dans ses lettres à Henri-Raymond Casgrain, nous serions tentés de répondre « assurément ». De fait, peu de correspondances littéraires issues de cette période de l'histoire canadienne-française marquent autant l'imaginaire. En vérité, ces lettres revêtent un caractère tout particulier, même pour des lecteurs d'autres générations. Comme le souligne Laurent Mailhot lorsqu'il inclut un extrait de la lettre du 29 janvier 1867 dans son anthologie de *L'essai québécois depuis 1845*, la fortune critique de cet échange épistolaire et son inscription dans la mémoire littéraire tiennent probablement au fait que « [s]es lettres de 1866 et 1867 à l'abbé Casgrain sont [celles] d'un critique lucide et d'un essayiste original et vigoureux » (2005 : 88). Bien que succincte, l'observation de Mailhot n'est pas banale. D'une part, il est vrai que les lettres offrent un point de vue critique[1] et que, d'autre part, elles se caractérisent par une grande

1. Dans la petite anthologie que Michel Dassonville (1956) consacre au poète, l'éditeur regroupe des fragments de lettres sous l'appellation « Pages de critique ». Cette catégorie, plus spécifique qu'une dénomination comme « Prose », suppose une tout autre intention d'écriture. Lucie Robert (1981) a montré les implications « institutionnelles » d'un tel substantif accolé au nom de Crémazie.

vigueur, laquelle donne une force assertive aux propos, mais, surtout, suppose une plus grande liberté d'expression. En ce sens, la relecture de la correspondance de 1864 à 1867 proposée ici considère la lettre comme une pratique d'écriture qui reproduit le mouvement d'une pensée en train de se faire.

La présente étude reprend l'hypothèse selon laquelle la relation entre Crémazie et Casgrain reposait sur une divergence entre leurs visions de la littérature (Cambron, 1993), mais elle ajoute une piste de lecture : l'*ethos* de l'exilé mis en scène, sciemment ou non, par Crémazie dans ses lettres à Casgrain[2]. Ce faisant, les distinctions entre les visions de la littérature – une représentation idéalisée chez Casgrain et une analyse concrète et matérialiste chez Crémazie – seraient tributaires de la distance à laquelle se trouvent les épistoliers. Cette distance que l'on pourrait penser en partie abolie par la lettre n'est pas que géographique ou symbolique. La divergence de points de vue sur la littérature naîtrait plutôt de la distance créée par les conditions matérielles dans lesquelles se trouvent respectivement l'abbé et le poète exilé, celles qu'il goûte dans la « coupe amère de l'exil » (Crémazie, 1976 : 105) : isolement, dégradation de l'état de santé, besoins matériels dont témoigne l'aide financière de son frère Jacques. Ainsi, la lucidité assertive et critique des lettres, ce qui fait leur vigueur, ne tirerait pas seulement son origine d'une distance qui abolirait les conditions sociales et normatives venant contraindre la prise de parole (par exemple, ce que l'on ne dit pas en public pour ne pas choquer des intimes ou des relations et que l'on pourrait énoncer en privé), mais bien des conditions de « survie » dans lesquelles l'exilé affirme être placé. En fait, l'idée de vie, dans ses dimensions ontologiques et matérielles deviendrait un enjeu beaucoup plus important que celui de la littérature. Or le caractère essayistique et moderne de l'épistolaire crémazien rendrait inextricables ces deux dimensions, sur lesquelles se fonde l'idéal poétique proposé par l'exilé.

Le refus d'un idéal, celui de Casgrain, n'exclut pas que Crémazie puisse en proposer un. Le projet de la « Promenade de trois morts »,

2. L'*ethos* de l'exilé est perceptible dans les lettres de Crémazie à sa famille, soit sa mère et ses frères Joseph et Jacques, ainsi qu'à son ami Ernest Gagnon. Celles-ci seront peu commentées, mais serviront de base pour illustrer comment se développe l'*ethos* de l'exilé dans l'épistolaire crémazien.

longue fantaisie où se développe une fascination cadavérique que Casgrain aimerait tant voir aboutir, s'inscrit dans un questionnement existentiel sur le devenir de la chair et de l'esprit après la mort. Pourtant, les explications de Crémazie sur le projet n'aboutissent pas à l'écriture du poème, mais seraient plutôt révélatrices de son idéal poétique : une fois l'œuvre publiée, elle devient sujette à toutes sortes de détournement. À quoi bon publier, si l'œuvre ne peut atteindre, dans la durée, la hauteur de l'idéal qui l'a vue naître ? De la lecture à l'écriture, de l'écriture à la lecture, la lettre révèle une expérience de la littérature qui se fait à la manière d'un soliloque. Ce type de questionnement, au cœur même de l'épistolaire, renouvelle l'intérêt pour les lettres de Crémazie. En plus d'analyser le monde littéraire canadien-français dans la seconde moitié d'un siècle où l'on mise sur la production, la visibilité et la postérité souhaitée d'une littérature nationale, ces lettres évoquent l'échec de la création et le refus de (re)naître ; autant d'aspects qui en font des textes foisonnants, vivants et résolument modernes où s'incarne un *primum vivere*. Vivre d'abord, écrire ensuite. La publication ne peut advenir sans que les conditions matérielles immédiates soient jugées acceptables par le poète exilé. Dans cet esprit, la lettre-essai traduit une perspective où l'expérience littéraire et existentielle de la lecture supplante l'écriture.

La lettre comme événement

Épistolaire et exil

Même si, comme le souligne Odette Condemine, la plupart des lettres à Joseph et à Jacques Crémazie brossent un portrait intéressant de la vie politique et sociale en France durant près de deux décennies (Condemine dans Crémazie, 1976 : 27), la maladie et la solitude organisent l'ensemble des premières lettres d'exil du libraire et poète. Le 15 février 1863, quelques mois après son départ pour l'Europe, Crémazie relate à sa mère son épuisement généralisé et ses divers maux, avant d'ajouter : « Étant toujours seul, sans voir une figure de connaissance, sans entendre une voix amie, n'ayant d'autres compagnons que les souvenirs si tristes du passé et la réalité effrayante du présent, j'avais peur de devenir fou de peine et de douleur » (1976 : 21). Aussi les envois postaux lui transmettent-ils ce qu'il faut pour subsister puisque, comme il le précise dans la même correspondance, « [l]a lettre et la remise de Jacques, en me rendant l'espérance, m'ont rendu à la vie » (1976 : 21). En ce sens, les échanges épistolaires revêtent un caractère salvateur et accordent quelque lueur d'espoir à l'exilé aux prises avec des problèmes de santé récurrents (maladie oculaire, maux de tête). D'ailleurs, c'est apparemment par l'entremise de Jacques qu'Octave maintient le lien avec Casgrain.

Dans une lettre à son frère Jacques datée du 4 mai 1863, Octave exprime ce souhait : « Dis donc à M. Casgrain de m'écrire quelques lignes quand il en aura le loisir. Cela me ferait un bien grand plaisir » (1976 : 58). À rebours, on comprend que le poète savait que Casgrain projetait de réunir ses poèmes épars en un volume, et cet intérêt tout à fait compréhensible pour l'édition de ses propres poèmes deviendra un motif récurrent des lettres échangées avec Casgrain jusqu'à la toute fin de leur correspondance connue, en 1877. L'exilé souhaite avoir un droit de regard sur le travail accompli puisque Casgrain cherche à tout prix à rééditer des poèmes et, surtout, à mettre la main sur la version achevée de la « Promenade de trois morts[3] ».

Une première lettre de Casgrain ne tarde pas à lui parvenir en 1863. Crémazie se trouve empêché de répondre immédiatement, comme il l'explique dans sa lettre du 2 avril 1864, la première adressée à Casgrain : « Si je ne vous ai pas répondu alors, c'est que j'étais tellement malade que j'avais à peine la force nécessaire pour écrire à mes frères. Depuis mon départ de Québec jusqu'au mois dernier, j'ai existé, mais je n'ai pas vécu » (1976 : 68). Après des remerciements d'usage, Crémazie se lance sans préavis dans des reproches : « Je vous remercie des soins que vous avez bien voulu apporter à la publication de ces vers. Pourquoi n'avez-vous donc pas publié les deux pièces sur la guerre d'Orient, qui ont paru, l'une dans *Le Journal de Québec* du 1er janvier 1855, l'autre dans la même feuille du 1er janvier 1856 ? » (1976 : 68). L'oubli des vers suscite le mécontentement de l'épistolier. Pourtant, son correspondant et éditeur n'y est pour rien. En effet, Casgrain expliquera qu'il n'avait tout simplement pas ces poèmes en sa possession lorsque l'ensemble lui

3. La première partie de ce poème paraît en 1862. À sa lecture, certains critiques sont choqués tant ce texte poétique diffère de la poésie patriotique et historique à laquelle le libraire avait habitué son public. Les inlassables tentatives de Casgrain pour obtenir quelques vers supplémentaires seront traitées plus loin.

a été transmis par la famille et les amis de Crémazie. Pire, il ignorait tout simplement leur existence, une situation qui témoigne de la dissémination du littéraire à l'époque.

La critique du travail d'édition réalisé par Casgrain ne se limite pas seulement à ses propres poèmes. Dans la même lettre, il souligne avoir « lu avec un plaisir et un intérêt infinis la vie de Mgr Plessis par l'abbé Ferland » (1976 : 68), biographie parue dans *Le Foyer canadien*, avant de remettre en cause la décision « d'ouvrir [le] répertoire aux minces productions des rimailleurs français échoués sur les bords du Saint-Laurent » (1976 : 68). L'exilé fait ouvertement référence à Emmanuel Blain de Saint-Aubin et à son poème « Maman a toujours raison ». Comme le remarque Jeanne d'Arc Lortie, l'échange épistolaire permet à Crémazie de régler ses comptes avec certains compatriotes :

> On ignore généralement que Crémazie, misogyne, fut l'objet de couplets humoristiques sur ses amours pour une certaine Flora. À l'occasion de la Saint-Valentin, un Français d'origine récemment arrivé au pays, Emmanuel Blain de Saint-Aubin, a composé sur ce sujet une chanson qu'il a sans doute adressée à Crémazie lui-même, « Chanson à Flora » [...]. Le poète exilé s'en souviendra et critiquera plus tard un poème [...] de cet auteur. (1975 : 304, note 112)

Alors que dans les lettres à sa famille, l'échange épistolaire revêt un caractère salvateur, dans les lettres à Casgrain, l'échange se révèle un lieu idéal pour déverser certaines rancœurs, même après deux années passées en exil. S'il se révèle très pragmatique dans ce premier échange avec l'abbé, il ne manque pas, environ au même moment, de rappeler à des amis le désarroi dans lequel le place son exil, par le truchement d'un curieux jeu intertextuel. À l'abbé Charles-Félix Cazeau, le 27 juillet 1863, il écrit :

> Ç'a été pour moi un véritable bonheur que de recevoir votre lettre du 10 juillet. « L'exilé partout est seul », a dit Lamennais. Mais sa solitude se peuple des souvenirs et des enchantements du ciel natal quand une voix amie et sympathique comme la vôtre vient retentir à son oreille. Encore une fois merci pour votre bonne lettre. (1976 : 64)

Quelque six mois plus tard, à son ami Ernest Gagnon, le 1er avril 1864, il cite à nouveau la phrase de Félicité de Lamennais :

> À celui qui vit dans l'exil, toute voix qui vient du ciel natal apporte avec elle un écho de la patrie; mais quand cette voix est, comme la vôtre, celle d'un ami, ce n'est plus seulement un écho, c'est la voix même de la patrie qui vient consoler et charmer mon isolement. Vous vous souvenez sans doute de ce mot de Lamennais : « L'exilé partout est seul. » Il m'est donné, hélas! depuis près de deux ans, de me convaincre chaque jour, par moi-même, de l'amère vérité de cette parole. (1976 : 66)

Le plus curieux dans ces exemples est que Crémazie omet ce qui entoure la fameuse phrase de Lamennais. Le passage complet, tel qu'on peut le lire dans *Paroles d'un croyant*, se présente comme suit :

> Il n'y a d'amis, d'épouses, de pères et de frères que dans la patrie.
> L'exilé partout est seul.
> Pauvre exilé! cesse de gémir; tous sont bannis comme toi : tous voient passer et s'évanouir pères, frères, épouses, amis.
> La patrie n'est point ici-bas; l'homme vainement l'y cherche; ce qu'il prend pour elle n'est qu'un gîte d'une nuit. (1834 : 230)

Être isolé de sa famille et de ses amis constitue un bien triste sort, et le « croyant » de Lamennais doit se consoler de ce qu'il porte en lui-même tous ceux qu'il aime (cela Crémazie le sait), mais l'auteur ajoute aussi que la patrie ne coïncide pas avec la terre natale, qu'elle se trouve ailleurs sur un horizon spirituel, apolitique. L'intertexte entre les lettres de Crémazie et les *Paroles d'un croyant* n'a rien d'anodin. Selon Gilles Gallichan, l'ouvrage connaît une large diffusion, si bien que « Lamennais et son œuvre ont exercé un énorme pouvoir de séduction sur les élites québécoises des deuxième et troisième quarts du XIXe siècle » (1991 : 89). Ainsi, le poète renvoie à une référence commune et largement partagée par un ensemble de Canadiens français. Malgré les âpretés de l'exil, celui qui parvient à travailler tout de même dans le milieu des librairies par l'entremise de Gustave Bossange et qui se rendra régulièrement après le siège de Paris en 1870 à des séances du Collège de France mène une vie où il peut encore s'adonner à ses principaux champs d'intérêt. Or, dans l'épistolaire crémazien, ce ne sont pas tant les questions sociales ou politiques qui attirent l'attention que le ton mélodramatique propre à l'apitoiement sur soi qui cimente en quelque sorte l'*ethos* de l'exilé. Ce dernier, développé entre autres autour de la phrase de Lamennais, met en place le paradoxe fondamental des lettres de Crémazie : la tension entre un souci matériel obsessionnel que convoque inlassablement la précarité induite par l'exil et la vision romantique d'une expérience littéraire, lecture et écriture combinées, essentielle à l'épanouissement personnel. Toutefois, les éléments de ce paradoxe deviennent véritablement saillants dans les échanges avec Casgrain.

Littérature et conditions matérielles

Deux ans s'écoulent avant que, le 10 avril 1866, Crémazie réponde à une lettre de Casgrain écrite le 1er juin 1864[4], alors que ce dernier réagissait à la lettre du 2 avril 1864 citée précédemment[5]. L'enchaînement des lettres suppose un délai d'environ deux mois entre la réception, la rédaction de la réponse, l'envoi et la réception outre-mer. Cette lettre du 1er juin demeure sans réponse jusqu'au moment où Crémazie reçoit du Canada la livraison de janvier 1866 du *Foyer canadien* dans laquelle on peut lire le fameux texte programmatique de Casgrain sur le « Mouvement littéraire en Canada ». Cette lecture sera le déclencheur de l'une des plus longues lettres du poète exilé, qu'il rédigera sur deux jours puisque, comme il l'explique, « [...] la tête me fait toujours un peu souffrir, et je suis éreinté quand j'écris trop longtemps. Je finirai demain cette trop longue missive » (1976 : 77).

La première partie de la lettre s'ouvre sur une marque d'appréciation générale de l'« article magistral » (1976 : 74) de Casgrain, bien que l'exilé ne partage pas le point de vue de l'abbé. Il souligne d'abord le « milieu presque toujours indifférent, quelques fois même hostile, où se trouvent placés en Canada ceux qui ont le courage de se livrer

4. Crémazie commence sa lettre en mentionnant ceci : « Dans votre lettre du 1er juin 1864, à laquelle des douleurs physiques et morales presque continuelles m'ont empêché de répondre [...] » (1976 : 78). Cette lettre de Casgrain n'a pas été retrouvée.

5. Pourtant, dans cet intervalle, quelques lettres retrouvées révèlent que Crémazie n'a pas coupé toutes communications avec sa famille. De fait, en 1864 et en 1865, après que Casgrain a envoyé sa lettre datée du 1er juin, Crémazie envoie six lettres à des membres de sa famille : quatre à sa mère (12 juillet, 19 juillet, 26 juillet 1864 et le 7 février 1865) et deux à ses frères, datées du 13 décembre 1864 et du 8 mai 1865.

aux travaux de l'intelligence » (1976 : 74), pour ensuite s'intéresser aux conditions sociales, et matérielles, de l'écrivain dans son pays natal. Il blâme notamment le désintérêt du public et l'absence de rétribution qui permettrait véritablement aux hommes de lettres de s'adonner en toute liberté à la création littéraire : « Pour devenir un grand artiste, il faut donner toute son intelligence, tout son temps à des études sérieuses, difficiles et suivies » (1976 : 76).

À l'opposé, pour Casgrain, l'idée de littérature canadienne a préséance sur l'existence concrète de ladite littérature, un constat que formulera Gilles Marcotte dans deux textes importants, « Institutions et courants d'air » (1981) et « Octave Crémazie : lecteur » (1989). Marcotte suggère que l'institution littéraire précède les œuvres et qu'au fond, le désir d'avoir une littérature nationale prime tout. Idéaliste, donc, Casgrain se trouve tout de même bien en phase avec son époque quand il envisage une littérature ancrée dans les intérêts collectifs et nationaux : le programme de littérature nationale vise à susciter un mouvement de communauté réel ou imaginé, comme c'est le cas de l'ensemble des projets du même acabit au XIXe siècle, notamment par la recherche de récits nationaux fondateurs (contes, légendes), mais aussi des entreprises de réinterprétation de l'histoire nationale qui vont ériger de nouvelles figures héroïques. Alors qu'en Europe on s'affaire à nationaliser la littérature médiévale (Thiesse, 2019 : 75-92), les auteurs canadiens-français retracent les « épopées » de la Nouvelle-France. Dans la foulée, Casgrain développe sa vision de la littérature autour de l'histoire canadienne, en continuité avec l'élan messianique de la préface à son *Histoire de la mère Marie de l'Incarnation* (1864) où se succèdent les martyrs et autres religieux ayant veillé au berceau de la nation. D'ailleurs, c'est de cette même histoire canadienne que les œuvres littéraires doivent tirer leurs thèmes et leurs particularités idéologiques; des caractéristiques toutes décrites clairement dans l'article auquel fait référence Crémazie dans sa lettre. En complémentarité, le nouveau prospectus de la revue, produit dans ce même numéro de janvier 1866, évoque les contraintes qui limitent la vie littéraire de l'époque :

> Le mouvement littéraire qui s'est produit chez la jeunesse instruite et auquel les fondateurs du *Foyer* se flattent de ne pas avoir été tout à fait étrangers ne peut se maintenir que par le spectacle sans cesse

> renouvelé des succès obtenus par ceux qui ont le courage de tenter la publicité dans les conditions nécessairement restreintes qui nous sont faites dans ce pays. (1866 : iv)

En affirmant que « tenter la publicité » serait un acte de courage, l'équipe du *Foyer canadien* semble lier le travail d'écrivain à une sorte de vertu proche d'un don de soi, d'autant plus que l'on admet que le tout s'opère dans des « conditions nécessairement restreintes ». En somme, un devoir collectif qui correspond bien à l'ambition d'une littérature nationale, dont la « voie sera tracée d'avance », écrit Casgrain (1866 : 26). Et les auteurs du prospectus d'ajouter : « L'avenir nous dira si nous nous sommes trompés en comptant sur le patriotisme et sur le goût naturel de notre population [...] » (1866 : vii).

Visiblement, Crémazie n'a pas lu l'article de son correspondant quand il mentionne au début de sa lettre du 10 avril 1866 : « Dans le milieu presque toujours indifférent, quelquefois même hostile, où se trouvent placés en Canada ceux qui ont *le courage* [je souligne] de se livrer aux travaux de l'intelligence, je crains bien que cette époque glorieuse que vous appelez de tous vos vœux ne soit encore bien éloignée » (1976 : 74). Dès lors, il propose justement d'exposer pourquoi la « naissance » d'une littérature, autant appelée que souhaitée, restera pour longtemps encore un horizon rêvé.

D'une grande franchise, le diagnostic que pose Crémazie renvoie à une société prémoderne, celle de la Renaissance, où « [l]es moines, n'ayant pas à lutter contre les exigences de la vie matérielle, pouvaient se livrer, dans toute la sérénité de leur intelligence, aux travaux littéraires et aux spéculations scientifiques [...] » (1976 : 75). Or, en plein « Moyen Âge canadien », l'auteur s'assujettirait plutôt aux tribulations quotidiennes, et l'indifférence à son endroit le pousserait à exercer des métiers de nécessité : celui de journaliste (« tartines des politiqueurs » [1976 : 75]) ou celui de critique, pour qui « [l]es journaux [ont] tous la même formule, qui consist[e] en une réclame d'une dizaine de lignes » (1976 : 77). Ainsi, quand il aborde « la littérature politique », c'est qu'il n'en a toujours pas fini avec le programme du « mouvement littéraire en Canada ». Après ce « long verbiage », il annonce que « les bornes d'une lettre » ne permettent pas de disserter plus longuement sur les solutions à apporter aux problèmes littéraires du Canada.

Affaire idéologique, le programme nationalisant de Casgrain s'attire les critiques de son correspondant, qui ne semble y voir qu'une naïveté bien idéaliste. L'abbé se dote même d'une mission spirituelle vers la fin de son article, soit celle « d'opposer au positivisme anglo-américain, à ses instincts matérialistes, à son égoïsme grossier, les tendances d'un ordre plus élevé qui sont l'apanage des races latines, une supériorité incontestée dans l'ordre moral et intellectuel, dans le domaine de la pensée » (1866 : 27). Alors que Casgrain semble laisser le sort de la littérature canadienne entre les mains de la Providence, Crémazie lui oppose la dure réalité des conditions des écrivains canadiens; réalité qui pourrait très bien s'amalgamer à celle vécue par le poète exilé, à son « existence maintenant si aride » (1976 : 74), qui s'incarne remarquablement bien dans l'image d'un Crémazie lecteur de son siècle, telle que proposée par Marcotte : « Lire, c'est refuser le même, l'identique, la coïncidence, l'intérêt tribal; c'est *prendre distance* » (1989 : 227). À distance tant géographique qu'intellectuelle, Crémazie s'intéresse moins à l'*idéation* d'une littérature qu'à l'idée de la vie, celle des écrivains et la sienne.

Si la « vie » se présente dans son acception ontologique (« les lettres n'ont donné signe de vie », « exigences de la vie », « Lisez la vie »), elle se trouve surtout liée aux contrariétés matérielles dans la première partie de la lettre : « le prêtre doit vivre de l'autel, l'écrivain doit vivre de sa plume », « soucis quotidiens de la vie », « la dure nécessité de consacrer sa vie à quelques occupations arides », « le *res angusta domi* [la vie domestique] dont parle Horace ». Toutefois, la position de Crémazie demeure paradoxale. Tout en étant matérialiste, l'épistolier semble nous mettre en garde afin de ne pas perdre de vue l'essentiel de ce qu'*est* et de ce que *peut* la littérature, en opposition à ce qui pourrait la quantifier et la mercantiliser, soit la publication des œuvres. Au programme nationalisant de son correspondant, l'exilé oppose une vision romantique de la littérature où vie et création vont de pair. S'il faut plier la littérature aux exigences matérielles du monde moderne, soit, mais qu'on le fasse décemment en rétribuant adéquatement les écrivains. Les multiples références à la vie préfigurent le cœur de la lettre : la littérature, nouveau sacre prométhéen, ne peut être prise à la légère puisque « [d]ans de pareilles conditions, c'est un malheur que d'avoir reçu du ciel une parcelle du feu sacré » (Crémazie, 1976 : 76). Par cette posture révélatrice d'un idéal poétique, on comprend que la littérature ne devrait pas être soumise, voire sacrifiée, à un quelconque programme. L'expérience de la vie immédiate incite assurément le poète à mettre le programme du « mouvement littéraire » à l'épreuve de la réalité. En ce sens, cette lettre du 10 avril 1866 nous renseigne aussi sur la nature du pacte épistolaire entre Crémazie et Casgrain.

En effet, on comprend de manière indirecte que Casgrain incite le poète exilé à terminer sa « Promenade de trois morts », dont les premiers vers ont été publiés dans *Les Soirées canadiennes* en 1862. À ce sujet, la réponse de Crémazie est révélatrice : « Ce que vous me demandez, des amis me l'ont également demandé en m'écrivant que je devais cela à mon pays » (1976 : 78). S'il faut en croire l'entourage de Crémazie, écrire est un devoir patriotique. En revanche, la réplique de Crémazie indique aussi qu'il n'existe pas de dialogue exclusif à Crémazie et à Casgrain : des tiers, que Crémazie ne nomme pas, s'immiscent dans la lettre, banalisant la requête de l'abbé. Ce dernier veillera à rectifier cette « erreur » quand il ajoutera dans l'édition des *Œuvres complètes*[6] de 1882, l'adjectif indéfini « d'*autres* amis », s'incluant de fait dans les relations amicales de l'exilé[7]. Loin d'être unique, cette légère *fabrication* s'ajoute à une seconde variante tirée du même paragraphe, jouant d'ailleurs avec l'idée « d'existence ».

Esquivant l'offre de publication, Crémazie affirme qu'il ne recevrait aucune compensation financière pour sa poésie; l'écriture pour la patrie demeure autant secondaire qu'insignifiante pour lui : « J'ai bien deux mille vers au moins qui traînent dans les coins et les recoins de mon cerveau. À quoi bon les en faire sortir? Je suis mort *maintenant* [Crémazie souligne] à l'existence littéraire » (1976 : 78). Dans ses « Variantes et notes explicatives », Condemine remarque que le mot « maintenant » n'apparaît ni dans la version publiée dans la *Revue canadienne* (1881), ni dans celle des *Œuvres complètes* (1882) (*Ibid.* : 344). Dans cette lettre de Crémazie, Casgrain qui, après la mort du poète, souhaite pérenniser ses écrits, se présente à la fois comme un intime

6. Cet ouvrage réunit pour la première fois plusieurs lettres de Crémazie à sa famille et à des amis, dont Casgrain.

7. Voir les « Variantes et notes explicatives » de Condemine, dans Crémazie, 1976 : 344.

du poète exilé (première variante), tout en faisant en sorte que les lettres de ce dernier soient affranchies autant que possible de marques « périssables » (seconde variante). « Je suis mort à l'existence littéraire » semble immuable. La destinée tragique s'est accomplie alors que, dans son mouvement initial, l'épistolier ouvrait une voie où le sort et la fatalité, qui placent le poète dans ce désert créatif qu'est l'exil, pouvaient être déjoués, notamment quand Crémazie expliquait qu'une lettre de son frère Jacques, assortie d'une somme d'argent, « l'[avait] rendu à la vie ». Si, d'une part, Casgrain semble avoir pour objectif de pérenniser la figure de Crémazie, grâce à l'utilisation du présent « des vérités éternelles » (Cambron, 1993 : 82) qui régit son écriture et qu'il ne cesse de promouvoir dans l'ensemble de ses écrits programmatiques, d'autre part, les lettres de Casgrain permettent le déploiement d'une pensée unique et originale, celle de Crémazie, sur la vie littéraire de l'époque. En contrepartie, la vigueur si caractéristique des lettres de Crémazie n'est rendue possible que par la dynamique épistolaire instaurée par Casgrain et par la complémentarité de leurs points de vue.

Un interlocuteur insistant

Le 29 juin 1866, Casgrain affirme avoir éprouvé un vif plaisir à lire la lettre de Crémazie. S'il prend acte des propos de l'exilé, il les réoriente un peu à sa guise : « Je ne diffère pas beaucoup de votre manière de voir au fond, seulement, comme vous le dites fort bien, il faut présenter les choses en beau. Si l'avenir ne nous promet rien de très florissant pour les lettres, ayons donc au moins le plaisir de le croire : ça sera toujours autant de pris » (1976 : 79). Le propos optimiste sera suivi par un retour sur le désintérêt du public canadien pour la littérature, qu'évoquait Crémazie : « Quels trésors d'ignorance renferme notre pays ! C'est un secret que Dieu seul connaît ; chaque jour m'en convainc davantage. Depuis votre départ, je n'ai pas rencontré une vingtaine de Canadiens, parlant *bon sens* [Casgrain souligne] sur la littérature » (*Ibid.* : 80). La solution ? « Ayons seulement huit ou dix Crémazie et nous vivrons. Excusez ma franchise » (*Ibid.*). Voilà un rêve irréalisable quand on n'en tient même pas un ! Casgrain explique, en repiquant les propos de Crémazie, que Pamphile Le May « n'est qu'un faible versificateur » et que le « pauvre Fréchette ne fait plus de vers ». Ajoutons à cela que Crémazie lui-même n'écrit plus, car il s'en trouverait empêché. Faisant allusion à ce que ce dernier disait à propos des conditions d'écriture de l'écrivain canadien, Casgrain affirme avoir un remède au *res angusta domi* : « [F]aites-nous la fin de vos *Trois morts* dont la plus grande partie est composée dans votre tête, et nous vous ferons parvenir les honoraires auquel tout auteur a un droit sacré. Ainsi les moments de loisir que vous y consacrerez ne seront pas perdus » (*Ibid.*). La relance ne se limite pas qu'à une offre d'édition : « Que je voudrais avoir une heure d'entretien avec vous ! Je vous prouverais combien de sympathies vous comptez parmi les Canadiens, vos compatriotes, et surtout parmi le clergé » (*Ibid.*). Il s'ensuit une tirade sur l'injustice mercantile qui aurait fait fuir le poète du pays, alors qu'il était habité par des sentiments nobles, ne souhaitant que « causer poésie dans l'intimité de quelques amis d'élite, leur lire quelques beaux vers » (*Ibid.*). Pour plus de force persuasive, il ajoute : « Rentrez dans votre cœur et dites-moi si tous vos désirs ne se bornaient pas là » (*Ibid.*).

À la lumière de ces considérations, on remarque que l'envie de communiquer se manifeste principalement, voire unilatéralement chez Casgrain. Après un calcul de l'ensemble des marques de la deuxième personne du pluriel pouvant se rapporter à Crémazie (« vous », « votre », etc.), on peut en dénombrer 47 dans une brève lettre d'à peine deux pages. La lettre, dans son intégralité, se veut un « appel » à son correspondant. En contrepartie, Crémazie parle presque exclusivement de lui-même et la première personne du singulier domine dans ses lettres. Le désir de communiquer traduit toutefois un dessein bien particulier : tirer Crémazie de sa réclusion et de son isolement, ne serait-ce que symboliquement, pour le rendre à la vie publique (Cambron, 1993). Pour ce faire, Casgrain évoque une sortie progressive de l'intimité vers la vie sociale :

> L'autre jour, je montais à Montréal en compagnie de Jacques Crémazie et nous causions de tout cela, l'émotion au cœur, et des larmes aux yeux. Et ce que je vous dis, je le lui répétais et nous étions soulagés.
> Ne soyez donc pas si longtemps sans m'écrire ; mes amis auxquels j'ai lu votre lettre étaient si contents d'avoir de vos nouvelles !
> Que la prochaine lettre que vous m'adresserez renferme au moins une partie de votre beau poème des *Trois morts*. (1976 : 81)

Casgrain, toujours aussi insistant à propos du poème, transcende en plus les remparts de la communication privée, voire intime : d'abord, il évoque un échange de vive voix avec Jacques Crémazie, nommé tout au long, comme s'il était étranger au poète, alors qu'il s'agit du frère, partenaire d'affaires et correspondant d'Octave. Par la suite, on comprend que le contenu des lettres de Crémazie circule à l'intérieur d'un cercle restreint, auprès des « amis » de Casgrain. La carte de l'exclusion brandie par Crémazie dans sa lettre d'avril 1866, soit quand il affirme que des amis (et pas uniquement Casgrain) le sollicitent déjà, trouve ici son contrepoint. Que Crémazie le veuille ou non, ses lettres seront d'abord lues à la famille et à des amis, jusqu'à ce qu'elles rejoignent progressivement un public élargi. À défaut d'avoir des poèmes sous la main, Casgrain rend les lettres publiques, comme il l'annonce dans la lettre du 25 octobre 1866 : « Vos lettres sont des événements parmi notre petit monde littéraire. Je les ai lues aux plus intimes qui ont pleuré avec moi à leur lecture; c'est si bien vous. Vous vous y peignez comme dans un miroir, avec votre charmante bonhomie, votre grande âme, l'exquise sensibilité de votre cœur » (Crémazie, 1976 : 86).

Après cet aveu que les lettres précédentes ont été lues à des intimes, Casgrain prend la parole au nom du poète : « Brisons donc cette lyre divine qui fut jadis suspendue à mon berceau, et dont je tirai des accords qui firent vibrer tant de cœurs ! » (*Ibid.*). Plus loin, il ajoute : « Soyez grand, comme votre malheur ! », « Vous êtes roi, vous êtes couronné... d'épines! Ô roi, ô prophète! prenez votre lyre, chantez du haut de votre malheur. [...] Et quand les brises de l'exil amèneront sur nos bords canadiens vos psalmodies sublimes, un grand silence se fera; la patrie, en longs habits de deuil, se lèvera pour embrasser... une ombre » (*Ibid.* : 87). Quelques lignes plus bas, il pousse l'audace jusqu'à transformer un vers du poète : « Un long chant de bonheur qui sortait des tombeaux » devient le noir et « long *cri de douleur s'échappant* des tombeaux[8] » (*Ibid.*). Si les lettres de Crémazie nous le révèlent comme dans un miroir, à l'instar de la littérature nationale qui « sera le miroir fidèle de notre petit peuple » (1866 : 26), on comprend qui tient ledit miroir. Or Crémazie éprouve une certaine réticence à

8. Condemine signale ce changement dans Crémazie, 1976 : 349.

se livrer à un public qui ne le comprendrait pas, comme l'illustre la réception qui a été réservée à ses « Trois morts », ou bien il considère ce projet de publication trop éloigné des préoccupations matérielles qu'occasionne l'exil.

Néanmoins, dans cette dernière lettre connue de sa correspondance avec le poète, Casgrain semble prendre le parti de l'*ethos* de l'exilé, de Crémazie, en convoquant la figure christique du poète, « couronné... d'épines », marchant à son Golgotha. Ce faisant, il évoque le nécessaire cycle de douleur et de renaissance que supposerait la démarche de création (qui demeure toujours implicite et rarement nommée comme telle). À cet égard, cette figure christique se prête bien à une relecture de l'« Alléluia » de Louis Fréchette, poème et poète qu'affectionne particulièrement Crémazie : « Pendant que de la nuit les profondes ténèbres / Couvraient le Golgotha de leurs voiles funèbres, / Une immense clarté dans les ombres a lui. / Le Christ sort du tombeau tout rayonnant de gloire... » (Fréchette, 1863 : 65). Expatrié, Crémazie devient cette figure sacrificielle de l'écrivain exilé, qui n'a pu vivre à la hauteur de ses ambitions, mais qui sera appelé à revenir. Pour l'heure, l'abbé ne suit que l'*ethos* de l'exilé inauguré dans les lettres à ses amis, voire à sa famille. En revanche, par son insistance, Casgrain a le mérite de transformer une résistance à communiquer en une œuvre mémorable. La publication et, ultimement, la mise en recueil seront toujours secondaires pour l'exilé.

Idéal poétique et matérialité

Casgrain convoque la figure du Christ ressuscité en réponse à l'une des lettres les plus mémorables de Crémazie, soit celle du 10 août 1866. Non seulement on peut lire cette lettre comme une charge en règle contre la « société d'épiciers » et contre tout ce qui assujettirait la littérature à une forme d'utilitarisme, voire à des finalités purement mercantiles, mais elle signe aussi un refus de publier davantage, refus qui tiendrait de la crainte d'être lu par un public ignare et mal avisé. Par la suite, de manière beaucoup plus expansive et nuancée, Crémazie dévoile davantage sa conception de l'écriture dans la lettre du 29 janvier 1867.

Société d'épiciers et connaissance

Ce que Crémazie ne mentionnait pas avant la fin de sa lettre du 10 avril, c'est qu'il venait d'apprendre la mort de François-Xavier Garneau, l'historien national. Il promettait, si la santé le lui permettait, de « payer [s]on tribut à cette belle et grande figure » (1976 : 79). Ce projet ne se concrétisera jamais, mais deux mois plus tard, lorsqu'il lit la notice biographique de Garneau rédigée par Casgrain, les âpres réalités de la vie intellectuelle au Canada lui reviennent à l'esprit : « Il est mort à la tâche, notre cher et grand historien. Il n'a connu ni les splendeurs de la richesse, ni les enivrements du pouvoir. Il a vécu humble, presque pauvre, loin des plaisirs du monde, cachant avec soin les rayonnements de sa haute intelligence pour les concentrer sur cette œuvre qui dévora sa vie en lui donnant l'immortalité » (*Ibid.* : 82). La vie de l'historien national ne fut rien d'autre qu'un sacrifice. Les éloges et les épîtres biographiques, aussi bien intentionnés soient-ils, ne rachèteront jamais cette vie sacrifiée pour l'histoire nationale, semble dire Crémazie.

Il revient alors à la charge à propos des « trésors d'ignorance que renferme » le Canada et il accuse, dans l'un des passages les mieux connus de ses lettres, la « société d'épiciers », ces êtres uniquement occupés à connaître ce qui peut leur suffire dans l'immédiateté de leur champ d'action. L'épicier, c'est l'apprenti avocat qui ne lit que ses manuels de droit; c'est le bourgeois qui s'abonne à un journal pour mieux s'en désabonner quand cela devient trop sérieux, trop exigeant; c'est la complaisance dans l'inertie intellectuelle. À l'opposé du rapport profond et vital à la connaissance, l'épicier vit sans but, sans recherche : « Dans ces natures pétrifiées par la routine, la pensée n'a pas d'horizon. Pour elles, la littérature française n'existe pas après le XVIIIe siècle » (*Ibid.* : 83). Par la suite, l'exilé ne manque pas de rappeler à Casgrain tous les auteurs qui gagneraient à être connus du public. Ces références embrassent tant la culture française (Alfred de Musset, Gautier, Jean-Auguste Nicolas, Ozanam, Mérimée, Ravignan, Lacordaire, Nodier, Sainte-Beuve, Cousin, Gerbet) que les cultures italienne (Dante, Alfieri, Goldoni, Mestatasio), espagnole (Lope de Vega, Calderón), germanique (Goethe, Schiller,

Schlegel) et russe[9] (Lermontov). Crémazie ajoute : « Le patriotisme devrait peut-être, à défaut du goût des lettres, les [les épiciers] porter à encourager tout ce qui tend à conserver la langue de leurs pères » (*Ibid.*). Or le patriotisme n'existe pas en dehors des affaires et il ne garantit pas un intérêt plus soutenu de la part du public. La seule « patrie » qui soit n'est pas localisable géographiquement, comme renchérirait le « croyant » de Lamennais, on la trouve partout autour de soi, quand on sait véritablement la reconnaître. Cette patrie, pour Crémazie, toujours plus lecteur qu'écrivain à cette époque, c'est la communauté imaginée (Thiesse, 2009), assimilable à la *Weltliteratur* goethienne, que l'ouverture à la connaissance lui permet de fréquenter.

La connaissance devient une ascèse de vie que les contraintes idéologiques et les incertitudes pécuniaires ne devraient pas fragiliser. « Oui, vous m'avez parfaitement compris quand vous dites que je n'avais nulle ambition, si ce n'est celle de causer poésie avec quelques amis et de leur lire de temps en temps quelque poème fraîchement éclos » (1976 : 85), affirme Crémazie, avant de noter : « J'ai bien, il est vrai, 700 à 800 vers composés et mis en réserve dans ma mémoire, mais la seconde partie est à peine ébauchée, tandis que la troisième est beaucoup plus avancée » (*Ibid.*). Les formalités se révèlent superflues puisque la décision de ne plus écrire est déjà prise, quand il affirmait la même chose dans une lettre à son frère Jacques, deux ans plus tôt : « Avec ce volume, et en consultant la collection du *Journal de Québec*, on pourra donner, sinon tout ce que j'ai composé, du moins tout ce que j'ai publié. J'ai bien deux à trois mille vers composés dans ma tête et qui n'ont jamais été écrits. Si jamais je revois le ciel de ma patrie, alors je verrai à les publier » (*Ibid.* : 58). Que restait-il, donc? « [L]a prose, ce mâle outil » (*Ibid.* : 85), dont il se servira pour écrire le *Journal du siège de Paris* en plus d'autres lettres mémorables à sa famille et à Casgrain. Ainsi, Crémazie conclut sa lettre par une exigence : « Je ne vous demanderai pas de livrer mes poèmes à la publicité, mais seulement de les garder comme un souvenir » (*Ibid.*).

9. Selon Condemine, Crémazie aurait emprunté plusieurs fois les livres suivants à l'Institut canadien de Québec : *Théâtre* de Goethe, *Théâtre* de Schiller, les œuvres de Lope de Vega et les *Mémoires* d'Alfieri (Crémazie, 1976 : 348).

Publicité et corruption

À bien des égards, pour Crémazie, l'écriture et la création épousent les hasards de la vie. De son point de vue, la création littéraire gagne peu en passant le stade de la publication, stade généralement suivi de la réception ou de l'appréciation des pairs. Elle s'enrichit encore moins lorsqu'elle se trouve pensée dans un système, comme le projet de littérature nationale de Casgrain, ou dans une esthétique fermée, comme celle des classiques. La lettre du 29 janvier 1867 exprime ce point de vue avec clarté : « Quel lien peut-il y avoir entre moi et les héros des tragédies ? En quoi la destinée de ces rois, de ces reines, peut-elle m'intéresser ? Le style du poète est splendide, il flatte mon oreille et enchante mon esprit, mais les idées de ces hommes d'un autre temps ne disent rien ni à mon âme, ni à mon cœur » (*Ibid.* : 94). Au-delà des préférences esthétiques, l'expérience de lecture doit pouvoir se transposer dans l'existence, toucher l'âme et les passions. Cette vision de la lecture des classiques exerce une influence notable sur la vision générale de la littérature qu'entretient celui qui perçoit le désir d'écrire comme le don du feu prométhéen que cherche à éteindre une société ignare et mercantile.

Devant l'incapacité du Canada français de faire valoir son originalité en tant que nation, Crémazie stipule que l'écrivain canadien doit se consacrer à ce qu'il sait faire de mieux : « Renonçant sans regrets aux beaux rêves d'une gloire retentissante, il doit se regarder comme amplement récompensé de ses travaux s'il peut instruire et charmer ses compatriotes, s'il peut contribuer à la conservation de la jeune terre d'Amérique, de la vieille nationalité française » (*Ibid.* : 92). Pour faire œuvre utile, l'écrivain canadien devra continuer à écrire en français.

Toutefois, les hommes de lettres et la littérature se trouvent tout de même détournés de cet objectif noble et pourtant primordial. Alors qu'il jetait précédemment le blâme sur le public incapable d'apprécier à sa juste valeur une œuvre littéraire, Crémazie remet plutôt en cause la « pureté » des intentions des écrivains qui suivent les modes pour parvenir à la notoriété par la reconnaissance du public.

Produire une littérature populaire, une littérature de second ordre, voilà le principal défaut de Le May, poète lauréat du concours de poésie de l'Université Laval. Comme Crémazie le mentionnait dans sa lettre précédente, le talent de Le May, en comparaison de celui de Fréchette, se situe « plus au niveau de la masse des lecteurs. Il sera un maître de ce genre de poésie, sentimental et niais, qui fait se pâmer d'aise mesdemoiselles les filles et mesdames les épouses de messieurs les *épiciers*. Que cette poésie leur soit légère! » (*Ibid.* : 84). Ce reproche n'est pas anodin, car à l'époque, l'expression figurée « bon pour l'épicier » « se dit d'un mauvais ouvrage qui sera vendu pour le papier et servira à faire des sacs et des cornets[10] » (Littré, 1881 : 1459). Cette forme de détournement de l'acte littéraire, le rendant trivial et léger, il la reproche aussi au poète Arthur Cassegrain[11], auteur du poème satirique « La Grand-Tronciade », « qui a été payé par McCallum pour faire mousser sa bière, et que les neuf ou dix chants de *La Grand-Tronciade* ne sont qu'un prétexte pour faire une réclame à la brasserie de la côte à Sauvageau » (1976 : 92). Que dire de Fréchette, qui serait « devenu un habitué des *bar-rooms* »? Derrière un apparent ascétisme, Crémazie propose tout de même, dans les dernières pages de cette lettre du 29 janvier 1867, un projet poétique audacieux qui se démarque de cette vision moralisante.

C'est qu'il avoue avoir lui-même contrevenu à son principe en proposant des poèmes où il se contentait de faire « rimer un certain nombre de fois *gloire* avec *victoire*, *aïeux* avec *glorieux*, *France* avec *espérance* », en « entremêlant ces rimes de quelques mots sonores comme notre *religion*, notre *patrie*, notre *langue*, nos *lois*, *le sang de nos pères* [Crémazie

10. Cette définition a aussi cours à l'époque au Québec. Dans un article de la *Revue canadienne*, Benjamin Sulte décrit de cette manière le mépris pour certains écrits. À propos de manuscrits devant servir aux archives publiques et au travail des historiens, il relate les paroles d'un directeur de bureau : « Ces paperasses sont si vieilles qu'à peine peut-on les lire; qui est-ce qui va prendre la peine de s'arracher les yeux à déchiffrer ce tas de cahiers jaunis! Il faut bien les brûler tranquillement, miettes à miettes, puisque les épiciers n'en veulent même pas pour envelopper leurs marchandises, le papier ayant perdu sa consistance » (1872 : 473).

11. Poète satirique et avocat, Olivier-Arthur Cassegrain (1835-1868) est connu pour *La Grand-Tronciade ou Itinéraire de Québec à la Rivière-du-Loup : poème badin* (1866) et *La Tauride* (1864), écrit en collaboration avec Pascale-Amable Dionne et publié dans la *Revue canadienne*. Dans *La Grand-Tronciade*, Cassegrain évoque l'esprit festif de l'itinéraire en train et invite à se verser de la bière. Il est d'ailleurs reconnu comme membre de la « Mansarde du Palais », joyeuse bande d'étudiants dont faisaient partie Louis Fréchette, Alphonse Lusignan et Joseph Marmette.

souligne] » et en faisant « chauffer le tout à la flamme du patriotisme » (*Ibid.* : 93). En somme, il ne souhaite en rien appartenir à une mémoire littéraire nationale si cela ne lui est rendu possible que par la publication du « Drapeau de Carillon », poème patriotique de 1856. Or la création doit plutôt révéler une substance et une originalité assimilables à un projet personnel.

Voilà ce qu'il cherche du côté du romantisme. La lettre du 29 janvier se rapproche grandement d'un « manifeste poétique » où Crémazie expose l'ensemble de ses idées au sujet de l'écriture (toujours liée à la lecture). Du romantisme, il préfère la fantaisie, cette écriture vigoureuse qui donne une « liberté pleine et entière dans le fond et dans la forme » et qui vise à « donner une forme à des êtres dont l'existence est certaine, mais dont la manière nous est inconnue » (*Ibid.* : 96). L'existence n'est pas que matérielle, mais la littérature permettrait de matérialiser les diverses formes de vie possibles. Crémazie veut ainsi poser un problème spirituel.

De fait, il explique à Casgrain comment la « Promenade de trois morts » naît d'un troublant questionnement « existentiel, à savoir si les trépassés ne souffraient pas encore dans cette prison charnelle qu'est le corps », avant d'émettre l'hypothèse que « l'âme, dans le séjour mystérieux de l'expiation, n[e serait] pas atteinte par les frémissements douloureux que doit causer à la chair cette décomposition du tombeau, juste punition des crimes commis par le corps avec le consentement de l'âme » (*Ibid.*). Par-delà les considérations matérielles sur la profession d'écrivain et les nombreux soucis qu'elles supposent, il subsiste dans la prose crémazienne un malaise avec le corps qui se transpose jusque dans les projets littéraires. La publication, parce qu'elle doit se justifier par l'intérêt d'un public dont on ne peut mesurer l'étendue de l'ignorance, entraînerait une corruption analogue au processus de décomposition qui affecte « la prison charnelle ». L'enthousiasme de Casgrain pour le projet de littérature nationale en marche n'ébranle pas ce qui apparaît comme une intime conviction dans les lettres de Crémazie. Plus qu'une recherche littéraire, le thème projeté par Crémazie se prête mal au jeu de l'édition quand on préfère la potentialité à la fixité. En fait, ce serait le jeu créatif lui-même qui intéresse le poète. Il y a beaucoup à réfléchir et beaucoup trop à dire pour que l'on puisse rendre justice à toute la pensée qui devra se déployer dans ce projet de poème aux dimensions multiples. Contre le constat d'inachèvement que nous pourrions poser un siècle et demi plus tard, Crémazie arguerait certainement que rien n'est vraiment terminé, que la création suit son cours, poursuit son mouvement initial, même lorsque l'âme quitte la prison charnelle dans laquelle elle a vécu.

Lire, écrire, soliloquer

La vision de la poésie que Crémazie décrit dans cette fameuse lettre du 29 janvier 1867 participe de la rencontre entre le romantisme et le réalisme, qui diffèrent tous deux des principes esthétiques proposés par un Casgrain beaucoup plus à l'aise avec l'idée d'un attachement à la vérité historique et nationale, quitte à l'idéaliser. De fait, le dévouement du poète à une réalité double, d'une part, celle de l'enveloppe charnelle et, d'autre part, celle de la vie intellectuelle, met au jour la tension fondamentale précédemment analysée qui active la dynamique épistolaire avec Casgrain. C'est cette tension, assimilée à une opposition entre la littérature idéalisée et spirituelle et celle qui s'incarne dans une réalité matérielle précaire, qui se transpose à la fois dans le champ littéraire de l'époque et dans l'existence du poète, d'où l'inépuisable actualité de ces lettres.

Crémazie reproche à Norbert Thibault, son principal critique, l'attachement « d'une manière trop absolue à l'école classique », mais il décèle aussi chez ses contemporains une incapacité à dépasser l'*idée* d'une préséance de la littérature, voire de l'écrivain. Le combat pour une existence matérielle décente est toujours nécessaire quelque vingt années plus tard, si bien que Félicité Angers s'appuiera sur la réflexion de Crémazie pour affirmer à Mgr Thomas-Étienne Hamel : « Notre pauvre Crémazie voulait qu'on donnât aux littérateurs canadiens qui soignent leur travail $4 ou $5 par page – format ordinaire. C'est ce que je voudrais pour mon roman [*À l'œuvre et à l'épreuve*] » (2002 : 209). La situation précaire de l'écrivain, analogue à celle de l'exilé, affecte l'existence de celui-ci qui se sent condamné, dans le cas où sa poésie serait publiée, à subir « la morsure du ver » (1976 : 98). Dans cet esprit, il refuse d'utiliser sa souffrance à des fins créatrices : « Dans mes œuvres, je n'ai jamais parlé de moi, de mes tristesses ou de mes joies, et c'est peut-être à cette impersonnalité que je dois les quelques succès que j'ai obtenus » (*Ibid.* : 101).

Quand il aborde l'écriture, le plus souvent en réponse à des requêtes de Casgrain pour obtenir de nouveaux poèmes, Crémazie semble opter pour le parti du « tout a été dit ». Alors que Casgrain ambitionne une généalogie de la littérature nationale canadienne-française, Crémazie revient à l'expérience de la littérature par la lecture, puisqu'il ne se trouvera jamais personne, hormis peut-être Casgrain et quelques autres intimes, pour apprécier ses œuvres à leur juste valeur. Certes, en 1877, Crémazie affirme projeter « de publier à Paris, dans le cours de l'année prochaine, une édition complète de [s]es œuvres », mais cela semble seulement être une autre manière de dissuader Casgrain de publier les œuvres au Canada, dans sa collection de livres remis en prix dans les écoles (*Ibid.* : 299). De toute manière, la publication, n'est-ce pas là une manière d'entretenir « cette maladie de jeunesse qu'on appelle la vanité littéraire » (*Ibid.* : 115) ? À cet égard, le 20 octobre 1869, il explique de quelle manière ses entreprises de publication sont advenues fortuitement : « Vous savez que j'ai toujours eu l'habitude de ne jamais écrire un seul vers. C'est seulement lorsque je devais livrer à l'impression que je couchais sur le papier ce que j'avais composé plusieurs semaines, souvent même plusieurs mois auparavant » (*Ibid.* : 112). L'un des plus grands écrivains du Canada français n'aurait donc jamais entretenu une démarche de création proprement dite ? Un siècle plus tard, dans « Écrivain faute d'être banquier », Hubert Aquin confiera à Jean Bouthillette : « Je n'écris que quand j'en ai le goût. [...] Si l'inspiration doit venir, c'est la plume à la main, dans le flot verbal » (1971 : 16). Un flot verbal comparable à celui de la lettre où Crémazie s'exprime de manière expansive. Les grands projets et les programmes, aussi étoffés soient-ils, ne sont pas garants de réussite quand on a l'impression de prêcher dans le désert. L'exilé s'en méfie donc. Le « long bavardage » de la lettre-essai nous le confirme, tout en nous rappelant ce que le processus d'écriture-lecture peut nous apprendre sur nous-mêmes et sur les autres. En vérité, sur le plan des idées, Crémazie est-il si loin de son correspondant ? Les deux correspondants n'entretiendraient-ils pas deux chimères semblables, soit la défense d'une littérature qui n'existe pas chez Casgrain et celle d'une œuvre rêvée et projetée chez Crémazie ? Casgrain invite ses compatriotes à la recherche d'une originalité littéraire dont les traces restent à être rassemblées alors que pour le poète, l'inachèvement de l'œuvre, l'exil et la mort s'entremêlent au point de devenir une stratégie créatrice qui conduit malgré tout à une existence littéraire. Au fond, la vigueur de la lettre-essai abat même la contrainte matérielle élémentaire de l'enveloppe charnelle quand elle nous transmet l'intime conviction que « la matière ne s'anéantit pas, mais qu'elle se transforme, et que nous sommes tous, êtres et choses, imprégnés de la poussière humaine tout aussi bien que de la poussière terrestre » (Crémazie, 1976 : 98). En suivant les multiples pistes proposées par Crémazie dans les lettres qu'il a échangées avec Casgrain, nous comprenons que le poète nous donne à lire la création d'une figure d'écrivain moderne et romantique pour qui la littérature s'élabore à la manière d'un soliloque. Contrairement au « mouvement littéraire en Canada », le mouvement épistolaire ne propose pas qu'une seule voie. Et aucune d'entre elles ne serait tracée d'avance. Habitées du sentiment d'urgence que commandent les contraintes de la vie immédiate, les lettres de Crémazie abordent avec une acuité et une singularité remarquables les modalités selon lesquelles se pose la « crise » de l'écrivain canadien-français, jusqu'à notre époque, soit la place à lui accorder dans une société loin d'être convaincue de l'utilité et de la nécessité de la littérature. En cela, cette correspondance demeure incontournable et d'une étonnante modernité.

Bibliographie

Sources primaires

CRÉMAZIE, Octave (1882). *Œuvres complètes*, Montréal, Libraire Beauchemin.

CRÉMAZIE, Octave (1976). *Œuvres 2 : prose*, Ottawa, Éditions de l'Université d'Ottawa.

Sources secondaires

AQUIN, Hubert (1971). *Point de fuite*, Montréal, Le cercle du livre de France.

CAMBRON, Micheline (1993). « L'asymétrie épistolaire : de l'usage de la correspondance à la conception du littéraire chez Octave Crémazie et Henri-Raymond Casgrain », dans Benoît Melançon et Pierre Popovic (dir.), *Les Facultés des lettres : recherches récentes sur l'épistolaire français et québécois*,

Montréal, Centre universitaire pour la sociopoétique de l'épistolaire et des correspondances de l'Université de Montréal, p. 73-93.

CASGRAIN, Henri-Raymond (1866). « Le Mouvement littéraire en Canada », *Le Foyer canadien*, vol. IV (janvier), p. 1-31.

CRÉMAZIE, Octave (1972). *Œuvres 1 : poésies*, Ottawa, Éditions de l'Université d'Ottawa.

DASSONVILLE, Michel (1956). *Crémazie*, Montréal, Éditions Fides, coll. « Classiques canadiens ».

DIRECTION DU *FOYER CANADIEN* (1866). « Nouveau prospectus », *Le Foyer canadien*, vol. IV (janvier), p. i-viii.

FRÉCHETTE, Louis-Honoré (1863). *Mes loisirs*, Québec, Brousseau.

GALLICHAN, Gilles (1991). *Livre et politique au Bas-Canada, 1791-1849*, Québec, Éditions du Septentrion.

LITTRÉ, Émile (1881). *Dictionnaire de la langue française*, Paris, Librairie Hachette.

LORTIE, Jeanne d'Arc (1975). *La poésie nationaliste du Canada français, 1606-1867*. Québec, Presses de l'Université Laval.

MAILHOT, Laurent (dir.) (2005). *L'essai québécois depuis 1845 : étude et anthologie*, Montréal, Hurtubise HMH, p. 88-90.

MARCOTTE, Gilles (1981). « Institutions et courants d'air », *Liberté*, n° 134 (mars-avril), p. 5-14.

MARCOTTE, Gilles (1989). « Octave Crémazie lecteur », dans *Littérature et circonstances*, Montréal, Éditions de l'Hexagone, p. 211-227.

ROBERT, Lucie (1981). « Octave Crémazie : "critique littéraire" », dans Réjean Robidoux et Paul Wyczynski (dir.), *Crémazie et Nelligan*, Montréal, Éditions Fides, p. 65-71.

SULTE, Benjamin (1872). « Les archives du Canada », *Revue canadienne*, vol. 9, n° 6 (juin), p. 472-475.

THIESSE, Anne-Marie (2009). « Communautés imaginées et littératures », *Romantisme*, n° 143, p. 61-68.

THIESSE, Anne-Marie (2019). *La fabrique de l'écrivain national : littérature et politique*, Paris, Gallimard.

Arthur Buies, correspondant *littéraire*?

Jonathan Livernois
Université Laval

La correspondance privée d'Arthur Buies décevra peut-être les lecteurs et lectrices d'aujourd'hui, du moins au premier abord. Francis Parmentier, autrefois professeur de littérature à l'Université du Québec à Trois-Rivières (UQTR), écrit à son propos : « Les lettres – à l'occasion de véritables "suppliques" – dans lesquelles il demande de l'argent à l'un et à l'autre, souvent avec beaucoup d'esprit, apparaissent nombreuses » (Parmentier dans Buies, 2017 : 12). Il est vrai que ces lettres, que Parmentier a colligées et annotées il y a près de trente ans chez Guérin éditeur et qu'il a reprises sans ajouts majeurs en 2017 (Lux Éditeur), semblent souvent tenir de l'intendance. Relevons également les lettres destinées à son épouse, Marie-Mila Catellier, contenant quelques détails sur les expéditions que Buies effectue afin de documenter le développement de la colonisation. Mais, comme le concède Parmentier, il y a dans celles-ci « absence de détails concernant sa vie intime et amoureuse » (Parmentier dans Buies, 2017 : 11), sinon, peut-être, ce petit surnom pour madame Buies : « mon beau bébé noir » (Buies, 2017 : 227).

Sans doute pour rehausser l'ensemble, Parmentier a ajouté aux lettres de Buies plusieurs autres documents : « Le présent ouvrage réunit trois types de lettres : 1) lettres à caractère privé ; 2) lettres à caractère public ; 3) brouillons de lettres. Toutes, néanmoins, ont Buies pour sujet et sont réparties dans des fonds d'archives publiques et privées, des revues, des journaux et des livres » (Parmentier dans Buies, 2017 : 9). Les extraits de correspondances dont l'écrivain est le sujet sont fort intéressants. Par exemple, dans une lettre datée du 5 mars 1867 et destinée à Alphonse Lusignan, Louis Fréchette annonce qu'il refuse d'être associé à Buies, dont « il n'y a pas un homme sérieux [...] à qui il ne pèse pas sur les épaules » (Fréchette dans Buies, 2017 : 100). Parmentier reproduit également des lettres reçues par Buies. Ainsi, dans une lettre de 1876, le libéral modéré Charles Langelier cherche à protéger sa famille du personnage. Le futur secrétaire de la province sous Honoré Mercier lui écrit :

> Je suis autorisé par mon frère François Langelier à vous déclarer qu'à partir d'aujourd'hui il cesse de recevoir votre journal. Ce qui l'a amené à prendre cette détermination, c'est que vous vous êtes écarté de votre programme en parlant de religion dans votre feuille [l'éphémère *Réveil*] après avoir formellement promis de vous en abstenir. (Langelier dans Buies, 2017 : 153)

Buies est un homme « dangereux » à qui il vaut mieux ne pas être associé. Laurent-Olivier David, écrivain libéral rouge pâle (et futur député provincial), lui écrit ces mots dans une lettre datée du 8 juin 1876 :

> Je ne suis pas aussi libéral que tu l'es, je n'approuverai pas probablement tout ce que tu écriras, mais tu rendras un grand service à la société si tu sais mettre à nu et flageller les crétins qui se cachent derrière la soutane des prêtres pour injurier des hommes qui croient sincèrement, mais qui ne veulent pas se laisser abrutir. Ceci pourrait te servir, mais c'est entre nous. Il ne faut pas que tu dises que ça vient de moi. (David dans Buies, 2017 : 145)

À ces documents qui permettent de voir l'appréciation que les contemporains ont de Buies, Parmentier ajoute plusieurs lettres que l'écrivain adressa aux rédacteurs de journaux en vue de leur publication. Car les ressources littéraires de la forme épistolaire n'étaient pas inconnues de Buies. À l'époque où l'ultramontanisme atteint son apogée au Bas-Canada, l'écrivain publie ses *Lettres sur le Canada* (1864 et 1867) dénonçant, quatre-vingts ans avant Paul-Émile Borduas et *Refus global*, la peur multiforme qui paralyse les cœurs vaillants. Ce climat étouffant gêne toutes les audaces et bloque le progrès humain. Il ne fait nul doute que le modèle des *Lettres sur le Canada* est *Les lettres persanes* (1721) de

Montesquieu. C'est encore par le regard de l'étranger – un Français, en l'occurrence – qu'on découvre la terrible condition canadienne. Chez Buies, le personnage d'Usbek est remplacé par Monsieur Langevin.

Dans la première lettre, datée du 1er octobre 1864, Langevin décrit à son ami Hautefeuille ses impressions de son séjour à Québec. C'est d'abord le paysage qui le frappe : « Je n'ai vu dans tous mes voyages qu'une seule ville qui puisse lui être comparée, c'est Naples ; je dirai même que je préfère cette dernière, malgré l'éloignement de mes souvenirs, et malgré l'impression plus saisissante que j'ai éprouvée en voyant Québec » (Buies, 1864 : 8). Dans la deuxième lettre, datée du 6 octobre, il relate sa rencontre avec le lucide M. d'Estremont, qui lui fait voir la réalité d'un Canada écrasé par la peur et le clergé. La troisième lettre, datée du 9 février 1867, traite pour une bonne part de l'Institut canadien de Montréal, où Buies a été très actif. De cette dernière lettre, on retiendra cette description saisissante du Canada :

> Dans ces pays, le bonheur pèse sur les populations comme la lourde atmosphère des jours chauds qui endort toute la nature. Ce calme est plus effrayant que les échafauds où ruisselle le sang des patriotes, car il n'est pas d'état plus affreux que d'ignorer le mal dont on est atteint, et, par suite, de n'en pas chercher le remède. Oui, depuis vingt-cinq ans, une léthargie écrasante s'est appesantie sur les consciences : tous les fronts se courbent sans murmure sous la terreur cléricale. (Buies, 1867 : 35)

Il n'empêche que l'illusion a ses limites : le sous-titre du volume, « Étude sociale », brise un peu la magie. En outre, et malgré les caractéristiques de la lettre (date, lieu, appel) que l'on retrouve dans *Les lettres sur le Canada*, le lecteur comprend rapidement que cet ouvrage est une œuvre de fiction. Buies, par cette « étude » épistolaire, cherchait sans doute à se rattacher à l'esprit des Lumières, qui n'était pas encore très répandu au Canada. En effet, la forme épistolaire, fût-elle un simple accessoire comme dans *Les lettres anglaises* de Voltaire, donnait du jeu, permettait de créer une sorte de dialogue entre destinateur et destinataire, même si ce dernier était absent du texte. Ce dialogue était, par définition, contraire à l'imposition d'une vérité par une voix unique. Diderot écrivait en ce sens qu'« un livre est pour l'auteur un grand obstacle à la vérité » (Diderot dans Duflo, 2000 : 108). Buies, en instaurant une relation fictionnelle entre un destinataire et un destinateur, donnait à son tour l'impression de créer un espace d'échanges qui prenait le contrepied de *la* vérité imposée par la religion d'un Mgr Bourget, par exemple. Le dialogue permettait aux hommes (et aux femmes) de bonne volonté d'user de leur entendement. C'était l'idée même des Lumières.

Ajoutons à cela que Buies a également publié des lettres dans les journaux. Comme chroniqueur (surtout dans les années 1870), il se « rapporte » aux directeurs et aux rédacteurs des journaux qui l'emploient, ou encore comme promoteur de la colonisation, il cherche tous les appuis possibles pour sa cause ; sa longue lettre au ministre de la Colonisation, Adélard Turgeon, parue dans *La Patrie* le 1er octobre 1898, en témoigne éloquemment. À la lumière de ce corpus de lettres publiques, où Buies semble avoir une conscience des ressorts littéraires de l'épistolaire, on peut bien se demander s'il est possible de séparer ces dernières des lettres privées, relevant pour l'essentiel de l'intendance et de la description prosaïque des événements et des lieux. S'il fallait en résumer la substance et la manière, je citerais sans hésiter ce passage d'une lettre adressée à son ami Alfred De Celles, le 26 novembre 1898, qui n'est pas sans rappeler les demandes épistolaires d'un Baudelaire : « Mon cher Alfred, je raffole de toi, mais envoie-moi un chèque » (Buies, 2017 : 330). Les considérations pécuniaires sont bel et bien au cœur des échanges de Buies, dont l'indigence a été réelle. Le 13 février 1879, il écrivait à son cousin Ulric Tessier cette courte missive pour le moins pathétique : « Mon cher Ulric, reçu ta lettre ce matin. Je te remercie infiniment des $5,00 que tu m'envoies. Je n'avais pas mangé depuis trois jours, et tu me rends la vie. Je vais te faire dire une messe » (*Ibid.* : 154).

Avant de réfléchir à cette possibilité de distinguer lettres privées et lettres publiques, rappelons que nous sommes tributaires du corpus qu'a pu réunir Parmentier, lui-même conscient des limites de ses recherches. Il rappelle notamment qu'« une bonne partie des lettres de Buies sont aujourd'hui perdues », notamment « celles qui se trouvaient à Rimouski dans le Manoir Tessier » et qui « ont été détruites dans l'incendie qui a ravagé le centre-ville » (Parmentier dans Buies, 2017 : 27) en 1950. Mes propres recherches, notamment auprès de l'archevêché de Québec, n'ont pas permis de trouver d'autres lettres qui auraient pu changer l'appréciation du corpus.

Posons donc à nouveau la question, mais en d'autres termes : peut-on dire que les lettres privées de Buies sont dénuées de ressorts littéraires ? Tout dépend, bien sûr, de ce qu'on entend par littéraire. Justement, chez Buies, le littéraire est peut-être là où on ne l'attend pas au premier abord, comme dans des lettres descriptives qui nous semblent très loin des canons littéraires de leur époque.

Reprenons le fil de la carrière de Buies depuis le début.

Buies est un rouge

Pour les jeunes libéraux actifs après la résistance armée de 1837 et l'insurrection de 1838, Buies a tous les traits d'un héros. Et les traits se sont fixés rapidement tandis que le jeune homme étudiait au Lycée Saint-Louis à Paris et était soutenu autant que faire se peut par sa famille et quelques membres du haut clergé canadien-français. Ainsi, la correspondance entre l'abbé Thomas-Étienne Hamel, qui étudie alors à l'École des Carmes de Paris, et son supérieur Louis-Jacques Casault, qui est aussi le cousin de la mère de Buies, est parfois prophétique, comme dans cette lettre du 14 janvier 1858 : « Je suis persuadé que Maître Buie [*sic*], s'il ne fait pas plus tard le malheur du Canada, au moins y travaillera activement; il sera un des plus rudes fléaux de la société canadienne » (Hamel dans Buies, 2017 : 60). Après plusieurs échecs au baccalauréat, Buies se retrouve en Italie, avec les soldats de Giuseppe Garibaldi, qui œuvrent à l'unification italienne. De retour au Canada, en 1862, la chemise rouge brille à l'Institut canadien de Montréal, où les rouges sont justement réunis. Le 21 octobre 1862, il écrit à son cousin Ulric J. Tessier, homme politique (ancien maire de Québec) et homme d'affaires influent :

> J'ai écrit un article dans *Le Pays* d'aujourd'hui que je vous prie de n'examiner qu'au point de vue littéraire parce que je m'y heurterais avec vos opinions. C'est sur Garibaldi. À ce sujet, mes convictions sont arrêtées et je suis décidé à montrer ouvertement ce que je pense… Je suis invité partout, j'en suis content car ces plaisirs de société éveillent l'esprit et le disposent mieux au travail. Je suis très intimement lié avec [Joseph-Xavier] Perreault et [Hector] Fabre. Mon intention est de me produire dans les journaux; l'hiver prochain, je donnerai des lectures à l'Institut. (Buies, 2017 : 94-95)

Nouveau coup de canon : après ses *Lettres sur le Canada*, Buies publie *La Lanterne*, un hebdomadaire qu'il rédige seul. L'homme est monomaniaque : tout son propos, ou à peu près, sert à dénoncer les vices du clergé canadien. Buies publiera 27 numéros, de septembre 1868 à mars 1869 (Livernois et Nadeau dans Buies, 2018 : 17). Pourquoi s'est-il arrêté ? Il répondra à cette question quinze ans plus tard : « Cette durée fut courte, par la raison que *La lanterne* venait trente ans trop tôt, et que l'auteur dût succomber sous la persécution et sous les effets de la guerre sourde, mais persistante, haineuse et acharnée, qu'on lui faisait de cent manières différentes » (Buies, 1884 : 3). Buies, refusant toutes les compromissions avec les puissances cléricales et politiques de son époque, aurait été sacrifié sur l'autel d'une société médiévale en plein cœur de l'Amérique moderne. C'est du moins l'image que ses amis libéraux ont véhiculée. Car il est vrai que les ennemis ont été féroces dès la décennie 1860. En 1864, l'abbé Louis-Herménégilde Huot consacrait quelques lignes à Buies dans son pamphlet contre le rougisme en Canada :

> Tout dernièrement encore, un jeune Canadien du nom de *Buies*, dernièrement arrivé de l'armée de Garibaldi et avec lequel il a contribué à chasser le Roi de Naples, à menacer les États du St-Père, à crier : *Rome ou la mort*, lecturait devant ce même Institut, et les Rouges de l'écouter, de l'admirer, de prôner à qui mieux mieux ce jeune Garibaldien que je rougis d'avoir pour compatriote ! (Huot, 1864 : 38)

Même pour des sympathisants, Buies n'était peut-être pas à sa place dans la société canadienne, comme le donnait à penser Edmond Lareau dans son *Histoire de la littérature canadienne* (1874) :

> Buies, cet excentrique que tout le monde a connu, que les hommes sans préjugé ont admiré, que toute la jeunesse a aimé, ce bohème de la littérature au jour le jour, toujours pauvre d'argent, mais toujours riche d'esprit, qui, à Paris, se placerait l'émule de Janon, d'About, de Gauthier et de Sardou, n'a pu se faire à notre froid climat. [...] Buies est le Rochefort du Canada. Malheureusement notre macadam adhère si bien aux rues que des barricades sont impossibles à Montréal ou à Québec. (Lareau, 1874 : 464-465)

Un chemin de Damas ?

Mais voilà qu'en 1879, ce diable d'homme surprend tout le monde et son voisin : Buies annonce avoir redécouvert Dieu. Il l'écrit à son ami Alfred Garneau, fils du grand historien François-Xavier Garneau, dans une lettre datée du 21 avril 1879, qui n'a absolument rien d'ironique :

> Hier, j'ai communié, et je suis le plus soulagé, le plus heureux, le plus transformé des hommes. Ça a été un coup de foudre. Après une semaine de crise morale et physique terrible, n'en pouvant plus, éperdu, désespéré, accablé, je suis allé me jeter dans les bras de mon bon ami M. [Louis-Nazaire Bégin], les sanglots m'étouffaient : le moment de la grâce était arrivé subitement. Moi qui avais nié pendant vingt ans, tout à coup je croyais ou voulais croire de toute mon âme et je me précipitais dans le sein ouvert de Dieu. (Buies, 2017 : 156)

Il y annonce même vouloir remplacer *La Lanterne* par un volume qu'il écrira sur son expérience mystique. C'est dire.

Dans une autre lettre à A. Garneau, datée du 3 mai de la même année, il fait une seconde annonce :

> [...] je veux t'apprendre que je suis à la veille d'avoir une bonne situation aux terres de la Couronne. Il s'agit de me faire faire des monographies complètes de toutes les vallées du Canada. De cette façon je pourrais intercaler une biographie du curé Labelle et un exposé de tous ses travaux dans la monographie de la vallée de l'Ottawa. (*Ibid.* : 160)

L'œuvre du prêtre colonisateur, curé de Saint-Jérôme depuis 1868, conservateur chapleauiste, nullement ultramontain, a-t-elle déjà séduit le garibaldien canadien-français ? Il faut dire que l'œuvre de colonisation n'appartient pas, à l'époque, à un parti ou à une idéologie particulière. L'historien Marcel Hamelin rappelait qu'à l'Assemblée législative, pendant les premières années de la Confédération, la question de l'émigration était « quasi religieuse » (Hamelin, 1974 : 88-89). Les députés, par une sorte de communion, cherchaient des solutions à ce problème d'envergure. Il fallait arrêter la saignée vers les États-Unis, dont plusieurs hommes politiques et hommes de lettres, comme Pierre-Joseph-Olivier

Chauveau, s'enquéraient depuis la fin de la décennie 1840. La colonisation est devenue la voie de salut du peuple. Malgré tout, de 1860 à 1900, environ 325 000 Canadiens français ont émigré en Nouvelle-Angleterre (Roby, 2000 : 22). Cela n'est assurément pas la faute de Buies, dont la plume a été dédiée à la tâche de la colonisation à partir de 1880. Il y a mis tous ses efforts, on ne peut guère en douter.

Buies est donc embauché par le gouvernent libéral de Joly à la commission des Terres publiques (voir [Anonyme], 1879 : 2). L'écrivain rouge foncé a même été nommé agent de la colonisation, en avril 1881, par le gouvernement conservateur de Joseph-Adolphe Chapleau (voir [Anonyme], 1881 : 3; Buies, 2017 : 173). Si Chapleau était capable de compromis et de s'allier à des adversaires politiques, cette nomination ne manqua pas de soulever l'ire des castors, ces conservateurs extrémistes ([Anonyme], 1885 : 2; [Anonyme], 1886 : 6). Buies a été renvoyé ou a donné sa démission en juillet 1883[1]. Il a été embauché de nouveau par le curé Labelle en 1888. Une époque bénie, du moins si l'on en croit une lettre datée du 2 juin 1888 et adressée à son ami A. Garneau :

> L'avènement du curé Labelle au poste de directeur de la colonisation, avec pleins pouvoirs et liberté d'action illimitée, a mis le comble aux espérances que j'avais conçues. Le curé vient de m'assurer une existence convenable en me donnant $1000 de salaire fixe, en dehors de mes frais d'exploration et de voyage, ce que j'évalue à environ $300 dollars par année, cela sans compter tout ce que je retirerai de différentes brochures que je publierai çà et là, suivant les circonstances. (Buies, 2017 : 235)

Buies a été renvoyé le 1er juillet 1892 par le nouveau gouvernement conservateur de Boucher de Boucherville ([Anonyme], 1892a : 4). Il n'a

1. Francis Parmentier, dans sa chronologie de la vie de Buies établie dans son édition des *Chroniques*, considère que Buies a été renvoyé en 1883. Dans les comptes publics de la province, pour l'exercice allant du 1er juillet 1883 au 30 juin 1884, on parle plutôt d'une démission et d'une gratification de 125 $. Buies évoque lui-même cette gratification dans une lettre à Ernest Gagnon (Buies, 2017 : 190), alors secrétaire des Travaux publics, où on peut lire que sa « destination » ne l'a pas surpris. Ne devrait-on pas lire « destitution »? Chose certaine, le 23 juillet 1883, *La Patrie* annonce que Buies est son nouveau correspondant. Et il est déjà en route vers le nord-ouest dans le but d'écrire une brochure pour le « Pacifique canadien ». ([Anonyme], 1883 : 2)

pas été le seul, à telle enseigne que le très libéral *Électeur* parla d'une « guerre aux hommes de lettres » ([Anonyme], 1892b : 1). Les conservateurs penseront quand même à lui et l'embaucheront encore une fois quelque temps plus tard. Finalement, en 1900, le gouvernement libéral lui remettra une somme assez importante de 800 $ pour le « manuscrit de sa brochure sur la province de Québec ». La colonisation et la description du pays auront permis à l'écrivain de subvenir à ses besoins pendant quelques années, sans compter ce qu'il a pu recevoir de compagnies, comme celle du Chemin de fer de Québec et du Lac-Saint-Jean, pour laquelle il a réalisé un « guide du colon » en 1890.

Mais que s'est-il donc passé avec l'enfant terrible ? N'écrivait-il pas ceci, quelques années auparavant, en juin 1872, dans ses « Causeries du mardi » du tout nouveau journal *Le National* :

> Je regarde mes amis d'autrefois accumuler devant eux des monceaux d'or… les gredins ! Voyez cet horrible [Alfred-Norbert] Provencher. Le voilà nommé agent d'émigration en Europe, avec $300 de traitement par mois. Cette nouvelle est tombée dans la bohème littéraire comme un éclat de foudre dans une caverne. Nous nous sommes réjouis la bouche béante. Je n'en demandais pas plus, moi, pour pouvoir faire de nouvelles dettes. Heureusement qu'il me reste le rire de Diogène, cette suprême ressource du gueux. (Buies, 1986 : 216)

En France, ce passage aurait pris tout son sens : se dépeindre en gueux ou en Diogène dans son tonneau était tout à fait en phase avec l'image du poète idéal après 1830, qui était désormais considéré comme « un "artiste" meurtri, un poète affamé, un "paria intellectuel" auquel il ne rest[ait] plus que la folie, le suicide ou l'hôpital » (José-Luis Diaz dans Brissette, 2008). Au Québec, à l'époque de Buies, les choses sont bien différentes : le champ littéraire est loin d'être constitué et n'existe peut-être qu'à travers le mimétisme de certains écrivains d'ici qui se voudraient ailleurs. La « bohème littéraire », dont parlait Buies dans l'extrait de sa chronique du *National*, est peut-être plus fantasmée que réelle. Il n'empêche que les œuvres utiles ou utilitaires de Buies, financées par les gouvernements, ou encore les lettres écrites au fil de son travail de mise en valeur de la colonisation ont pu passer à la trappe à cause d'une vision typiquement française de la littérature (autonomisation de la littérature, séparation des champs politique et littéraire, etc.), qui a aussi déteint sur les critiques d'ici. On retrouve, en effet, cette idée chez plusieurs historiens et critiques littéraires depuis les années 1960. Parmi de nombreux exemples, citons les propos de Jean Éthier-Blais :

> Arthur Buies connut le sort des pamphlétaires fatigués et affamés; il se rangea. Le curé Labelle se trouva opportunément sur le chemin de Damas. Il releva le cavalier qui enfourcha la monture de la colonisation. Ironie du destin! Buies le réformateur consacra sa vie d'homme mûr à soutenir l'une des causes les plus néfastes de notre histoire : celle du peuplement du Nord. Il est devenu un personnage de la télévision, prêchant le retour à la terre [...]. (Éthier-Blais, 1967 : 107)

Autre preuve de cette oblitération : cette partie de l'œuvre consacrée aux monographies géographiques et aux publications liées à la colonisation a été la moins étudiée, la moins mise en valeur par les chercheurs. Comme le constate également Charlotte Biron dans sa thèse de doctorat, « les débats entourant les allégeances de Buies à la fin de sa vie ont [...] fortement orienté la lecture de ses articles. L'opposition entre le contenu de sa *Lanterne* anticléricale et sa conversion à la fin de sa vie a oblitéré une partie de ses textes » (Biron, 2020 : 20). Biron insiste non pas sur les ruptures, mais sur la continuité dans cette œuvre rappelant que Buies parlait de colonisation dès son retour au Canada au début des années 1860 et que, « dans l'ensemble des voyages de Buies », qu'il s'agisse de récits intégrés aux recueils de chroniques de Buies ou de description de nouveaux territoires à coloniser,

> les liens entre culture, géographie, chemin de fer, patriotisme et colonisation tissent une trame assez cohérente. Il faut d'ailleurs remettre en perspective son engagement dans l'action colonisatrice. Celle-ci est fortement liée à son intérêt pour la diffusion de connaissances géographiques dans la presse. (*Ibid.* : 124)

Ce que révèle la correspondance

La géographie et la description du territoire sont donc liées à la volonté qu'a eue Buies de devenir homme de lettres, et ce, depuis le tout début. De retour à Paris en 1867 pour devenir, écrit-il à sa sœur Victoria et à son beau-frère Édouard Le Moine, « le plus grand écrivain de [son] siècle avant trois ans » (Buies, 2017 : 100), il participe en août au banquet annuel de la société d'archéologie américaine. Il y rencontre notamment Richard Cortambert, important géographe français. Ce dernier lui ouvrira-t-il les portes du monde littéraire ? C'est du moins ce que donne à penser Buies dans sa correspondance du 3 août 1867 au journal *Le Pays* :

> [T]out-à-coup M. Cortambert, se tournant brusquement vers moi qui me tenais bien modestement, je vous le jure, à un bout de la table : « Eh bien ! me dit-il, allons, la jeune Amérique, l'enfant de la France, vous ne dites donc rien, M. Buies, Messieurs, je vous présente un jeune homme qui vient tenter à Paris la fortune littéraire ; vous l'accueillerez parmi vous, n'est-ce pas, et lui faciliterez ses débuts ? » (*Ibid.* : 108)

Aussitôt Buies devient membre de cette société, « à la condition de préparer un travail [qu'il lira] à la prochaine séance publique du mois d'octobre, et qui serait imprimé ensuite dans la *Revue américaine* » (*Ibid.* : 110). Dans une autre correspondance au *Pays* datée du 14 août 1867, il raconte comment il bénéficie de l'aide de Cortambert pour publier des textes sur le Canada dans les revues de la capitale. Le mois suivant, il annonce au rédacteur du *Pays* que le géographe l'a embauché pour rédiger « la partie américaine » d'une « géographie qu'il va publier dans trois mois » (*Ibid.* : 115). Il pourrait bien s'agir de la *Géographie commerciale et industrielle des cinq parties du monde*, que Cortambert fait paraître chez Hachette en 1869, même si je n'ai pas pu y trouver le nom de Buies comme collaborateur. En mars 1868, alors que le jeune écrivain est rentré au Canada sans connaître le succès qu'il espérait, il reçoit une lettre de Cortambert, qui lui demande de lui envoyer de nouveaux textes :

> Au lieu de m'adresser de la politique, faites donc quelque article sur le Canada au point de vue descriptif et adressez-moi[-]le accompagné de *photographies* de vos merveilles naturelles et autres. Le placement en sera facile, soit dans l'*Illustration*, soit ailleurs. Commencez par un article court. (*Ibid.* : 120-121)

Le passage de la politique à la géographie, qui apparaîtra çà et là dans ses chroniques de villégiature et dans ses défenses passionnées des chemins de fer et qui devient manifeste dans ses monographies, s'annonce-t-il déjà en 1868 ? Soyons circonspect : il y aura d'abord la publication de *La Lanterne*, la même année, dans laquelle il décrit beaucoup moins le territoire canadien qu'il ne vilipende le clergé et ses alliés. Il n'empêche que l'intérêt géographique est déjà là chez l'auteur canadien. Et la jonction de cet intérêt avec la question de la colonisation engendrera la rédaction de nombreuses monographies, de 1880 à 1900. Et ce ne sera pas autre chose que de la littérature. Du moins, selon Buies.

Dans une lettre du 7 octobre 1896 adressée à Hector Garneau, fils de son ami Alfred, Buies propose au jeune poète une tâche littéraire :

> Convainquez-vous de plus en plus de l'idée qu'une littérature qui n'est pas utile, qui n'enseigne point, est une littérature perdue, et l'on s'apercevra de plus en plus de l'ineptie, de la sottise, de l'absolue non-valeur de ces barnums *littéraires* qui n'écrivent que pour voir leur nom figurer au bas d'un article quelconque de deux ou trois colonnes. (*Ibid.* : 300)

C'est l'utile qui fait la vraie littérature. Comme s'il fallait renforcer le propos tenu dans la lettre à H. Garneau, Buies écrit ceci, la même année, dans la conclusion de la nouvelle édition de sa monographie consacrée au Saguenay et au Lac-Saint-Jean :

> Dans un pays comme le nôtre il est presque impossible de faire un ouvrage purement littéraire ou historique : le champ intellectuel n'est pas encore assez large, ni les esprits surtout. Ceux-ci sont en proie à une foule d'obsessions morales, à une diversité infinie de préventions, de petites jalousies, d'étroites considérations qui leur font perdre de vue le but et empêchent de voir l'horizon par[-]delà les crépuscules qui voilent leurs regards. Quant à moi, dans le présent ouvrage, comme dans d'autres analogues, déjà publiés, et dans d'autres qui vont suivre et dont je veux faire une série de monographies canadiennes, je n'ai eu en vue que le but à atteindre, qui est l'édification d'une littérature vraiment nationale. (Buies, 1896 : 418-419)

A-t-on relevé toutes les implications de cette affirmation ? La littérature nationale passerait-elle d'abord par une prise à bras-le-corps du territoire ? Par une découverte du pays comme territoire ? Jacques Ferron l'avait un peu deviné à propos de Buies et de son « œuvre descriptive » :

> Buies, d'ascendance écossaise et de formation garibaldienne, aurait été le premier de nos écrivains à découvrir et à montrer le pays dans son espace naturel. Avant lui, on s'était attaché à sa dimension temporelle : incertain de son avenir, on lui avait trouvé un passé démesuré, assez abracadabrant, qui ne correspond pas du tout à celui d'une collectivité qui n'avait pris conscience d'elle-même qu'au début du 19e siècle ; et cette histoire, pour ne pas dire cette épopée, avait été reçue avec passion, comme un délire messianique. À cette mégalomanie assez belle mais absolument folle, entreprenante mais épuisante, Buies opposera de la bonhomie, beaucoup d'esprit et de la modestie. Ce tempérament convenait mieux à un pays modeste, peu nombreux et encore colonisé. (Ferron, 2006 : 237-238)

De la modestie, de la bonhomie dans la description du territoire... L'écriture épistolaire, dans ce qu'elle peut avoir de plus « prosaïque » et de descriptif, est-elle si loin de ce que Buies envisage comme son « œuvre littéraire » ? Chose certaine, on peut regarder différemment ces lettres que d'aucuns auraient rejetées parce que tenant pour l'essentiel de l'intendance.

L'occupation du territoire par les mots n'est pas une invention de Buies ; Hector Fabre invitait déjà les écrivains canadiens à suivre cette voie, en 1866 :

> Notre grande et belle nature, dans sa variété infinie d'aspects, est bien faite aussi pour tenter les brillantes imaginations. C'est pourtant le sentiment de la nature qui manque le plus à nos écrivains. Il y a dans *Charles Guérin* quelques larges descriptions, mais la passion qui s'attache au moindre coin de verdure, où la sent-on ? Nos hivers attendent encore leur barde. (Fabre, 1867 : 94)

Et Buies de constater la même chose, vingt ans plus tard : « Que de fois le Danube, le Bosphore et le Rhin n'ont-ils pas mêlé des chants harmonieux à la cadence de leurs ondes ! Le Mississippi et plus tard l'Hudson lui-même sont entrés à leur tour dans ce concert de l'imagination enchantée, mais où est le poëte du St-Laurent ? » (Buies, 1887 : 4).

Si la mission n'est pas nouvelle, force est de constater que les moyens sont différents chez Buies. Celui-ci ne fera pas une épopée sur le Saint-Laurent, ne compilera pas les légendes et les contes de la vallée du Richelieu, n'écrira même pas de roman réaliste sur la condition de vie dans le comté de Terrebonne. Buies va explorer et décrire le territoire de la province de Québec dans des monographies et des brochures, qui seront destinées au gouvernement ou qui chercheront à promouvoir la colonisation auprès des futurs colons, invités à s'établir au nord de Montréal, au Lac-Saint-Jean ou dans la vallée de la Matapédia. Et il veut le faire de manière rigoureuse. Comme il l'écrit au prêtre et professeur de géologie à l'Université Laval, Joseph-Clovis-Kemner Laflamme,

> [...] je veux [...] être convenable, écrire des choses qui en valent la peine et contribuer pour ma part à faire sortir nos ouvrages canadiens de l'enfance interminable et des puérilités grotesques qui les affligeront indéfiniment, tant que leurs soi-disant auteurs ne voudront pas étudier aux sources mêmes, recourir à la méthode expérimentale. (Buies, 2017 : 272)

Est-ce donc là que naîtra la « littérature vraiment nationale », dans « une série de monographies canadiennes », pour reprendre les mots de Buies ?

Au fil de la correspondance de Buies, la description du territoire apparaît donc comme une préoccupation constante, même dans les lettres à sa femme. Dans celle du 3 novembre 1889, il passe de la légèreté typique de ses chroniques au sérieux de la mission de colonisation :

> J'ai passé la journée d'hier en voiture avec le curé [Labelle], qui m'a fait voir nombre de choses intéressantes, et m'a ouvert bien des pages que j'ignorais. Nous étions dans une *planche*; aussi je t'assure que c'est fatigant que de voyager de la sorte avec un gros homme comme le curé, qui prend les trois quarts de la place, et vous réduit à n'avoir qu'une fesse en place et à attraper des crampes et du froid de vingt manières. Pour du froid, j'en ai tant attrapé qu'aujourd'hui je souffre d'un mal de reins atroce, qui ne me permet ni de me retourner, ni de me lever vivement, ni même d'éternuer, sans lâcher un ouac. [...] Je suis traité ici [à Saint-Jérôme] comme un roi, mais mon mal de reins m'abîme, et j'ai une peur terrible de prendre encore bien du froid dans mon voyage en voiture. Il a plu terriblement ici la nuit dernière, et le ciel est encore plein de barbouillages. Néanmoins, ce que j'ai à faire, je le ferai. Des horizons nouveaux se sont ouverts à moi, et je crois posséder la clé de mon ouvrage. Une fois que j'aurai ouvert la première porte, tu me verras bientôt envahir tous les appartements. (*Ibid.* : 260-261)

La colonisation a donné à Buies l'espace nécessaire pour s'accomplir, un peu partout, dans un lieu et à une époque où la distinction classique entre écrivain et écrivant ne fonctionne pas du tout.

Le curé Labelle lui écrit, en novembre 1880, après avoir lu sa monographie sur le Saguenay et le Lac-Saint-Jean, commandée par le gouvernement libéral de Joly : « J'espère que vous entretenez toujours l'idée d'être l'historien et le chantre de notre vallée de l'Ottawa et j'ai hâte que vous veniez visiter nos contrées, pour écrire encore un beau livre qui sera utile à la religion et la patrie » (Labelle dans Buies, 2017 : 165). Un peu comme Cortambert, le curé Labelle lui permet d'entrevoir une percée française. Le curé envoie, en effet, des textes de Buies à l'un de ses correspondants, le géographe et écrivain Onésime Reclus, frère du célèbre Élisée Reclus. À en croire le prêtre, « [c']est peut-être le commencement d'une ère nouvelle » (*Ibid.* : 228) pour Buies. Reclus semble bel et bien apprécier l'écriture de Buies, en compare même les œuvres, comme il l'écrit dans une lettre au curé Labelle : « [L]e poëte a pris le dessus sur le rieur, et il chante la patrie, les eaux, les bois, les vents, le colon, son humble demeure, les villages commençants, les défrichements au bord du lac. Cela est à mille lieues au[-]dessus de la chronique boulevardière et des caquets parlementaires » (Reclus, [s. d.] : [s. p.]). Malgré cette appréciation, Buies ne semble pas avoir connu d'« ère nouvelle » en France.

Conclusion

Au fil de ses recherches, Parmentier a retrouvé une lettre de Buies, datée de 1898, dans le fonds d'archives de Wilfrid Laurier. On ne peut jurer qu'elle s'adresse au premier ministre canadien lui-même puisqu'elle ne comporte pas d'appel. Son sujet est néanmoins clair : Buies demande à être embauché à titre de géographe ou de monographe officiel du département géologique du Canada. Il indique même le montant de sa rémunération (1500 $ par année) ainsi que les différents avantages dont il devrait bénéficier (laissez-passer pour tous les trajets de l'Intercolonial, dépenses de 3 $ par jour pendant ses déplacements, etc.). On comprend rapidement que Buies ne demande pas, mais exige d'être embauché, dans cette lettre qui ne semble pouvoir souffrir de refus. Et ce qu'il veut faire, c'est encore de la littérature :

> Je veux décrire, suivant ses nombreuses régions, prises séparément, notre immense pays si peu connu. Mes ouvrages ne seront pas des livres bleus, mais des études régionales auxquelles je donnerai tout l'attrait possible par la description et la saveur littéraire, afin de les rendre populaires, même à l'étranger. (Buies, 2017 : 309)

De quel droit le littéraire peut-il exiger de telles choses du politique? Buies invoque ses antécédents littéraires, justement : « J'ai assez écrit sur mon pays, comme en témoignent mes études régionales antérieures, publiées en divers volumes, pour avoir droit à la situation et au titre que je demande » (*Ibid.* : 310).

La lettre (dactylographiée) de Buies, retrouvée dans les archives d'un ami de jeunesse (voir Buies, 1893 : 24), témoigne d'un grand désarroi financier mais aussi, peut-être, d'une illusion concernant le rapport qu'entretient le monde politique avec la littérature. En exigeant, en dictant les conditions de son embauche, on dirait que Buies cherche à inverser le rapport de force : l'écrivain, qui se croit indépendant, s'impose aux pouvoirs politiques, qui l'embauchent pourtant.

Quelques années auparavant, Buies s'était adressé de façon similaire au premier ministre Louis-Olivier Taillon. La lettre fut reprise des décennies plus tard dans *La Revue moderne* : « M. Taillon a gardé le souvenir de cette lettre qui l'avait profondément amusé et à laquelle il répondit par l'achat d'un grand nombre d'exemplaires des œuvres de Buies » (Aubey, 1923 : 12). Vraiment? Enfin, je la cite *in extenso* :

> Monsieur le Premier ministre,
>
> Ayant vu dans l'*Électeur* de samedi dernier que vous aviez besoin d'un trésorier pour administrer les finances de la Province[2], et qu'il fallait s'adresser à vous pour être nommé à cet emploi, j'ai l'honneur de vous adresser une demande officielle pour qu'il vous plaise de jeter les yeux sur moi dans les circonstances ennuyeuses où vous vous trouvez placé.

2. Le premier ministre et le trésorier de la province, John Smythe Hall, avaient eu un désaccord à propos d'un emprunt de 4 millions de dollars.

> Inutile de vous dire combien je suis qualifié à remplir les fonctions que vous voudrez bien me confier.
>
> Depuis nombre d'années, j'ai l'habitude d'administrer des affaires en déconfiture et de trouver toute espèce de moyens de faire face aux plus redoutables éventualités.
>
> Sauver la province ne serait qu'un jeu pour moi.
>
> J'ai toutes les qualités et les ressources d'un homme providentiel. Vous pouvez me regarder dès aujourd'hui comme un véritable sauveur.
>
> Il ne faut pas que la question des émoluments vous embarrasse. Ce serait faire preuve de mauvais goût. Quant à moi, elle ne m'embarrasse nullement. Je suis prêt à accepter le traitement de mon prédécesseur et même à le voir augmenter, et je m'engage même à ne pas faire naître de crise ministérielle avant un laps de temps que je déterminerai moi-même.
>
> Je crois vous avoir exposé suffisamment, Monsieur le Premier, dans les quelques lignes qui précèdent, les raisons de ma demande, et surtout les conclusions qui sont claires comme le jour.
>
> Quoique la clarté ne soit pas absolument une recommandation chez un trésorier essentiellement provincial, j'ose tout de même m'en prévaloir où vous croiriez pouvoir en tirer parti dans des circonstances inattendues.
>
> Je compte bien, M. le Premier, que vous vous ferez le plaisir de me faire une réponse conforme en même temps que prompte et agréable. Et veuillez me croire le plus dévoué de tous les trésoriers futurs. (Buies, 2017 : 291-292)

Qu'a cherché à faire Buies en écrivant cette lettre ? Le summum de l'indépendance de l'écrivain consisterait-il à offrir ironiquement ses services au premier ministre ? À insister sur son incapacité à gérer, renversée en capacité à « administrer des affaires en déconfiture et [à] trouver toute espèce de moyens de faire face aux plus redoutables éventualités » ? À faire la preuve, par l'absurde, que l'homme de lettres est le mieux placé pour être le trésorier d'un gouvernement en difficulté financière ? Buies, en envoyant cette lettre ironique au premier ministre, cherche-t-il à renouveler son image ? À se refaire comme écrivain indépendant, d'abord auprès de lui-même, sans doute, puisque cette lettre était privée.

Cela nous amène à nous poser cette question : malgré la vision que Buies a de la littérature, fort distincte de ce qui se passe en France à la même époque, est-il lui-même prisonnier des modèles européens? La correspondance, en plus de tout ce que nous avons vu plus haut, le révèle, notamment dans ses lettres adressées à Taillon et à Laurier (probablement). Buies a été pris entre, d'une part, sa représentation en homme de lettres claustré dans son indigence, se moquant des pouvoirs et, d'autre part, celle de l'écrivain qui œuvre pour la colonisation de son pays et collabore avec les gouvernements, qui le rémunèrent pour ce travail. Pour tenir ensemble (ou éloignés) ces deux aspects de lui-même, il a le plus souvent utilisé l'ironie. Un retour sur son œuvre, qui tiendrait compte des monographies, mais aussi des lettres de Buies, y compris celles qui semblent le plus platement descriptives, permettrait de voir les différents ressorts de cette ironie. Et, surtout, de juger s'il s'agit de l'arme du faible ou de celle du puissant.

Bibliographie

[Anonyme] (1879). *Le Journal des Trois-Rivières*, 2 juin, p. 2.

[Anonyme] (1881). *Le Quotidien*, 30 avril, p. 3.

[Anonyme] (1883). « Courrier de Lévis », *Le Quotidien*, 21 juillet, p. 2.

[Anonyme] (1884). « M. Buies », *La Patrie*, 13 novembre, p. 1.

[Anonyme] (1885). « Notre position vis-à-vis le Parti conservateur », *L'Étendard*, 23 janvier, p. 2.

[Anonyme] (1886). « Choses et autres », *L'Union des Cantons de l'Est*, 23 janvier, p. 6.

[Anonyme] (1892a). « Économie… politique », *L'Électeur*, 27 juin, p. 4.

[Anonyme] (1892b). « Guerre aux hommes de lettres », *L'Électeur*, 14 juillet, p. 1.

Aubey, Luc (1923). « L'esprit d'Arthur Buies », *La Revue moderne*, (avril), p. 12.

Biron, Charlotte (2020). *D'Arthur Buies à Gabrielle Roy, une histoire littéraire du reportage au Québec (1870-1945)*, thèse de doctorat (études littéraires), Québec, Université Laval; Montpellier, Université Paul-Valéry Montpellier 3.

Brissette, Pascal (2008). « Poète malheureux, poète maudit, malédiction littéraire », *COnTEXTES*, Varia, 12 mai, [En ligne], [http://journals.openedition.org/contextes/1392] (consulté le 3 décembre 2024).

Buies, Arthur (1864). *Lettres sur le Canada. Étude sociale : 1re et 2e lettres*, Montréal, imprimé pour l'auteur.

Buies, Arthur (1867). *Lettres sur le Canada, Étude sociale : 3e lettre*, Montréal, imprimé pour l'auteur à l'imprimerie du journal *Le Pays*.

BUIES, Arthur (1884). *La Lanterne*, Montréal, [s. é.].

BUIES, Arthur (1887). *Sur le parcours du Lac Saint-Jean : deuxième conférence*, Québec, Typographie de C. Darveau.

BUIES, Arthur (1893). *Réminiscences*, suivi de *Les jeunes barbares*, Québec, Imprimerie de *L'Électeur*.

BUIES, Arthur (1896). *Le Saguenay et le bassin du Lac Saint-Jean : ouvrage historique et descriptif*, Québec, Léger Brousseau Éditeur-Imprimeur.

BUIES, Arthur (1986). *Chroniques I*, édition critique par Francis Parmentier, Montréal, Les Presses de l'Université de Montréal.

BUIES, Arthur (2017). *Correspondance*, édition préparée et présentée par Francis Parmentier, Montréal, Lux Éditeur.

BUIES, Arthur (2018). La Lanterne *: l'ennemi instinctif des sottises, des ridicules, des vices et des défauts des hommes*, édition préparée et annotée par Jonathan Livernois et Jean-François Nadeau, Montréal, Lux Éditeur.

DUFLO, Colas (2000). « Et pourquoi des dialogues en des temps de systèmes ? », *Diderot Studies*, vol. XXVIII, n° 28, p. 95-109.

ÉTHIER-BLAIS, Jean (1967). « Enfer et ciel ; aller-retour », dans *Signets II*, Ottawa, Le Cercle du Livre de France, p. 105-114.

FABRE, Hector (1867). « On Canadian Literature », *Transactions of the Literary and Historical Society of Quebec: Session of 1865-'66*, Québec, Imprimé par Middleton & Dawson, p. 85-102.

FERRON, Jacques (2006). *Chroniques littéraires 1961-1981*, édition préparée par Luc Gauvreau, préface de Ginette Michaud, Montréal, Lanctôt Éditeur.

HAMELIN, Marcel (1974). *Les premières années du parlementarisme québécois (1867-1878)*, Québec, Presses de l'Université Laval.

HUOT, Louis-Herménégilde (1864). *Le rougisme en Canada : ses idées religieuses, ses principes sociaux et ses tendances anti-canadiennes*, Québec, A. Côté et Cie.

LAREAU, Edmond (1874). *Histoire de la littérature canadienne*, Montréal, John Lovell.

RECLUS, Onésime ([s. d.]). « Lettre au curé Labelle », Bibliothèque et Archives nationales du Québec, Québec, Fonds Arthur-Buies, P18 D28.

ROBY, Yves (2000). *Les Franco-Américains de la Nouvelle-Angleterre : rêves et réalités*, Sillery, Éditions du Septentrion.

« Un communisme dont le Christ serait l'inspirateur[1] » : dissonance politique dans la correspondance entre Louis Dantin et Jean Bruchési

Pierre Hébert
Université de Sherbrooke

La correspondance de Louis Dantin a fait l'objet de nombreuses analyses, qui ont entre autres abordé l'écriture des femmes, la pseudonymie, la figure de l'écrivain, l'écriture autobiographique, la malédiction littéraire et le mentorat[2]. Or, centrés sur des questions littéraires, les échanges épistolaires du Bostonnais font aussi une large part aux idées sociopolitiques, le cœur de cette correspondance se déroulant durant le krach de 1929 et la crise socioéconomique qui suit. Richard Giguère (1996) a étudié l'importance de cette crise dans la correspondance entre Dantin et Alfred DesRochers, surtout dans les années 1931 à 1934, entre un Dantin socialiste, voire communiste[3], et un DesRochers capitaliste, certes, mais hésitant : « Malgré

1. À Jean Bruchési, 3 mars 1933. Je remercie Louise Bienvenue et Annette Hayward pour leur « lecture préalable » éclairante et leurs suggestions des plus pertinentes.
2. Respectivement Rannaud, 2018 ; Hébert, 2004 ; Godbout, 2008 ; Hayward, 2013 ; Hébert, 2014a et Bernier, 2018.
3. Dans cette correspondance (Hébert *et al.*, 2014b), la discussion de fond sur le communisme ne va pas très loin. On notera d'ailleurs la rareté du mot « communisme », qui n'y apparaît que trois fois, uniquement dans les lettres de Dantin : sur la France qui a inventé le communisme avant Lénine (12 novembre 1931) ; sur le fait que le communisme russe n'abolit pas la propriété privée (entre le 17 et le 19 novembre) et, enfin, que « le "communisme" russe n'est qu'un nom : ce n'est en fait que le socialisme pur et simple mis en action par tout un peuple » (25 juin 1932).

mes oscillations vers la droite, je reste passablement enclin aux théories socialistes » (25 mai 1932).

Leurs brefs échanges sur le socialisme jettent la lumière sur un sujet qui n'a jamais été examiné avec attention : la pensée politique de Dantin. Je dis bien *pensée*, et non *opinions*. En effet, dans ses lettres, une pensée politique ferme, constante se dévoile, dont les visées, voire l'idéal peuvent se résumer dans le propos suivant adressé à Olivar Asselin. Lui parlant de sa critique de *L'homme qui va*[4]... de Jean-Charles Harvey, Dantin écrit à Asselin en avoir profité pour se « "laisser aller" un peu, et prôner *ex professo* le progrès humain, la fraternité, le pacifisme, et l'*utopie* [Dantin souligne] en général : toutes choses auxquelles je crois avec l'énergie du désespoir, étant la seule foi que j'ai gardée » (25 avril 1929). Progrès, fraternité, pacifisme, utopie : ces quatre mots érigent les piliers des discussions politiques de Dantin, cristallisés par sa défense et illustration du communisme.

Une précision s'impose d'ores et déjà afin de lever une ambiguïté : socialisme ou communisme? Dantin fait un usage flottant des deux mots : il écrit à Jean Bruchési (1901-1979) que, plutôt que de communisme, « [i]l vaut mieux parler de socialisme et le traiter en système économique » (27 janvier 1931). Un autre de ses correspondants, Jules-Édouard Prévost, règle la question d'un trait de plume : « Les mots *socialisme, communisme*, ne doivent pas vous faire peur au point de vous empêcher de voir aussi exactement que possible ce qui se passe. L'expérience tentée en Russie est étonnante, extraordinaire et magnifique, à certains points de vue » (lettre à Dantin, 19 mars 1931). C'est à l'endroit de DesRochers que Dantin est le plus clair sur la perméabilité entre les deux mots :

> Mais la meilleure étude du socialisme, c'est de le suivre dans son fonctionnement actuel, non plus théorie, mais réalité accomplie, dans la nation russe. Car le « communisme » russe n'est qu'un nom : ce n'est, en fait, que le socialisme pur et simple mis en action par tout un peuple. Il n'y a aucune différence qui compte entre le programme de Lénine et celui du plus modéré des « laborites »; toute la différence est dans la méthode, dans les moyens d'action. Aussi n'ai-je jamais compris que socialistes et communistes perdent leur temps à se chamailler : s'ils se regardaient au miroir, ils se

4. Louis Dantin, « *L'homme qui va* [*sic*] par Jean-Charles Harvey », *Le Soleil*, 20 avril 1929, p. 24.

> verraient coiffés du même bonnet, absolument. Il est vrai que les communistes sont extrêmement agaçants avec leur manie d'aller vite, de vouloir tout chambarder d'un coup, de refuser en attendant tout progrès graduel et partiel [...]. (25 juin 1932)

Certes, dans les faits, malgré leur opposition commune au capitalisme, socialisme et communisme ne sont pas identiques. À un État interventionniste socialiste s'oppose une abolition communiste de l'État au profit d'une gestion par la communauté elle-même, une propriété collective des moyens de production, à tel point que le socialisme peut être vu comme une phase de transition vers le communisme[5].

Toutefois, nos correspondants ne se soucient guère de ces distinctions et emploient toujours les deux mots comme équivalents ou presque. Je les suivrai dans cette quasi-synonymie, quitte à apporter des précisions en cours de route.

Je propose donc ici une étude sur Dantin et le communisme dans ses échanges épistolaires. À propos de ce régime, Dantin confie à Bruchési y voir « l'effort humain organisé par l'intelligence au lieu d'être livré au hasard, et excité vers un but plus haut que celui de la compétition capitaliste, basé sur l'exploitation des uns par les autres et la lutte mutuelle de tous » (6 mars 1933). Pourquoi juge-t-il le communisme préférable? Le capitalisme lui paraît-il réformable? Sur quelle conception du progrès social se fonde son argumentation? De telles questions ont été débattues principalement avec six correspondants divisés en deux groupes, comme on le verra plus loin; mais les échanges avec Bruchési sont de loin les plus poussés et feront ici l'objet d'un examen approfondi.

Avant de découvrir sous cet angle particulier la correspondance entre ces « frères ennemis[6] », je propose une esquisse biographique de Dantin sous un éclairage peu usité, celui du prolétaire. Ensuite, une brève

5. « C'est Lénine qui, dans *L'État et la révolution* (1917), attribue à Marx le mérite d'avoir établi une "différence scientifique claire entre socialisme et communisme", considérés comme les deux "phases" successives (la phase "inférieure" puis la phase "supérieure") du passage au "communisme intégral". Par là, Lénine convertit le moment essentiellement négatif de destruction de l'État et de soumission de l'État à la société, en un processus positif d'édification d'un "État des Soviets des députés ouvriers et soldats" exerçant le contrôle sur la société » (Fischbach, 2009 : 15).
6. « Cher frère ennemi » : ainsi s'ouvre la lettre de Bruchési à Dantin, le 30 août 1935.

description de sa correspondance conduira à la question de la lettre comme discours social dissonant.

Présentation de Louis Dantin et de son œuvre

Docteur Eugène Jekyll et monsieur Louis Hyde

Eugène Seers et Dantin se complètent, voire s'expliquent mutuellement[7]. « [L]'histoire de ma vie, si calme et si terne, mais au fond si agitée[8] », vie calme et terne, en effet, que celle de ce typographe qui, de 1903 à 1938, travaillera six jours par semaine, principalement aux Presses de l'Université Harvard (1919-1938). Mais vie agitée, en revanche, que celle de ce défroqué, de ce troglodyte[9] devenu, de son repaire bostonnais, un auteur, un critique, un épistolier majeur dans les lettres du Québec durant la première moitié du XXe siècle : l'*auteur* a « découvert » et édité Émile Nelligan en 1903 et publiera lui-même plusieurs ouvrages; le *critique* représentera dans les années 1930 celui dont « l'opinion compte plus que celle de Mgr Camille Roy même[10] » avec, au terme de sa vie, quelque 350 articles, critiques, poésies, contes et textes d'idée; l'*épistolier*, enfin, aura échangé avec nombre d'écrivains du Québec plus de 2000 lettres entre 1909 et 1942, devenant le mentor de plusieurs d'entre eux.

« *Two men in one frail body*[11] ! » Florence Crawford, sa femme de ménage au milieu des années 1910, livre cette clé majeure pour comprendre

7. Je rappelle que Louis Dantin est le nom de plume d'Eugène Seers. Cette dualité, que j'aborde brièvement ici, est au centre de ma « biochronique » de Dantin (Hébert, 2021).
8. Extrait de l'« autobiographie » de Dantin (Nadeau, 1948 : 10). Dantin (1865-1945) avait en effet commencé une « Autobiographie », non datée et inachevée, composée de 12 feuillets et de quelques notes (Fonds Gabriel-Nadeau, Bibliothèques et Archives nationales du Québec, MSS177, boîte 83; ci-après FGN). Destinée à un périodique anglais, elle a été rédigée dans cette langue et, ici, la traduction est de Nadeau.
9. « En fait, j'ai vécu toute ma vie hors du monde, sans rechercher aucun contact, sans me lier à aucun groupe, et il est naturel qu'on laisse tranquille ce troglodyte » (lettre à Gabriel Nadeau, 3 décembre 1941). Pour les références précises des correspondances dans le Fonds Gabriel-Nadeau, voir la bibliographie.
10. DesRochers à Dantin, 26 décembre 1929.
11. Florence Crawford à Gabriel Nadeau, 24 novembre 1961. « Deux hommes dans un corps frêle! » (Traduction libre, sauf exception mentionnée.)

la complexité de Seers/Dantin. En effet, ces deux hommes dans ce même corps frêle représentent deux phases de ce moi complexe, une dualité joignant le *terne* et le *débridé*. Crawford place dos à dos Seers et Dantin dans sa vie amoureuse, voire sexuelle, parlant des « *vicissitudes of his turbulent life – as "Louis", and the dull routine that was "Eugène's" for the greater part*[12] ». En clair, « [*a*] *Mr Hyde type, kind, prosaic in his daily life, a modified version of the other self*[13] ». La vie publique d'Eugène Seers/Louis Dantin est aussi duelle, Eugène s'échinant dans le bruit de l'imprimerie à longueur de semaine, et Louis se recueillant le dimanche, le soir, pour rédiger des centaines de lettres, écrire ses poèmes, réviser des manuscrits.

À cette dualité sexuelle et littéraire, il faut en ajouter une autre qui, peu connue, traverse néanmoins toute la vie et l'œuvre de ce Janus : celle du Seers tâcheron que son travail épuise, aliène même, qui dit détester la polémique[14], et du Dantin « politique », ardent défenseur d'une société égalitaire pour laquelle le socialisme, voire le communisme, apparaissent comme la seule issue viable. La terne vie diurne du docteur Jekyll aux Presses de Harvard se mue en une existence nocturne déviante, dans un sens figuré, celle de l'épistolier aux « opinions anormales[15] » : le « *Mr Hyde type* » communiste revendique dans sa correspondance, à qui veut l'entendre (ou non), la nécessité d'instaurer ce régime économique. Autrement dit, la présente étude souhaite mettre en équilibre l'homme du quotidien, du profane, et celui du sacré, pour lequel la correspondance

12. Florence Crawford à Gabriel Nadeau, 3 décembre 1961 ; « vicissitudes de sa vie turbulente – en tant que "Louis", et la routine ennuyante qu'était celle d'"Eugène" la plupart du temps ».
13. Florence Crawford à Gabriel Nadeau, 24 novembre 1961. Cette dualité dans la vie amoureuse de Dantin est abordée dans Hébert, 2021 : 147-151. (« Un genre de Mr Hyde, aimable, prosaïque dans sa vie quotidienne, une version modifiée de son autre moi. »)
14. « Je sais que vous n'aimez pas la polémique », écrit Prévost à Dantin (27 janvier 1930), ce que Dantin répétera lui-même souventes fois. Mais il ne faut pas le croire entièrement à ce propos ; on verra qu'il a une « passion jalouse de [s]a liberté (d'ailleurs aussi de celle des autres). » Il ajoute : « Aucune tyrannie, ouverte ou sournoise, n'a de chance de me subjuguer, qu'elle prétende enferrer mon esprit, mon cœur ou mon corps. Je lui échappe soit par la lutte ouverte, soit par une patience obstinée qui la déroute » (lettre à DesRochers, 29 décembre 1929).
15. À Louvigny de Montigny, 26 février 1943. Il parle effectivement dans ce cas de son admiration pour la Russie et son système politique.

permet de s'extirper de l'insignifiance et de porter au niveau politique le faix de ses journées de labeur.

Portrait de Louis Dantin en prolétaire

Il est peu commun de se représenter Dantin en figure, voire en défenseur du prolétariat. Son éducation bourgeoise, sa vie d'ecclésiastique jusqu'en 1903 ne présageaient en rien l'ouvrier écrasé pendant trois décennies par les vicissitudes du quotidien. Seers est né à Beauharnois près de Montréal en 1865[16]. Les prédispositions familiales constituaient certes une terre infertile pour la croissance d'idées socialistes ; par exemple, son père, Louis-Alexandre Seers (1834-1927), avocat de renom, a été maire de Beauharnois en 1881 et 1882[17]. C'est son père, d'ailleurs, déçu de ce que son fils soit tenté par la vocation religieuse, qui l'envoie étudier en Europe pour l'en détourner. Peine perdue : c'est en Belgique que le jeune Eugène a une illumination et qu'il entre chez les Pères du Très-Saint-Sacrement, en 1883. Cependant, sa foi ne tarde pas à vaciller et, de surcroît, il se lie d'amitié, voire davantage, à la jeune Charlotte Beaufaux. C'en est trop, et on le somme de rentrer au Canada en 1894 ; il demeure dans la communauté, mais ne participe presque pas aux exercices religieux. Sa vie de bohème l'amène à rencontrer une femme, Clotilde Lacroix, probablement en 1902. Situation à nouveau intenable, qui le conduit à défroquer, à « s'exiler » aux États-Unis, à Boston, en 1903, avec elle et Eugénie, la fille de Clotilde.

Munis d'un billet de recommandation de sa communauté[18], Dantin, Clotilde et Eugénie quittent Montréal vers la fin de février 1903, ou au

16. Je vais passer rapidement sur sa vie entre les années 1880 et son départ pour les États-Unis. Pour en savoir davantage, on pourra consulter la biographie que j'ai fait paraître en 2021, *Vie(s) d'Eugène Seers/Louis Dantin : une biochronique littéraire* aux Presses de l'Université Laval.

17. « Il a été mêlé, pendant près de cinquante ans, à la vie publique de Beauharnois ; il a été [...] éditeur-rédacteur de *L'Avenir de Beauharnois* ; il a pris part par la plume et par la parole, à plusieurs campagnes politiques retentissantes » (Leduc, 1920 : 168).

18. « *Mr. Eug. Seers was in charge of our printing office for the past seven years and we were quite satisfied during that time with his cleverness and reliability.* » Ce billet est signé par « *A. Pelletier, Treas., H. Leblond, Sup. of the Com. of the Bl. Sacr.* ». (« M. Eugène Seers a été responsable de notre imprimerie durant les

tout début du mois de mars. Et c'est à ce moment que le défroqué revêt l'habit du prolétaire, comme typographe, jusqu'en 1938. Dès le 8 mars 1903, et jusqu'au 3 juin 1904, il amorce un échange de 14 lettres avec le père Henri Leblond, supérieur de la communauté montréalaise, car il reçoit une allocation hebdomadaire de six dollars provenant de sa communauté[19] : « Trois jours après mon arrivée, j'ai trouvé de l'emploi comme typographe » (8 mars). Il se trouve dans une « pauvreté réelle » (27 avril 1903), accablé par « la dépendance et le travail incessants ». La pensée sociale, socialiste en fait, de Seers s'est assurément formée en ces premières années de prolétaire :

> Tout ce que je désire et espère, c'est assez de courage pour rester jusqu'à la fin le pauvre ouvrier typographe que je suis. J'apprends en outre dans cette expérience personnelle beaucoup de leçons sociales et autres qui ajoutent considérablement à ma science de la vie et au peu de philosophie que je possède. (27 avril 1903)

Parmi ces leçons sociales primeront sa préoccupation pour le chômage, la défense d'un salaire minimum et le rejet du profit excessif, comme on le verra plus loin. Tout juste mis à la retraite des Presses de l'Université Harvard, où il travaillait depuis 1919, il écrit à Louvigny de Montigny (18 mars 1938) : « Mais je m'accommode assez bien de ne plus me lever chaque matin à six heures, de ne plus sentir sur moi "l'œil du maître" à chaque instant du jour, en un mot d'être délivré d'un état d'esclavage qui, à bien y penser, offre très peu de différence avec celui des nègres. » Bref, une sympathie a toujours lié Dantin aux ouvriers démunis, aux prolétaires qui suent pour gagner (ou perdre...) leur vie.

---

sept dernières années et nous avons été très satisfaits durant ce temps de son savoir-faire et de sa fiabilité. ») Et la ville de Boston était peut-être déjà dans la mire puisque, selon Nadeau, « sa maîtresse y avait déjà une sœur » (Chronologie, 1903, FGN, 139).

19. La source de cette allocation n'est pas claire et fait l'objet d'une discussion entre Leblond et Seers. Ce dernier croit que l'argent provient de son père, ce que dément Leblond. La question est évidemment de savoir si Seers est encore redevable à sa communauté.

Portrait d'une œuvre littéraire

La réputation de Dantin s'est établie principalement grâce à ses critiques dans les journaux et à sa correspondance. Sa poésie ne se démarque guère, à l'exception de ses trois « Chansons » et de ses poèmes érotiques[20]. Ses contes méritent encore qu'on les fréquente : « Pauline », digne d'Edgar Poe; « Sympathies », réflexion sur « l'épaisseur du monde » qui sépare les êtres; « Tu tousses? », hymne à l'humanisme. Quant à ses nombreux contes de Noël, ils subvertissent ou, en tout cas, secouent le ronron du genre. On peut encore lire plaisamment « La comète », critique du mercantilisme qui afflige cette fête chrétienne.

Avant d'aborder la correspondance de Dantin et, en particulier, ses discussions avec Bruchési sur le communisme, voici un aperçu de ses textes parus dans des périodiques, surtout ceux de critique littéraire.

De 1889 à 1942, Dantin a signé[21] 339 textes : critiques, poèmes, contes et articles d'idées. Son premier texte de fiction est le conte « Le froment de Bethléem[22] », en 1889. Et son ultime publication, outre le roman posthume *Les enfances de Fanny* (1951), est sa chronique du 28 novembre 1942, dans *Le Jour* de Jean-Charles Harvey, sur « Le livre canadien », qui porte en l'occurrence sur *De Villemarie à Montréal*, de Jean Bruchési. C'est dans *Le Jour* de Harvey qu'ont paru le plus grand nombre de textes : 163, dont 136 sur « Le livre américain », entre 1938 et 1942. Toutefois, *L'Avenir du Nord*, de Jules-Édouard Prévost, a diffusé

20. « Chanson javanaise », « Chanson citadine » et « Chanson intellectuelle », parues respectivement en 1930-1931 et 1932 (voir Hébert, 2021 : xx). Ses poèmes érotiques, « À une belle masseuse », « Stance païenne » et « Litanie-symbole » sont parus dans le premier Cahier Louis Dantin, *Poèmes d'outre-tombe* (1962). Un autre, *Un manuscrit trouvé à Kor-el-Fantin*, est l'objet unique d'un Cahier Louis Dantin « hors série ».

21. Et aussi sous d'autres pseudonymes : ceux-ci ont été traités en détail dans Hébert, 2021 : 83-97.

22. E. S., « Le froment de Bethléem. Légende », *Le Messager du Très-Saint-Sacrement*, XIVe année, n° 6, décembre 1889, p. 475-478; [Anonyme], *Le Petit Messager du Très-Saint-Sacrement*, janvier 1899, p. 22-25. Yvette Francoli signale que le conte serait aussi paru dans *L'Univers*, en 1889, mais en donnant la référence du *Messager du Très-Saint-Sacrement* (Francoli, 2013 : 90). Je n'ai pu retrouver ce conte dans *L'Univers*.

dès 1923 la majorité de ses critiques de littérature québécoise, de même que ses contes et poèmes, 68 articles au total. *La Revue moderne*, avec 29 textes, occupe aussi une importante place, surtout entre 1920 et 1927 ; c'est d'ailleurs dans cette revue que Dantin a fait son « retour à la littérature[23] ».

Cette abondante production s'adosse à une correspondance qui représente d'une certaine manière la pièce maîtresse de son œuvre, compte tenu de la diversité et de l'importance des correspondants ; un tableau donné en annexe présente les 22 correspondances littéraires principales. Celles-ci se simplifient en un découpage en trois périodes :

1. La *première période* va de 1909 à 1927. Elle compte peu de correspondances littéraires : Marie Le Franc et Alphonse Beauregard, Olivar Asselin à la rigueur. Ces années sont plutôt dominées par deux grandes correspondances : l'une marquée par l'amitié, avec Germain Beaulieu, et l'autre par l'aide, avec Jules-Édouard Prévost, qui sera en quelque sorte son « agent littéraire ».
2. La *période faste*, littéraire, s'enclenche durant les années 1928-1933 : Jean Charbonneau, Gonzalve Desaulniers, Rosaire Dion-Lévesque, Alfred DesRochers, Jean-Charles Harvey, Jovette Bernier, Éva Senécal, Simone Routier, Alice Lemieux, Louvigny de Montigny, Harry Bernard, Jean Bruchési, Robert Choquette, Albert Lévesque et Albert Pelletier.
3. Les *correspondances au long cours*, à partir de 1934. Ce sont surtout ces correspondances amorcées souvent dans les années 1920 qui persisteront : Beaulieu (jusqu'en 1941), Prévost (1943), Beaufaux (1945), Dion-Lévesque (1944), DesRochers (1939), Harvey (1942), Bruchési (1942), Montigny (1943).

Correspondance et dissonance : ce lieu où l'on peut parler d'une « fleur [de] théologie s'épanouissant en un terreau fort en fumier »

A-t-on suffisamment relevé l'importance de la lettre comme vecteur d'un discours social dissonant ? Et pourquoi *dissonant* ? Des adjectifs plus spectaculaires eussent pu être utilisés : dissident, contestataire, etc.

23. Avec « Chronique littéraire. M. Alphonse Beauregard », *La Revue moderne*, vol. 1, n° 12, 15 octobre 1920, p. 12-16.

J'ai cependant opté pour un terme qui, large, accueille diverses déclinaisons selon les cas. Et voici un exemple de cette dissonance à propos de *L'amant de lady Chatterley*, à la faveur d'un échange entre Dantin et Montigny, échange qui n'eût assurément pas été le même sur la place publique.

Le roman de David Herbert Lawrence, paru en 1928, a causé un scandale durant plusieurs décennies et fut l'objet de nombreux procès ; ce roman, écrit Berthelot Brunet, « que je ne saurais recommander à personne, pas même à des jeunes filles[24] ».

La correspondance avec Montigny est l'une des plus intéressantes en ce qui concerne les discussions littéraires, en particulier à propos d'œuvres qui ont une cote morale douteuse. C'est Dantin qui a transmis à son correspondant *L'amant de lady Chatterley*, qui lui répond :

> *L'amant de Lady Chatterley* a fait un si beau ramage dans la presse française que j'ai tenu à me le procurer, pour voir par moi-même de quoi il s'agissait. [...] Lawrence a peint son modèle comme il l'a trouvé ; et je trouve qu'il a magistralement traité le cas de cette femme que la satisfaction des sens conduit à l'amour [...].
>
> Mais c'est cette *Défense*[25] qui m'a davantage intéressé. Pour un éclopé, un impuissant comme l'était Lawrence, pour un protestant libre-penseur comme lui, il se fait, de l'amour, une conception qui pourrait servir de modèle à bien des catholiques de ma connaissance, et il prêche l'indissolubilité du mariage comme bien peu de théologiens pourraient le faire. [...] Enfin, j'espère que cette fleur [de] théologie s'épanouissant en un terreau fort en fumier vous aura fait passer une heure de belle distraction. (4 mai 1933)

Ces propos détonnent : ils participent d'un discours en marge de la bien-pensance littéraire de l'époque, pour ne pas dire de la censure.

Cet exemple pose le cadre dans lequel j'entends étudier un autre propos dissonant, le communisme, dont il ne fait pas bon débattre dans le discours public. La correspondance permet de toute évidence, si la confiance est établie entre les parties, de faire entendre une voix

24. *L'Ordre*, 10 octobre 1934, p. 4.
25. Lawrence a publié cette *Défense de lady Chatterley* deux ans après son roman, en 1930.

dans le discours social qui, autrement, eût été tue ou, à tout le moins, feutrée. Certes, le discours social est en principe public[26], et la « voix épistolière », privée, ne résonne pas fort dans cet espace. On peut ne pas partager cette position, mais, pour ma part, je ne me fais aucun scrupule à inclure la correspondance dans le discours social, même en sourdine. La lettre est un processus de socialisation de la parole ; de surcroît, elle laisse des traces, elle *est*, même, une trace dans la sémiose socioculturelle[27].

Louis Dantin en « politologue »

Le communisme et, surtout, l'anticommunisme des années 1930 ont fait l'objet d'innombrables publications. Les plus fouillées sont assurément les monographies de Marcel Fournier (1979) et d'Andrée Lévesque (1984), le collectif de Robert Comeau et de Bernard Dionne (1989) et, tout récemment, orientée vers l'anticommunisme, l'étude de Hugues Théorêt (2020). À ce répertoire s'ajoutent de nombreux ouvrages sur la modernité des années 1930, qui souvent traitent de la question communiste, de même que plusieurs articles de fond.

On comprendra qu'il est impossible de rendre à chacun son dû en montrant en quoi il ajoute à la connaissance du sujet. Mais, *a contrario*, il faut relever une absence dans toutes ces recherches : celle d'un discours relevant de l'intime, du privé. Les ouvrages traitant de la question du communisme s'appuient sur des sources premières de nature publique : archives du Parti communiste du Canada[28], débats de l'Assemblée législative du Québec, circulaires et mandements des archevêques et évêques, innombrables documents et tracts de l'École

26. « Le discours social : tout ce qui se dit et s'écrit dans un état de société ; tout ce qui s'imprime, tout ce qui se parle *publiquement* ou se représente aujourd'hui dans les médias électroniques. Tout ce qui narre et argumente, si l'on pose que *narrer* et *argumenter* [je souligne] sont les deux grands modes de mise en discours » (Angenot, 1989 : [s. p.]).

27. Louis Francoeur pose avec raison que la culture est « la somme totale de ses signes » : « L'objet des sciences humaines, celui de l'histoire et celui des études littéraires en particulier, n'est plus dès lors l'être humain, mais plutôt les TRACES que celui-ci nous laisse comme signes de sa réalité » (Francoeur, 1989 : 192).

28. Pour sa description, voir Christian Rioux (1994).

sociale populaire[29], etc. Il faut évidemment ajouter les nombreux journaux et revues de toute allégeance : outre *Le Devoir* et *La Presse*, *L'Action catholique*, *Le Jeune Ouvrier*, *La Vie ouvrière* et, surtout, *Clarté* sont souvent cités à témoin.

Il n'est pas étonnant que le discours privé soit peu commun sur le sujet, tellement la lutte anticommuniste a marqué les esprits de l'époque, pour culminer avec l'arrivée au pouvoir, en 1936, de Maurice Duplessis et, en 1937, avec la loi du cadenas. Répondant à la question de M. Rochefort (Montréal–Sainte-Marie), « Est-ce que le communisme comme parti politique a un caractère légal? », lors d'un débat à l'Assemblée législative, Duplessis répond : « Tant que j'aurai un souffle de vie, je n'épargnerai rien, je ferai tout en mon pouvoir pour faire disparaître le communisme de la province de Québec. Les scènes effroyables qui se déroulent dans l'Europe ensanglantée ne nous permettent pas d'hésiter un moment[30]. » Prendre fait et cause pour le communisme n'était pas impossible; mais le discours social de l'époque, voire la doxa charriaient assurément un effet rédhibitoire, polarisant les camps en adversaires irréductibles[31].

---

29. L'École sociale populaire consacre une part essentielle de ses énergies à lutter contre le communisme : « [...] la brochure de mars 1931 annonce les débuts d'une série d'articles sur le communisme, le bolchévisme, l'U.R.S.S., etc., que l'École publiera durant tout le reste des années 30. De mars 1931 à août 1936, vingt-cinq numéros sur cinquante-six, consacrés aux questions économiques et sociales, sont dans leur totalité absorbés par l'anticommunisme sous toutes ses formes d'expression; c'est-à-dire près de 45 p. cent (et près de 40 p. cent de l'ensemble des numéros). En termes de brochures, puisque certaines comportaient selon l'importance deux et parfois même trois numéros, l'anticommunisme est retenu dans une proportion de presque 50 p. cent des écrits d'ordre économique et social, et de 39 p. cent de l'ensemble. Inutile donc d'épiloguer longuement sur ces proportions statistiques qui se passent de commentaire » (Bélanger, 1974 : 386).
30. Débats de l'Assemblée législative, 12 mars 1937, p. 216, [En ligne], [https://www.bibliotheque.assnat.qc.ca/fr/1793-journal-des-debats-1867-a-ce-jour#r1] (consulté le 29 décembre 2020).
31. Par exemple, quand DesRochers veut lancer un « journal à tendances radicales » (lettre à Dantin, 18 avril 1933), ce dernier lui répond : « Je vous avoue que votre projet de fonder une feuille socialiste me donne la chair de poule. Rien sans doute ne serait plus utile, plus nécessaire; mais rien aussi plus dangereux – et que vous deviez être la victime choisie pour ce sacrifice humain m'effraie

On peut relever au moins trois conditions bloquant la dissémination du discours communiste. La première, même si elle a été maintes fois mentionnée, demeure tout aussi prégnante : « [L]e poids très grand de l'Église dans le système d'enseignement et le champ intellectuel explique [...], en grande partie, le faible attrait qu'exercent les thèses marxistes auprès des intellectuels québécois[32]. » La seconde raison, découlant du conservatisme social, tant clérical que syndical, rend « difficile toute forme de mobilisation de la classe ouvrière québécoise au sein d'une organisation politique autonome et révolutionnaire » (Fournier, 1979 : 130). La dernière, tout aussi importante, touche les moyens de diffusion : les éditeurs et les imprimeurs sont nombreux à être sous l'emprise cléricale.

Il faut cependant reconnaître que la plupart des observateurs qualifient cette menace de nettement exagérée : « [F]orce est d'admettre que le parti communiste a moins rayonné que servi d'épouvantails à des élites désireuses de se maintenir » (Montminy et Hamelin, dans Dumont, 1978 : 55). À preuve, en 1930, le Parti communiste « ne comptait que 300 membres au Québec, dont une cinquantaine de francophones » (Comeau et Dionne, 1989 : 26). En définitive, comme le signale Fournier, « au Québec (et aussi au Canada), le mouvement communiste n'est parvenu à mobiliser ou recruter que relativement peu d'intellectuels » (Fournier, 1979 : 124).

La « correspondance communiste » de Louis Dantin : écrire sous cape

C'est dire l'intérêt, dans le cas qui nous occupe, de la correspondance : la parole y est plus déliée. La première fois où il est question de socialisme dans la correspondance de Dantin semble être en 1920.

---

d'avance pour vous. Ce serait du dévouement pur, qui vous arracherait au monde de vos semblables et vous condamnerait à l'ostracisme, à la persécution, sort immanquable des précurseurs » (28 avril 1933; dans Hébert, 2014b : 457 et 458).

32. Fournier, 1979 : 126. Il ajoute : « De plus, même si le public "cultivé" qui rejoint ces intellectuels demeure restreint, ceux-ci obtiennent habituellement des postes dans le système d'enseignement, dans le journalisme ou dans la fonction publique et se voient attribuer un statut social relativement élevé. »

Installé depuis 17 ans aux États-Unis, Dantin déplore qu'on y « refuse à des socialistes dûment élus par le peuple le droit de siéger dans ses Congrès. Je commence à me sentir exilé ici, comme je le serai toujours là où sont dédaignés la justice sociale et le progrès[33]... » Les sympathies communistes de l'exilé sont déjà présentes et bien affermies ; elles ne fléchiront jamais. En effet, un quart de siècle plus tard, à demi aveugle et pour cette raison contraint à dicter ses lettres en anglais, il écrira à Bruchési, celui avec qui il a croisé tant de fois le fer sur le sujet, toujours avec courtoisie : « *No more disputes on sovietism, though I would enjoy them so much at the present time*[34] » (12 janvier 1944).

C'est ce lieu d'échange que je veux observer ici, en l'occurrence la « correspondance communiste » de Dantin avec ses interlocuteurs en toile de fond, et Bruchési comme partenaire de choix. Mais qui sont ses interlocuteurs ?

Six correspondances abordent, à divers degrés, la question communiste[35], que l'on peut classer en deux groupes :

1. *Les adhérents.* DesRochers représente un premier adhérent, mais « converti » par Dantin. J'ai déjà signalé que Giguère a étudié en détail le passage du poète de l'Orford du capitalisme au socialisme. Le second « adhérent », Prévost, est en vérité plus hésitant. Dès le début de leurs échanges sur la Russie, il écrit à Dantin :

33. À Beaulieu, 6 avril 1920. « Sans doute une allusion au cas de Victor L. Berger, du Wisconsin, un des fondateurs du Parti social-démocrate américain, à qui, malgré son élection en 1918 pour le 66e Congrès (1919-1921), fut refusé le droit de siéger à cause d'un procès en cours sur ses prises de position anti-guerre pendant la Première Guerre mondiale. La Cour suprême renversera [*sic*] cette décision, mais Berger ne réussira pas à se faire élire pour le 67e Congrès (1921-1923). Il sera réélu cependant pour les 68e, 69e et 70e Congrès (1923-1929), où il lui sera permis de siéger » (Hayward, 2023 : 249).

34. « Finis les différends sur le soviétisme, bien que je les apprécierais beaucoup actuellement. »

35. Il se trouve des correspondants, tels Dion-Lévesque ou Choquette, avec lesquels il ne sera nullement question de socialisme ; aucune trace, non plus, dans les échanges avec les femmes (Jovette Bernier, Simone Routier, Éva Senécal, Alice Lemieux, etc.).

> La lutte à la Russie, dans le domaine économique, est déchaînée en notre pays comme en bien d'autres. Qu'en pensez-vous? J'avoue ne pas être bien informé et sérieusement renseigné sur les faits et le but réel de la Russie actuelle. Il est si difficile de connaître la vérité sur ce qui se passe vraiment là-bas. Toutefois, je suis enclin à redouter l'envahissement des pays du monde, notamment du Canada, par des matières et des produits exportés à vil prix, et ce au profit seulement des quelques importateurs et intermédiaires et au détriment final des pays. (1er mars 1931)

Quant à Beaulieu, il est en communion de pensée avec son correspondant. Vers la fin de sa vie, il cristallise sa position, qui n'a guère changé depuis sa première lettre sur le sujet (26 janvier 1931) :

> Quant à votre autre article[36], il faut admettre que, une fois de plus, nos opinions sont absolument les mêmes au sujet de la Russie. Ici, dans un entourage qui n'a jamais rien compris de la liberté de penser ou de croire, et qui ne réclame en somme que la seule liberté de faire le mal, on n'a jamais compris mon attitude à l'égard de Staline et de son peuple. Je ne me suis jamais caché pour déclarer que Lénine et Staline ont été l'un et l'autre, en matières politiques, les plus grands génies de l'Europe. (18 décembre 1941)

Or, compte tenu de leur position, ce sont bien sûr les « opposants » qui se livrent avec Dantin à une joute politique relevée avec, au premier plan, Bruchési.

2. *Les opposants*. Des débats parfois vifs se déroulent avec eux; il s'agit de Jean Bruchési, d'Albert Pelletier et de Jean-Charles Harvey. Les échanges avec Bruchési (concentrés entre 1930 et 1933) sont de loin les plus nombreux et les plus intéressants, provoqués par l'ouvrage d'Édouard Montpetit,

36. Il s'agit du compte rendu suivant : « *Hitler ne peut subjuguer la Russie. – Hitler Cannot Conquer Russia* par Maurice Hindus », « Le livre américain », *Le Jour*, 29 novembre 1941, p. 7. Dantin se demande si « l'anti-communisme, à l'état d'obsession aveugle », n'a pas pris tellement de place qu'il a permis la montée de Hitler et de Mussolini. Et (nous sommes en 1941) pour la première fois à ma connaissance, il s'étonne « du niveau presque misérable où en sont restés en Russie, après vingt ans d'expérience socialiste, le bien-être matériel et la distribution des aises de vie ». C'est que, note-t-il, entre « le beurre et les canons, le peuple russe a fait, ou ses guides ont fait pour lui le choix stoïque » des canons.

Pour une doctrine (1931), ou par les livres de Bruchési eux-mêmes, dont *Aux marches de l'Europe*. La discussion politique avec Pelletier (1938), pour sa part, ne concerne que l'article que Dantin soumet à la revue de Pelletier *Les Idées*, « Plaidoyer pour les idées claires », mais cet article inscrit la position publique la plus explicite de Dantin sur la propriété privée et permet par le fait même à Pelletier d'exprimer clairement sa position[37]. Enfin, les échanges avec Harvey (1938-1942) sont suscités tant par le poème de Dantin sur le chômage (1938) que par la courte série d'articles dans *Le Jour* sur « La vie américaine » (1940-1941) et par la présentation, dans la chronique de Dantin sur « Le livre américain », d'ouvrages sur la Russie.

Voyons maintenant cette joute avec Bruchési, à l'occasion, émaillée des propos partagés avec les autres épistoliers.

Jean Bruchési, le « frère ennemi »

La correspondance avec Bruchési commence le 5 mars 1930 et, comme on vient de le voir avec sa missive en anglais, elle se clôt en 1944, un an avant la mort de Dantin. Il s'agit de la plus « politique » de ses correspondances puisque, même lorsqu'il y est question de livres, comme on le verra, ces essais les amènent à discuter de sujets politiques. Par exemple, dès sa première lettre, en plus de souhaiter sa collaboration à *La Revue moderne* dont il est le directeur littéraire, Bruchési demande à Dantin une critique de son nouveau livre, *Jours éteints* (1929). Ce « carnet d'impressions notées au cours d'un séjour en Europe[38] » donne l'occasion à Dantin de relever chez Bruchési « en germe les opinions oligarchiques, bourbonniennes, revêchement statiques et violemment illibérales qui nous choquent trop souvent dans ses écrits ultérieurs ».

Le communisme apparaît dès la deuxième lettre de Bruchési, un mois plus tard (6 avril 1930). Bruchési sent le besoin de lui répondre (mais la lettre de Dantin manque[39]) au sujet non seulement de la Russie, mais

37. Louis Dantin, « Propriété privée – Plaidoyer pour les idées claires », *Les Idées*, vol. 8, n° 3 (septembre 1938), p. 129-141.

38. Louis Dantin, « Quelques livres de l'année dernière – suite », *L'Avenir du Nord*, 25 avril 1930, p. [2]. *Jours éteints* est paru en 1929, à la Librairie d'Action canadienne-française.

39. La première dont nous disposons est celle du 8 octobre, après cinq lettres de son correspondant.

de la futilité de toute révolution. En fait, Bruchési livre dans cet extrait le fondement de sa pensée, qui fera l'objet de leurs discussions dans les lettres qui suivront :

> Alors vous croyez que l'état moral et social des Russes m'inquiète? Pas dans le sens que vous croyez. Je suis contre toute révolution d'où il sort plus de mal que de bien. La Révolution française n'était pas nécessaire. Le progrès se serait fait sans elle. Je crois que la Russie bolchévique est un grand danger pour tous. Je crois qu'il existe certains principes d'ordre et de morale qui sont les mêmes à toutes les époques et sous toutes les latitudes. Il est des expériences qu'il ne faut pas tenter parce qu'elles contiennent des germes de mort. Que les Russes fassent ce qu'ils veulent chez eux, entre eux. Mais s'ils veulent m'imposer leurs systèmes, leurs conceptions, je me défends comme je me défendrais contre toute épidémie[40].

Le ton est donné : « Nous ne sommes jamais meilleurs amis que quand, ce me semble, nous avons quelque bon sujet de dispute », lui confiera Dantin (19 novembre 1931). La discussion porte sur cinq points précis : la vision du communisme, idéologique ou économique; la fatalité ou non de la pauvreté; le sens à donner au mot « progrès »; la réforme possible, ou non, du capitalisme; enfin, le rapprochement entre le christianisme et le communisme.

Communisme idéologique ou communisme économique?

La lettre disparue[41] de Dantin, écrite entre le 5 mars et le 6 avril 1930, eût été majeure pour déterminer ce qui a déclenché les échanges sur le communisme. En pleine crise économique et sociale, il n'est cependant pas imprudent de postuler, au fondement de toutes les correspondances qui traitent de communisme chez Dantin, la recherche de solutions collectives face à ces « questions brûlantes qui agitent de nos temps les classes sociales[42] », alors que, pour l'Église catholique, sont à rejeter « comme

40. C'est après cette lettre que paraît l'article de Dantin sur *Jours éteints* et sur les « politiques illibérales » de son auteur.
41. « Je ne retrouve plus votre lettre... », écrit Bruchési à Dantin, le 6 avril 1930.
42. C'est ainsi que, dans sa chronique, Dantin caractérise l'objet du livre d'Édouard Montpetit, *Pour une doctrine* (*L'Avenir du Nord*, 11 novembre 1931, p. 1).

semblables à cet égard capitalisme libéral, communisme et socialisme[43] ». On verra plus loin la position réformiste à l'endroit du capitalisme à laquelle souscrit Bruchési, autre contentieux avec Dantin. En ce qui concerne le communisme, longuement étudié par Gilles Routhier dans son analyse de l'École sociale populaire,

> [il] ne saurait [selon l'Église] constituer une solution. Au contraire, il ne peut que nous entraîner dans un désordre pire encore, car il est foncièrement immoral, antifamilial, antireligieux, ruine le droit à la propriété, énonce une doctrine viciée à propos de l'État, s'impose au moyen de la violence et, de ce fait, installe un désordre et contrevient aux lois de la nature. (Routhier, 1981 : 29)

Ces traits décrivent les résistances plus ou moins présentes chez chacun des trois « opposants » de Dantin et semblent discréditer *a priori* toute discussion valable.

Or c'est justement pour cette raison que Dantin veut amener Bruchési à quitter cette perspective et à considérer le communisme, avant tout, sous l'angle économique :

> [...] j'aime les idées claires, rendues telles par les distinctions nécessaires. Je vous abandonne le communisme irréligieux, le communisme missionnaire; quant au communisme économique, je lui trouve des traits excellents; et en tout cas, je ne vois pas pourquoi on ne laisserait pas le peuple russe en faire l'expérience, puisqu'il le veut. (27 janvier 1931)

Sinon, reproche-t-il à son correspondant, « le mot "communisme" a pour effet de vous aveugler, semble-t-il, au point d'empêcher toute étude sérieuse que vous pourriez faire d'un système économique où s'élabore peut-être l'avenir du monde » (4 février 1933).

Il ne faut point s'étonner de voir Dantin séparer la « morale » de l'économie. Cette position lui vient assurément des vicissitudes engendrées

43. Routhier, 1981 : 45. L'idée du capitalisme libéral est sans doute moins évidente. L'École sociale populaire « distinguait le libéralisme économique du capitalisme » (Routhier, 1981 : 25). Le capitalisme n'est pas le libéralisme, à moins d'être dévoyé : « le capitalisme, inspiré du libéralisme économique, est tombé dans une erreur de principe » (Esdras Minville, *Tract de l'École sociale populaire*, n° 232-233, 1933, p. 7, dans Routhier, 1981 : 26).

par la préséance de la morale dans l'art, source d'une polémique majeure entre lui et Edmond Léo, en 1926, et qui se résume par cette phrase : « [D]e grâce, quand il s'agit de définir et de délimiter le beau, que les moralistes nous laissent tranquilles[44]. » Cette dissociation a aussi été au centre de sa critique de *Pour une doctrine* d'Édouard Montpetit, car vouloir que l'économie « soit "en premier lieu une science morale", c'est [...] une confusion d'idées[45] ». Cette position entraîne une importante conséquence : l'économie n'est pas régie par « des principes, des lois immuables » ; elle « subit toutes les fluctuations de l'histoire humaine » (11 novembre 1931 : 1). Mais Bruchési refuse ce *distinguo* : « Je ne suis pas prêt à dire que l'angle moral n'a rien à voir en économie » (26 novembre 1931).

Discours sur l'inégalité

La crise de 1929, qui a accentué la pauvreté et le chômage, soulève chez tous les correspondants une réflexion sur les causes d'une telle situation. Entendons par cela non pas des causes structurelles ou conjoncturelles, mais celles, plus profondes, touchant la nature humaine. Et l'on voit tout de suite surgir les deux voies : soit une pauvreté qui s'inscrit dans la nature, dès lors impossible à éradiquer, que l'on peut tout au plus réduire ; soit une autre vision éloignée de cette fatalité et promouvant un idéal humanitaire.

Il ne s'agit pas là d'une caricature, bien au contraire. Voici ce que Harvey pense de cette inégalité : « Quant à la prétendue égalité des conditions sociales, je n'y crois pas non plus. Elle n'existera jamais, parce que la force, morale, intellectuelle ou même physique, existe de fait.

44. Cette polémique est trop longue pour même être résumée ici. Qu'il suffise de dire que Dantin fait une critique de *À travers les vents*, de Robert Choquette (1925), dans *L'Avenir du Nord*, le 26 novembre 1926. Il s'inscrit en faux contre la préface de Choquette et réclame l'autonomie artistique : « L'art reste distinct, indépendant, soumis à ses lois intimes et doit être jugé à sa mesure propre. » Digne représentant de la position cléricale, Edmond Léo (pseudonyme du jésuite Armand Chaussegros) lui répond vertement dans *Le Devoir*, le 19 février 1927. Et suit enfin la réplique de Dantin d'où est tirée cette citation, dans *La Revue moderne*, le 15 septembre 1928. Voir Hébert, 2021 : 203-210.

45. « *Pour une doctrine* », *L'Avenir du Nord*, 11 novembre 1931, p. 1.

Un principe ne peut rien contre un fait, et le fait est éternel » (lettre à Dantin, 3 octobre 1939). Ce à quoi Dantin répond : « [C]e n'est pas une nécessité, ce n'est pas une loi de nature, qu'un homme ait vingt-cinq millions de dollars, tandis qu'un million d'hommes n'ont pas entre eux vingt-cinq dollars. L'énergie[46] qui a produit cela eût dû être arrêtée en route » (12 octobre 1939). Bruchési s'abreuve à la même source : « Ce que je crois, c'est qu'il y a des inégalités sociales fatales, comme il y a des inégalités physiques » (lettre à Dantin, 27 avril 1930). Et plus clairement, sur la pauvreté : « Certes, dans un monde idéal, il ne devrait pas y avoir de riches ni de pauvres, pas de laids ni de beaux, pas de faibles ni de forts. Nous devrions tous être égaux. Mais le monde est le monde et la nature elle-même nous fait voir chaque jour des inégalités » (26 novembre 1931). Dans la lettre suivante (2 janvier 1932), Dantin préfère discuter de deux questions soulevées dans sa critique de *Pour une doctrine*, et réfutées par Bruchési : sa conception du socialisme et, surtout, sa définition du profit, délaissant la question de la fatalité de la misère. Mais pour Dantin, « la misère n'est pas un dogme[47] ».

46. C'est à croire que Harvey est nietzschéen : il appuie toute sa vision sociale sur une « théorie de l'énergie » : « Ce qui différencie surtout les conditions sociales, ce n'est pas seulement les richesses des dons naturels et la qualité des désirs, mais aussi, et surtout l'énergie. Il ne faut pas parler de volonté, mais d'énergie, je le répète. La lumière de ma lampe augmente, diminue, ou s'éteint, suivant la variation du fluide qui l'alimente. Ce fluide c'est l'énergie. Il en est ainsi dans tous les règnes de la nature, l'homme n'y saurait échapper. Il est une énergie ; les individus en possèdent plus ou moins et ceux qui en possèdent le plus sont nécessairement ceux-là qui établiront la différence des conditions sociales, quels que soient les régimes et les lois établies par des âmes généreuses, mais non pas réalistes. Ce sont les énergies qui vaincront pour le matériel comme pour le spirituel, deux mots que je n'ose toutefois séparer complètement » (lettre à Dantin, 10 octobre 1939).

47. « Propriété privée », p. 137, n. 1. Pour en savoir davantage, on pourra lire sa polémique avec un certain « J'en assure », dans *Le Travailleur* du 20 octobre 1938, qui écrit, en italique dans son texte : « *il y aura toujours des pauvres parmi nous* », et la réponse de Dantin, le 8 décembre, qui le traite indirectement « d'arriéré et de fanatique » (p. 1). Voir Hébert, 2021 : 391-394.

Le refus du progrès

Le progrès est au cœur de la vision sociale, voire historique, de Dantin et, en cela, ce dernier s'oppose philosophiquement à nombre de ses contemporains[48]. Dantin est un homme du XVIIIe siècle, c'est-à-dire profondément imbu de l'esprit des Lumières, qui traverse toute son œuvre. Prenons sa critique de *Chez nos ancêtres* de Lionel Groulx. Le critique y reconnaît de belles qualités : « C'est une joie de faire sous sa conduite le tour de la vieille "paroisse" canadienne » ; « l'auteur masse en faisceaux des traits significatifs et de pittoresques détails dont l'ensemble se meut et atteint par degrés une vraie puissance d'évocation ». Mais il s'insurge contre l'idéalisation du régime seigneurial, au point d'y consacrer une part disproportionnée de son article. Dantin porte le débat sur un autre plan, celui du temps et de l'histoire. Car cette interprétation idéalisée, faussée donc, du régime seigneurial est, pour Dantin, le symptôme d'un problème encore plus important. Groulx prétend-il, écrit Dantin, « nous faire regretter des formes mortes et des moules à jamais brisés ? » ; « Nous murer dans le cloître des souvenirs, ce serait, ajoute-t-il, fuir la vie, rester immobiles. » Et il termine avec ce propos sur le progrès[49] :

> Ce ne sont pas seulement les chemins de fer et les cheminées d'usine qui rendent ce rêve illusoire, c'est tout un monde d'institutions et d'idées surgi depuis lors : c'est Rousseau, Karl Marx, et Auguste Comte ; c'est une douzaine de révolutions dont chacune a déteint sur nous ; c'est le système parlementaire et le féminisme [...].

C'est donc à un Dantin qui a déjà planté son drapeau solidement que Bruchési se mesure. Dans sa deuxième lettre, je le rappelle, ce dernier a écrit : « La Révolution française n'était pas nécessaire. Le progrès se serait fait sans elle. » Or rien ne départage mieux Bruchési et Dantin sur ce plan que leurs références politiques : Léon Daudet pour le premier, et Aristide Briand pour le second.

---

48. À propos de cette appartenance aux Lumières, lire Hébert, 2018.

49. Son texte « Pour la Société des Nations » (*L'Avenir du Nord*, 9 décembre 1932, p. 1) constitue un des plaidoyers les plus éloquents de Dantin pour un détachement de la fatalité « naturelle » au profit du progrès.

À la suite de la critique par Dantin de ses *Jours éteints*, Bruchési ne se fait pas d'illusions : « Quant aux idées [...], il est évident que nous ne sommes pas d'accord » (27 avril 1930). Entre autres, Dantin lui a reproché sa partialité en réduisant « la France dans le coin spécial qu'il nous en montre » : Bordeaux et Bazin seraient « les grands romanciers du jour; que la poésie contemporaine n'a rien qui dépasse Louis Mercier ou Botrel; que Mgr Baudrillard et son institut résument la haute éducation française; et que Léon Daudet n'est pas seulement un jouteur, mais un homme d'État[50] ». On peut, à tout le moins, prendre acte que Bruchési fréquente, dans la bourgeoisie, la droite catholique, des antidreyfusards et des monarchistes. On s'étonne moins, alors, de lire dans cette même lettre de Bruchési : « Je ne suis pas en faveur du régime despotique. Mais j'estime qu'en certains cas l'autorité peut et doit devenir une dictature et je ne pense pas que le bien comme le mal soient relatifs. » Et, comme pour jeter de l'huile sur le feu, cet éloge de Daudet : « [C]'est le plus puissant écrivain de France, l'un des premiers journalistes de l'Europe, l'un des quelque douze ou quinze écrivains qui occuperont encore les sommets dans cent et deux cents ans. » Voilà certes une prophétie ratée; et, puisqu'il s'agit de voir où loge Bruchési à l'enseigne du progrès, il est éclairant de rappeler que, contre « le prétendu esprit de progrès, Daudet ne cessera de polémiquer et d'affirmer la déchéance continue d'un siècle qui se complairait dans ses "chimères démocratiques" en passant à côté de ses génies littéraires » (Hervouët, 2005 : 533).

Aux anarchistes de droite souvent belliqueux, tels, ici, Daudet, mais aussi Léon Bloy[51], Georges Bernanos et, au Québec, Claude-Henri Grignon, Victor Barbeau et d'autres, anarchistes qui remettent en cause la démocratie et pour qui « [l']idée du Progrès est un mythe[52] »,

50. *L'Avenir du Nord*, 25 avril 1930, p. 2.

51. Je rappelle ici la querelle autour de Bloy, menée par « le petit Léon Bloy de notre Landerneau littéraire », écrit Montigny à Dantin, le 29 mai 1938, en l'occurrence Claude-Henri Grignon, querelle à laquelle a participé Dantin. Voir Hébert, 2021 : 358-369.

52. Trépanier, 2005 : 58. Je signale que c'est Trépanier qui inscrit tous ces personnages dans l'anarchisme de droite : « [L]'anarchiste de droite réagit avec colère contre la contamination des valeurs absolues par la relativité et la conjoncture; il exècre la compromission. Cette attitude peut nourrir une lucidité désespérée. C'est la quête impossible, mais nécessaire d'un dépassement-synthèse jamais

Dantin oppose résolument le pacifiste Aristide Briand. Le 7 octobre 1930[53], Bruchési signe dans *Le Canada* un article sur les élections allemandes, qui ont eu lieu le 14 septembre et ont poussé le parti nazi deuxième au Reichstag. Mais surtout, il y fustige le ministre des Affaires étrangères Briand, pacifiste qui pratique une politique de conciliation avec l'Allemagne. Un journaliste du *Montreal Star* a rapproché Briand du « preux et noble chevalier Bayard », ce qui a l'heur d'irriter Bruchési. Car, devant la volonté de conquête déjà affirmée de l'Allemagne, « [q]ue fera "Bayard-Briand" créé chevalier dans les salles de rédaction du *Star* ? »

Cet article, paru le 7 octobre, a-t-il à ce point déplu à Dantin pour qu'il s'empresse d'écrire dès le lendemain à son signataire ? Quoi qu'il en soit, il prend la défense de Briand : « Et quand on pense que vous contestez à ce bon Briand son titre de chevalier, et trouvez insultante sa comparaison avec Bayard[54] ! » Comment ne pas reconnaître le mérite de ce « penseur qui poursuit de toutes ses forces l'œuvre, mettez le rêve, de la fraternité humaine ? » Puis, Dantin frappe au cœur, disant qu'il « sent bien encore la défiance instinctive du progrès » chez son interlocuteur : « Comment se fait-il que ce soit moi, un vieux, qui ait foi au progrès, qui voie des lueurs dans l'avenir, et vous, un jeune, qui restiez enfoncé dans le "laissez faire" et le pessimisme ? »

Que le « progrès » soit désormais au cœur de leur discussion, Bruchési l'a bien compris. Il l'aborde dans sa lettre suivante, le 6 novembre : « Croyez bien que j'ai foi au progrès. Encore faut-il s'entendre sur ce mot progrès ! Je vois des lueurs dans l'avenir... mais par le retour à

---

achevé de l'anarchisme et de l'aristocratisme, de la liberté intérieure la plus totale et de la fidélité aux valeurs infiniment supérieures à l'individu » (61).

53. Jean Bruchési, « Après les élections allemandes », *Le Canada*, 7 octobre 1930, p. 4.

54. La question est plus complexe qu'elle n'en a l'air. Bruchési trouve offensante pour Bayard le rapprochement avec Briand, ce qui est tout le contraire pour Dantin, puisque des Bayard belligérants, il y en a déjà trop eu : « N'y en a-t-il pas eu assez, de Bayards ? dans la tuerie d'où nous sortons ? Ce qu'il faut, c'est le moins de Bayards, le moins de Mussolinis et le moins de Hitler possibles [*sic*], et le plus possible de Briands, de MacDonalds, et même de Stresemanns ! [...] » (8 octobre 1930). Bruchési a mis une barre au crayon bleu dans la marge de cette lettre vis-à-vis des lignes où Dantin lui dit qu'il voit le chaos, la guerre, tandis que lui-même a encore « confiance au bon sens des gouvernements et des peuples ».

certains principes, à certaines formules qui sont de tous les temps et de tous les pays. » Dantin a bien raison dans ce jugement : « Il faut avouer que, dans les choses concrètes, nos points de vue s'accordent comme le blanc et le noir » (20 novembre 1930).

Communisme ou capitalisme réformé ?

Dans *L'Avenir du Nord*, Dantin avait ainsi défini le socialisme : « [L]e maximum de bien-être pour le plus grand nombre, atteint par la coopération étroite de tous[55] »; puis, à Bruchési, il caractérise le capitalisme comme l'inverse exact du socialisme : « Le maximum de bien-être pour le petit nombre par la compétition et la lutte mutuelle de tous » (2 janvier 1932). Leur discussion sur les profits est exemplaire de leurs positions irréductibles[56]. Et, à un Dantin qui place les deux systèmes dos à dos, Bruchési répond que le « système capitaliste présente des abus » et que « nos efforts doivent tendre à faire disparaître ces abus » (26 novembre 1931).

Bruchési croit possible de réformer le capitalisme. Il en reconnaît les excès, en particulier le fait que nous avons « laissé se développer un capitalisme de spéculation qui a compromis un capitalisme de placement à base de propriété privée. C'est à ce dernier qu'il faut revenir au lieu de vouloir tout chambarder » (1er octobre 1933). Que pense Dantin de cette vision réformiste ? On peut supposer que des lettres nous manquent, ici, car la prochaine lettre de Dantin nous reporte six mois plus tard (7 avril 1934). Tournons-nous alors vers DesRochers, à qui Dantin avait déjà livré sa pensée à ce sujet (12 décembre 1932) :

55. « Pour une doctrine », *L'Avenir du Nord*, p. 2.

56. Pour Bruchési, quand les employés ont été payés, les patrons peuvent garder le surplus (lettre à Dantin, 26 novembre 1931). Dantin refuse cette position : le profit, c'est ce qui s'ajoute au salaire et des ouvriers et des patrons, de telle sorte que se pose la question, ensuite, de la juste redistribution de ces profits, qui ne reviennent pas d'emblée aux patrons, mais devraient être retournés aussi aux travailleurs (2 janvier 1932). Dantin est encore plus clair sur cette question à l'endroit de DesRochers, comme si l'usage du profit séparait les deux systèmes : « Le travail devient la seule valeur sociale, la seule base d'échange des produits, la seule source de la richesse ; et cette richesse ne s'accumule nulle part, sinon pour être restituée au travail... Ce sont deux économies politiques toutes contraires, deux sciences qui s'excluent l'une l'autre » (28 novembre 1932).

> Socialisme et capitalisme ont sûrement des points communs, mais dans leurs principes généraux ils sont aux antipodes : ils ne peuvent exister ensemble : ceci tuera cela... Le capitalisme est fondé sur l'accumulation de la richesse et s'inquiète fort peu de sa distribution. Le socialisme est avant tout un système de répartition, ne veut accumuler les biens que pour les distribuer équitablement : ses bases sont *humaines* avant tout. [...] Il faut, comme vous dites, bien connaître ce qu'on veut améliorer; mais le capitalisme amélioré ne sera jamais le socialisme; c'est le capitalisme *remplacé* qu'il faudrait dire, dont il ne restera que quelques pièces essentielles, communes à toute organisation sociale [...].

Aucune possibilité d'entente n'est possible avec Bruchési, malgré l'estime et le respect mutuels. Rien n'y fait, l'interlocuteur persiste à fustiger la Russie, transmet au Bostonnais des titres de livres qui la dénigrent[57]. Il n'a pas bronché, montrant qu'une année et demie d'échanges, en l'occurrence quelque 40 lettres, dont une quinzaine au sujet du communisme ou de propos apparentés[58], n'aura en rien changé sa position : « Je reste libre, encore une fois, de détester et de combattre le bolchévisme, comme vous restez libre de proclamer votre admiration, votre foi en un régime qui tient de l'esclavage et veut transformer les hommes en numéros » (12 février 1933).

Christianisme et communisme : une même philosophie

« Il est étonnant, écrit Gilles Routhier, de voir comment l'Église mettra plus d'ardeur à combattre le communisme [plutôt que le libéralisme] qui partage pourtant un idéal de société semblable au sien. » (Routhier, 1981 : 29) Le principal fil conducteur qui innerve la pensée communiste

57. Dantin adjure Bruchési de lire *Looking Backward* (1888) d'Edward Bellamy, utopie socialiste qui est un ouvrage à succès (30 janvier 1933); Bruchési, plutôt que de donner suite, lui propose *Le paradis infernal* (1933) de Victor Boret.
58. Les autres lettres traitent principalement de l'effet délétère du trio Asselin-Grignon-Pelletier, « la *gang* d'Asselin » (Bruchési à Dantin, 18 avril 1933); des épreuves de l'essai *Aux marches de l'Europe* que Bruchési fait lire à Dantin; enfin, des critiques que Bruchési demande à Dantin, comme collaborateur à *La Revue moderne*, et de ses propres ouvrages.

de Dantin, c'est le christianisme ou, plus précisément, la figure du Christ des origines, épurée des vicissitudes séculaires qui l'ont trahie. En témoigne le poème majeur « Chanson intellectuelle », que l'éditeur Lévesque publie à 200 exemplaires en 1932 : « Ma Chanson intellectuelle a pu vous faire suivre les transformations de mon âme [...][59] », écrit Dantin à Gabriel Nadeau (14 janvier 1942). Dans ce poème défilent Socrate, « ébranlant l'arche des anciens dieux » ; Sénèque, « décochant la Raison comme une flèche aiguë » ; « Jean-Jacques, dont le rêve épouvante les rois ; Arouet, dont le rire incendie et délivre ». Cependant, la figure qui clôt la procession surprend :

> Et, parmi ce cortège auguste, j'ai frémi
> De te revoir, ô Christ, en des splendeurs plus belles,
> Toi, quand même resté mon maître et mon ami,
> Le plus doux des rêveurs, le plus grand des rebelles.

Le défroqué n'a jamais renié le Christ des origines ; plus encore, il le voit comme le défenseur des pauvres, des opprimés. L'attitude des catholiques à l'endroit du communisme cristallise ce que Dantin déteste – le mot n'est pas trop fort – dans ce dévoiement du message christique. Dans une longue lettre à ce propos (lettre à Bruchési, 27 janvier 1931), il se montre très dur pour les « bons curés » qui brandissent le droit divin dans ces discussions, « alors que saint Paul établissait le communisme dans la société chrétienne primitive, et que l'Église encore, dans ses monastères, l'exalte comme un système de haute perfection ». Un jour, le pape « absoudra de toute tache le communisme *en soi*, et trouvera qu'il se concilie très bien, au contraire, avec les principes chrétiens... ». Il vaut mieux le traiter en système économique :

> [...] la théologie dénonce la *piatiletka* [plan quinquennal économique], et la frousse mondiale qu'on a de la compétition russe invente le « travail forcé. » Voilà toute ma position là-dessus : j'aime les idées claires[60], rendues telles par les distinctions nécessaires. Je vous abandonne le communisme irréligieux, le communisme missionnaire [...].

59. FGN, 81.
60. Ce plaidoyer pour les « idées claires » inspirera son article pour la revue de Pelletier, *Les Idées*. Voir la note 43.

Il appuiera cette idée d'un retour aux sources :

> Cette théorie neuve est non seulement raisonnable et humaine ; elle est foncièrement chrétienne [...]. L'idéal pour moi serait un communisme dont le Christ serait l'inspirateur, avec et avant Lenin [*sic*] – et qui aurait pour devise le texte des Actes des Apôtres au sujet des premiers fidèles : *Omnia bona erant communia*[61] [...]. (lettre à Bruchési, 6 mars 1933)

Cet idéal d'un Christ « primitif », Eugène Seers l'a porté toute sa vie ; les avanies de son doctorat et de la scolastique ont ouvert un gouffre entre l'humble enseignement de Jésus et le détournement, voire la trahison qui a suivi et que le communisme, compris dans son essence, peut corriger dans la société séculière.

Conclusion : leçons de cette joute politique

L'issue des discussions entre Dantin et Bruchési ne révèle guère de surprise : on s'attendait à ce que chacun restât sur ses positions. Un premier intérêt réside néanmoins dans les thèmes soulevés et, à la fin, dans le rapprochement que fait Dantin entre le christianisme et le communisme[62]. De plus, sous-jacente à cette discussion, la critique de Dantin

61. « Tous les biens étaient en commun » (traduction libre). On retrouve cette phrase dans la *Theologica moralis universa* de Petro Scavini (1865). Par ce genre de critique, Dantin préfigure, une dizaine d'années plus tôt, la pensée d'une nouvelle génération d'intellectuels catholiques de gauche, celle de la Jeunesse étudiante catholique des Guy Rocher, Gérard Pelletier et autres.

62. Privément, il fait aussi ce rapprochement avec Prévost : « C'est ainsi que j'ai été très amusé d'apprendre que les oracles sybillins [*sic*], qu'on dit avoir annoncé la venue du Christ, avaient prédit aussi l'avènement du communisme ! Voici le passage qu'en cite Gaston Boissier dans son ouvrage : *La fin du paganisme* : "La terre alors sera partagée entre tout le monde. On ne la divisera pas par des limites, on ne l'enfermera pas dans des murailles. Il n'y aura plus de mendiant ni de riche, de maître ni d'esclave, de petits ni de grands ; plus de rois, plus de chefs. Tout appartiendra à tous." Lénine lui-même n'a pas fait un rêve aussi vaste, et sûrement Staline en est loin » (7 juin 1938). Beaulieu partage ce point de vue : « Pas n'était besoin, il me semble, d'être un grand penseur pour prévoir ce qui devait fatalement arriver. Vous vous rappelez que, dans mes *Patagons*, j'avais écrit : "Christianisez le Communisme et vous en ferez une forme de gouvernement peut-être bien supérieure à celles qui se soulèvent

à l'endroit de Bruchési à propos du communisme porte sur un fondement que sa connaissance et sa critique de la philosophie catholique lui permettaient de mettre au jour : la vision théocentrique du monde de son interlocuteur.

Le trait dominant de cette vision est un refus (relatif) de l'histoire. Il s'agit de la conclusion d'une étude très fouillée de Routhier (1981[63]) sur l'École sociale populaire, pourfendeuse du communisme : l'histoire est créatrice de désordre. « L'histoire naît de la faute, de la rupture de l'ordre providentiel et éternel établi à l'origine » (Routhier, 1981 : 46). Dès lors, « [l]e salut se trouve dans l'absence d'histoire, il est à chercher à l'origine ou au terme de celle-ci » (*Ibid.* : 47). La philosophie narrative chrétienne de l'histoire est, somme toute, assez simple, un désordre présent partagé entre une philosophie platonicienne des origines avant la chute et une eschatologie réparatrice[64].

Mais ce qui est moins simple, c'est comment vivre au présent, comment ce « dieu tombé qui se souvient des cieux[65] » peut-il organiser sa vie sociale dans « un cosmos qui n'est pas perfectible ou soumis à une loi de progression »? (1981 : 47) Les positions de Bruchési, auxquelles s'oppose Dantin, sont toutes empreintes d'un tel déclassement du présent.

Il n'est guère étonnant que Bruchési n'ait pas cru aux révolutions, d'où son jugement sur la Révolution française : « Le progrès se serait fait sans elle », ai-je déjà cité. Car la révolution est une atteinte à l'autorité qui, dans le canevas chrétien, émane de Dieu; il est inutile d'insister sur la vision idéelle de la France d'avant 1789 des Lionel Groulx, Camille Roy et *tutti quanti*. Mais c'est pourquoi, aussi, ce seul mot

---

contre lui." [...] Inutile d'en dire davantage puisque, là-dessus, nous sommes d'accord! » Publiquement, je le rappelle, Dantin fera ce rapprochement dans son article « Pour avoir les idées claires » (note 43).

63. D'où l'on verra à l'instant que les positions de Bruchési et de l'École sociale populaire sont très apparentées.

64. Je ne partage pas cette idée de Routhier selon laquelle l'histoire est absente; je dirais plutôt qu'elle est linéaire, toute orientée vers l'avènement du Royaume. Mais en fin de compte, cela ne change rien à la lecture qu'en fait Dantin car, pour lui, le sens de l'histoire n'est ni dans l'origine, ni dans la fin, mais dans son accomplissement présent.

65. « Borné dans sa nature, infini dans ses vœux, / L'homme est un dieu tombé qui se souvient des cieux » (Lamartine, « L'homme »).

de « progrès » suffit à opposer Bruchési et Dantin. Pour le premier, le progrès s'accomplit « par le retour à certains principes, à certaines formules qui sont de tous les temps et de tous les pays ». On sait la répulsion que ce type de position immobiliste et doctrinaire soulève chez Dantin. Leur vision de la pauvreté a servi de révélateur, entre fatalité et appel au changement social. Ce qui ancre Bruchési dans cette fatalité, c'est la loi naturelle, loi qui « fait la preuve dans toutes les sphères des inégalités irréversibles[66] ».

Mais surtout, c'est leur conception du rôle de l'État qui place dos à dos les deux correspondants. En cela, Bruchési est exemplaire de l'apolitisme de son époque : il lui faut supprimer les conflits « sans le recours à la gouverne », et « l'ordre social s'achève au seuil même du politique, le [l'État] réduisant à un rôle de gendarme » (Bélanger, 1974 : 442). Au mieux, par « la législation et la réglementation, l'État doit tempérer les tensions sociales en réduisant les écarts entre les travailleurs et les patrons » (Routhier, 1981 : 18). Bruchési porte, sans y faire explicitement référence, l'ordre théocratique du monde, qui se heurte chez Dantin à un esprit des Lumières.

Voilà une première leçon que l'on peut tirer de cette correspondance. Mais il y en a une seconde encore plus importante, qui la singularise et la transcende à la fois : la réalisation d'une éthique de la discussion. Sur ce point, dans toutes les correspondances de Dantin, celle qui se déroule avec Bruchési n'est à nulle autre comparable. Afin de poser cette question primordiale pour la compréhension non seulement de la correspondance, mais, jusqu'à un certain point, de la modernité elle-même, voici une anecdote qui introduit au fondement éthique de la discussion épistolaire entre Bruchési et Dantin, par l'intermédiaire d'un exemple repoussoir, celui de Harvey.

Après 1933, le débat sur le communisme disparaîtra des onze dernières lettres de la correspondance entre Bruchési et Dantin, à deux exceptions près : cette lettre en anglais que j'ai citée plus haut, où Dantin lui a dit regretter leur « *disputes on sovietism* » (1944), et, pour terminer par une réflexion sur les conditions de réussite de leur discussion, la lettre suivante du 15 novembre 1941.

---

66. Le malaise social « vient de l'affranchissement de l'activité économique de la loi divine, de la loi naturelle » (Routhier, 1981 : 27).

Dantin vient de signer dans *Le Jour*, de Harvey, un compte rendu de *Rappels*[67]. Dès le début, il s'y montre sévère envers Bruchési, « qui voit dans la littérature un instrument d'apostolat au service des bonnes causes ». « On ne le [Bruchési] voit jamais débridé, humoriste, abasourdi de l'énigme du monde, prêt à se gausser de la vie. Il a de l'univers une conception rigide, où chaque chose est à sa place, continue la chaîne du passé [...]. » Puis, à la fin de sa chronique en demi-teinte, il « cherche noise à quelques-unes de ses idées », au nom de leur « franche amitié [...] nourrie de tout temps de discussions et de contradictions, démontrant le contraste de la plupart de nos points de vue ». Ainsi le chicane-t-il sur « la solution monarchiste », sur l'éloge de Maurras, ou sur Louis XIV, qui serait un humaniste : il faut, au contraire, relever le fait que, par ses exactions, ses dîmes, il a réduit l'ouvrier français « à cet état de "bête sauvage" qu'a décrit La Bruyère ». Puis cette conclusion : « J'en reviens à l'estime que m'inspire Jean Bruchési, et que je crois universelle, pour sa sincérité, son courage intellectuel, et même, sans qu'on les partage toujours, pour la carrure de ses idées et l'assurance de ses principes. »

Dantin l'ayant prévenu de cette critique, Bruchési lui répond : « Soyez sans crainte : vos innocentes malices continueront d'être pour moi le sel qui donne sa saveur à la nourriture de l'esprit » (15 novembre 1941). Sa lettre n'est pas achevée que Bruchési reçoit ledit article : « *Le Jour* m'arrive à l'instant avec votre sympathique étude sur *Rappels*. Merci de tout cœur. / Je ne vous en veux pas de me faire passer, bien à tort, pour un Savonarole ni de me prêter l'allure d'un puritain ».

Mais ce n'est pas tout, voici peut-être même le plus important. Dantin a transmis cette dernière lettre de Bruchési à Harvey, écrivant dans la marge : « Vous aimerez, je pense, à connaître la réaction de Jean Bruchési à mon article sur *Rappels*. [...] J'ai souvent remarqué que Jean Bruchési sait accepter de bonne humeur toute critique polie ; et c'est, certes, une largeur qui n'est pas si commune ! » Dès sa première lettre, Bruchési avait établi ce registre de dialogue.

Il s'est noué entre Bruchési et Dantin une relation interpersonnelle qui explique le succès de leurs échanges :

67. Louis Dantin, « Chronique des livres : *Rappels* par Jean Bruchési », *Le Jour*, 15 novembre 1941, p. 2.

> Le succès d'un acte de parole permet d'instaurer une relation interpersonnelle efficace pour la coordination des actions dans l'activité communicationnelle. Lorsqu'un acte de parole ne satisfait pas aux prétentions à la validité, en plus d'échouer, la relation interpersonnelle qu'il s'agissait de nouer ne peut pas s'établir. Cet échec s'explique par le fait que « la force illocutoire d'un acte de parole acceptable réside dans le fait qu'elle peut amener un auditeur à faire confiance aux engagements que le locuteur a pris[68] ».

Dantin ne transmet certes pas en toute innocence cette lettre de Bruchési à Harvey. Leur propre correspondance autour du communisme a été plutôt rude[69] et sans issue. Il faut ajouter que durant ce temps, Dantin écrit quatre chroniques sur « La vie américaine[70] » dans *Le Jour* qui, elles

68. Nathalie Giguère, 2012 : f. 15. Giguère cite ici *Logique des sciences sociales et autres essais*, p. 404.
69. Elle est composée de cinq longues lettres (trois de Harvey, deux de Dantin), entre le 10 octobre 1939 et le 5 janvier 1940. La position de Harvey se fonde, comme pour Bruchési, sur une loi naturelle. Rappelons la lettre citée précédemment : « Quant à la prétendue égalité des conditions sociales, je n'y crois pas non plus. Elle n'existera jamais, parce que la force, morale, intellectuelle ou même physique, existe de fait. Un principe ne peut rien contre un fait, et le fait est éternel » (3 octobre 1939). Dantin de lui répondre : « Vous savez bien qu'établir une doctrine sur la permanence des "faits", c'est enchaîner la société à un *statu quo* immuable, nier la base même du progrès ! Ce n'est pas, certes, ce que vous prêchiez dans *L'homme qui va...* » (5 octobre 1939). Cela n'empêche pas Dantin de conclure ainsi : « Nous avons, malgré tout, beaucoup de points communs, et surtout la sincérité, l'amour intime de la vérité et de la justice. Cela nous réunira peut-être un jour autour du même totem... » Harvey persiste à répéter que Dantin se bat en vain contre « la loi même de la vie », celle de la concurrence et de l'énergie individuelle : « Je m'en tiens strictement aux faits de nature et vous me répondez par des théories appuyées sur des désirs et non pas sur l'éternelle réalité. Vous tournez autour de cette réalité sans vouloir y toucher vraiment » (5 janvier 1940).
70. « La Vie américaine : l'année présidentielle », 27 janvier 1940, p. 1, 5 ; « La Vie américaine : les États-Unis et la guerre », 10 février 1940, p. 1, 5 ; « La Vie américaine : le cauchemar du budget », 24 février 1940, p. 1, 8 ; « La Vie américaine : la quinzaine politique », 9 mars 1940, p. 2. Dantin les interrompra à cause des pressions censoriales exercées par Harvey : « J'avais commencé une série d'articles sur la Vie Américaine, qui eussent, j'en suis certain, donné des notions justes sur la mentalité nouvelle et sur les progrès de ce peuple. Mais je m'en suis vite dégoûté devant la censure plus qu'étroite dont on voulait m'entraver ; et

aussi, placent Harvey et Dantin dos à dos. À mille lieues de la relation avec Bruchési, Harvey lance ce qui suit à son collaborateur étatsunien :

> Ni vous, ni moi, ni aucun autre, dans les circonstances, ne pourrait aller plus loin. Si vous étiez avec nous, au Canada – au cœur de la province de Québec –, vous pourriez mieux rendre compte de la réalité. Vous êtes dans une sorte de tour d'ivoire, et les points de vue diffèrent nécessairement. [...] Je relis votre lettre et je constate avec regret qu'elle est remplie de ce « *wishful thinking*[71] » qui a réduit en esclavage tant de nations libres. (1er septembre 1941)

Le ton n'est guère plus amène avec Pelletier, qualifié d'« imbécile[72] » par Dantin.

Frères ennemis, meilleurs amis : la correspondance Dantin – Bruchési est un véritable oxymoron, un discours empreint de respect, de cordialité et d'affrontement de la pensée, ce que Dantin a reconnu très tôt, en opposition, cette fois, à Asselin :

> Quelle différence avec Jean Bruchési, tout aussi intelligent qu'Olivar Asselin et tout autant aux antipodes de mes doctrines, mais qui sait écouter un adversaire et répondre du tic [*sic*] au tac sans jamais perdre la belle humeur ! C'est un plaisir de s'empoigner avec des esprits comme ceux-là, qui restent dans le champ des idées et n'ont pas constamment la main sur leurs matraques pour vous assommer par l'insulte s'ils ne peuvent vous réduire par la logique. (lettre à DesRochers, 9 août 1932)

Voici en définitive où cette correspondance nous a menés : à réfléchir sur ce qu'Habermas appelle le « paradigme de l'intercompréhension », « où l'intersubjectivité produite par le langage a préséance » (Habermas, cité dans Leleux, 2002 : 116). À réfléchir, autrement dit, sur la modernité comme projet en ce qu'elle s'accomplit dans les échanges épistoliers, ce type

continue seulement des critiques anodines sur des ouvrages médiocres » (lettre à Beaulieu, 24 juin 1940).

71. « Idées chimériques ».

72. Dans *Louis Dantin : sa vie et son œuvre*, Nadeau écrit, reproduisant une lettre de Dantin à Bruchési : « J'en suis venu à la conclusion raisonnée et définitive que X est un imbécile » (9 novembre 1935, dans Nadeau, 1948 : 203). Ce « X » dans la lettre est Pelletier, que Nadeau a voulu épargner...

d'échanges étant évidemment impossible dans les « discours officiels » que j'ai évoqués au début de cet article. À ce chapitre, il est éclairant de voir un Bruchési encore imbu d'anciennes armatures théocentriques et un Dantin s'appuyant sur un Christ philosophe maintenir ouverte une discussion sur les grandes questions politiques. Leur relation permet aux « deux partenaires de "vivre ensemble" dans la réalité du dialogue » (Leroy, 2005 : 67), malgré leurs points de vue divergents. La correspondance donc a tenu sa promesse, qui était de nous amener dans le théâtre intime des discussions politiques délicates; mais voici qu'elle nous a aussi instaurés en témoins qui avaient pour tâche de rester fidèles à la texture complexe de ces deux épistoliers et de leur expérience du monde, témoins « appelés à se tenir dans l'Ouvert, soit là où la durée de vie des mots est brève, mais où leur possibilité de nous toucher et de signifier est la plus forte » (Perrot, 2011 : 269).

ANNEXE

Aperçu des principales correspondances de Louis Dantin[73]

Correspondant	Début	Fin	Nombre de lettres
Germain Beaulieu	1909 (1er févr.)	1941 (18 déc.)	+++
Marie Le Franc	1921 (10 avril)	1928 (8 mars)	+
Alphonse Beauregard	1920 (24 oct.)	1923 (25 déc.)	+
Olivar Asselin	1920 (1er nov.)	1932 (24 déc.)	+
Jules-Édouard Prévost	1923 (9 janv.)	1943 (7 sept.)	+++
Robert Choquette	1927 (3 févr.)	1933 (6 févr.)	++
Jovette Bernier	1927 (10 mai)	1934 (17 sept.)	++
Jean Charbonneau	1928 (30 oct.)	1935 (25 mars)	+
Gonzalve Desaulniers	1928 (3 nov.)	1932 (oct.)	+
Charlotte Beaufaux	1928 (15 nov.)	1945 (8 janv.)	++
Rosaire Dion-Lévesque	1928 (30 nov.)	1944 (22 nov.)	+++

73. Ce tableau est tiré de Hébert (2021), chapitre 6. Les correspondances sont présentées dans un ordre chronologique selon leur début. Sigles : +, moins de 30 lettres; ++, entre 30 et 100 lettres; +++, plus de 100 lettres.

Correspondant	Début	Fin	Nombre de lettres
Alfred DesRochers	1928 (9 déc.)	1939 (3 déc.)	+++
Jean-Charles Harvey	1929 (19 janv.)	1942 (24 févr.)	++
Éva Senécal	1929 (27 mars)	1932 (26 août)	+
Simone Routier	1929 (6 avril)	1933 (6 nov.)	++
Alice Lemieux	1929 (16 sept.)	1931 (Pâques)	+
Louvigny de Montigny	1929 (22 oct.)	1943 (26 févr.)	++
Harry Bernard	1930 (27 janv.)	1941 (16 juin)	+
Jean Bruchési	1930 (5 mars)	1942 (23 oct.)	++
Albert Lévesque	1930 (8 mars)	1936 (20 avril)	++
Albert Pelletier	1931 (13 janv.)	1938 (29 oct.)	+
Marcel Dugas	1933 (18 sept.)	1942 (3 mars)	+

Bibliographie

Documents d'archives

Bibliothèque et Archives nationales du Québec, Vieux-Montréal
Fonds Gabriel-Nadeau, MSS177[74]
Fonds Yves-Garon, MSS218

Ouvrages et articles cités[75]

ANGENOT, Marc (1989). *1889 : un état du discours social*, Montréal, Le Préambule.

74. Gabriel Nadeau a été le légataire des documents de Louis Dantin. Ce fonds volumineux (87,5 m de documents textuels, 90 boîtes) contient en outre des dossiers divers (Franco-Américains, histoire médicale, Louis Riel, de la correspondance générale, etc.) La correspondance de Dantin se trouve dans les sept boîtes suivantes : A à Bernard, 76 ; Bernier à Bugnet, 77 ; Bugnet à Dick, 78 ; Dion à E, 79 ; F à Laurendeau, 80 ; Lebel à O, 81 ; P à V, 82. Ainsi, la correspondance avec Jean Bruchési se trouve dans la boîte 77.

75. Les références à des articles de critique de Dantin sont données au complet dans le texte et ne sont pas reprises ici. En outre, on pourra consulter la bibliographie

BÉLANGER, André-J. (1974). *L'apolitisme des idéologies québécoises : le grand tournant de 1934-1936*, Québec, Presses de l'Université Laval.

BERNIER, Stéphanie (2018). *Au-delà de l'influence : le mentorat littéraire, étude de la correspondance entre Louis Dantin et les Individualistes de 1925*, thèse de doctorat (littérature), Sherbrooke, Université de Sherbrooke.

BRUCHÉSI, Jean (1929). *Jours éteints*, Montréal, Librairie d'action canadienne-française ltée.

COMEAU, Robert, et Bernard DIONNE (1981). *Les communistes au Québec 1936-1956 : sur le Parti communiste du Canada / Parti ouvrier-progressiste*, Montréal, Les Presses de l'Unité.

COMEAU, Robert, et Bernard DIONNE (1989). *Le droit de se taire : histoire des communistes au Québec, de la Première Guerre mondiale à la Révolution tranquille*, Montréal, VLB Éditeur.

DANTIN, Louis (1951). *Les enfances de Fanny*, Montréal, Les Éditions Chantecler.

DANTIN, Louis (1962). *Poèmes d'outre-tombe*, préface de Gabriel Nadeau, Trois-Rivières, Éditions du Bien public, coll. « Les Cahiers Louis Dantin ».

DANTIN, Louis (1963). *Un manuscrit retrouvé à Kor-el-Fantin – la chanson-nature de Saint-Linoud*, avant-propos de Gabriel Nadeau, Eleuthéropolis, Trois-Rivières, Les Presses idéales, coll. « Les Cahiers Louis Dantin ».

FISCHBACH, Franck (2009). *Manifeste pour une philosophie sociale*, Paris, La Découverte.

FOURNIER, Marcel (1979). *Communisme et anticommunisme au Québec*, Montréal, Les Éditions coopératives Albert Saint-Martin.

FRANCOEUR, Louis (1989). « Pour une sémiotique des traces », *Études littéraires*, vol. 21, n° 3, p. 177-194.

FRANCOLI, Yvette (2013). *Le naufragé du vaisseau d'or : les vies secrètes de Louis Dantin*, Montréal, Del Busso Éditeur.

GIGUÈRE, Nathalie (2012). *Le problème de l'application de l'éthique de la discussion : un débat entre Jürgen Habermas et Karl-Otto Appel*, mémoire de maîtrise (philosophie), Trois-Rivières, Université du Québec à Trois-Rivières.

GIGUÈRE, Richard (1996). « Les années de la crise dans la correspondance Louis Dantin-Alfred DesRochers (1929-1935) », dans Michel Biron et Benoît Melançon (dir.), *Lettres des années trente : actes du colloque tenu à l'Université d'Ottawa, le 30 novembre 1995*, Ottawa, Le Nordir, p. 84-107.

entière de Dantin, livres et articles, sur le site de BAnQ : https://www.banq.qc.ca/a_propos_banq/publications/publications_electroniques/louis_dantin/index.html.

Godbout, Patricia (2008). « L'écrivain dans ses lettres », dans Jacinthe Martel (dir.), *Archives littéraires et manuscrites d'écrivains : politiques et usages du patrimoine*, Québec, Éditions Nota bene, p. 221-233.

Hayward, Annette (2013). « Louis Dantin et l'écriture autobiographique », *Voix et Images*, vol. 38, n° 2 (hiver), p. 17-32.

Hayward, Annette (dir.) (2023). *La correspondance entre Louis Dantin et Germain Beaulieu. Une grande amitié littéraire*, Québec, Presses de l'Université Laval.

Hébert, Pierre (2004). « L'homme derrière une vitre : pseudonymie et transgression chez Eugène Seers / Louis Dantin », *Voix et Images*, vol. 30, n° 1 (septembre), p. 81-92.

Hébert, Pierre (2014a). « Louis Dantin : le refus de la malédiction comme reconnaissance », dans Pascal Brissette et Marie-Pier Luneau (dir.), *Deux siècles de malédiction littéraire*, Liège, Presses universitaires de Liège, p. 183-192.

Hébert, Pierre (2014b). *Une émulation littéraire : la correspondance entre Louis Dantin et Alfred DesRochers (1928-1939)*, avec Patricia Godbout et Richard Giguère, et avec la collaboration de Stéphanie Bernier, Montréal, Éditions Fides.

Hébert, Pierre (2018). « Les critiques littéraires de Louis Dantin : l'appartenance aux Lumières comme lecture du monde », dans Yvan Lamonde et Jonathan Livernois (dir.), *Une culture de transition : la recherche de codes de substitution au Québec (1934-1965)*, Québec, Codicille éditeur, p. 139-152.

Hébert, Pierre (2021). *Vie(s) d'Eugène Seers / Louis Dantin : une biochronique littéraire*, Québec, Presses de l'Université Laval.

Hervouët, François-Xavier (2005). « Léon Daudet, un réactionnaire aux avant-gardes », *Revue d'histoire littéraire de la France*, vol. 105 (mars), p. 533-547, [En ligne], [https://www.cairn.info/revue-d-histoire-litteraire-de-la-france-2005-3] (consulté le 29 décembre 2020).

Leduc, R. P. Augustin (1920). *Beauharnois : paroisse Saint-Clément 1819-1919*, Ottawa, Cie d'imprimerie d'Ottawa.

Leleux, Claudine (2002). « L'éthique de la discussion : pour une éducation à l'intercompréhension », dans Nancy Bouchard (dir.), *Pour un renouvellement des pratiques d'éducation morale : six approches contemporaines*, Québec, Presses de l'Université du Québec, p. 105-134.

Leroy, Catherine-Marie (2005). « Martin Buber, précurseur du personnalisme », *Approche Centrée sur la Personne : pratique et recherche*, n° 1, p. 67-72.

Lévesque, Andrée (1984). *Virage à gauche interdit : les communistes, les socialistes et leurs ennemis au Québec 1929-1939*, Montréal, Boréal Express.

MONTMINY, Jean-Paul, et Jean HAMELIN (1978). « La crise », dans Fernand Dumont, Jean-Paul Montminy et Jean Hamelin, *Idéologies au Canada français 1930-1939*, Québec, Presses de l'Université Laval.

MONTPETIT, Édouard (1931). *Pour une doctrine*, Montréal, Librairie d'action canadienne-française ltée.

NADEAU, Gabriel (1948). *Louis Dantin : sa vie et son œuvre*, Manchester, Éditions Lafayette.

PERROT, Philippe (2011). « Le philosophe comme témoin », *Laval théologique et philosophique*, vol. 67, n° 2 (juin), p. 259-270.

RANNAUD, Adrien (2018). *De l'amour et de l'audace. Femmes et roman dans le Québec des années 1930*, Montréal, Les Presses de l'Université de Montréal.

RIOUX, Christian (1994). « Les archives du Parti communiste du Canada et de militants communistes », *Bulletin d'histoire politique*, n° 3 (janvier), p. 139-142.

ROUTHIER, Gilles (1981). « L'ordre du monde : capitalisme et communisme dans la doctrine de l'École sociale populaire, 1930-1936 », *Recherches sociographiques*, n° 22 (janvier), p. 7-47.

THÉORÊT, Hugues (2020). *La peur rouge : histoire de l'anticommunisme au Québec 1917-1960*, Québec, Éditions du Septentrion.

TRÉPANIER, Pierre (2005). « Victor Barbeau, anarchiste de droite », *Les Cahiers des dix*, n° 59, p. 55-87.

Écrire en communauté : la correspondance amicale d'Alfred DesRochers

Stéphanie Bernier
Université de Montréal

Introduction

L'histoire littéraire du Québec telle qu'on la connaît ne serait pas la même sans l'apport considérable de la correspondance d'Alfred DesRochers. Qu'elles livrent les conditions du métier d'écrivain et du milieu éditorial pendant l'entre-deux-guerres (Michon, 1999), qu'elles lèvent le voile sur les mécanismes de la censure (Giguère, 1993; 1998), qu'elles rendent compte de la pénétration des courants d'idées américains (Giguère, 1996) ou du développement de réseaux littéraires régionaux (Bernier et Hébert, 2017), les quelque 2500 lettres déposées dans son fonds d'archives aux Archives nationales du Québec (AnQ) à Sherbrooke, dont une partie a été publiée (Dantin et DesRochers, 2014)[1], forment un témoignage majeur de l'écrivain sur son époque et sur la littérature qui se fait, une lettre à la fois.

Né en 1901 dans le sixième rang de Saint-Élie-d'Orford (Cantons-de-l'Est), ce fils de bûcheron scolarisé sur le tard chez les Franciscains de Trois-Rivières n'était en rien prédestiné à ciseler des sonnets. Qu'à l'issue de ce parcours, il se soit hissé au panthéon de la littérature québécoise

1. Il importe d'ailleurs de souligner l'importance des travaux pionniers de Richard Giguère sur l'épistolaire comme objet d'étude légitime, ce qui n'allait pas de soi dans les années 1990, au moment d'y consacrer un dossier dans la revue *Voix et Images* : « Jusqu'ici, les correspondances privées n'ont guère été utilisées autrement que comme source complémentaire » (Giguère, 1990 : 4).

relève de l'exploit. Outre son appétit vorace pour la lecture, ses qualités d'autodidacte et son implication dans la presse régionale qui l'amène à côtoyer plusieurs écrivains et écrivaines, l'autre facteur déterminant de son ascension littéraire fulgurante tient à sa foisonnante correspondance. Servant à la fois d'école pour se former à l'écriture et à l'exercice de la pensée critique et de repaire amical où discuter et rêver de littérature, la correspondance lui a ni plus ni moins permis de naître comme écrivain et grand animateur de la vie littéraire.

Au plus fort de son activité littéraire, au tournant des années 1930, DesRochers correspond avec pratiquement tous les acteurs et actrices du milieu littéraire, ce qui fait dire à Richard Giguère (1990) que c'est l'une des plus importantes correspondances de son époque. Le caractère exceptionnel de ces lettres repose sur la capacité de DesRochers à intervenir sur la configuration de la vie littéraire par son « action épistolaire » (Beaudet, 1996) et à solidariser les liens au-delà des querelles de chapelle qui structurent les débats de l'époque (métropole/région; hommes/femmes; clercs/laïcs; ici/ailleurs). Ce tour de force s'explique par l'amitié qui sous-tend les échanges, une amitié sans complaisance, admettant les divergences et la pluralité des points de vue au cœur de cette « communauté du *dissensus* » (Lacroix, 2013 : 79).

Quelles sont les formes de cette amitié littéraire et en quoi sont-elles déterminantes dans la conduite de l'œuvre? Le chapitre vise à étudier les déclinaisons de l'amitié en contexte d'activité littéraire (mentorat, animateur littéraire, édition) dans la correspondance de DesRochers et les retombées individuelles de celle-ci dans son œuvre critique et poétique. À partir de trois moments forts de cette correspondance amicale, je montrerai dans quelle mesure l'écriture chez DesRochers ne pouvait se penser à l'extérieur du corps social qui la voit naître.

L'enquête remonte d'abord à la source en prenant comme point de départ la première grande amitié littéraire, celle avec Émile Coderre (1893-1932). Coderre est véritablement le premier à conseiller DesRochers sur la voie à emprunter en poésie. Les questions que leurs lettres soulèvent à propos de l'humour en poésie, des thèmes terroiristes éculés et du désir de chanter la « grande âme populaire » servent de catalyseur à une grande aventure poétique. Ce voyage prend ensuite le chemin des États-Unis par la voie postale. Le cœur battant de la chronique épistolaire de DesRochers se joue dans les années 1930, apex de la production épistolaire et littéraire du poète. Avec le critique Louis Dantin, DesRochers s'engage dans une relation de mentorat durable, dont l'aboutissement est la parution d'*À l'ombre de l'Orford* en 1929. Le *terminus ad quem* de l'étude concorde avec la renaissance du poète après plusieurs années de latence que seul un trio d'auteures (Jeannine Bélanger, Germaine Guèvremont et Françoise Gaudet-Smet) arrivera à dénouer. Ces alliances tardives assurent la postérité du poète tout en fournissant les conditions de son retour à l'écriture : l'amitié littéraire par lettres.

En adoptant un point de vue en amont et en aval d'une période prolifique, le tournant des années 1930, il s'agira de voir comment cette façon de faire de la littérature en communauté s'arrime à la vision de l'écriture portée par DesRochers dans ses différents écrits : une vision artisanale où le texte se destine à un petit groupe (Biron, 1996), où l'écrivain n'aspire pas à s'élever au-dessus de son rang ni à se retirer du monde pour écrire, mais plutôt à écrire en compagnie des autres, ce que la lettre rend possible. L'écriture et toute l'activité qui en découle assurent l'agglomération de ces liens sociaux informels. Dans cette optique, l'activité épistolaire traduit à la fois l'état d'une époque (on se solidarise, faute de structures) et une conception de l'écriture qui trouvera des échos chez d'autres écrivains et écrivaines, dont Germaine Guèvremont et, plus tard, Gaston Miron.

La naissance de l'amitié et de la chanson : le grand ami Émile Coderre

La venue au monde du poète-épistolier se produit au printemps 1926. La correspondance est alors le théâtre d'amitiés déterminantes : d'abord avec Alphonse Désilets[2], qui agit davantage à titre de parrain pour le

2. La contribution littéraire de Désilets est, somme toute, modeste (*Mon pays, mes amours*, 1913 ; *La brise du terroir*, 1922), ce qui n'empêche pas ce fervent défenseur du régionalisme de « lancer » nombre d'écrivains et d'écrivaines au moyen des activités de la Société des poètes canadiens-français et de préfaces (Émile Coderre, *Les signes sur le sable* ; Alice Lemieux, *Heures effeuillées* ; Alfred DesRochers, *À l'ombre de l'Orford*). DesRochers lui dédie le poème d'ouverture d'*À l'ombre de l'Orford* et exprime toute sa gratitude à l'endroit de son bienfaiteur dans la justification du tirage : « Grâce à lui, je rime encore. »

jeune écrivain régional (il l'accueille à la Société des poètes canadiens-français qu'il préside et préface *À l'ombre de l'Orford*) que de conseiller, titre qu'il rejette, par ailleurs[3].

Pour remonter à la source, à la genèse de la poétique de DesRochers, il faut plutôt regarder du côté de la correspondance avec Coderre (de 1926 à 1950[4]). Coderre figure parmi les premiers à avoir encouragé la rédaction de ses essais poétiques. Une véritable complicité se noue entre eux au gré des discussions sur l'état de la littérature canadienne du temps. DesRochers y exprime ouvertement ses ambitions et dévoile les profonds dilemmes qui l'habitent comme poète débutant, des tensions qui trouveront leur résolution dans l'œuvre à venir, *À l'ombre de l'Orford*. La poésie s'écrit sous le signe du don, chacun dédiant des pièces à l'autre[5]. L'amitié critique se nourrit publiquement et privément[6], de manière à prolonger et à souder de façon tout à fait désintéressée la bonne entente. Coderre figure aussi à titre d'aîné

3. Ses critères d'appréciation esthétique étaient pour le moins sommaires si l'on en juge d'après cette réponse adressée à DesRochers, qui lui demande conseil à propos de ses vers : « Vous m'invitez à faire qq. remarques sur vos poèmes? Je m'en garderai bien. Ce n'est guère dans mes habitudes. Je cherche dans une page de poésie l'idée neuve, la tournure aimable, la pensée qui plaît. Qu'importent les formes prosodiques, pourvu que la physionomie générale du poème ne donne pas à celui-ci l'allure ignare ou négligée. Vos vers ont de la vie, de l'intensité et… du chic. Ils plaisent et délectent : alors, quoi de plus? Ne m'en laissez dire davantage! » (lettre de Désilets à Alfred DesRochers, 2 mai 1926, Fonds Alfred-DesRochers, Sherbrooke, Archives nationales du Québec [ci-après AnQ], P6)
4. Le Fonds Alfred-DesRochers détient l'essentiel de la correspondance : 110 lettres, 7 cartes et quelques fragments non datés (Fonds Alfred-DesRochers, Sherbrooke, AnQ, P6). Du lot, seulement cinq lettres proviennent de DesRochers. Une lettre du 12 juin 1933 est conservée à Montréal, aux AnQ, dans le Fonds Jean-Narrache, MSS 439.
5. Une version manuscrite de « City-Hôtel » (intitulée « Le Départ des bûcherons ») porte la dédicace suivante : « À mon meilleur ami Émile Coderre », datée de Sherbrooke, 6 mars 1930. La lettre circulaire d'*À l'ombre de l'Orford* est dédiée « à mon très cher ami Émile Coderre »; Coderre lui dédie aussi des pièces. On trouve ainsi dans un cahier la « gazette rimée », intitulée « C'est le printemps », dédiée à son « ami Alfred DesRochers », mai 1927.
6. DesRochers exprime son admiration pour *Les signes sur le sable* sept ans après la parution du recueil dans son journal, *L'Étoile de l'Est*. Coderre (1929) lui rend la pareille.

bienveillant[7], croyant fermement au talent de son ami. C'est sur la seule foi de leurs poèmes que Désilets les met en contact, même si leur parenté littéraire ne va pas forcément de soi pour qui connaît les sonnets parnassiens et l'inspiration lyrique et romantique du premier recueil de DesRochers, *L'offrande aux vierges folles*, et la poésie « populaire », oralisée et ironique de Jean Narrache, pseudonyme de Coderre. Le dialogue amical révèle que deux voix poétiques tout à fait distinctes habitent DesRochers à ses débuts.

Si, suivant l'exemple de la récente entreprise de Philippe Berthier (2021) en France, une anthologie des plus grandes amitiés littéraires devait voir le jour au Québec, le duo formé des poètes Coderre et DesRochers y occuperait sans contredit une place de choix. Au contraire du « *concordia discors* » entre George Sand et Gustave Flaubert que tout sépare (leur situation sociale, leur vision du monde et leurs ambitions d'écrivain, de telle sorte qu'« ils ne font pas le même métier » conclut Berthier [2021 : 139]), l'amitié entre les deux hommes semble taillée sur mesure. De jour, tous deux triment à des besognes qui leur laissent peu le loisir de rêvasser : après une décennie en pharmacie, Coderre devient vendeur de peinture sur la route. De son côté, DesRochers enchaîne les expériences ouvrières (ferronnerie, textile, scierie), avant d'être engagé comme homme à tout faire au journal sherbrookois *La Tribune* (correcteur d'épreuves, traducteur, chroniqueur littéraire...). Les nécessités du quotidien priment les aspirations poétiques : « Vous m'encourager [*sic*] à rimer, comme nul autre ne l'a fait encore [...]. Car vous savez bien que le temps libre d'un solliciteur d'annonce, marié, père de deux enfants, et chauffeur d'un char usagé est très limité », écrit DesRochers à Coderre, le 17 mai 1929. L'humour vient souvent alléger le poids des contingences, en se jouant de l'inadéquation manifeste de ce double régime : « Pauvre poète manqué et sursaturé. Je n'ose plus lever les yeux et m'arrêter à contempler la nature qui s'éveille ! Les nuages pour moi sont "Astres de volupté", l'azur est bleu 532, le gazon, vert 527, le soir, lilas 547 et ainsi de suite... J'ai une âme de catalogue

7. De huit ans son aîné, Coderre ne joue pas la carte de l'autorité, même s'il cumule plusieurs expériences d'écriture (revue, journaux, théâtre) au début de sa correspondance avec DesRochers.

de peinture[8] » (Coderre à DesRochers, 16 mai 1926). Le « génie de l'ironie » (Foisy, 2003 : 347) de Coderre imprègne ses vers comme ses lettres, qui adoptent, elles aussi, ce mélange « jamais totalement triste ou parfaitement ga[i] » (Coderre à DesRochers, 8 décembre 1927), caractéristique de ses poèmes signés par son *alter ego* Jean Narrache. L'autodérision du poète-vendeur exprime le refus de Coderre de se prendre au sérieux comme écrivain, ce qui ne l'empêche pas de faire preuve d'un redoutable sens critique, comme il en sera question plus loin. Il ne nourrit clairement pas les mêmes ambitions que son jeune confrère. De toutes les correspondances de DesRochers, celle qu'il entretient avec Coderre les livre avec le plus de franchise, l'alcool aidant[9] :

> Torgueux! si je vis – et je vais vivre! – je vais en « maudire » une pierre et une autre dans la mare aux grenouilles! Je n'aurai que des horions comme récompenses, peut-être, mais je m'en sacre. J'aurai au moins la consolation de n'avoir pas déserté mon peuple et de n'avoir pas contribué à l'abrutir. Et s'il y a un moyen de le réveiller, de le lasser de voir sa bêtise exploitée comme ressource naturelle, je vais le faire. S'il y a un moyen de lui faire comprendre qu'il est un imbécile de travailler pour 2.00 $ par jour, comme le font quelque 2,500 de mes concitoyens, je vais le faire. Et puisque nous sommes à parler de projets, allons-y. [...] Voici ce que je me propose de faire durant les années à venir. D'abord, la continuation de la série terroiriste, dont le « Cycle des bois et des champs » est la première partie. (DesRochers à Coderre, 17 mai 1929)

La correspondance révèle ce qui, dans l'œuvre publiée des deux hommes, se devinait entre les lignes : une proximité thématique, une sensibilité

8. On retiendra aussi, parmi tant d'autres perles humoristiques contenues dans les lettres de Coderre, le proverbial : « [...] l'homme propose, Dieu dispose, et de ce temps-ci, la peinture se pose » (2 août 1926).

9. Après avoir tapé à la machine trois longs feuillets, DesRochers confie avoir écrit « après avoir été ingurgitér [*sic*] une bouteille de "Kingsbeer" au Magog [un bar de Sherbrooke]. C'est sans doute pour cela que j'étais si "fluent" ». Il ne renie pas pour autant le cœur du propos : « *In biera veritas*. Je vous envoie l'épistole telle quelle d'abord, parce qu'elle contient quelques idées qui me sont chères [...]. »

commune à l'égard de l'aliénation du peuple canadien-français, qui exprime un attachement véritable mêlé d'admiration pour les petites gens. Là où DesRochers et Coderre se rejoignent et se complètent, c'est dans leur « canayanneries[10] ».

Héritier revendiqué de Jehan Rictus, Coderre fait de l'ironie toute la base de son entreprise poétique signée Jean Narrache. DesRochers n'est pas en reste en fait d'humour, même si sa poésie en recueil n'en garde pas de traces. Ses pièces humoristiques envoyées par correspondance valent à Coderre et à sa femme Délys « de bonnes minutes de franc rire » (Coderre à DesRochers, 2 août 1926). Cette facette moins connue de l'écriture poétique de DesRochers ne semble pouvoir se manifester que dans le cercle amical (envoyée privément à Désilets et à Coderre), ou alors par le biais d'une mise en scène, d'un jeu de simulacre. S'adressant aux lecteurs du journal *L'Étoile de l'Est* (Coaticook), qu'il vient de ressusciter, DesRochers (sous le pseudonyme de Noël Redjal) présente son *alter ego*, Jean Pérusse, « un authentique bûcheron et un rimeur non moins authentique[11] » (23 décembre 1927) : un « grand gaillard brun, les yeux creux et cernés, d'allure plutôt gauche, portant mackinaw, culotte khaki [*sic*] et grandes bottes lacées ». Redjal « le voyai[t] parfois arrêter d'écrire, pour compter de ses doigts [les pieds des vers] sur le bois de la banquette près de son genou gauche ». Empressé de faire découvrir ce nouveau talent poétique, Redjal reproduit l'une de ses pièces, « Méditations pour le temps des Fêtes[12] » :

---

10. Au printemps de 1926, DesRochers envoie « cinq ou six "canayanneries" », dont on ne retrouve pas la trace dans les archives (Foisy, 2003 : 400).
11. À propos de son amitié avec Coderre, DesRochers écrit : « Nous nous connaissons depuis trois ou quatre ans. Nous avons découvert, par l'entremise de Désilets, que nous pratiquions le même genre, lui sous le pseudo de Jean Narrache, moi sous celui de Jean Pérusse » (DesRochers à Robert Choquette, 9 décembre 1928, Montréal, AnQ, Fonds Robert-Choquette, MSS413).
12. Répondant à l'enthousiasme de Redjal, Pérusse accepte de lui envoyer d'autres pièces : « Dans un grand nombre de lettres qu'il m'adressa depuis, il me confia qu'il se proposait de publier un jour ou l'autre une anthologie de ses vers qu'il intitulerait : "En gossant des manches de hache". » Même par le biais de la mise en scène, l'épistolaire sert d'embrayeur au dévoilement public du poète.

O Seigneur, quand r'vient l'temps des Fêtes,
Je m'dis, en voyant l'temps présent,
Qu'vous avez fichument ben faite,
De v'nir au monde, y a deux mille ans.

C'est trop vrai qu'les marchands du temple,
Mêm' de vot' temps, coupaient les prix,
Mais j'cré pas qu'on eil, par exemple
Connu l'commerce aussi pourri.

Tiens, si vous r'v'niez 'jourd'hui sur terre
Vous n'y comprendriez rien du tout...

Vous n'pourriez plus trouver d'apôtres,
Du moins pas parmi les pêcheurs ;
Pour évangéliser les autres,
Leu faudrait des Studebakers.

Ensuit', vous auriez pus la chance
D'fair' avec d'l'eau du Jurançon ;
Tasch'reau se plaindrait de la concurrence
Que ça f'rait à sa Commission !
[...]

Le poète forestier versifie dans la même veine que son cousin des villes, le poète des gueux, Jean Narrache. Mêlant le sacré et le profane[13], DesRochers/Pérusse forge une satire sociale rimée tournant en dérision le consumérisme, la politique, les modes. L'humour poétique ne semble pouvoir advenir que pour divertir ses amis, dans la sphère privée de la correspondance, ou par le biais d'un intermédiaire fictif, dans une forme de fiction de soi du poète.

13. Parmi les nombreux exemples que l'on pourrait citer, la pièce « Mon livre d'heures » s'inspire du quotidien du vendeur ambulant : « Non, ce n'est pas un livre à riche reliure / Un livre à fermoir d'or et serrure à secret, / Écrit sur du vélin, orné d'enluminures, / Œuvre d'obscur artiste ou de moine replet; [...] C'est lui que je consulte en mes heures de doute, / Quand je suis inquiet, esseulé sur la route, / Et sans lui, si souvent, combien j'aurais souffert ! / Aussi "toujours poussé vers de nouveaux rivages", / J'emporterai toujours en partant pour voyage, / L'horaire des chemins de fer » (Coderre à DesRochers, 19 avril 1926).

Même s'il est d'avis avec DesRochers « qu'on peut rire et badiner en vers sans cesser d'être poète » (Coderre à DesRochers, 8 décembre 1927), Coderre lui conseille d'emprunter l'autre voie, celle d'une poésie « sérieuse » :

> Après lecture des échantillons (quel terme !) de vers que vous m'avez adressés, j'en viens à la conclusion que vous auriez tort de ne pas travailler à cultiver un peu plus la poésie. Si vous vouliez vous y mettre avec confiance, je vous assure que vous feriez bien. [...] Si vous voulez m'en croire, ciselez-nous de beaux vers semblables à un bon nombre de ceux que vous m'avez fait lire. Ne vous contentez pas seulement de « gosser des manches de hache[14] » ! Ce genre-là aussi me plaît (vous n'en serez pas étonné, puisque je m'y essaie moi-même), et vous avez vraiment le tour original et personnel qui convient. Cultivons ce genre, quand ce ne serait que pour scandaliser les pontifes du genre pompier dont notre littérature surabonde !! Et puis, il y a moyen avec ces vers frustes de rendre beaucoup de la grande âme populaire. (Coderre à DesRochers, 2 août 1926)

Coderre mesure la portée subversive de l'humour, mais son estime pour le talent poétique de son jeune ami le porte sans doute à l'encourager dans la voie plus noble de la prosodie classique. L'amical conseil de Coderre a raison, un temps du moins, des « canayanneries » de DesRochers, qui choisit de faire son entrée officielle dans le monde des lettres en lançant *L'offrande aux vierges folles* (1928). Plus qu'une facétie passagère, la manière « Pérusse » apparaît comme une étape préliminaire, nécessaire au mûrissement de son grand projet de terroirisme brutal, où se rencontreront ces deux manières d'écrire, irréconciliables à première vue. L'héritage ancestral, ce fonds paysan si déterminant dans la vision du monde de DesRochers, agira comme conciliateur de ces deux postures. C'est par le dialogue amical avec Coderre que ce nouveau possible littéraire, celui de faire des sonnets sur « l'arrachage de patates », prend vie.

Commentant la littérature du temps, Coderre ne mâche pas ses mots à propos des « pontifes de l'Heure des vaches et des poètes exagérés du "Tiroir" » et y va d'une descente en règle des « terroiristes » :

14. Expression qui revient sous la plume des deux épistoliers (DesRochers à Coderre, 19 novembre 1928).

> Le défaut capital de nos « terroiristes », c'est entre autres de n'avoir pas de sentiments réels et vraisemblables et d'ignorer la Terre et son vocabulaire propre. Nos « habitants » sont intelligents, ils ont leur philosophie fruste et profonde, soit. Mais, on les fait parler comme des Bossuet; on leur prête des idées et des expressions qu'ils n'ont pas et n'ont jamais eues. Neuf terroiristes sur dix chantent les arbres sans savoir ce que c'est qu'un pin, une épinette, une pruche, un érable à [G]iguère ou un orme. Ils disent « les arbres », les « fleurs », c'est vague, c'est flasque, c'est vide; cà [*sic*] pue l'ignorance, le procédé et... le manque d'école. (Coderre à DesRochers, 16 avril 1927)

Une fois le chapelet de défauts des poètes du terroir égrené, les épistoliers en viennent à définir la véritable signification de l'héritage ancestral de la terre, à la fois noble, modeste et cruel : « C'est par éducation, par habitude difficilement acquise, (parfois par snobisme et par hypocrisie) que nous, les arrière-petits-fils de nos pauvres gueux d'ancêtres nobles et valeureux bûcherons, nous aimons les arbres, les fleurs pour leur beauté et leurs charmes intrinsèques » (*Ibid.*). Les réponses à cette diatribe se trouvent dans la correspondance avec Dantin, au moment où DesRochers lui soumet son projet de « terroirisme brutal » : « Le voici [le projet] : je veux faire du "terroirisme" brutal, comme l'est ma race, en général. [Nérée] Beauchemin, qu'on porte aux nues et que j'admire très fort, moi-même, représente peut-être la mentalité "professionnelle" canadienne, vis-à-vis la terre, mais ce n'est pas celle des "habitants", dont je descends et à qui je suis allié encore » (20 janvier 1929; 2014 : 65). L'idée de livrer ces gens frustes par le biais d'une langue et d'une réalité qui leur sont propres tire ses origines de la correspondance avec Coderre et des limites que formule ce dernier à l'égard de certaines thématiques : « Mettez le guide Baedeker en alexandrins ou chantez "l'arrachage de pétakes", vous n'aurez fait que des vers, mais de poésie, pas! » (Coderre à DesRochers, 16 avril 1927) Il n'en fallait pas plus pour fouetter le jeune poète qui inscrit la remarque suivante à l'intention de Dantin en marge de son tapuscrit d'*À l'ombre de l'Orford* : « Il ne faut pas oublier que depuis 40 ans, on *pigrasse* dans les champs canadiens... Il m'a fallu traiter des sujets que les autres avaient négligés. Le dérochage et les patates sont une gageure. [Émile] Coderre m'avait dit qu'on ne pouvait faire de vers sur ces deux sujets[15]. » Lorsque s'amorce l'autre grande amitié et correspondance littéraire, celle avec Dantin, le projet de terroirisme brutal est déjà bien en selle. C'est là que se jouent les étapes décisives de la conciliation de l'imaginaire du poète bûcheron à la manière de l'auteur d'*Offrande aux vierges folles.*

Se réapproprier l'imaginaire du Nord : l'ami et mentor Louis Dantin

La période allant de novembre 1928 à décembre 1929 est celle d'une ébullition littéraire dans la correspondance de DesRochers. Un dépouillement préliminaire des plus importantes correspondances en dénombre plus d'une centaine. La parution de *L'offrande aux vierges folles*, le 30 novembre 1928, donne du galon au poète qui, armé d'une convaincante carte de visite, repousse les limites de son petit cercle d'amis.

Les lettres de cette année décisive livrent les arcanes de la création d'*À l'ombre de l'Orford*, à laquelle le poète est tout entier dédié. On mesure la fièvre d'écriture qui habite le poète à la trentaine de lettres échangées avec Dantin[16], son véritable mentor. DesRochers ne manque pas un rendez-vous épistolaire hebdomadaire avec son conseiller, de mars à juillet cette année-là. Le travail des poèmes porte sur la recherche d'images neuves, sur le vocabulaire à préciser, à diversifier. De façon plus globale, la correspondance et les manuscrits donnent à lire la consolidation d'un projet poétique qui passe par un mouvement de réappropriation de l'imaginaire personnel. DesRochers a appris la versification en autodidacte, par la lecture. Cette fois, sa correspondance avec un mentor lui sert d'école d'écriture et de pensée critique.

Un premier jalon du processus de poétisation de l'imaginaire « habitant » ou « bûcheron » consiste en la rédaction du poème éponyme du recueil : « Ma province aux noms exotiques ». La pièce, dont nulle trace ne persiste dans les archives hormis les échanges la commentant, se veut une « ôde » à sa région, inspirée de sa toponymie, de ses lacs et de ses montagnes. « Wotton », « Stoke », « Mégantic » et « Massawippi »,

15. Tapuscrit d'« À l'ombre de l'Orford », Montréal, AnQ, Fonds Gabriel-Nadeau, MSS177/78.
16. Les 229 lettres retrouvées ont été publiées en 2014 ; voir la bibliographie.

autant de termes empruntés au paysage de ses « *townships* » pour leur « exotisme », rendent hommage au métissage originel entre les nations abénakises, les loyalistes américains et les Canadiens français de sa « province » dans la « province », les Cantons-de-l'Est.

Or, loin d'y lire la célébration d'un glorieux passé, Dantin voit plutôt dans les noms anglais la « faiblesse du peuple vaincu ». Pour ce qui est de « Mégantic » et de « Massawippi », « ce ne sont pas là des noms exotiques : ce sont les noms primitifs, indigènes, rivés aux origines de nos forêts, de nos rivières » (Dantin à DesRochers, 6 avril [1929] ; 2014 : 81). Les commentaires de Dantin s'appuient sur les faits historiques et sur l'origine des mots. Il suggère une refonte complète du poème et du titre :

> Bref, il me semble que la pièce gagnerait à voir remplacer ces noms anglais, ou la plupart d'entre eux, par d'autres simplement hurons ou montagnais, et alors il faudrait lui trouver un autre titre, et trouver une autre étiquette à tout le volume, qui était d'ailleurs, à mon avis, désigné très imparfaitement par celle-ci...

Ces commentaires amènent DesRochers à changer son regard sur ce qui l'entoure, à recentrer son projet autour de l'intention première : « J'ai réfléchi sur vos conseils et j'ai fini par reconnaître que vous aviez raison, quant au titre. Je le change. C'est : “À l'ombre de l'Orford” qui sera le titre général de cette œuvre[17] » (DesRochers à Dantin, 4 septembre 1929; 2014 : 129). De manière frontale et assumée, le poète campe sa poésie dans ses terres estriennes, un premier pas vers un chant du pays décomplexé.

Sur les 33 pièces du recueil, 31 sont soumises à la « critique intime » de Dantin, dont le majestueux « Hymne au vent du nord » ; le dialogue amical s'anime dans les lettres jusqu'aux marges des manuscrits (Giguère, 1989). On peut s'étonner que l'une des plus importantes pièces par sa

17. Voir aussi la lettre du 30 septembre 1929. Le caractère exotique des anglicismes, des canadianismes et de la topographie n'a pourtant pas échappé à la critique, comme le remarque François Dumont dans sa synthèse de la poésie québécoise : « Or ici les mots rares, que les exotistes appréciaient tant, proviennent de la langue populaire (y compris l'anglicisme) et de la topographie locale. Le poète réalisait ainsi une synthèse des partis pris antagonistes de son époque, ce qui apparut à plusieurs comme un véritable tour de force » (1999 : 41).

portée programmatique ne soit pas soumise à Dantin, soit le poème « Liminaire ».

Or, quand on y regarde de près, la lettre du 29 juillet 1929 en fournit un avant-texte nécessaire à la compréhension des mécanismes à l'œuvre dans le rapatriement de l'imaginaire personnel du poète :

> Je suis issu de ces rudes travailleurs. Les peines, les désirs, les ennuis, les attentes dont ils ont souffert m'ont fait le tempérament que j'ai. Mais tout cela, il faut que ce soit dit sans en avoir l'air. Je doute qu'il y ait en Amérique du Nord cinquante personnes qui sauront découvrir dans ces vers le sens que j'y ai mis. Et c'est en cela que ma réussite sera parfaite. Seuls, les êtres qui ont de la poésie une notion un peu semblable à la mienne pourront en saisir l'idée-mère. J'ai tenté de clarifier ces idées dans un sonnet : le vers est le seul outil que je puisse manier avec un peu de compétence. (DesRochers à Dantin, 29 juillet 1929 ; 2014 : 110)

DesRochers reprend des propos tenus par Coderre quelques années plus tôt à propos de la violence, de la rudesse de la race paysanne et d'un héritage en voie de disparition, faute de porte-parole authentique pour le porter. Pour illustrer sa pensée, sa réponse s'accompagne d'un poème qui n'a pourtant rien à voir avec l'univers agraire :

> Je suis un flibustier haï des matelots
> Qui, dans un antre au flanc de falaises accores,
> Endort [*sic*] une captive aux accords de mandores,
> Sachant que le concert est couvert par les flots…
>   Ô plèbe qui m'abhorre,
> J'ai caché mon angoisse au creux de vers sonores
> Pour que le bruit du rythme assourdît ses sanglots…
>
> (DesRochers à Dantin, 29 juillet 1929 ; 2014 : 110-111)

La parenté rythmique du premier vers avec le vers d'ouverture du poème « Liminaire » est pour le moins frappante (un même recours à l'alexandrin[18]).

18. Je suis un fils déchu de race surhumaine,
Race de violents, de forts, de hasardeux,
Et j'ai le mal du pays neuf, que je tiens d'eux,
Quand viennent les jours gris que septembre ramène.

À première vue, le traitement thématique diffère en tout point entre l'univers de la piraterie de la première pièce et celui de la vie des bois de la seconde. L'idée mère reste pourtant la même : celle de la déchéance d'une caste, de l'appel de l'aventure, de la souffrance tue de ces hommes frustes habitant un monde hostile, angoissant. Lues parallèlement, les deux pièces donnent la mesure du rapprochement opéré, du chemin parcouru par l'imagination du poète, qui s'inspire d'abord d'un univers lointain, étranger à celui qui l'entoure, un monde hérité d'un imaginaire livresque exotique et précieux (les corsaires du XVIIe siècle jouant du luth), lieu de sa formation première. Par le biais de sa correspondance, du dialogue amical avec Coderre, puis des remarques de Dantin, DesRochers apprivoise ce qui lui est le plus familier pour le transposer en poésie, un mouvement qui n'a rien de naturel pour celui qui ne veut pas renier ses modèles (Heredia, Lamartine). DesRochers se dépouille alors des habits fictifs de Pérusse pour revêtir ceux du poète artisan. L'isotopie du travail manuel trouve un relais fécond en la personne de Guèvremont, qui rabote avec l'aide de DesRochers, comme il en sera question plus loin, de grands pans de son roman *Le Survenant*.

Sortir du gouffre : les amitiés salutaires de Jeannine Bélanger, de Germaine Guèvremont et de Françoise Gaudet-Smet

Personne n'est mieux placé que DesRochers pour décrire la période de latence dans laquelle sa correspondance est plongée après le « feu d'artifice » (DesRochers, 22 novembre 1952) du tournant des années 1930 :

> Je n'ai jamais compris moi-même pourquoi je me suis laissé aller au spleen et que j'ai abandonné *toute* correspondance [il souligne]. Il est des jours où je relis les lettres que vous, Pelletier, Léo Lévesque et tant d'autres m'adressaient [*sic*]. C'était le bon temps. Aujourd'hui,

Tout le passé brutal de ces coureurs des bois :
Chasseurs, trappeurs, scieurs de long, flotteurs de cages,
Marchands aventuriers ou travailleurs à gages,
M'ordonne d'immigrer par en haut pour cinq mois.
[...]
« Liminaire » (DesRochers, 1993 : 155-156).

> je suis dans une « déjection » complète. À peine s'il m'arrive de tourner un sonnet par mois – et il me dégoûte chaque fois[19]. (DesRochers à Dantin, [s. d.] [après Noël 1938] ; 2014 : 521)

Le long passage à vide, tant sur le plan littéraire qu'épistolaire, ne se dénoue qu'en 1940 avec l'intervention de trois femmes : Jeannine Bélanger (1916-2011), Françoise Gaudet-Smet (1902-1986) et Germaine Guèvremont (1915-2011[20]). Complémentaires à bien des égards, les interventions de ces femmes ramènent le poète à la vie par l'admiration qu'elles lui témoignent, les ressources qu'elles lui prodiguent pour assurer la postérité de son œuvre et, surtout, par le nécessaire combustible à son activité créatrice que leur commerce épistolaire lui procure : l'amitié.

Âgé d'à peine 40 ans, DesRochers se sent vieux physiquement et littérairement. Le phénomène du vieillissement littéraire, qui « propulse un discours autoréflexif, celui d'une carrière qui revient sur elle-même[21] » (Rannaud, 2020 : 154), s'exprime douloureusement dans cette lettre à Bélanger aux allures de bilan :

> Je viens de relire votre lettre et ne sais comment vous remercier de ces enthousiastes effusions. Je sais, moi-même, qu'en général, après Morin et Chopin, je suis, parmi les vivants, celui qui fait le moins de mauvais vers. Mais ce qui me rend « has been » c'est

19. Malgré le silence, l'amitié reste toujours vive au cœur de Dantin : « Je n'ai jamais trop bien compris pourquoi vous aviez cessé si soudainement de m'écrire, mais cela n'a pas altéré mes sentiments d'amitié pour vous, et vous ne me défendez pas, n'est-ce pas, de vous envoyer mon souvenir et mes souhaits de nouvelle année? » (Dantin à DesRochers, [23 décembre 1938] ; 2014 : 521).
20. La correspondance avec Bélanger compte 110 lettres, écrites pour la plupart entre 1941 et 1947. L'intermède de près de dix ans s'explique par l'entrée dans les ordres de la femme. La correspondance avec Guèvremont s'amorce la même année. La majeure partie des 111 lettres ont été écrites au plus fort de la rédaction du diptyque romanesque *Le Survenant* et *Marie-Didace*, entre janvier 1944 et décembre 1946. Seules les lettres de Guèvremont subsistent. Quant à la correspondance avec Gaudet-Smet, elle est la plus modeste des trois avec une trentaine de lettres seulement en vingt ans (1942-1966), dont deux de DesRochers.
21. Dans la foulée des travaux en sociopoétique de Marie-Odile André (*Pour une sociopoétique du vieillissement littéraire : figures du vieil escargot*, 2015), Adrien Rannaud étudie l'amitié épistolaire entre Jovette Bernier et Alice Lemieux, qui expriment un sentiment de vieillissement analogue à celui de DesRochers, mais plus tardivement, soit dans les années 1960.

> justement cela : poursuivre la perfection, sinon l'atteindre, c'est passé de mode. Et puis, dans notre monde bouleversé, il n'est plus permis de marcher seul, en avant des autres. [...] J'ai commencé à vivre ma vie au milieu d'une crise économique et je me frayais un chemin à la réserve de force ancestrale [...], quand une seconde et plus terrible crise m'a presque ruiné physiquement : dépression nerveuse, pneumonie. Je n'ai pu reprendre le harnais que pour voir s'écrouler un à un le triple idéal de liberté, égalité, fraternité. Le monde en dix ans a reculé de plus de dix siècles. Dans deux ans, nous en serons à la mort de Titus. *Diem perdidi*! Je suis un *has-been*! (DesRochers à Bélanger, 17 mars 1942)

Après avoir pris la tête d'une certaine avant-garde composée en grande partie de femmes (Jovette Bernier, Simone Routier, Éva Senécal, Alice Lemieux), DesRochers se sent dépassé, relégué à la queue de la parade, ce qui montre qu'en contexte littéraire, le sentiment de vieillesse ne se définit pas dans l'absolu, qu'il s'engendre dans une dynamique d'opposition entre les générations, les courants. La barbarie des conflits mondiaux et les conséquences d'une grave crise économique ont eu raison des « forces ancestrales » du poète qui, arrivé à « maturité », voit l'horizon se rétrécir de plus belle. Dans de telles circonstances, l'écrivain est condamné à pousser son rocher au sommet d'une montagne dont il ne finit pas d'apercevoir la cime.

Malgré la morosité ambiante, l'écriture n'est pas tarie pour autant. Signe de ses hésitations, il écrit dans la lettre à Bélanger du 17 mars être décidé à garder ses vers inédits pour publication posthume, faute de trouver un public pour les comprendre. En même temps, il propose son aide au projet d'anthologie de poésie canadienne qu'envisage Bélanger (il détaille le découpage par périodes, le nombre de vers, le prix de vente). Est-ce l'idée de mettre sur pied de nouveaux projets littéraires ou le plaisir de retrouver des lecteurs encore réceptifs à sa poésie qui l'amène à écrire, à la toute fin de sa lettre : « Je suis bien heureux que ce sonnet tout récent ait plu à [Séraphin] Marion. Ça me donne une démangeaison folle d'écrire le “Cycle des demeures et des routes” pour faire pendant au “cycle des bois et des champs” » (DesRochers à Bélanger, 17 mars 1942). Quoi qu'il en dise, DesRochers n'en a visiblement pas fini avec la littérature dès lors qu'elle pointe son nez à la faveur d'une correspondance amicale.

Le retour à la vie littéraire « active » n'est pas forcément perceptible publiquement. Il s'exprime privément dans la correspondance, alors que DesRochers reprend du service à titre de professeur d'écriture par correspondance. Deux mentorées y suivent ses leçons : la poète Jeannine Bélanger (*Stances à l'éternel absent* et *Le visage dans la roche*, 1941) et la romancière Germaine Guèvremont. Le mentor reprend goût à l'écriture grâce à elles (et en particulier Guèvremont), qui lui permettent de poursuivre par procuration son œuvre, en plus de mettre en branle l'entreprise de réhabilitation de sa poésie. Les interventions répétées de Guèvremont auprès de Fides pour faire entrer la poésie de DesRochers dans la collection du Nénuphar et l'insistance de Bélanger pour faire paraître « Le retour de Titus », un long poème en stances royales commencé dans les années 1930 et resté inachevé, sont autant de preuves de l'apport de l'amitié dans la postérité de l'œuvre.

Avec Bélanger (de dix ans sa cadette), il énonce les règles de versification, puisant chez Ronsard des « e » muets évocateurs, des féminins pluriels apocopés. La complicité est visible entre la « chère amie » et le « cher grand enfant ». Bélanger, qui lui envoie ses sonnets, donne au mentor « la nostalgie de la rime » (19 janvier 1941). Si l'un et l'autre se relancent en échangeant des exemples d'ingéniosité de versification, on voit bien que DesRochers prend plaisir à faire la leçon de littérature par lettre, à titre de dernier représentant de ces règles jugées vieillottes. Où, ailleurs que dans une correspondance, peut-on s'emballer à propos du décompte de syllabes dans une pièce de Malherbe[22] ou d'un « e » non élidé? (Bélanger à DesRochers, 4 juin 1941). En guise de réponse aux jugements péremptoires de sa correspondante à l'endroit des Parnassiens[23], DesRochers se livre à une défense en règle de Leconte de Lisle et d'Heredia. Pour les Parnassiens, « un paysage est un état

22. Il fait lire Rostand, qu'il ne goûtait guère pourtant en 1927; c'est Coderre qui achèvera de la convaincre (16 avril 1927).

23. Bélanger reproche aux Parnassiens de « manquer de souffle, d'étoffer à outrance les descriptions, de cajoler trop complaisamment la rime hyper-riche! » Si elle ne partage pas l'admiration de DesRochers, elle explique que ses jugements se fondent sur des lectures partielles (des éditions de « choix ») et lui demande humblement : « instruisez-moi » (Bélanger à DesRochers, 5 juin 1941). Leur correspondance prend souvent des airs de joutes amicales où les deux épistoliers s'affrontent avec franchise.

d'âme », explique-t-il (DesRochers à Bélanger, 6 juin 1941), une théorie qu'il a lui-même exposée en vers dans la pièce « Liminaire » : « Ma joie ou ma douleur chantent le paysage ». Endossant le rôle de mentor, il lui envoie des lectures, lui recommande de consulter le dictionnaire (une leçon héritée de Dantin), et l'encourage à rimer[24]. Si la filiation poétique achoppe sur bien des aspects (Bélanger méprise les Parnassiens et prend des libertés à l'égard de la prosodie classique), elle se concrétise au moyen de la légation : « Il m'arrive parfois l'idée de vous instituer par testament légataire de toutes les caisses de paperasses que j'ai barbouillées durant ma vie. peut-être [*sic*] pourriez-vous accomplir pour moi ce que Dantin a fait pour ce cher Nelligan, qui survécut à son Vaisseau d'or, grâce à une amitié fervente » (DesRochers à Bélanger, 5 décembre 1941). Le rapprochement avec Nelligan porte moins sur l'aspiration de DesRochers à une même gloire littéraire que sur le fait qu'on doit cette grande œuvre à l'intervention d'un intermédiaire amical, un lecteur bienveillant qui l'a accompagnée à toutes les étapes de sa réalisation. Cette parenté littéraire n'est pas anodine : une place revient de droit à DesRochers dans cette généalogie; lui-même y a été élu à titre de « fils littéraire » de Dantin. Ce dernier lui a en effet « légué » certaines de ses pièces jugées impubliables[25].

C'est moins en Bélanger qu'il faut chercher une descendante poétique de DesRochers, mais plutôt du côté de Guèvremont. Fille « déchu[e] de race surhumaine », elle envisage elle aussi l'écriture comme un ouvrage d'artisan : « Vous savez bien, je vous l'ai dit que j'écris par instinct. [...] Et je tiens précisément aux défauts qui dénotent la main de l'artisan » (Guèvremont à DesRochers, 1945). Pour décrire le polissage

24. « Maintenant, conservez vos chers préjugés sur le vers libéré; prétendez que l'e muet non élidé a son charme – et rimez. Vous aurez quarante ans, vous aussi, un jour, et si je vis encore alors, vous m'écrirez que j'avais bien raison » (DesRochers à Bélanger, 6 juin 1941).

25. Il lègue d'abord *Chanson intellectuelle* (Dantin à DesRochers, 6 avril [1929]; 2014 : 82), puis *citadine* : « Je ne sais pourquoi il me revient toujours de faire de vous une sorte d'exécuteur testamentaire de ma vie littéraire manquée et vieillissante » (22 juillet [1929]; 2014 : 105) et envisage même le don de sa bibliothèque : « J'ai, en fait, un tas de livres ici qu'il va me falloir "léguer" un jour ou l'autre, et je ne sais personne à qui je les léguerais plus volontiers qu'à vous » (25 décembre [1929]; 2014 : 171). La portée génétique de cette correspondance est analysée dans Bernier, 2021 : 37-47.

du manuscrit, l'épistolière convoque abondamment l'isotopie du travail manuel, de l'ébénisterie en l'occurrence : « Je réserve pour les grands mois d'été de faire sauter les copeaux de trop, comme vous dites » (Guèvremont à DesRochers, [s. d.][26]). Guèvremont partage également avec son mentor le souci du legs et de la perpétuation de sa lignée paternelle, comme elle l'explique à Bélanger, amie commune des deux écrivains : « Pour vous expliquer ce que vous avez fait, il faudrait que je vous explique ce que mon aïeul, mon grand-père, mon père étaient, donc ce que je suis. [...] C'est de tout ceci et de bien davantage qu'est fait LE SURVENANT, la joie de ma joie, la chair de ma chair, le sang de mon cœur » (Guèvremont à Bélanger, 1945). Plusieurs lettres concernent le choix de vocabulaire pour décrire la nature caractéristique des îles de Sorel ou certains usages liés aux travaux d'artisanat. Homme des bois et homme de lettres, DesRochers se révèle un conseiller extrêmement précieux. Outre le mentorat, leur amitié prend une forme inédite dans la correspondance de DesRochers, par le truchement de la fiction.

Sans en être le seul modèle, DesRochers est reconnu pour avoir inspiré le personnage du Survenant du roman éponyme (1945). De manière tout à fait inusitée, la fiction contamine la correspondance : le petit monde du Chenal du Moine prend vie dans les lettres, alors que l'auteure s'adonne à toutes sortes de fabulations à propos de la vie campagnarde des environs de Sorel ; les épistoliers s'échangent même les rôles : Guèvremont interpelle tour à tour son « cher père Didace » ou son « cher Survenant » et signe elle-même « Angélina », « Phonsine » ou, le plus souvent, « Amanda ». Le théâtre amical se transporte dans les pages de la revue *Paysana* où DesRochers fait paraître deux lettres adressées à Marie-Amanda et signées par deux « promis » : Maxime Desmarais, un jeune soldat, et un *shantyman* du nom de Jules Lenoir[27]. Comme à l'époque des « canayanneries » de Pérusse dans *L'Étoile de l'Est*, le détour

26. Elle écrit, plus tard : « Les pages que je vous envoie, sans me satisfaire pleinement, vous donnent une bonne idée du patron du chapitre. Il y a bien des coins *à équarrir* » (je souligne) (Guèvremont à DesRochers, Pâques 1946).

27. « Lettre d'un ouistipouf », *Paysana*, vol. 5, n° 12 (février 1943), p. 13 ; « Lettre ancienne », vol. 6, n° 1 (mars 1943), p. 8 et 16. Parmi les recoupements biographiques entre DesRochers et ces personnages, on relèvera que, jeune garçon, DesRochers a fait l'expérience de la vie américaine, comme Lenoir, et qu'au moment d'écrire ces lettres, il vient lui-même de s'enrôler dans l'armée.

par des *alter ego* sert à éprouver de nouveaux possibles, cette fois par l'incursion dans la fiction narrative. Il avance sa propre interprétation, anime lui-même un monde qui lui est familier[28], étant aux premières loges de la création du *Survenant*. Par la lettre fictive et réelle, DesRochers touchera au plus près à l'un des objectifs déçus de sa carrière d'écrivain : signer un grand roman.

La directrice de la revue *Paysana*, Françoise Gaudet-Smet, vient compléter le tableau des amitiés salvatrices. Amie de longue date de DesRochers[29], elle connaît un grand succès dans ses entreprises littéraires et médiatiques destinées au public rural féminin pendant l'entre-deux-guerres. Fondé en 1938, *Paysana* sert de tremplin pour la primo-romancière Guèvremont et de planche de salut pour DesRochers. Gaudet-Smet entend ramener ce dernier à l'écriture, une façon de remplir sa dette à l'égard de celui qui l'a encouragée à assumer ses origines rurales[30] : « Vous avez trouvé une bonne veine [...], lui écrit-elle en 1942. Il faut que vous retrouviez votre verve d'écrivain. L'encre est bonne, la plume aussi et la main qui la tient... Alors profitez-en » (Gaudet-Smet à

28. À propos de l'engagement de DesRochers dans son œuvre, Guèvremont écrit à Bélanger qu'il « connaît le livre aussi bien qu'[elle] » et qu'il « est encore convaincu qu'il n'a pas fini de m'expliquer mes personnages » (Guèvremont à Bélanger, 22 mars 1945).

29. Ils se sont connus au journal *La Tribune*, alors que la salle de rédaction était le centre de la vie littéraire sherbrookoise. Sous le pseudonyme de Louise Richard, Gaudet-Smet dirige la page féminine du journal. Née en 1902, elle fait partie de la même génération que DesRochers, sans pour autant se réclamer de l'avant-garde, à la manière de Bernier et de Senécal, par exemple. À propos du travail de Gaudet-Smet à la revue, voir Gagné, 2008. Signe de l'importance de cette femme chez les DesRochers, Jeanne Desrochers, la fille d'Alfred, a consacré une biographie à celle qu'elle surnomme affectueusement « tante Françoise » (Desrochers, 1992).

30. « [J]e me trouvai un soir chez Albert Pelletier, et là je me suis fait *pleumer*, comme on dit. Il y avait Alfred DesRochers qui, après Pelletier, entreprit de me... m'entreprendre. – Tu vas me laisser ça, dit-il, la littérature à l'eau de rose, et de petites chroniques vaseuses bourrées d'épithètes et de snobisme. Et tu vas te mettre à écrire *pour vrai*. De la littérature de terroir, m'entends-tu ? Des beaux contes de ton pays [...] Regardez-moi ça cette petite snob ; ça habite la campagne, puis ça essaie de singer les débutantes en bretelles... Occupe-toi donc des habitants, hein ? Tu verras que ça en vaut la peine. Je ne devais jamais oublier cela » (Françoise Gaudet-Smet, propos recueillis par Adrienne Choquette [1939 : 215]).

DesRochers, 22 décembre 1942). Elle met en place les conditions d'une collaboration fructueuse en lui présentant un lucratif plan d'affaires, qui ne devait pas déplaire au publiciste aguerri qu'était DesRochers : pour sa revue, elle lui commande une série de 20 sonnets « de *métiers* en propagande » (elle souligne) qu'elle éditera par la suite en plaquette pour « présenter en classique dans les écoles ». D'une gageure (celle de l'arrachage de patates) à une commande, l'écrit d'inspiration rurale se veut maintenant utilitaire et ethnographique :

> Je vous garantis une distribution géante [...] Mais vous savez que je veux des bijoux. Ma Sœur Rose-Marie a toujours soutenu que vous n'auriez jamais dû parler de « la cueillette de pommes de terre », mais tout simplement de *L'arrachage de patates.* C'est dire que je ne vous passerai pas de mots savants. *Charronnage* m'effraie même. Méfiez-vous de vos ressouvenances de Vaerarhen [*sic* : Verhaeren] (elle souligne). (Gaudet-Smet à DesRochers, 26 août 1943)

DesRochers s'en tient à une suite de sonnets consacrés aux artisans du cuir (le tanneur, le cordonnier et le maître sellier), précédée d'un lexique du tannage domestique. Plutôt que l'atmosphère lourde et aliénante du « cycle des bois et des champs », le début de ce « cycle des métiers » met l'accent sur la plénitude de l'artisan :

> Il est content. Depuis son enfance, les mois
> Alternant les blancheurs de neige aux vers des bois
> Sur l'immuable amas brun d'écorces de pruche;
>
> C'est un métier de père en fils; il est content.
> Et quand son petit-fils y fait choir une bûche,
> L'arc-en-ciel s'éparpille aux rides de l'étang[31].

La plénitude du cordonnier contraste avec l'angoisse du poète qui s'exprimait dans les deux pièces d'ouverture du recueil *À l'ombre de l'Orford,* porteuses du « frisson du doute ». « En évoquant ces recettes de mon "jeune temps", écrit DesRochers, je n'ambitionne qu'à susciter chez les jeunes garçons d'aujourd'hui [...] le désir de façonner quelque chose qui sorte de la routine, les jours de pluie ou de morte saison [...] »

31. « Le tanneur », *Paysana,* vol. 6, n° 12 (février 1944), p. 10.

(1944a : 10). Fabriquer quelque chose de ses mains, quitte à « modeler le rêve obscur de mon cerveau » (« À M. Alphonse Désilets »). Par cet appel, DesRochers revient à l'essentiel : il élève le partage du savoir artisan comme valeur cardinale à la perpétuation du monde, pour que d'un « pouce expert[32] » advienne le chef-d'œuvre, qu'il prenne la forme d'un sonnet, d'un roman ou d'un soulier bien moulé.

Conclusion

Les enseignements de cette traversée épistolaire sont de deux ordres : écrire seul, à l'image du mythe de l'écrivain isolé dans sa tour, était en somme impensable pour DesRochers, et ce, en dépit de son isolement géographique. La communauté apparaît comme la condition *sine qua non* au poète. L'isolement, la formation partielle sont des facteurs négligeables dans la trajectoire de l'écrivain dont les conditions d'exercice restent tributaires des pratiques de sociabilité. Ces dernières sont même décisives dans le retour du poète à la vie littéraire. L'amitié concourt à la « naissance de la chanson » et à sa perpétuation dans le temps. Ces facteurs externes à l'écriture ne la façonnent pas moins de l'intérieur : la correspondance vient faire la jonction entre le social, le biographique et le poétique. L'écriture de l'artisan se pense en communauté, se transmet au moyen d'une filiation littéraire, comme le tanneur transférant son savoir-faire à sa descendance.

De sa correspondance avec son confrère, Coderre, à celle avec sa mentorée, Guèvremont, en passant par ses échanges avec son mentor, Dantin, c'est l'apprentissage de l'écriture, puis sa transmission qui se font jour dans les lettres, qui interrogent plus largement les différents possibles qui s'offrent aux écrivains et écrivaines du temps : que peut-on écrire au Québec en 1920, 1930, 1940, malgré les entraves que charrie chaque époque? Il faut rappeler l'engagement initial presque subversif de DesRochers dans la poésie du terroir, pour remplacer ces campagnes

32. « Son pouce expert découvre une bourrure molle, / Et son nez se plissant dit bien mieux que les mots / Son instinctif mépris des harnais à bricole » (Alfred DesRochers, « Le maître-sellier », *Paysana*, vol. 6, n° 12 [février 1944], p. 10). Le geste du tanneur n'est pas sans rappeler le « pouce du Survenant, quand il affûte la faux » (Guèvremont à DesRochers, [s. d.] [1942]).

de carton-pâte au moyen d'un travail sur la langue, par la représentation du *shantyman* ou du pantin paysan (« Le battage »). Empêché par les maux du siècle, par la dureté du quotidien ou par les différentes sources d'enserrement de la pensée (le spectre de la condamnation des *Demi-civilisés* de Jean-Charles Harvey est encore vivace dans les années 1940), DesRochers ressort affaibli de cette lutte.

Dès 1940, DesRochers a conscience d'être devenu un « has been » (DesRochers à Bélanger, 15 mai 1941). Il se classe volontiers parmi les traditionalistes, pétri de « restrictions mentales » liées à la prosodie et à l'héritage des Parnassiens qu'il vénère toujours. La conscience de son « vieillissement littéraire » s'exacerbe dans les années 1960, au moment où l'histoire littéraire s'institutionnalise dans le sillage du développement des études littéraires québécoises. Le phénomène d'historicisation du vivant de l'auteur et de son œuvre avive l'impression d'appartenir à un autre « âge », d'être déclassé (André, 2015 : 55). DesRochers ironise sur son sort au moment où Bélanger lui propose de concrétiser le projet de publication du *Retour de Titus* aux Presses de l'Université d'Ottawa : « Je croyais qu'à Hull comme ailleurs dans la province la consigne s'était généralisée de ne retenir aucun poème antérieur aux *Jeux et regards dans l'espace* [*sic*]... Je n'en dis pas davantage, de crainte qu'on m'accuse d'envie [...] » (DesRochers à Bélanger, 24 octobre 1962). « [E]st vieux tel écrivain non pas seulement en fonction de son âge, mais aussi et surtout en tant que son œuvre se trouve dévaluée du fait du changement de goût ou d'une évolution de la valeur littéraire accordée à tel ou tel auteur », écrit Marie-Odile André dans son étude sur la sociopoétique du vieillissement littéraire (2015 : 50). Quelque chose s'est manifestement brisé pour DesRochers et sa génération (on pense à ses amies Lemieux et Bernier qui nourrissent un sentiment analogue de vieillissement face à la nouvelle garde des années 1960[33]) ; Garneau et son recueil en vers libres incarnent cette rupture mieux que quiconque : rupture avec les formes traditionnelles du poème, rupture avec le « souffle épique [et] toute prétention au

33. Voir Rannaud (2018). Ils auront été jeunes et auront vieilli ensemble, comme l'exprime Bernier à propos d'une pièce écrite en 1961 : « [Ç]a [la « Chanson sans air »] c'est le DesRochers de l'épanouissement total dans les belles années de la Révélation poétique, le beau temps où il y avait de vieilles barbes, et... ce n'était pas nous » (Bernier à DesRochers, 16 février 1961).

récit de l'identité nationale » (Lambert, 2009 : 221). La reconnaissance de *Regards et jeux dans l'espace* est vécue douloureusement, comme la rupture d'une filiation timide, mais patiemment établie. Sonnettiste infatigable, DesRochers persiste malgré tout à écrire ; il autorise Bélanger à publier l'œuvre inachevée *Le Retour de Titus* au nom de cette « amitié stellaire », comme quoi il est encore permis de rimer *par amitié*[34] (DesRochers à sœur Marie-Josefa [Jeannine Bélanger], 24 octobre 1962). DesRochers semble vouloir écrire jusqu'au bout, même si, de son propre aveu, il a cessé d'être une « force vive[35] ».

« La poésie peut se définir très exactement : une amitié[36] », écrit Gilles Marcotte (juin-juillet 1952). La correspondance révèle finalement quelque chose de fondamental, quelque chose qui a peut-être échappé à la lecture de cette lignée de grands poètes dont on regrette le versant empêché de l'œuvre. De Crémazie à Miron, en passant par Nelligan et DesRochers, ce qui lie ces écrivains, par-delà les difficultés du temps qui ont eu raison de leurs hautes aspirations, c'est l'amitié, la communauté « réunie par l'action du livre », comme l'écrit Pierre Popovic au sujet de l'Hexagone. DesRochers dépasse le dilemme de l'artiste, frappé par l'incompréhension de la société d'épiciers, en aspirant à l'art artisan, comme Miron et consorts :

> Il est encore un mot qui, dans le premier prospectus, attire l'attention : « artisans ». À l'Hexagone en effet, on ne se présente pas comme « poète » ou comme « artiste », encore moins comme « mystique ». [...]

34. Le dernier recueil paraît en 1967, *Élégies pour l'épouse en-allée*, à la mémoire de Rose-Alma Brault décédée trois ans plus tôt.
35. Roland Barthes réfléchit à la capacité de renouvellement de l'écriture en fonction de l'âge des écrivains, à l'avènement d'une « *vita nova* », sorte de rupture provoquée par un événement qui marque un tournant. L'aboutissement de cette réflexion est forcément tragique puisqu'elle s'interroge sur « *l'usage du Temps avant la mort* » (Barthes souligne, 2003 : 26).
36. Comme l'amitié, la poésie, selon Marcotte, est un « échange total » qui mobilise autant l'intelligence de l'esprit que la capacité du corps à percevoir, à ressentir : « Se lie-t-on d'amitié avec quelqu'un uniquement parce qu'on a les mêmes idées que lui ? Non, c'est beaucoup plus simple, et plus mystérieux à la fois ; il y faut une certaine communion intellectuelle, c'est sûr, mais il y a autre chose, une sorte d'entente préalable à toute discussion, un accord sur un certain rythme vital, on aime marcher ensemble, respirer ensemble... » (Marcotte, 1952 : 405-406).

> « Artisans » implique un faire, bien sûr : faire pour éditer, faire pour lire, faire pour agir, faire pour poème. Au second abord, ce mot évoque un choix esthétique. Malraux distinguait l'artiste de l'artisan en posant que le premier invente une forme pour elle-même, singulière, unique alors que le second crée une forme pour pouvoir la reproduire. Cette distinction ne s'applique pas comme telle, mais elle est suggestive. (Popovic, 1992 : 230)

Chez DesRochers, la littérature se range du côté de la « pratique ancienne », s'apparente, comme l'écrit Michel Biron, « à un métier manuel davantage qu'à une pratique intellectuelle [...] » (1996 : 113). Si on a l'habitude de considérer la correspondance comme un laboratoire de création, ici, elle prend véritablement des airs d'atelier où l'ouvrage se façonne, les techniques se transmettent et les regards s'affûtent, forts d'un savoir ancestral.

Bibliographie

Archives

Archives nationales du Québec à Sherbrooke
Fonds Alfred-DesRochers, P6

Archives nationales du Québec à Montréal
Fonds Gabriel-Nadeau, MSS177
Fonds Jean-Narrache, MSS439
Fonds Robert-Choquette, MSS413

Ouvrages et articles cités

André, Marie-Odile (2015). *Pour une sociopoétique du vieillissement littéraire : figures du vieil escargot*, Paris, Honoré Champion, coll. « Littérature de notre siècle ».

Barthes, Roland (2003). *La préparation du roman*, Paris, Seuil, IMEC, coll. « Traces écrites ».

Beaudet, Marie-Andrée (1996). « Voix et jeux de coulisses : la correspondance Simone Routier-Louis Dantin », dans Michel Biron et Benoît Melançon (dir.), *Lettres des années trente*, Ottawa, Le Nordir, p. 85-108.

BERNIER, Stéphanie (2021). « À l'ombre du Chenal du Moine : mentorat et filiation littéraire dans la correspondance entre Germaine Guèvremont et Alfred DesRochers », dans Lori Saint-Martin, David Décarie et Rosemarie Fournier-Guillemette (dir.), *Un fricot pour Germaine Guèvremont*, Rimouski, Tangence éditeur, coll. « Émergence », p. 37-47.

BERNIER, Stéphanie, et Pierre HÉBERT (2017). « "Je cours mettre ceci dans la prochaine boîte, par une pluie battante qu'il fait…" : d'une lettre à la poste au mouvement des Écrivains de l'Est (1927-1934) », *Mens : revue d'histoire intellectuelle et culturelle*, vol. XVII, n°s 1-2 (automne-printemps), p. 107-134.

BERTHIER, Philippe (2021). *Amitiés d'écrivains : entre gens du métier*, Paris, Honoré Champion.

BIRON, Michel (1996). « Configurations épistolaires et champ littéraire : les cas d'Alfred DesRochers et de Saint-Denys Garneau », dans Michel Biron et Benoît Melançon (dir.), *Lettres des années trente*, Ottawa, Le Nordir, p. 109-124.

CHOQUETTE, Adrienne (1939). *Confidences d'écrivains canadiens-français*, Trois-Rivières, Éditions du Bien public.

CODERRE, Émile (1929). « En lisant *À l'ombre de l'Orford* par Alfred DesRochers », *La Tribune*, 30 novembre, p. 4.

DANTIN, Louis, et Alfred DESROCHERS (2014). *La correspondance entre Louis Dantin et Alfred DesRochers : une émulation littéraire (1928-1939)*, édition établie par Pierre Hébert, Patricia Godbout et Richard Giguère, avec la collaboration de Stéphanie Bernier, Montréal, Éditions Fides.

DESROCHERS, Alfred (1943). « Lettre d'un ouistipouf », *Paysana*, vol. 5, n° 12 (février), p. 13.

DESROCHERS, Alfred (1943). « Lettre ancienne », *Paysana*, vol. 6, n° 1 (mars) p. 8, 16.

DESROCHERS, Alfred (1943). « À la mémoire d'une aïeule », *Paysana*, vol. 6, n° 1 (mars), p. 12.

DESROCHERS, Alfred (1943). « Conte de Noël », *Paysana*, vol. 6, n° 10 (décembre), p. 9.

DESROCHERS, Alfred (1944a). « Tannage domestique », *Paysana*, vol. 6, n° 12 (février), p. 9-10.

DESROCHERS, Alfred (1944b). « Les artisans du cuir », *Paysana*, vol. 6, n° 12 (février), p. 10.

DESROCHERS, Alfred (1952). « Louis Dantin et la "génération perdue" », *Carnets viatoriens*, 17e année, n° 4 (octobre), p. 120-127.

DESROCHERS, Alfred (1952). « Louis Dantin, chef d'école », *Le Devoir*, 22 novembre, p. 7.

DesRochers, Alfred (1993). *À l'ombre de l'Orford*, précédé de *L'offrande aux vierges folles*, édition critique par Richard Giguère, Montréal, Les Presses de l'Université de Montréal, coll. « Bibliothèque du Nouveau Monde ».

DesRochers, Jeanne (1992). *Françoise Gaudet-Smet*, Varennes, Les Éditions de Varennes.

Dumont, François (1999). *La poésie québécoise*, Montréal, Boréal Express.

Foisy, Richard (2003). *Jean Narrache/Émile Coderre : un poète et son double*, Montréal, Les Éditions Varia, coll. « Documents et biographies », t. I.

Gagné, Marie-Pierre (2008). *« Aussi belle fille... que Maria Chapdelaine » : la littérature dans la revue féminine rurale* Paysana *(1938-1949)*, mémoire de maîtrise (littérature), Québec, Université Laval.

Giguère, Richard (1989). « Le manuscrit comme lieu de dialogue : Alfred DesRochers », *Urgences*, n° 24, p. 25-34.

Giguère, Richard (1990). « Correspondants littéraires d'Alfred DesRochers », *Voix et Images*, vol. 16, n° 1 (automne), p. 6-7.

Giguère, Richard (1993). « Alfred DesRochers et la critique cléricale de son temps : censure et autocensure de *L'offrande aux vierges folles* (1928) », dans Pierre Popovic et Benoît Melançon (dir.), *Les Facultés des lettres : recherches récentes sur l'épistolaire français et québécois*, Montréal, Université de Montréal, Centre universitaire pour la sociopoétique de l'épistolaire et des correspondances, p. 153-181.

Giguère, Richard (1996). « Les années de la Crise dans la correspondance Louis Dantin-Alfred DesRochers », dans Michel Biron et Benoît Melançon (dir.), *Lettres des années trente*, Ottawa, Le Nordir, p. 85-108.

Giguère, Richard (1998). « "Ces restes d'Inquisition..." : littérature, édition et censure dans les correspondances d'écrivains de l'entre-deux-guerres au Québec », *Voix et Images*, vol. 23, n° 2, p. 248-265.

Lacroix, Michel (2013). « Dantin et l'âge de la métacritique : école, amitié et dissensus », *Voix et Images*, vol. 38, n° 2 (hiver), p. 73-89.

Lambert, Vincent-Charles (2009). « Saint-Denys Garneau ou l'héritage d'une crise », dans Yvan Lamonde et Denis Saint-Jacques (dir.), *1937 : un tournant culturel*, Québec, Presses de l'Université Laval, p. 211-223, coll. « Culture québécoise ».

Marcotte, Gilles (1952). « Hermétisme et poésie », *L'Action nationale*, vol. 39, n° 5, p. 401-408.

Michon, Jacques (1999). *Histoire de l'édition littéraire au Québec au XXe siècle*, vol. I : *La naissance de l'éditeur, 1900-1939*, Saint-Laurent, Éditions Fides.

Popovic, Pierre (1992). *La contradiction du poème : poésie et discours social au Québec de 1948 à 1953*, Candiac, Balzac éditeur, coll. « L'Univers des discours ».

Rannaud, Adrien (2020). « Après la littérature : l'amitié épistolaire entre Jovette Bernier et Alice Lemieux », dans Stéphanie Bernier et Pierre Hébert (dir.), *Nouveaux regards sur nos lettres : la correspondance d'écrivain et d'artiste au Québec*, Québec, Presses de l'Université Laval, p. 149-162.

Redjal, Noël [pseud. d'Alfred DesRochers] (1927). « Un poète bûcheron », *L'Étoile de l'Est*, 23 décembre, p. 3.

« Je me suis fait la plume en vous écrivant » : amour et écriture dans les lettres de Michelle Le Normand à Léo-Paul Desrosiers

Adrien Rannaud
Université de Toronto

Les lettres de Michelle Le Normand (pseudonyme de Marie-Antoinette Tardif, 1893-1964) sont loin de ne jouer qu'un rôle figuratif dans le massif des échanges épistolaires qui marquent la vie littéraire de l'entre-deux-guerres au Québec. Michel Lacroix a bien montré la fonction de la correspondance dans les stratégies promotionnelles de la romancière et billettiste, mettant ainsi en lumière le caractère hautement pragmatique de cette femme de lettres qui n'en était pas moins « femme d'affaires » et qui multipliait les envois, en France et au Canada, pour faire connaître et vendre ses œuvres et celles de son mari, Léo-Paul Desrosiers (1896-1967) (Lacroix, 2010b). Cet investissement de la pratique épistolaire chez Le Normand ne se réduit pas à l'avancement de sa carrière et au rayonnement de la maison Desrosiers. Parmi les lettres plus personnelles, celles adressées à son époux, surtout en amont de leur mariage célébré en juin 1922, forment un corpus non négligeable dans le fonds d'archives du couple déposé à Bibliothèque et Archives nationales du Québec (BAnQ). Ces quelque 150 lettres, publiées en 2017 grâce aux soins de Georges Aubin, témoignent de façon soutenue de l'évolution d'une relation amicale, puis amoureuse entre les deux membres de la nouvelle garde nationaliste et régionaliste canadienne-française du tournant des années 1920[1]. Par-delà leur caractère anecdotique, ces lettres sont

1. Pour les besoins de cette étude, j'ai considéré les lettres publiées dans l'ouvrage édité par Aubin. Selon ce dernier, « quelques lettres de Léo-Paul à MLN ont

intéressantes pour trois raisons. D'abord, dans l'histoire des discours littéraires des femmes de la première moitié du XXe siècle, la correspondance offre un matériau susceptible d'affiner notre connaissance de celle qui fut parmi les femmes de lettres les plus en vue de son époque. Rappelons que Le Normand bénéficie depuis le milieu des années 1910 d'une grande légitimité acquise à la faveur de ses recueils de billets[2], légitimité qui se double d'une popularité auprès d'un vaste lectorat qu'elle rejoint par le biais des journaux auxquels elle collabore, comme *Le Devoir*, et des institutions religieuses dans lesquelles ses volumes sont lus et distribués. Tout comme son journal intime (Smart, 2014; Rannaud, 2018a et 2018b), les lettres complètent notre compréhension du parcours et des dispositions de cette écrivaine aujourd'hui peu connue. Deuxièmement, investie qu'elle est par deux acteur et actrice de la vie littéraire canadienne-française, la lettre ne saurait être reçue comme seul document biographique. Les études des correspondances d'écrivains et écrivaines ont montré combien le discours épistolaire était traité par ces derniers et dernières comme un espace poétique et métadiscursif[3]. En ce sens, en adaptant la définition de la communication littéraire proposée par Alain Vaillant, on peut supposer que les lettres de Le Normand au futur auteur des *Engagés du Grand Portage* sont animées par

> cette double dimension (intersubjective et signifiante) de la communication littéraire, qui replace l'homme, avec sa complexité et son imprévisibilité, dans les mécanismes historiques de la littérature, introduit du jeu dans le système littéraire, instaure un espace d'invention où chaque auteur peut négocier avec son environnement pour préserver, aussi limitée soit-elle, sa liberté de parole. (2010 : 252)

Enfin, cette correspondance s'établit sur un paradoxe : celui d'un amour naissant sur les contreforts de l'absence et de l'inconnu. Lorsque

été conservées pour cette période » (2017a : 363). Ces lettres ont aussi été reproduites dans *À toi, de tout cœur*. En raison des mesures sanitaires en vigueur depuis mars 2020, il ne m'a pas été possible d'aller consulter moi-même les archives.

2. *Autour de la maison* et *Couleur du temps*, respectivement publiés en 1916 et 1919.
3. Je pense aux travaux de Marie-Claire Grassi (2005), de Brigitte Diaz (2002) et de Vincent Kaufmann (1990), principalement.

Le Normand écrit à Desrosiers qu'elle « [est] à peu près certaine [qu'elle] l'aime » le 22 décembre 1921 (2017a : 116), l'épistolière n'aurait rencontré son destinataire qu'une seule fois auparavant. Elle le retrouvera en de rares occasions avant le mariage en juin 1922. De fait, la correspondance fournit aux deux individus un support privilégié de modélisation des codes de la lettre familière[4] afin de s'interpeller, d'expliciter leur position, de mettre en place une entente commune et, finalement, de trouver l'amour.

C'est dans cette perspective que je me penche sur les lettres de l'autrice d'*Autour de la maison* afin d'observer les jeux de discours d'une épistolière qui négocie à la fois sa position d'amie, puis d'amoureuse et de fiancée, et son statut d'écrivaine. Ces deux postures fluctuent et s'entrecroisent à la faveur de l'évolution de la relation, mais aussi du rapport de places (Siess et Hutin, 2005) qui s'instaure entre les deux écrivain et écrivaine, rapport sous-tendu par l'âge, la position dans le champ, les conditions préalables à l'activité littéraire et le genre des deux individus. Je chercherai ici à mettre en relief les modulations du discours épistolaire chez une écrivaine à un moment charnière de sa carrière. Antichambre à la création, la lettre figure tout autant un répertoire de scripts littéraires et culturels dans lequel on peut décrypter les rapports construits entre amour, écriture et féminin. Ce faisant, je montrerai que la correspondance Le Normand-Desrosiers participe à sa manière à cette « *action épistolaire* [l'autrice souligne] [...] dans la mutation littéraire et institutionnelle de la littérature québécoise » qu'a remarquée Marie-Andrée Beaudet à partir de l'étude des lettres échangées entre Simone Routier et Louis Dantin (1996 : 80). L'action épistolaire, loin de ne se limiter qu'aux années 1930, est en réalité l'une des trames majeures de la modernité littéraire qui se met en place au Québec durant l'entre-deux-guerres[5], et dans laquelle Le Normand est partie prenante, y compris dans ses lettres à son fiancé. Je présenterai d'abord les temps forts de

4. Parmi lesquels le discours de l'absence, la spectacularisation du geste d'écriture, l'utopie amoureuse, la mise en scène de la proximité des deux rédacteurs ou rédactrices. Voir Melançon (1996).
5. Voir l'article de Stéphanie Bernier et de Pierre Hébert (2017) sur le « mouvement des Écrivains de l'Est » au tournant des années 1930, et qui précise les enjeux et les formes de l'action épistolaire dont parle Beaudet.

cette correspondance, avant de m'intéresser successivement à l'image de soi que projette Le Normand dans ses lettres à celui qu'elle nomme affectueusement son « grand tyran », et au discours qu'elle tient sur la littérature.

Chroniques d'un amour à distance

La première lettre dont nous disposons date du 1er juin 1920[6]. S'ils ne se sont rencontrés qu'une seule fois auparavant[7], Le Normand et Desrosiers se connaissent tout de même assez bien, puisqu'ils partagent un même réseau de sociabilités, et qu'ils ont des affinités littéraires et culturelles. Outre *Le Nationaliste* dans lequel ils font tous les deux leurs débuts journalistiques, ils sont membres de l'équipe de rédaction régulière du *Devoir*, elle à titre de billettiste et de contributrice aux pages féminines (parfois sous le pseudonyme de « Cousine Gillette »), lui en tant que correspondant parlementaire à Ottawa. Cette proximité professionnelle leur donne l'occasion de se lire mutuellement. À ce propos, Desrosiers aura plusieurs fois l'occasion de vanter publiquement les mérites de l'œuvre de l'écrivaine dans des articles qui alimentent ce qu'on connaît dorénavant comme la querelle du régionalisme[8]. Sur le plan de leurs trajectoires littéraires respectives, on peut dire que les deux épistoliers se situent à la croisée des chemins. Forte de sa renommée et du succès de librairie que représente *Autour de la maison* (qui est en outre réédité en 1918), Le Normand amorce avec entrain la rédaction d'un roman qu'elle fera paraître plus d'une décennie plus tard sous le titre *Le nom dans le bronze* (1933), tout en profitant d'un séjour d'un an à Paris

6. À tout le moins dans le corpus retrouvé par Aubin. Le Normand écrit d'ailleurs dans cette lettre qu'elle a retrouvé dans son secrétaire plusieurs missives de Desrosiers (2017 : 29).
7. Le 2 janvier 1920, chez Desrosiers lui-même et avec Georges Monarque, aux dires de l'épistolière (2017a : 54).
8. Il fait paraître un compte rendu élogieux de *Couleur du temps* dans *Le Devoir* en janvier 1920. De même, dans une lettre ouverte à Victor Barbeau parue le 8 février 1920 dans *Le Nationaliste*, il cite le recueil *Autour de la maison* (à côté des *Rapaillages* de Lionel Groulx et de *Chez nous* d'Adjutor Rivard) comme livre régionaliste « plus util[e] que tous les autres pour élever le niveau intellectuel de notre race » (p. 1).

durant lequel elle consolide sa culture littéraire. Desrosiers, quant à lui, s'exerce au genre de la nouvelle avec quelques récits brefs parus dans les journaux et qui constitueront le socle de son recueil *Âmes et paysages*, publié aux éditions du Devoir à la fin de l'année 1922.

C'est par l'intermédiaire d'une tierce personne, Georges Monarque, que Le Normand et Desrosiers vont construire les bases de leur relation. Étudiant en droit et futur dramaturge, Monarque entretient avec Le Normand une relation amoureuse quelque peu tumultueuse depuis 1917, tout en comptant parmi ses proches l'auteur des « chroniques d'Ottawa ». C'est lui qui favorise la rencontre entre les deux jeunes gens, au début de l'année 1920 ; lui encore qui encourage l'écrivaine à répondre aux lettres de son ami et à entretenir une correspondance avec lui. Cette valse des sentiments entre les trois individus, faite d'incompréhensions, de révélations à demi-mots et de frustrations de part et d'autre, marque les premières lettres. Alors que Le Normand voit dans son destinataire une figure amicale qui lui permet de se confier sur ses amours avec Monarque, Desrosiers, lui, manifeste très tôt son attachement et son admiration pour son interlocutrice. La correspondance connaît un ralentissement dès l'arrivée de Le Normand à Paris, à l'automne 1920 ; elle reprend de plus belle une fois l'écrivaine de retour au Canada, à l'automne 1921. En décembre de la même année, le trio se désintègre en quelques jours, alors que le rythme des lettres s'accélère. Après la rupture annoncée par Monarque dans une lettre datée du 15 décembre, Le Normand rencontre Desrosiers le 26 décembre. Ils se déclarent leur amour dans la journée qui suit, amorçant une correspondance quasi quotidienne, qui s'échelonnera jusqu'au mariage.

Les échanges épistolaires avant décembre 1921 sont marqués par un discours de l'amitié dans lequel les correspondants apprennent à se connaître. S'ils convoquent de façon presque irrésistible la figure de leur ami commun, Monarque, Le Normand et Desrosiers profitent également de ces premières lettres pour s'apprivoiser mutuellement, comme en témoignent les nombreuses questions posées par l'épistolière, qui dynamisent les discussions. Ils y parlent de littérature, notamment d'ouvrages historiques sur le Canada, un terrain d'intérêt commun sur lequel vont s'ériger conseils de lecture, envolées patriotiques et critiques personnelles. Curieuse de découvrir les études historiques de Francis

Parkman que lui suggère Desrosiers, Le Normand en profite pour adresser quelques reproches à l'*Histoire du Canada* de François-Xavier Garneau : « Mais c'est avec le premier volume de Garneau, édition de luxe et annotée sans bon sens, que j'ai péri ! Ah ! et je m'étais promis de me rendre au bout [...]. Résultat : il ne m'en reste rien, rien, rien resté ! Et tout ce temps perdu ! » (lettre du 2 octobre 1920 ; 2017a : 40). Cet extrait montre bien la sincérité qui structure les échanges avec celui que Le Normand nomme alors « mon frère » (lettre du 3 septembre 1920 ; 2017a : 35), ainsi que la teneur intellectuelle des discussions qu'elle a avec lui. Sont également convoqués, entre autres sujets familiers, les problèmes du quotidien, le travail pour *Le Devoir*, les vacances de Le Normand en Gaspésie, ses préparatifs en vue de la traversée de l'Atlantique, le tout étant rythmé par les appels à la prière. C'est effectivement grâce à la démonstration de la pratique religieuse de l'écrivaine qu'une certaine dynamique du don se met en place dans les lettres : « Quelles grâces voulez-vous que je demande pour vous, en visitant des églises nouvelles pour moi ? Quelles grâces ? » (lettre du 8 décembre 1920 ; 2017a : 48). De façon analogue au journal intime de Le Normand, la figure divine est régulièrement convoquée dans les lettres à Desrosiers, participant ainsi à la composition d'un même horizon référentiel entre les deux épistoliers.

Après la rupture avec Monarque, Le Normand déplace immédiatement son intérêt vers son collègue du *Devoir* qui, à ses dires, a déjà multiplié les allusions à ses sentiments pour l'écrivaine. « Puisque maintenant c'est vous qui m'aimez le plus au monde, il est juste que je revienne à vous », écrit-elle à Desrosiers le 17 décembre (2017a : 100). Les deux journalistes allongent un peu plus leurs lettres et se prennent à imaginer les premiers instants de leur rencontre à venir, celle-là même qui officialisera instantanément – c'est ce qu'ils espèrent tous deux – leur union. Dans ces rêveries couchées sur la lettre, Le Normand met en scène les possibles d'un coup de foudre imminent : « Vous sonnerez. C'est moi qui ouvre, quand j'attends quelqu'un. Je tire la corde, la porte s'ouvre, et vous commencez à monter, pendant que je vous dis peut-être quelque chose comme : "Me reconnaissez-vous ? Est-ce bien moi telle que [*sic*] vous le pensiez ?" » (lettre du 19 décembre 1921 ; 2017a : 104-105). On saura très peu de choses sur cette rencontre qui a finalement lieu quelques jours plus tard et à propos de laquelle l'écrivaine confiera, le lendemain, l'impression suivante :

> Moi, je ne sais pas encore au juste jusqu'à quelle profondeur de mon âme vous êtes entré. Mais je sais que je vous ai trouvé à mon goût, que j'ai aimé à vous voir [...] Jamais je ne me suis tant approchée de quelqu'un à ma première rencontre, et vous avez vu que je n'étais pas récalcitrante à votre amour. (lettre du 27 décembre 1921 ; 2017a : 120)

C'est sur la base de cette litote finale que va se développer le discours amoureux, qui supplante dès lors celui de l'amitié. On peut en prendre la mesure avec les phénomènes d'interpellation et les signatures, qui mettent en place un régime de complicité et d'affection réciproque dans le discours épistolaire : le « frère » des premières lettres devient « mon Léo-Paul », « mon cher tyran », « mon bien-aimé futur moustachu », tandis que Le Normand signe « votre Michelle à vous tout seul » ou, plus simplement, « votre Michelle ». Passés les effusions relatives à la première rencontre, puis l'échange d'aveux, le discours amoureux domine l'ensemble des lettres. L'activité épistolaire, à la fois la lecture des lettres du correspondant et la rédaction de leur réponse, rythme le quotidien de Le Normand : « Maintenant que je suis habituée à ma lettre de chaque matin, je me prends d'inquiétude, si rien ne vient » (lettre du 1er février 1922 ; 2017a : 209). Cadre discursif de la naissance des sentiments entre les deux écrivains, la lettre concrétise cet élan affectif, lui donnant dès l'hiver 1922 un tournant plus officiel, au moment où les fiançailles se précisent et où les conditions matérielles de réalisation du mariage demeurent des sujets incontournables. L'étonnement amoureux des premiers temps laisse ainsi place à un édifiant pragmatisme. Séparés sur le plan géographique (lui à Ottawa, elle à Montréal), les deux amants cherchent à se mettre d'accord sur le trousseau, sur l'appartement à louer, sur la publication des bans, sur la destination à retenir pour le voyage de noces, jusqu'au choix de la bague que téléguide Le Normand :

> Choisis à ton goût pour la bague, fais au mieux et je tâcherai d'être bien contente. Tâche qu'il en trouve avec du platine ou de l'or blanc : toute en or jaune, il me semble que je ne l'aimerais pas. Je

> suis snob, hein ? Si tu viens samedi, tu l'apporteras. Ne l'envoie pas inutilement par courrier. (lettre du 7 mars 1922 ; 2017a : 251)

On le voit, la lettre s'édifie dans la promesse de retrouvailles prochaines, palliant ainsi l'absence qui jalonne une telle correspondance entre deux amoureux dont les occasions de rencontre ou de conversation par téléphone sont limitées. Il n'est d'ailleurs pas rare que la billettiste adresse plusieurs missives en une même journée à son fiancé, afin de lui faire part de la préparation du trousseau ou d'une nouvelle concernant la vie conjugale imminente. Si la nécessité et l'absence leur commandent de s'écrire aussi régulièrement, le plaisir épistolaire y est également pour quelque chose ; et les deux fiancés se promettent à l'occasion de tenir un journal commun sur leur vie à deux tout de suite après leur mariage. Quelques jours avant la cérémonie, Le Normand a ces mots :

> Mon fiancé très chéri,
> Encore deux lettres, et puis je ne t'écrirai plus, parce que nous serons toujours, toujours ensemble. J'aimais tant les belles pages que tu m'écrivais que je crois bien que je t'en demanderai encore, pour rire, des fois. Voudras-tu ? Apporte dans ta malle un des petits cahiers rouges où je ferai le journal. (lettre du 7 juin 1922 ; 2017a : 356)

« Mon doux cher Lord and Master » : de quelques rapports de force

Cette traversée générale de la correspondance, particulièrement dans l'année qui précède le mariage, illustre l'importance du support épistolaire dans la construction de la relation entre Le Normand et Desrosiers. Dans ces lettres, les amants érigent mutuellement une image de soi et de l'autre, négocient leurs attentes et leur position dans l'espace de la lettre, cherchent à mettre en place un discours de la singularité : des stratégies qui configurent la relation épistolaire (Melançon, 1997) selon un rapport de places à géométrie variable. Ce sont ces asymétries relationnelles, typiques de la lettre d'amour à caractère hétérosexué (Amossy, 1998 ; Grassi, 2005), qui m'intéresseront dans les prochaines pages et que j'aborderai à partir de l'analyse de l'image de soi de Le Normand et des représentations du couple que cette dernière suggère dans l'espace épistolaire.

La correspondance entre les deux jeunes gens débute sur la base d'un décalage entre, d'une part, une épistolière cumulant une certaine expérience amoureuse et, d'autre part, un journaliste déjà fort attaché à l'image qu'il s'est lui-même faite de l'autrice d'*Autour de la maison*. Un tel commentaire doit être saisi au-delà de son apparente trivialité. En effet, avant même ses premières amours avec Monarque, Le Normand a été pendant plusieurs années « l'amie intime » du poète et billettiste pour *Le Devoir*, Albert Lozeau[9]. L'idylle est connue dans le monde littéraire, d'autant plus que l'écrivaine ne s'en cache pas, y compris plusieurs années après la rupture avec Lozeau, comme elle le consigne le 1er novembre 1921 dans une lettre à celui qui n'est encore qu'un ami (2017a : 60). Le Normand n'en est donc pas à sa première expérience d'ordre sentimental, chose qui, dans les lettres d'amour à Desrosiers, nécessite quelques ajustements. En effet, comment mettre en place le régime de singularité qui marque l'adresse à l'amoureux? De quelle manière faire comprendre à son destinataire son caractère irremplaçable et exceptionnel? Qui plus est, comment rassurer un interlocuteur en proie au pessimisme et à la dépression, comme Desrosiers? Une grande partie des lettres est fondée sur un discours de justification que l'épistolière développe dans le but de conserver l'attention et l'affection de son destinataire. Le Normand n'a pas sitôt déclaré son amour qu'elle cherche à minimiser les inclinations du journaliste pour le doute et la remise en question :

> Je veux finir l'année avec vous et vous dire, ce soir, ce que je pense si doucement que vous n'ayez plus d'angoisse ni d'incertitude. Je vous aime. Je suis certaine que je vous aime. Je devrais peut-être attendre, ne pas si tôt vous l'avouer, mais je ne veux pas que vous soyez malheureux, je ne veux pas que vous doutiez de moi. (lettre du 31 décembre 1921; 2017a : 125)

On comprend à la lecture des lettres que Desrosiers ressent et exprime un sentiment de jalousie de façon constante, et que l'épistolière cherche

9. Débutée en 1911 alors que la jeune femme publie ses tout premiers textes dans la presse, cette première relation amoureuse joua un rôle décisif pour Le Normand qui allait, aux côtés de Lozeau, s'initier aux secrets du monde de la littérature (Lacroix, 2010b).

immanquablement à réfréner dans ses réponses, comme le montre l'extrait suivant :

> Et vous êtes jaloux, après ça, vous êtes encore jaloux ? Mettez-vous bien dans la tête, mon doux ami, que je ne vous regarderais pas comme je vous regarde, que je ne m'approcherais pas si vite de vous, si je ne vous aimais pas beaucoup, beaucoup, infiniment, à toute minute. Personne ne m'intéresse plus, à part vous, personne. Et quand cela m'étonne et me déconcerte que ce soit venu si vite et si complètement, je pense que c'est peut-être un miracle. Et je ne changerai pas. Je ne veux pas changer. (lettre du 3 janvier 1922 ; 2017a : 132)

Le ton assuré, l'image du « miracle » divin dans le contexte du coup de foudre, les effets d'insistance dans l'énonciation des sentiments ainsi que le caractère intemporel de ces derniers forment des *topoï* du discours amoureux dont va faire usage Le Normand dans son écriture. À cela s'ajoutent les promesses (« je te le jure, et tu es seul à compter dans mon cœur », lettre du 13 février 1922 ; 2017a : 222) et les marques d'inquiétude (« As-tu encore du chagrin parce qu'avant de t'aimer j'ai aimé ailleurs ? Parviens-tu à me pardonner ? », lettre du 31 mars 1922 ; 2017a : 288), autant d'éléments qui offrent à l'écrivaine de déplier un même discours, fait de repentirs et de tentatives de réparation, et qui cristallisent le caractère exceptionnel de la relation.

De prime abord, on peut penser que la culpabilité que semble cultiver Le Normand dans ses lettres dépend de notre propre point de vue sur le corpus. Il faut dire que nous ne disposons pas des réponses de Desrosiers, un matériel qui permettrait d'étayer ou de complexifier notre compréhension des rapports intersubjectifs entre les deux correspondants, voire de relever un discours similaire chez le journaliste. Or le déploiement d'un discours de l'expiation s'accompagne, chez l'épistolière, d'une autre posture, celle de l'amoureuse dévouée et soumise à son futur époux, et qu'une lecture attentive permet de mieux cerner. Une telle attitude ne surprend guère, si tant est qu'on considère la lettre amoureuse hétérosexuée à la lumière des clichés qui la composent. À titre d'exemple, une autre écrivaine canadienne-française, Jovette-Alice Bernier, usera des mêmes procédés pour coucher sur le papier la figure, foncièrement ambivalente, de la femme-esclave assujettie à son idéal amoureux dans ses lettres au critique et mentor Louis Dantin (Rannaud, 2018a). Dans le cas de Le Normand, la soumission, en plus de faire écho à un cadre conjugal encore strict dans les années 1920, qui place les femmes sous la juridiction de leur époux, s'inscrit en outre dans un contexte catholique qui cimente les échanges et qui renvoie le sujet féminin à une position d'inférieure. Cette situation favorise l'infusion, dans les lettres, d'un imaginaire presque violent de la domination masculine, et que révèlent, encore une fois, les marques d'interpellation en ouverture de chaque missive. Le 3 janvier 1922, l'écrivaine commence sa lettre par l'adresse suivante : « mon très cher, mon infiniment cher tyran » (2017a : 131). Le 11 janvier, elle s'adresse plutôt à « [s]on doux Lord and Master » (*Ibid.* : 157). L'épistolière participe à la construction d'un rapport de places asymétrique, fondé sur la supériorité du fiancé, ce à quoi s'ajoute une dimension genrée évidente : « J'estime que l'homme doit être l'aîné et le plus imposant, et le plus mûr » (lettre du 9 janvier 1922; 2017a : 149). Ce rapport de places est également configuré dans les représentations fantasmatiques que Le Normand confie sur sa vie de couple future. Elle évoque le mariage comme une « cage » dans laquelle, écrit-elle, elle entrera volontiers (lettre du 1er janvier 1922; 2017a : 130). D'autres passages surprennent et choquent même, un siècle plus tard, tant ils évoquent une violence systémique des hommes sur les femmes. Dans la lettre du 9 janvier 1922, la billettiste implore :

> Prêchez-moi encore, mon doux batteux de femmes! Ce soir, en rentrant, j'ai rencontré une madame qui avait un *black eye*, et j'ai pensé : « Voilà comment je serai quand je serai mariée! » Car il faut m'attendre à toutes les férocités de votre part, n'est-ce pas? À des coups de poing, au moins? (2017a : 149)

Entre janvier et mars, l'image du « *black eye* » revient à quatre reprises; celle du « batteux » de femme, trois fois. Desrosiers, enfin, sera assimilé à une figure « tyrannique » plus de 40 fois pour la même période.

Le motif de la violence et celui, adjacent, de la soumission constituent des outils discursifs qui permettent à Le Normand, d'abord, de contribuer à l'exceptionnalisation de ses échanges avec Desrosiers, ensuite, de répéter une certaine position de subalterne. Ce discours amoureux, fait de justifications et d'appels à la lutte physique, ne doit cependant pas faire oublier l'agentivité de l'épistolière, qui négocie sa situation envers son « tyran » et ménage les frustrations et les doutes de ce dernier. Certes, l'épistolière réaffirme dans ses lettres un rapport de genres traditionnel. C'est ce dont témoignent ces deux passages qui renvoient au rôle de « reine du foyer » :

> Je pense souvent au Bic. Ce sera trois semaines de rêve [...]. Que ce sera bon! Et après, aussi, faire ma petite commère dans mon appartement : nettoyer, cuisiner, mesurer des rideaux, placer des meubles! (lettre du 4 mai 1922; 2017a : 329)

> Je me vois avec toi ou t'attendant. Je me vois cuisinant pour toi, et ne mettant ni oignon, ni céleri, ni rien que tu n'aimes pas. Tu verras, tu seras le plus bien-aimé des bien-aimés de ce monde, et tu verras, tu sentiras que tu es tout, maintenant, pour ta Michette. (lettre du 16 mai 1922; 2017a : 338)

Ces projections dans l'avenir sont assurément des plus conservatrices. Il faut toutefois les considérer selon deux aspects complémentaires dans la perspective de Le Normand : d'une part, elles assurent la réintégration de modèles sociaux valorisés par les deux correspondants; d'autre part, la répétition de ces clichés ne s'opère pas sans une certaine malice de la part de l'épistolière. La lettre du 1er janvier 1922 est, à cet égard, des plus intéressantes, comme le montrent ces trois extraits :

> Plus je vous connaîtrai, plus je vais vous aimer! Plus vous allez me tyranniser, plus je vais rire! Ça ne m'empêchera tout de même pas de vous obéir. [...]
> Et pour le ménage, je suis experte. Ce que j'aime le moins, c'est d'arranger les tiroirs. Si vous aimiez ça, ça ferait mon affaire. [...]
> Vous ferez le jaloux, vous me montrerez le poing, vous me commanderez de vous appeler Mon Seigneur et Maître, et je vous tirerai la langue. (lettre du 1er janvier 1922; 2017a : 129-130)

Ce badinage et cette propension à la légèreté, en plus d'instaurer une certaine complicité entre les futurs époux, viennent partiellement désamorcer les projections conjugales de l'écrivaine, qu'on pourrait alors considérer comme des effets de féminin, soit, pour reprendre la formule de Christine Planté, une « démonstration de féminité recevable par son temps » (2012 : 295). Les effets de féminin ne dérogent pas à la norme : ils en constituent plutôt la marque la plus flagrante de son incorporation par le sujet féminin, qui l'intègre à son langage en vue de configurer un rapport de places fondé à la fois sur la reconnaissance d'une asymétrie de genre et sur l'énonciation d'une posture singulière qui va permettre à Le Normand, en fin de compte, de négocier un double rôle d'épouse et d'écrivaine. En somme, l'asymétrie discursive constitue bien une stratégie, eu égard à l'ambivalence que suggère ce dernier terme : à mi-chemin entre le conscient et l'inconscient, Le Normand définit, dans toute l'amplitude de sa capacité à agir, le cadre de réalisation d'une relation amoureuse et conjugale qui épouse les normes et les attentes en vigueur au sein du couple.

« Mes grands devoirs de femme de lettres, de femme de grand homme et de future maman d'autres grands hommes, peut-être »

Dans l'histoire de la littérature québécoise, Desrosiers et Le Normand constituent des cas d'exception en ce sens qu'ils forment l'un des rares couples d'écrivains reconnus et qui poursuivent un rythme de publication soutenu[10]. Ce mariage de raison entre la vie conjugale et l'activité littéraire de part et d'autre s'effectue, on s'en doute, selon un faisceau de dynamiques sociales qui ont des répercussions sur les œuvres elles-mêmes, depuis leur gestation jusqu'à leur publication[11]. Lacroix signale, par exemple, le fort investissement de Le Normand dans les sociabilités littéraires du couple, ce qui aura des répercussions substantielles sur la fortune de Desrosiers au sein des réseaux régionalistes français (2010a; 2010b). Les relations entre les deux époux durant les quelque quarante années de leur mariage attendent des analyses plus poussées qui permettraient d'évaluer dans le détail l'apport de chacun et chacune dans la

10. Au moins jusque dans les années 1940, il n'existe, à ma connaissance, que ce cas ainsi que celui, dans une moindre mesure, du couple formé d'Alice Lemieux et de Rosaire Dion-Lévesque.
11. Les travaux de Christine Planté (2015) ainsi qu'un collectif dirigé par Hélène Maurel-Indart (2019) l'attestent éloquemment.

production littéraire de l'autre. En amont du mariage, la correspondance des deux fiancés permet néanmoins de prendre la mesure des efforts d'anticipation de Le Normand ainsi que de ses tentatives préliminaires de concilier, d'une part, le rôle de femme au foyer et de mère qui l'attend et, d'autre part, ses propres ambitions littéraires.

Supérieure à son interlocuteur sur le plan de ses antécédents amoureux, Le Normand l'est également quant à son expérience de publication. Elle est aguerrie dans la pratique de l'autoédition, qui est courante à l'époque. Elle bénéficie d'un réseau d'acheteurs potentiels pour ses ouvrages, comme Albert Tessier, qui lui commande régulièrement des exemplaires d'*Autour de la maison* pour le Séminaire de Trois-Rivières. Aussi a-t-elle bien compris l'importance de l'activité épistolaire afin de diffuser ses textes et de solliciter des acheteurs potentiels. Le Normand, enfin, dispose d'un carnet d'adresses bien rempli qu'elle pérennise au gré de ses activités sociales : outre l'équipe de rédaction du *Devoir*, sur laquelle elle peut compter pour promouvoir sa production, elle échange avec une quantité d'acteurs et d'actrices de la vie littéraire par le biais de la correspondance, certes, mais aussi de réunions et de rencontres, selon un rythme qu'elle soutiendra tout au long de l'entre-deux-guerres. Cette forte présence au sein des réseaux littéraires, pour ne pas dire cet attrait, hautement stratégique par ailleurs, pour la mondanité[12], en fait en quelque sorte une écrivaine active et, surtout, consciente des efforts à fournir en vue de publier et de durer dans le champ littéraire canadien-français. C'est forte de cette expertise construite au fil des années que la femme de lettres s'autorise à commenter, avant les lettres d'amour de décembre 1921, les premiers exploits et les tentatives de Desrosiers de percer dans la littérature d'alors à titre de nouvelliste et de romancier. Il est intéressant de constater que Le Normand est alors peu encline à embrasser la posture épistolaire de la modestie, pourtant si courante dans les lettres féminines (Roy et Savoie, 2012) :

> Il est certain qu'on ne demande pas à un artiste quotidien le fini que l'on donnerait à un conte, ou une page de critique. Mais je trouve au contraire que vos six mois de chronique ottawaise vous

12. Ce dont elle se défendra à plusieurs reprises dans la correspondance avec Desrosiers.

> ont taillé votre place belle dans le journalisme. Seulement, j'imagine que ce n'est pas une vie, parce que c'est une tâche âpre et trop variée pour un jeune dont l'esprit se porte plus facilement sur des sujets littéraires. Et je regretterais qu'elle vous empêchât d'écrire des nouvelles dans le genre de votre « Charivari » de l'été dernier. (lettre du 13 janvier 1921 ; 2017a : 51)

Tablant successivement sur le jugement esthétique de l'épistolière et sur le rappel de la jeunesse de son correspondant (il a 24 ans, elle en a 28), cette appréciation dénote ici un rapport de places inversé où c'est Le Normand qui, de par son expertise, rythme les échanges au gré de ses marques de reconnaissance et de solidarité avec Desrosiers. Il n'en va pas autrement en décembre de la même année, lorsqu'elle endosse le rôle de mentore auprès de l'écrivain :

> Je reviens à votre roman. Finissez-le. Publiez-le. Mais ne le donnez pas à *L'Action Française*; faites-le imprimer au *Devoir*, puisque vous êtes de la maison on s'arrange bien. Mais faites les ventes vous-même. Je n'aime pas Lafortune à *L'Action Française*, il m'a manqué de franchise. Si je publiais mon roman, je m'arrangerais toute seule pour la partie commerciale.
> Montrez-le-moi, votre roman. (lettre du 12 décembre 1921 ; 2017a : 92)

Cet extrait, qui rappelle l'esprit des lettres dans lesquelles Lozeau professait à sa jeune amie ses conseils pour la publication d'*Autour de la maison* (lettre du 30 août 1916; 2006 : 145), montre avec quelle autorité Le Normand occupe sa position de femme de lettres d'expérience dans sa correspondance avec Desrosiers. Émerge ainsi la figure d'une écrivaine accomplie et bienveillante, capable de dispenser ses recommandations, tout en ne mettant pas sa propre production de côté : « Bon courage et succès pour le projet en chemin. Je me mets à l'œuvre. Je me suis fait la plume en vous écrivant » (lettre du 12 novembre 1921 ; 2017a : 71). Par la suite, alors que les fiancés échafaudent des montages financiers en vue de leur prochaine vie conjugale, la « femme d'affaires » montre, à nouveau, l'étendue de ses connaissances du marché dans lequel elle évolue et sa capacité à convertir aisément le capital littéraire en capital économique :

> Déjà, d'ailleurs, nous avons le capital en *volumes*, puisqu'il me reste environ pour $600 de *Couleur du temps* et que ça finira sûrement par tout se vendre. Avec mes *souvenirs* de jeunesse, je crois que je préparerai sans m'en apercevoir tout un volume aussi, et je crois que ça ira bien[13]. (lettre du 23 février 1922; 2017a : 238)

Cette confiance qui se manifeste dans l'écriture épistolaire ne peut toutefois gommer les propres inquiétudes de l'écrivaine face à sa production. Avant décembre 1921, on peut voir la trace, dans quelques lettres, d'une insatisfaction de Le Normand quant à ses projets en cours ou, à tout le moins, d'un doute existentiel face à la carrière littéraire :

> Quand j'ai commencé, il y a cinq ans, j'étais aux prises depuis quelques mois à peine avec ce cauchemar de ma vie à gagner, après avoir connu plus que l'aisance et plus que l'insouciance. Et maintenant que fortune et gens me gâtent à qui mieux mieux, il me paraît souvent – et j'en souffre – que je ne sais plus méditer comme en ce temps-là, et que je n'écris plus avec une ardeur aussi intense et religieuse. (lettre du 13 janvier 1921 ; 2017a : 51)

Les bouleversements entourant la relation entre les deux correspondants, en décembre 1921, vont contribuer à amplifier le sentiment d'incapacité et d'inaccomplissement de la femme de lettres. Il faut d'abord y voir un changement pratique dans la vie de Le Normand qui, du jour au lendemain, doit envisager la constitution de son trousseau, la location d'un appartement, le voyage de noces et les obligations prochaines d'une femme mariée à Ottawa; autant de sujets qui, tant dans les lettres que dans son quotidien, empiètent sur son activité d'écriture. Car, s'il est vrai, comme l'affirmera quelques années plus tard Virginia Woolf, qu'une femme aspirant à la carrière littéraire doive disposer d'un salaire et d'un lieu à soi (1929), il est aussi indispensable qu'elle ait la disponibilité mentale pour mener à bien une telle entreprise. Point de cela pour Le Normand qui, dès janvier 1922, s'affaire dans les moindres préparatifs

13. Le succès escompté n'est pas limité aux seules actions de Le Normand et de Desrosiers, et la Providence est fréquemment convoquée afin d'éclairer ou d'aider les deux fiancés à faire fructifier leurs avoirs en vue du mariage à venir. Le 6 avril, Le Normand écrit : « J'ai passé tout mon avant-midi à écrire pour vendre de mes livres. Prie saint Antoine, chéri » (2017a : 295).

du mariage, sans compter, on l'a vu, les nombreuses occasions qui se présentent à elle de redire, sur plusieurs feuillets, sa fidélité et son amour au « Lord and Master ». En un mot, et bien que l'écrivaine continue de tenir le compte de son travail intellectuel (« J'ai écrit trois heures hier, et, ce matin, 1½ heure, quoiqu'il ne soit encore que 11 h, je suis pleine de courage et d'ardeur », lettre du 23 janvier 1922; 2017a : 186), la littérature est mise au second plan. Ce chamboulement trouve des échos dans les propos que tient Michelle Le Normand à son futur époux sur ses aspirations professionnelles, à commencer par cette appréhension, vécue de façon ambivalente par l'écrivaine, au sujet du partage des tâches et de son futur rôle de mère :

> [...] vous me ferez réfléchir à mes grands devoirs de femme de lettres, de femme de grand homme et de future maman d'autres grands hommes, peut-être. (lettre du 16 janvier 1922; 2017a : 170)

> Un trousseau et le journalisme, ça ne marche pas ensemble. Plus tard, il faudra partager le temps entre le ménage, le journal, le roman et mon Léo-Paul. Que de partages! (lettre du 20 mars 1922; 2017a : 272)

Consciente de la charge qui l'attend, la femme de lettres offre une vision tantôt égalitaire, tantôt asymétrique de la collaboration entre les deux époux écrivains. Si Desrosiers fournit parfois « support, conseil et encouragement » (lettre du 7 avril 1922; 2017a : 297), dans une relation de soutien mutuel (lettre du 19 mars 1922; 2017a : 269), son œuvre semble prendre plus d'importance que celle du sujet épistolier féminin, comme ce dernier l'écrit le 10 avril 1922 : « Mon unique ambition sera ta littérature avant la mienne, et la paix et la douceur fertile du foyer » (lettre du 10 avril 1922; 2017a : 299). Un mois plus tard, Le Normand évoque même « la générosité et le sacrifice [qu'elle] saur[a] pratiquer au besoin » (lettre du 16 mai 1922; 2017a : 339) dans le but d'aider son mari à accomplir ses désirs de bonne fortune littéraire. On le voit, le langage de la cession et du don de soi contribue dès 1922 à aligner l'épistolière sur les modèles sociaux en vigueur. La posture de l'écrivaine modeste, pourtant absente dans les premiers temps de la relation épistolaire, devient constante au fur et à mesure que Le Normand manifeste le désir de servir l'œuvre de son époux.

Or cette mise au second plan de l'écriture, chez Le Normand, trouve aussi son origine dans le constat du piétinement de son inspiration, qui se concrétise dans l'expression du doute existentiel évoqué précédemment. Certes, il s'agit là d'un *topos* épistolaire et littéraire qui conduit le sujet langagier à discourir, avec force plaintes et regrets, sur le ralentissement, voire l'arrêt de son travail. Le Normand n'échappe pas à cet état de fait. Durant l'entre-deux-guerres, son journal sera rythmé par cette confidence récurrente de la perte d'inspiration et de la difficulté d'écrire, ce dont elle se confiera publiquement à demi-mots dans le texte liminaire du recueil de nouvelles et de billets, *La maison aux phlox* :

> Pour vous seul importe le délice, le tourment d'écrire.
> Pourtant que malgré cette constante préoccupation vous produisez peu ! Les grands rêves, les beaux projets demeurent irréalisés, et les manuscrits, inachevés. Des idées qui paraissaient splendides cessent soudain de vous inspirer. Tous les jours des circonstances contraires surgissent ; travaux manuels indispensables, vie familiale, vie sociale[14]. (1941 : 8)

La correspondance avec Desrosiers, au tournant des années 1920, coïncide avec cette prise de conscience au sujet de laquelle va s'épancher l'écrivaine au fur et à mesure que leur relation évolue vers davantage de complicité. La femme de lettres sûre d'elle s'efface progressivement au profit d'une autre figure, celle de l'écrivaine « en panne » : « Hier et avant-hier, la littérature a refusé de marcher, absolument refusé, malgré mes objurgations passionnées et mes séances d'impatience malheureuse devant le petit secrétaire » (lettre du 2 février 1922 ; 2017a : 210-211). Le 5 avril 1922, elle confie « travers[er] une période de sécheresse » (2017a : 294), ce à quoi Desrosiers, dans une des rares lettres dont nous disposons de lui, tente de répondre en la rassurant :

> Maintenant, pour ton cas, il me paraît quelquefois que tu passes à travers une certaine crise que je soupçonne beaucoup plus que je n'en suis certain. Certaines paroles que tu m'as écrites de part et d'autre me laissent deviner quelque chose dont je ne sais pas encore l'étendue, mais que j'essaie de pénétrer peu à peu. [...] Si

14. Pour une étude conjointe du journal intime et du recueil de 1941, voir mon livre (2018a).

> tu savais, au contraire, comme je serais heureux de posséder toute ta confiance, de connaître toute ta situation intérieure par rapport à la littérature, tu me la dirais tout de suite et nous en parlerions avec une grande douceur, une grande tendresse, un grand amour, avec attendrissement et paix. (lettre du 6 avril 1922; 2017a : 367-368)

Au-delà du manque d'inspiration, il est possible de concevoir un peu plus précisément la nature de cette crise dont parlent les deux correspondants. Il s'agit, d'abord, d'un accablement qu'expérimente Le Normand face à la pression de son métier de journaliste pour *Le Devoir* : « [J]e ne pourrai pas beaucoup penser à mon roman cette semaine : il me faut faire trois pages pour *Le Devoir*, deux Michelle et une Gillette[15] » (lettre du 1er février 1922; 2017 : 209). Elle décrit à plusieurs reprises combien cette tâche lui pèse, tant d'un point de vue matériel (le temps qu'elle y consacre) que sur un plan plus proprement esthétique, soit le choix des sujets à développer dans ses chroniques. Une telle sincérité quant à la réalité du milieu journalistique, rarement vue dans les coulisses des pages féminines qui abondent au tournant du XXe siècle, s'accompagne de questionnements sur les orientations poétiques de Le Normand, et qui veinent la correspondance, particulièrement à l'hiver et au printemps 1922. Au début de l'année, la billettiste, qui a déjà bien entamé l'écriture de son premier roman[16], émet l'idée d'un second récit basé sur ses souvenirs de jeune fille et sur la vie de ses amies :

> Mes projets littéraires? Finir mon roman. Et puis en écrire un plus personnel, qui prendrait mes amies Jeanne, Berthe et moi et les promènerait depuis leur enfantillage de 15 ans à leurs idées de jeune fille mûrie par l'observation de la vraie vie. Après ça, je vois des livres où je ferai parler des enfants qui seront fins, les nôtres, mais bien plus tard. (lettre du 12 janvier 1922; 2017a : 161-162)

Alors que le projet se concrétise au début de février sous la forme de textes brefs rédigés pour le compte du *Devoir*, Le Normand doit faire face

---

15. Du pseudonyme « Cousine Gillette » qu'elle signe pour les chroniques de la page féminine.
16. On lira à ce sujet la lettre du 14 janvier 1922, dans laquelle l'écrivaine présente le plan de l'intrigue du *Nom dans le bronze*, qu'elle fera finalement paraître plus de dix ans plus tard.

aux remontrances d'une des amies en question, Georgette Lemoyne, qui refuse de servir de matériau pour la fiction journalistique. Le froid que jette cette affaire sur les relations amicales entre l'écrivaine et Georgette a des répercussions sur la conception que se fait Le Normand de l'écriture, particulièrement au moment où ses pratiques bifurquent vers les formes narratives longues et où elle envisage la rédaction de ce qui deviendra son deuxième roman, *La plus belle chose du monde* (1937). Le 10 mars, dans la foulée d'une discussion avec Lemoyne, et alors que Desrosiers la félicite pour la qualité d'un de ses « souvenirs » parus dans le journal, la femme de lettres écrit à son fiancé : « J'ai peur, des fois, d'ennuyer le public et qu'on me reproche encore d'être trop personnelle » (2017a : 256). La correspondance matérialise, à l'adresse d'un destinataire privilégié, les mêmes préoccupations qui tiraillaient la diariste en 1919 : « Je voudrais bien être un très grand écrivain, savoir observer, fouiller, décrire, mais je sens que je suis plus une âme de femme tendre, attendrie, et que les sentiments occuperont plus, toujours, que la littérature » (entrée du 21 avril 1919; 2017b : 84). Cependant, contrairement au journal intime, la lettre extériorise cette inquiétude personnelle dans l'écriture ainsi que cette vision, à la fois singulière et fortement répandue dans l'espace culturel francophone d'alors, d'une association femme-sentiment dans la hiérarchie des genres et des pratiques littéraires. Elle permet à Le Normand d'obtenir une double caution, celle du fiancé et de l'écrivain qui l'appuie dans son entreprise, comme on croit le comprendre à la lecture des nombreux remerciements qu'elle adresse à Desrosiers pour son appréciation généreuse. L'écriture épistolaire concrétise un métadiscours (fortement encouragé, qui plus est) sur cet enchâssement si particulier de la littérature et de l'intime. Elle permet de présumer une plus longue histoire, celle des réflexions esthétiques et éthiques entourant l'écriture de soi et l'art du roman qui marqueront les années 1930 à travers les remarquables coups d'essai romanesques de Jovette-Alice Bernier, d'Éva Senécal, de Rex Desmarchais et de François Hertel (Rannaud, 2018c). Si Le Normand participera aussi à cet effort littéraire collectif avec *La plus belle chose du monde*, contribuant à renforcer l'idée que la décennie 1930 formerait un moment inédit dans l'histoire de la subjectivité au Québec (Lamonde, 2011), les lettres à Desrosiers et, plus largement, les nombreuses archives révèlent des inquiétudes ancrées de façon plus ancienne chez l'écrivaine et qui illustrent, à la fois, la fatigue du journalisme et la gestation de premiers textes à caractère – osons l'anachronisme – autofictif.

En somme, s'il est vrai, comme l'affirment Bernier et Hébert, que « la lettre est un lieu d'émulation pour les jeunes écrivains, un espace propice pour élaborer des projets et pour mobiliser et faire circuler les ressources nécessaires à la constitution d'un regroupement » (2017 : 133), elle est également, dans bien des cas, un espace scriptural de négociation de la fortune littéraire. L'exemple des échanges épistolaires entre Le Normand et Desrosiers en révèle tout le potentiel, tant la correspondance est guidée par l'impératif d'une mise en commun des expériences, des savoirs et des avoirs et par l'idée d'une alliance entre les deux écrivain et écrivaine profitable à tous les deux. Ces lettres rédigées en amont du mariage sont celles, en premier lieu, de la configuration d'un marché entre deux acteur et actrice de la vie littéraire qui acceptent de s'aider et de se soutenir dans le contexte de leurs projets individuels, ce qui sera réellement le cas, à tout le moins dans les agissements de Le Normand. Elles sont aussi un espace réflexif dans lequel sourdent les aspirations d'une femme de lettres marquées par plusieurs dilemmes, ceux-là même qu'on retrouve, à la même époque, dans le journal intime : la conciliation famille-écriture et la tension, adjacente, entre écriture alimentaire et prétentions littéraires ; l'alignement ambivalent sur les conventions sociales entourant les rapports entre les hommes et les femmes. Les lettres de Le Normand n'évoquent guère la politique et les temps forts qui marquent les années 1920-1922, tout comme elles restent relativement timorées en matière d'appréciation de la vie littéraire de la même époque, exception faite des événements plus ou moins importants qui jalonnent le quotidien de la salle de rédaction du *Devoir*. Tournées vers le soi et vers l'autre selon un régime de singularité nécessaire à la correspondance amoureuse, elles sont néanmoins déterminantes si l'on cherche à y retrouver, derrière la silhouette connue du romancier Desrosiers dans l'histoire littéraire québécoise, les traces d'une autrice qui aspirait, elle aussi, aux honneurs et à la gloire « pour [s]on pays, pour [s]es enfants », comme elle l'écrira dans son journal (entrée du 3 août 1935).

L'effacement de Le Normand apparaît clairement dans cette correspondance, dans laquelle la grande expérience de l'écrivaine, à la fois sentimentale et professionnelle, et son agentivité sont redirigées au service de Desrosiers. Faut-il y voir un jalon au sein de cette histoire de la discontinuité, des échecs et des silences au féminin dont parle Émilie Théorêt à propos de la littérature des femmes au Québec avant les années 1970 (2013 : 407) ? Il semble en tout cas que les lettres « au cher tyran » amorcent une phase de transition, une étape de repli conjugal, puis familial dans la trajectoire de Le Normand. Cette transition ne favorisera pas les rêves personnels d'ascension littéraire que caresse la femme de lettres. De même, le mariage avec Desrosiers sera surtout marqué par la désillusion, comme le confiera Le Normand dans son journal à de nombreuses occasions (Smart, 2014). Il reste que cette correspondance amoureuse, brève parenthèse enchantée dans la vie des deux épistoliers, porte déjà les germes de la tentation du soi dans l'écriture qui marquera la production littéraire de Le Normand dans les années 1930 et 1940 : une œuvre dont les multiples qualités et les effets de cohérence méritent qu'on s'y intéresse au même titre que le journal intime et les lettres de leur autrice.

Bibliographie

Archives

Bibliothèque et Archives nationales du Québec (BAnQ)
Fonds Michelle-Le Normand et Léo-Paul-Desrosiers, MSS26

Ouvrages et articles cités

AMOSSY, Ruth (1998). « La lettre d'amour du réel au fictionnel », dans Jürgen Siess (dir.), *La lettre entre réel et fiction*, Paris, SEDES, p. 73-96.

BEAUDET, Marie-Andrée (1996). « Voix et jeux de coulisses : la correspondance Simone Routier-Louis Dantin », dans Michel Biron et Benoît Melançon (dir.), *Lettres des années 1930*, Ottawa, Le Nordir, p. 69-83.

BERNIER, Stéphanie, et Pierre HÉBERT (2017). « "Je cours mettre ceci dans la prochaine boîte, par une pluie battante qu'il fait..." : d'une lettre à la poste au mouvement des Écrivains de l'Est (1927-1934) », *Mens : revue d'histoire intellectuelle et culturelle*, vol. XVII, n°s 1-2 (automne-printemps), p. 107-134.

DESROSIERS, Léo-Paul (1920). « Lettre ouverte à M. Barbeau », *Le Nationaliste*, vol. XVI, n° 52 (8 février), p. 1.

DIAZ, Brigitte (2002). *L'épistolaire ou la pensée nomade*, Paris, Presses universitaires de France.

GRASSI, Marie-Claire ([1998] 2005). *Lire l'épistolaire*, Paris, Armand Colin, coll. « Lire ».

KAUFMANN, Vincent (1990). *L'équivoque épistolaire*, Paris, Éditions de Minuit, coll. « Critique ».

LACROIX, Michel (2010a). « À la fortune des lettres », dans Henri Pourrat, Michelle Le Normand et Léo-Paul Desrosiers, *Des « Amitiés paysannes » à la NRF : correspondance, 1933-1959*, édition préparée par Michel Lacroix, Québec, Éditions Nota bene, p. 5-37.

LACROIX, Michel (2010b). « "Mon petit commerce" : Michelle Le Normand, femme de lettres et femme d'affaires », dans Chantal Savoie (dir.), *Histoire littéraire des femmes : cas et enjeux*, Québec, Éditions Nota bene, p. 167-189, coll. « Séminaires ».

LAMONDE, Yvan (2011). *La modernité au Québec*, t. 1 : *La crise de l'homme et de l'esprit, 1929-1939*, Montréal, Éditions Fides.

LE NORMAND, Michelle (1916). *Autour de la maison*, Montréal, Éditions du Devoir.

LE NORMAND, Michelle (1919). *Couleur du temps*, Montréal, Éditions du Devoir.

LE NORMAND, Michelle (1941). *La maison aux phlox*, [s. é.].

LE NORMAND, Michelle (2017a). *À toi, de tout cœur : lettres d'amour à Léo-Paul Desrosiers, 1920-1922*, texte transcrit et annoté par Georges Aubin, introduction par Adrien Rannaud, L'Assomption, Éditions du Point du Jour.

LE NORMAND, Michelle (2017b). *Premières amours : journal, 1909-1921*, présenté par Georges Aubin, L'Assomption, Éditions du Point du Jour.

LOZEAU, Albert (2006). *Lettres à Marie-Antoinette*, éditées par Michel Lemaire, Québec, Éditions Nota bene.

MAUREL-INDART, Hélène (dir.) (2019). *Femmes artistes et écrivaines dans l'ombre des grands hommes*, Paris, Garnier, coll. « Masculin/féminin dans l'Europe moderne ».

MELANÇON, Benoît (1996). *Diderot épistolier : contribution à une poétique de la lettre familière au XVIIIe siècle*, Montréal, Éditions Fides.

MELANÇON, Benoît (1997). « La configuration épistolaire : lecture sociale de la correspondance d'Élisabeth Bégon », *Lumen*, vol. XVI, p. 71-82.

Planté, Christine ([1989] 2015). *La petite sœur de Balzac : essai sur la femme auteur*, Lyon, Presses universitaires de Lyon.

Planté, Christine (2012). « *Un roman épistolaire féminin* ? : pour une critique de l'imaginaire générique (Constance de Salm, *Vingt-quatre heures d'une femme sensible*) », dans Catherine Mariette-Clot et Damien Zanone (dir.), *La tradition des romans de femmes, XVIII*e*-XIX*e *siècles*, Paris, Honoré Champion, p. 275-296, coll. « Littérature et genre ».

Rannaud, Adrien (2018a). *De l'amour et de l'audace : femmes et roman au Québec dans les années 1930*, Montréal, Les Presses de l'Université de Montréal, coll. « Nouvelles études québécoises ».

Rannaud, Adrien (2018b). « "Je viens d'achever le billet que j'avais dans la tête" : hybridité des pratiques autobiographiques et journalistiques chez Michelle Le Normand », *COnTEXTES, revue de sociologie de la littérature*, n° 20, [En ligne] [http://journals.openedition.org/contextes/6430] (consulté le 24 mai 2021).

Rannaud, Adrien (2018c). « Quand écrire, c'est vivre : personnages-écrivains et discours sur la littérature dans quelques romans psychologiques canadiens-français de la décennie 1930 », dans Yvan Lamonde et Jonathan Livernois (dir.), *Une culture de transition : la recherche de codes de substitution au Québec (1934-1965)*, Québec, Codicille éditeur, p. 91-109, coll. « Prégnance ».

Roy, Julie, et Chantal Savoie (2012). « De la couventine à la débutante : signature féminine et mise en scène de soi dans la presse au XIXe siècle », sur le site *Médias 19*, [En ligne], [http://www.medias19.org/index.php?id=318] (consulté le 24 mai 2021).

Siess, Jürgen, et Séverine Hutin (dir.) (2005). « Le rapport de places dans l'épistolaire », *SEMEN*, n° 20, Presses universitaires de Franche-Comté, p. 9-144.

Smart, Patricia (2014). *De Marie de l'Incarnation à Nelly Arcan : se dire, se faire par l'écriture intime*, Montréal, Éditions du Boréal.

Théorêt, Émilie (2013). *La poésie des femmes au Québec (1903-1968) : formes et sociologie de la discontinuité*, thèse de doctorat (littérature), Québec, Université Laval.

Vaillant, Alain (2010). *L'histoire littéraire*, Paris, Armand Colin, coll. « U-Lettres ».

Woolf, Virginia (1929). *A Room of One's Own*, New York, The Fountain Press.

De Saint-Denys Garneau et ses lettres quasi romanesques[1]

Michel Biron
Université McGill

> *La lettre rend le scripteur « présent » à celui auquel il s'adresse.*
> *Et présent non pas simplement par les informations qu'il lui donne sur sa vie,*
> *ses activités, ses réussites et ses échecs, ses fortunes ou ses malheurs ;*
> *présent d'une sorte de présence immédiate et quasi physique.*
>
> Michel Foucault (1994 : 425)

Un an après la douloureuse publication de *Regards et jeux dans l'espace* (1937), de Saint-Denys Garneau tente d'expliquer à son cousin éloigné, Maurice Hébert, sa décision de tourner le dos à sa poésie : « J'ai été si profondément menacé, pris dans cette toile d'araignée que j'ai tout renié d'abord. J'ai vu que tout cela ne m'apportait rien qu'une mort certaine. Ceci n'est pas une métaphore : j'ai éprouvé cela le plus réellement qu'il se peut » (4 mai 1938[2]). D'autres lettres écrites au cours de cette période disent la même

1. Ce chapitre reprend sous un angle spécifique certains éléments de mon ouvrage *La lettre comme fiction de soi. De Saint-Denys Garneau épistolier* (Les Presses de l'Université de Montréal, 2022).
2. Toutes les citations des lettres de Garneau renvoient à l'édition de ses *Lettres* préparée, présentée et annotée par Michel Biron (Garneau, 2020).

chose : la mort n'est pas une figure de style, mais une réalité physique, une expérience concrète. De son pénible voyage en France à l'été 1937 jusqu'à l'été 1938, le poète ne parle que de cela : « Tu vas piloter un mort », écrit-il à son compagnon de voyage, Jean Le Moyne (25 juin 1937) ; « Il faut croire que je sens de loin la mort », confie-t-il depuis Paris à Claude Hurtubise (12 juillet 1937) ; une fois revenu dans le manoir familial de Sainte-Catherine, il prévient Le Moyne, sur le point de rentrer au Québec : « Je suis complètement mort » (15 septembre 1937). Chaque fois, Garneau répète à ses destinataires qu'il ne se paie pas de mots, ne joue pas au poète. Il se défend aussi de s'apitoyer sur son sort, de verser dans l'ancien lyrisme : « [J]e longe la mort et le désespoir (soit entendu dans un sens non romantique!) » (lettre à Hurtubise, 8 juillet 1938). Il ne cherche qu'à être vrai et s'excuse de son ton parfois pathétique. Mais comment parler autrement de lui-même, et comment parler d'un autre sujet que de lui-même? Faire semblant d'appartenir à la communauté des vivants est au-dessus de ses forces. Il a même songé au suicide, mais il l'a vite écarté comme un faux dénouement. Du poème au journal et à la lettre, c'est toujours la même hantise, celle d'un moi qui ne sait ni vivre ni mourir : « Maintenant, moi, il n'y a pas moyen de mourir, je le sais, la mort n'est pas une solution, ça n'est rien, ça n'est pas possible. Le désespoir n'ajoute rien ; ça termine, mais ça ne change rien ; ça n'existe pas, n'est pas possible. C'est comme si ça n'existait pas et que rien n'existât tout à coup » (lettre à Le Moyne, 25 août 1938).

Des lettres tragiques comme celles-ci se comptent par dizaines parmi les 460 lettres de Garneau qui ont été retrouvées depuis la publication, en 1967, de *Lettres à ses amis* (1967 : 489). Elles sont si nombreuses et souvent si poignantes qu'elles se lisent comme un « quasi-roman » : elles racontent une histoire, celle d'un « je » non métaphorique qui ne cesse de s'interroger sur lui-même, jusqu'à la lettre péremptoire et dramatique du 21 août 1943 qui met un point final à la correspondance de Garneau, deux mois avant sa mort réelle, à l'âge de 31 ans : « Ne venez pas me voir. » Ce qui frappe ici, ce n'est pas tant la brutalité du propos – Garneau épistolier ne se gêne jamais pour s'exprimer sans mettre des gants blancs – que le caractère énigmatique du billet, qui est en fait une fin de non-recevoir en réponse à une lettre de Robert Élie du 12 août 1943, dans laquelle ce dernier annonçait sa visite possible à Sainte-Catherine (avec Hurtubise). Garneau n'avait échangé aucune lettre avec ses amis montréalais depuis le 29 juillet 1941 et vivait reclus au manoir familial, loin de toute vie intellectuelle ou artistique. Il s'était retiré de la scène épistolaire, comme il s'était retiré de la scène publique après la parution d'un dernier article en janvier 1938, à ceci près que l'ancien épistolier n'a jamais justifié son mutisme, comme le poète l'a fait auprès de son cousin, Maurice Hébert. Ses amis ne comprendront pas son long silence ni sa réponse laconique en août 1943.

Pourtant, l'effacement de soi constitue la suite logique de plus de dix années de correspondance soutenue au cours desquelles le « je » épistolaire de Garneau se présente en conflit permanent avec le monde. Un conflit involontaire, épuisant et comme insoluble, car il s'agit d'un conflit sans lutte, donc sans vainqueur ni vaincu : l'épistolier se dit incapable de combattre avec qui que ce soit. C'est là le grand thème de sa correspondance, qui raconte de toutes sortes de manières les efforts et les métamorphoses d'un « je » en quête de lui-même face à un monde qui lui renvoie sans cesse l'image de sa non-existence. L'épistolier met toute son énergie à ce jeu obsédant et terrifiant, qui est pour lui bien plus qu'une activité secondaire ou mondaine. On dirait chaque fois qu'il joue sa vie et qu'il en sort vidé de lui-même. Aucun écrivain au Québec ne s'est sans doute investi de façon aussi intense que Garneau dans l'écriture de lettres privées, dans lesquelles il affirme mettre le meilleur de lui-même. Il s'y livre corps et âme, s'y donne littéralement à ses amis destinataires sous la forme d'une question résolument ouverte, un fascinant objet d'étude qu'il aborde de tous les côtés, comme si l'épistolier assumait tous les rôles et se regardait tantôt de l'intérieur, tantôt de l'extérieur, tantôt avec sévérité, tantôt avec dérision, mais toujours au nom de l'authenticité la plus exigeante : mon « je » est un mystère, mais il n'est pas une métaphore, semble-t-il toujours dire à ses correspondants, en parlant de lui comme d'un personnage.

On reconnaît là, bien sûr, l'un des motifs majeurs de sa poésie, qui multiplie les dédoublements et les déplacements d'un « je » qui se dérobe ou se transforme sous nos yeux en étranger. Mais la question du « je » revêt un autre sens, une autre réalité, lorsqu'on la considère à partir des lettres de Garneau, puisque le « je » épistolaire, par définition, est toujours un « je » non métaphorique, comme dans le journal, comme dans une autobiographie. Il faut dire que ses lettres ont été très peu étudiées en tant que telles jusqu'ici par la critique si on les compare au journal, présenté souvent comme la matrice de l'œuvre garnélienne (Major, 1994 : 12-25). Les lettres sont généralement citées en appoint, comme des documents éclairant la poésie et la pensée de l'auteur ; la plupart du temps, elles n'ont de valeur ou d'intérêt que dans une perspective biographique. On les lit pour y chercher des réponses à l'énigme du silence de Garneau, pour y découvrir le secret de sa vie si effacée ou pour comprendre le processus de fabrication des poèmes de *Regards et jeux dans l'espace*. De telles raisons sont assurément valables, et les lettres demeurent des archives irremplaçables, comme le montre une lettre récemment retrouvée, adressée à Anne Hébert, et datée du 31 décembre 1935, révélant que le poète songeait déjà alors à publier un « volume de vers » (qui ne portait pas encore de titre), donc plusieurs mois plus tôt qu'on ne l'avait cru. Mais si on lit et relit aujourd'hui les lettres de Garneau, c'est aussi et surtout parce qu'elles forment un ensemble unique en son genre, un récit hors cadre, l'aventure fragmentée d'un des personnages les plus originaux de l'histoire littéraire au Québec. Trois aspects seront examinés tour à tour : l'unité de ces lettres (temps, lieu, ton) à la lumière de l'histoire de leur édition et de leur réception ; l'obsédante quête du moi, qui prend l'allure d'un roman existentiel ; le refus répété de la lutte, au risque de s'exclure à jamais de « l'être-ensemble ».

Le choc épistolaire

Dès leur première publication en 1967, les lettres de Garneau créent un choc parmi les lecteurs. La parution de *Lettres à ses amis* dans l'importante collection « Constantes » chez HMH est en soi un petit événement. C'est la première fois au Québec que des lettres d'écrivain sont publiées sous forme de recueil. Une dizaine de lettres d'Octave Crémazie avaient été rassemblées par l'abbé Casgrain en 1882, mais elles étaient intégrées aux *Œuvres complètes* du poète. Les amis de Garneau, eux, publient ses lettres de façon séparée, autonome, comme un texte pleinement littéraire, au même titre que les essais les plus percutants de la Révolution tranquille parus dans la même collection, tels *Convergences* (1961) de Le Moyne ou

La ligne du risque (1963) de Pierre Vadeboncœur. La chose n'allait pas de soi, comme le prouve le fait qu'il a fallu attendre près d'un quart de siècle après la mort de Garneau pour que ses lettres soient publiées. Ses amis ont en effet beaucoup hésité, sachant par exemple que la cousine du poète, Anne Hébert, était réticente à l'égard de ce projet[3]. Ils ont consulté Jeanne Lapointe, professeure de littérature à l'Université Laval, qui les a fortement encouragés à aller de l'avant. Ils suivront ses conseils, non sans prendre diverses précautions afin que les lettres de leur ami s'élèvent au-dessus des confidences biographiques : ils supprimeront tout ce qui leur semble trop familier, trop anecdotique, trop trivial ou trop indiscret. Ils retireront par exemple les lettres amoureuses que Garneau envoie à l'automne 1933 à Gertrude Hodge, de même qu'une trentaine de lettres à Hurtubise et quelques lettres à Le Moyne, dont les originaux seront toutefois conservés et déposés aux archives à Ottawa.

La présence « quasi physique » de Garneau dans ses lettres frappe les premiers lecteurs, comme le jeune André Major, qui souligne « la réalité plus immédiate, plus concrète » (1967 : 13) de ce Garneau épistolier, si différent du poète désincarné et replié sur lui-même qu'on connaissait surtout à partir des pages du journal de Garneau que Le Moyne, Hurtubise et Élie avaient publiées en 1954 (Garneau, 1954). « Des lettres qui sont un vrai roman », confirme Monique Bosco (1967). La formule laudative peut sembler facile ou purement rhétorique venant d'une amie des amis de Garneau, mais la réaction de Jacques Ferron, à l'autre bout du milieu littéraire, est tout aussi parlante. *Le ciel de Québec* (1969), son roman le plus ambitieux, se présente comme une chronique de 1937-1938 et paraît peu après *Lettres à ses amis* (Olscamp, 2020 : 89-102). Le roman est dédié à « feue cette dame Garneau, née Hermine Prévost, qui fut dévotionneuse et si discrète que son mari devait faire le guet, quand elle allait à confesse, pour empêcher les gens d'approcher du confessionnal ». Ferron y retranscrit sans guillemets quelques fragments

3. Dans une lettre à Le Moyne du 23 juillet 1967, Anne Hébert leur donnera finalement raison : « Je ne comprends que maintenant toute l'importance de cette correspondance. Car je n'étais pas sûre que vous ayez raison de vouloir la publier. Cela fait un livre extraordinaire de chair et de sang » (Ottawa, Bibliothèque et Archives Canada (ci-après BAC), Fonds Jean-Le Moyne, MG30D358). Sur l'aventure éditoriale des *Lettres à ses amis*, voir Michel Biron (2020 : 57-74).

des lettres de Garneau, rebaptisé ici Orphée, comme si son personnage, élevé au rang de mythe local, était une sorte de héros romanesque malgré lui.

Un demi-siècle plus tard, la publication *in extenso* des lettres de Garneau permet de se faire une meilleure idée de ce corpus, loin du mythe entretenu aussi bien par ses amis que par ses détracteurs, comme Ferron. Les uns et les autres ont lu ces lettres comme l'expression d'un milieu littéraire et intellectuel, celui de « la génération de *La Relève* » (Falardeau, 1967 : 101-113). Aux yeux des lecteurs de la Révolution tranquille, le « je » garnélien était indissociable du « nous », mais d'un « nous » dont on ne voulait plus, identifié au Canada français catholique et même janséniste, impossible à concilier avec le rêve de « fondation du territoire » (Chamberland, 1967 : 11-42). Or cette lecture – ou plutôt cette non-lecture – banalise les lettres de Garneau et empêche de saisir la singularité et la complexité du « je » épistolaire.

Comme toute correspondance, ces lettres sont fortement inscrites dans leur époque et constituent des écrits de circonstance. Elles intéressent à juste titre les historiens et les chroniqueurs passionnés par l'histoire littéraire et intellectuelle canadienne-française des années 1930. Toutefois, les lettres montrent aussi ce qui sépare Garneau de son temps et de son milieu, en particulier de l'équipe de *La Relève*, dont il suit l'évolution avec grand intérêt, mais toujours comme s'il restait en marge du groupe. Garneau ne serait pas Garneau sans *La Relève*, qui lui fournit son seul et unique espace intellectuel, et pourtant il l'observe de l'extérieur. À la fin d'août 1938, il écrit ainsi à Hurtubise (rédacteur en chef de *La Relève*) : « Les fameux collaborateurs tant attendus, tant désirés, tant cherchés et si peu trouvés, vous les trouverez peut-être là. Il importe au premier chef de reconstituer une équipe vivante, homogène, et de définir vos positions, puis [de] les faire valoir. Sans quoi, pourquoi traîner *la Relève* ? (tiré d'un discours de Mussolini). » *La Relève*, c'est donc l'affaire de ses amis avant tout, et non la sienne, même s'il lit attentivement chaque numéro et ne se gêne pas pour dire ce qu'il en pense. L'allusion à Mussolini indique bien aussi comment Garneau intègre le discours social à son propre texte épistolaire, avec la distance de l'ironie. Rien ne l'amuse plus que de voir ses amis prisonniers de leur propre idéologie, de leurs propres prises de position, comme en 1939 lorsque le pape Pie XII défend Franco, tandis que le philosophe Jacques Maritain, une des grandes influences de *La Relève*, prend ouvertement la défense des Républicains espagnols :

> Et que dit-on, en vos cercles rougeoyants, de la bénédiction de Pie XII aux soldats de Franco, défenseurs de la nation et de la religion[4] ? Ha ha !!! Mme Le Moyne[5] (la Judith moderne, et admiratrice passionnée de Charlotte Corday) que je taquine sur ces sujets m'a expédié l'autre matin un journal contenant le reportage de cet événement. Elle avait inscrit en marge : « Le Pape a parlé ! » (lettre à Claude Hurtubise, 14 juin 1939)

S'il évoque ainsi de temps en temps les grands enjeux de l'actualité politique nationale et internationale, Garneau épistolier le fait plutôt à la blague, sans se mouiller et en se tenant loin en général de toute controverse. L'histoire ne l'intéresse guère, la polémique l'effraie, et il ne dit à peu près rien de cette période de crise pourtant si riche en événements de toutes sortes. Il se moque plutôt des conventions sociales, notamment celles du calendrier, traitant ses amis de « dataïstes » (21 novembre 1938), comme si tout le monde en dehors de lui était obsédé par la chronologie la moins romanesque : « Recommandation du ministère ~~du temps perdu~~ de la MANIE, département des temps à trouver », ajoute-t-il en tête de la même lettre.

Les lettres de Garneau ont leur temporalité spécifique, rythmée par les lectures ou les concerts hebdomadaires entendus à la radio, tendue surtout par les fluctuations du « je » qu'enregistre chacune des lettres. Le caractère décousu et souvent inchoatif de la correspondance donne à chaque lettre l'allure d'une esquisse. Il y annonce à répétition le début de quelque chose : il évoque ainsi dans une lettre à Françoise Charest (à la fin de mars 1930) un poème « à l'état de projet », puis une « ébauche de roman » ; il transcrit dans une lettre à Hurtubise (5 mars 1934) le début d'un poème : « Ô poésie enfin trouvée ». Toute sa vie, Garneau entreprend des projets, qu'il abandonne ensuite, se reprochant avec constance, si l'on peut dire, son manque de constance. « Le commencement, c'est la

4. Le 11 juin 1939, le pape Pie XII remercie Franco et ses amis, qu'il présente comme les défenseurs de la foi et de la culture de leur nation. Maritain s'était de son côté prononcé clairement en faveur des Républicains.
5. Gertrude Hodge.

vie », écrit-il à Anne Hébert (9 mars 1936) dans une lettre qui détaille les parties de son recueil, qui porte alors un titre (« Jeux dans l'espace »). Les lettres sont les boîtes noires de ses élans avortés.

Il y a là une manière de déjouer les contraintes de la vie adulte, de retomber en enfance, de retrouver toujours un état de pure disponibilité (dans la même lettre à Hébert du 9 mars 1936, le poème « Le jeu » s'intitule « Disponibilités »). L'épistolier n'est jamais plus affairé que dans ce temps de loisir, au sens noble des anciens (*otium*). Garneau souligne d'ailleurs tout au long de sa correspondance la paresse de ses amis, incapables de suivre son rythme : « Je n'ai jamais vu un tas de paresseux comme mes amis en fait de correspondance », écrit-il à André Laurendeau (28 décembre 1932), deux jours avant d'adresser le même reproche à Le Moyne, à Hurtubise et à Georges Beullac, « paresseux invétérés ». La lettre est par excellence la manière d'occuper le temps libre, de se retirer du monde pour investir une temporalité autre, où l'écrivain revendique plus qu'ailleurs la liberté d'être qui il veut.

À cette unité de temps correspond l'unité de lieu : la plupart des lettres de Garneau à ses amis sont envoyées depuis le vieux manoir de Sainte-Catherine-de-Fossambault, près de Québec, c'est-à-dire d'un lieu séparé du monde, qui n'est ni la ville ni le village, un lieu où le moi a l'air d'être « en vacances », comme la tête dans le poème « Un bon coup de guillotine » dont Garneau envoie les premiers vers à Hodge, le 30 janvier 1935 :

> Vacances, vacances! ce qu'on en a assez, de vacances, moi vacant comme un taxi qui se promène à la recherche, aux petites heures. Ste-Catherine-les-bains-de-pieds, endroit exceptionnel sur le continent a ceci de commun avec le reste du monde qu'on s'y ennuie, que les cochons continuent à être là des cochons, et que le dégoût y trouve place comme partout ailleurs, étant donné qu'il n'en occupe pas. C'est à ce sujet que j'ai commencé un poème qui va :
>
> Un bon coup de guillotine
> Pour accentuer les distances
>
> Je mets ma tête sur la cheminée
> Et le reste vaque à ses affaires
>
> Mes mains vont à leurs pauvres ouvrages
> Et mes pieds à leurs voyages

Sur la console de la cheminée
Ma tête a l'air d'être en vacances

« – Cette bonne guillotine
dit ma tête, c'est une amie! »

Si les lettres de Garneau appartiennent à un ensemble relativement unifié, c'est aussi qu'elles s'adressent toujours aux mêmes destinataires, et que ceux-ci, très peu nombreux, forment un groupe socialement homogène, issu comme Garneau de la jeune bourgeoisie montréalaise, presque exclusivement masculine. Hodge (22 lettres) est la seule femme avec qui il entretienne des échanges épistolaires après sa sortie définitive du collège, en 1933. Garneau écrit plus de la moitié de ses lettres à ses trois plus fidèles amis : Le Moyne (130 lettres), Hurtubise (89 lettres) et Élie (34 lettres), tous formés comme lui au collège Sainte-Marie. À cette communauté très restreinte se greffent occasionnellement trois anciens du même collège : Laurendeau (19 lettres), François Rinfret (18 lettres) et Beullac (5 lettres). Garneau se vante à 19 ans d'avoir une vingtaine de correspondants réguliers, mais ce nombre diminue ensuite et se réduit après 1934 à une petite confrérie, à laquelle s'ajoutent ses parents (18 lettres en tout, dont seulement 4 à partir de 1934), son cousin, Maurice Hébert (9 lettres) et sa fille, Anne Hébert (13 lettres). De très rares nouveaux correspondants surgissent, comme le mélomane Jean Bélanger, à l'automne 1937, à qui Garneau envoie un exemplaire de *Regards et jeux dans l'espace*, mais dès le printemps suivant, au bout de cinq courtes lettres, Garneau met fin à ce début de correspondance :

> C'est donc une sorte d'adieu que je vous adresse ici (passager ou définitif?) en même temps que mes vœux sincères de vie et de joie.
>
> Excusez-moi de m'effacer si indiscrètement moi-même. J'ai la manie des explications.
>
> Croyez à mon meilleur souvenir.
>
> de St-Denys Garneau

Même si le ton varie d'un correspondant à l'autre, les lettres de Garneau racontent avec insistance une seule et même histoire, un même drame centré autour d'un personnage unique, le conflit perpétuel d'un « je » dont l'identité semble toujours en creux, comme si dire « je » n'allait jamais de soi, comme si l'interrogation même autour du « je », prisonnier de son propre miroir, tournait à vide. Le mot revient de lettre en lettre : « [C]'est le vide qui me revient », note-t-il par exemple dans une lettre à Le Moyne (12 janvier 1934) où il se plaint ensuite de rester « de longues heures à faire tourner du vide ». Il y a quelque chose de vertigineux à suivre ce « je » si dénué de consistance, menacé de se dissoudre, de n'être qu'un fantôme, qu'une instance virtuelle, mais toujours en train de s'examiner avec une lucidité impitoyable, ruinant l'espoir de remplir ce vide et se félicitant lorsqu'il parvient à se détacher de son moi. Garneau ne cesse d'établir un continuum d'un « je » à l'autre. Il suit avec une passion froide ses affaissements et ses sursauts, nouant par défaut le fil de son histoire discontinue. D'un côté, il bute sur lui-même et répète de mille manières à ses destinataires, comme s'il devait lui-même s'en convaincre, la formule qu'il utilisera dans sa lettre déjà citée à Hébert : « [J]e ne suis pas une métaphore. » De l'autre, il semble fasciné par les avancées de sa conscience et se prend à son propre jeu spéculaire, nulle part plus à l'aise que sur cette scène épistolaire où le « je » non métaphorique se défait et s'épanouit tour à tour, adossé à un « tu » lui-même non métaphorique[6]. Le pacte épistolaire lui convient d'autant mieux qu'il peut le transgresser sans risquer de disparaître tout à fait, comme si ce face-à-face garantissait un minimum de présence et de réalité grâce à quoi il n'y a jamais imposture, contrairement à ce qui passe sur la scène publique, où le poète perd pied et se reproche de vouloir paraître quelqu'un qu'il n'est pas. La scène épistolaire, à mi-chemin du soliloque du journal et des pièges du discours public, est la seule qui lui convienne : c'est là, sans autre appui que la présence d'un destinataire ami, qu'il écrit de la façon la plus libre qui soit.

Le pacte épistolaire ne fonctionne en fait, pour Garneau, qu'à la condition que ses destinataires acceptent d'emblée que ce soit lui qui mène le bal et que les mots se monnayent par des preuves d'amitié à son endroit. *Lettres à ses amis* se présente ainsi comme une « œuvre d'amitié » (Garneau, 1967 : 7) et une œuvre à sens unique : on n'y entend que la voix de Garneau. Seules ses lettres sont jugées dignes d'être publiées,

6. Benoît Melançon définit ainsi la lettre : « [L]'expression écrite d'un *je* non métaphorique (celui qui signe est bien celui qui dit *je*) à l'adresse d'un destinataire, également non métaphorique » (1996 : 47).

ses amis ayant choisi de s'effacer complètement du dialogue épistolaire. Le Moyne indique, dans un journal inédit, avoir détruit la presque totalité des lettres qu'il avait envoyées à Garneau. On n'a retrouvé aucune lettre de Hurtubise ni d'autres proches de Garneau, sauf quelques-unes de Élie et de Laurendeau, qui font ressortir, par contraste, le caractère tonique et comme viscéral des lettres de Garneau.

Ses lettres ne ressemblent à aucune autre correspondance, sauf peut-être à celle d'Antonin Artaud avec l'éditeur Jacques Rivière. Ce dernier, on le sait, avait refusé de publier les poèmes que le jeune Artaud lui avait soumis, ce qui a donné lieu à un échange de lettres si fascinantes qu'elles paraîtront en 1924 en lieu et place du recueil soumis, dans un numéro de *La Nouvelle Revue française*[7]. Cette substitution de la lettre au poème soulève la question du genre épistolaire, dont la force poétique l'emporte ici sur le poème lui-même, du moins aux yeux de son correspondant. Mais ce qui frappe surtout dans cette célèbre correspondance, c'est la manière dont Artaud glisse de l'obstacle éditorial à la question de l'être, exhibant ce qu'il appelle « son esprit », auquel il cherche à donner une existence « quasi physique », pour reprendre le mot de Foucault. Empêché de devenir poète à cause du refus de Rivière, Artaud conclut à l'impossibilité de la création et même à l'impossibilité d'exister, dans des termes qui se rapprochent étrangement de ce que dira Garneau une décennie plus tard – même si rien n'indique que ce dernier ait lu Artaud[8]. Rivière reconnaît la valeur des explications fournies par Artaud et suggère de publier non pas les poèmes, mais la relation de leur impossibilité. Celle-ci devient le moteur de l'œuvre, ou de la non-œuvre, suivant un paradoxe qui trouve chez Garneau d'évidentes résonances. On lit chez Artaud des formules qu'on retrouvera presque telles quelles chez Garneau, comme celle-ci : « [J]e souffre, non pas seulement dans l'esprit, mais dans la chair et dans mon âme de tous les jours. Cette inapplication à l'objet qui caractérise toute la

7. « Une Correspondance », dans *La Nouvelle Revue française*, n° 132, septembre 1924; les lettres seront publiées aussi sous le titre *Une correspondance* en 1927, aux éditions NRF, et reprises dans *L'ombilic des rêves*, suivi de *Le pèse-nerfs et autres textes*, Paris, NRF/Gallimard, 1968.

8. Garneau aimait pourtant lire les correspondances d'écrivains, dont celle entre Rivière et Alain-Fournier (il en parle dans une lettre à Robert Élie de septembre 1936).

littérature est pour moi une inapplication à la vie » (25 mai 1924). Comme chez Garneau, les lettres d'Artaud rapprochent les domaines du faire et de l'être, d'où son refus d'embellir sa prose épistolaire en vue de la publication. C'est à prendre tel quel, dira-t-il : « [Il] faut absolument que le lecteur pense qu'il a entre les mains les éléments d'un roman vécu » (25 mai 1924). Garneau, lui, ne songe pas une seconde à la publication de ses lettres, mais tout dans sa correspondance s'apparente à une sorte de « roman vécu ».

Un roman vécu

L'inaptitude de Garneau à vivre constitue la trame de fond de ce roman vécu. Ce qui, au départ, ressemble à une pose d'adolescent romantique se transforme peu à peu en une soif étrange de solitude, qu'il s'emploie à étudier en documentant son évolution. Cette chronique existentielle de son moi s'écrit sous deux formes concurrentes, le journal et la lettre. Les deux modes d'écriture sont des vases communicants qui obéissent à une même fonction, à un même programme : « Cela m'aidera à discipliner ma pensée qui est assez vagabonde », note-t-il au tout début de son journal, alors qu'il n'a que dix-sept ans. Tout est miroir pour lui, comme il le dit de façon amusante à son amie Charest :

> Je suis en train de faire des études de caractères, et, contre toute règle de politesse, je commence par moi-même. Ceci, parce que toute opinion, tout jugement se forme, jusqu'à un certain point par comparaison avec soi-même. Depuis que j'ai étudié ma conférence, la théorie de l'observation sur les autres et surtout du Γνῶθι σεαυτόν, connais-toi toi-même, a eu une grande influence sur moi. Mais, je m'aperçois qu'en m'observant sans cesse, je deviens un être étudié et que je perds beaucoup de mon naturel. Je m'observe faire une action, je m'observe penser pour faire cette action, je m'observe m'observer penser pour faire cette action, enfin ça n'en finit plus ! C'est pourquoi je crois qu'en écrivant une étude concise et précise de mon caractère, aussi justement que je le puis concevoir, je me corrigerai de mes excès. (lettre à Françoise Charest, 17 juillet 1928)

Si la lettre apparaît bientôt comme le prolongement du journal (Garneau transcrit plusieurs de ses lettres à Charest dans un cahier intitulé *Journal*), elle en est aussi le commentaire critique, comme si l'épistolier y proposait à la fois un autoportrait et l'analyse de ce dernier.

Il fera de même avec les lettres adressées à une autre amie, Suzanne Manseau, dont il est brièvement amoureux au printemps 1931. Ensemble, à l'instigation de Garneau, ils échangent des pages de journal, la lettre servant de véhicule pour dialoguer autour de leurs monologues respectifs. Garneau se moque alors gentiment du sentimentalisme de sa correspondante et joue plutôt, de son côté, avec la forme même de la lettre, passant du « vous » au « tu » avant de revenir au « vous », alternant ainsi entre distance respectueuse et proximité ironique. Il lui répète cette phrase : « [J]e ne crois pas que je vous aime », tout en suppliant sa correspondante de verser un peu de parfum sur le papier. Il s'appuie sur sa destinataire pour mieux l'effacer de la scène épistolaire : « Pourquoi t'écrire cela? Je ne t'écris pas : je m'écris à moi-même ce que je t'écrirais. » Il est difficile d'imaginer une manière plus retorse d'exprimer ce que Vincent Kaufmann appelle « l'équivoque épistolaire » (1990), qui consiste à convoquer et à révoquer le destinataire dans le même geste, brouillant le sens même de la communication que la lettre semble pourtant désirer.

Le jeu spéculaire autour du moi épistolaire prend une autre tournure dans les lettres adressées à Laurendeau, que Garneau admire au point de lui écrire le 4 janvier 1931 : « [J]e t'aimais comme un autre moi-même qui eût été mon rêve de moi-même. » Garneau se projette si entièrement dans son ami (« Tu as mes goûts, mes aspirations, mon tempérament, le tout à un degré beaucoup plus élevé ») qu'il craint de ne rien lui apporter qu'il n'ait déjà. Laurendeau dira plus tard (Monière, 1983 : 38) avoir été mal à l'aise devant les élans affectifs de Garneau, qui conclut sa lettre par cet aveu : « C'est quasiment des effusions de femmes. » La formule est troublante, mais elle est surtout trompeuse, car Garneau, comme il le fait avec Manseau la même année, souffle le chaud et le froid. S'il semble vouloir fusionner avec son ou sa destinataire, c'est pour ensuite mieux marquer ce qui l'en sépare. Le 11 juillet 1931, par exemple, il note tout ce qui l'éloigne désormais de Laurendeau et affirme fièrement : « J'ai donc beaucoup changé! Non, je me suis défini; j'étais tout et je suis devenu moi. »

Là encore, comme dans les lettres à Suzon (Suzanne Manseau), on dirait que Garneau n'écrit pas à son destinataire, mais à lui-même. Il s'intéresse moins à leur amitié qu'au processus de décomposition et de métamorphose qui définit sa propre personnalité. N'ayant guère d'attaches, il explique pourquoi, contrairement à Laurendeau, les départs sont pour lui bien plus faciles que les arrivées, suivant la logique déjà évoquée du « commencement perpétuel » qui est au cœur même de toute sa poésie, dès le poème liminaire de *Regards et jeux dans l'espace*, « C'est là sans appui ». Dans cette longue lettre à Laurendeau du 11 juillet 1931, on ne sait trop s'il déplore ou revendique l'absence d'appui, ce « manque d'attaches » (et de mémoire), à quoi correspond la dispersion de son être. S'il fait de la peinture et de la poésie (mais il ajoute un point d'interrogation après le mot « poésie », comme s'il n'était pas encore sûr d'en faire réellement), c'est pour arriver à retenir quelque chose de la beauté qui passe, ou pour fixer « les bribes de ma vie qui passe ». Suit une affirmation étonnante, un bon mot qui semble résumer son personnage : « C'est à cause de cette fuite, mon cher, que je suis une digression, parce que les idées me viennent par bouffées et se perdent sans remède. Il faudrait que je les suive toutes ensemble. » Le « je » épistolaire n'est pas métaphorique, mais il se présente comme flottant, allégé en figure de rhétorique, entité abstraite toujours en train de s'éloigner, de s'écarter du centre. Il vagabonde, glisse d'un thème à l'autre, sachant d'avance qu'il sera toujours « hors sujet », emporté par son besoin de bouger, de bondir, de rebondir. Ce principe de digression, le « je » épistolaire lui donne corps, pour ainsi dire, en se promenant dans l'espace de la lettre sans la moindre contrainte, sans la moindre censure. Garneau n'est jamais davantage lui-même que lorsqu'il erre ainsi au-delà de son moi. Devenir lui-même, c'est devenir ce sujet en train d'écrire sa propre histoire décentrée, écartelée aux quatre vents.

Contrairement à Artaud, Garneau exploite cette mise en scène de soi de façon souvent humoristique. Le 8 juillet 1932, il se moque par exemple de Laurendeau, qu'il désigne ainsi : « Ô lyrique et très paraboleux ami », et célèbre les vertus du genre épistolaire en l'opposant explicitement au romantisme :

> Il n'est pas de goût si louable que celui de se taire sauf celui de parler que je mets sur le même pied. C'est ainsi que, n'étant pas romantique, je ne me leurre pas comme toi avec l'inutilité de la correspondance. N'y cherchant pas à être penseur d'occasion, mais

> l'occasion de penser, je n'y affecte aucune pudeur de moi-même, mais la construis un peu comme un journal ; ce qui encore une fois ne prouve pas son inutilité. Car le journal a bien des chances d'être une chose morte, tandis que dans la correspondance, chacun donnant son tour de roue, la machine renaît et garde son mouvement. Ainsi nous pouvons comparer des impressions, *i.e.*, voir de plusieurs côtés la même chose.

Ce « je » non romantique et non lyrique réserve toutes sortes de surprises à son destinataire, comme on le voit dans la lettre suivante à Laurendeau, où Garneau s'amuse à imiter le style grandiloquent et même la calligraphie de son ami, et finit par se mettre carrément à sa place, allant jusqu'à s'imaginer en train de recevoir ses propres lettres et jusqu'à signer du prénom « André » :

> Trop tard, malheureusement je me rappelle que tu me conseilles de soigner ma syntaxe. En ces matières, je suis un réformé. J'écris mes lettres, et heureusement ce sont mes amis qui ont à les lire. Ce serait par trop étrange que je reçoive un jour une lettre signée de ma main. Je devrais écrire en tête de mes épîtres cette transformation du dicton, aussi orthodoxe d'ailleurs que l'original dans sa chrétienne soumission : « Comprenne que pourra. »
>
> Pardonne-moi ces extravagances épistolaires et de syntaxe ainsi que d'orthograffe [*sic*], c'est que ma plume ce soir a la diarrhée. Pas moyen de l'arrêter, ça coule, ça coule !
>
> Ton ami
> André

La lettre adressée à soi-même est si incongrue qu'elle ne sera pas incluse dans le recueil de 1967. Laurendeau ne semble pas intéressé à lui donner suite, ni à se produire sur cette scène burlesque, lui qui s'emploie à la fin de l'année 1932 à fonder avec d'autres militants nationalistes le mouvement Jeune-Canada. Garneau ne manque pas l'occasion de souligner le fossé qui les sépare alors et de vanter l'activité faussement inutile qu'est la correspondance. Il est en tout cas hors de question qu'il participe de près ou de loin à l'action politique, laquelle ne suscite chez lui que des sarcasmes :

> À ce que je vois, tu es un homme très occupé. J'entends parler de tes activités très vaguement comme j'entends parler de ce qui se passe

> dans le monde ; non pas tant parce qu'on en parle vaguement, mais parce que j'entends vaguement. Tu vois que je suis demeuré bien subtil dans mes distinctions, malgré que nous ne nous fréquentions plus avec assiduité[9].

Puisque Laurendeau est désormais occupé ailleurs (outre l'engagement politique, il ira bientôt vivre en Europe, accompagné de sa future femme), Garneau se tourne vers d'autres amis du collège Sainte-Marie, plus enclins à répondre à sa demande de configuration épistolaire. Le 30 décembre, il crée celle-ci de toutes pièces à la faveur d'une lettre adressée d'abord à Le Moyne. Après en avoir écrit un feuillet, il la reprend du début et la modifie de façon à ce qu'elle s'adresse à toute sa confrérie, c'est-à-dire à Le Moyne, à Hurtubise et à Beullac : « Au lieu de vous écrire à chacun séparément, j'ai décidé, dans mon auguste sagesse, de vous écrire à tous en communauté. » Ainsi, le « tu » devient un « vous », et la scène épistolaire, moins privée qu'à première vue, s'ouvre à un petit public aux yeux duquel Garneau joue de son personnage et le donne littéralement en spectacle, lui qui a d'ailleurs commencé à faire du théâtre à Sainte-Catherine, à la fin de l'été 1932.

Cette longue lettre du 30 décembre 1932, étudiée en détail par Geneviève Lafrance (1997 : 119-134), contient une série d'admonestations et de formules blagueuses. Le « je » conteste l'oisiveté qu'on lui attribue et retourne l'accusation contre ses destinataires, leur reprochant plutôt, dans une formule qui pastiche le texte biblique de l'onction à Béthanie, de perdre leur temps à de vaines besognes, au lieu de lui écrire : « Ah! souvenez-vous et faites pénitence; pratiquez les œuvres de miséricorde et écrivez-moi. Car vous aurez toujours des putains parmi vous, mais moi, vous ne m'aurez pas toujours! » Suit la liste des tâches épuisantes auxquelles Garneau doit se plier (« Ah! quelle vie, grands dieux, pour moi qui suis fait pour être rentier! ») et qui l'empêchent de se livrer au véritable loisir, celui qui lui permettrait de s'épanouir comme il se doit.

9. Les deux amis se sont en effet éloignés à partir du moment où Laurendeau a terminé son cours classique, au printemps 1931, puis s'est investi dans le combat national. Ils renoueront à l'occasion de la préparation de *Regards et jeux dans l'espace* en 1936-1937, puis se perdront définitivement de vue.

À cette première opposition entre le travail et l'oisiveté s'ajoute une seconde opposition, plus développée, entre la nature et la ville, ses amis étant des urbains purs et durs (il les traite d'« ignobles et paresseux habitants des villes »). Même si lui-même a grandi et vécu en ville presque toute sa vie, il ne jure que par la nature. Non pas que la ville soit un lieu de perdition, comme dans le discours traditionnel canadien-français, mais elle lui apparaît comme un espace usé et sans attrait où le corps et la matière vivante sont sans cesse niés : la ville, explique-t-il à ses correspondants, est un tombeau. Tout y est mort, éteint, mécanique, répétitif : les désirs y sont « mal faits », le feu y est enfermé dans des « globes uniformes », les maisons y ont des « yeux vides », le bruit y est « sans rythme, sans couleur », les hommes « passent et l'on dirait des pantins dans un décor funèbre » ; ils « s'agitent comme des spectres parmi les sépulcres » ; « le soleil frappe comme des coups de cymbales contre les grands murs ; il s'y heurte comme un fou contre une porte fermée ; rien n'accueille ses rayons, rien ne boit sa chaleur pour y puiser la vie, parce que tout ce qu'il illumine est inerte ». Autant la ville réduit l'être à l'état de zombi, autant la nature redonne à Garneau la sensation de sa vérité, lui « parle d'éternité ». À « l'exécrable tintamarre » de la ville se substituent la parole et le rythme que déploient les arbres et les rivières.

On serait tenté de lire cette lettre en regard des schèmes habituels de l'idéologie du terroir, si prégnante durant ces années d'après-Crise. Mais une lettre comme celle-ci fait voir à quel point Garneau se tient à l'écart de ce type de débats et en déplace les termes à partir de sa vision toute personnelle. Par l'humour tout d'abord, qui est sa façon de répondre à ses amis : « [J]e me demande ce qui a pris à ce maudit Le Moyne de s'ennuyer à Ste-Adèle, d'être agacé par les montagnes, et de s'en revenir en ville. » La lettre se prête alors à toutes sortes de calomnies inoffensives, l'épistolier insinuant par exemple que « monsieur Le Moyne a eu une aventure ! » Il multiplie ensuite les sous-entendus : son « petit ami Claude » aurait passé l'été avec Le Moyne à Woodlands, « dans la même maison, sur le même étage, dans la même chambre (je n'ose dire dans le même lit !) ».

Ces blagues de collégien constituent souvent chez Garneau le moyen de faire passer des idées autrement sérieuses, autour de la question du loisir par exemple, mais aussi autour de tout ce qui donne à l'être le sentiment d'exister réellement, notamment le contact avec la nature inhabitée, une nature qui n'a rien à voir avec le terroir comme organisation sociale. Garneau l'associe aux sens, à la calme exaltation du corps, qui cesse alors de fuir et entre enfin en résonance avec le monde qui l'entoure, comme il l'écrit à Laurendeau : « L'épanouissement des sens dans la nature les assainit en les fortifiant. Je sens respirer tout mon corps et j'ai la sensation d'une exubérance merveilleuse » (18 août 1932).

L'air de rien, sur un ton désinvolte et cabotin, l'épistolier installe le décor de son « roman vécu » dans ces lettres adressées à ses amis montréalais. Il évoque leur expérience commune, acquise en ville, mais au nom d'une expérience cette fois singulière, développée dans la solitude de la campagne, loin de la vie de bohème que ses destinataires et lui y ont menée et y mènent encore à l'occasion, dans les restaurants, au cinéma, au musée ou dans des galeries d'art. Ce que les lettres de Garneau célèbrent depuis le refuge de Sainte-Catherine n'a rien à voir avec la vie rangée et traditionnelle qu'on associe au monde rural. C'est au contraire la liberté, le loisir et même la sensualité de l'être affranchi des contraintes sociales. L'épistolier ne se prive de rien : il peint, il écrit, il lit, il exploite son « précieux temps » pour des activités qu'il juge vitales. Il se dépense sans compter, et la lettre est elle-même une forme de dépense outrancière, fondée sur le loisir désintéressé. Elle constitue la preuve de sa prodigalité. Dans la lettre circulaire du 30 décembre 1932, Garneau houspille ses correspondants en faisant valoir tout ce qu'écrire lui coûte, alors qu'il est, répète-t-il, le plus affairé d'entre eux (« j'entre du bois, je chauffe les poêles et la fournaise », etc.). Derrière les clivages entre le travail et le loisir, entre la ville et la nature se cache l'antinomie, fondamentale pour Garneau, entre la vie contrainte et la vie libre, entre la vie sociale et la vie intérieure.

Garneau épistolier ne s'en prend presque jamais à la vie bourgeoise en tant que telle, lui qui dépend entièrement de sa famille (traditionnelle et plutôt aisée). Il est bien conscient du relatif scandale que représente son type de vie, et de plus en plus, au fur et à mesure qu'on lui fait sentir, dans la parenté élargie, qu'il serait temps de gagner sa vie, de trouver un véritable travail. Au quotidien, il vit donc cette antinomie comme une sorte de faute permanente et ne cesse de justifier son apparente inaction en surinvestissant le temps mort qu'est le loisir, en lui trouvant toutes sortes de vertus d'ordre moral et en expliquant à ses correspondants pourquoi il lui est impossible de mener une vie bourgeoise, en raison notamment de ses problèmes de santé, mais aussi, et de plus en plus au fil des ans, parce qu'il est tout simplement incapable d'affronter les autres, de vivre en compagnie des autres. Le dédain du travail s'exprime de façon claire dans nombre de ses lettres, et dans sa vie elle-même, Garneau refusant de faire quoi que ce soit qui puisse ressembler à un labeur rémunéré, lui qui mourra sans jamais avoir gagné le moindre sou autrement qu'en dessinant des cartes destinées à ses proches.

Écrire des lettres, c'est participer à cette forme de vie fondée sur un loisir supérieur, quoique toujours coupable. Cette vision gratuite de la pratique épistolaire explique en partie pourquoi Garneau affiche autant d'assurance dans ses lettres à ses amis. Lui seul est capable d'une telle générosité, d'un tel abandon, d'un tel don de soi : la lettre est chez lui pure disponibilité de l'être. C'est d'ailleurs pourquoi ses correspondants sont si rares, triés sur le volet, car ils doivent être disponibles eux-mêmes, donc en marge de la société dite active. Garneau s'identifie à Laurendeau quand ce dernier ne sait pas encore quoi faire de sa vie, mais dès que le fondateur du mouvement Jeune-Canada s'engage dans l'action politique, il ne lui écrit presque plus de lettres. Les êtres fonceurs, comme Robert Charbonneau ou le futur avocat François Rinfret, le terrifient et le rebutent. Devant eux, il n'est rien et se sent privé de ses moyens. Il n'a rien à leur dire, et le loisir dont il se réclame avec humour dans la lettre du 30 décembre 1932 se retourne alors en une sorte d'infirmité sociale. La correspondance de Garneau n'a de sens que si elle fait appel à un même désœuvrement fécond. On a peu remarqué à quel point l'écriture épistolaire, et l'écriture tout court serait-on tenté de dire, s'arrête pour Garneau dès lors qu'il n'a plus personne avec qui partager sa forme de vie, tout en digressions. En février 1941, il se plaint ainsi à Hurtubise du fait que Le Moyne vient de trouver du travail comme traducteur au journal *La Presse* : « Décidément vous serez tous au travail et à la famille que je serai toujours un vil célibataire oisif. » C'est écrit à la blague, mais comme toujours chez Garneau, l'humour trahit ses blessures les plus profondes, celles qui ont nourri son roman vécu. Quand ses derniers amis se mettent en ménage et s'installent dans la vie professionnelle, il devient seul de son espèce et cesse tout bonnement d'écrire des lettres.

Des lettres irrecevables

Ce n'est pas un hasard si c'est avec Le Moyne que Garneau se sent le plus proche et qu'il correspond de la façon la plus régulière : Le Moyne abandonne comme lui son cours classique et éprouve également d'importants problèmes de santé qui retardent son entrée sur le marché du travail. Il épousera Gertrude Hodge, dont Garneau, on l'a vu, a lui-même été amoureux à l'automne 1933. Il sera le compagnon de voyage de Garneau lors du voyage catastrophique de 1937. Il sera aussi le plus dévasté de tous les amis du poète à sa mort en octobre 1943. Mais il y a plus que ces éléments biographiques. Leur amitié est unique et leur passion épistolaire est réciproque. Dans une lettre étonnante à Hurtubise, Garneau compare entre elles ses différentes amitiés et situe explicitement celle de Le Moyne tout au haut de son échelle de valeurs. Il le dit franchement à son malheureux destinataire : « Qu'est-ce que Jean me donne ? Il me donne tout de lui-même, toutes ses beautés, toutes ses détresses. Et surtout le meilleur de lui, le plus généreux, le plus passionné, le plus profond. » Avec lui, et seulement avec lui, Garneau peut se donner entièrement : « Et qu'est-ce que je donne à Jean ? Tout moi-même aussi : mais surtout, moi aussi, le meilleur, le plus beau, le plus élevé, le plus idéal, le plus généreux, le plus vrai, le plus tragique. » À côté de quoi l'amitié de surface entre Garneau et Hurtubise ne fait pas le poids : « Maintenant, qu'est-ce que je te donne actuellement ? Une amitié de camaraderie bien sincère. Une partie extérieure de moi-même ; échange superficiel d'idées, boutades ; je t'étale mes envies de femmes, etc. » L'indélicatesse de Garneau est ici à son comble, sans doute parce qu'il est tellement prisonnier de son vœu de sincérité qu'il ne voie pas ce que son propos a de blessant, prisonnier aussi de sa manie de tout analyser : « Je voulais faire une mise au point de nos relations quadrangulaires (j'ai toujours eu la passion de la mise au point). » Sa candeur l'entraîne plus loin qu'il ne l'avait voulu, il s'aperçoit à la fin qu'il s'est à nouveau égaré en chemin, qu'il n'est parvenu qu'à formuler des « remarques décousues », et il s'étonne lui-même de trouver dans sa lettre « un certain air de dépit qui n'a pas sa raison d'être ». Mais peu importe qu'une telle lettre se trompe de destinataire et soit irrecevable : il l'envoie tout de même à Hurtubise, ajoutant comme ultime justification qu'il l'a écrite dans un état d'épuisement puisqu'il avait rédigé juste avant une lettre « de 35 pages » (lettre à Le Moyne, bien sûr) ! Pire encore, c'est à ce dernier que Garneau écrira pour exprimer ses regrets d'avoir été cruel à l'égard de celui qu'il surnomme le « Petit » :

> J'ai écrit une lettre au Petit, en réponse à celle que j'avais reçue de lui. J'ai été un peu cru, presque méchant; et de plus cela devait paraître l'attaquer un peu trop personnellement parce que j'étais épuisé avant de terminer et que je n'ai pas eu le temps de rattacher mes remarques à des idées générales comme c'était mon intention. J'aurais probablement dû ne pas lui envoyer cette lettre. Enfin, c'est fait, n'en parlons plus. (18 janvier 1934)

Les lettres de Garneau font pénétrer le lecteur dans une zone d'intimité scandaleuse. Une lettre comme celle du 15 janvier 1934 ne trahit pas tant une erreur de jugement ou de destinataire; elle révèle surtout à quel point l'épistolier n'affecte aucune pudeur de lui-même, comme il le disait déjà à Laurendeau en 1932. Sous couvert d'humour et d'autodérision (« je suis, même en faisant abstraction de mon charme, qui est grand, je suis dis-je d'une personnalité intéressante, et si la force n'est pas ma marque distinctive, j'ai une qualité de tempérament assez remarquable et qui n'est pas sans avoir son prix »), l'épistolier fait de l'écriture une mécanique impitoyable de dévoilement. On y découvre un autoportrait troublant, d'une ironie déstabilisante qu'on ne sait trop comment interpréter tant elle glisse du comique au sérieux : « Pour en revenir à moi, qui m'intéresse formidablement, il ne t'est pas inconnu que je suis très inégal et extrême. » Le personnage qui apparaît alors dans toute sa singularité est déconcertant de vérité.

Nous sommes en janvier 1934, au moment où Robert Charbonneau et Paul Beaulieu, deux anciens du collège Sainte-Marie, préparent le premier numéro de la revue *La Relève*, qui sortira en mars. C'est Charbonneau le véritable maître d'œuvre de cette revue et c'est en réalité contre lui que Garneau écrit sa lettre à Hurtubise, qui sera très proche du fondateur de *La Relève* (il deviendra peu après le secrétaire de rédaction de la revue). « Enfin Charbonneau vint », lance-t-il à Hurtubise pour expliquer l'attitude de ce destinataire influençable, qui se serait éloigné de Garneau pour se rapprocher de Charbonneau pendant que Garneau et Le Moyne devenaient les meilleurs amis du monde. Cette amitié, on l'a dit, se mesure par la qualité de ce que chacun donne à autrui. Robert donne « le meilleur de lui-même » à Claude, mais ce don est trompeur, égoïste même, plein de partis pris, tout orienté vers le profit qu'il espère retirer de l'amitié ainsi offerte : « il donne à bon escient pour s'enrichir du fait d'avoir donné », à l'inverse de Jean, qui donne sans compter. Dans ce conflit d'amitiés, dans cette guerre du don, Garneau choisit son camp : celui de Le Moyne, qui l'accueille et le comprend sans mépriser sa vie si peu active en apparence, qui le reçoit tel qu'il est, même quand il se montre irrecevable.

Les lettres quasi romanesques de Garneau ont pour ressort dramatique le refus d'entrer sur le terrain de l'action, de la lutte sociale, du conflit. Elles s'écrivent contre des êtres tel Charbonneau, qui incarne la figure en creux de toute cette correspondance, celui à qui Garneau répond inlassablement, sans pourtant jamais lui écrire une lettre directement :

> [I]l n'a pas trouvé en moi un lutteur, ce qu'il semble aimer par-dessus tout; et en effet, je n'aime pas la lutte; ma complexion délicate demande pour s'épanouir une atmosphère sympathique, presque trop sympathique, ce qui explique l'extraordinaire influence des femmes dans mon évolution, et la nécessité de la solitude et du recueillement pour l'épanouissement de mes idées et leur mise au point, puis leur cristallisation; le contact brusque et abrupt des hommes me paralyse et seul mon subconscient en fait son profit : ce qui s'explique par mon excès de sensibilité. (lettre à Claude Hurtubise, 15 janvier 1934)

Cette part féminine, Garneau la revendique et l'oppose à la brutalité masculine de Charbonneau, à ses « opinions carrées ». Le refus de la lutte ne constitue pas pour lui une marque de supériorité, mais le fait de dévoiler à autrui jusqu'à ses pires faiblesses constitue le signe de l'amitié authentique, de la relation la plus pure, la moins calculée. On reconnaît déjà ici l'exigence de pauvreté que Garneau formulera plus tard, notamment dans « Le mauvais pauvre » (1938) : ce personnage unique en son genre va se débarrasser de son apparence, de tout ce qu'il a et qui n'est pas essentiel à son être, de ses vêtements, de sa chair, et bientôt de son squelette. Il renonce à se défendre quand de petits êtres, armés de haches, attaquent ses os, mais il sent malgré lui que ça résiste, que la vie ne veut pas s'en aller, qu'il reste quelque chose, l'épine dorsale, à tout le moins une « exigence verticale ». C'est là son ultime expression : « [L]a seule qu'on est sûr qui ne ment pas. » Il n'y a plus d'habit, plus de circonférence, « plus rien à défendre », mais il y a ce « tronc vertical, franchement nu » (Garneau, 1954 : 579).

Robert Charbonneau est pourtant loin de constituer un adversaire de Garneau. Il lui écrira lui-même une lettre admirative dans les pages de *La Relève* au moment de la publication de *Regards et jeux dans l'espace* (Charbonneau, 1937 : 123-124). Mais Charbonneau reste pour Garneau l'être de groupe, au service d'une collectivité. Peu importe que le poète se reconnaisse dans la plupart des idées défendues par *La Relève*, il rejette l'idée même de groupe à quoi il oppose la « confrérie », fondée sur l'amitié. Même quand il écrit des lettres, Garneau le fait pour se tenir à distance des groupes, au nom d'une solitude qui prend chez lui une tournure inconvenante, dérangeante et par là, presque subversive.

Voilà la faute suprême, impardonnable : Garneau ne veut pas se battre. Il refuse d'entrer dans un rapport d'opposition avec autrui. Son drame, c'est le drame du « je » qu'il raconte de lettre en lettre et qu'il résume d'une formule mémorable dans le poème liminaire de *Regards et jeux dans l'espace* : « C'est là sans appui que je me repose » (Garneau, 1971 : 9). C'est un drame sans drame, le drame d'un sujet non conflictuel, d'un sujet qui vit dans un monde où il n'y a ni porte à défoncer, ni mur à abattre, ni appui à rechercher, ni position à défendre. C'est un drame sans cause et sans but, un drame inexplicable, un non-drame comme celui du mauvais pauvre, qui ne demande qu'à être, en dehors de toute affiliation reconnaissable. La solitude de Garneau n'est pas celle du poète romantique, à la manière de Nelligan : il n'écrit pas contre l'Autre avec un grand « A », c'est-à-dire contre l'autorité, contre son père ou contre sa société. Il n'écrit pas davantage au nom d'un groupe de poètes ou d'intellectuels, ni au nom des exclus, ni même au nom d'une communauté quelconque. Son drame, c'est simplement d'être un « je » dépossédé de lui-même.

Tout au long de sa correspondance, et de plus en plus à partir de la rédaction des poèmes de *Regards et jeux dans l'espace* à l'été 1935, Garneau se plaint de voir trop de monde. Le 3 juin 1936, il écrit à son grand ami Le Moyne : « Je mène une vie tranquille. Je vois peu de gens et trop encore à mon avis. Je n'aime pas l'"être ensemble", à mesure que je vieillis. » Garneau transcrit cette partie de lettre dans son journal, preuve qu'il y tient. Puis il la développe dans une lettre adressée le 8 juin 1936 à Hodge :

> Je mène une vie bien tranquille, je travaille tranquillement. Je vois de moins en moins de monde, et j'aurais envie d'en voir moins encore. Il y a mon oncle que j'aime, ou plutôt que j'estime; est-ce que j'aime personne? L'« être ensemble » ne m'intéresse pas, car être ensemble, c'est établir un désaccord. Ça n'apporte guère que l'envie parfois de se manger. On ne se rencontre pas, on est des univers différents qui résolvent chacun pour soi, tout seul, le même problème posé de façons différentes. On ne se rencontre pas et pourtant on a tellement besoin de communauté; d'être sur un même terrain, dans un même cercle pour la joie ou pour la mort, que, plutôt que de rester étrangers, chacun chez soi, retranché dans son univers intérieur, ouvert seulement par la compréhension sur celui des autres en tant que « celui des autres », on veut tellement se rejoindre, être ensemble, qu'on met entre soi et d'autres les ponts par où se rejoindre de tel intérêt commun, de telle question commune, de tel fait, telle impression : on réunit les points extérieurs de l'épiderme par quoi on se touche. Et alors c'est le signal de la bataille. Mais les hommes aiment mieux se battre que d'être seuls.

La peur change de camp : on croyait que c'était Garneau qui avait peur des autres, et voici qu'on le découvre au contraire confiant, en position de force, et même de supériorité. Ce sont les autres, affirme-t-il de façon quasi agressive, qui ont peur d'être seuls. Les hommes sont prêts à tout pour « être ensemble », et même à mentir, à se mentir, à cacher ce qu'ils pensent vraiment d'autrui.

Le comble de cette hypocrisie sociale se trouve dans l'espace que Garneau connaît le mieux, celui de la famille : « [L]es familles, c'est exécrable », écrit-il dans la même lettre à Hodge, jugement tout à fait surprenant quand on connaît la vie de Garneau et quand on se rappelle dans quel milieu et à quelle époque il écrit, soit en plein groulxisme, alors que les mots d'ordre « Famille, Travail, Patrie » résonnent partout à l'aube de la Seconde Guerre. Autre fait tout aussi étonnant : Garneau, si peu porté à commenter l'actualité politique, associe dans ce même passage le besoin d'être ensemble au faux pacifisme de l'Europe tout entière, qui selon lui ne rêve que de guerre, comme les familles :

> Être ensemble c'est pour eux [c'est-à-dire les membres des familles] une nécessité. C'est comme la paix [e]uropéenne, c'est l'absence de guerre. Ce serait la guerre déclarée, et féroce, si seulement tous ces amis, surtout ces amies, osaient dire ce qu'ils pensent, ou même se formuler ce qu'ils sentent les uns pour les autres. Mais la plupart ne soupçonnent même pas qu'ils contiennent de quoi se tuer ; ils pensent qu'ils s'entendent. Mais qu'il vienne un étranger, ils montrent ce dont ils sont capables. Mais se rendre compte serait menacer leur dieu « être ensemble » qu'ils cultivent avec une inconsciente complicité. (lettre à Gertrude Hodge, 8 juin 1936)

Cette lucidité négative (martelée par une cascade de « Mais »), Garneau l'applique indifféremment à la sphère intime et à la sphère nationale ou internationale. Dès que surgit l'étranger, il y a la guerre. C'est comme si l'être-ensemble et l'idée de paix étaient par définition des mensonges. Seule la solitude ne ment pas, comme le mauvais pauvre réduit à son épine dorsale.

L'épistolier semble mettre au défi sa correspondante – et quiconque – d'en faire autant, c'est-à-dire d'apprendre à être seul, de faire preuve d'autant de courage que lui. La proposition a quelque chose de violent et d'inadmissible. Avant d'être religieuse ou morale (Garneau évoque plus loin la charité comme seule attitude digne), cette solitude revêt une portée quasi subversive : il en va de la possibilité même de s'assumer comme sujet autonome. La solitude n'a rien d'un repli, elle n'est pas une simple retraite hors du monde, mais constitue un geste de protestation contre le grégarisme ambiant, qui touche ici toutes les couches de la société, toutes les formes d'action collective. Le « je » épistolaire doit se séparer radicalement d'autrui.

Une telle lettre ne ressemble à rien de ce qui s'écrit dans le Québec de 1936, quel que soit le groupe idéologique auquel on s'identifie. Formulée ainsi, la revendication de solitude ne peut être interprétée autrement que sous la forme d'un scandale. L'épistolier sait d'ailleurs que s'il s'exprimait librement, il sèmerait l'épouvante et forcerait les autres à détourner les yeux. « La vérité, cela les annihilerait », écrit-il en parlant des maniaques de l'être-ensemble, car ils ne voient rien (leur vision est toujours atrophiée) et ils ne sauraient quoi faire de leur solitude si d'aventure ils s'élevaient à sa hauteur. Ils se prosternent devant l'être-ensemble comme devant un « dieu » qu'on adore.

D'où Garneau tient-il une telle haine de l'être-ensemble ou de ce qu'on appellerait peut-être aujourd'hui le vivre-ensemble ? Laissons de côté un instant les explications biographiques, sa phobie sociale, ou encore les accusations de Le Moyne contre la société canadienne-française, qui aurait étouffé le poète en l'enfermant dans un jansénisme malsain. Il y a quelque chose de profondément baudelairien dans cette détestation d'autrui. Dans une lettre à Hodge du 9 août 1935, également transcrite dans son journal, Garneau rend hommage au poète des *Fleurs du mal* : « Et voilà l'être que j'aime par-dessus tout dans Baudelaire. Cet être écrasé, battu, fouetté, qui a bu toute la douleur et l'a comprise enfin, sans révolte. » Aucun autre écrivain n'a exercé une telle fascination chez Garneau, dont la passion de la solitude fait écho à celle que célèbre tel fragment de « Mon cœur mis à nu » :

> Goût invincible de la prostitution dans le cœur de l'homme, d'où naît son horreur de la solitude. – Il veut être *deux*. L'homme de génie veut être *un*, donc solitaire.
>
> La gloire, c'est rester *un*, et se prostituer d'une manière particulière.
>
> C'est cette horreur de la solitude, le besoin d'oublier son *moi* dans la chair extérieure, que l'homme appelle noblement son *besoin* d'aimer. (Baudelaire, 1961 : 1294)

Garneau est bien conscient que Baudelaire n'est pas ce qu'on appelle une lecture recommandable au Canada français. À l'été 1935, il avait promis d'envoyer un exemplaire des *Fleurs du mal* à une jeune femme rencontrée en vacances, puis il se ravise et lui écrit longuement pour lui expliquer sa volte-face :

> Je vous avais promis *Les fleurs du mal*. J'aime mieux ne pas les envoyer. C'est idiot, alors, de vous les avoir promises, de vous en avoir parlé ! Je le sais. Mais j'aime mieux ; ce livre est peut-être dangereux. Il m'a fait beaucoup de bien mais il est peut-être dangereux ; les hommes sont si différents ; sait-on jamais le bien ou le mal qu'un livre peut faire ?
>
> […]
>
> Voilà, comme dans un roman, comment je suis parfois. Quelle complication ! Et quelle application à démêler tous ces

> fils imperceptibles! Est-ce que, au fond, je ne les emmêle pas davantage? Certainement. Alors? Alors tout sert. J'apprends au moins la vanité de tout cela, de toute cette application inutile, de toute cette attention fébrile. J'apprends la nécessité d'être simple, et j'y arrive parfois. Tellement le contraire naît du contraire, et tellement chaque mensonge porte dans la conscience qu'on en a son fruit de vérité.
> La conscience aiguë de soi-même, la conscience du bien et surtout du mal. La conscience de chacun de ses actes et leur exacte évaluation; voilà ce que j'ai trouvé en Baudelaire. (lettre à Yolande Leblanc, 21 août 1935)

Si Baudelaire n'est pas recevable, ce n'est pas parce qu'il est à l'index. Garneau ne se réclame d'aucune autorité morale pour justifier sa décision de ne pas partager *Les fleurs du mal.* Il se fie à sa seule expérience, au danger qu'il a lui-même éprouvé à la lecture de cette poésie. Les lettres quasi romanesques de Garneau disent à chaque destinataire : mon « je » non métaphorique joue avec le feu, et il vaudrait mieux ne pas l'imiter. Elles mettent en scène un personnage qui refuse de devenir exemplaire. Elles n'ont pas de leçon à donner, et les fils emmêlés de ce roman compliqué renoncent à former une trame.

Conclusion

Pourtant, les lettres de Garneau donnent le sentiment, plus que la plupart des correspondances, de suivre un seul et même fil conducteur et de se lire comme un texte autonome. Elles constituent bien plus qu'un document d'appoint, utile pour mieux comprendre la vie de l'auteur et la genèse de son œuvre. En réalité, elles inversent la perspective traditionnelle sur les lettres d'écrivains : elles ne sont pas seulement des sources qui éclairent les poèmes et l'existence de Garneau, mais plutôt le moteur de son écriture, et le cœur de son combat existentiel, dans la mesure où l'acte même d'écrire, chez ce poète de la solitude, n'a de sens que s'il contribue à mettre en mouvement, par le jeu de la destination à autrui, la question si vitale du moi. L'analyse, l'épanouissement et le dépassement de son moi trouvent dans la forme épistolaire le relais idéal. La lettre tourne et retourne la question du moi « non métaphorique » qu'elle met en scène, non pas pour l'exalter à la façon romantique, mais au contraire pour le représenter en train de vouloir se libérer de lui-même. Ce faisant, l'épistolier ne se contente pas d'accompagner le poète : il l'englobe. La lettre éclaire le poème, mais la réciproque est aussi vraie : Garneau intègre ses vers dans certaines lettres, de sorte que tout ce qu'il écrit à ses amis participe d'un même projet totalisant.

Il ne s'agit donc pas de conclure que la forme épistolaire importe davantage que le poème, mais plutôt que les deux formes pointent vers une aventure existentielle qui dépasse les frontières génériques. Partout se lit le récit comico-tragique d'un moi qui rêve de sa propre disparition, comme si le « je » de l'épistolier-poète était le soleil noir autour duquel gravitait le monde des mots. Sous couvert de fragmentation, toute la correspondance de Garneau revient ainsi inlassablement sur le sujet qui est au cœur de son œuvre, ce moi dont il voudrait bien ne plus parler, mais qui l'obsède : « Je ne parle pas de moi ; je suis tout à fait (? il reste toujours quelque mensonger attachement) revenu de moi-même » (lettre à Le Moyne, 6 août 1935). D'où le caractère unique et unifié de cette correspondance, qui se centre autour d'un seul objectif : l'épistolier rêve de se débarrasser de son « je » encombrant à force de l'étudier. Autant dire qu'il rêve de ne plus écrire, tant le moi et la pulsion d'écrire sont indissociables. C'est pourquoi chacune de ses lettres se lit comme un voyage au bout de lui-même. C'est pourquoi aussi sa correspondance occupe une place unique dans l'histoire littéraire, étant le vecteur de tout ce qu'écrit Garneau, lieu par excellence où la vie et l'œuvre s'entremêlent, se dynamisent et s'effacent.

Bibliographie

Archives

Bibliothèque et Archives Canada
Fonds Jean-Le Moyne, MG30D358

Ouvrages et articles cités

ARTAUD, Antonin (1968). *L'ombilic des rêves*, précédé de *Correspondance avec Jacques Rivière* et suivi de *Le pèse-nerfs et autres textes*, Paris, Gallimard.

BAUDELAIRE, Charles (1961). *Œuvres complètes*, texte établi et annoté par Y.-G. Le Dantec, édition révisée, complétée et présentée par Claude Pichois, Paris, Gallimard, coll. « Bibliothèque *NRF* de la Pléiade ».

BIRON, Michel (2020). « La censure "amicale" des lettres de Saint-Denys Garneau », dans Stéphanie Bernier et Pierre Hébert (dir.), *Nouveaux regards sur nos lettres : la correspondance d'écrivain et d'artiste au Québec*, Québec, Presses de l'Université Laval, p. 57-74.

BOSCO, Monique (1967). « Des lettres qui sont un vrai roman », *Magazine Maclean* (octobre), p. 92-93.

CHAMBERLAND, Paul (1967). « Fondation du territoire », *Parti pris*, vol. 4, n°s 9-12 (mai-août), p. 11-42.

CHARBONNEAU, Robert (1937). « Lettre à St-Denys Garneau », *La Relève*, 4e cahier, 3e série (mars), p. 123-124.

FALARDEAU, Jean-Charles (1967). « La génération de *La Relève* », *Notre société et son roman*, Montréal, Éditions HMH, p. 101-113, coll. « Sciences de l'homme et humanisme ».

FOUCAULT, Michel (1994). *Dits et écrits 1954-1988*, t. IV : *1980-1988*, éd. D. Defert et F. Ewald, Paris, Gallimard, coll. « Bibliothèque des sciences humaines ».

GARNEAU, de Saint-Denys (1954). *Journal*, préface de Gilles Marcotte, Montréal, Éditions Beauchemin, 1954.

GARNEAU, de Saint-Denys (1967). *Lettres à ses amis*, Montréal, Éditions HMH, coll. « Constantes ».

GARNEAU, de Saint-Denys (1971). *Œuvres*, texte établi, annoté et présenté par Jacques Brault et Benoît Lacroix, Les Presses de l'Université de Montréal, coll. « Bibliothèque des lettres québécoises ».

GARNEAU, de Saint-Denys (2020). *Lettres*, édition préparée, présentée et annotée par Michel Biron, Montréal, Les Presses de l'Université de Montréal, coll. « Bibliothèque du Nouveau Monde ».

KAUFMANN, Vincent (1990). *L'équivoque épistolaire*, Paris, Éditions de Minuit, 1990.

LAFRANCE, Geneviève (1997). « Saint-Denys Garneau et le don épistolaire : la lettre du 30 décembre 1932 », *Voix et Images*, vol. XXIII, n° 1 (automne), p. 119-134.

MAJOR, André (1967). « *Lettres à ses amis* », *Le Devoir* (13 mai), p. 13.

MAJOR, Jean-Louis (1994). « Saint-Denys Garneau ou l'écriture comme projet de soi », *Voix et Images*, vol. 20, n° 1 (automne), p. 12-25.

MELANÇON, Benoît (1996). *Diderot épistolier : contribution à une poétique de la lettre familière au XVIIIe siècle*, Montréal, Éditions Fides.

MONIÈRE, Denis (1983). *André Laurendeau et le destin d'un peuple*, Montréal, Québec Amérique.

OLSCAMP, Marcel (2020). « La correspondance comme catalyseur : Jacques Ferron et la genèse épistolaire du *Ciel de Québec* », dans Stéphanie Bernier et Pierre Hébert (dir.), *Nouveaux regards sur nos lettres : la correspondance d'écrivain et d'artiste au Québec*, Québec, Presses de l'Université Laval, p. 89-102.

Anne Hébert, une correspondance de l'apprentissage

Nathalie Watteyne[1]
CRILCQ – Université de Sherbrooke

Le legs de ses documents par Anne Hébert[2], par sa succession et par celle de Monique Bosco[3] ainsi que les dons de collectionneurs privés nous ont permis de constituer, à l'Université de Sherbrooke, des dossiers d'archives étoffés (correspondance, entrevues, carnets, manuscrits, dactylographies, livres), dont une partie a été reproduite dans les annexes aux cinq volumes de l'édition critique de ses *Œuvres complètes* et dans l'*Album Anne Hébert*, entre 2013 et 2016. Mais il n'y a pas eu d'interprétation du processus génétique qui nous permette de préciser ce que les archives de l'auteure apportent à la connaissance de l'œuvre. Parmi toutes ces archives se démarque la correspondance, que l'on peut départager en deux sous-ensembles : les lettres à la famille, d'une part, et celles adressées aux amies ou amis proches œuvrant dans le monde des lettres, d'autre part.

L'œuvre épistolaire est importante tant pour l'histoire littéraire, dans la mesure où elle traverse presque tout le XXe siècle, que pour la compréhension de l'œuvre elle-même, dans son unité et sa cohérence, bien

1. Je remercie François Hébert pour son accompagnement attentionné lors des recherches ayant mené à ce texte et pour ses lectures toujours perspicaces.

2. Service des bibliothèques et archives de l'Université de Sherbrooke (ci-après SBAUS), Fonds Anne-Hébert, P25/C2 Correspondance.

3. SBAUS, Fonds Anne-Hébert, versement par Monique Bosco, P25/K2 Correspondance et contrats.

qu'elle ne soit pas près pour autant de dévoiler tous ses secrets. À la mort de l'écrivaine, le 22 janvier 2000, plusieurs lettres ont été éparpillées. Mais on a pu en réunir un certain nombre grâce à la vigilance de collectionneurs, de chercheuses et d'archivistes. Aux 78 lettres et cartes données en 2001 par son frère Pierre[4], qui aura été le principal correspondant d'Anne Hébert de la fin des années 1930 à la fin des années 1990, se sont ajoutées d'autres missives à la famille, rassemblées par quatre personnes, avant d'être léguées à l'Université de Sherbrooke. Ces missives ont été données par Simon Beauregard[5] en 2012, par Jean Dumont et Sébastien Hudon[6] en 2015 et par Roger Bellemare[7] en 2019. Une soixantaine de lettres et de cartes, qui se trouvent dans la collection privée de Pierre Bouillon[8], ont aussi pu être transcrites, grâce à l'aimable autorisation du collectionneur, de même que la douzaine d'écrits que possède Maurice Jobin, l'héritier de Pierre Hébert[9].

---

4. SBAUS, Fonds Pierre-Hébert (ci-après FPH), P36. – 1938-1998. – 30 cm de documents textuels. Comprend 78 lettres et cartes postales que lui a envoyées sa sœur Anne et 13 lettres et cartes postales à Jean, le frère benjamin, décédé en 1999. Ce fonds comporte aussi des écrits de leur père Maurice Hébert, fonctionnaire, poète et critique littéraire.
5. SBAUS, Collection Yves Beauregard relative à la famille Hébert (ci-après CYB), P65. – 794-2000, surtout 1840-1960. – 70 cm de documents textuels. – 225 photographies n et b. – 4 photographies (couleur). – 42 cartes postales. – 4 dessins. – 21 volumes et publications. – 2 passeports. – 3 objets. Principalement composée de la correspondance familiale, cette collection, constituée par l'historien et directeur de la revue d'histoire *Cap-aux-Diamants*, contient des documents produits, reçus ou réunis par quatre générations, dont plusieurs photographies, et 27 lettres et cartes d'Anne à ses frères.
6. SBAUS, Collection Dumont-Hudon relative à Anne Hébert (ci-après CDH), P77. – 1902, 1937-1996. – 12 cm de documents textuels. – 4 photographies n&b. – 1 livre. Acquise par le libraire Jean Dumont et le collectionneur Sébastien Hudon, quand ils étaient à l'emploi de la Librairie générale française, cette collection compte 203 documents textuels, dont 136 lettres et cartes postales d'Anne à Pierre.
7. SBAUS, Collection Roger Bellemare relative à Anne Hébert et à la famille Hébert (ci-après CRB), P87. – 1831-1994, 2000, 2012. – 5 cm de documents textuels. – 36 photographies. – 116 cartes postales. – 9 aquarelles. – 2 CD. – 2 disques vinyle. – 2 albums souvenirs. – 1 registre de signatures. La collection de l'artiste-galeriste comprend 62 lettres, cartes de souhaits, cartes postales et un télégramme.
8. Collection privée de Pierre Bouillon, Québec (ci-après CPB).
9. Ces écrits d'Anne Hébert, pour la plupart des lettres adressées aux membres de sa famille, se trouvent dans la collection personnelle de Maurice Jobin à

Riche épitexte privé, la correspondance d'Anne Hébert fournit aujourd'hui une matière abondante pour préciser les sources de l'œuvre, les processus d'écriture et de réécriture, aussi bien que certaines convictions qui animent le geste créateur. Dans le cadre du projet « Archives et poétique », nous avons dépouillé et transcrit 633 missives[10], écrites à la main ou tapées à la machine, la plupart sur du papier à lettres, dont des cartes postales et des télégrammes. Un premier regard sur l'échange épistolaire avec son frère Pierre nous a éclairés sur le chantier de *Kamouraska* (Drouin et Watteyne, 2020). Mais l'étude des lettres à la famille et aux proches sur soixante-dix ans a bien plus à nous apprendre sur la poétique d'ensemble.

Outre les informations à valeur de témoignage, ces lettres offrent une pensée sur l'art et la littérature de même que des préoccupations esthétiques qui évoluent au fil des années. Même si Anne Hébert n'a pas conscience de le faire au moment où elle écrit à ses proches, à tout le moins avant la publication de ses premiers romans, une figure de l'écrivaine se met en place dès l'adolescence, se précise au gré des ans et nous parle rétrospectivement. En ce sens, il faut suivre Françoise Leriche et Alain Pagès, qui soutiennent dans leur introduction au collectif *Genèse et correspondances* que « [l]a "fonction génétique" des correspondances ne saurait concerner uniquement la genèse du texte; elle doit aussi intégrer la façon dont le discours épistolaire institue l'œuvre pour la postérité » (2012 :10). Dans le présent article, c'est la question de la genèse de l'écriture romanesque d'Anne Hébert que nous souhaitons poser par l'examen de la correspondance de jeunesse jusqu'à celle rédigée parallèlement aux romans des années 1970, afin de rendre compte de la pensée créatrice qui se met en place. Cela nous amènera à expliquer pourquoi l'écrivaine continue à faire du « Torrent[11] » son modèle d'écriture, lorsqu'il s'agit

---

Sainte-Catherine-de-la-Jacques-Cartier (ci-après CMJ). Dans la revue *Liberté* (2019), Alex Noël raconte comment il a eu accès à la douzaine de lettres que nous avons ensuite pu transcrire.

10. La plupart de ces lettres sont adressées par Anne à la famille : 320 à son frère Pierre, 10 à son frère Jean, 36 à ses parents et 66 à ses tantes. On compte 56 lettres à des gens de lettres. À ces 488 lettres, il faut ajouter 104 lettres de Pierre à Anne et 41 d'autres correspondantes ou correspondants.

11. Sur le passage de l'enfermement à la lumière du *Torrent* aux *Chambres de bois* et du *Tombeau des rois* à *Mystère de la parole*, voir Tanguay et Watteyne (2019).

de caractériser la force de vie et la vérité des personnages dans ses projets d'écriture des années 1955 à 1975.

De lectures en écritures : les lettres de jeunesse

Pour comprendre la valeur exemplaire de la correspondance, en regard de la particularité du corpus ici étudié, la lettre professionnelle ne suffit pas. Celle qui éclaire le processus créateur se fait sur le mode de la confidence intime. Aux lettres rédigées aux siens à partir de 1928, il faut ajouter, pour une mise en perspective de cette confidence, la parole épistolaire adressée aux amis éditeurs, écrivains ou écrivaines.

Au commencement, il y a forcément la correspondance familiale. C'est en lectrice que Maurice Hébert se plaît à présenter sa fille, le 5 août 1926, dans une brève missive à sa sœur Gabrielle, où l'on apprend que la fillette de dix ans accorde beaucoup de valeur à un livre de la comtesse de Ségur. Dans sa première lettre connue, qui est datée du 6 mars 1928, adressée à Marie-Claire Daveluy et précédée d'un mot de son père, Anne remercie avec effusion l'auteure des *Aventures de Perrine et de Charlot* pour le livre que celle-ci vient de lui envoyer. C'est la capacité à composer des histoires captivantes pour les enfants qui est louée par celle qui s'appelle « Votre respectueuse petite lectrice[12] ».

Parallèlement aux lectures qu'elle mentionne, pour la plupart dans les lettres à Pierre, mais dont elle témoignera surtout par la suite en entrevue[13], on peut suivre la jeune femme partie à la découverte de lieux variés sur le continent. Qu'elle se trouve avec son père à Cuba en mars 1937 ou avec sa tante Louisette en Floride et à New York deux ans plus tard, les lettres la montrent rêveuse et avide de paysages nouveaux. Au cours de ses voyages, elle s'adonne à la lecture et à des exercices d'écriture, dont elle fait part à son frère Pierre.

C'est le 20 avril 1939 qu'elle entreprend à Clearwater en Floride une correspondance avec lui, qui aspire, tout comme elle, à l'écriture. La première

12. Bibliothèque et Archives Canada (ci-après BAC), Fonds Marie-Claire Daveluy, LMS-0009.
13. Sur les listes de livres qu'elle énumère en entrevue, voir l'introduction au tome 1 ([2013] 2014).

lettre se présente comme une parodie du conte « Blanche-Neige[14] ». Les noms donnés aux sept nains donnent à penser qu'Anne et son frère ont vu le film produit par Disney en décembre 1937. L'humour bon enfant vise à procurer un peu de réconfort à son jeune frère qui est alors malade et dénote chez elle une attitude bienveillante qui donnera le ton à sa correspondance avec Pierre tout au long de son existence. C'est ainsi déjà sous le signe d'un amour commun de la littérature qu'Anne et Pierre placent leurs échanges épistolaires, qui se poursuivront jusqu'en 1998.

Au tout début de 1945, alors que ce dernier vient d'entrer au Collège de Sainte-Anne-de-la-Pocatière, elle cherche son assentiment : « J'écris un conte qui se passe près des chûtes Déry[15]. J'espère que tu l'aimeras[16]. » Grâce à une telle lettre, nous avons pu établir la date de composition du « Torrent » et corriger une information erronée, à savoir que le décor à l'origine du conte n'est pas le cours d'eau qui jouxte le manoir de Sainte-Catherine, où résidait leur petit-cousin Hector de Saint-Denys Garneau, mais un autre torrent de la région qu'Anne Hébert aimait fréquenter. Par-delà le matériau documentaire, les archives familiales révèlent, ainsi que le souligne Anne-Marie Gresser, des « phénomènes de rencontres » susceptibles d'éclairer une « orientation fondamentale » (2017 : 21). Ce que nous révèle la lettre ici, c'est tout le temps accordé au repos et à la rêverie solitaire durant les années de guerre, qui coïncident avec la mort de Saint-Denys Garneau, et d'après-guerre, qui correspondent à la composition du recueil du *Torrent*. Le conte ou la nouvelle d'Anne Hébert se fait âpre et cinglant, contrairement à l'idéal poétique et philosophique qui anime les vers et la prose de son cousin, qu'elle admire et qui a, par ailleurs, exercé sur elle la plus grande influence[17] : pour voir en art, il faut apprendre à regarder.

Les lettres de 1945 à 1947 font de son frère Pierre, de dix ans son cadet, un lecteur privilégié. Elles nous instruisent sur le « germe de l'œuvre » et sont déterminantes pour saisir le regard que portera

---

14. CMJ.
15. Nous avons conservé l'orthographe de l'auteure.
16. Lettre de Québec, le 7 février 1945, CMJ.
17. Anne Hébert confie dans plusieurs entrevues audiovisuelles que de Saint-Denys Garneau lui a appris à voir, et que c'est pour elle une influence de « personne à personne » (*Format 30*, [Radio-Canada], 13 février 1972, segment : 00:09:45).

quelques années plus tard l'écrivaine sur son travail, confiante que la parole ne se libère que lorsqu'elle se règle sur le mystère d'une vérité intérieure, un motif esthétique qu'elle reprendra dans ses essais de 1958 et de 1985. À cet égard, une missive de Québec, datée du 13 février 1945, nous renseigne sur l'attention qu'elle porte aux visions oniriques et aux forces troubles qui président à l'écriture, qu'elle cherche à communiquer à son frère :

> Avant de sombrer dans le sommeil, c'est l'heure où l'on est le plus soi-même. Les images du jour rôdent, se déforment, pas tout à fait en rêve, pas tout à fait recréées, mais entre les deux. Le subconscient est tellement présent et la partie qui veille en nous l'épie et se laisse subjuguer. [...] /Je te cherchais toi et moi aussi j'apportais les éléments épars ou d'un songe ou d'une œuvre lointaine. Tu ne connais pas le cheval Perceval ? Ni le petit François ? Pourtant je les avais hier avec moi dans le noir de ta chambre et tant de pensées brisées, de souvenirs défaits, d'élans non résolus, tout ce qui échappe et se perd irrémédiablement[18].

Le 14 avril 1945, une autre lettre nous apprend que le conte éponyme « Le torrent » est terminé. Celle qui signe souvent « Ta grande sœur » tient moins à l'avis de ses parents qu'à celui de son frère cadet : « J'ai hâte de t'en faire part. D'habitude, c'est à toi, en premier, que je communique "mes œuvres", directement du brouillon[19]. »

Tout au long de la rédaction des contes qui seront rassemblés en 1950, la jeune auteure fait état de ses nombreux empêchements, que ce soit parce que le docteur lui recommande de ne pas trop lire ni écrire, ou bien en raison de la lourdeur des tâches domestiques, qu'elle décrit avec humour, mais qu'elle évoquera avec plus de lassitude à Paris et qui justifieront ses séjours de repos à Menton. Elle a pour ambition de devenir écrivaine et peine à se concentrer. Elle envisage sa pratique non comme un loisir, mais comme une ascèse et un véritable « travail littéraire[20] ». De telles confidences abondent dans la correspondance avec son frère et font de leurs échanges épistolaires l'un des plus riches enseignements sur l'œuvre, qui se serait perdu si nous n'avions réuni ces lettres.

18. CPB.
19. CDH.
20. Lettre de Québec, le 5 mai 1946, FPH.

Anne Hébert commente ce qu'elle a lu ou écrit, fait des remarques sur le « don total » de l'artiste, citant en exemple le « sacrifice » de Saint-Denys Garneau[21] et le « sanglot » empreint de beauté mis en forme par Baudelaire dans « Les Phares[22] ». Après avoir reçu de l'écrivain français Georges Duhamel un compliment sur son « âme » de poète, mais non pas tant sur la « forme » de ses *Songes en équilibre*[23], elle envisage le « grand art » comme un « dépouillement rigoureux », citant l'exemple fort de *Poil de Carotte* de Jules Renard[24]. C'est à une telle ascèse que nous convient « Le torrent » et *Le tombeau des rois*.

Les idées d'après-guerre sur le geste créateur ont pour souci l'authenticité de l'œuvre, qui émane de « la grande blessure des artistes[25] ». Les « souffrances » ne sont pas l'apanage des seuls créateurs, mais elles sont « perdues » quand elles ne font pas l'objet d'une reprise par le langage ou la spiritualité[26]. Si la « soif d'absolu », dans le cœur de poètes comme Baudelaire, Rimbaud et Claudel[27], en vient quelque peu à être mise de côté après *Le tombeau des rois*, c'est au profit de « la vie » quand elle parvient « à s'incarner[28] ». Hébert cherchera à rendre cette vitalité grâce à une nouvelle conception du rythme en poésie, dans « Mystère de la parole ».

On comprend que la perspective d'ensemble serait faussée si on ne tenait pas compte des lettres aux éditeurs et aux écrivains, parmi lesquels Roger Lemelin ou des amies, de Québec aussi, comme Gabrielle Roy[29] et Marie-Claire Blais[30]. C'est à cette dernière qu'Anne Hébert livre ses plus profondes impressions sur la vie et l'art, lesquelles se développent en se nuançant dans 33 lettres rédigées entre 1961 et 1974. Dans la

---

21. Lettre de Québec, le 10 décembre 1945, FPH.
22. Lettre de Québec, le 11 ou 12 février 1946, CDH.
23. Lettre de Québec, le 9 novembre 1945, FPH.
24. Lettre de Québec, le 15 janvier 1946, CDH.
25. Anne Hébert, Lettre à Pierre Hébert, SBAUS, FPH, P36. Lettre à Pierre, de Québec, le 19 octobre 1945.
26. SBAUS, CDH, P77. Lettre de Québec, le 14 février 1946.
27. Lettre d'Atlantic City, le 13 mai 1947, FPH.
28. BAC, Ottawa, Fonds Roger-Lemelin, LMS-0068. Lettre à Roger Lemelin, d'Ottawa, le 30 janvier 1953.
29. BAC, Ottawa, Fonds Gabrielle-Roy (ci-après FGR), LMS-0082.
30. BAC, Ottawa, Fonds Marie-Claire Blais (ci-après FMCB), LMS-0117.

mesure où elles ont pu être consultées[31], ces lettres sont fort instructives, car elles éclairent la vision qui anime les deux écrivaines.

Vers le roman : renouer avec « la passion du Torrent »

C'est dans une lettre à Pierre que l'on apprend que la poète recommence à écrire de la prose au début de 1955. Cette année-là, elle voyage beaucoup, le plus souvent avec des proches ou chez des amies : en Provence, sur la Côte d'Azur et à Menton avec les Lemieux, à Florence chez la peintre Jeanne Rhéaume, puis à Assise, à La Rochelle et ses environs chez une amie d'Ottawa, en Bretagne avec les Lemieux, à Aix-en-Provence et à Menton ou dans la Gironde avec la musicologue Andrée Desautels, au Luxembourg et à la frontière allemande avec deux étudiants canadiens. Enfin, avec l'écrivaine Mavis Gallant, à Menton, à l'hôtel Aiglon, à l'été 1956. On peut remarquer par la fréquence et le contenu de ses lettres qu'Anne Hébert cherche à rassurer ses parents, comme l'a observé Marie-Andrée Lamontagne (2019 : 200) : elle s'ouvre à la France et à la socialité, avec le désir de s'isoler ensuite sur de plus longues périodes pour écrire. Se ressourcer en solitaire dans des lieux apprivoisés, c'est un comportement qu'elle adoptera tout au long de sa vie et qui vise à préserver le tête-à-tête avec ses personnages.

Lors de la composition des *Chambres de bois*, elle reviendra sur ce qu'elle a écrit durant les derniers mois de la guerre de 1939-1945. Mais Pierre n'est plus le seul qui puisse comprendre ce qu'elle entend par la tonalité du « Torrent ». D'autres lettres, adressées à sa mère et à Marie-Claire Blais, insisteront sur cette intention, pour elle capitale, de renouer avec la force de l'écrit de 1945, mais suivant une perspective moins sombre.

Depuis son arrivée en France, le 5 octobre 1954, l'écrivaine ne chôme pas. Ses voyages et ermitages lui procurent assez de liberté pour mener à bien une composition de longue haleine, qui prendra fin en juin 1957. Elle écrit une nouvelle et ne rentrera pas avant « que son travail soit

31. Plusieurs lettres ne peuvent être consultées avant 2025 ou 2050. D'autres ont été détruites selon les volontés exprimées par Anne Hébert ou par Monique Bosco, amie de longue date et ayant droit moral jusqu'à sa mort en juin 2007.

terminé[32] ». À sa mère, le 27 novembre, elle fait part de son désir d'accomplissement : « Je veux mériter ta si grande confiance et faire quelque chose de très beau, d'aussi intense que “le Torrent”, mais dans la vie. Ma nouvelle s'allonge et deviendra peut-être un petit roman, qui sait[33] ? »

Elle cherche un « état de grâce, tous les matins[34] », en dépit du temps qui passe et de la déception d'avoir suivi un certain nombre de fausses pistes et de devoir abandonner les mauvaises pages. C'est la première lettre dans laquelle elle qualifie son roman en cours de « poétique », au sens où elle écrit alors par fragments *Les chambres de bois*. Après avoir rencontré ceux qui deviendront ses éditeurs au Seuil, elle a confiance de pouvoir atteindre le but qu'elle s'est fixé.

Les années de formation prennent fin, peut-on dire, avec le prix de l'Association France-Canada, qu'elle obtient après avoir déposé le manuscrit des *Chambres de bois*, un prix « pour l'ensemble de son œuvre », est-il écrit sur la coupure de *France-Soir* jointe à la lettre à sa famille du 24 juin 1957[35], qui coïncide avec la fin de son premier séjour en France. Entre la période où ses appuis éditoriaux se précisent et la publication de ses deux premiers romans, Anne Hébert développe une esthétique que l'on pourrait qualifier de moins noire et que l'on peut appréhender par le recoupement de propos que contiennent ses lettres.

Des années plus tard, l'âpre vérité reste à ses yeux primordiale : « Je veux être honnête avec moi-même et payer le prix de cette honnêteté indispensable[36]. » Quand elle cesse d'être en panne, la joie avec laquelle elle renoue avec la création est humblement comprise comme un don : « Je travaille merveilleusement bien, des poèmes, l'un suivant l'autre. Pourvu que cette grâce dure[37] ! » Quand elle revient à l'écriture romanesque, c'est en faisant appel à l'ardeur du « Torrent », comme lorsqu'elle présente à Pierre son idée de *Kamouraska* : « [...] j'ai commencé un roman plus ou moins imaginé du meurtre d'Achille Taché à Kamouraska. Cela me passionne. Je travaille comme une possédée... Je crois que cela a

32. Maurice Hébert à tante Gabrielle, de Québec, le 18 octobre 1955, CRB.
33. CDH.
34. Lettre à Pierre Hébert, de Paris, le 28 février 1956, CDH.
35. CDH.
36. Lettre à sa mère, de Paris, le 6 février 1964, CDH.
37. Lettre à sa mère, de Paris, 1er mars 1964, CDH.

la passion du Torrent[38]. » Réinventer la réalité, en se tenant au plus près des motivations de ses personnages, exige de sa part une vie sans trop d'occupations ni loisirs. Mis à part les courses, la natation et quelques promenades à Amboise avec son ami Roger Mame, il n'y a de temps que pour l'écriture. Une rare lecture jugée par elle digne de mention, durant le chantier de *Kamouraska*, est celle de la romancière québécoise qui est devenue une amie personnelle à la faveur de leurs échanges épistolaires : « Je n'ai pas beaucoup le temps ni le goût de lire. [...] J'ai lu un livre vraiment extraordinaire de Marie-Claire Blais que tu aimerais, j'en suis sûre : "Une Saison dans la vie d'Emmanuel[39]". »

En plus de nous renseigner sur ses activités à Paris, à Menton ou à Amboise, et à Montréal ou Sainte-Catherine, ainsi que sur ses obligations ici et là, le contenu, l'adresse et la date des lettres contiennent une mine d'informations. Les voyages officiels, s'ils sont consentis pour des raisons économiques, n'en restent pas moins perçus comme assommants, en plus d'être des sources de distraction qui la privent de sa concentration et l'éloignent de ses personnages, en somme représentent une menace à son intériorité. Ainsi, lorsque Jeanne Lapointe propose à son amie de l'accompagner en Irlande et en Angleterre en juillet 1966, Anne Hébert décline l'invitation, préférant se concentrer sur le projet de *Kamouraska* : « Visiter me sort trop de moi-même pour me permettre de me remettre au travail », écrit-elle à Pierre, de Paris, le 12 juin 1966[40]. Cet été-là, elle ira plutôt à Menton, où les vacances solitaires sont propices à la rêverie, à la relecture et à l'écriture.

Si ses relations avec l'extérieur restent limitées, la correspondance avec Pierre se poursuit sur une base continue. C'est à lui qu'elle fait état de la progression de son travail, des pièces de théâtre ou des films qu'elle a vus et des livres qu'elle a lus et c'est à lui, encore, qu'elle en vient à demander en 1974 des informations d'ordre documentaire pour ses *Enfants du sabbat*, mais dans d'autres lettres, c'est avec Gabrielle Roy ou Marie-Claire Blais qu'elle réfléchit à la fonction de l'écriture et à la vérité de ses personnages.

38. Lettre à Pierre de Paris, le 12 juin 1966, CYB.

39. *Ibid.*

40. CYB.

Avec ces femmes, Hébert parle plus aisément des exigences et des embûches de l'écriture. C'est grâce à une lettre à Marie-Claire Blais que l'on en apprend davantage, non sans émotion, sur les obstacles rencontrés dans la préparation de *Kamouraska* : « Je me suis trompée. Mon roman n'est pas le bon. Ce n'est pas ça. Il faut chercher autre chose. Repartir sur une autre piste. Cela me désespère et me dégoûte de moi-même[41]. »

Avec cette correspondante, elle adopte, comme avec Pierre, le ton indulgent de l'aînée. Elle a en effet vingt-trois ans de plus que sa cadette, mais les deux femmes parlent en toute confiance, d'autant que les principaux sujets de ces échanges sont intimes, tout en restant discrets. Si d'anecdotiques pannes d'écriture sont signalées, on en revient vite aux circonstances favorables à l'inspiration, car c'est surtout la maîtrise de l'écriture et la bonne cohabitation avec les personnages qui les préoccupent. L'aînée n'en indique pas moins à sa jeune amie l'importance de l'épanouissement. Tout comme la vérité de la parole, celle du cœur est une grâce qui libère :

> Le bonheur n'est pas si janséniste et parcimonieux. Ne faut-il pas l'accepter tout simplement, comme une grâce et essayer de le communiquer aux autres ? Le bonheur si fugace et rare qu'il soit est un très grand don qu'il ne faut pas mépriser ni refuser, mais au contraire y adhérer de toute son âme, la faire rayonner pour tous et chacun. Certaines culpabilités ne sont pas saines et vous le savez bien. Pour quelques-uns d'entre nous (la plupart), la province de Québec a été un bien mauvais lieu en ce sens[42].

Jusqu'en 1974, les échanges entre les deux écrivaines se poursuivent ainsi dans une sorte de partage harmonieux des grâces et des écueils de la vie comme de l'art. Lors des vœux échangés pour Noël ou la nouvelle année, c'est une lumière vive et intense qu'on se souhaite :

> Je regardais votre très jolie gouache. Il y a un rayon de lumière qui joue dans les belles couleurs. Je voudrais vous souhaiter pour la nouvelle année cette lumière qui vient du fond de votre cœur même pour vous illuminer et vous réchauffer : toute cette poésie qui est vôtre pour votre joie et pour la nôtre[43].

41. Lettre de Paris, le 23 janvier 1967, FMCB.
42. Lettre de Paris, le 9 février 1968, FMCB.
43. Lettre de Paris, le 1er janvier 1967, FMCB.

Même si Hébert a des raisons de se plaindre du « décalage de ton désespérant[44] » qu'elle observe alors dans son manuscrit de *Kamouraska*, elle reste bienveillante envers sa correspondante et l'encourage dans sa production artistique[45]. Elle voit dans la démarche de son amie la part de révolte et d'indignation qu'il faut pour affronter les ombres dans sa quête de clarification. Le mot « passion », employé en opposition à celui de « blessure », apparaît comme une énergie langagière au service de ceux et celles qui souffrent silencieusement, n'ayant pas reçu le don de la parole :

> Chaque livre est un tel effort vers la conscience et vers la lumière. Il y a là une telle tension de tout l'être vers le don total. N'est-ce pas une façon d'assumer la condition humaine le plus courageusement possible, de la dire cette condition humaine avec son horreur et sa beauté, toute sa passion et sa blessure inguérissable? Celui qui a reçu le don de la parole doit parler pour tous les muets que la vie a bâillonnés[46].

Chez Hébert, il n'y a guère de références à l'actualité politique, si ce n'est sous la forme d'allusions distantes ou réservées, notamment à la crise des missiles à Cuba, aux famines en Afrique, à la crise d'Octobre 1970 au Québec et, plus tard, au référendum de 1980. Elle se montre chaque fois inquiète des menaces et des soubresauts historiques de son temps, mais on note tout de même qu'à Marie-Claire Blais, elle n'exprime pas les mêmes inquiétudes qu'à Pierre sur la crise des valeurs suscitée en France par Mai 68 ou dans le monde, par l'invasion soviétique de la Tchécoslovaquie. La consternation et l'angoisse n'échappent pas à ces écrivaines, qui font des privations de la liberté et de la parole de leurs protagonistes les noyaux durs de leurs romans. L'action collective chez Hébert est évacuée cependant au profit du don de soi, du devoir de servir l'intelligence particulière de chacune dans son écriture :

---

44. *Ibid.*
45. Marie-Claire Blais envoie à ses correspondants (à Réjean Ducharme et à Anne Hébert, notamment) croquis et gouaches. Ses journaux intimes comportent plusieurs dessins. Voir l'analyse de ces derniers dans Julie Leblanc, *Genèses de soi : l'écriture du sujet féminin dans quelques journaux d'écrivaines*, Montréal, Éditions du remue-ménage, 2008, p. 73-102.
46. Lettre de Menton, le 21 juin 1970, FMCB.

> La situation internationale est effrayante en ce moment. La liberté de vivre est menacée de tous côtés. [...] cela peut paraître futile de continuer d'écrire. Mais que pouvons-nous faire d'autre? Et puis écrire pour vous comme pour moi, n'est-ce pas donner le meilleur de nous-mêmes[47] ?

Après 1970, quelque chose change dans la manière de concevoir les tourments et les déchirements de ses personnages. En témoigne la lettre du 10 janvier 1971 envoyée de Paris à Gabrielle Roy pour la remercier de lui avoir transmis ses félicitations à l'occasion de la sortie de *Kamouraska*. Dans cette lettre, on remarque que la soif d'absolu est désormais associée à la privation du secours divin :

> [...] je me pose des questions à travers votre lettre au sujet de la terrible aventure de mes personnages. Il y a sans doute en George et en Élisabeth un tel désir d'absolu à travers l'amour et la haine, leur tentative de vivre est tellement forcenée que cela correspond peut-être à un certain désespoir (secret, caché, muré, étouffé) de l'absence de Dieu. De cela je doute davantage pour Élisabeth, mais pour George cela me semble plus évident[48].

Quelques mois après avoir publié son roman, Hébert se montre encore intriguée par les passions de ses personnages, comme l'atteste la lettre à Roy. Par la suite, presque tous seront condamnés à l'errance, en dépit de leur appétit immodéré de vivre. Ils apparaîtront sans moyen pour combler leur vide autrement que par la conscience de la perte de confiance placée en l'autre. Une telle prise de conscience est inhérente à l'exercice de la parole comme vigile, ainsi qu'elle l'écrivait, le 22 octobre 1960, dans le quotidien *Le Devoir* : « Il appartient à l'artiste et à l'écrivain de saisir ce que peut avoir à la fois de pathétique et de passionnant, cette prise de conscience et cette recherche de la vérité, dans la lumière de l'expression retrouvée » (Hébert, 2013-2015, t. V : 884). Quinze ans plus tard, l'écrivaine est passée maître dans l'art du clair-obscur : si, à la fin de presque tous les écrits narratifs, les destins des protagonistes se referment tragiquement sous nos yeux, c'est à travers le point de vue éclairé de celle qui les accompagne dans leur impossible rêve.

47. Lettre à Marie-Claire Blais, de Paris, le 27 août 1968, FMCB.
48. FGR.

Figure emblématique de nos lettres, Anne Hébert représente un modèle pour les jeunes et moins jeunes écrivains du Québec, dont certains osent la déranger dans sa retraite parisienne. Cela bouscule ses habitudes, mais elle n'en reste pas moins accueillante à l'égard des projets qu'on lui soumet quand elle y perçoit une forme de sincérité. Elle répond, par exemple, à la demande de soutien pour une bourse que lui adresse le peintre et poète Guy Gervais : « Une telle attention exige la disponibilité de l'être et ce n'est qu'à ce prix que le poète, délivré des contingences quotidiennes, peut se concentrer sur l'obscur et lent cheminement de la parole vers le jour[49]. » De telles lettres permettent d'interpréter la ligne de force qui demeurera celle d'Anne Hébert au milieu des années 1980 : seuls l'exigeante rigueur de l'attention et le don librement consenti permettent de cheminer des ténèbres à la lumière. La recherche de l'expression juste appelle la relance de l'écriture, et le fait d'y parvenir est ce qui procure de la joie.

Ce que révèle la correspondance, et qui ne se trouve formulé que dans l'œuvre épistolaire, est pluriel. Au fil des ans, les lettres comportent une variété de tons et de contenus. La posture timide et admirative de la jeune lectrice de Québec qui répond aux attentes de son père est délaissée lorsqu'elle s'adresse à son frère, avec lequel elle adopte le ton plus fonceur et presque frondeur de l'écrivaine en devenir. Après être devenue romancière, voilà que l'épistolière s'exprime comme une femme qui connaît bien ses moyens. Les inquiétudes se dissipent, et la démarche s'engage dans les profondeurs de la psyché au fur et à mesure qu'elle cerne les intentions de ses personnages, ce qui revient à ajuster le ton et qui est pour elle garant de l'intensité, comme au temps du « Torrent ».

Bienveillante envers les plus jeunes, elle s'adresse aussi avec douceur aux amies écrivaines. C'est avec une franche simplicité, en dépit de la révolte qui gronde toujours plus ou moins sourdement dans ses écrits, qu'elle relève les aléas de la création, mais sans les exagérer, et que la poète s'affirme de plus en plus nettement romancière, comme en témoignent ses échanges notamment avec Marie-Claire Blais et Gabrielle Roy.

Dès lors, elle ne parlera plus guère que des débuts et des aboutissements de ses projets d'écriture avec Pierre, qui a délaissé le théâtre

49. Lettre à Guy Gervais, de Paris, le 3 avril 1986, Bibliothèque et Archives nationales du Québec, Fonds Guy-Gervais, CA QUEBEC P947.

d'avant-garde à Québec et peut-être même perdu le goût de toute littérature. La correspondance avec celui-ci regorgera de souvenirs en renvoyant de plus en plus à la nostalgie de Sainte-Catherine, aux maladies et aux deuils, ceux de sa sœur Marie en 1952, de son père en 1960 et de sa mère en 1965, dont elle manquera rarement les anniversaires de décès et à l'occasion desquels, nous apprennent encore ses lettres, son frère et elle font célébrer des messes.

Ni les entrevues ni d'autres épitextes ne fournissent une matière aussi foisonnante sur les sources de l'œuvre que la correspondance. Grâce aux échanges ici examinés jusqu'en 1974, on peut suivre l'écrivaine à différentes étapes de son travail, des empêchements initiaux aux difficultés à se concentrer et à ajuster le ton, jusqu'au soulagement qui marque la fin d'un long processus, ici communiqué à Pierre à propos des *Enfants du sabbat* : « J'ai terminé mon roman hier. 555 pages de ma grosse écriture tout épaillée. Ça va être dur à taper tout ça! Et les corrections à faire! Mais je suis si contente et... morte de fatigue aussi[50]. »

L'influence de la correspondance sur la lecture de l'œuvre, au moment où nous en prenons connaissance, dépasse la curiosité bien légitime que nous nourrissons à l'égard d'une existence aussi célébrée que secrète. C'est qu'elle peut agir aussi sur notre compréhension renouvelée des textes.

Ainsi que l'explique Pierre-Marc de Biasi à propos de Flaubert, le destinataire réel d'une lettre n'est ni le lecteur projeté par l'écrivain, qui a conscience de l'image qu'il laisse, ni le lecteur postérieur, qui reste dans son angle mort. Les indices que fournissent les lettres, s'ils sont croisés « avec d'autres renseignements qui les corroborent » (Biasi, 2012 : 95), que ce soient les carnets, les manuscrits ou les interventions publiques, permettent de lire autrement l'œuvre. Les rares essais ou entrevues d'Anne Hébert semblent puiser dans la correspondance le motif de plus en plus évident de la lumière qui émane de l'expression revivifiée au contact d'une vérité, si sombre apparaisse-t-elle, d'une conscience désaveuglée.

En somme, la correspondance témoigne de l'orientation romanesque que prendra Hébert à partir de son premier séjour en France et fait ressortir les grands enjeux inhérents à son écriture, qui ne procédera

50. Lettre de Paris, le 17 mars 1974, CDH.

plus, comme dans les années 1940 et 1950, du don sacrificiel de l'artiste, motif cher à de Saint-Denys Garneau et à la génération de *La Relève*. On la voit désormais s'adonner à une poétique du clair-obscur, où la lumière comme la vie sont délivrées au terme d'un patient cheminement contre les forces aliénantes qui asservissent et nous privent d'une parole libératrice.

Bibliographie

Archives

Bibliothèque et Archives Canada, Ottawa
Fonds Marie-Claire Blais, LMS-0117
Fonds Marie-Claire Daveluy, LMS-0009
Fonds Roger-Lemelin, LMS-0068
Fonds Gabrielle-Roy, LMS-0082
Bibliothèque et Archives nationales du Québec, Montréal
Fonds Guy-Gervais, CA QUEBEC P947
Collection privée de Maurice Jobin, Sainte-Catherine-de-la-Jacques-Cartier
Collection privée de Pierre Bouillon, Québec
Université de Sherbrooke, Service des bibliothèques et archives
Collection Dumont-Hudon relative à Anne Hébert, P77
Collection Roger Bellemare relative à Anne Hébert et à la famille Hébert, P87
Collection Yves Beauregard, relative à la famille Hébert, P65
Fonds Anne-Hébert, P25/C2 Correspondance
Fonds Anne-Hébert, versement par Monique Bosco, P25/K2 Correspondance et contrats
Fonds Pierre-Hébert, P36

Ouvrages théoriques et critiques

BIASI, Pierre-Marc de (2012). « Correspondance et genèse : indice épistolaire et lettre de travail : le cas Flaubert », dans Françoise Leriche et Alain Pagès (dir.), *Genèse et correspondances*, Paris, Éditions des archives contemporaines / ITEM, p. 71-108, coll. « Références ».

CHASSÉ, Bernard, et Nathalie WATTEYNE (2016). *Album Anne Hébert*, Montréal, Éditions Fides.

DROUIN, Philippe, et Nathalie WATTEYNE (2020). « Anne Hébert, des lettres à l'œuvre : le chantier de *Kamouraska* », dans Stéphanie Bernier et Pierre Hébert (dir.), *Nouveaux regards sur nos lettres : la correspondance d'écrivain et d'artiste au Québec*, Québec, Presses de l'Université Laval, p. 75-84.

GRESSER, Anne-Marie (2017). « Reflets d'une œuvre dans des correspondances familières : *La Montagne magique* de Thomas Mann », dans Louis Hincker, Frédérique Amselle, Arnaud Huftier et Marc Lacheny (dir.), *Les archives familiales des écrivains – des matériaux, un motif, une question*, Paris, Les Presses universitaires de Valenciennes, p. 21-32, coll. « Pratiques et représentations ».

HÉBERT, Anne (1960). « Quand il est question de nommer la vie tout court, nous ne pouvons que balbutier », *Le Devoir*, 22 octobre 1960, p. 9 et 12. Repris dans *Jeunesses littéraires du Canada français*, sous le titre « Plaidoyer », vol. 3, n° 3 (février 1966), p. 10.

HÉBERT, Anne (2013-2015). *Œuvres complètes d'Anne Hébert*, cinq volumes, édition critique dirigée par Nathalie Watteyne, Montréal, Les Presses de l'Université de Montréal, coll. « Bibliothèque du Nouveau Monde ».

LAMONTAGNE, Marie-Andrée (2019). *Anne Hébert, vivre pour écrire*, Montréal, Éditions du Boréal.

LEBLANC Julie (2008). *Genèses de soi : l'écriture du sujet féminin dans quelques journaux d'écrivaines*, Montréal, Éditions du remue-ménage.

LERICHE, Françoise, et Alain PAGÈS (2012). « Avant-propos », dans Françoise Leriche et Alain Pagès (dir.), *Genèse et correspondances*, Paris, Éditions des archives contemporaines / ITEM, p. 1-10, coll. « Références ».

NOËL, Alex (2019). « Les statues de sel », *Liberté*, n° 325, p. 24-30.

TANGUAY, Annie, et Nathalie WATTEYNE (2019). « Variations sur l'enfermement dans l'œuvre entre 1950 et 1960 : ce que révèlent les archives d'Anne Hébert », dans Sophie Marcotte (dir.), *Regards sur les archives d'écrivains francophones*, t. XVII, Ottawa, Les Presses de l'Université d'Ottawa, p. 63-80, coll. « Archives des lettres canadiennes ».

De l'amitié littéraire entre femmes : les correspondances de Gabrielle Roy et de Marie-Claire Blais avec Jeanne Lapointe[1]

Mylène Bédard
CRILCQ – Université Laval

> *Je vois de grandes possibilités d'échanges en amitié quand les êtres se sentent égaux et libres, mais ce moment peut ne jamais venir.*
>
> Marie-Claire Blais[2]

Malgré les « grandes possibilités d'échanges en amitié » qu'évoque Marie-Claire Blais dans l'extrait de la lettre cité en exergue, la relation amicale demeure un aspect peu considéré dans les études littéraires (Lacroix, 2009). Les liens entre femmes constituent un phénomène encore plus négligé selon Anne Vincent-Buffault, qui dresse le constat suivant dans son *Histoire de l'amitié* : « L'amitié féminine ne connaît pas l'équivalent de ces modèles masculins, son histoire est une page presque entièrement blanche » (2010 : 203-204). Force est de constater à sa suite que l'amitié féminine n'a pas fait l'objet de nombreux travaux jusqu'ici en littérature (Raymond, 1985 ; Audet, 2000 ; Saint-Martin, 2011) et en études féministes (Roseneil,

1. Cet article s'inscrit dans le cadre de mon projet de recherche « Écrire, lire, critiquer entre amies. Comment penser l'amitié féminine et ses effets sur les pratiques littéraires ? », financé par le Conseil de recherches en sciences humaines.
2. Marie-Claire Blais, Lettre à Jeanne Lapointe, 9 août 1967, Bibliothèque et Archives Canada (ci-après BAC), Fonds Jeanne-Lapointe, LMS-0172, vol. 3, chemise 4, p. 35.

2011), et ce, tout particulièrement dans le monde francophone. Envisager la question de l'amitié par le prisme du féminin constitue donc un facteur de complexité supplémentaire puisque les relations entre femmes n'ont guère été prises en considération dans l'histoire littéraire, laquelle privilégie les relations avec les hommes, comme tremplin de la carrière littéraire et vecteur de légitimation. Pourtant, écrire, lire, critiquer entre amies n'est pas une chose si rare ni si anecdotique.

La figure de Jeanne Lapointe – première laïque à obtenir une licence ès lettres et une maîtrise ès arts de l'Université Laval, première professeure de littérature à la Faculté des lettres de cette même institution, où elle privilégiera les approches et les corpus modernes (nouveau roman, psychanalyse, études féministes), et première universitaire à signer des critiques littéraires dans la revue d'idées *Cité libre* – s'est imposée comme point de départ de cette réflexion en raison des amitiés, profondes et durables, qu'elle a liées avec les écrivaines les plus célébrées de la littérature québécoise. Lapointe semble même avoir fait de ces amitiés, plus intimes ou plus professionnelles, un pilier de son existence, voire un mode d'engagement. Le choix de Lapointe s'explique aussi par le fait que ses archives offrent un point de vue unique, un accès parmi les plus directs sur les façons dont peut jouer l'amitié féminine sur l'activité littéraire. Les nombreuses lettres qu'elle a reçues et conservées portent l'empreinte des amitiés qu'elle a entretenues avec Béatrix Beck, Hélène Cixous, Françoise Collin, Judith Jasmin, Anne Hébert[3] et Louky Bersianik, pour ne nommer que celles-là. Selon l'instrument de recherche du Fonds Jeanne-Lapointe déposé à Bibliothèque et Archives Canada, « [l]a correspondance [reçue par Jeanne Lapointe] a été divisée en deux : un ensemble constitué de lettres de provenance diverse et d'autres que l'auteur a mis[es] à part[4] ». Les lettres de Gabrielle Roy et de Blais, ainsi que des proches de cette dernière, composent le second ensemble, celui qui a été isolé. Ainsi, le classement du fonds distingue

3. Les lettres d'Hébert à Lapointe sont sous embargo jusqu'en 2025, et l'inventaire de la boîte 2 qui les contient reste confidentiel. Elles constituent donc un corpus entièrement à part et peu évoqué dans la présentation du contenu du fonds, puisque l'archiviste ne peut rien en dire.

4. Pierre Tessier, « Instrument de recherche », 1991, BAC, Fonds Jeanne-Lapointe, LMS-0172, p. 4.

ces échanges des autres lettres et tend à les mettre en exergue. Ce sont le traitement particulier réservé à ces archives épistolaires et leur volume qui m'ont incitée à examiner conjointement les correspondances entre ces deux écrivaines et Lapointe[5].

Par la dimension relationnelle, interactive et dynamique qui la caractérise, la correspondance est une forme toute désignée pour cerner le rôle de l'amitié féminine dans la constitution sociale de la littérature en ce qu'elle favorise « l'interrelation entre l'échange intellectuel et le lien affectif » (Bedel, 2019). L'analyse de l'histoire des relations[6] de Roy et de Blais avec Lapointe à travers leurs lettres favorise en outre une meilleure compréhension de l'amitié entre femmes du fait que l'amitié y est l'objet d'une réflexion et se présente même comme une nécessité. En cela, ces correspondances féminines bousculent plusieurs idées reçues ou stéréotypes qui ont longtemps façonné la représentation des liens entre femmes (Audet, 2000 : 29-63) – que l'on pense à la rivalité féminine ou encore à la propension aux effusions sentimentales –, au profit d'une exploration des nuances, des possibles et des écueils de l'amitié.

---

5. Le fonds d'archives de Jeanne Lapointe est d'une grande richesse, contenant des lettres de figures parmi les plus importantes du XXe siècle québécois, français, étatsunien : Roland Barthes, Hélène Cixous, Béatrix Beck, Françoise Collin, Edmund Wilson, Anne Hébert, Louky Bersianik, Madeleine Gagnon, Pauline Julien, Gaston Miron, Pierre Elliott Trudeau, Félix-Antoine Savard, Gilles Marcotte, Judith Jasmin, Jeanne Rhéaume et, bien sûr, Gabrielle Roy et Marie-Claire Blais. Des analyses complémentaires restent évidemment à faire pour prendre véritablement la mesure de l'engagement de Lapointe dans ces relations et les réseaux dans lesquels elles s'inscrivent. Ses autres corpus épistolaires lèveront assurément le voile sur d'autres facettes de la personnalité et de l'action de Lapointe, notamment sur l'autorité qu'elle incarne et qui se manifeste parfois, comme c'est le cas ici, dans des rapports asymétriques. Le présent article met en lumière deux relations amicales particulièrement importantes quantitativement (la correspondance de Blais est la plus volumineuse de toutes) et qualitativement, révélant l'intensité du lien amical entre femmes et son rôle déterminant dans la carrière littéraire.
6. « Une relation implique donc à la fois de l'histoire, de la connaissance et de l'engagement réciproques. Là aussi, deux sens du terme se combinent. L'engagement est une sorte de promesse, d'indication que la relation va continuer à nous intéresser dans l'avenir, que la reconnaissance d'autrui se poursuivra encore. En projetant cette relation dans l'avenir, on lui donne déjà une dimension temporelle, on ouvre l'histoire » (Bidart, Degenne et Grosseti, 2011 : 25).

Pour comprendre les dynamiques sociales et intimes qui unissent ces femmes et leur incidence sur l'expérience d'écriture des écrivaines concernées, j'examinerai le contexte de la rencontre et les caractéristiques qui justifient l'élection de l'autre comme amie. La recension des thèmes abordés dans ces correspondances permettra d'établir les fondements de ces échanges, tout en mettant en relief la place qu'y occupent l'activité littéraire et l'amitié. Malgré les dissensions, la distance et les exigences du métier d'écrivaine ou de professeure, ces lettres attestent la volonté de ces femmes d'être amies et de faire de l'amitié une relation agissante à la fois sur la pensée, sur l'écriture et sur soi. Ce lien apparaît même, dans ces correspondances, comme une condition essentielle au travail créateur[7]. La lettre n'y est cependant pas que le témoin de l'amitié : il s'agit d'une activité d'écriture créatrice, où se forge pour une large part la relation à l'autre. L'absence de l'amie confère, en effet, à l'épistolière une plus grande liberté pour s'exprimer et pour parler de l'autre, de même que pour construire le récit de l'amitié, de la remémoration des débuts à la projection de la forme que pourrait prendre la relation dans l'avenir.

Quelques constats préliminaires sur l'amitié

Les enquêtes empiriques menées par des sociologues ont montré que l'amitié avait une forte propension à l'homophilie (Mercklé, 2016 : 40), c'est-à-dire qu'elle s'établit le plus souvent entre des personnes qui se ressemblent, dont les origines familiales, l'âge, l'identité de classe et de genre et la situation civile et professionnelle présentent plus de caractéristiques communes que de dissemblances[8]. Le contexte et les circonstances particulières de la rencontre laisseraient également une empreinte

7. J'abonde ici dans le même sens que Sophie Marcotte pour qui la lettre chez Roy est « une écriture de la nécessité » (Marcotte, [s. d.]).
8. « On sait maintenant par exemple que les relations ne s'affranchissent pas des hiérarchies sociales : les personnes les plus fortunées ou les plus diplômées ont plus de relations que les autres, et en tirent plus d'avantages. On sait aussi que le jeu des affinités électives tend à produire des liens entre personnes qui se ressemblent, qui ont des niveaux d'études comparables, sont issues de milieux sociaux proches, ont des âges similaires » (Bidart, Degenne et Grosseti, 2001 : 3-4).

durable sur les relations amicales. C'est pourquoi, selon Claire Bidart, Alain Degenne et Michel Grosseti,

> [i]l est donc important de ne pas isoler artificiellement les relations des contextes qui les ont vues naître et qui entourent leur évolution. Non que la relation doive conserver éternellement l'étiquette de sa niche initiale ni se réduire aux caractéristiques des milieux traversés : nous verrons justement que sa qualité peut provenir de la manière dont elle s'en affranchit. Mais du moins ne peut-on nier le poids de ces contextes sur l'existence même des liens qui y sont nés et qui s'y sont développés. (Bidart, Degenne et Grosseti, 2001 : 7)

L'identité de classe et la formation universitaire exerceraient également une influence sur le nombre et l'étendue des relations d'un individu. Les mieux nantis et scolarisés entretiendraient plus de liens que les membres des classes modestes dont le réseau serait plus restreint. La diversité des liens sociaux consoliderait, par ailleurs, les avantages des privilégiés en ce qu'elle leur donnerait accès à plus de ressources et de possibilités, ce qui accroîtrait leur pouvoir (Bidart, 1997; Mercklé, 2016). De ce point de vue, l'amitié serait plus susceptible de reconduire l'ordre social existant en renforçant ses positions hiérarchisées, plutôt que de le perturber en favorisant une plus grande mixité, par exemple.

Les relations de Roy et de Blais avec Lapointe répondent en partie à ces caractéristiques du lien amical. D'abord, elles partagent une même identité de genre, et leur état civil sans être parfaitement similaire, Roy étant mariée contrairement aux deux autres, permet à toutes trois une indépendance et une liberté qui ne seront pas entravées par la maternité. Leur parcours scolaire présente quelques similitudes, Lapointe et Blais ont fait des études en lettres, mais Lapointe est la seule à décrocher un diplôme de deuxième cycle et à entreprendre un doctorat. Des trois femmes, Lapointe est donc celle qui a le plus fort capital scolaire. Les différences sont toutefois plus marquées en ce qui a trait aux origines sociales. Lapointe est issue de la bourgeoisie de Québec, alors que Roy, née dans une famille relativement bien nantie, a connu des épisodes de précarité financière et que Blais vient d'un milieu ouvrier, plus modeste. Si elles gagnent relativement bien leur vie au moment où elles s'écrivent, ce n'était pas le cas pour Blais au début de sa relation avec Lapointe, période pendant laquelle son statut financier était beaucoup plus précaire.

Sur le plan intime, Lapointe, appartenant à la même génération que l'écrivaine manitobaine, ne correspond pas au « type de femmes par qui Gabrielle [Roy] se sent le plus attirée » et qui se caractérisent, selon François Ricard, par leur « air angélique » et une « espèce de naïveté [...] devant le monde et la vie » (2000 : 318). Elle ne fait pas partie de la « petite bande » de femmes de lettres de Québec avec qui Roy entretient des relations profondes et intimes sur la longue durée[9]. Avec ces dernières, les relations se prêtent davantage à la confidence, tant en ce qui a trait aux difficultés du travail littéraire qu'à celles du quotidien le plus prosaïque. Il y a, entre elles, une communion de pensée et d'humeur qui se vit dans le présent en dépit de l'absence. Les rapports avec Lapointe, dotée « d'un caractère tourmenté et d'une personnalité forte », selon les mots de Roy elle-même, sont moins fluides[10] et ne semblent pas toujours s'ancrer dans le présent, puisque l'attachement paraît fortement empreint de la nostalgie des premières rencontres. Selon la biographie de Ricard, l'amitié entre Roy et Lapointe serait née en Europe, « lors de la réception organisée par l'ambassade du Canada à l'occasion du Femina ; les deux femmes se fréquentent assez régulièrement en 1947-1948, année que Jeanne Lapointe passe en France » (2000 : 317). Roy est donc déjà une écrivaine reconnue lorsqu'elle fait la rencontre de Lapointe, laquelle est professeure agrégée de littérature à l'Université Laval et amorce à Paris une thèse de doctorat.

La relation entre Lapointe et Blais apparaît paradoxalement, à la lecture de leurs lettres, aussi fragile que durable. En effet, la menace de la

9. Bande composée d'Adrienne Choquette, de Médjé Vézina, d'Alice Lemieux et de Simone Bussières, à laquelle on peut ajouter Cécile Chabot, à Montréal. Les lettres de Roy à ses amies sont souvent émaillées de références aux autres membres de cette petite communauté, mais il n'y est jamais question de Lapointe, ce qui confirme sa non-appartenance à ce groupe de femmes.

10. Dans sa lettre du 26 mars 1952 à Marcel Carbotte, Roy fait part de sa méfiance à l'égard de Lapointe : « À propos, j'ai entendu chez eux sur le compte de Jeanne L. des choses auxquelles je ne puis, en toute justice, sans preuve à l'appui, m'arrêter ; et cependant, je dois dire que cela correspond à un certain malaise que j'ai toujours ressenti en sa présence, appelle cela une sorte d'intuition féminine, qui m'a toujours secrètement conseillé de ne pas lui accorder mon entière confiance. Je me trompe peut-être, je le souhaite ; pourtant, je me demande s'il n'est pas prudent de garder vis-à-vis d'elle une certaine distance » (Roy, 2001 : 253-254).

rupture hante cet échange, et cela n'est sans doute pas étranger à leur différence d'âge – elles ont 24 ans d'écart – et au fait qu'elles se soient rencontrées lorsque Blais était l'étudiante de Lapointe. Blais fréquente alors les cours du soir, puisqu'elle doit occuper un emploi pendant le jour, situation qui la distingue de ses collègues et que Lapointe, sensible aux inégalités, cherche à compenser :

> Car ces étudiants assis près de vous, souvent ne savaient rien de cet autre monde où se débattaient des ouvriers, ouvrières de leur âge, c'était sans doute, un monde inculte, infréquentable. Peut-être était-ce pour nous mettre à l'aise, Jeanne invitait parfois chez elle ceux qui n'étaient pas de ces étudiants réguliers ne pouvant étudier que le soir. (Blais, 2013 : 70)

Très tôt, Lapointe croit au potentiel littéraire de son étudiante, partage ses premiers textes avec des écrivains qu'elle estime et l'encourage à publier. Par la suite, elle suivra avec attention la carrière de l'écrivaine et relira de nombreux manuscrits à la demande de cette dernière. La relation avec Blais s'échelonne donc sur une période plus longue que celle entre Roy et Lapointe[11]. Les rencontres semblent aussi plus récurrentes; Lapointe visite à plusieurs reprises Blais aux États-Unis, y fréquente les intimes de l'écrivaine (Mary Meigs, Barbara Deming, Edmund Wilson, etc.), tandis que Blais espère voir Lapointe lors de ses séjours au Québec. Elle l'invite d'ailleurs à ses lancements québécois. Leur correspondance évoque aussi leurs nombreuses conversations téléphoniques, la fréquence de ces contacts constituant un indice de la force du lien qui les unit. Mais pendant toute la durée de leur relation, elles sembleront chercher à se déprendre de leurs positions asymétriques initiales. Les circonstances à l'origine de leur rencontre favorisent certes un profond sentiment de

11. Il est difficile d'établir avec précision les balises temporelles de ces relations. Les premières lettres de Blais à Lapointe ne sont pas datées, mais on sait qu'elles se rencontrent dans les années 1950, autour de 1958. La lettre la plus récente de l'écrivaine à son ancienne professeure est datée de 1984, mais la relation se poursuit jusqu'à la mort de Lapointe en 2006. Roy et Lapointe se rencontrent à la fin des années 1940, comme je l'ai évoqué plus haut, mais leur correspondance, du moins pour les lettres qui ont été conservées, s'échelonne de 1948 à 1955. À la mort de Roy, Lapointe lui rendra hommage dans *La vie en rose* (2019 : 193-194).

loyauté entre les deux femmes, mais elles occasionnent aussi des obstacles à une amitié harmonieuse.

Les nombreuses dissemblances entre ces trois femmes tendent à remettre en question le principe d'homophilie, mais elles n'empêchent pas l'amitié de naître et de s'inscrire dans une certaine durée. Sans doute que les réalités de l'engagement littéraire de ces femmes ont contribué à les atténuer et ont favorisé l'établissement du lien. La nature de leur relation n'est cependant pas que professionnelle, puisque s'y greffe une intimité liée au partage du quotidien et à une connaissance relativement étroite de la personne (et non pas seulement de l'écrivaine ou de la professeure).

Avant d'entreprendre l'analyse de ces correspondances, une remarque méthodologique s'impose : la rareté des lettres de Lapointe crée un déséquilibre des voix. Alors que le Fonds Jeanne-Lapointe déposé à Bibliothèque et Archives Canada contient 12 lettres de Roy et 82 lettres de Blais, les fonds des deux écrivaines comprennent respectivement deux et trois lettres de la professeure de littérature. Il semble donc que contrairement à Lapointe, Roy et Blais n'ont pas conservé la plupart des lettres que leur a adressées l'intellectuelle. L'écart quantitatif entre les lettres qu'elle a reçues et celles qu'elle a écrites parmi tous les documents conservés dans des fonds institutionnels est important. Préférant l'ombre à la lumière[12], Lapointe aurait-elle moins écrit ou aurait-elle demandé à ses destinataires de ne pas conserver sa correspondance ? La dureté de sa critique aurait-elle joué un rôle dans la non-préservation de sa correspondance ? Difficile de déterminer avec certitude les causes de cette absence relative, mais on peut tout de même conclure qu'elle-même n'a pas jugé bon de conserver des brouillons ou des copies de ses propres lettres[13]. Elle conserve toutefois un exemplaire de certains manuscrits qu'elle a

12. « L'un d'eux [les auteurs du Rapport Parent] est une femme secrète, qui n'aime pas parler d'elle, mais qui peut vous entretenir pendant des heures, avec chaleur et passion, des autres, de l'éducation, et du travail de la Commission, Jeanne Lapointe, professeur de littérature à l'Université Laval » ; « [Elle] refuse systématiquement de lever le voile qui protège sa vie et son activité personnelles » (Gagnon, 1965 : 39 et 38).

13. À la manière d'un Alfred DesRochers, par exemple, qui « dactylographiait ses lettres pour pouvoir faire le point sur l'état de sa correspondance », comme le souligne Michel Lacroix (2005 : 92).

annotés, celui du roman *Alexandre Chenevert* de Gabrielle Roy et ceux de poèmes de Blais, alors que d'autres sont renvoyés aux auteures[14]. Évidemment, les écrivaines peuvent avoir demandé à Lapointe de leur retourner leur manuscrit, mais on peut aussi penser que la décision de conserver ou de renvoyer le manuscrit commenté témoigne du degré d'investissement de Lapointe dans la relation ainsi que du succès qui couronne la carrière de l'écrivaine sollicitant sa relecture, lequel confère une plus grande valeur aux manuscrits. L'état des archives de Lapointe me force donc à m'appuyer principalement sur les lettres qui lui sont adressées, qui, elles, ont été soigneusement conservées, pour retracer l'histoire de ces amitiés.

L'amitié entre Gabrielle Roy et Jeanne Lapointe ou la nostalgie des débuts

La correspondance de Roy à Lapointe se compose de 12 lettres, rédigées entre janvier 1948 et juin 1955. Le séjour à l'étranger, contexte de la première rencontre, semble avoir des répercussions durables sur la suite de la relation amicale et la correspondance qui en découle (Bidart, 1997 : 51). Les nombreux voyages passés, en cours ou à venir constituent un thème récurrent des lettres de Roy, peu importe le ou la destinataire à qui elle s'adresse. Ses missives à Lapointe sont écrites de Genève, de Concarneau, de Paris, de Saint-Germain-en-Laye, de Ville LaSalle, de Port-Daniel, de Rawdon, de Québec et de Port-Navalo. Au-delà de sa valeur thématique, le voyage semble constituer le socle de la complicité entre les deux femmes, laquelle s'établit, du moins en partie, sur un même « appétit d'inconnu[15] ». En effet, Lapointe, voyageuse aventurière et intrépide[16], apparaît, sous la plume de Roy, comme la destinatrice idéale pour goûter ses impressions de voyage. Les descriptions des lieux

14. C'est le cas de nouvelles de Marthe Morisset Blackburn, d'un texte d'Andrée Maillet et des ébauches du roman *Le pique-nique sur l'Acropole* de Louky Bersianik.
15. Gabrielle Roy, Lettre à Jeanne Lapointe, 14 septembre 1948, BAC, Fonds Jeanne-Lapointe, LMS-0172, vol. 3, chemise 9, p. 5.
16. N'est-elle pas partie pour la Martinique en 1940, en pleine Seconde Guerre mondiale, « pour suppléer à la pénurie d'enseignants français » ? (Rédaction, 2006).

visités, qui occupent une grande place dans les lettres, permettent aux deux femmes d'échanger sur un sujet qui les intéresse toutes les deux, sans trop se compromettre. Les voyages raniment en effet le souvenir de l'autre, dont la présence toute virtuelle accompagne l'écrivaine sans entraver sa liberté : « J'ai beaucoup songé à vous pendant ce voyage. Je vous revoyais, assise au fond de l'auto, fumant vos détestables petites cigarettes [...]. Et j'entendais votre beau rire clair. C'est après votre départ que je me suis avisée que j'aimais beaucoup vos éclats de gaieté[17]. » Roy loue ici les vertus de l'absence : ce n'est qu'en l'absence de son amie qu'elle prend la mesure de sa qualité et de l'affection qu'elle lui porte, comme si la distance dissipait le malaise qui s'empare de Roy en présence de Lapointe. Plus que le voyage lui-même, c'est le récit du voyage, l'impression qu'il laisse en elle qui favorise la communion avec l'amie :

> Installés en Avignon, nous avons rayonné en tous sens, vers Nîmes, Arles, Aix-en-Provence, les Saintes-Maries-de-la-Mer et vos Baux, donc, ces diablesses de collines qui restent un peu votre domaine puisque c'est vous qui m'avez donné l'envie d'y camper. Là, je vous ai retrouvée parfaitement. Une après-midi d'orage (un côté du ciel était fortement éclairé et l'autre, couvert de gros nuages sombres) au milieu des belles ruines blanches, dominant les vastes pays d'alentour, je vous rejoignais dans l'émotion que vous aviez voulu nous assurer en nous recommandant d'aller aux Baux[18].

Dans la lettre comme dans l'œuvre de Roy, l'écriture réunit ce qui est séparé, la correspondance ne se soustrayant pas à ce principe fondamental qui traverse la production royenne.

Les retrouvailles imaginaires, créées par le souvenir et la visite de lieux qui rappellent l'autre et font sentir sa présence, sont sans défaut : la destinatrice ne peut brouiller la rencontre, opposer une autre image d'elle-même que celle que projette l'écrivaine. Roy reconnaît en effet la personnalité impétueuse de Lapointe dans l'après-midi orageux, mais aussi dans les versants lumineux et ombragé des collines de Baux. L'écriture de la lettre, encouragée par l'éloignement de Lapointe, permet à l'écrivaine de parler de son amie, indirectement par la description

17. Gabrielle Roy, Lettre à Jeanne Lapointe, 13 juin 1949, BAC, Fonds Jeanne-Lapointe, LMS-0172, vol. 3, chemise 9, p. 8.
18. *Ibid.*

du paysage, mais sans être interrompue ou freinée par la pudeur de la professeure de littérature. La lettre de voyage constitue dès lors une tentative de prolonger dans le présent cette image fantasmée de l'autre, mais l'ancrage de l'image de Lapointe dans un passé plus ou moins proche accentue le décalage épistolaire. Cette illusion, favorisée par la distance géographique et temporelle, tend à effacer toutes traces de malentendu pour ne retenir que les moments de bonne entente. Ma lecture rejoint ici celle de Kathryn M. Droske, qui remarque que « l'épistolaire semble toujours trop tardif chez Roy pour servir à éclaircir le présent ou l'avenir, il devient un domaine privilégié pour revoir le passé » (2020 : 248). L'écriture épistolaire ressaisit de manière favorable les souvenirs, de sorte qu'elle a, chez Roy, des vertus réparatrices (Ricard, 2001), tout comme l'écriture de l'œuvre.

Pour Roy et Lapointe, femmes éprises d'indépendance et de liberté, la lettre a donc l'avantage « de briser la distance », tout en évitant « un contact direct. Le plus souvent la lettre […] permet de communiquer de loin » (Le Guillou, 1990 : 100). Le geste épistolaire est constamment tendu entre le désir de se rapprocher et celui de préserver l'intimité et la solitude nécessaire à la réflexion et à la création. Le dialogue épistolaire entre les deux femmes ne se caractérise toutefois pas par une densité particulière, Roy se contentant parfois de nouvelles indirectes, celles que lui donne l'écrivain Roger Lemelin au sujet de Lapointe[19], notamment. Le recours aux intermédiaires contribue à l'impression que le dialogue épistolaire chez Roy s'engage avec une image ancienne et idéalisée de Lapointe, figure muette, bien plus qu'avec la professeure elle-même. Le désir de retrouvailles paraît, lui aussi, davantage relever d'un vœu pieux que d'une volonté ferme : « Je souhaite qu'un de ces jours nous ayons une fois le plaisir de nous réunir tous les trois [Marcel Carbotte, Jeanne Lapointe et elle-même] autour de la plaque électrique en surveillant le cacao. En reconnaissant vos touchantes aptitudes à notre vie de forains, nous avons saisi, plus que tout [*sic*] autre façon, les indices

19. « Tous les jours de notre vie, n'est-ce pas, nous négligeons beaucoup trop de donner à nos amis ce que, pourtant, nous éprouvons à leur égard. Il est vrai que j'ai beaucoup parlé de vous avec Roger Lemelin » (Gabrielle Roy, Lettre à Jeanne Lapointe, 13 juin 1949, BAC, Fonds Jeanne-Lapointe, LMS-0172, vol. 3, chemise 9, p. 7).

d'une compatibilité charmante[20]. » Les rencontres sont envisagées de manière conjecturale et sont confiées au hasard, l'écrivaine recourant au conditionnel, utilisant des modalisateurs de doute (« si », « peut-être », « qui sait », etc.) et se gardant bien d'expliciter les motifs qui la privent du plaisir de rejoindre son amie : « Savez-vous que je serais fortement tentée de vous joindre en Espagne si j'en avais le loisir. Il me semble que vous feriez une compagne admirable. Peut-être, plus tard, qui sait, une agréable coïncidence de goûts, d'itinéraire nous servira-t-elle[21]. » Dans l'échange avec Lapointe, comme dans la correspondance qu'elle entretient avec sa sœur Bernadette, les « temps privilégiés sont le passé (dans le rappel des souvenirs d'autrefois) et le conditionnel, qui indique que le rapprochement n'aura pas lieu » (1994 : 127), comme l'a observé Lori Saint-Martin. Ces modalités d'expression tendent à confirmer que l'amitié s'entretient à distance, se vit essentiellement *par* lettres. Mais l'écriture de lettres est, elle aussi, constamment reportée[22], certaines missives condensant en quelques pages le récit d'une année complète. Ce silence est parfois compensé par une rhétorique de l'élection, de l'amitié privilégiée : « Si vous veniez à Montréal, je serais heureuse, moi qui ne vois presque personne, de vous embrasser. Vous pourriez vous retirer chez nous, vous savez, si vous ne craignez pas la nature sauvage, presque sibérienne en ce moment, avec toute sa neige accumulée, de Ville LaSalle[23] » ; « Et ne m'en veuillez pas d'avoir laissé déborder la coupe et de m'être plainte. Je trouve le monde assez vilain en ce moment, mais à mes yeux vous êtes l'exception qui rétablit les choses et redonne confiance[24]. » Cette rhétorique ne se déploie pas que dans les lettres

20. Gabrielle Roy, Lettre à Jeanne Lapointe, 19 janvier 1948, BAC, Fonds Jeanne-Lapointe, LMS-0172, vol. 3, chemise 9, p. 3.
21. *Ibid.*, p. 1-2.
22. « Vous ne le croirez peut-être pas : depuis des mois, je me propose tous les jours de vous écrire. Aujourd'hui, enfin, devant toutes ces occasions perdues de vous exprimer mon amitié, j'ai pris peur. J'ai vraiment pris peur de ma grande paresse qui ensevelit tant de bonnes intentions » (Gabrielle Roy, Lettre à Jeanne Lapointe, 13 juin 1949, BAC, Fonds Jeanne-Lapointe, LMS-0172, vol. 3, chemise 9, p. 7).
23. Gabrielle Roy, Lettre à Jeanne Lapointe, 4 février 1951, BAC, Fonds Jeanne-Lapointe, LMS-0172, vol. 3, chemise 9, p. 12.
24. Gabrielle Roy, Lettre à Jeanne Lapointe, 24 juillet 1951, BAC, Fonds Jeanne-Lapointe, LMS-0172, vol. 3, chemise 9, p. 14.

à Lapointe, mais aussi dans celles qu'elle adresse à Cécile Chabot et à Adrienne Choquette, montrant le souci de Roy de préserver le lien amical, l'attachement de ses amies. Elle écrira d'ailleurs à Lapointe : « Enfin, je ne pensais pas, en commençant cette lettre, m'embarquer dans une confession – mais, vous, vous me déliez la langue ; vous me donnez cet étrange goût que l'on a, à certains moments, de s'expliquer aux autres ; afin qu'ils nous aiment sans doute[25]. » Écrire une lettre intime, c'est-à-dire une lettre qui recèle une part de soi, c'est entretenir les sentiments que l'autre nous porte et lui demander de réitérer son affection par retour de courrier. Faut-il, dès lors, lire les nombreuses réclamations de lettres, non pas seulement comme un usage rhétorique de la politesse amicale, mais aussi comme une véritable nécessité, l'écrivaine ayant besoin de se sentir aimée pour réaliser son œuvre malgré la solitude à laquelle elle s'astreint ?

Et même si le discours sur la littérature ne paraît pas, *a priori*, occuper une place de choix dans la correspondance, il s'infiltre par la thématique du voyage, qui est toujours, chez Roy, intimement liée à la littérature. Le sentiment d'harmonie avec l'autre, permis par ces retrouvailles imaginées autour de la découverte et de la description de régions éloignées et parfois sauvages, inspire Roy et la dispose favorablement à l'écriture. Roy écrit un récit bref sur la Camargue, lieu que lui avait recommandé son amie, et c'est en discutant de Chartres avec Lapointe que l'idée d'écrire *La Petite poule d'eau* lui est venue. La professeure de littérature aiguille donc l'écrivaine dans sa recherche de paysages qui seront propices à la création. L'amitié entre les deux femmes repose davantage sur cette intimité fondée sur la distance et la prédilection pour le voyage que sur la mise à disposition d'un savoir-faire littéraire. C'est peut-être lorsque la lettre est dégagée des contingences de la vie professionnelle qu'elle constitue « une fin en soi », qu'elle favorise la rencontre[26]. Malgré l'estime que Roy et Lapointe éprouvent l'une envers l'autre, elles expriment certaines réserves

25. Gabrielle Roy, Lettre à Jeanne Lapointe, 29 août 1952, BAC, Fonds Jeanne-Lapointe, LMS-0172, vol. 3, chemise 9, p. 16.

26. « Que les liens entre les êtres se tissent surtout dans l'écriture, lieu privilégié à la fois de distance et de rapprochement, voilà ce que ne cessent d'affirmer les lettres qu'a envoyées Gabrielle Roy à sa sœur, Bernadette, religieuse enseignante au Manitoba » (Saint-Martin, 1994 : 117).

sur leurs œuvres et leurs textes critiques respectifs, comme si la parfaite entente ne pouvait avoir lieu sur le terrain de la littérature, mais dans ses marges, là où la littérature se vit. C'est pourquoi je ne partage pas le constat de Sébastien Hamel, selon lequel les lettres de Roy à Lapointe et même celles à ses collègues écrivaines ne constitueraient pas des « lettres d'écrivain » puisqu'elle « y parle très rarement de son travail d'écriture » (2000 : 119). À son avis, la correspondance, contrairement aux autres inédits, n'appartiendrait pas à l'œuvre littéraire puisque les lettres de Roy, d'un point de vue documentaire, ne fournissent pas d'information sur l'acte de création et, d'un point de vue esthétique, ne constituent pas des avant-textes des œuvres publiées. Il reconnaît toutefois la présence d'une « rhétorique inimitable » et d'une « puissante parole épistolaire » (Hamel, 2000 : 128-129). Cette « puissante parole épistolaire » entretient, chez Roy, une grande parenté avec l'œuvre par ses thèmes (voyage, nature) et son idéal rassembleur. Roy semble, en effet, convoquer la présence distante de Lapointe afin qu'elle assiste à la mise en mots de ses souvenirs, que l'œuvre cherche à restituer sans toujours y parvenir parfaitement : « J'ai écrit un petit récit de la Camargue qu'un jour je vous ferai lire. Il me paraît bien pâle maintenant auprès des impressions que j'ai ressenties[27]. » Plus centrée sur le *je* de l'écriture et tendue vers une autre qui a vu ces paysages, la lettre à Lapointe apparaît plus susceptible de rendre compte de l'expérience sensible qui singularise sa visite de ces lieux, d'exprimer des sensations fugitives, de saisir sur le vif un moment, une scène en rendant compte de l'excitation des sens ou de l'ironie d'une situation. Si Sophie Marcotte, dans un article qui propose des pistes d'analyse très justes de la correspondance de Roy, relève la parenté entre cette lettre à Lapointe et le texte « La Camargue », elle ne souligne pas que les qualités littéraires de la lettre tendent à surpasser celles du récit publié (Marcotte, [s. d.]). À Lapointe, Roy écrit :

> La troisième fois, nous avons atteint le Badon. Un gardien vivait seul dans une maison de crépi rose et les roseaux autour du mas avaient à peu près la taille de poteaux de téléphone. Le mistral s'en donnait à cœur joie dans ces roseaux. Le soleil luisait dans des milliers de flaques d'eau. D'oiseaux, pas, il aurait fallu pour

27. Gabrielle Roy, Lettre à Jeanne Lapointe, 13 juin 1949, BAC, Fonds Jeanne-Lapointe, LMS-0172, vol. 3, chemise 9, p. 8.

> les surprendre dans leurs sanctuaires parcourir de grandes étendues où l'eau venait à mi-jambes. Or, la fameuse exploratrice, Gabrielle, était venue sans bottes. Qu'importe, elle a communié ce jour-là avec le très cher démon de la solitude[28].

Alors que la description de cette excursion se lit ainsi dans « La Camargue » :

> Un soir, à l'un de ces vieux mas ayant presque tout perdu de leur crépi rose, nous nous étions arrêtés. [...] Nous avons repris la route. Tout de suite, la ville céda à la solitude indéfinissable de l'eau reflétant les nuages et les pâles roseaux. Elle nous mena où elle voulait, par un très mauvais chemin. (Roy, [1978] 1996 : 162-164)

Le caractère plus personnel de l'adresse épistolaire et les qualités d'intrépide voyageuse de la destinataire favorisent la mise en scène ironique de soi dans la lettre, faisant de l'épistolière une « exploratrice » qui sait sentir et voir, au point de percer les mystères de l'absence des oiseaux, mais à qui le sens pratique fait complètement défaut. Cette autoreprésentation me semble témoigner de la « personnalisation des liens » (Bidart, Degenne et Grosseti, 2001 : 23) avec la destinatrice, laquelle distingue la lettre du texte publié. Preuve s'il en est que le texte littéraire ne constitue pas une « version améliorée » des lettres et, par conséquent, que la correspondance ne devrait pas être subordonnée à l'œuvre.

L'écriture épistolaire de Roy permet ainsi de nuancer le triste constat de la mère de Christine dans *Rue Deschambault* : « Écrire, est-ce que ce n'est pas en définitive être loin des autres... être toute seule, pauvre enfant ! » (Roy, 1993 : 220). Écrire nécessite effectivement l'éloignement de l'écrivaine, mais pas la solitude complète, puisque Roy s'assure de créer en maintenant une certaine forme de présence de l'autre. Roy offre donc à Lapointe des micro-récits de ses voyages et prolonge par le truchement de l'épistolaire le bonheur de l'expérience vécue. Car, comme elle le confie à Lapointe, les contes que l'on construit à partir de ses souvenirs de voyage ont plus de valeur que le voyage lui-même : « Ne nous enviez rien pourtant ma chère Jeanne : vous savez bien que

28. *Ibid.*, p. 10.

le plus beau moment de tous les voyages c'est quand assis seul auprès du feu, on les voit se dérouler au dedans du regard[29]. »

À cette relation amicale née en voyage se greffe une dimension professionnelle, dotée de paramètres propres. Roy soumet certains avant-textes à Lapointe, reconnaissant sa « conscien[c]e du poids des mots et de leur valeur définitive » ainsi que son « don pour la lucidité[30] » et sa franchise. En retour, Roy consent à « engager pour [elle] une partie de [ses] propres ressources » (Mercklé, 2016 : 46) en confiant des textes à une connaissance de Lapointe qui travaille à Radio-Canada. Cet acte d'amitié n'est toutefois pas exempt de conditions :

> Je serais contente de vous confier pour votre connaissance de Radio-Canada un texte de mon cru. Je ne consentirais pas, par exemple, à piger dans mon travail en cours. Je suis aussi comme un alchimiste ; dans ma boutique, j'aime le secret. Cependant, je vous abandonnerais volontiers un des contes qui ont eu le tour de vous plaire – mais, savez-vous seulement où ils sont nichés ! Je crois que c'est chez mon ancienne voisine de Ville LaSalle, dans une malle dont j'ai la clé. Je n'ai pas le temps d'aller les chercher, du moins je ne sais pas si j'aurai le temps. Si oui, je ferai mon gros possible[31].

Mais l'amitié n'engage pas toujours l'écrivaine à mettre sa notoriété au service de ses amies et de leurs relations, surtout si cela exige d'elle de sacrifier sa solitude : « C'est malheureux que je ne puisse prendre rendez-vous avec notre aimable compatriote, Grandpré. Pour vous faire plaisir, à vous qui êtes si gentille, j'aurais peut-être fait une exception en sa faveur. Encore que je n'en sois pas certaine. Il m'est devenu indispensable de ne plus entendre parler de certaines choses[32]. » Elle refuse aussi de signer la pétition de Gaston Miron, « La déclaration des intellectuels canadiens de langue française » que lui envoie, en 1958, Lapointe prétextant les

29. Gabrielle Roy, Lettre à Jeanne Lapointe, 14 septembre 1948, BAC, Fonds Jeanne-Lapointe, LMS-0172, vol. 3, chemise 9, p. 4.
30. Gabrielle Roy, Lettre à Jeanne Lapointe, 19 janvier 1948, BAC, Fonds Jeanne-Lapointe, LMS-0172, vol. 3, chemise 9, p. 2.
31. Gabrielle Roy, Lettre à Jeanne Lapointe, 29 août 1952, BAC, Fonds Jeanne-Lapointe, LMS-0172, vol. 3, chemise 9, p. 16-17.
32. Gabrielle Roy, Lettre à Jeanne Lapointe, 19 janvier 1948, BAC, Fonds Jeanne-Lapointe, LMS-0172, vol. 3, chemise 9, p. 1.

nombreuses fautes de langue qui émaillent le texte pour se justifier[33]. La bonne entente qui règne entre les deux femmes lorsqu'il est question de voyage semble également menacée lorsque Roy offre de payer Lapointe pour ses services de révision :

> Ne vous fâchez pas – ou, si vous devez le faire, ne vous en prenez qu'à ma maladresse et non à l'intention qui, je vous l'assure, est entièrement amicale. Simplement, j'ai pensé que vous pourriez peut-être vous procurer quelque objet à votre goût qui vous rappellerait un peu les moments où nous avons travaillé ensemble. Ils m'ont été si profitables que j'espère les renouveler. Si, un jour, vous aviez le loisir de revoir avec moi quelques contes, rien ne me ferait plus plaisir[34].

La révision de manuscrits semble représenter pour Lapointe un acte d'amitié qui ne se monnaie pas.

Lorsque Lapointe envoie à Roy son article, « Quelques apports positifs de notre littérature d'imagination », afin de recueillir ses commentaires avant de le faire paraître, un nœud se forme au cœur de leur relation, nœud que le temps ne semble pas parvenir à dénouer complètement. Outre les remarques sur *Alexandre Chenevert*, alors inédit, qui témoignent, semble-t-il, d'une lecture peu flatteuse de l'œuvre, et que l'écrivaine lui demande de retrancher, et la préférence accordée aux œuvres d'Hébert et de Saint-Denys Garneau, se pourrait-il que l'attiédissement de la relation amicale découle aussi, à ce moment précis, de l'évanouissement de l'image idéalisée de la voyageuse complice à qui Roy relatait avec beaucoup d'inspiration les péripéties de sa vie de nomade, laquelle ne parvient plus à se substituer à celle plus dure et implacable de la critique littéraire, qui s'impose dans la relation par le biais de cet article ? Roy se sent-elle trahie par Lapointe qui l'a accompagnée dans le processus de réécriture du roman, passant même quelques jours à Rawdon avec elle en mai 1953 ? À la suite de cette lettre, la relation ne s'interrompt pas, car Roy adressera deux autres missives à Lapointe.

33. Lettre de Jeanne Lapointe à Gaston Miron, « Mardi soir » (février 1958), Bibliothèque et Archives nationales du Québec (ci-après BAnQ), Fonds Gaston-Miron, citée dans Beaudet (2019).

34. Gabrielle Roy, Lettre à Jeanne Lapointe, 7 décembre 1953, BAC, Fonds Jeanne-Lapointe, LMS-0172, vol. 3, chemise 9, p. 20-21.

L'une écrite depuis Port-Navalo, qui relate de manière plutôt expéditive les conditions du voyage, et l'autre, écrite de Québec, accompagnée d'une lettre de recommandation à Lapointe pour une bourse qui lui permettrait d'effectuer un séjour de recherche en Europe. Dans cette dernière, Roy exprime son estime : « Je n'ai pas besoin de vous dire, n'est-ce pas, combien je serais heureuse que vous obteniez cette bourse et les moyens d'aller vivre en Europe un an au moins. Je vous le souhaite de tout cœur, peu de gens la méritent autant que vous qui n'avez jamais cessé de travailler au perfectionnement de vos dons[35]. » Si le ton est, dans les deux cas, plutôt cordial, l'épistolière n'y formule pas le vœu de retrouvailles outre-mer, pas plus qu'elle n'évoque de souvenirs de leurs voyages ensemble. Les dernières lettres se terminent par des salutations plus impersonnelles : aux embrassements et aux souvenirs affectueux succèdent des formulations plus cérémonieuses, comme celle-ci : « Je vous prie, chère Jeanne, d'accepter mon souvenir amical[36]. » Lapointe, critique littéraire, inspire respect et admiration, mais la « magie unifiante de l'épistolaire » (Kaufmann, 1990 : 13), fondée sur la nostalgie et une image idéalisée de l'autre, ne semble plus opérer comme avant[37]. Les dernières lettres affichent-elles une amitié de façade ? Peut-être. Reste toutefois une espèce de loyauté découlant des souvenirs partagés, notamment dans des moments déterminants de l'élaboration de l'œuvre royenne, ainsi qu'un respect mutuel qui ne paraît pas s'éroder. Les encouragements de Roy à la poursuite des recherches et de la formation de Lapointe peuvent aussi trouver leurs racines dans le passé d'institutrice de l'écrivaine : l'importance du savoir comme expérience de transmission et levier d'émancipation constitue une valeur chère aux deux femmes, tout comme elles sont attachées à l'idée que le voyage est une forme d'apprentissage et qu'il faut partir pour aller à la rencontre de l'autre et de soi. Leur amitié n'est-elle pas née en Europe ?

---

35. Gabrielle Roy, Lettre à Jeanne Lapointe, 1er février [1956], BAC, Fonds Jeanne-Lapointe, LMS-0172, vol. 3, chemise 9, p. 24.
36. Gabrielle Roy, Lettre à Jeanne Lapointe, 5 juin 1955, BAC, Fonds Jeanne-Lapointe, LMS-0172, vol. 3, chemise 9, p. 28.
37. Dans une lettre à Jasmin, Roy émet ce constat avec une certaine nostalgie : « On ne devrait peut-être jamais confronter ses souvenirs à la réalité » (Gabrielle Roy, Lettre à Judith Jasmin, 27 mai 1947, BAC, Fonds Judith-Jasmin, P143).

S'affranchir des positions initiales : histoire de l'amitié entre Marie-Claire Blais et Jeanne Lapointe

Alors que l'amitié entre Roy et Lapointe semble fortement tributaire du voyage et des débuts de leur relation, celle entre Blais et Lapointe cherche à l'inverse à s'affranchir des circonstances et des rapports de rôles qui ont marqué leurs premiers contacts pour prendre véritablement son envol et s'approfondir. Les dissensions, nombreuses entre les deux femmes, constituent des occasions de réfléchir aux conditions et à l'éthique de l'amitié et d'esquisser les contours de ce qui serait une relation amicale idéale, ou plus optimale. Les références implicites ne permettent pas de cerner avec précision l'origine de ces mésententes, qui semblent moins d'ordre littéraire que personnel, intime. Les lettres de Blais mentionnent toutefois « les complications d'autrefois[38] » et « les liens antiques tyrannie-être dominé[39] ». L'écrivaine regrette également de s'être imposée à Lapointe à 19 ans avec l'intensité et l'égoïsme de la jeunesse. Ce rapport asymétrique des débuts est aussi évoqué lorsque Blais compare leur relation à celle représentée dans *La lettre au père* de Franz Kafka, Blais s'attribuant le rôle de l'écrivain pragois et plaçant Lapointe dans celui du patriarche dominant et autoritaire.

Les lettres de Blais à Lapointe se terminent bien souvent par des annonces concernant la diffusion ou la réception de ses œuvres, comme si l'écrivaine, en bonne élève, soumettait à son ancienne professeure ses « résultats » critiques. Le fait de consigner ses réussites[40] à la fin de la lettre plutôt qu'au début exprime une certaine modestie et une volonté de conclure l'échange épistolaire sur une bonne note ; le rayonnement de son œuvre agit comme un témoignage de reconnaissance envers celle qui a cru en son talent dès le début et l'a encouragée à concrétiser ses

38. Marie-Claire Blais, Lettre à Jeanne Lapointe, 11 février ([s. d.]), BAC, Fonds Jeanne-Lapointe, LMS-0172, vol. 3, chemise 1, p. 53.
39. Marie-Claire Blais, Lettre à Jeanne Lapointe, 16 mai 1973, BAC, Fonds Jeanne-Lapointe, LMS-0172, vol. 3, chemise 5, p. 26.
40. Elle ne cherche toutefois pas à cacher les critiques moins favorables : « Voici les critiques de Londres, ici, la critique américaine est plus farouche pour "The Day is Dark" et "Three Travellers" qu'elle ne l'était pour Emmanuel » (Marie-Claire Blais, Lettre à Jeanne Lapointe, 4 mai 1967, BAC, Fonds Jeanne-Lapointe, LMS-0172, vol. 3, chemise 4, p. 25).

aspirations littéraires. Les signes de sa consécration comme écrivaine viennent donc confirmer le jugement de Lapointe, son flair[41], la confortant dans sa position de « découvreuse ».

Mais la grande préoccupation des lettres de Blais à Lapointe est la relation qui les unit. La pudeur de la professeure de littérature dans l'expression de ses sentiments incite l'écrivaine à porter une attention fine aux différentes réactions de son amie, à percer ses silences, à débusquer ce qui les motive, afin de tenter de désamorcer les conflits ou les incompréhensions qui brouillent la communication et refrènent l'amitié :

> Cela m'inquiète beaucoup de sentir, je ne sais pas si je me trompe, l'agonie de notre amitié, au moment où libre enfin de beaucoup de luttes intérieures, il serait enfin possible pour moi de communiquer simplement avec vous, sans me sentir ni trop faible ni trop inférieure, mais simplement égale et possédant mes droits personnels d'expression. Il y a bien quelques années que je me sens libre de cette façon, mais je souffrais trop pour ne pas avoir un certain contrôle de mon égoïsme. J'entends ici par égoïsme, qu'une personne demande trop de l'autre, s'appuie trop sur son conseil ou sa force ou tout simplement révèle brutalement sa fragilité[42].

Selon Blais, les tensions entre les deux femmes seraient à la fois tributaires du contexte de sujétion et de dépendance des débuts – l'amitié véritable exigeant, on le déduit, l'autonomie et l'indépendance des partenaires pour s'épanouir –, mais aussi de la progressive émancipation de Blais, de son affirmation comme écrivaine et du fait qu'elle ne se conforme pas systématiquement aux recommandations de celle qui a été et continue d'être sa mentore (Bédard, 2020 : 65-79) : « Je crains de vous avoir attaquée et blessée plus tard, en défendant l'Insoumise, sur un plan que je jugeais purement littéraire. Mais souvent en voulant protéger une liberté

41. Dans un témoignage sur Lapointe, Gilles Marcotte se rappelle une rencontre organisée par Lapointe autour des premiers poèmes de Blais dont elle avait, très tôt, pressenti le talent : « Jeanne Lapointe a rassemblé autour d'une table quelques écrivains amis, pour leur montrer une découverte récente, qui la ravit, celle des premiers poèmes de Marie-Claire Blais. [...] Elle avait aussitôt reconnu dans les premières tentatives littéraires de Marie-Claire Blais une sorte de génie littéraire qui allait s'épanouir dans les œuvres à venir » (Marcotte, 2013 : 59).
42. Marie-Claire Blais, Lettre à Jeanne Lapointe, 24 juin 1967, BAC, Fonds Jeanne-Lapointe, LMS-0172, vol. 3, chemise 4, p. 32.

que l'on juge essentielle, on devient violent, hystérique, et je crains de l'avoir été un peu avec vous, ce qui a encore assombri nos relations[43]. » Mais il semble que ce soit précisément cette confrontation des vues sur son œuvre qui lui permet de consolider sa posture d'auteure. Elle refuse, par exemple, le parallèle que Lapointe établit entre Genet et elle et s'entête à dédicacer *David Sterne* à Mary Meigs, malgré les réserves exprimées par Lapointe. Lapointe, qui appartient à une génération différente, craint-elle que cette dédicace nuise à la réception de l'œuvre présumant que la critique québécoise pourrait être choquée que Blais affiche aussi ouvertement sa relation intime avec une femme ? S'oppose-t-elle à cette interférence entre la vie personnelle et l'œuvre littéraire ? Les lettres de Lapointe n'ayant pas été retrouvées, il n'est pas possible de déterminer les fondements de cette opposition. Il reste qu'elle force Blais à expliquer sa perception de son œuvre et ses choix d'écrivaine, ce qui a pour effet de raffermir ses décisions : « Mais si on en [*sic*] peut plus faire un témoignage d'amitié à une amie, à un ami, à quiquonque [*sic*] que l'on respecte, sans réveiller la prudence, l'inquiétude, la calomnie, où est donc la liberté d'agir[44] ? » Elle poursuit :

> [...] je cherche à chaque fois à voir ce qui se passe en vous, et je retrouve la même obsession profonde, la même peur de votre vie, et je pense quelle personne exquise vous seriez débarrassée de cela, combien nous pourrions dialoguer avec franchise... Il faut que je comprenne pourquoi vous avez peur, plus pour vous-même que pour moi, car vous savez bien que j'ai pris tous les risques, jusqu'ici, dans mes livres aussi, et que Marie qui est un être libre sait très bien se protéger toute seule, sans mon aide. Il faut que cet abîme de souffrance muette s'éclaircisse enfin en vous, autrement, à chacune de mes audaces, vous penserez encore que je manque de lucidité, que je ne sais comment les gens réagissent autour de moi.) Je pense à quelque chose de différent, soudain. Pendant que Barbara était attaquée violemment dans les journaux de Cap Cod, nous avons, Marie et moi, écrit des lettres pour la défendre, ces lettres ont été publiées, et quelqu'un aurait écrit quelque chose de méchant contre ma lettre qui appuyait Barbara ; et bien, que

43. Marie-Claire Blais, Lettre à Jeanne Lapointe, 11 février [année ?], BAC, Fonds Jeanne-Lapointe, LMS-0172, vol. 3, chemise 1, p. 53.
44. Marie-Claire Blais, Lettre à Jeanne Lapointe, 11 mars 1967, BAC, Fonds Jeanne-Lapointe, LMS-0172, vol. 3, chemise 4, p. 20.

> deviendrions-nous, toutes les trois, si nous n'avions pas le courage de faire des témoignages d'amitié, parfois difficiles?

Cet extrait se lit comme une déclaration de son autonomie d'écrivaine et de femme assumant ses audaces. Blais semble en effet chercher à libérer Lapointe de « cet abîme de souffrance muette » en se donnant en exemple. La lettre se veut aussi un plaidoyer en faveur de l'amitié. Blais expose ici une conception de l'amitié entre femmes, qui offre un contraste saisissant avec l'incapacité des femmes à l'amitié présumée par les philosophes, d'Aristote à Derrida, en ce qu'elle est fondée sur l'engagement. Il s'agit alors « d'affirmer que l'on est personnellement impliqué et prêt à donner "de sa personne", à prendre aussi ses responsabilités. On engage son identité dans la reconnaissance et l'affirmation d'une relation avec autrui » (Bidart, Degenne et Grosseti, 2001 : 25). La franchise apparaît également comme une condition de l'amitié. Elle se manifeste de deux manières : il y a la franchise envers l'autre, l'amie, à qui il faut tout dire, même ce qui est susceptible de lui déplaire, et la franchise envers soi-même, qui interdit de dissimuler ses sentiments.

L'amitié vécue entre les deux femmes est exigeante; elle nécessite un effort de compréhension de l'autre, un travail d'introspection ainsi qu'une réflexion sur le lien amical. Souvent, les lettres sont rédigées peu de temps après une conversation téléphonique et offrent un espace privilégié pour analyser l'état de la relation, revenir sur une parole ou un silence. Comme pour Roy, la mise à distance de l'autre permet véritablement de s'exprimer sur soi-même et de parler de la relation. Blais s'interroge notamment sur l'écart entre l'image que Lapointe lui renvoie et ce qu'elle voudrait être pour elle. Alors que les lettres de l'écrivaine dissèquent patiemment ses sentiments et ceux qu'elle prête à sa mentore, Lapointe lui renvoie une image d'elle qui est en contradiction avec celle que Blais semble vouloir lui offrir dans ses lettres :

> J'étais bien contente de cette semaine à Cap Cod, et de mon séjour à Béthel, expérience assez extraordinaire, plongée durant deux semaines à neuf heures par jour et plus, dans autrui (dix personnes) au niveau de la vie émotive; il est très difficile d'expliquer et de décrire ce qui se passe là-bas. Je vous en parlerai quand je vous verrai. Je me suis souvent demandé, en pensant à vous, si vous y trouveriez l'immense richesse que j'y ai trouvée, ou si vous en

> seriez plutôt un peu détruite, à cause de votre extrême sensibilité qui peut-être survolterait encore davantage un contact très survolté avec beaucoup de gens[45].

Malgré l'évolution de la relation, Blais est consciente que persistent en elle des relents de leurs rapports d'autrefois et de celle qu'elle était au moment de sa rencontre avec Lapointe :

> Pour revenir à notre rencontre, bien sûr, il y a eu ce moment bien désagréable pour vous où vous avez reconnu « le petit ton » comme vous l'appelez, mais c'est un ton de peur qui est resté au fond, mais en soi, ce ton n'est plus là, cela je pense que vous l'avez compris, ce ton n'est qu'un artifice, déjà disparu à mes yeux puisque les liens antiques tyrannie-être dominé, ne sont plus. Peut-être par mécanisme d'irritation, l'entendrez-vous encore, mais je pense que ce petit ton (lequel me fait plus horreur qu'à vous, croyez-moi, d'abord, cela évoque trop de choses que je détestais dans notre relation d'autrefois) aura de plus en plus tendance à disparaître[46].

L'émancipation lente par rapport aux postures anciennes s'explique par l'influence marquée du contexte des débuts de la relation, mais aussi par la personnalité imposante de Lapointe, dont l'érudition et la force de caractère exigeaient de ses interlocuteurs et interlocutrices une certaine audace pour argumenter avec elle sans se laisser intimider[47]. Les lettres de Blais donnent à lire une forme de lutte contre ce contexte initial qui hante la relation et une lutte contre soi-même pour se départir

45. Jeanne Lapointe, Lettre à Marie-Claire Blais, « Lundi » ([s. d.]), BAnQ, Fonds Marie-Claire-Blais, MSS226, S5, SS1, D6.
46. Marie-Claire Blais, Lettre à Jeanne Lapointe, 6 janvier 1967, BAC, Fonds Jeanne-Lapointe, LMS-0172, vol. 3, chemise 4, p. 2.
47. Gilles Marcotte avoue regretter de ne pas avoir demandé l'avis de Lapointe à propos de sa lecture des poèmes d'Hector de Saint-Denys Garneau : « Pour moi, qui avais écrit à cette époque quelques textes sur Saint-Denys Garneau, j'avoue que je n'ai jamais eu l'occasion – plus justement l'audace – d'aborder cette grande question avec Jeanne Lapointe. [...] Je n'ai jamais discuté vraiment avec elle de ses orientations critiques. Nous étions de générations différentes et, il faut bien le dire, j'étais fortement impressionné par la force de ses affirmations, son ironie parfois corrosive. On ne sortait pas tout à fait indemne d'une discussion avec elle » (Marcotte, 2013 : 62).

de ses réflexes de jeune étudiante. L'écrivaine laisse des traces de ce cheminement dans ses lettres ; en couchant sur le papier aussi bien ses analyses de leur relation que ses autoanalyses, elle met en relief l'effort qu'elle investit dans cette amitié et dans la recherche d'un certain équilibre entre Lapointe et elle-même. Cette relation qui s'échelonne sur plusieurs décennies révèle le caractère sinueux de l'histoire d'une amitié, où l'autre apparaît tour à tour comme une intime sur laquelle on sait tout et comme une étrangère qu'on ne parvient plus à déchiffrer. La matérialité de la lettre rend parfois compte de cette écriture à tâtons où l'épistolière avance à l'aveugle ne parvenant pas à tracer avec précision les contours de l'image de l'autre : « ~~Alors, est-ce que cette lettre vous réconforte ou ne fait que vous accabler ? Je ne sais pas toujours avec vous.~~[48] » Cette fine rature semble constituer un pari, l'épistolière misant sur une double lecture : celle considérant la rature, tout en prenant connaissance du contenu qu'elle tente de dissimuler. Le sentiment de méconnaissance est sans doute redevable à la distance entre les amies et à la distension épisodique du lien qui les unit, à la discrétion de Lapointe, mais elle peut également résulter de l'évolution des deux femmes. L'affranchissement des rôles des débuts invite chacune à penser à ce qu'elle veut représenter pour l'autre et à remodeler son image d'elle-même et celle de l'autre en ce sens, montrant ainsi que « ce qui est "profondément" épistolaire dans la lettre est la progressive découverte de soi au travers de l'autre » (1996 : 33), comme le relève Benoît Melançon, à la suite de Janet Altman (1982).

La dimension interactive de cette correspondance y est beaucoup plus prégnante que dans l'échange entre Lapointe et Roy, où Roy dialogue, le plus souvent, avec une image mentale de Lapointe, conçue librement à partir de souvenirs. Si Blais souhaite que Lapointe continue de jouer son rôle de mentore, elle cherche néanmoins à affranchir leur relation des circonstances qui l'ont vue naître : « J'aimerais que vous oubliez [*sic*] tout ce que j'ai pu vous apporter de tristesses et de regrets, car si moi je n'ai pas su vous montrer de moi-même que la nudité et l'ignorance du cœur – et l'ignorance des autres aussi comme on l'a à vingt ans, très souvent, je garde de vous le souvenir d'une intégrité sévère qui a souvent guidé

48. Marie-Claire Blais, Lettre à Jeanne Lapointe, 11 mars 1967, BAC, Fonds Jeanne-Lapointe, LMS-0172, vol. 3, chemise 4, p. 20.

ma vie de façon invisible[49]. » Ainsi, en dépit des doutes et des incompréhensions, les lettres et les manuscrits ne cessent de circuler entre les deux femmes, attestant la volonté de chacune de maintenir le lien vivant.

Conclusion

La lettre chez Roy permet de tromper l'ennui de la vie retirée en confiant à un ou une proche « un trop-plein d'impressions emmagasinées dans la solitude à déverser maintenant[50] ». La lettre à l'amie, qu'il s'agisse de Lapointe ou d'une autre intime, rend cet état de solitude dans lequel se plonge l'écrivaine pour écrire plus supportable. L'absence semble aussi fournir des conditions favorables à l'amitié, en ce qu'elle autorise plus de liberté dans le discours sur soi et sur l'autre. De même, la correspondance de Blais à Lapointe permet de maintenir le lien avec l'amie malgré la distance – Blais vivant aux États-Unis –, mais aussi de *rester en contact* avec le Québec et son milieu littéraire : « J'ai très besoin de vous, je ne vous le cache pas, comme je vous l'ai dit dans le Maine, vous êtes un lien important, pour moi au Canada qui peut m'éviter de ressentir ma vie ici, comme un exil[51]. » Lapointe apparaît ici comme une figure au centre de l'actualité québécoise, apte à combler la distance géographique et à en minimiser les effets. Ces deux exemples confirment ce qu'avancent Françoise Leriche et Alain Pagès, à savoir que « même en recherchant une forme de réclusion et en proclamant la nécessité du retrait, l'écrivain reste attaché à ce réseau d'amis qu'il s'est constitué, de même que (par les journaux et ces correspondances), il reste à l'écoute de ce qui se dit, s'écrit, se pense autour de lui » (Leriche et Pagès, 2012 : 9). Ce canal de communication est d'autant plus efficace qu'il relie l'écrivaine à une amie qui partage ses intérêts

49. Marie-Claire Blais, Lettre à Jeanne Lapointe, 2 janvier 1979, BAC, Fonds Jeanne-Lapointe, LMS-0172, vol. 3, chemise 5, p. 30.
50. Gabrielle Roy, Lettre à Cécile Chabot, 18 août 1952, dans Gabrielle Roy, *Femmes de lettres : lettres de Gabrielle Roy à ses amies 1945-1978*, édition préparée par Ariane Léger et François Ricard, avec la collaboration de Sophie Montreuil et de Jane Everett, Montréal, Éditions du Boréal, 2005, p. 45, coll. « Les Cahiers de Gabrielle Roy ».
51. Marie-Claire Blais, Lettre à Jeanne Lapointe, 11 février ([s. d.]), BAC, Fonds Jeanne-Lapointe, LMS-0172, vol. 3, chemise 1, p. 54.

artistiques et intellectuels et connaît les rouages ainsi que les principaux agents du milieu littéraire :

> [...] la critique avait détruit mon dernier livre, etc... (remarquez que c'est normal, c'est un crime systématique après chaque publication) et je suis en colère, ce n'est pas possible cette absence de critique objective, il n'y a donc pas de critiques chez nous ? Je ne sais plus à qui parler chez nous. [...] (Je m'excuse d'être aussi indignée mais je pense sans cesse à ces problèmes et ne peux en parler à personne) Jacques Vallée apaise un peu ces angoisses quand je le vois, [...] Jacques ne s'intéresse à ce que j'écris que par affection généreuse pour moi, mais la littérature ne l'intéresse pas et si je lui parle de V. Woolf ou de Joyce, le pauvre, je l'ennuie[52].

En Lapointe, Roy et Blais trouvent une amie curieuse, libre, parfois dure, mais toujours généreuse, une « vraie » lectrice, en somme. Malgré la charge de travail de la professeure de littérature, elle ne semble jamais refuser de réviser un manuscrit ni de rendre des services de nature plus personnelle (expédier des cadeaux ou acheminer des livres, par exemple). À l'inverse, Roy comme Blais ont l'impression de ne rien donner. Elles ne questionnent qu'en de très rares occasions Lapointe sur sa carrière professionnelle ou sur sa vie intime. Blais qualifie plusieurs de ses lettres d'« égoïstes », puisqu'elle n'y parle que de ses tracas, de son travail, des gens qu'elle voit. Les écrivaines tentent de racheter « cet égoïsme » par le partage de leurs ressources financières, mais aussi par leur savoir-faire littéraire :

> Je ne voudrais jamais vous écrire comme j'ai l'impression de vivre actuellement c'est-à-dire passionnément mais consciente que je ne donne rien, que je ne vous donne pas assez. Je sais bien que c'est odieusement prétentieux mais je voudrais laisser chaque mot que j'écris, en vous, comme vous laissez chaque parole que vous dites, en moi, parce qu'elles sont paroles d'espérance[53].

Le soutien qu'apporte Lapointe à ces deux écrivaines s'inscrit certes dans un contexte d'amitié, où le temps et les ressources se donnent et ne se

52. Marie-Claire Blais, Lettre à Jeanne Lapointe, 11 juillet 1973, BAC, Fonds Jeanne-Lapointe, LMS-0172, vol. 3, chemise 5, p. 27.
53. Marie-Claire Blais, Lettre à Jeanne Lapointe, ([s. d.]), BAC, Fonds Jeanne-Lapointe, LMS-0172, vol. 3, chemise 2, p. 6.

monnaient pas, mais au-delà de la reconnaissance personnelle et bien discrète de ses amies, que retire Lapointe de ces gestes d'amitié ? On peut d'emblée exclure les gains financiers et symboliques des motivations potentielles, puisque Lapointe refuse les rétributions offertes : « Merci pour vos deux lettres, et pour votre gentille intention (le chèque) dont je ne vois pas l'utilité (je le renvoie)[54] », et les annotations de manuscrits « de nature privée n'affectent guère [son] statut dans le champ ; elles n'ont d'ailleurs pu être découvertes qu'à la faveur des archives » (Lacroix, 2005 : 105). Il serait aussi hasardeux de mettre sur le compte de ses convictions féministes son accompagnement littéraire auprès de ces deux écrivaines. Bien que son penchant pour les œuvres des femmes et sa préoccupation à l'égard des inégalités qui touchent spécifiquement les femmes se révèlent assez tôt dans son parcours, la prise de conscience de son féminisme est, quant à elle, plus tardive. Reste sa connaissance tirée de son expérience de femme œuvrant dans un monde d'hommes. Est-ce l'espérance qu'elle place en la littérature et, tout particulièrement, en la littérature de ces écrivaines, plus susceptible, selon elle, d'incarner une force de changement, une parole qui se libère ? Rappelons que, pour Lapointe, l'œuvre littéraire devrait créer un « choc, [constituer] un élément de bouleversement[55] », nous rendre « plus éveillés, plus attentifs à la vie et aux êtres, plus capables de sympathie à l'égard de l'univers », donc forcément moins assujettis aux schémas intellectuels et aux formes d'autoritarisme qui imposent des barrières, contraignant le jugement, le libre arbitre et la création, aux femmes tout particulièrement. Sachant que le contenu des enseignements de ses collègues masculins, dont plusieurs étaient des religieux, était pétri de misogynie, il est fort possible qu'elle ait voulu soutenir les voix des femmes pour compenser cette injustice et ne pas être complice de ce système de pensée, prenant même un certain plaisir à détricoter, dans ses propres cours et dans ses relations interpersonnelles, ce qu'ils présentaient comme des savoirs immuables, inconscients du caractère androcentré, plus moral que scientifique, de

54. Jeanne Lapointe, Lettre à Marie-Claire Blais, « Lundi » ([s. d.]), BAnQ, Fonds Marie-Claire-Blais, MSS226, S5, SS1, D6.

55. Jeanne Lapointe, « Humanisme et humanités », mémoire présenté à la Commission du programme de la Faculté des arts de l'Université Laval, 15 mai 1958, Archives de l'Université Laval, Fonds Jeanne-Lapointe, P474, p. 16.

leur perspective. Se peut-il aussi qu'elle ait fait ces relectures autant par amitié pour les femmes que par intérêt pour le travail créateur, éprouvant de la satisfaction à accompagner de grandes œuvres jusqu'à leur complétion ? Les cours de création n'existant pas dans les universités à son époque, elle ne pouvait assouvir cette passion qu'en soutenant ses amies dans l'élaboration de leurs œuvres, créant un entre-soi féminin informel et libre, à l'opposé des structures institutionnelles et des sociabilités littéraires. Aussi, en s'ouvrant à la littérature la plus contemporaine, celle qui n'a pas encore paru, peut-être satisfaisait-elle son impérieux désir d'être de son temps, de s'initier aux formes et aux idées nouvelles ?

Pour revenir à l'amitié, j'ai souvent eu l'impression qu'un décalage se profilait entre le discours sur l'amitié, lequel recelait les aspirations de ces écrivaines à l'amitié, et la relation effective, comme si l'amitié entre femmes se construisait à tâtons, s'expérimentait par la mise à l'épreuve du lien : jugement mitigé sur l'œuvre, silence, critique personnelle, mais aussi par une forme de célébration du lien, puisque l'amitié entre femmes y semble le plus souvent irréductible, n'étant pas subordonnée au couple ou à la famille (Toffoli, 2019 : 4-5 ; Lefebvre-Faucher, 2020 ; Saint-Martin, 2011 : 76-91), mais véritablement prise au sérieux, comme en témoigne l'espace que ces correspondances consacrent à la réflexion sur l'amitié. Certes, ces amitiés ne renversent pas l'ordre social, elles concernent des femmes blanches appartenant à des milieux privilégiés socialement, mais il me semble néanmoins voir dans l'entêtement, voire la pugnacité, de ces femmes à maintenir ou à privilégier ces relations féminines, l'esquisse d'un modèle relationnel susceptible d'ébranler l'ordre hétéronormatif dans la vie intime comme dans la vie littéraire. Le lien amical qui se forge par la correspondance apparaît chez les deux écrivaines comme une nécessité, permettant la saisie de leur parcours individuel, intellectuel et littéraire. Les circonstances entourant la première rencontre avec Lapointe sont déterminantes pour la carrière littéraire des deux écrivaines – l'obtention du prix Femina pour Roy et l'entrée en littérature pour Blais – et font de Lapointe un étalon de mesure, c'est-à-dire une figure de référence permettant d'évaluer leur cheminement et une figure à laquelle se mesurer. L'écriture semble donc nécessiter cette présence lointaine de Lapointe, dont le souvenir habite les lieux de la création ou alors fournit une des rares « vraies » lectures de l'œuvre, celle qui incite au dépassement malgré les désaccords et, peut-être même, grâce à eux.

Bibliographie

Archives

Bibliothèque et Archives Canada
- Fonds Jeanne-Lapointe, LMS-0172
- Fonds Gabrielle-Roy, MSS 1982-11/1986/11

Bibliothèque et Archives nationales du Québec, Montréal
- Fonds Marie-Claire-Blais, MSS226
- Fonds Judith-Jasmin, P143

Archives de l'Université Laval
- Fonds Jeanne-Lapointe, P474

Références

ALTMAN, Janet (1982). *Epistolary: Approaches to a Form*, Columbus, Ohio State University Press.

AUDET, Élaine (2000). *Le cœur pensant : courtepointe de l'amitié entre femmes*, Québec, Le Loup de Gouttière.

BEAUDET, Marie-Andrée (2019). « Brève passe d'armes épistolaire entre Jeanne Lapointe et Gaston Miron », dans Marie-Andrée Beaudet, Micheline Cambron et Lucie Robert (dir.), *La littérature comme objet social II : mélanges offerts à Denis Saint-Jacques*, Montréal, Éditions Nota bene, p. 181-194.

BEAUDET, Marie-Andrée, et Mylène BÉDARD (2020). « Présentation », *Études littéraires*, vol. 49, n° 1, p. 7-11.

BÉDARD, Mylène (2020). « Jeanne Lapointe, mentore et amie », *Études littéraires*, vol. 49, n° 1, p. 65-79.

BEDEL, Mathilde (2019). « Des femmes en lettres : réseaux épistolaires féminins au siècle des Lumières », *Acta fabula*, vol. 20, n° 3, [En ligne], [http://www.fabula.org/acta/document12053.php] (consulté le 12 décembre 2019).

BIDART, Claire (1997). *L'amitié, un lien social*, Paris, La Découverte.

BIDART, Claire, Alain DEGENNE et Michel GROSSETI (2001). *La vie en réseau : dynamique des relations sociales*, Paris, Presses universitaires de France.

BLAIS, Marie-Claire (2013). « Le don de l'écriture », dans Chantal Théry (dir.), *Jeanne Lapointe : artisane de la Révolution tranquille*, Montréal, Éditions Triptyque, p. 69-86.

DROSKE, Kathryn M. (2020). « Post(e) Mélina : la correspondance de Gabrielle Roy », dans Stéphanie Bernier et Pierre Hébert (dir.), *Nouveaux regards sur nos lettres : la correspondance d'écrivain et d'artiste au Québec*, Québec, Presses de l'Université Laval, p. 241-251.

FORT, Sylvain (2001). *Leçon littéraire sur l'amitié*, Paris, Presses universitaires de France.

GAGNON, Evelyn (1965). « Jeanne Lapointe explique l'école nouvelle », *Châtelaine*, vol. 6, n° 3 (mars), p. 38-39 et 101-104.

HAMEL, Sébastien (2000). « La correspondance : un tour d'horizon », dans François Ricard et Jane Everett (dir.), *Gabrielle Roy inédite*, Québec, Éditions Nota bene, p. 115-129.

KAUFMANN, Vincent (1990). *L'équivoque épistolaire*, Paris, Éditions de Minuit.

LACROIX, Michel (2005). « Traces et trame d'une littérature dans le siècle : réseaux et archives », *Tangence*, « L'archive littéraire, mémoire de l'invention », n° 78 (été), p. 91-110, [En ligne], [https://id.erudit.org/iderudit/011942ar] (consulté le 25 mai 2021).

LACROIX, Michel (2009). « "La plus précieuse denrée de ce monde, l'amitié" : don, échange et identité dans les relations entre écrivains », *COnTEXTES*, n° 5, [En ligne], [http://journals.openedition.org/contextes/4263] (consulté le 7 janvier 2020).

LAPOINTE, Jeanne (1958). « Humanisme et humanités », mémoire présenté à la Commission du programme de la Faculté des arts de l'Université Laval, 15 mai 1958, Archives de l'Université Laval, Fonds Jeanne-Lapointe, P474, p. 16.

LAPOINTE, Jeanne (2019). *Rebelle et volontaire : anthologie 1937-1995*, édition préparée par Marie-Andrée Beaudet, Mylène Bédard et Claudia Raby, avec la collaboration de Juliette Bernatchez, Montréal, Leméac Éditeur.

LEFEBVRE-FAUCHER, Valérie (2020). *Promenade sur Marx : du côté des héroïnes*, Montréal, Éditions du remue-ménage, p. 15.

LE GUILLOU, Louis (1990). « Épistolarité et histoire littéraire », dans Mireille Bossis (dir.), *L'épistolarité à travers les siècles*, Stuttgart, Franz Steiner Verlag, p. 99-105.

LERICHE, Françoise, et Alain PAGÈS (2012). « Avant-propos », dans Françoise Leriche et Alain Pagès (dir.), *Genèse et correspondances*, Paris, Éditions des archives contemporaines / ITEM, p. 1-10.

MARCOTTE, Gilles (2013). « Les lampions de l'Île d'Orléans », dans Chantal Théry (dir.), *Jeanne Lapointe : artisane de la Révolution tranquille*, Montréal, Éditions Triptyque, p. 57-62.

Marcotte, Sophie ([s. d.]). « La lettre chez Gabrielle Roy : une écriture de la nécessité », billet publié sur le site du projet « Hyperroy », [En ligne], [http://hyperroy.nt2.uqam.ca/fr/billet/la-lettre-chez-gabrielle-roy-une-ecriture-de-la-necessite] (consulté le 31 mai 2021).

Melançon, Benoît (1996). *Diderot épistolier : contribution à une poétique de la lettre familière au XVIIIe siècle*, Montréal, Éditions Fides.

Mercklé, Pierre (2016). *Sociologie des réseaux sociaux*, Paris, La Découverte.

Raymond, Janice (1985). *A Passion for Friends: Toward a Philosophy of Female Affection*, Londres, Women's Press.

Rédaction (2006). « Jeanne Lapointe (1915-2006) », *Recherches sociographiques*, vol. 47, n° 2 (mai-août), p. 222, [En ligne], [erudit.org/iderudit/014200ar] (consulté le 18 juin 2021).

Ricard, François ([1996] 2000). *Gabrielle Roy : une vie*, Montréal, Boréal compact.

Ricard, François, (2001 [1975]). *Introduction à l'œuvre de Gabrielle Roy (1945-1975)*, Québec, Éditions Nota bene.

Roseneil, Sasha (2011). « Mettre l'amitié au premier plan : passés et futurs féministes », traduit de l'anglais par Françoise Armengaud, *Nouvelles Questions féministes*, vol. 30, n° 2, p. 56-75.

Roy, Gabrielle ([1955] 1993). *Rue Deschambault*, Montréal, Boréal compact.

Roy, Gabrielle ([1978] 1996). *Fragiles lumières de la terre : écrits divers 1942-1970*, nouvelle édition, Montréal, Éditions du Boréal.

Roy, Gabrielle (2000). « Le pays de *Bonheur d'occasion* », dans *Le pays de Bonheur d'occasion*, Montréal, Éditions du Boréal, coll. « Les Cahiers de Gabrielle Roy », p. 87-100.

Roy, Gabrielle (2001). *Mon cher grand fou... Lettres à Marcel Carbotte 1947-1979*, édition préparée par Sophie Marcotte, avec la collaboration de François Ricard et de Jane Everett, Montréal, Éditions du Boréal, coll. « Les Cahiers de Gabrielle Roy ».

Roy, Gabrielle (2005). *Femmes de lettres : lettres de Gabrielle Roy à ses amies 1945-1978*, édition préparée par Ariane Léger et François Ricard, avec la collaboration de Sophie Montreuil et de Jane Everett, Montréal, Éditions du Boréal, coll. « Les Cahiers de Gabrielle Roy ».

Saint-Martin, Lori (1994). « "Au plus près possible de vous tous" : deuil, distance et écriture dans la correspondance de Gabrielle Roy », dans Benoît Melançon et Pierre Popovic (dir.), *Les femmes de lettres : écriture féminine ou spécificité générique ?*, Montréal, Centre universitaire de lecture sociopoétique de l'épistolaire et des correspondances, Département d'études françaises, Université de Montréal, p. 117-135.

SAINT-MARTIN, Lori (2011). « “L’amitié, c’est mieux que la famille” : rapports amicaux entre femmes dans le roman québécois », *Nouvelles Questions féministes*, vol. 30, n° 2, p. 76-91.

TESSIER, Pierre (1991). « Instrument de recherche », Ottawa, Bibliothèque et Archives Canada, 1991, Fonds Jeanne-Lapointe, LMS-0172.

TOFFOLI, Camille (2009). « Les amitiés radicales », *Liberté*, n° 324 (été), p. 4-5.

VINCENT-BUFFAULT, Anne (2010). *Une histoire de l’amitié*, Paris, Bayard.

Liens *forts* et liens *faibles* dans la correspondance de Gabrielle Roy

Sophie Marcotte
Université Concordia

En plus de son œuvre composée d'une quinzaine de romans, récits et recueils de nouvelles et d'un nombre considérable d'inédits, Gabrielle Roy a laissé une abondante correspondance[1]. Quelque 2000 lettres échangées avec son mari, des membres de sa famille, des amies et amis, des éditeurs, des relations d'affaires et des lecteurs ont été retrouvées jusqu'ici. Les travaux du Groupe de recherche sur Roy[2] ont donné lieu, à la fin des années 1990 et dans les années 2000, à l'édition de quelques recueils de lettres, dont *Ma chère petite sœur... Lettres à Bernadette*[3] *(1943-1970)* (Roy, 1999), *Mon cher grand fou... Lettres à Marcel Carbotte (1947-1979)* (Roy, 2001), *Femmes de lettres* (Roy, 2005a) et *In Translation : The Gabrielle Roy*

1. La plupart des inédits et des lettres de Gabrielle Roy sont conservés dans le Fonds Gabrielle-Roy, Ottawa, Bibliothèque et Archives Canada (ci-après BAC), Fonds Gabrielle-Roy, LMS 0082. Voir notamment Ricard, 1992. Une liste des collections privées dans lesquelles certains sont conservés se trouve par ailleurs dans Ricard (1996).
2. Le Groupe de recherche sur Gabrielle Roy a été mis sur pied par François Ricard et Jane Everett en 1997 à l'Université McGill. Les travaux d'édition critique et d'analyse du corpus royen réalisés par cette équipe, qui a reçu des subventions du Conseil de recherches en sciences humaines du Canada et du Fonds de recherche québécois sur la société et la culture, se sont échelonnés sur une dizaine d'années.
3. Une première édition des lettres à Bernadette, préparée par François Ricard, a paru sous le même titre en 2008 chez Boréal.

– *Joyce Marshall Correspondence* (Roy, 2005b), ainsi qu'à des études du corpus épistolaire royen adoptant des perspectives essentiellement poétique, biographique et thématique. La correspondance de Roy avec l'écrivaine canadienne Margaret Laurence a par ailleurs paru en 2004, puis en traduction française en 2013 (Roy, 2004 ; 2013).

Plus récemment, une base de données offrant un résumé du contenu et des caractéristiques matérielles de chacune des lettres de Roy a été créée[4], ce qui a permis de brosser un portrait sommaire des réseaux épistolaires dans lesquels la romancière s'est inscrite (Marcotte, 2020 : 225-237). L'établissement de cette cartographie préliminaire ouvre à une nouvelle manière d'examiner le corpus. En effet, les théories sociologiques portant sur les réseaux et les communautés, convoquées notamment dans le contexte des échanges sur les dispositifs et les plateformes numériques, peuvent être mises à profit dans l'étude des lettres de Roy. Les notions de « lien fort » et de « lien faible » (Degenne et Forsé, 2004 ; Gaudez, 2016 ; Granovetter, 1973 : 1360-1380 ; Lemieux et Ouimet, 2004) permettent entre autres, comme on le montrera, de préciser la nature du lien qui unit l'épistolière à ses divers correspondants selon les sujets qui sont abordés et leurs connaissances communes. Dans le cadre des échanges à liens *forts*, avec son mari et sa sœur Bernadette, par exemple, les sujets abordés, même dans les lettres précédant tout juste le décès de Bernadette au printemps 1970, restent ainsi associés au quotidien, à l'intimité partagée avec son ou sa destinataire et évoquent peu le travail et les allégeances littéraires. Au contraire, avec celles et ceux qu'on peut considérer comme entretenant des liens *faibles* avec Roy (des éditeurs, des écrivaines et des écrivains hors de son cercle immédiat, par exemple), on verra qu'il est largement question de son travail de romancière et des préoccupations qui lui sont liées. Dès lors, ce sont les réseaux à liens *faibles*, ceux qui sont complètement étrangers à la connaissance intime de la romancière dans son quotidien, qui, paradoxalement, renvoient directement à ce qui se situe dès le début des années 1940 au fondement de son existence, l'écriture, à la fois dans ses dimensions matérielle et esthétique.

4. Voir : www.hyperroy.nt2.uqam.ca.

Les liens *forts* : l'intimité et le quotidien

Parmi les liens qui peuvent être qualifiés de *forts* se trouvent ceux qui se déploient au sein de la famille, celle-ci étant, tel que le précisent Alain Degenne et Michel Forsé, « l'exemple de structure le plus "naturel" » (2004 : 509). Cependant, la famille ne représente pas la seule entité au sein de laquelle se déploient des liens *forts*. D'autres facteurs, comme l'explique Barry Wellman, entrent en ligne de compte, comme « l'attraction interpersonnelle [...], la fréquence des contacts et le nombre de facettes de la relation [...], [ainsi que les] rencontres [...] » (1988 : 1309). Au-delà de la famille et de ces autres critères pouvant faire varier l'intensité des liens, lorsqu'il y a contact avec des individus liés à des activités professionnelles ou par personnes interposées, on parlera généralement de liens *faibles* ou *virtuels*[5], qui, dans certains cas, sont susceptibles de se développer en liens personnels ou d'amitié. À partir de sa correspondance, il est possible de procéder à un certain découpage des relations que Roy entretenait, autant avec son réseau personnel qu'avec ce que j'appellerai ici son réseau élargi. La lettre, en effet, peut être étudiée en elle-même telle une relation sociale, étant, tout comme celle-ci, de forme transitive. Reposant sur la notion d'échange, elle constitue pour ainsi dire une transaction : elle est le lieu d'échanges affectifs, d'échanges d'informations, d'échanges de réflexions, etc., entre le destinateur et le destinataire. La transaction, selon qu'elle soit effectuée entre deux individus se connaissant intimement ou plus vaguement, ne repose évidemment pas sur les mêmes modalités ou n'est pas régie par le même *pacte*[6].

La structure familiale, dans le cas de Roy, est celle qui a suscité l'échange du plus grand nombre de lettres parmi toute sa production épistolaire ; c'est visiblement à ces lettres de nature intime qu'elle accordait elle-même la plus grande valeur. Elle a d'ailleurs exprimé le souhait

5. J'emploie *virtuel* ici dans le sens de *potentiel* et non pas dans le sens qu'on attribue à ce terme dans l'environnement numérique.

6. Gilles Deleuze et Félix Guattari sont les premiers à avoir proposé l'idée d'un « contrat » épistolaire (1975). Le pacte épistolaire désigne l'entente tacite entre le destinateur et le destinataire sur la fréquence de l'échange, les sujets abordés par chacun d'eux, etc. La notion de pacte épistolaire renvoie par ailleurs à celle de « pacte autobiographique » proposée par Philippe Lejeune (1975 : 13-16).

que soient publiées deux portions de ce pan de sa correspondance, qu'elle estimait sans doute d'intérêt public, sur le plan biographique, et suffisamment achevées, du point de vue esthétique, pour ne pas trahir son œuvre et sa mémoire : il s'agit des cent trente-huit lettres adressées à sa sœur Bernadette Roy et des quatre cent quatre-vingt-cinq lettres écrites à son mari, Marcel Carbotte. Ces deux ensembles de lettres constituent, à eux seuls, plus du quart de la production épistolaire de Roy.

La structure familiale dans laquelle se déploient les échanges épistolaires royens, force est de le constater, demeure néanmoins réduite. Roy, on le sait, n'a pas eu d'enfants. Par ailleurs, même si elle s'entendait relativement bien avec sa sœur Anna, leurs échanges épistolaires n'ont jamais été très nourris, si ce n'est au sujet des soins prodigués à leur sœur Clémence, atteinte d'une déficience intellectuelle. On savait en outre Gabrielle en conflit avec Adèle (Ricard, 1996). Marcel Carbotte, qu'elle a rencontré en mai 1947 et épousé trois mois plus tard, et Bernadette, sa sœur aînée institutrice et membre de la communauté religieuse des Sœurs des Saints Noms de Jésus et de Marie, sont dès lors les deux membres de sa cellule familiale avec qui elle a entretenu une relation épistolaire plus soutenue, ce qui se confirme par la fréquence, le volume et la densité du contenu des lettres échangées. Il n'y a toutefois pas de symétrie parfaite dans ces échanges, du moins dans le cas de Marcel, dont les lettres, généralement plutôt brèves, ont été conservées, celui-ci n'ayant répondu en moyenne qu'à une lettre sur deux de Roy[7].

La littérature n'occupe pas le premier plan dans ce que l'écrivaine transmet à ses deux principaux destinataires; ce sont plutôt des préoccupations liées au quotidien qui dominent. Par exemple, elle décrit la chambre qu'elle occupe à l'hôtel de l'Écu, lors de son séjour à Genève en 1948, « comme un couloir où s'engouffrent tous les bruits des voisins[8] » (Roy, 2001 : 41) et explique sa routine journalière à Marcel. Elle évoque par ailleurs ses ennuis de santé, un sujet qui préoccupe d'autant plus Marcel qu'il exerce la profession de médecin, tant du banal « rhume [qui] finissait pour ainsi dire » grâce « au bon air de Rawdon[9] »

7. Précisons que 482 lettres de Gabrielle à Marcel et 211 lettres de Marcel à Gabrielle ont été conservées. BAC, Fonds Gabrielle-Roy, LMS 0082.

8. Gabrielle Roy à Marcel Carbotte, Genève, le 13 janvier 1948.

9. Gabrielle Roy à Marcel Carbotte, Rawdon, le 26 mars 1959.

(Roy, 2001 : 477) que de sa visite chez un médecin québécois établi à Pompano, en 1979, qui refuse de renouveler son « ordonnance pour l'exilophylin » et qui lui recommande plutôt de continuer « antibiotiques, ventolin et [...] sirop[10] » (*Ibid.* : 715) pour soigner une infection des voies respiratoires. Enfin, Roy se permet même de rappeler son époux à l'ordre sur son incompétence grammaticale, précisant que si elle peut lui « passer l'absence de virgules, de points et de majuscules », elle ne tolérera pas ses fautes d'accord de verbes, « trois sujets dans la même phrase command[a]nt un verbe au pluriel[11] » (*Ibid.* : 295).

Sur le plan formel, si les lettres du début de leur relation traduisent un certain investissement esthétique, celui-ci devient de moins en moins marqué au fil des ans. Au début de la correspondance avec Marcel, en effet, les lettres sont plus travaillées, la forme et le style plus soignés, ce qui se remarque notamment par l'emploi relativement fréquent de temps verbaux peu usités dans les lettres familières, comme le subjonctif imparfait et le passé simple (parfois erronés, d'ailleurs) : « Au reste, si toutefois je ne passais pas tout l'été ici, il serait bien désagréable *que tu eus* [*sic*] *donné ta parole* aux Beaulieu[12] », écrit Gabrielle à Marcel depuis Concarneau en juillet 1947. Roy insiste par ailleurs sur des préoccupations des plus terre à terre liées aux voyages dans une lettre envoyée depuis Upshire, en banlieue de Londres, à l'été 1949, à son mari qui se trouvait alors à Saint-Germain-en-Laye :

> *J'entrepris* alors de faire la queue au bar où l'on pouvait échanger des dollars [...]. Arrivée à Londres, *j'eus* mille difficultés à m'assurer un porteur pour porter mes deux valises à l'autobus. [...] Je craignais qu'Esther *ne m'attendît pas* plus longtemps sur la route d'Epping [...] Enfin, il y avait tant de bonnes âmes qui veillaient sur moi que *je fus tout à fait rassurée*[13]. (*Ibid.* : 83)

Le souci de la beauté et le travail de la forme sont donc très présents dans les deux ou trois premières années de la correspondance, celles qui marquent les premières années du mariage Roy-Carbotte. Par la suite,

10. Gabrielle Roy à Marcel Carbotte, New Smyrna, le 14 janvier 1979.
11. Gabrielle Roy à Marcel Carbotte, Port-Daniel, le 20 août 1952.
12. Je souligne. Gabrielle Roy à Marcel Carbotte, Concarneau, le 4 juillet 1947.
13. Je souligne. Gabrielle Roy à Marcel Carbotte, Upshire, le 15 août 1949.

même si les idées s'enchaînent le plus souvent de façon à former une suite logique, grâce entre autres à une utilisation relativement abondante de marqueurs de relation qui viennent conférer une apparence ordonnée au texte, le désordre est de plus en plus présent[14] (Roy, 2001 : 133-134). Ce désordre se remarque parfois par une rupture de ton et, comme dans la lettre du 25 avril 1953 écrite à Marcel depuis Rawdon, par la variété des sujets abordés à l'intérieur d'un même court paragraphe, où l'épistolière passe rapidement de considérations sur le travail de Marcel à une allusion à un séjour à Montréal, puis à des détails liés à ses déclarations de revenus :

> Ta patiente qui a été si mal et t'a donné tant d'inquiétude est-elle à présent tout à fait bien? Je te remercie de m'avoir commandé le methiscol, et je t'avertirai dès que je l'aurai reçu. J'irai peut-être passer une journée à Montréal la semaine prochaine. J'ai réglé mon affaire de l'impôt : j'ai envoyé, selon les chiffres de la maison Archambault, une somme de 2,200.00 dollars. (*Ibid.* : 323)

Ainsi, dans les lettres à son mari, qui appartient à son cercle le plus intime, Roy en vient à s'éloigner, d'une certaine façon, de ce qu'on pourrait appeler ses « habitudes » d'écrivaine, ce qui rend d'autant plus étonnant le fait que la romancière ait tenu à ce que les lettres à Marcel soient publiées à titre posthume; elle les aurait donc jugées malgré tout assez bien *écrites* pour ne pas trahir sa mémoire littéraire.

La quasi-absence de sujets littéraires et de réflexions sur son travail de création devient d'ailleurs encore plus prononcée après la parution, en 1954, d'*Alexandre Chenevert*, le troisième roman de Roy, dont elle a abondamment commenté l'évolution dans ses lettres à Marcel[15], tandis

---

14. Comme le rappelle Jean-Philippe Arrou-Vignod (1993 : 44-45), la lettre relève du spontané et se caractérise normalement par un certain désordre : « [...] chaque lettre est son propre brouillon. À l'opposé de cet objet poli, égalisé, qu'est un morceau de prose romanesque, la lettre conserve l'aspect brut d'un premier jet. [...] Le cours en est d'ordinaire sinueux [...]. Ce qu'une relecture eût effacé ailleurs s'expose ici au grand jour : on y suit le mouvement désordonné des émotions, suite d'élans, de chutes et de glissades, de subites fiertés et d'abaissements... »

15. Voir, notamment, ce bref extrait d'une lettre de 1952 : « En ce moment, je mets la dernière main aux chapitres qui me paraissent les plus faibles. Il y a encore énormément à faire, mais j'ai du moins terminé la charpente entière de

que le relâchement de la forme s'accentue dans les années 1970, comme dans ce bout de texte gribouillé au verso d'une carte postale expédiée depuis la Floride le 12 janvier 1979 :

> Merci pour ta lettre du 4 janvier reçue hier. Voici l'église catholique près de mon motel où je vais chercher réconfort et prier pour nous deux. Le dimanche soir il y a une messe entièrement en français, très belle. Heureusement que j'avais tous mes médicaments et des antibiotiques sans quoi j'aurais été aussi malade, je pense, qu'il y a 4 ans à Petite-Rivière. Je commence à me remettre un peu, le temps aidant, car il vente un peu, ce qui chasse l'excessive humidité. J'ai eu une belle visite de mon cousin Philippe accompagné de sa femme Ethel, très gentils. Mais Dieu qu'il a l'air vieux. Évidemment! Je ne l'avais pas revu depuis nos 20 ans. Je t'embrasse. G. (2001 : 714)

Dans ses échanges avec Bernadette, Roy se limite essentiellement à évoquer des sujets rattachés à sa vie avec Marcel, à la famille et aux souvenirs qu'elle partage avec sa sœur. « Marcel devient très occupé, beaucoup trop à mon gré, moi qui aimerais jouir un peu plus de la vie avec lui[16] » (1999 : 63), écrit-elle entre autres à sa correspondante en novembre 1962. L'écrivaine évoque toujours Clémence, sa sœur atteinte d'une déficience intellectuelle, avec beaucoup d'affection, sachant cet attachement partagé par sa correspondante : « Ma chère petite Clémence [...] que j'aime donc entendre dire qu'elle bavarde, prend intérêt aux choses, s'anime et pépie comme un oiseau[17] ! » (Roy, 1999 : 44). Elle insiste par ailleurs à plusieurs reprises sur le fait qu'elle envoie des dons « aux œuvres d'éducation », pour lesquels elle espère des reçus qu'elle pourra « faire entrer dans [...] [son] rapport de cette année

l'œuvre, élevé l'édifice. Ce qui reste à accomplir, c'est désormais à l'intérieur – et je me sens comme soulagée, étonnée aussi après de si durs efforts d'avoir enfin atteint, malgré tout, ce stade » (Port-Daniel, le 6 août 1952, dans *Ibid.* : 290). Roy a aussi évoqué la création du personnage d'Alexandre dans ses lettres envoyées à Marcel pendant un séjour à Genève au début de l'hiver 1948 (*Ibid.* : 39-72).

16. Gabrielle Roy à Bernadette Roy, Québec, le 20 novembre 1962. Les manuscrits des lettres de Gabrielle Roy à Bernadette Roy sont conservés à BAC, Fonds Gabrielle-Roy, LMS 0082.
17. Gabrielle Roy à Bernadette Roy, Québec, le 23 juin 1960.

à l'Impôt sur le revenu[18] » (*Ibid.* : 23). Elle profite également de ses missives pour faire parvenir à Bernadette de l'argent pour des dépenses de vacances avec Clémence : « Je t'envoie dès maintenant un chèque de $500 [...]. Il faut que ce voyage soit splendide d'un bout à l'autre[19] » (*Ibid.* : 92), cadeaux pour lesquels elle insiste pour obtenir « un reçu si cela est permis[20] » (*Ibid.* : 155).

Les lettres écrites à Bernadette au printemps 1970, dans les mois qui ont précédé la mort de celle-ci, ont un statut quelque peu différent. Ces missives quotidiennes contiennent en effet de nombreuses réflexions métaphysiques et spirituelles qui annoncent *Cet été qui chantait*, livre qui sera écrit à la mémoire de Dédette et qui a pour décor Petite-Rivière-Saint-François, où Bernadette a fait un court séjour chez sa sœur Gabrielle à l'été 1965. L'épistolière s'applique en effet, de lettre en lettre, comme un peintre qui ajouterait chaque jour quelques petites touches à un paysage, à décrire la nature qui est la toile de fond des souvenirs les plus chers l'unissant à sa correspondante. Il y est question du printemps, de « l'eau des ruisseaux[21] » (*Ibid.* : 184) qui chante à la campagne, de « l'air vivifiant » (*Ibid.*) et des « grands voiliers d'oies blanches rentrant au pays après avoir passé l'hiver, comme des millionnaires, sur les plages du Sud[22] » (*Ibid.* : 194). Gabrielle inonde en quelque sorte son interlocutrice de ses lettres quotidiennes, la sachant pourtant à l'article de la mort et étant consciente qu'elle n'obtiendra pas de réponse de sa part. Cela fait d'ailleurs partie du pacte qui les lie. La romancière écrit à cet égard espérer « que mes lettres que je vais tâcher de t'écrire tous les jours te parviendront sans retard en dépit du ralenti des postes qui subsiste[23] » (*Ibid.* : 174) et rappelle à Dédette qu'elle tire du plaisir à lui écrire quotidiennement : « C'est devenu une agréable routine, si je peux dire, à laquelle j'accorde mes premiers soins, mes premières pensées, dès en me levant[24] » (*Ibid.* : 181). Même si les lettres témoignent d'un travail formel qui en fait des textes relativement achevés sur le plan esthétique

18. Gabrielle Roy à Bernadette Roy, Paris, le 22 janvier 1948.
19. Gabrielle Roy à Bernadette Roy, Québec, le 21 juin 1960.
20. Gabrielle Roy à Bernadette Roy, Petite-Rivière-Saint-François, le 24 juillet 1969.
21. Gabrielle Roy à Bernadette Roy, Québec, le 14 avril 1970.
22. Gabrielle Roy à Bernadette Roy, Québec, le 21 avril 1970.
23. Gabrielle Roy à Bernadette Roy, Québec, le 9 avril 1970.
24. Gabrielle Roy à Bernadette Roy, Québec, le 12 avril 1970.

et qui laisse supposer que Roy était consciente que cette correspondance pourrait éventuellement être publiée, leur contenu renvoie au lien *fort* qui unissait les deux sœurs, puisqu'il est orienté vers des considérations qui leur sont communes et qui ne visent pas nécessairement à alimenter son image d'*écrivaine*.

Les liens *faibles* : une *persona*[25] d'écrivaine

Avec son réseau littéraire, notamment avec ses éditeurs et certains écrivains et écrivaines qui ne font pas partie de son cercle intime, ceux et celles avec qui elle entretient des liens dits *faibles*, les échanges épistolaires de Roy se révèlent beaucoup plus formels. Elle se permet rarement, dans les missives qu'elle leur adresse, de dévoiler les détails de son quotidien, comme elle le fait d'emblée dans ses lettres à Marcel et à Bernadette.

Comme l'explique Ruth Amossy dans ses travaux sur l'image auctoriale, « l'écrivain doit [...] se situer dans le monde des lettres – se positionner dans le champ littéraire – et [...] son image d'auteur joue un rôle non négligeable dans la position qu'il occupe ou qu'il désire occuper » (2009 : 43). Il sent la nécessité de se construire une image qui soit différente de celle que lui associent la critique et les lecteurs.

C'est notamment dans cette perspective qu'on peut lire les échanges de lettres – une vingtaine au total – de Roy avec son premier éditeur, Gérard Dagenais, des Éditions Pascal, qui concernent exclusivement la publication de *Bonheur d'occasion*[26]. Si le roman remporte un grand succès, les relations de l'autrice avec Dagenais ont été pour le moins tumultueuses. Leur correspondance, conservée dans le Fonds des Éditions Pascal à Bibliothèque et Archives Canada[27] (BAC), témoigne du fait que

25. On entend *persona* ici au sens où l'écrivaine, à travers le discours épistolaire, imagine, pour reprendre les termes de James Olney, « *another person, another world into existence* ». Autrement dit, par la création d'une *persona* dans ses lettres, par l'intermédiaire de laquelle elle livre la meilleure partie d'elle-même, Roy prend ses destinataires à témoin de ce qu'elle est écrivaine et renvoie du même coup à sa propre fiction. Voir James Olney, cité dans Barry Olshen (1995 : 8).

26. La première édition de *Bonheur d'occasion*, publiée en deux volumes, a paru en octobre 1945 aux Éditions Pascal.

27. BAC, Fonds des Éditions Pascal, LMS 0216.

leurs liens ont été tout sauf harmonieux, à une époque où Roy cherche à se tailler une place sur la scène littéraire montréalaise et québécoise et que sa *persona* d'écrivaine est en pleine émergence.

Au début d'octobre 1944, alors que le livre doit en principe paraître deux semaines plus tard, Roy et Dagenais échangent des lettres au sujet de la photo promotionnelle qui sera utilisée pour la publicité dans les journaux et les revues. Dagenais ne fait visiblement pas son travail d'éditeur correctement puisque c'est Roy qui doit elle-même négocier avec la photographe, Anette Zarov, et qui doit assumer de surcroît une part des frais rattachés aux séances de photographie. On devine déjà, à partir du contenu de cette lettre, que le roman ne sortira pas vers la mi-octobre comme prévu. Or, les choses se gâtent en décembre de la même année. En effet, et c'est sans doute là un des éléments les plus significatifs de la relation épistolaire entre Roy et Dagenais, on apprend dans une lettre datée du 26 décembre que le roman sera publié en deux tomes :

> J'apprends avec le plus grand déplaisir que vous avez l'intention de mettre mon ouvrage, *Bonheur d'Occasion* [*sic*], sur le marché non seulement en deux tomes, ce que j'accepterais malgré tout, mais comme deux romans complets, vendus séparément. Vous comprenez d'abord que cette façon est absolument contraire aux dispositions de notre contrat. Mais vous savez mieux que moi encore que la première partie de mon livre ne forme pas un ouvrage complet et que le présenter comme tel est de nature à nuire à mon intérêt. Je m'y oppose donc formellement. Il faut absolument que la première et la seconde partie du roman en deux volumes soient présenter [*sic*] ensemble et sous la même bande[28].

Ne souhaitant tout de même pas compromettre la publication de son premier roman, Roy s'empresse de préciser : « Je ne voulais aucunement vous créer des ennuis quant à cela », tout en rappelant néanmoins plus fermement à son destinataire qu'elle est « disposée à prendre tous les moyens légaux pour que (s)on désir soit respecté selon le contrat (qui) a été signé[29]. »

28. Gabrielle Roy à Gérard Dagenais, [s. l.], le 26 décembre 1944, BAC, Fonds des Éditions Pascal, LMS 0216.
29. *Ibid.*

Le 15 janvier, c'est une Gabrielle Roy qui cache de moins en moins sa colère qui écrit au directeur des Éditions Pascal : « [...] je suis très désappointée du retard apporté à la publication de mon roman. [...] Je vous demande, en conséquence, de fixer au plus tôt possible la date vers laquelle vous entendez publier "Bonheur d'Occasion [*sic*][30]". » Alors que ses lettres à son cercle intime se terminent le plus souvent par une formule de salutations affectueuses, la conclusion des lettres à Dagenais passe de « l'expression de mes bons sentiments[31] » et de « l'expression de mes salutations les plus distinguées[32] », des premières lettres, à un « veuillez accepter l'assurance de ma considération[33] » et même à un expéditif « Cordialement vôtre[34] » dans une des missives suivantes. Si maître Jean-Marie Nadeau, devenu l'agent de Roy après la parution de *Bonheur d'occasion*, veillera ensuite à récupérer les droits de la romancière sur son premier livre de manière à ce qu'elle soit libérée de ses obligations envers Dagenais et les Éditions Pascal, il reste qu'elle se sera montrée, à travers sa correspondance, comme une écrivaine très protectrice de son œuvre, ayant une vision très précise de ce qu'elle souhaitait pour celle-ci, comme elle le restera toujours d'ailleurs tout au long de sa carrière, et ne dévoilant absolument rien de sa vie personnelle à son destinataire.

Ses propos épistolaires sur d'autres de ses éditeurs iront aussi dans le sens d'une volonté de contrôler la destinée de son œuvre et de préserver sa vie privée. Elle déplore notamment dans une lettre à Nadeau que son éditeur français, René d'Uckermann, « empoisonne un peu la vie avec ses invitations et ses démonstrations d'amitié acharnée[35] », souhaitant échapper aux mondanités suivant la remise du prix Femina afin de vivre en retrait et de se consacrer sans distractions, au début de 1948, à l'écriture de son second roman. Elle s'indignera en outre, dans les années 1970, dans une lettre à son éditeur torontois Jack McClelland, que celui-ci veuille faire paraître une réédition de *Bonheur d'occasion* pour

30. Gabrielle Roy à Gérard Dagenais, Rawdon, le 15 janvier 1945, BAC, Fonds des Éditions Pascal, LMS 0216, boîte 3.
31. Gabrielle Roy à Gérard Dagenais, Lac-Mégantic, le 8 août 1944, *Ibid.*
32. Gabrielle Roy à Gérard Dagenais, [s. l.], le 13 janvier 1945, *Ibid.*
33. Gabrielle Roy à Gérard Dagenais, Rawdon, le 15 janvier 1945, *Ibid.*
34. Gabrielle Roy à Gérard Dagenais, Rawdon, le 25 avril 1945, *Ibid.*
35. Gabrielle Roy à Jean-Marie Nadeau, Paris, le 9 décembre 1947, BAC, Fonds Gabrielle-Roy, LMS 0082.

aider la cause fédéraliste. McClelland estimait en effet que la parution d'une nouvelle édition de *Tin Flute* aurait pu jouer un rôle déterminant dans le débat entre souverainistes et fédéralistes, « *specifically because it remains the fact that you are unique in being the only* [*C*]*anadian writer who has totally bridged the gap between the two cultures*[36] » (Solecki, 1998 : 208). La romancière est mécontente qu'on récupère son premier roman de cette manière à des fins partisanes, mais elle se garde bien dans ses lettres à ses éditeurs de toute précision sur les raisons de ses allégeances politiques. Roy évite ainsi une fois de plus, dans ses lettres à des gens du milieu littéraire avec qui elle n'entretient pas de lien intime, de se dévoiler autrement qu'en écrivaine, voulant conserver avec un soin jaloux le plein contrôle sur son œuvre et refusant qu'on érige cette œuvre en porte-parole de quelque cause politique que ce soit[37].

Dans les lettres qu'elle a échangées avec d'autres autrices et auteurs n'appartenant pas à son cercle intime, Roy adopte aussi une posture d'écrivaine, se permettant, par exemple, des commentaires sur l'œuvre de sa ou son destinataire, tout en développant un discours épistolaire loin de toute considération qui révélerait des détails de sa vie intime. Dans sa lettre du 30 mars 1976 adressée à Margaret Laurence[38], elle offrira ainsi à l'écrivaine canadienne-anglaise une critique de *The Diviners*, roman paru chez McClelland & Stewart en 1974, dont celle-ci lui avait fait parvenir un exemplaire avec sa lettre du 23 mars. L'intrigue du roman de Laurence est centrée sur le personnage de Morag Gunn, une écrivaine qui a grandi à Manawaka, au Manitoba, et qui entretient une relation difficile avec sa fille Pique et son amant métis Jules. Le récit accorde en outre une place importante aux descriptions de la nature et

36. « en particulier parce que vous êtes la seule écrivaine canadienne à avoir réussi à combler le fossé entre les deux cultures » (traduction libre).

37. Cela va dans le sens des propos de Ruth Amossy : « L'image d'auteur projetée [...] peut inspirer le respect et faire autorité, établir une connivence ou creuser une distance, toucher, projeter un modèle à suivre ou suggérer une altérité respectable, provoquer, voire même irriter [...] » (2009 : 48).

38. La correspondance entre les deux romancières se compose de quatorze lettres de Roy et de dix-huit lettres de Laurence. Les manuscrits des lettres de Margaret Laurence à Gabrielle Roy sont conservés à BAC, Fonds Gabrielle-Roy, LMS 0082. Les manuscrits des lettres de Gabrielle Roy à Margaret Laurence se trouvent à l'Université York, University Archives and Special Collections, 1980-001/004 et 1982-002-004.

du monde rural. Roy concède d'emblée à Laurence qu'il s'agit d'« un livre fort et beau[39] » (2013 : 37), que ses « personnages sont plus forts encore » (*Ibid.*) que ceux qu'elle avait mis en scène jusque-là dans ses romans, mais elle se dit néanmoins « troublée » par le fait que Laurence « rejet[te] [...] la personnification » (*Ibid.* : 38). Comme précisé dans une note des traductrices, Roy a employé, dans la version originale de sa lettre en anglais, l'expression *pathetic fallacy*, qui n'a pas vraiment d'équivalent en français et qui désigne « un procédé littéraire consistant à doter la nature de sentiments ou de comportements humains » (*Ibid.*). Elle souligne ainsi, par son commentaire, que Laurence aurait pu conférer à la nature des attributs humains pour en faire un personnage à part entière du roman, tout en affirmant cependant que malgré ce « rejet », elle parvient, dans son écriture, à atteindre une harmonie parfaite « avec la nature » (*Ibid.* : 39). Roy, dans cette correspondance, établit de la sorte un pacte avec sa destinataire : bien que Laurence se révèle davantage « en toute sincérité, dans [...] [son] comportement de la vie quotidienne[40] » (*Ibid.* : 55), pour reprendre les mots employés par Roy au sujet des lettres de celle-ci, l'autrice de *Bonheur d'occasion*, en retour, s'abstient de toute révélation concernant sa vie intime. Roy, écrivaine beaucoup plus expérimentée que Laurence, lui prodiguera des conseils, sans s'exposer elle-même d'une manière qui permettrait à sa correspondante de la connaître autrement qu'en écrivaine entièrement vouée à son œuvre. Roy commente néanmoins, elle qui évite généralement de le faire, ce qu'elle estime être une situation politique instable au Québec à la suite de l'élection du Parti québécois, évoquant une « arrogance[41] » (*Ibid.* : 65) de la part des nationalistes et une « tyrannie » lui rappelant ce qu'elle a trop connu « dans [...] [son] enfance et [...] [sa] jeunesse » (*Ibid.* : 66) au Manitoba. Elle se garde, en revanche, de prendre position de manière tranchée dans ses lettres et s'abstient de toute intrusion dans ce qui n'appartient pas à sa *persona* d'écrivaine. En somme, Roy n'investit que le *littéraire* dans ses lettres à Laurence, qu'elle connaît très peu et qui ne partage avec elle que ce qui est

39. Lettre de Gabrielle Roy à Margaret Laurence, Québec, le 31 mars 1976.
40. Lettre de Gabrielle Roy à Margaret Laurence, Québec, le 15 novembre 1976.
41. Lettre de Gabrielle Roy à Margaret Laurence, Petite-Rivière-Saint-François, le 4 juin 1977.

rattaché à son activité d'écriture. Cette correspondance lui permet de demeurer *écrivaine*, même dans des écrits de nature personnelle, et de ne pas dévoiler la femme, l'épouse, l'amie, la sœur qu'elle est dans son quotidien.

Des cas limites

Certains échanges de lettres illustrent une transformation de liens d'abord *faibles* en des liens *forts* ou, à tout le moins, en « liens d'intensité moyenne », pour reprendre une expression proposée par Michel Lacroix (2006), avec lesquels Roy, même si elle s'assure de conserver sa *persona* d'écrivaine, en vient à investir le discours épistolaire de préoccupations et de sujets liés à sa vie personnelle. On le remarque notamment dans sa correspondance avec Joyce Marshall, romancière canadienne-anglaise qui est devenue sa traductrice dans les années 1960, correspondance qui comporte quatre-vingt-dix-neuf lettres de Marshall et cent neuf de Roy[42]. En effet, le dialogue sur la traduction des œuvres de Roy qui traverse leurs lettres, même si, comme le fait remarquer Jane Everett, les deux écrivaines restent « *discreet on the subject of their most intimate relationships*[43] » (Roy, 2005b : 18), s'accompagne rapidement de l'évocation de souvenirs communs, dont ceux d'un séjour de Marshall à Petite-Rivière-Saint-François en juillet 1960 : « *"Petite" seems to remember you well and hope that you will come again*[44] » (*Ibid.* : 9), écrit Roy à Marshall. Même si la traduction des œuvres de Roy occupe une part prédominante du discours épistolaire, comme en témoignent les multiples listes de corrections et de commentaires qui apparaissent dans les lettres de part et d'autre, l'amitié s'installe progressivement entre les deux femmes jusqu'à devenir un élément dominant de leur relation, Joyce espérant même qu'elles se rencontrent non plus seulement pour travailler,

42. Les manuscrits des lettres de Gabrielle Roy à Joyce Marshall sont conservés à l'Université Bishop's, Bishop's University Archives. Les manuscrits des lettres de Joyce Marshall à Gabrielle Roy se trouvent à BAC, Fonds Gabrielle-Roy, LMS 0082.
43. « discrètes sur leurs relations plus intimes » (traduction libre).
44. « La Petite semble bien se souvenir de vous et espère que vous reviendrez » (traduction libre). Gabrielle Roy à Joyce Marshall, Québec, le 15 août 1960.

mais également « *just for the purposes of friendship*[45] » (*Ibid.* : 13). Roy et Marshall ont de surcroît une amie commune, Madeleine Chassé, qui n'est pas écrivaine et qui appartient au réseau intime de Roy à Québec. C'est d'ailleurs Chassé qui a organisé la première rencontre entre Roy et Marshall, au Château Saint-Louis, où cette dernière habitait avec son mari. La correspondance Roy-Marshall se révèle ainsi, dès les premières années de leur collaboration professionnelle, un mélange, pour citer à nouveau Everett, de « *day-to-day concerns and aesthetic preoccupations*[46] » (*Ibid.* : 22).

Le cas des cent cinquante-deux lettres rassemblées dans le recueil *Femmes de lettres* est aussi intéressant en ce qu'il représente une sorte d'entre-deux : les correspondantes de Roy[47] (2005a) appartiennent à la fois, par les sujets abordés dans les lettres, aux sphères littéraire et personnelle de la romancière. À Jeanne Lapointe, par exemple, elle adresse ses plus sincères remerciements pour les éloges que celle-ci a formulés au sujet de son récit « Sécurité », paru dans le *Maclean's Magazine* en 1947[48] (Roy, 2005a : 25), tout en se permettant de lui raconter sur un ton un peu plus désinvolte avoir trouvé à Concarneau, avec Marcel, « des mûres qui étaient succulentes », qu'ils ont mangées à « grosses poignées[49] » (*Ibid.* : 27). En outre, elle se permet de demander à Cécile Chabot, chez qui elle logera lors d'un séjour à Montréal en 1952, de lui « acheter quelques tranches de jambon cuit pour mon souper[50] » (*Ibid.* : 43) et « quelque chose de léger comme un blanc-manger ou riz blanc au lait ou tapioca[51] » (*Ibid.* : 44) pour le dessert, alors qu'elle se pose

45. « par amitié » (traduction libre). Joyce Marshall à Gabrielle Roy, Toronto, le 10 avril 1967.
46. « les préoccupations quotidiennes et esthétiques » (traduction libre).
47. Le recueil rassemble les lettres de Roy aux correspondantes suivantes : Simone Routier, Jeanne Lapointe, Cécile Chabot, Simone Bussières, Michelle Le Normand, Adrienne Choquette, Claire Martin et Alice Lemieux-Lévesque.
48. Gabrielle Roy à Jeanne Lapointe, Genève, le 19 janvier 1948. Les manuscrits des lettres de Gabrielle Roy à Jeanne Lapointe sont conservés à BAC, Fonds Jeanne-Lapointe, LMS 0172.
49. Gabrielle Roy à Jeanne Lapointe, Concarneau, le 14 septembre 1948.
50. Gabrielle Roy à Cécile Chabot, Québec, le 24 juin 1952. Les manuscrits des lettres de Gabrielle Roy à Cécile Chabot sont conservés à la Bibliothèque et Archives nationales du Québec (BAnQ), Fonds Cécile-Chabot, MSS 447.
51. Gabrielle Roy à Cécile Chabot, Québec, le 24 juin 1952.

également en critique de l'œuvre de sa correspondante et souligne que les contes de celle-ci parus dans *Terre et Foyer* sont « savoureux, bien tournés et d'une poésie irrésistible », l'engageant à « continuer dans cette voie[52] » (*Ibid.* : 107). Roy se réjouit par ailleurs de la réédition de *Laure Clouet* dans la collection du Nénuphar, dans une lettre de janvier 1973 à Adrienne Choquette, rappelant à l'autrice qu'elle a « toujours pensé que ce livre aurait un rebondissement[53] » (*Ibid.* : 207); cela après lui avoir raconté, sur un plan nettement plus anecdotique dans sa lettre précédente, avoir « marché en plein dans la merde », précisant qu'il s'agirait d'un « signe annonciateur de fortune[54] » (*Ibid.* : 204).

Les exemples de la sorte se multiplient dans les lettres adressées aux amies écrivaines, ce qui illustre bien l'*entre-deux* dans lequel Roy situe les liens qu'elle entretient avec celles-ci : d'un côté, Roy aborde des sujets liés à la littérature, intérêt qu'elle partage avec ses correspondantes, alors que de l'autre, elle se révèle à celles-ci sans trop de filtre à travers des considérations des plus terre à terre liées au quotidien. Le pacte qui régit leurs échanges est différent de celui sur lequel reposent ses interactions avec ses éditeurs ou d'autres écrivains ou écrivaines ne faisant pas partie de son cercle d'amies proches : ses amies écrivaines entoureront Roy de toutes les attentions qu'elle réclamera, c'est elle qui sera, pour ainsi dire, le centre de ce réseau exclusivement féminin, alors que la romancière, en échange, leur accordera sa bienveillance. Certains des liens alimentés par les lettres s'actualiseront, on le comprend à la lecture des missives, dans des repas partagés ou des séjours de Gabrielle chez l'une d'entre elles, auxquels il est fait allusion dans l'échange épistolaire.

Conclusion

On constate, en somme, que Roy, dans ses lettres à celles et ceux avec qui elle entretient des liens dits *faibles*, cherche d'abord et avant tout à créer et à préserver sa *persona* d'écrivaine, alors qu'elle s'autorise à se livrer avec

52. Gabrielle Roy à Cécile Chabot, Québec, le 6 octobre 1963.
53. Gabrielle Roy à Adrienne Choquette, Tourrettes-sur-Loup, le 17 janvier 1963. Les manuscrits des lettres de Gabrielle Roy à Adrienne Choquette sont conservés à l'Université du Québec à Trois-Rivières, Service des archives et des collections.
54. Gabrielle Roy à Adrienne Choquette, Tourrettes-sur-Loup, le 25 décembre 1972.

beaucoup moins de retenue à ses correspondants appartenant à son réseau intime, même si une certaine circonspection reste néanmoins toujours présente dans sa manière de se dévoiler. Est-ce vraiment une posture singulière ? Plusieurs recherches sur les correspondances d'écrivains et sur l'image que ceux-ci décident d'y projeter montrent bien que la façon qu'a Roy de protéger à tout prix son image d'autrice, quelque peu différente, comme on l'a fait remarquer, de ce qu'elle dévoile à ses proches, n'est pas nécessairement unique. C'est ce dont Vincent Kaufmann fait la démonstration dans *L'équivoque épistolaire*, en commentant les lettres d'Artaud, de Baudelaire, de Flaubert, de Kafka, de Mallarmé, de Proust, de Rilke et de Valéry. Pour Kaufmann, ce n'est pas tant ce qui est raconté dans la lettre qui importe que « l'écriture proprement dite » (1990 : 186). Celle-ci impliquerait, avant toute chose, une mise à distance du destinataire. L'épistolier – Baudelaire, selon Kaufmann, serait un exemple particulièrement révélateur à cet égard – s'adresserait essentiellement à l'Autre pour « l'exclure et le révoquer comme partenaire d'un échange » (*Ibid.* : 55). Cette « mise en échec » serait paradoxalement renversée « en un geste créateur », et la représentation de l'Autre se substituerait dès lors, comme on le remarque dans la plupart des missives de Roy, au destinataire réel de la lettre (*Ibid.* : 111).

Cela n'est pas sans rappeler non plus que le même phénomène se produit chez l'individu contemporain, qui multiplie la création de profils sur les réseaux socionumériques. Les différentes identités qu'il y projette composent une image de lui-même qu'on pourrait qualifier de *déformée* ou d'*incomplète* : il s'y représente en effet le plus souvent sous son meilleur jour. Il s'agit du seul portrait auquel ses liens *faibles* sont exposés ; ses liens *forts*, ceux qu'il entretient en dehors des réseaux sociaux, ont pour leur part essentiellement droit, hors de la sphère virtuelle, à l'individu qui ne donne plus nécessairement accès qu'à une *persona* préfabriquée. La satire vidéo norvégienne, devenue virale sur le Web il y a quelques années, représentant un homme dont la vie devient de plus en plus ennuyeuse de jour en jour, mais qui s'invente néanmoins une existence heureuse, faite de voyages, de repas gastronomiques et de rencontres agréables, en constitue une illustration éloquente (Higton, 2014).

C'est un peu ce qui se dégage de la correspondance de Roy, pas seulement avec ses liens *forts*, mais aussi avec ses liens *faibles*. La romancière y est toujours pour ainsi dire en représentation. L'espace épistolaire lui permet de mettre sa propre intimité à distance et de se créer un autoportrait susceptible de susciter le respect, l'estime, la reconnaissance et l'admiration pour son travail d'écrivaine et ses publications, de rappeler, pour reprendre l'image suggérée par François Ricard dans *Gabrielle Roy, une vie*, qu'elle est entrée en écriture un peu comme on entre en religion. Plus rien n'importe davantage pour elle que cette sphère de son existence, que la vie « ordinaire, les gestes de tous les jours, les relations avec le monde et avec les intimes, tout doit non seulement s'ordonner autour de l'écriture, mais lui être subordonné [...] » (Ricard, 1996 : 353).

On pourrait dès lors poser l'hypothèse, pour terminer, que toutes les lettres de Roy, même celles qui sont adressées à des proches comme son mari, sa sœur aînée ou des amies, sont jusqu'à un certain degré des « lettres d'écrivain », comme je l'ai montré ailleurs (Marcotte, 2001 : 76-96) : la lettre est le prétexte à un travail stylistique; elle est le lieu où la romancière se crée une image d'écrivaine et y défend sa propre vision de son œuvre. La lettre est également un laboratoire d'écriture, un lieu d'expression qui accueille les toutes premières traces de récits à venir. Il n'y a jamais de rupture totale entre l'image de la femme, de la sœur et de l'amie et celle de la romancière, puisque l'écriture, dans tous les cas, ne laisse pas grand-chose au hasard, que le tout repose sur un souci du détail qui fait en sorte que même ce qui est banal demeure néanmoins *bien écrit* et, d'une certaine manière, *(p)ré-organisé*. On a l'impression, en somme, que le fait de *bien écrire* permet à Roy de garder certains destinataires appartenant à son cercle le plus intime à distance, laissant ainsi supposer une volonté, consciente ou non, que les liens *forts* demeurent toujours sur le seuil de la sphère intime dans l'espace épistolaire.

Bibliographie

Archives

Bibliothèque et Archives Canada (BAC)

Fonds des Éditions Pascal, LMS 0216

Fonds Gabrielle-Roy, LMS 0082

Fonds Jeanne-Lapointe, LMS 0172

Bibliothèque et Archives nationales du Québec (BAnQ)
Fonds Cécile-Chabot, MSS 447

Université Bishop's
Bishop's University Archives

Université du Québec à Trois-Rivières
Service des archives et collections

Université York
« Margaret Laurence Papers », University Archives and Special Collections, 1980-001/004 et 1982-002-004

Références

AMOSSY, Ruth (2009). « La double nature de l'image d'auteur », *Argumentation et analyse du discours*, n° 3, [En ligne], [http://journals.openedition.org/aad/662] (consulté le 19 juillet 2022).

ARROU-VIGNOD, Jean-Philippe (1993). *Le discours des absents*, Paris, Gallimard.

DEGENNE, Alain, et Michel FORSÉ (2004). *Les réseaux sociaux*, Paris, Armand Colin, coll. « U ».

DELEUZE, Gilles, et Félix GUATTARI (1975). *Kafka : pour une littérature mineure*, Paris, Éditions de Minuit, coll. « Critique ».

GAUDEZ, Florent (dir.) (2016). « Sociologie de l'art et analyse des réseaux sociaux », dossier spécial, *Sociologie de l'art : revue internationale*, n°s 25-26 (juin).

GRANOVETTER, Mark S. (1973). « The Strenght of Weak Ties », *American Journal of Sociology*, vol. 78, n° 6 (mai), p. 1360-1380.

HIGTON, Andrew (dir.) (2014). « If You Have Facebook Then This Is Probably Your Life », [En ligne], [https://www.youtube.com/watch?v=MpQxM5OFE60] (consulté le 19 juillet 2022).

KAUFMANN, Vincent (1990). *L'équivoque épistolaire*, Paris, Éditions de Minuit, coll. « Critique ».

LACROIX, Michel (2006). « Ponts, triades, trous ou le Tiers inclus : le cas des relations entre Léo-Paul Desrosiers et les éditions Gallimard », dans Daphné De Marneffe et Benoît Denis (dir.), *Les réseaux littéraires*, Bruxelles, Université de Bruxelles, éditions Le Cri, p. 201-224.

LEJEUNE, Philippe (1975). *Le pacte autobiographique*, Paris, Seuil, coll. « Points – essais ».

LEMIEUX, Vincent, et Mathieu OUIMET (2004). *L'analyse structurale des réseaux sociaux*, Québec, Presses de l'Université Laval, coll. « Méthodes de recherche en sciences humaines ».

MARCOTTE, Sophie (2001). « Correspondance, autobiographie et journal personnel chez Gabrielle Roy », *Quebec Studies*, vol. 34 (printemps-été), p. 76-96.

MARCOTTE, Sophie (2020). « Recréer les communautés à l'écran : l'épistolaire à l'épreuve du numérique », dans Stéphanie Bernier et Pierre Hébert (dir.), *Nouveaux regards sur nos lettres : la correspondance d'écrivain et d'artiste au Québec*, Québec, Presses de l'Université Laval, p. 225-237.

OLSHEN, Barry N. (1995). « Subject, Persona and Self in the Theory of Autobiography », *a/b : Auto/Biography*, vol. 10, n° 1, p. 5-16.

RICARD, François (1992). *Inventaire des archives personnelles de Gabrielle Roy conservées à la Bibliothèque nationale du Canada*, Montréal, Éditions du Boréal.

RICARD, François (1996). *Gabrielle Roy : une vie*, Montréal, Éditions du Boréal.

ROY, Gabrielle ([1988] 1999). *Ma chère petite sœur... Lettres à Bernadette (1943-1970)*, nouvelle édition préparée par François Ricard et Dominique Fortier, Montréal, Éditions du Boréal, coll. « Cahiers Gabrielle Roy ».

ROY, Gabrielle (2001). *Mon cher grand fou... Lettres à Marcel Carbotte (1947-1979)*, édition préparée par Sophie Marcotte, Montréal, Éditions du Boréal, coll. « Cahiers Gabrielle Roy ».

ROY, Gabrielle (2004). *Intimate Strangers : The Letters of Margaret Laurence and Gabrielle Roy*, édition préparée par Paul Socken, Winnipeg, University of Manitoba Press.

ROY, Gabrielle (2005a). *Femmes de lettres : lettres de Gabrielle Roy à ses amies (1945-1978)*, édition préparée par Ariane Léger et François Ricard, Montréal, Éditions du Boréal, coll. « Cahiers Gabrielle Roy ».

ROY, Gabrielle (2005b). *In Translation: The Gabrielle Roy – Joyce Marshall Correspondence*, édition préparée par Jane Everett, Toronto, University of Toronto Press.

ROY, Gabrielle (2013). *Entre fleuve et rivière : correspondance entre Gabrielle Roy et Margaret Laurence*, traduction de Dominique Fortier et Sophie Voillot, Saint-Boniface, Éditions des Plaines.

SOLECKI, Sam (dir.) (1998). *Imagining Canadian Literature: The Selected Letters of Jack McClelland*, Toronto, Key Porter Books Ltd.

WELLMAN, Barry, Peter J. CARRINGTON et Alan HALL (1988). « Networks as Personal Communities », dans Barry Wellman et S. D. Berkowitz (dir.), *Social Structure: A Network Approach*, Cambridge, Cambridge University Press, p. 130-184, coll. « Structural Analysis in the Social Sciences ».

Borduas à Provincetown ou La lettre d'amour laissée dans le sable

Gilles Lapointe
Université du Québec à Montréal

La publication en 1997 des *Écrits* de Paul-Émile Borduas, plus de trente-cinq ans après sa mort, a montré ce que quelques lettres du peintre disséminées dans les revues avaient déjà laissé pressentir : une activité d'écriture régulière, parfois intense, le souci constant de la valeur des mots, la nécessité de pousser toujours plus loin, par le biais d'un autre langage, une expérience picturale fondée sur la spontanéité. Le départ de Borduas pour les États-Unis en avril 1953 rendra les échanges réguliers avec ses correspondants plus nécessaires encore. Étroitement liée au tour d'esprit de l'artiste, la lettre s'est révélée pour lui la scène privée de mises au point, de réflexions théoriques relatives à son travail, de considérations esthétiques et politiques sur la situation de l'artiste ou sur les étapes cruciales du développement de l'art non figuratif.

À l'étranger, le peintre ressent davantage le besoin de donner du sens à son destin particulier, et sa relation à l'autre prend la forme d'une demande d'attestation constamment renouvelée. Borduas apprécie les marques de sympathie de ses correspondants, qui le sollicitent régulièrement et qui, dans leurs lettres, exaltent son image d'artiste-peintre. Le peintre, qui revendiquera pour lui-même le titre de citoyen du monde, ne saura toutefois s'acclimater en sol étranger, et ses lettres prendront avec les années la forme d'une sourde plainte envers son pays d'origine.

La quête d'une expression vraie constitue le relais essentiel qui lie ici l'exercice épistolaire à la pratique artistique. Parce qu'il promet à ses correspondants des lettres d'une entière franchise et d'une absolue sincérité, Borduas n'a jamais cherché à contribuer de quelque manière que ce soit à l'histoire littéraire. Il aurait plutôt eu tendance à s'en méfier... Peut-être parce qu'elles n'étaient portées par aucune intention littéraire apparente, ses lettres ont fini par nous faire signe.

L'heureux souvenir d'une rencontre due au hasard

La publication, en 2017, d'un livre intitulé *Aller jusqu'au bout des mots*, donnant accès à la correspondance intime entre Borduas et Rachel Laforest, est venue changer notre perception de ce corpus épistolaire, révélant un autre aspect du rapport du peintre à la lettre. Dans cette relation longtemps gardée secrète[1], le lecteur découvre un Borduas épris d'une jeune Montréalaise; le peintre, pour ravir son cœur, se déclare prêt à faire l'impossible pour « chasser tous les voiles, tous les brouillards » (lettre du 24 septembre 1954; Borduas et Laforest, 2017 : 33). À Rachel, Borduas avoue aussi ses récents échecs amoureux : « Par le passé, j'ai tenté des années durant, de combler un vide semblable. [...] J'y ai jeté toute la tendresse, tout l'amour, tout l'espoir dont j'étais capable. J'ai failli y sombrer corps et bien[s] et en vain ! » (Borduas et Laforest, 2017 : 39). Il s'agit cette fois de mériter l'amour de sa correspondante, qu'il appelle « ma belle, difficile, affolante Rachel » (*Ibid.* : 42), sa « sublime chatte du Nil » (*Ibid.* : 41), celle qui restera jusqu'à la fin, de son propre aveu, l'un des pôles importants de sa vie amoureuse. Dans cet espace d'intimité que permet la lettre, à travers l'échange de confidences, les déclarations spontanées et intenses, Borduas use de

1. Cette correspondance a été présentée et commentée par l'historienne de l'art Rose Marie Arbour et moi lors de mises en lecture que j'ai organisées en 2018 au Musée des beaux-arts de Montréal, au Musée national des beaux-arts du Québec (2018) et au Musée des beaux-arts de Sherbrooke (2019) ; elle est accessible sous forme de livre audio sur le site ICI Radio-Canada (réalisation Sylvie Lavoie) avec les comédiens James Hyndman et Rachel Graton. Plus récemment, elle a été portée à la scène à l'Espace Go, en juin 2021, sous le titre *J'ai cru vous voir*, dans une mise en scène d'Alexia Bürger, avec les comédiens Pascale Bussières et Jean-François Casabonne.

mots simples, sans ornement apparent, décidé à persuader et à séduire. Aidant à conjurer l'éloignement, à dissiper les malentendus, la lettre favorise l'échange des confidences les plus tendres ; portant l'espoir d'une intimité physique, elle soude les deux êtres à un même désir, même s'il s'agit d'un « amour impossible ». Dans cette correspondance intime – ses lettres à Rachel Laforest l'ont suffisamment montré –, Borduas joue sa vie, son bonheur.

Quel est pourtant ce long naufrage dont parle Borduas et qui a précédé sa rencontre avec Laforest ? L'éloignement du peintre et son départ pour les États-Unis en avril 1953, l'isolement dans lequel il a choisi de vivre, les rares confidences de ses amis rendent difficile d'en éclairer les circonstances. La présente étude tente de faire la lumière sur cet aspect de sa vie à travers le témoignage épistolaire de trois femmes qui l'ont aimé[2]. Ces relations amoureuses, qui n'ont pas été commentées jusqu'ici par la critique, coïncident avec le départ de l'artiste pour les États-Unis, son passage durant l'été à Provincetown et son arrivée à New York, à l'automne 1953.

Suzanne

Installé pour l'été à Provincetown, Borduas décrit le 2 mai 1953 à sa fille Janine son aménagement provisoire :

> Avant mon installation dans cet atelier construit par un artiste italien amateur du rustique luxueux, j'ai fait un voyage circulaire : Montréal, Boston, New York, Montréal ; rempli de promesses

2. L'existence de ces lettres, qui proviennent de l'atelier de Borduas, nous a été révélée par André-G. Bourassa. Selon le chercheur, ces lettres ont été mises à l'abri par des amis de Borduas pour éviter qu'elles ne soient détruites à leur retour au Canada. Elles font partie d'une collection privée et leur localisation actuelle est inconnue. L'atelier de Borduas sur la rue Rousselet est resté longtemps inoccupé après la mort de l'artiste, survenue le 22 février 1960. Dans le journal *La Presse* du 5 mai 1960, Paquerette Villeneuve mentionne que « [l]es tableaux que Borduas a laissés sont encore en ce jour sous scellés dans son atelier de la rue Rousselet. Tant qu'un exécuteur testamentaire ne sera pas officiellement désigné par les héritiers, ils resteront entre les quatre murs du studio où Borduas mourut » (Villeneuve, 1960 : 32). Pour protéger l'identité de ces trois correspondantes, nous utilisons ici des pseudonymes.

> pour l'avenir. Un certain nombre de mes peintures sont déjà en vente à la galerie Rose Fried, 6 East, 65th Street, New York. La plus fine galerie de New York à ce que l'on me dit : depuis qu'elle existe, elle n'a jamais exposé que de la peinture abstraite. Cela m'apparaît une grande veine… et j'en avais bien besoin! (Borduas, 1997 : 518)

Toutefois, cette galerie privilégie l'abstraction géométrique, et Borduas, qui pratique une peinture gestuelle abstraite, n'y tiendra pas sa première exposition en sol américain. Observons d'abord que les principales galeries new-yorkaises qui offriront leurs cimaises à l'artiste durant les deux années qu'il passe à New York sont toutes dirigées par des femmes : Rose Fried, Georgette Passedoit et, tout particulièrement, Martha Jackson, une galeriste qui acquerra une grande renommée aux États-Unis et qui continuera de le soutenir et de l'exposer après son départ pour Paris en septembre 1955. Âgé de quarante-huit ans, séparé légalement de son épouse et désormais loin des siens, Borduas entend bien refaire sa vie et multiplie à cette fin les occasions de rencontres. Il noue plusieurs liaisons plus ou moins longues, dont sa correspondance a conservé la trace et qui préfigurent celle, capitale, avec Laforest. Certes, sa connaissance restreinte de langue anglaise représente pour lui un handicap, mais les lettres de ses correspondantes montrent qu'il aura su contourner en partie cette difficulté en liant connaissance avec des femmes qui maîtrisent et parlent couramment le français ou qui en ont une connaissance suffisante pour échanger avec lui. Dans certains cas, il s'agit d'artistes d'origine américaine attirées sur la côte par la présence de l'école d'art d'été de Provincetown et son réputé directeur, l'artiste Hans Hoffmann; certaines vont bénéficier des conseils de Borduas durant leur séjour à Provincetown, mais le plus important reste pour Borduas que celles-ci vont l'initier au milieu artistique new-yorkais, bien avant son installation dans la métropole américaine. Rien n'indique chez ses correspondantes un investissement de l'épistolaire comparable à celui de Borduas. L'auteur de *Refus global* et de *Projections libérantes*, qui s'engage à fond sur le chemin des confidences, exige en retour de ses correspondantes les marques d'un investissement affectif non moins probantes.

« Votre lettre a vivement mis votre image devant mes yeux[3] », lui écrit Suzanne le 10 juin 1953 : Borduas a vraisemblablement fait la connaissance de la jeune femme, qui s'exprime en français et qui gravite dans l'entourage de Rose Fried (Borduas, 1997 : 518), lors de son passage à la galerie new-yorkaise au printemps. Elle répond à la lettre que Borduas lui a rapidement fait suivre : « New York, mai 53. Merci beaucoup de votre lettre envoyée du Canada. J'ai été sincèrement ravie des bonnes nouvelles que vous m'av[e]z envoyées. Je vous ai dit que j'aimais vos peintures et je suis heureuse que Rose Fried pense de même[4]. » La jeune New-Yorkaise le félicite d'exposer des tableaux dans l'une des plus prestigieuses galeries de New York et l'imagine déjà bien installé dans son lumineux atelier de Provincetown. Elle l'informe qu'elle ira elle-même passer ses fins de semaine à Long Island, non loin de la pointe de l'océan où il se trouve. Sans doute désireuse de revoir le peintre, elle l'exhorte poliment à lui transmettre plus formellement son invitation à lui rendre visite : « Je suis contente que vous ayez regardé la carte. Bon, alors Provincetown n'est pas trop loin. Aussi je promets d'y venir bien entendu si vous le dites encore une fois[5]. » Borduas s'empresse d'acquiescer à cet appel et réitère sa demande : entourant la jeune femme d'attentions soutenues et lui faisant discrètement la cour, il découvre avec regret que sa nouvelle amie ne prend pas le même plaisir que lui au jeu épistolaire.

Lors de leurs premiers échanges, Suzanne (qui a francisé en signe d'amitié son prénom) lui avoue candidement qu'elle préfère simplement « penser à lui » plutôt que de « formuler des mots sur un papier[6] », c'est-à-dire répondre au fastidieux devoir d'avoir à lui écrire, ce qui lui vaut sur-le-champ de tendres remontrances de la part de Borduas. Adoptant dans sa lettre suivante une approche plus prudente, Suzanne fait aussitôt amende honorable : « Pour vous *lire* je ne compte pas les minutes, c'est reposant de vous écouter; c'était pour écrire que je voulais dire, quel grand effort il faut faire[7]... » Le « Cher monsieur » de la lettre initiale est rapidement remplacé par l'expression « Cher Paul ». Borduas, de son

3. Lettre de [Suzanne] à Borduas, New York, 10 juin [1953], collection privée.
4. Lettre de [Suzanne] à Borduas, mai 1953, collection privée.
5. Lettre de [Suzanne] à Borduas, 10 juin [1953], collection privée.
6. *Ibid.*
7. *Ibid.*

côté, risque déjà quelques allusions audacieuses aux corps « bronzés » qu'il croise sur la plage – il emploie à dessein le pluriel, n'ignorant pas que Suzanne, les fins de semaine, fréquente régulièrement à Long Beach la plage d'Amagansett – et celle-ci répond sans s'offusquer de ses avances encore timides, sachant qu'elle s'adresse à un peintre : « Quant à me faire bronzer par le soleil, je n'y fais pas grande attention d'atteindre une nuance de couleur de plus[8]. » La New-Yorkaise se laisse ainsi convaincre et lui annonce qu'elle se rendra à Provincetown en juillet pour une fin de semaine, curieuse d'y voir les tableaux que Borduas lui a présentés dans ses lettres comme étant « palpitants de vie et de couleur[9] ». Prenant l'avion pour le rejoindre sur la pointe de la péninsule de Provincetown, elle est hébergée par Borduas durant la fin de semaine du 24 au 27 juillet 1953. De retour à New York, elle trace ces quelques lignes avant d'aller dormir :

> Cher Paul,
> Après vous avoir laissé sur la terre et que l'avion volait très haut sur une mer pleine de minuscules vagues dont certaines écumaient, j'ai poursuivi mon voyage jusqu'à New York. [...] ces quelques mots sont ma dernière action avant que je m'endor[me]. Dans ce moment je ne peux pas penser, mais quand je me réveillerai fraîche, je penserai à vous[10].

On peut déjà relever ici, en raison du caractère singulier qu'elle occupera dans leurs échanges, la place que tient la fatigue. Lorsque Suzanne s'entretient avec le peintre, celle-ci met rapidement en avant l'état d'épuisement qui l'accable, sa lassitude, son incessant besoin de repos et de sommeil. Pas étonnant que dès son retour à New York, elle y fasse de nouveau allusion dans cette autre missive à Borduas : « Je me suis bien remise depuis le mot que je vous ai envoyé lundi. Ne pensez pas que je voulais en aucune sorte souligner cette fatigue. Je me suis merveilleusement reposée à Provincetown dans votre maison, je me suis sentie à l'aise, et même j'ai très bien dormi la dernière nuit[11]. »

8. *Ibid.*
9. Lettre de [Suzanne] à Borduas, 19 juin [1953], collection privée.
10. Lettre de [Suzanne] à Borduas, « lundi soir » [27 juillet 1953], collection privée.
11. Lettre de [Suzanne] à Borduas, 30 juillet 1953, collection privée.

Cette fatigue générale chez la jeune Suzanne, que celle-ci impute presque toujours à la chaleur de la ville et à l'ennui qu'elle ressent à son travail – elle ne semble vivre d'ailleurs que pour les échappées de quelques jours sur le bord de la mer à Long Beach –, contraste fortement avec l'état d'esprit de Borduas. Alerte et animé d'une vitalité débordante, le peintre déploie sur la toile une activité continue : « Ici, je peins comme un diable dans une mer d'eau bénite. C'est la vague la plus fleurie de ma "carrière" » (lettre à Marcelle Ferron du 9 juin 1953 ; Borduas, 1997 : 527), écrit-il alors joyeusement à son amie, l'artiste Marcelle Ferron, alors en route pour l'Europe. Le même jour, il confie à sa fille Janine : « [...] ma peinture est toute en fleur. [...] Je peins avec un bonheur encore inconnu de moi. La vie est magnifique ; si le reste peut maintenant venir[12]... » (lettre à Janine Borduas du 9 juin 1953 ; *Ibid.* : 526). Le mot « fleur », fortement connoté, est à mettre en relation avec son atelier « moyenâgeux » de la rue Bradford : « Au fait ! l'atelier ne donne malheureusement pas sur la mer ; il est au milieu d'un petit jardin charmant et tout fleuri », écrit-il à sa fille Renée (lettre à Renée Borduas du 10 juin 1953 ; *Ibid.* : 528). Comme l'atelier d'Ozias Leduc, situé au milieu d'un verger dans le rang des Trente à Saint-Hilaire, dans son atelier privé de Provincetown situé à proximité de la mer et entouré de fleurs, il n'est pas exclu de penser que Borduas renoue avec un univers de sensations quasi oubliées mais non entièrement disparues ; dans ce jardin plein de réminiscences, qui lui restitue le monde maternel de son enfance, Borduas peint dans un sentiment intense de bien-être et de joie. L'historien de l'art François-Marc Gagnon a relaté à ce propos que sa mère, Éva Perreault, « était connue dans le village de Saint-Hilaire pour la beauté de son jardin, autre source de la formation artistique de Borduas » (1978 : 4). Le bonheur que Borduas ressent à peindre « 15 heures par jour[13] » durant tout son séjour à Provincetown

12. Le 10 juin, Borduas écrit à Guy Gagnon : « [...] je peins comme un diable. Si ça continue, et ça va continuer, j'aurai en octobre 50 nouveaux tableaux. 50 ? C'est l'équivalent des cinq dernières années » (lettre de Paul-Émile Borduas à Guy Gagnon du 10 juin 1953 ; Borduas, 1997 : 529).

13. « Depuis un mois et demi j'ai peint quinze heures par jour. Ça me coûte une fortune et ce fu[ren]t des joies sans lendemain ayant à peu près tout détruit au fur et à mesure. Mais là, ça va mieux depuis quelques jours ! » (lettre de Borduas à Marcelle Ferron du 19 juillet 1953 ; Borduas, 1997 : 536).

n'est pas étranger, de toute évidence, à l'esprit du lieu et à la magie féminine qui l'entoure. Mais il y a aussi, il ne faut pas en sous-estimer l'importance, la présence de ce « reste » plus obscur évoqué dans sa lettre à sa fille Janine. Borduas ne méconnaît pas les risques de tous ordres auxquels il s'expose en exil, les défis reliés à sa future installation dans la mégapole américaine et à sa confrontation à venir avec le monde de l'art new-yorkais; la part d'inconnu qu'évoque ce « reste » recouvre de manière moins visible, mais non moins troublante, sa vie sentimentale. Comme dans sa peinture, son arrivée sur le territoire américain marque un nouveau départ et notamment sur le plan des relations amoureuses, où Borduas entend pareillement s'engager à fond. Déjà avec Suzanne, tout comme il le fera l'année suivante avec sa correspondante montréalaise Rachel Laforest, Borduas multiplie les lettres, cherche à établir avec la jeune femme une relation d'intimité et de confiance, n'hésitant pas à s'exprimer avec une franchise qui séduit et déconcerte à la fois sa correspondante :

> Dans votre première lettre (ce matin j'ai eu le plaisir d'en trouver une autre) vous écrivez quelque chose que je ne comprends pas. Peut-être que vous m'éclaircirez [*sic*] à ce sujet. Vous dites entre vous et moi j'aurais « tellement voulu que tout soit dans la plus douce, la plus pure lumière : sans ces ombres émotives : dans l'heureuse acceptation de ce qui est; des nécessités présentes[14] ».

L'expression « la plus pure lumière » est courante dans le lexique amoureux de Borduas. C'est un syntagme puissant, qui connote le geste de peindre, auquel aura recours l'artiste, nous le verrons plus loin, pour mettre fin à tout échange avec sa première femme. Pour ce qui est des « nécessités présentes », il s'agit d'un euphémisme utilisé par lui pour évoquer le consentement à l'acte sexuel, une expression qui fera plus tard l'objet de discussions houleuses entre Laforest et lui. Sa correspondante montréalaise manifestera peu d'empressement à servir d'objet sexuel permettant au peintre d'assouvir ses appétits : « Vous avouerai-je que je me sens un peu humiliée de n'être pour vous qu'un apaisement à "la faim et à la soif", et que cette pensée me gêne considérablement » (Borduas et Laforest, 2017 : 69). Mais Borduas ne craint pas la lettre amoureuse

14. Lettre de [Suzanne] à Borduas, 30 juillet [1953], collection privée.

qui l'exposerait trop à l'Autre. Cette fois, Suzanne lui retourne en toute simplicité la question : « Quelles ombres émotives ? »

Tandis que Borduas lui a parlé de son passé au Canada, il a interrogé à certains moments la jeune femme sur sa vie, ses expériences antérieures : « Il m'a semblé que nos heures passées ensemble se sont écoulées dans une harmonie vraiment continuelle. Et quant à moi, il m'a paru une acceptation parfaite du présent[15]. » La correspondante américaine de Borduas n'en a pas moins rapidement reconnu le piège que recèle le dispositif épistolaire mis en place par Borduas, qui multiplie les appels : « Je crois que je sens ici la transformation qui s'est fait[e] dans l'espace des deux lettres : que vous m'avez ramenée avec moi [*sic*] et finalement retenue. Car je me sens très calme et heureuse si j'ose employer un mot si important[16]. » Suzanne sait feindre aussi, et ce n'est certes pas une coïncidence si elle décrit dans sa réponse à Borduas le comportement de sa « compagne féline », que son séjour chez lui a rendue apparemment furieuse. À son retour, la bête, qui ne manque habituellement jamais de venir à sa rencontre, l'a boudée et même, lui a « tourné la tête ». Ce faisant, Suzanne suggère à demi-mot qu'elle a elle-même la tête « tournée » par le peintre, et elle prend congé de lui, non sans lui confier que ses « souhaits ardents » lui sont assurés : « Je crois en vous et [en] votre œuvre[17]. »

Une intimité de plus en plus étroite lie ainsi rapidement les deux correspondants. Mais ce rapprochement soudain ne va pas sans soulever quelques écueils : « Oui, j'ai reçu la lettre de jeudi, celle que vous auriez voulu reprendre avant que je [ne] la lise[18]. » Il s'agit d'une nouvelle lettre de l'artiste, qu'elle a trouvée tard le dimanche précédent, en rentrant de Long Island :

> Oui, j'avoue qu'elle m'a fait de la peine et surtout une phrase que je ne comprends que confusément. Excusez-moi si je dois tout le temps vous demander des explications, pourtant je ne peux pas laisser passer des choses qui me tourmentent. D'ailleurs, j'aime beaucoup vos lettres. J'aime que vous me parliez sans dissimulation

15. Lettre de [Suzanne] à Borduas, 30 juillet [1953], collection privée.
16. *Ibid.*
17. *Ibid.*
18. Lettre de [Suzanne] à Borduas, 5 août 1953, collection privée.

> ni hésitation, communiquant vos sentiments. Cher ami, ne cessez de le faire au risque même de me causer de la peine[19].

Suzanne prise visiblement la droiture et la spontanéité de Borduas ; dans ses lettres, le peintre de Saint-Hilaire use d'une écriture qui emprunte certaines de ses caractéristiques au langage parlé et qui conserve les inflexions de sa voix. Il s'agit là, on le sait, d'une des qualités essentielles du style de l'épistolier automatiste, mise en valeur, plus tard, par Pierre Vadeboncoeur à la lecture d'une lettre adressée par Borduas à Laforest : « Il est vraiment dans ce qu'il dit. Et dans le moindre mot de ce qu'il écrit. Son écriture le révèle d'autant plus authentique qu'elle est elle-même élémentaire et sans moyen de tromperie. Comme quelqu'un qui n'aurait guère qu'un mot pour dire je t'aime » (1984 : 89). Suzanne l'encourage à la franchise : « Si vous cessiez d'être franc de cette façon et si je cessais, nous jouerions de la comédie d'autant plus inutile qu'on devine quand même tout[20]. » Écrire des lettres, c'est aussi parler de l'autre à travers soi. Non moins franche que lui, la New-Yorkaise tente néanmoins de dissiper un certain malaise qui s'est installé entre eux : « Je reviens à "la lettre de jeudi" et à la phrase que je ne sais comment interpréter. Voilà : "C'est étrange ce sentiment de culpabilité uniquement parce que vous êtes libre et que je ne le suis pas." Ne manquez pas, Paul, de m'écrire là-dessus[21]. » Cette déclaration de Borduas peut en effet surprendre, puisque légalement séparé depuis l'année précédente de son épouse Gabrielle Goyette[22], l'artiste est apparemment entièrement libre de refaire sa vie. Faut-il penser que subsistent en lui des entraves émotives et que, hanté encore par son passé et ses démons intérieurs, il ne se sente pas totalement indépendant et libre, qu'il hésite encore à entamer une nouvelle vie amoureuse ? Comme si dans sa solitude, le temps était une fenêtre-miroir donnant à la fois sur l'avenir et sur le passé. Au même moment, il est vrai, le peintre semble chercher une façon de ménager une place à ses enfants dans sa nouvelle vie, de recréer un fragile noyau familial. Il confie à ce propos à son ami Guy Viau :

19. *Ibid.*
20. Lettre de [Suzanne] à Borduas, 5 août [1953], collection privée.
21. *Ibid.*
22. Le jugement en séparation entre Borduas et Gabrielle Goyette est officiellement prononcé le 22 janvier 1952.

« Les seuls reproches que je me fais sont de n'avoir pas donné à mes enfants tous les moments que j'aurais pu dans le temps » (lettre à Guy Viau du 13 juillet 1953; Borduas, 1997 : 533). Dès le mois de juin, Borduas invite successivement ses filles Janine et Renée ainsi que son fils Paul à venir le rejoindre à son atelier de Provincetown. À la mi-juillet, Janine, qui espérait impatiemment le voir, lui annonce qu'elle s'est fait une nouvelle amie et renonce pour l'instant à se rendre à Cape Cod (lettre à Guy Viau du 21 juillet 1953; *Ibid.* : 536); en août, ses projets de retrouvailles avec Renée et Paul se heurtent, eux aussi, à des obstacles imprévus, alors que le journaliste Guy Gagnon et sa femme Monique, qui devaient les conduire à Provincetown, sont forcés de reporter leurs vacances en raison de la fermeture imminente du journal *Le Haut-Parleur*. Borduas, qui attend leur visite, ne verra finalement pas ses enfants. Gabrielle Goyette a pourtant librement consenti au voyage de Renée et de Paul à Provincetown[23]. L'éloignement définitif entre Borduas et elle surviendra l'année suivante, lorsque le hasard mettra sur le chemin du peintre Rachel Laforest; la cassure nette, qui survient dans les semaines qui suivent cette rencontre, prendra alors la forme d'une missive écrite en lettres de feu, la dernière qu'il adressera à la mère de ses enfants, au « vous » : « Vous désiriez la fraîcheur de l'ombre; je désirais la brûlante lumière. Nous sommes allés violemment à l'opposé. Plus rien ne permettra jamais la moindre rencontre sur aucun plan » (lettre à Gabrielle Goyette Borduas du 21 octobre 1954; *Ibid.* : 673). Et Borduas semble s'y être effectivement tenu.

Maintenant que nous avons évoqué l'importance de la relation amoureuse et épistolaire qui se développera progressivement l'année suivante entre Laforest et lui, il est intéressant de voir que le portrait de Suzanne esquissé par Borduas offre déjà certaines analogies avec celui de la fille du juge Laforest, qui, de son propre aveu, vit en retrait, presque hors du monde : « L'image que vous tracez de moi dans votre dernière lettre (celle de samedi, le 1er août) est, je crois, tout à fait ressemblante. Vous dites entre autre[s] que je suis devenue silencieuse, et forte contre tout, vivant sans grand enthousiasme, et courageusement. C'est vrai, probablement

23. « Ton ex-[épouse] a écrit très gentiment à Monique pour nous demander s'il nous serait possible d'emmener tes deux enfants avec nous » (lettre de Guy Gagnon du 17 juillet 1953; Borduas, 1997 : 539).

[que] j'emploie beaucoup moins les beaux et grands mots – j'aime les entendre – comme : "toujours, je t'aime, bonheur, désespoir". Pourtant, il me semble que si je me donne, c'est sans lim[ita]tions et d'une simplicité extrême et sans me reprendre[24]. » Elle termine cette fois sa lettre en embrassant le peintre. Elle remercie Borduas d'avoir répondu dans ses lettres précédentes à ses interrogations, de lui avoir fait parvenir une « lettre surprise », de sa prévenance, de ne pas taire ses inquiétudes au sujet de son propre état de santé fragile. Borduas lui annonce qu'il sera à New York le mardi 8 :

> Je suis bien affligée de vous savoir triste et de mauvaise humeur et surmené. J'y ai pensé toute la journée. Je suis convaincue que ma dernière lettre y était pour quelque chose. Sans doute vous attendiez-vous à ce que je reparle des réponses à mes questions. Pourtant, cher ami, vos réponses ont été parfaitement claires. Elles m'ont fait réfléchir passablement, j'ai tâché de vous comprendre[25].

Le jeu d'échange que permet l'épistolaire, la place de l'autre et le regard sur soi qu'autorise justement le regard de l'autre sur soi : nous avons vu que Borduas a déjà tracé de Suzanne un portrait que celle-ci juge « ressemblant » : « J'y suis arrivée, je crois, plutôt intellectuellement peut-être que sentimentalement. Car je suis assez différente et il ne s'agit pas de me mettre *moi* à votre place mais de vous comprendre *vous*. Vous ne doutez pourtant pas, n'est-ce pas, que j'ai éprouvé un certain choc dans mon cœur[26]. »

Suzanne va lui avouer qu'elle est restée attachée à des idées trop puériles et enfantines, alors qu'elle devrait savoir que la vie d'un homme se définit d'abord par la somme de ses expériences, que celles-ci déterminent ses gestes, assignent des limites et des restrictions aux projets qu'il élabore : « Je me suis sentie dans l'espace plus ou moins loin de vous, pour employer vos propres mots. Je comprends votre amour pour moi qui n'est pas une contradiction quoique [*sic*] j'ai[e] pu croire [en] lisant vos lignes[27]. » Le français approximatif de

24. Lettre de [Suzanne] à Borduas, 5 août [1953], collection privée.
25. Lettre de [Suzanne] à Borduas, lundi [10 août 1953], collection privée.
26. *Ibid.*
27. *Ibid.*

Suzanne ne l'empêche pas de mettre en lumière les incohérences et les contradictions qui agitent le peintre, sa cruelle indécision. Pressé de vivre, Borduas exprime dans ses lettres des sentiments qui sont parfois de nature, à première vue, à faire perdre aux femmes qu'il désire toute motivation d'agir. Tandis que les lettres que Borduas adresse à ses correspondants québécois et canadiens expriment publiquement sa joie de poursuivre « l'aventure américaine », celles destinées à ses nouvelles correspondantes contredisent ces représentations idéalisées et conservent la trace de ses angoisses, de sa tristesse face à ce que lui réserve l'avenir.

Comme il le fera lorsque Laforest lui rendra visite à son atelier de New York en octobre 1954, Borduas, épris de Suzanne, lui déclare son amour et insiste auprès d'elle pour qu'elle s'installe avec lui à Provincetown. Quittant cependant quelques jours plus tard, dès l'aube, l'atelier de la rue Bradford, celle-ci expliquera dans une autre lettre qu'elle aurait pu céder à son appel et choisir de rester – « (on peut tout) », confesse-t-elle –, mais qu'elle a plutôt décidé de retourner à New York, pour y conserver son emploi et poursuivre librement l'existence qu'elle a choisi de mener : « [...] nos chemins vont se recroiser », déclare-t-elle de manière fort pragmatique à Borduas. « Je me suis donnée à vous avec mon âme aussi. Comment dirais-je non à quelque chose[28][?] » Bien qu'elle se soit offerte « avec toute son âme », Suzanne admet aussi le fait en toute quiétude qu'elle consent facilement à tout, ce que Borduas, avec une touche de scepticisme, traduit inévitablement comme un manque de détermination de sa part ; c'est d'ailleurs avec une pointe d'humour un peu forcée que la correspondante évoque les états d'âme et les manifestations de chagrin et de mécontentement de Borduas : « Je suis sûre que votre tristesse a passé comme la mauvaise tempête de vendredi soir. Peut-être [qu']en me lisant, vous [vous] dites : elle me prend donc bien au sérieux avec ma tristesse[29]. » Sensible à tous les détails, Borduas semble reprocher à Suzanne sa signature griffonnée à la hâte, ces lettres mal formées qui trahissent l'empressement avec lequel elle a pris congé de lui :

28. Lettre de [Suzanne] à Borduas, non datée [août 1953, postérieure à la lettre du 5 août 1953, vraisemblablement le 10 août], collection privée.
29. *Ibid.*

> Encore quelque chose [que] je ne me rappelle que vaguement comment j'ai signé ma dernière lettre. C'était sans aucune arrière[-] pensée. Je crois que j'ai un peu gribouillé sans intention *aucune*. Un leurre ? Comment cela ?
>
> Suzanne (sans gribouillage)

Il faut s'arrêter ici au mot « leurre », dont l'apparition sous la plume de Borduas est loin d'être anodine. De manière significative, le peintre semble accuser Suzanne de s'être jouée de lui, de lui avoir manqué de sincérité. Il est clair que leur horizon commun s'est embrouillé, ce que tend à confirmer la signature bâclée (le coup de griffe ?) de la lettre. Se creuse dès lors entre eux une distance ; même si elle affirme conserver de ses récentes toiles de Provincetown une image claire et sûre – « je garde une impression très nette de vos tableaux [...] qui ont passé assez rapidement devant mes yeux ce dernier soir[30] » –, Suzanne avoue sans gêne désormais qu'elle « y pense assez souvent », donnant ainsi une autre indication que sa flamme amoureuse a déjà perdu une part de son intensité : « Je me demande où en est la lune, à présent je n'en sais rien[31] », ajoute-t-elle, avec une pointe de cruauté. Elle s'autorise aussi cette remarque satirique et infantilisante : « Est-ce que le “petit vent vent méchant” s'est calmé[32] ? » Nous ignorons la nature exacte des rapports que Suzanne entretient avec la galerie Rose Fried, mais il est possible que le mot « leurre » découle aussi du peu d'empressement que manifeste la directrice de cette galerie à venir à Provincetown et à confirmer son exposition de l'automne à New York[33]. C'est pourtant dans ce dessein précis et pour satisfaire à cette exigence impérative que Borduas travaille d'arrache-pied depuis son arrivée à Provincetown.

Dans sa réponse, Borduas ne manquera pas de souligner, non sans humeur, que Suzanne « l'oublie un peu ». Celle-ci se défendra de cette accusation sans exprimer un grand sentiment de repentir, se reprochant

30. Lettre de [Suzanne] à Borduas, 11 août 1953, collection privée.
31. *Ibid.*
32. Lettre de [Suzanne] à Borduas, non datée, vendredi [août 1953], collection privée.
33. Dans sa lettre du 30 septembre 1953 à Marcelle Ferron, Borduas mentionne que son exposition « de New York est au même point : Rose Fried n'ayant pu venir à Provincetown [...] » (Borduas, 1997 : 543).

tout au plus sa propre distraction – une lettre mal adressée que la poste négligente a tardé à remettre au peintre –, invoquant de surcroît le tourbillon frénétique de la vie new-yorkaise ; elle blâmera aussi Borduas de lui en vouloir pour cette maladresse non intentionnelle, sans gravité à ses yeux : « [...] vous aussi vous êtes un méchant écrivant cela. Parfaitement[34] ! » Et parmi les excuses alléguées, il y a aussi, comme toujours, la fatigue, la chaleur incommode et accablante de la ville, son corps vidé de toute volonté : « Il fallait évidemment rassembler ses forces et son énergie pour se rendre au travail chaque matin mal reposée d'une nuit étouffante de chaleur[35]. » Dans ses lettres suivantes qui prennent la forme de bulletins de santé, Suzanne récrimine contre les éléments, continue de se plaindre de la chaleur écrasante de New York, de son mauvais sommeil, de sa fatigue continuelle : « Aujourd'hui, par la force des choses, je suis obligée de vous rappeler les gentilles lignes d'une de vos lettres : “surtout ne vous sentez pas obligée d'écrire si vous êtes accablée de chaleur et de fatigue”. Eh bien, cher Paul, je me trouve précisément dans cet état-là[36]. » Lorsqu'elle trouve sa lettre à son retour de Long Island, elle lui écrit : « C'était un véritable réconfort en rentrant, dans cette chaleur toujours *infernale*. Cher ami, excusez ces courtes lettres, je suis inchangée mais tout est un effort en ce moment. Je me traîne au bureau[37]. »

L'une des dernières images de cette courte liaison entre les deux correspondants montre un Borduas marchant seul dans les dunes[38] de Provincetown ; dans ses lettres, le peintre évoque sa solitude, les charges énormes qui pèsent sur lui, partageant sans retenue les mouvements de son cœur et de son âme, une stratégie épistolaire qu'il va par la suite déployer auprès de plusieurs de ses correspondantes. Suzanne se veut proche de lui en pensée : « J'ai refait avec vous la longue promenade à travers les dunes que vous me décrivez si vivement dans votre dernière

34. Lettre de [Suzanne] à Borduas, 11 août 1953, collection privée.
35. Lettre de [Suzanne] à Borduas, non datée, qui porte la mention « vendredi », collection privée.
36. Lettre de [Suzanne] à Borduas, 27 août [1953], collection privée.
37. Lettre de [Suzanne] à Borduas, 31 août [1953], collection privée.
38. Dans sa lettre du 18 septembre 1953 à Marcelle Ferron, Borduas déclare : « J'ai passé un été magnifique et unique : 40 nouveaux tableaux. J'ai ignoré la mer et le sable et les dunes mais je crois qu'on les retrouve un peu » (Borduas, 1997 : 542).

lettre. Si j'étais restée plus longtemps avec vous que ce weekend, nous l'aurions fait[e] cette promenade ensemble en chair et en os[39] », allant même jusqu'à lui proposer de partir en voyage à l'automne. À la fin de sa lettre, elle le tutoie carrément : « Je te rends tes baisers. Suzanne. » Mais déjà le peintre, désabusé, a commencé à regarder ailleurs.

Juliette

Entretemps, Borduas a retrouvé à Provincetown Juliette, une jeune artiste qui enseigne à temps partiel à l'École des beaux-arts de Montréal et qui est de passage dans le village côtier qu'il habite. Tandis que Suzanne s'imagine marchant dans les dunes avec lui, tout porte à croire que c'est plutôt l'image de Juliette qui accompagne désormais le peintre : « Je suis contente que tu sois allée dans mes dunes, au clair de lune, que tu aies vu mon bateau partir. Crois-tu que nous nous reverrons[40] ? », lui écrit l'enseignante, qui espère que le peintre viendra comme promis la rejoindre dans son modeste appartement du Carré Saint-Louis à Montréal. La promenade en « chair et en os » de Suzanne cède la place au « Cher, cher » par lequel Juliette s'invite dans les bras de Borduas. Dans l'intervalle, Suzanne reverra brièvement Borduas lors de son passage éclair à New York, le 8 septembre, alors qu'il doit rapidement trouver un studio qui lui convient. Suzanne lui poste une dernière lettre, la semaine suivante : « Mon cher Paul, comment était le voyage de retour? Avez-vous tout arrangé à New York? J'étais triste de vous voir repartir et triste à la pensée que je n'étais pas trop moi-même aussi bien que je suis arrivée à dissimuler ma fatigue et ma nervosité[41]. » Ayant pris quelques jours de repos pour sa santé, elle lui écrit ces derniers mots de Long Island : « L'automne à Long Island est très joli et j'imagine de même à Provincetown. Je vous embrasse, Suzanne[42]. » Leur histoire se terminera par ce dernier baiser au bas de la lettre.

Lorsqu'il décrit en octobre 1953 à son vieil ami, Ozias Leduc, son été passé à Provincetown, Borduas dépeint une « charmante ville d'eau »

39. Lettre de [Suzanne] à Borduas, mercredi [2 septembre 1953], collection privée.
40. Lettre de [Juliette] à Borduas, 9 septembre [1953], collection privée.
41. Lettre de [Suzanne] à Borduas, mardi [15 septembre 1953], collection privée.
42. *Ibid.*

(lettre du 5 octobre 1953 ; Borduas, 1997 : 546) habitée par une « colonie d'artistes venant de tous les États » ; s'il évoque le caractère « propre et déluré » (*Ibid.*) de la petite ville, il n'omet pas de souligner la nature protectrice de ses dunes. Après avoir vanté la qualité de ses jardins pleins de fleurs et clos par de « belles haies vertes et bien taillées » (*Ibid.*), Borduas s'attarde aux dunes elles-mêmes : « [...] partout, c'est du sable, des dunes d'une douceur infinie, contre lesquelles la ville s'allonge, à l'abri du vent du large, en un étroit demi-cercle » (*Ibid.*). Douces et chaudes, avec leurs courbes et leurs ombres sinueuses, à proximité d'un océan ample et profond, ces dunes sont porteuses d'un imaginaire qui envoûte le peintre. « J'habitais au milieu de ce demi-cercle un atelier dont l'aspect intérieur me rappelait le vôtre » (*Ibid.*). C'est à l'abri de ces dunes dessinées en demi-cercle et sous les rayons des croissants de lune que Borduas, à la fine pointe de Cape Cod, produit durant l'été de 1953 « une quarantaine de toiles fougueuses, impatientes même » (*Ibid.*). En ce lieu où les Muses empruntent les figures de mère, de femme et de fille, le peintre crée, détruit et recompose ses tableaux en quatre vagues de peinture successives.

Dès le 29 juin, Borduas a été prévenu de l'arrivée de Juliette à Provincetown : « Vous me "redonnez" le goût de la paresse puisque votre venue est plus ou moins conditionnée par la qualité de mon "tan" !!! Je suis venue très tôt afin de louer un studio à mon goût pour pouvoir peindre[43]. » Installée elle aussi à Provincetown, elle lui déclare qu'elle veut « profiter de l'atmosphère stimulante d'un "vrai" studio[44] » pour travailler sérieusement. Elle le verra, dit-elle, en octobre, pour « l'exposition projetée et annoncée » et l'invite à entrer de nouveau en contact : « Ne tardez pas trop si vous voulez revoir la sauvagesse qui vous a fait, peut-être, un moment rêver[45] ! »

Ils se revoient, en effet, à Provincetown en août et poursuivent après le départ de l'artiste leurs échanges par lettres. Le 27 août, Juliette écrit à Borduas que c'est à regret qu'elle l'a quitté pour rentrer à Montréal : « J'ai fait le voyage l'âme dans le vague et le cœur dans l'eau. [...] Je serais volontiers restée quelques jours de plus si

43. Lettre de [Juliette] à Borduas, 29 juin [1953], collection privée.
44. Lettre de [Juliette] à Borduas, Provincetown, 8 août [1953], collection privée.
45. *Ibid.*

je n'avais pensé qu'il valait mieux que je parte pour ton travail. Tu le désirais aussi que je parte, n'est-ce pas[46] ? », lui demande-t-elle. La veille, Borduas a écrit à sa fille Janine : « Lentement, je vais vers une vie nouvelle où un grand soleil m'inonde de sa douce chaleur. C'est encore du domaine du désir et du rêve mais chaque jour est devenu un peu plus merveilleux. Et j'ai le cœur et l'esprit grand ouverts : plus grand que jamais » (lettre du 26 août 1953; Borduas, 1997 : 540). Le lendemain, Juliette lui confie :

> Je n'aime pas t'écrire; ça me paraît absolument stupide. Il faut bien le faire pourtant. Je veux te remercier pour ta grande générosité et les heures délicieuses passées près de toi. J'ai gardé un souvenir, tu sais, de notre dernier bain de soleil [...]. Tu me donneras de tes nouvelles? Ici, il fait chaud, je fais des courses, je mets de l'ordre dans l'appartement et... je t'attends[47].

Borduas a confirmé sa venue à Montréal, car le 5 août, écrivant à Claude Gauvreau, après avoir décrit au poète son récent travail – « Vous connaissez le petit jeu des reprises : euphorie et désespoir! Production massive et destruction non moins massive jusqu'à ce qu'une certaine sérénité soit rejointe. Il me faut beaucoup piocher pour retrouver un peu de fraîcheur, de pureté au fond de moi-même » (lettre du 5 août 1953; *Ibid.* : 538) –, est annoncé son passage dans la métropole : « À l'automne, je passerai quelques jours à Montréal, et j'espère goûter aux fruits de votre ardente imagination[48] » (*Ibid.*).

> Cher, cher,
> Quand je suis rentrée hier de mon voyage de pêche, ta lettre m'attendait au pied de ma porte. Elle était là depuis plusieurs jours sans doute. Au milieu de mon courrier, j'ai distingué du premier coup d'œil ton écriture d'enfant, de quelqu'un de non achevé, de non terminé. C'est magnifique, n'est-ce pas, ce déroulement sans fin. Moi, je suis « terminée » et c'est navrant. Toi, tu es « l'enfant » – :

46. Lettre de [Juliette] à Borduas, Montréal, 27 août 1953, collection privée.
47. Lettre de [Juliette] à Borduas, Montréal, 27 août 1953, collection privée.
48. Il en avait fait précédemment l'annonce à sa fille Janine : « J'irai moi-même à Montréal à l'automne – très rapidement – mais nous nous verrons » (lettre de Paul-Émile Borduas à Janine Borduas du 17 juillet 1953; *Ibid.* : 534).

> et c'est bizarre, cet enfant est très fort, alors que moi, je suis faible. Faible. Faible[49].

Étonnante représentation d'un Borduas en enfant très fort, qui se construit et se laisse materner par sa correspondante plus âgée que lui, elle-même privée de toute force (« Je suis faible. Faible. Faible. ») : « Dis-moi que tu as trouvé ton très grand studio à New York, pour faire les très grandes toiles. Et dis-moi encore que tu es heureux[50]. » Apparemment, leur attachement a pris la forme d'un amour platonique, mais un désir diffus à la suite de ce contact est né entre eux : « Nous avons été trop délicats, dis-tu? Peut-être que oui, peut-être que non, je ne sais plus. Je me sens toute [*sic*] émue... Pourrais-je être plus? Cela m'inquiète. Je suis endormie depuis cent ans au moins. On ne se réveille pas toujours. Tu me gronderas[51] ? » Juliette s'accuse aussi d'être trop sentimentale. Touchée par la lettre du peintre, elle craint que sa propre lettre ne l'émeuve à son tour : « Nous devrions nous écrire juste ce que nous faisons[52] », mais se ravisant, elle ajoute aussitôt : « [...] c'est cela qui serait stupide. Mais nous écrire ce que nous pensons, c'est très triste[53] ! », ce qui ne peut qu'agacer Borduas qui, lui, rêve plutôt de « communion intime ». Comme pour donner suite à ce qu'elle avance, Juliette se lance dans une description de son récent voyage de pêche dans les Laurentides; laissée seule au bord d'un lac pour chercher du *driftwood*[54], elle décrit sa peur instinctive face à l'inconnu :

> Je me suis trouvée toute seule dans un grand silence. On dit que les animaux se taisent quand ils entendent un bruit qui ne leur est pas familier. Ils écoutaient. Et moi j'avais très peur parce qu'il y a beaucoup d'ours dans la région et des couleuvres partout. Rien ne bougeait. Alors j'ai vu des couleurs merveilleuses dans le ciel : un turquoise étonnant à travers une dentelle de petits nuages jaune pâle. Et j'ai pensé à toi. Toi? Est-ce que tu existe[s]? Bien sûr? Je suis folle, ce soir[55].

49. Lettre de [Juliette] à Borduas, Montréal, 9 septembre 1953, collection privée.
50. *Ibid.*
51. *Ibid.*
52. *Ibid.*
53. *Ibid.*
54. Bois flotté. Traduction libre.
55. Lettre de [Juliette] à Borduas, Montréal, 9 septembre 1953, collection privée.

L'hypothèse que circulent ici diverses images de Borduas (le bois à la dérive, l'ours, la couleuvre, le turquoise du ciel et les petits nuages jaunes en dentelle) n'est pas à rejeter *a priori*. Tout porte à croire que Borduas inspire à sa correspondante des sentiments mixtes de fascination et de peur. Pendant ce temps, à Provincetown, Borduas se prépare à plier bagage. Elle apprend qu'il a loué un grand studio à New York et quittera la côte de Cape Cod le 22 septembre. À la même époque, il confie sa grande anxiété à Ferron « étant entré, dit-il, dans un risque matériel tout à fait absurde » (lettre du 18 septembre 1954; Borduas, 1997 : 541). Juliette veut être parmi les premières à l'attendre au 119 de la 17e Rue, même si ce n'est, pour l'instant, qu'en imagination :

> Tu me permets de venir l'une des premières t'accueillir dans ton grand studio blanc, rempli de lumière?
>
> Non, tu n'es pas à mes pieds et je ne suis pas haut perchée. Nous sommes deux êtres libres; nous n'exigeons rien l'un de l'autre et ce que nous donnons est librement consenti. D'avoir subi une... attraction nous rapproche un peu plus du « cosmos », ne trouves-tu pas, ce cosmos toujours si harmonieux même dans ses désordres, même dans ses bouleversements[56].

Juliette prend congé de lui non sans un serrement de cœur : « Je t'embrasse affectueusement avec une pointe de mélancolie... à cause de l'extravagance, tu sais[57]. »

Dans sa lettre suivante, elle adopte de nouveau à son endroit une attitude maternelle et le cajole : « Puisque je ne puis pas être près de toi pour te soigner et te gâter, tu veux bien que je te prenne dans mes bras en pensée et que je te berce un peu? Appuie ta tête contre mon épaule et sois sage; je veux te parler longtemps[58]. » Sent-elle que Borduas lui échappe – la lettre, après tout, permet de se défaire de l'emprise de l'autre et de le tenir à distance? Elle cherche dès lors à se voir à travers ses yeux et, pour lui être agréable, s'imagine courtisane. Le mensonge est le sien; elle écrit pour se faire voir et désirer :

56. Lettre de [Juliette] à Borduas, 25 septembre 1953, collection privée.
57. *Ibid.*
58. Lettre de [Juliette] à Borduas, Montréal, mercredi soir [7 octobre 1953], collection privée.

> Je pense que je devrais être une courtisane, ne rien faire, me parer, me parfumer et aimer. Et peut-être m'en aller dans les pays très chauds où les gens sont paresseux, menteurs et sensuels. Est-ce ainsi que tu me voudrais ? Je t'aimerais comme tu le veux et je te ferais souffrir méchamment. Qui sait ? Peut-être y a-t-il tout cela en moi ? Il ne m'a manqué qu'une victime complaisante. Prends garde à toi[59] !

Elle lui rend compte de son emploi du temps, l'entretient de ses relations avec sa famille. La lettre lui permet de combler l'absence de l'autre au loin ; à l'interlocuteur absent est substituée une représentation :

> Tu vois, je reçois tout le monde excepté toi. Pourtant, à mon retour de Provincetown, c'est toi que j'attendais, que je me faisais fête de revoir dans mon petit cagibi. Ta présence est partout, surtout le soir, quand je m'installe dans mon lit, que j'allume ma lampe de chevet et que je prends un gros livre, l'histoire de la Grèce, au ve siècle. Je tourne les pages et je pense que tu pourrais être là, tout près, et lire avec moi. Mais si tout cela était, peut-être ne serais-tu pas content encore. Car tu n'es jamais content[60].

Juliette expose sa vulnérabilité, se présente comme celle qui se défend mal : « Il faut seulement essayer de comprendre une petite femme nerveuse, *très nerveuse*, un peu blasée malgré tout et très craintive[61]. » Elle n'ignore pas que le projet d'exposition chez Rose Fried a achoppé : « Je suppose que Rose Fried ne veu[t] plus t'exposer ? Alors, peut-être le printemps prochain ? » Elle le retient encore, au moment de prendre congé de lui : « Me laisses-tu partir ? [...] Une demi-heure de lecture dans la paix du soir, puis je ferme la lumière et je me glisse dans les bras de quelqu'un qui est loin, toujours très loin. Juliette[62]. »

Borduas ne viendra pas à Montréal comme il l'a annoncé, et le témoignage de Juliette nous renseigne sur les difficultés qu'il rencontre lors de son installation à New York :

---

59. Lettre de [Juliette] à Borduas, mercredi [7 octobre 1953], collection privée. On note ici l'allusion à l'air de *Carmen*, de Bizet ; « Si tu ne m'aimes pas / Et si je t'aime, prends garde à toi. »
60. *Ibid.*
61. Lettre de [Juliette] à Borduas [*c.* fin d'octobre 1953], collection privée.
62. Lettre de [Juliette] à Borduas, Montréal, 30 octobre 1953, collection privée.

> Paul, je m'inquiète de toi. Tout ce que tu me dis ne me surprend pas : l'atelier loué trop vite, les visites attendues en vain, les promesses non tenues. C'est normal, tu es perdu au milieu de tant d'autres… Je craignais ta désillusion ; maintenant qu'elle est là, j'ai repris confiance[63].

Son amie estime que son atelier new-yorkais est un « éléphant blanc », déplore que Borduas, contraint de coucher sur le sol, y gèle et s'y ennuie dans une atmosphère glaciale. Elle lui prodigue cependant ses encouragements et rappelle au peintre qu'elle l'attend toujours : « Quant à moi, ce que tu peux me donner de plus précieux, c'est ce que j'ai reçu de toi jusqu'à présent : un peu de ta vie et de ton cœur[64]. » Les semaines passent, et elle reste désormais sans nouvelles de lui. À l'occasion de Noël et à l'annonce prochaine d'une exposition à la galerie Passedoit de New York, elle le relance, sans grand enthousiasme toutefois : « Ton exposition a-t-elle toujours lieu le 5 janvier ? Ce serait une grande joie pour moi d'y aller et de te revoir. Tes enfants y seront peut-être et tes nouveaux amis. Plus tôt [*sic*] que de trouver un Paul lointain et différent, je préfère m'abstenir[65]. » Elle prend congé de lui, ne dissimulant pas son amertume et « l'embrasse sur les yeux[66] ». Juliette n'est visiblement pas au courant de la relation que le peintre a nouée avec une Américaine prénommée Jennifer ; celle-ci va passer tout le temps des fêtes de la nouvelle année dans l'atelier de Borduas. En avril, Juliette, accompagnée de ses élèves, visite l'exposition *La matière chante*, qui regroupe les œuvres de vingt-quatre artistes à la galerie Antoine de Montréal. Venu à Montréal à l'instigation de Claude Gauvreau, Borduas a procédé lui-même à la sélection et à l'accrochage des œuvres :

> Je crois que ce sont les tableaux de Rita Letendre qui m'ont le plus impressionnée. Cette fille a beaucoup de talent. N'ai pas du tout aimé Leduc… ou pas compris.
> Je regrette de ne pas mieux connaître le groupe automatiste. Le contact de ces peintres serait d'un grand stimulant pour moi. Non

63. Lettre de [Juliette] à Borduas [*c.* fin d'octobre 1953], collection privée.
64. Lettre de [Juliette] à Borduas, Montréal, 30 octobre 1953, collection privée.
65. Lettre de [Juliette] à Borduas, Montréal, 24 décembre [1953], collection privée.
66. *Ibid.*

> pas que je pourrais [*sic*] jamais peindre de cette façon, mais l'esprit qui les anime m'aiderait à voir clair en moi[67].

Juliette semble cette fois mieux informée des changements survenus dans la vie sentimentale de Borduas. Scandant leur éloignement progressif, le tutoiement, qui exprime la communion la plus intime avec la partie la plus secrète de l'individu disparaît de sa lettre pour céder de nouveau la place au vouvoiement :

> J'espère que votre voyage n'a pas été trop pénible. Ces folies de cœur que vous faites sans cesse finiront certainement par vous apporter le bonheur.
>
> Si nos cœurs se sont beaucoup cherchés sans pouvoir se trouver, je veux quand même vous assurer que vous avez en moi une amie à qui vous pouvez demander n'importe quel service.
>
> Peut-être si nous nous étions mieux connu[s]... Excusez-moi de soulever un sujet que je sens clos dans votre cœur.
>
> Je suis fragile, vous êtes fragile et nous rêvons trop de perfection. La perfection, c'est divin, mais encore faut-il pouvoir la saisir.
>
> Déchirez cette lettre si elle vous ennuie. Et soyez sans inquiétude : je n'attends plus rien. Juliette[68]

Mais en vérité, renoncer à aimer Borduas n'est pas une chose aisée, et Juliette continue malgré tout d'espérer. Elle lui annonce qu'elle se rendra de nouveau à Provincetown durant l'été et le sonde au sujet de ses projets de vacances. Le 11 juin, Borduas reçoit d'elle une carte postale qui porte le sceau de Provincetown : « [...] les dunes sont toujours là, et la mer et les peintres [...] J'ai passé devant le "198" et le gros arbre. Je les déteste[69] ! » Juliette a-t-elle senti que l'amour que lui porte Borduas n'est possible que dans le giron protecteur de Provincetown ? Voyant le peintre poursuivre épisodiquement avec elle une relation où la question du désir ne se pose plus, elle est désormais pour lui une courtisane révoquée. Puis, le 6 octobre 1954, elle lui écrit pour lui dire qu'elle sera présente à l'ouverture de son exposition *En route* à la galerie d'Agnès Lefort et l'invite cette fois à

67. Lettre de [Juliette] à Borduas, Montréal, 20 avril 1954, collection privée.
68. *Ibid.*
69. Lettre de [Juliette] à Borduas. La carte postale porte le sceau « Provincetown, 11 juin 1954 », collection privée.

déjeuner : « Nous retrouverons peut-être – pas le paradis – mais “l’harmonie” perdue[70] ! » Il faut toutefois rappeler qu’au début de juillet 1954 a eu lieu la rencontre providentielle entre Borduas et Laforest au restaurant Lindy’s, sur l’avenue du Parc, à Montréal. Une correspondance entre eux s’est rapidement développée. Le 6 juillet, le peintre écrit en effet à Rachel : « J’ignore pourquoi, depuis cette rencontre au Lindy’s, je désire si ardemment vous revoir. Je sens dans l’air, entre vous et moi, mille courants qui m’attirent. Et, ces mirages – ce ne sont sans doute que des mirages – ont un immense pouvoir de séduction » (Borduas et Laforest, 2017 : 25-26).

En octobre, lors de la présentation de l’exposition *En route* de Borduas chez Agnès Lefort, Laforest est présente au vernissage. Dans son « Autobiographie », elle relate les circonstances particulières de sa rencontre ce jour-là avec le peintre :

> Cette soirée s’est gravée dans ma mémoire pour toujours. Il y a un monde fou chez Agnès Lefort. Les deux salles sont bondées. J’aperçois Borduas dans la pièce voisine causant avec des amis. Je ne bouge pas, d’ailleurs on ne peut pas circuler.
> [À] [u]n moment donné, Borduas entre dans la salle où je suis, mais à l’autre extrémité. Il m’aperçoit et vient vers moi. Il se produit alors un phénomène renversant : il me semble que la pièce est vide, je ne vois que lui qui s’avance vers moi, tout le reste disparaît comme par enchantement. Il prend mon bras et m’entraîne dans la salle voisine et nous regardons ses tableaux. De magnifiques toiles, que j’ai revues plus tard, « à tête reposée », mais qui m’apparaissent ce soir-là derrière un brouillard. Je ne distingue rien et lui-même me parle avec difficulté. Il est très ému et nous ne disons que des sottises parce que nous sommes bouleversés.
> Je reste peu de temps chez Lefort et je rentre chez moi (Laforest, 2017 : 143-144).

Mais la salle n’est pas vide, et tout porte à croire que Juliette, en tiers, est un témoin bien involontaire de ce coup de foudre réciproque. Borduas, dans ces circonstances exceptionnelles, a-t-il oublié l’invitation à déjeuner reçue de Juliette ? Elle semble faire allusion à ce faux pas dans une lettre du mois de février 1955[71] :

70. Lettre de [Juliette] à Borduas, 6 octobre 1954, collection privée.
71. Lettre de [Juliette] à Borduas, Montréal, 8 février 1955. Borduas sera de passage à Montréal du 19 au 22 février 1955 pour l’exposition de groupe *Espace 55*,

> Les belles aventures, corps et âme, sont choses du passé... depuis l'été dernier. C'est peut-être la raison pour laquelle, avec votre divine intuition, vous vous êtes conduit tout le contraire d'un gentilhomme en octobre!
> Je me demandais pourquoi ces jours derniers, je me suis mise à repenser à l'ingrat que vous êtes. Télépathie!
> Je ne vous en veux pas. Je n'ai plus aucune confiance en vous mais un reste d'amitié. Juliette[72]

Juliette ne semble pas lui garder longtemps rancune et lui écrit pour savoir s'il sera à New York à Pâques :

> L'hiver s'étire... Je suis fatiguée du travail et de la routine et j'ai besoin de voir de nouveaux horizons.
> Par exemple, les beaux magasins de la « *Fifth Avenue* », les ombrages de Central Park, les galeries d'art...
> Vous y serez à Pâques? Car je voudrais bien en même temps jeter un coup d'œil sur le grand studio et les nouvelles toiles.
> Si vous m'y invitez naturellement !!!
> À bientôt, à New York[73]?
> Juliette

Nous ne connaissons pas la réponse de Borduas à sa lettre. Son départ pour la France, en septembre 1955, semble avoir mis un terme définitif à leur relation.

Jennifer

À l'automne de 1953, le peintre noue une intense liaison avec une femme prénommée Jennifer. Dans l'épistolaire, il arrive parfois que l'amoureuse rivalise avec ses propres lettres d'amour pour rejoindre au plus tôt l'être aimé. Jennifer s'exprime ainsi à Borduas, après avoir trouvé à son arrivée une lettre du peintre qui l'attend depuis longtemps :

organisée par son ami Gilles Corbeil et présentée au Musée des beaux-arts de Montréal du 11 au 28 février 1955, collection privée.

72. Lettre de [Juliette] à Borduas, Montréal, 8 février 1955, collection privée.
73. Lettre de [Juliette] à Borduas, 15 mars 1955, collection privée.

> *I will be with you before the letter – what can I say to you here that I will not speak in your loved ear – You are my heart, my body, soul, life – and hope. No pleasure ever has been mine which is as great as that you give me in your love – Today I am so close to you; your voice is in my ear, your face within my mind's eye, your loving body close to my own*[74].
> *Today, I wish I could be with you always – to take care of you and have you care for me – but, love, I do not ask for this – it would be wrong to make demands on God for perfection, and what we now have is so close to that*[75].

Jennifer demande de lui pardonner chaque once d'amour qu'il lui offre et qu'elle ne sait retenir et partager avec lui :

> *For I have not known before a love such as you give me, and I have been afraid to lose myself in you – But I will not be afraid now – you are my love, my heart; and all I am, you have, for as long and as deep as you want it*[76].

Dans une autre lettre, vraisemblablement écrite le soir suivant, sa correspondante poursuit : « *Paul, Do you think because I loved you so quickly that I love you less? I am as afraid you don't know how much you mean to me, or how deeply I need to be with you*[77]. » Elle dit avoir passé la soirée

74. « Je serai avec toi avant ma lettre – que puis-je te dire ici que je ne confierais pas à ton oreille adorée : tu es mon cœur, mon corps, mon âme, ma vie – et mon espoir. Aucun plaisir n'a jamais été aussi grand que celui que me donne ton amour. Aujourd'hui, j'étais si près de toi ; ta voix est dans mon oreille, ton visage dans mon esprit, ton corps aimant est proche du mien » (lettre de [Jennifer] à Borduas, non datée [*c.* décembre 1953], qui porte la mention « *Monday night* ». Traduction libre), collection privée.
75. « Aujourd'hui, j'aimerais pouvoir être toujours avec toi – pour prendre soin de toi et que tu prennes soin de moi –, mais, mon amour, ce serait une erreur de demander à Dieu la perfection, alors que ce que nous avons maintenant en est si proche » (*Ibid.* Traduction libre).
76. « Car je n'ai pas connu auparavant un amour tel que celui que tu me donnes et j'ai craint de me perdre en toi – mais je n'aurai plus cette crainte désormais – tu es mon amour, mon cœur, et tout ce que je suis t'appartient, pour aussi longtemps et aussi profondément que tu le veux » (*Ibid.* Traduction libre).
77. « Paul, Crois-tu que parce que je t'ai aimé si rapidement je t'aime moins ? J'ai aussi peur que tu ne saches pas tout ce que tu signifies pour moi, à quel point je ressens le besoin d'être avec toi » (*Ibid.* Traduction libre).

près de son studio, avoir prononcé sans arrêt son nom dans son cœur. Elle lui confie dans sa lettre ce dialogue tenu avec elle-même :

> *I wish I had not called you, because it filled me with sadness and (what is more terrible) doubt. I cried that you would not let me come to you. I let myself fear it was because you do not want me, and that is such a terrible thing. I must not let myself think that you do not need me, or I will regret having loved and wanted and needed you. Please God, that must not be. I must not be wrong in love again. I love you so*[78].

Jennifer admire son savoir et son esprit de décision, cette capacité qu'il a d'avoir des certitudes, et dit prendre appui sur lui. Elle relie à cette occasion de façon audacieuse son emploi de certaines nuances de rose, de jaune et de gris dans ses tableaux récents, à la « force tranquille » qu'elle découvre en lui lorsqu'ils font l'amour :

> *The paintings are sure; even the pinks and greys, the pale shades of green and yellow – which could so easily be weak – Hans' pink and grey is weak – for you are strong, and sure. Not the strength of Leger : a black and white, geometrical, grotesque and powerful strength; but a quiet, soft and gentle strength; like the strength of you making love. I hope you can give me some of that strength, as you have given freely of that love*[79].

Toutefois, comme avec Suzanne, c'est d'abord la tristesse et l'isolement qu'elle perçoit chez lui qui les éloignent l'un de l'autre :

78. « Je souhaiterais ne t'avoir jamais appelé, car cela m'a remplie de tristesse et (ce qui est plus terrible) de doutes. J'ai craint que tu ne me laisses pas venir à toi. Je me suis laissée croire que tu ne me voulais pas, et c'est une chose terrible. Je ne dois pas me laisser aller à penser que tu n'as pas besoin de moi, sinon je regretterai de t'avoir aimé, voulu et désiré. Faites, Dieu, que cela ne soit pas. Je ne dois pas me tromper à nouveau en amour. Je t'aime tant » (*Ibid.* Traduction libre).
79. « Tes tableaux sont sûrs ; même les roses et les gris, les pâles nuances de vert et de jaune, qui pourraient si facilement paraître faibles – le rose et gris de Hans [Hoffmann] est faible –, sont chez toi forts et sûrs. Pas la force de [Fernand] Léger : une force blanche et noire, géométrique, grotesque et puissante ; mais une force tranquille, douce et tendre, comme celle qui est la tienne quand tu fais l'amour. J'espère que tu pourras me donner un peu de cette force, comme tu m'as donné librement de cet amour » (lettre de [Jennifer] à Borduas, « *Monday morning* », [s. d.]. Traduction libre).

> *I miss you, Paul, but again I am afraid to come, because I have waited so long again. I am so bad, but it hurt me so the last time, to see how you were sad; I cannot bear the guilt of your unhappiness*[80].

Le 6 janvier, la jeune femme lui confie que la lettre qu'elle lui adresse est difficile à écrire, car même si elle parvient à partager avec lui tout ce qu'elle a dans le cœur, il pourrait ne pas la comprendre en raison de sa connaissance limitée de l'anglais :

> *I have always been tormented, as you know well, by my need to tell the truth. So I suffer a great deal when there is something inside me that will cause unhappiness if I say it. I know I must speak the truth, but I do not want to hurt you. I have never wanted to hurt anyone, but, as I have told you, I have hurt so many people in my life, without meaning to*[81].

Jennifer lui déclare qu'elle ne sait quand elle pourra revenir vers lui et évoque la difficulté qu'ils ont à se comprendre. Elle lui dit qu'elle est malheureuse lorsqu'elle rencontre avec lui d'autres personnes, mentionne Liz, Mana et la peintre Florence Weinstein[82]. Sa lettre montre une sexualisation du discours :

> *I'm afraid a large part of the trouble is sex. I am dreadfully ashamed before these people, all of them, because I know they are aware of my sex relationship with you, and I am ashamed of that. That is probably the reason I cannot really fully enjoy sex with you.* [...] *Somehow,*

80. « Tu me manques, Paul, mais encore une fois, j'ai peur de venir parce que j'ai encore attendu si longtemps. Je souffre aussi, mais cela m'a fait si mal la dernière fois de voir à quel point tu étais triste. Je ne peux supporter la culpabilité de ton malheur » (lettre de [Jennifer] à Borduas, « *Sunday Evening* ». Traduction libre). L'enveloppe qui accompagne la lettre porte le cachet postal, New York, [jeudi] 3 décembre 1953, ce qui laisse croire que la lettre fut rédigée le dimanche précédent, soit le 29 novembre.
81. « J'ai toujours été tourmentée, comme tu le sais, par mon besoin de dire la vérité. Je souffre beaucoup quand je sens à l'intérieur de moi quelque chose qui blessera si je l'exprime. Je sais que je dois dire la vérité, mais je ne veux pas te blesser. Je n'ai jamais voulu blesser personne mais, comme je te l'ai dit, j'ai blessé tant de gens dans ma vie, sans le vouloir » (lettre de [Jennifer] à Borduas, 6 janvier 1954. Traduction libre).
82. L'artiste Florence Weinstein fut une correspondante régulière de Borduas.

> *with* [W***], *I had the feeling of being really married, and felt no shame, but with you, I always know that I am not your wife, and probably never will be*[83].

Jennifer lui confiera qu'elle a éprouvé du ressentiment à son endroit durant les fêtes de Noël, qu'elle s'est même sentie confinée à l'atelier, alors que ce temps, elle l'aurait mis à profit pour autre chose :

> *But the resentment was probably more basic than that. Probably I just resented the fact that I was involved in something I was ashamed of, and I wanted desperately to get out. I'm not sure all these things are the truth; I have only written whatever I thought, as it came into my mind*[84].

Franche et directe, Jennifer s'excuse aussi à Borduas d'avoir laissé la situation évoluer à ce point : « *I'm sorry, Paul, that I let things happen as I did. If I had controlled the sex part of our relationship, maybe things would have gone on for a long time without trouble. But trouble is here now, and you might as well know it*[85]. » Elle semble désormais avoir tourné elle-même la page : « *It was such a sweet, lovely thing, this love*[86]... »

Bien que décidée, au début de 1954, à rompre avec le peintre, Jennifer est émue par sa réponse :

---

83. « Je crains qu'une bonne partie de ces ennuis ont à voir avec le sexe. Je suis terriblement honteuse face à ces personnes, toutes, parce que je sais qu'elles sont au courant des rapports sexuels que j'ai avec toi, et cela me rend honteuse. C'est probablement la raison pour laquelle je ne peux pas profiter pleinement du sexe avec toi. [...] Avec [W***], j'avais le sentiment d'être vraiment mariée et je ne ressentais aucune honte, mais avec toi, je sais toujours que je ne suis pas ta femme et que je ne le serai probablement jamais » (lettre de [Jennifer] à Borduas, 6 janvier 1954. Traduction libre).
84. « Mais mon ressentiment était sans doute plus profond et simple que ça. Je n'aimais sans doute pas le fait d'être dans une situation dont j'étais honteuse et dont je voulais désespérément m'extirper. Je ne suis pas certaine que tout ce que je dis soit la vérité; j'écris seulement tout ce que je pense, comme cela me vient à l'esprit » (*Ibid.* Traduction libre).
85. « Je suis désolée, Paul, d'avoir laissé les choses arriver comme elles l'ont fait. Si j'avais su maîtriser la partie sexuelle de notre relation, peut-être les choses se seraient-elles poursuivies longtemps sans problème. Mais le problème est maintenant là, et c'est mieux que tu le saches » (*Ibid.* Traduction libre).
86. « C'était une chose si douce, si belle, cet amour » (*Ibid.* Traduction libre).

> *Dear Paul,*
> *I received your letter on Monday and it made me very sad. I am relieved that you aren't angry, and I do want to see you. I miss you, and the studio, in a special way.* [...] *Write me whether I should come or not, Paul. Good night, Jennifer*[87]

Un autre épisode de la vie amoureuse de Borduas semble avoir pris fin. Ce lien étroit que Jennifer établit entre Borduas et son atelier, entre l'homme et l'artiste, est révélateur. Dynamique et passionnée, celle-ci a refusé d'être cantonnée dans un rôle de maîtresse de maison, de subir la pression quotidienne de la « reine du foyer ». Mais déjà, elle regrette l'image romantique que lui offrait sa vie à deux dans son bel atelier d'artiste à New York. À la recherche de l'âme sœur, Borduas fera la rencontre l'automne suivant de l'invisible et silencieuse Laforest. S'amorcera alors pour chacun des correspondants la plus importante relation épistolaire de leur vie.

Fragments d'un discours amoureux

Ces trois correspondances offrent un exemple frappant de l'évolution de la situation de la femme au début des années 1950, tout en levant le voile sur certaines des difficultés que rencontre Borduas à composer avec cette nouvelle réalité. New-Yorkaises, Suzanne et Jennifer ont des liens concrets avec le cercle restreint du monde de l'art. Celui-ci est symboliquement valorisé par une élite cultivée, ouverte à la différence et aux avant-gardes artistiques. Si elles acceptent les règles du jeu de la séduction et sont prêtes à vivre l'amour avec un artiste accompli et plus âgé, elles défendent toutefois farouchement leur besoin d'indépendance. Tandis que Suzanne n'est pas disposée à laisser son emploi dans un bureau pour devenir la concubine de Borduas, Jennifer, à qui est offerte la possibilité de s'installer dans l'atelier du peintre, oppose une fin de non-recevoir au rôle de « femme au foyer ». Les deux Américaines

87. « Cher Paul, J'ai reçu ta lettre lundi et elle m'a rendue très triste. Je suis soulagée d'apprendre que tu n'es pas en colère contre moi, et je veux bien te rencontrer. Tu me manques, ainsi que l'atelier, d'une façon spéciale. [...] Écris-moi pour me dire si je dois venir ou pas, Paul. Bonne nuit, [Jennifer] » (lettre de [Jennifer] à Borduas, 14 janvier [1954]. Traduction libre).

entendent conserver intacts leur libre-arbitre et leur liberté de mouvement, épousant la conduite émancipatrice des artistes new-yorkaises de cette époque, décrites par Mary Gabriel dans *Ninth Street Women* : « *Lee* [Krasner], *Elaine* [de Kooning], *Grace* [Hartigan], *Joan* [Mitchell], *and Helen* [Frankenthaler] *didn't rebel as much as ignore society's dictates. They didn't believe its rules pertained to them*[88] » (Gabriel, 2018 : xiv). Selon ces mêmes paramètres, alors que le Québec commence à se transformer socialement et culturellement, tout porte à croire que Juliette, artiste et enseignante à l'École des beaux-arts de Montréal, serait spontanément encline à adopter une attitude anticonformiste semblable à celle de ses collègues américaines. Bien qu'elle appartienne elle-même au monde culturel, sa curiosité à l'endroit de l'automatisme pictural reste toutefois de surface et elle ne semble pas pressentir l'adéquation profonde qui existe entre la libération du geste automatiste et l'éthique de liberté qui va permettre aux femmes de s'émanciper de leurs vocations attitrées d'épouses et de mères. En réalité, son manque de confiance en soi et sa peur, entretenus par des sentiments d'insécurité et de soumission, la rapprochent de Laforest. Avant d'aborder en terminant la relation épistolaire de Borduas avec cette correspondante privilégiée, examinons de plus près la conception de l'amour du peintre au cours de cette période.

Une apologie de l'amour libre : le modèle d'Abélard et Héloïse

Dans « Le surréalisme et nous », un texte rédigé au même moment que son célèbre *Refus global*, Borduas a déjà pris ses distances avec André Breton qui, dans *L'amour fou*, défend l'indissolubilité du mariage : « [...] je repousse ici l'excuse d'accoutumance, de lassitude » (1937 : 105), explique Breton, qui formule le principe d'inaltérabilité et n'admet qu'un amour unique. Même s'il est lui-même marié, cette conception figée de l'amour, Borduas la rejette entièrement : « Cependant, ils [les surréalistes] abordèrent l'amour dans un état préjudiciable à l'amour, à la connaissance de la vérité. Ils abordèrent l'amour dans l'espoir chrétien

88. « [...] ces femmes peintres ne se sont pas tant rebellées qu'elles ont ignoré les diktats de la société. Elles ne croyaient pas que ces règles les concernaient » (traduction libre).

d'une monogamie indissoluble (à jamais liée à l'idée d'éternité) » (1987 : 361). Si Borduas reconnaît que les « généreux scandales » provoqués par les surréalistes ont favorisé son « évolution sensible », l'artiste se dissocie entièrement du schème qui fait de l'amour un « objet fixe, immobile et passé » (*Ibid.*). Pour lui, le désir est vivant et la passion peut être « follement lucide » : au-delà de l'isolement nécessaire aux amoureux au début de leur relation, qu'il qualifie de « phase délirante exclusive », Borduas entrevoit même « une phase plus délirante encore, non exclusive, au contraire embrassant tous les êtres et les choses : Seul : deux : tous » (*Ibid.* : 362). Il n'est pas exclu de penser que diverses manifestations « d'amour libre », tel que le conçoit dès 1948 le peintre, ont trouvé à s'exprimer lors de son départ pour les États-Unis dans ses relations successives avec Suzanne, Juliette et Jennifer.

À Montréal, lors d'une rencontre fortuite survenue durant l'été 1954, Borduas entre en contact avec Laforest, qui est séparée de son mari et qui élève seule son fils. Cédant à une émotion profonde, le peintre s'emploie aussitôt à nouer une relation plus intime avec la jeune femme. Tandis que débutent ses échanges avec Laforest, Borduas est interrogé par Claude Gauvreau au sujet de l'amour, et notamment sur la conception défendue par André Breton dans *L'amour fou*. Le poète exploréen a lui-même terminé en novembre 1952 la rédaction de *Beauté baroque* à la suite de la mort de sa muse, Muriel Guilbault. Dans sa réponse à Gauvreau, Borduas ne nie pas la possibilité d'une « fixation définitive », mais estime que « la seule forme amoureuse malheureusement interrompue à la phase délirante permet une fixation définitive intéressante. Exemple : Abélard et Héloïse » (lettre du 6 octobre 1954; Borduas, 1997 : 664). Borduas ajoute encore à ce sujet :

> Je connais aussi un certain nombre d'heureuses fixations définitives dans le mariage; aucun de ces cas-là ne m'intéresse. Comme beaucoup de monde, je pourrais imaginer un cas à la fois heureux et intéressant; mais je n'en connais aucun ni dans l'art ni dans la vie. Encore une fois je suis infiniment humble vis-à-vis de tout ça : je ne crois pas que j'aurais le pouvoir de projeter la plus légère des ombres sur qui vit l'amour même le plus fugitif!... (*Ibid.*)

Que Borduas s'inspire des lettres d'Abélard et d'Héloïse et fonde sur ce modèle épistolaire une représentation idéale de la relation amoureuse n'est pas anodin; il n'est pas sans savoir que la source de l'interaction des deux « amants immortels » est littéraire autant que sexuelle. Abélard, qui est le précepteur d'Héloïse, a le dessein de la séduire par ses lettres : « [...] les mots que l'on écrit sont souvent plus hardis que ceux que l'on prononce de bouche » (Nouvel, 2009 : 211). C'est aussi ce que montre Fanny Oudin, lorsqu'elle écrit que « [d]ans sa stratégie de séduction, Héloïse lui apparaît comme l'amante idéale parce qu'ils pourront échanger des lettres. C'est le mariage, et lui seul, qui est considéré comme incompatible avec le travail de la pensée et avec l'écriture poétique[89] » (2011 : 38). Héloïse, à qui importe davantage la pureté de l'âme que la chasteté du corps et qui exprime ouvertement ses exigences, défend l'amour hors mariage. Il est meilleur de répondre à un code moral intérieur et à la seule liberté de choix, plutôt qu'à un devoir quelconque, de « préférer l'amour au mariage, la liberté à une chaîne » (Abélard et Héloïse, 2000 : 117). Qu'on en juge par le passage suivant :

> Si le nom d'épouse peut sembler plus sacré et convenable, celui d'amante m'a toujours paru plus doux, ou même – si je ne craignais pas de t'offenser – celui de maîtresse ou de chienne. Car il me semblait que plus je m'abaissais, plus je méritais ta faveur. [...] si le maître de l'univers, Auguste lui-même, avait voulu m'honorer en me prenant pour épouse et en me donnant la jouissance perpétuelle des trésors de la terre, j'aurais trouvé plus doux et plus digne qu'on me dise sa catin plutôt que son impératrice[90]! (Abélard et Héloïse, 2007 : 145)

Ce sentiment est partagé par Abélard qui, dans son *Historia Calamitatum* [*Histoire de mes malheurs*], écrit : « Il lui serait plus agréable, et à moi bien plus convenable, qu'on l'appelât plutôt ma maîtresse, et que seule la liberté de mon choix, et non un devoir quelconque ou la contrainte des chaînes nuptiales, me gardât auprès d'elle » (1959 : 73).

89. À ce sujet, Claire Nouvel (2009 : 187) précise aussi : « Le mariage est rejeté parce qu'il s'avère incompatible avec une austérité philosophique qui se définit par le rejet de toute forme de lien. »

90. Octave Gréard a traduit de la manière suivante ce passage capital : « Bien que le nom d'épouse paraisse plus sacré et plus fort, j'aurais mieux aimé pour moi celui d'amie, ou même, sans vouloir te choquer, celui de concubine et de putain » (Abélard et Héloïse, 2000 : 117).

Le prestige d'un philosophe est alors lié à sa continence, et Abélard, qui a compromis Héloïse, lui demande de prêter les vœux et de prendre le voile. Héloïse y consent et entre en religion sans vocation. Par dévouement, elle s'est donnée à Dieu, tout en concevant pour Abélard un amour passionné et exclusif : « [...] c'est ta volonté, oui, ta volonté seule qui a jeté ma jeunesse dans les austérités de la profession monastique. [...] moi qui, sur un mot, Dieu le sait, t'aurais sans hésiter, précédé ou suivi jusque dans les abîmes enflammés des enfers ! » (Abélard et Héloïse, 2000 : 120). C'est ce même esprit de sacrifice, qui fait de l'amour un absolu, que va reconnaître en Rachel Pierre Vadeboncoeur ; autorisé un jour à lire son « Autobiographie », il voit en elle une « moniale », tout comme Héloïse, devenue au XIIe siècle, moniale à l'abbaye du Paraclet :

> Ce que ton récit me révèle, avec une altitude singulière, c'est toi-même. Comment Borduas n'ait [...] pu que s'éprendre de ce personnage et de son regard (vous avez tous les deux des yeux magnifiques), je m'en rends compte maintenant mieux que jamais. Tu as été une amoureuse telle que, me semble-t-il, seule l'histoire ou la littérature en décrivent de pareilles ; et tu aurais pu, au reste, avec une âme telle que la tienne et ta rigueur, ta droiture, devenir tout aussi bien une moniale, peut-être une mystique (lettre du 31 mars 1980 ; Borduas et Laforest, 2017 : 161-162).

« Une liaison délicate »

Mentionnons que lors de ses échanges avec Claude Gauvreau, Borduas va confier à ce dernier qu'il croit à la « plénitude débordante des hasards » (lettre du 6 octobre 1954 ; Borduas, 1997 : 664), évoquant ainsi à mots couverts l'exaltation que lui a procurée sa rencontre fortuite avec Rachel. Lorsque, dans une de ses lettres, Rachel appelle son attention aux circonstances mémorables de leur rencontre et souligne le rôle qu'y a tenu le hasard, Borduas insiste pour que soit donnée à cette coïncidence heureuse toute l'importance qu'elle mérite. Même s'il a pris à cette époque ses distances avec Breton, le mot « hasard » reste en effet pour lui fortement investi de la référence surréaliste et de son aura de symbole. Selon Peter Kral, le « hasard objectif » est un « signe de reconnaissance : signe que le monde ne manque pas de faire à celui qui lui fait confiance, et qui ose prendre la liberté d'aller à sa rencontre » (1982 : 200). Plus exactement, c'est la force psychique inconsciente qui émane de ce signal, l'impérieuse nécessité qu'il cache sous son apparence fortuite que Borduas demande à Rachel de reconnaître et de partager avec lui. Rachel a-t-elle la résilience et la force de caractère d'Héloïse qui, au mariage, déclare à Abélard préférer « [e]stre [sa] putain appelée » (de Meun dans Oudin, 2011 : 40-41) ? Héloïse rejette la notion d'obligation réciproque sur laquelle repose l'idée du mariage, qui transforme les amants en « ânes domestiques[91] », maintenus leur vie durant dans un rapport de servitude mutuelle. Issue d'un milieu conservateur, pensionnaire au couvent Villa-Maria, Laforest a été formée au sein des cercles bourgeois et catholiques, où elle a reçu une éducation traditionnelle et puritaine. Mais elle a démontré dans le passé qu'elle a du cran[92]. Non sans audace, s'inspirant de l'exemple d'Abélard et Héloïse et s'adressant à celle qui se décrit elle-même comme une « nonne », Borduas anticipe que la jeune femme est disposée à « obéir à l'amour sans restrictions, sans préjugés, sans défenses [au sens d'interdits] » (Borduas, 1987 : 361). C'est d'ailleurs avec ce même esprit que Borduas lui conseille d'obéir en toute simplicité à la joie du présent qui les porte en avant. Aussi, lorsque Rachel lui annonce qu'elle se sent « très audacieuse », le peintre se permet aussitôt de « croire aux plus merveilleuses réalisations » (Borduas et Laforest, 2017 : 30), un message d'espoir soutenu par l'annonce, trois mois plus tard, qu'il est possible pour elle de vivre un amour « où n'entreraient ni promesse, ni engagement, ni date fixe, ni limite géographique » (*Ibid.* : 47). Dès lors, les préventions de Borduas contre le mariage ont même commencé à s'estomper quelque peu alors qu'il aborde avec Rachel le sujet du « divorce et remariage[93] ». Dans ses transports, Borduas marque sa reconnaissance à Rachel par l'envoi imaginaire d'une de ces fleurs dont nous avons déjà observé la présence dans son jardin de Provincetown : « Vous apporter un bouquet des plus belles fleurs du monde s'impose

91. Édouard Bouyé écrit que « [l]e mari, dira Abélard dans son *sermon 30*, est un "âne domestique" » (Abélard et Héloïse, 2000 : 378).
92. Rachel Laforest a participé, le 13 mars 1949, à la marche de dix-sept protestataires au Musée des beaux-arts de Montréal, s'attirant même pour sa témérité des éloges de Jean-Paul Mousseau. Voir R. Laforest (2017) : 129.
93. « Déjà dans votre dernière lettre, vous parlez divorce et remariage, alors que je vous ai clairement exprimé là-bas l'impossibilité pour moi, après 5 ans de célibat, de reprendre la vie commune avec qui que ce soit » (*Ibid.* : 45-46).

violemment. Il y faudrait bien en évidence, dans ce cadeau, l'une de ces toutes petites fleurs qui ne fleurissent qu'au sommet du Mont Saint-Hilaire » (lettre du 24 novembre 1954 ; Borduas et Laforest, 2017 : 49).

« Difficile amie »

N'étant pas autonome financièrement, Rachel est passée de la tutelle du père à celle de son mari, Frantz Laforest, pour revenir, après son divorce, sous celle de son père, le juge Lazure, dont elle est dépendante matériellement. À la suite de son mariage brisé, humiliée d'avoir été ainsi délaissée, Rachel a été forcée de revenir habiter chez ses parents, où elle partage le sous-sol de leur maison avec son fils : « Les années passent [...]. L'horizon est fermé pour moi, j'ai cent ans et je voudrais mourir » (Laforest, 2017 : 138). Elle confiera aussi à Borduas : « Je vis à peu près comme une taupe depuis quelques années. Je n'ose bouger » (lettre d'août 1954 ; Borduas et Laforest, 2017 : 28). Marcelle Ferron a reconnu chez certains de ses concitoyens cet état de torpeur et de détresse, lorsqu'elle écrit à sa sœur Madeleine : « Il y a très peu de gens heureux. C'est réellement affreux de voir les êtres se chercher comme des taupes aveugles. Je me sens vivre depuis que je sais ce que je veux » (lettre de janvier 1953 ; Ferron, 2016 : 231). Alors que son statut de mère monoparentale confine Rachel aux marges de la société bien-pensante, la jeune femme a perdu toute assurance, toute estime de soi : « Chaque fois que j'ai pris une décision dans le passé, c'était à mon désavantage. J'accumule les sottises dès que je prends parti. Le résultat : tout acte spontané m'apparaît maintenant comme une gaffe, une erreur » (lettre d'août 1954 ; Borduas et Laforest, 2017 : 28). Qualifiant Rachel de « païenne d'hier à vieux fond catholique et canadien, ma vraie petite sœur » (lettre du 2 novembre 1954 ; *Ibid.* : 43), Borduas, qui reconnaît en lui-même les traces laissées par son éducation et son travail de décorateur d'église, peut-il réellement espérer lever les inhibitions chez son amoureuse : « Pourrez-vous jamais rejoindre, avec moi, la sérénité des sens dans la sécurité sexuelle ?... C'est la grande question » (*Ibid.*) ? De même, au vu de ses récentes expériences de Provincetown et de New York, Borduas peut-il partager avec Rachel cet idéal commun, escompter qu'il saura réellement délivrer de son insécurité celle qui a intériorisé dans le dénigrement de soi l'effacement de sa propre sexualité ?

Évoquant la dissociation entre corps et esprit – « Un abîme existe entre votre esprit et vos sens !... » (lettre du 24 octobre 1954 ; Borduas et Laforest, 2017 : 39) –, Borduas s'acharne à dénouer les fils de l'écheveau, tandis que Rachel ne dissimule pas ses réticences : « Et la "grande question", comme vous dites, le problème sexuel... Vous avez sans doute un peu deviné la cause de mon refus. L'amour ne m'a jamais apporté autre chose que du dégoût et la pensée qu'il en serait ainsi encore une fois et avec vous me remplissait d'épouvante » (lettre du 21 novembre 1954 ; *Ibid.* : 47). Malgré l'amour qu'elle porte à Borduas dès le début de leur relation[94], elle fera preuve d'une grande réserve face au projet de vie commune dont rêve le peintre. Dans l'obéissance « à la joie du présent », dans l'acceptation de l'amour sans restriction, telles que conseillées par Borduas, il y a sous-jacent l'état d'emprise de celle qui obéit à l'autre. Le modèle qu'offre la relation entre Abélard et Héloïse est celui d'un maître qui exige de la femme aimée une entière soumission : « [...] toutes tes volontés, je les ai aveuglément accomplies », confesse Héloïse, pour qui Abélard est « le maître unique à la fois de [son] cœur et de [son] corps » (Abélard et Héloïse, 2000 : 116). Elle lui écrit aussi : « Pour me conformer à ta volonté, j'en suis arrivée à m'interdire tous les plaisirs ; je ne me suis rien réservé de moi-même, si ce n'est de me faire toute à toi » (lettre du 4 mars 1957 ; Borduas et Laforest, 2017 : 106). Est-ce là, dans sa vision plus moderne du couple, celle dont rêve Borduas pour Rachel et lui ? Est-ce aussi vers cette conclusion malheureuse que conduit inéluctablement l'histoire de Borduas et de Rachel ? Gardant, comme Abélard et Héloïse, leur liaison secrète, Borduas a-t-il présumé de leurs forces ainsi que du pouvoir de la lettre d'amour ? « Il aurait fallu se connaître, s'aider l'un l'autre. S'aimer parfaitement pour employer le grand mot impossible ! Cette liaison délicate avec vous est pour moi comme la revanche du sort » (lettre du 18 juin 1956 ; *Ibid.* : 86). Rachel répondra prudemment que « le mot "libre" a perdu sa fraîcheur pour moi ! Je me contente de la liberté "intérieure", celle dont on jouit. Même en prison » (lettre du 4 mars 1957 ; *Ibid.* : 106). Mieux

94. Dans son « Autobiographie », Rachel Laforest écrit : « Le sort en est jeté. Je sais maintenant que je l'aime » (Laforest, 2017 : 144).

que Borduas, à son insu même, Rachel fait un meilleur usage que le peintre de ce que Vincent Kaufmann appelle « l'équivoque épistolaire », c'est-à-dire la capacité qu'offre la lettre de maintenir avec l'autre une distance impossible à franchir. Parce qu'elle ne peut rejoindre Borduas que dans cet éloignement, parce que la lettre est une forme de résistance à l'autre, elle peut s'étirer en une ligne de fuite d'une redoutable efficacité. Comme l'a fait observer encore Kaufmann, « [e]n général, on correspond pour se rapprocher de l'autre, pour communiquer avec lui, du moins le croit-on. Mais peut-être est-ce surtout son éloignement dont on fait alors l'expérience » (1990 : 8). L'entente sexuelle entre Borduas et Rachel sera tout aussi déficiente, leur relation épistolaire les laissant à terme face à un « amour sans chair » (lettre de Rachel Laforest du 16 janvier 1959; p. 116), selon l'expression de Rachel. C'est aussi ce que suggère, un an exactement avant sa mort, cet aveu de Borduas : alors qu'il songe à rentrer au Québec, Borduas réitérera de manière révélatrice à Claude Gauvreau « sa foi illimitée en [lui], en ce maudit pays insaisissable comme en ses femmes adorables et inaccessibles » (lettre du 19 janvier 1959; Borduas, 1997 : 1044). On ne peut s'empêcher de voir une certaine parenté entre le destin d'Abélard – « Errant, fugitif, il semble que je traîne partout la malédiction de Caïen » (Abélard et Héloïse, 2000 : 106) – et celui de Borduas, qualifié par Serge Guilbaut de « triste vagabond de la modernité[95] » (1990 : XIII). Avec Rachel, comme ce fut le cas toute sa vie, le destin de Borduas s'est de nouveau joué à coups de lettres[96].

Une instance de vérité

Nous avons voulu montrer que pour Borduas, l'activité épistolaire s'inscrit comme un geste complémentaire de sa pratique picturale. Servant souvent à témoigner de l'expérience esthétique en cours, ses lettres se présentent aussi comme une « conversation à distance » que le peintre

95. « *He* [Borduas] *became a sad vagabond of modernism – traveling late in his career from New York to Paris, on his way to Japan, which he never reached – never able to impose his vision in international circles, always out of sync* » (traduction libre).

96. Sur cette question, nous invitons le lecteur à se reporter à notre essai, *L'envol des signes* (1996), et à notre étude, « L'homme sans secret ou la transparence épistolaire de Borduas » (2020).

poursuit à l'étranger avec ses amis artistes, poètes et critiques. Jean Éthier-Blais rapporte à ce sujet ce propos éclairant du peintre :

> Le spectacle de la rue ne vous afflige-t-il pas? Tout le monde porte un masque – personne n'est vrai en public. Le contact de nos semblables nous force à mentir. Pour moi, je ne le veux pas. Mais je suis un timide qui agit par éclats. Mais rassurez-vous, je peins sans masque et non pas comme un animal coupable (Borduas, 1987 : 675).

On peut difficilement ignorer cette règle de vie affirmée péremptoirement par lui durant son séjour en sol américain : « Tous mes tableaux ne sont faits que pour ma propre connaissance » (*Ibid.* : 659). Affranchie des formules toutes faites et des idées passe-partout, dans la vie courante, l'écriture de ses lettres « spontanées » s'effectue souvent dans des conditions similaires à celles qui déterminent l'invention de l'œuvre. Les lettres de l'artiste, on l'a dit, visent chaque fois l'authenticité. Pas surprenant, dès lors, qu'il accorde sa préférence aux *Lettres d'Abélard et Héloïse*, « le premier exemple dans la littérature française de lettres réelles élevées au rang d'œuvre littéraire » (Grassi, 1998 : 22). Peu désireux de demeurer seul devant ce qu'il écrit – il s'est détourné jeune de la forme du journal personnel –, Borduas donne prise à son intimité, demande constamment à ses correspondants de se prêter au jeu de l'autoreprésentation, de lui renvoyer, comme sous une loupe, l'image magnifiée de lui-même. La réponse à cette demande implicite peut d'ailleurs se reconnaître dans une missive de Laforest, transmise à Borduas bien avant leur rencontre au restaurant Lindy's :

> Je garde un souvenir très vivant du « Forum[97] » de l'an dernier, même s'il me fut impossible de l'entendre intégralement. Ce fut une heureuse initiative qu'il faudrait reprendre. Rares sont les peintres qui puissent vous parler de l'évolution de la peinture et de leur art avec une telle *lucidité*, une telle intelligence. Vous savez parler de la peinture avec une vigueur d'autant plus efficace qu['elle est]

97. Sa lettre porte la date du 17 novembre 1950. Laforest fait allusion à ce « Forum » dans son « Autobiographie » : « C'était lui qui animait la discussion et il m'avait fait asseoir à ses côtés. J'étais à la fois intimidée et honorée par ce geste » (Laforest, 2017 : 130-131).

> mesurée et je souffre de ne pouvoir vous exprimer d'une manière plus sensible mon accord et mon admiration. De vous entendre a été comme de regarder votre peinture ; j'y retrouve toujours l'unité intérieure et l'authenticité du message dont je commence à soupçonner les exigences et la densité. (Lapointe, 1996 : 97)

Seules les archives ont conservé le souvenir de ce témoignage que ni Borduas ni Laforest n'évoqueront entre eux lors de leurs échanges subséquents. « La lettre se situe entre le permis et l'interdit, le rassurant et le troublant », écrit Marie-Claire Grassi, pour qui toute lettre, « *a priori*, porte en elle un haut niveau de compromission » (1998 : 7). À l'image de leur relation semée d'embûches, Borduas et Laforest seront confrontés aux aléas de la poste et de la distance géographique : « billets compromettants, découverts, interceptés, mal cachés ou trop bien cachés, leitmotiv de la lettre perdue ou volée » (2017 : 7). Insatisfait et isolé, avec un vague à l'âme teinté de tristesse, le peintre en exil semble être resté en attente d'une réponse amoureuse qui n'est jamais venue.

Bibliographie

Abélard, Pierre (1959). *Historia Calamitatum*, Paris, Vrin.

Abélard, Pierre, et Héloïse (2000). *Correspondance*, préface d'Étienne Gilson, traduction d'Octave Gréard revue par Édouard Bouyé, Paris, Gallimard, coll. « Folio classique ».

Abélard, Pierre, et Héloïse (2007). *Lettres d'Abélard et Héloïse*, traduction d'Éric Hics et Thérèse Moreau, Paris, Le Livre de Poche, coll. « Lettres gothiques ».

Borduas, Paul-Émile (1987). *Écrits I*, édition établie par André-G. Bourassa, Jean Fisette et Gilles Lapointe, Montréal, Les Presses de l'Université de Montréal, coll. « Bibliothèque du Nouveau Monde ».

Borduas, Paul-Émile (1997). *Écrits II*, 2 tomes, édition établie par André-G. Bourassa et Gilles Lapointe, Montréal, Les Presses de l'Université de Montréal, coll. « Bibliothèque du Nouveau Monde ».

Borduas, Paul-Émile, et Rachel Laforest (2017). *Aller jusqu'au bout des mots*, édition établie par François-Marc Gagnon et Gilles Lapointe, Montréal, Leméac Éditeur.

Breton, André (1937). *L'amour fou*, Paris, Gallimard, coll. « Métamorphose ».

ÉTHIER-BLAIS, Jean (1987). « Conversation rue Rousselet », dans Paul-Émile Borduas, *Écrits I*, Montréal, Les Presses de l'Université de Montréal, p. 674.

FERRON, Marcelle (2016). *Le droit d'être rebelle : correspondance avec Jacques, Madeleine, Paul et Thérèse Ferron*, Montréal, Éditions du Boréal.

GABRIEL, Mary (2018). *Ninth Street Women: Lee Krasner, Elaine de Kooning, Grace Hartigan, Joan Mitchell, and Helen Frankenthaler: Five Painters and the Movement That Changed Modern Art*, New York, Back Bay Books.

GAGNON, François-Marc (1978). *Paul-Émile Borduas : biographie critique et analyse de l'œuvre*, Montréal, Éditions Fides.

GRASSI, Marie-Claire (1998). *Lire l'épistolaire*, Paris, Dunod, coll. « Lettres sup ».

GUILBAUT, Serge (1990). *Reconstructing Modernism: Art in New York, Paris and Montreal 1945-1964*, Cambridge (Mass.), MIT Press.

KAUFMANN, Vincent (1990). *L'équivoque épistolaire*, Paris, Éditions de Minuit, coll. « Critique ».

KRAL, Peter (1982). « Hasard objectif », dans Adam Biro et René Passeron (dir.), *Dictionnaire général du surréalisme et de ses environs*, Fribourg, L'Office du Livre, p. 200-202.

LAFOREST, Rachel (2017). « Autobiographie », dans Paul-Émile Borduas et Rachel Laforest, *Aller jusqu'au bout des mots*, Montréal, Leméac Éditeur, p. 143-144.

LAPOINTE, Gilles (1996). *L'envol des signes : Borduas et ses lettres*, Montréal, Éditions Fides, coll. « Nouvelles études québécoises ».

LAPOINTE, Gilles (2020). « L'homme sans secret ou la transparence épistolaire de Borduas », dans Stéphanie Bernier et Pierre Hébert (dir.), *Nouveaux regards sur nos lettres : la correspondance d'écrivain et d'artiste au Québec*, Québec, Presses de l'Université Laval, p. 43-55.

NOUVEL, Claire (2009). *Abélard et Héloïse : la passion de la maîtrise*, Villeneuve d'Ascq, Presses universitaires du Septentrion.

OUDIN, Fanny (2011). « Héloïse et Abélard : amants, époux, religieux », *Questes : revue pluridisciplinaire d'études médiévales*, n° 20, p. 38-53.

VADEBONCOEUR, Pierre (1984). « "L'écrivant" Borduas », *Liberté*, n° 155, p. 88-90.

VILLENEUVE, Paquerette (1960). « Grand hommage de Paris au peintre Borduas », *La Presse*, 5 mai, p. 32.

Les chemins épistolaires de l'inquiétude : la correspondance d'Hubert Aquin et de Louis-Georges Carrier (1951-1977)

François Maltais
Université de Montréal[1]

En novembre 1950, dans son bulletin d'études *Croire et savoir*, le Centre catholique des intellectuels canadiens publie le texte d'une conférence prononcée par un jeune universitaire le 17 février précédent dans le cadre de leur événement annuel, Carrefour 50. Dans cette intervention intitulée « Liberté de pensée et sincérité », Hubert Aquin, alors inscrit au Département de philosophie et chroniqueur au *Quartier latin*, définit la liberté de pensée comme une exhortation à « témoigner » ou à « s'exprimer sincèrement » ; « liberté intérieure ». Cette *sincérité* implique ainsi une exigence de recherche qui, sans se confiner à un régime de vérité déterminé (l'enseignement thomiste, par exemple, pèse encore très lourd dans le cursus philosophique de la jeunesse), relance sans cesse une interrogation qui porte sur la relation à soi et à autrui (Aquin, 1995c : 123)[2]. « [C]ondition même de [l']unité » de la « personne humaine », la sincérité se révèle

1. L'auteur souhaite remercier Nino Gabrielli pour sa relecture attentive et rigoureuse de cet article.

2. Évoquant Carrefour 50, Yvan Lamonde résume ainsi la communication d'Aquin : « [Hubert Aquin] estime que le "danger pour l'intellectuel catholique" est de "regarder les problèmes avec l'œil de la conclusion", de subir "la contrainte intellectuelle" du thomisme. L'intellectuel catholique doit exprimer son "trouble" parce qu'"on ne méprise pas impunément la sincérité", étant entendu que l'inquiétude est le signe de "l'insatisfaction intellectuelle" de l'homme, la "conscience constamment renouvelée de sa 'finitude'". Le

d'abord une exigence « absolue », « un effort d'adéquation des actes et de la pensée au moi » (*Ibid.* : 125, 129). Si elle n'est, dit Aquin, « qu'un cheminement plus ou moins approximatif vers la vérité du moi » d'un sujet qui tend vers son propre « achèvement », c'est-à-dire « vers la vérité absolue en tant que le moi y participe », et si elle n'est encore que « l'aventure de la vérité dans chaque conscience », voire l'« aventure tragique et totale de chaque conscience », « pleine de tâtonnements, d'imprécisions et d'erreurs », l'expérience de la sincérité n'en demeure pas moins animée chez Aquin d'un mouvement de transcendance, en ce qu'elle est, conclut-il, « la vérité vécue » (*Ibid.* : 129-130). À la fois cheminement et aventure, donc, la sincérité manifeste alors un dynamisme de la conscience, dont l'inquiétude est le signe : « il faut », dit Aquin, « inquiéter constamment » (*Ibid.* : 127). Cette « inquiétude de celui qui cherche », mise en relief par Aquin dans sa conférence, consiste dès lors à produire une parole qui soit aussi ce qu'il nomme un « scandale », une *scansion de l'inquiétude*, pourrions-nous ajouter, qui trouble et scandalise l'autre en le tirant vers les pièges et les obstacles divers parsemés sur les chemins de l'inquiétude, car « [p]our quelque public que ce soit, *l'expression de l'inquiétude veut inquiéter* » (*Ibid.* : 124, 126). C'est là, pour ainsi dire, insister sur l'effet perlocutoire de toute énonciation, qui agit sur son allocutaire (auditeur ou lecteur), mais c'est également en appeler à une forme de responsabilité de l'inquiétude, alors même que, par l'écriture, la conscience s'en saisit : « "Aller jusqu'au bout de son scandale" n'implique donc pas cette impossible prudence vis-à-vis du public, mais une parfaite sincérité envers soi-même. Celui qui exprime son inquiétude doit éprouver son mal sincèrement, donc de façon urgente, totale […] » (*Ibid.* : 127-128).

Scénographie épistolaire de la sincérité

Si la pratique du journal intime est « souvent le refuge ou le remède des consciences inquiètes, perturbées, incertaines d'elles-mêmes », comme le précise Bernard Beugnot à qui l'on doit l'édition critique du journal d'Aquin (1999 : 16), c'est sans doute le cas également de l'écriture

témoignage de l'inquiétude est "un scandale" au bout duquel il faut aller » (Lamonde, 2021 : 33).

épistolaire. *Écriture de soi*, la lettre s'efforce, en effet, de remédier à ce « mal », évoqué par Aquin en 1950, en ce qu'elle s'énonce justement comme épreuve de sincérité. « [S]ervice d'âme » et « subjectivation du discours vrai » (Foucault, 1994 : 424, 426), elle est cependant tout entière tendue vers l'incertitude de sa destination et de la réponse qu'elle appelle (ou non) en retour. Proche en cela de la forme diaristique, la lettre témoigne également d'une écriture qui enregistre les diverses configurations de la vie de l'épistolier, ou, du moins, qui rend compte de certains fragments de son existence quotidienne. *Écriture inquiète* aussi, elle manifeste la mobilité de son scripteur, mobilité aussi bien matérielle ou physique (c'est le cas, par exemple, des lettres écrites par Aquin durant son séjour parisien ou de celles qu'il envoie de Buffalo, de Columbus ou de Cleveland à Louis-Georges Carrier) que métaphorique; une mobilité qui est alors le propre de l'inquiétude, du sujet *in-quies*, intranquille, privé de quiétude, et dont les cheminements sont à la fois spatiaux (des lieux physiques aux lieux discursifs) et temporels (« entre un passé perdu et un avenir incertain », comme l'écrivait, en 1953, le philosophe Jacques Lavigne dans *L'inquiétude humaine* (2023 : 24[3]). Or la production épistolaire semble témoigner chez Aquin d'une mobilité paradoxale lorsqu'elle s'écrit dans la tension qui s'opère entre, d'une part, les stases du sujet et, d'autre part, ses errances, ses « navigations » ou ses « cabotages », comme l'écrit Aquin. *Écriture inquiétante* enfin, la lettre déplace parfois les paramètres mêmes du pacte qui la fonde : brouillant l'instance énonciatrice, elle peut être traversée par des fictionnalisations du sujet épistolier, tout comme elle peut s'énoncer aux limites génériques de la lettre, en s'altérant dans des scénographies discursives qui investissent de manière parfois parodique aussi bien la forme du *subpœna* que celle de la missive cryptographique, ou, de manière souvent tragique,

3. En juin 1951, à l'Université de Montréal, Aquin obtient sa licence de philosophie, et son mémoire, document aujourd'hui considéré comme perdu, est alors dirigé par Lavigne (Massoutre, 1992). Le titre de ce mémoire indique l'orientation de la réflexion de l'universitaire : « L'acquisition de la personnalité; communauté et personnalité » (Bibliothèque nationale du Canada, 1973 : 484). Comme l'indique Georges Leroux, dans sa préface à la réédition de l'ouvrage de Lavigne, « [s]on élève Hubert Aquin [...] lui a rendu hommage en insistant sur l'importance du thème de l'inquiétude dans une société paralysée par la certitude de la vérité » (Lavigne, 2023 : 13-14).

la forme de la confession ou de l'ultième lettre (la lettre d'adieu du suicidaire). En se plaçant sous le regard de son destinataire, la lettre aquinienne varie donc considérablement dans ses formes : les lettres plus conventionnelles côtoient la *lettre-liste* ou la *lettre-projet* (qui détaillent et décrivent, avec une profuse érudition, les projets en cours), ou encore la *lettre-procès-verbal* (qui consigne *a posteriori* les échanges des interlocuteurs autour de projets créatifs communs), voire la *lettre insomniaque* (où l'intériorité s'épanche à diverses heures de la nuit). Irriguée par la fiction, l'écriture épistolaire donne, par ailleurs, à lire des jeux onomastiques (qui fictionnalisent les épistoliers), des développements thématiques (qui varient sur des obsessions profondes) ou des figurations du sujet écrivant (qui déploient un imaginaire singulier nourri à tout un réseau de références érudites), et en cela, la correspondance d'Aquin n'est pas sans continuité avec les divers usages de la lettre dans l'œuvre littéraire.

Ainsi, la lettre apparaît par intermittence, dans l'œuvre fictionnelle d'Aquin, comme un dispositif qui révèle la tension inhérente à la subjectivité inquiète. C'est par la lettre d'Olympe Ghezzo-Quénum écrite de Grand-Bassam à Pierre X. Magnant, ce destinataire qui a tous les traits d'un double du pharmacien ivoirien, qu'Aquin inaugure la scène romanesque de *Trou de mémoire*. C'est par la forme épistolaire encore qu'au dernier fragment de *L'Antiphonaire*, la temporalité paradoxale du roman se disloque, alors qu'Albert Franconi rédige une lettre d'adieu à Suzanne B-Franconi, laquelle venait pourtant d'écrire une postface à un assemblage de fragments tirés du journal de Christine Forestier. S'ils sont situés, dans l'un et l'autre cas, sur des seuils (à l'*incipit* ou à l'*excipit*), ces dispositifs épistolaires introduisent d'emblée, ou *in fine*, une altérité qui complexifie le régime narratif du roman, l'insertion de la lettre y ayant pour fonction d'accentuer l'instabilité narrative, voire d'inquiéter son lecteur en le désorientant sur le plan de l'instance énonciative. Narrème de l'inquiétude, la lettre paraît y déplacer les frontières d'un enfermement définissant le sujet. Comme si l'adresse à l'autre formulée par la lettre, aussi improbable qu'elle soit (ou qu'elle doive être), pointait vers le néant d'une lettre spectrale, dérobée au lecteur : car que répondre à la lettre qui s'efforce d'opérer en regard de l'autre (l'allocutaire) une pleine identification (comme Ghezzo-Quénum s'identifiant à Magnant) ou bien une mise à distance définitive (tel Albert Franconi annonçant par une lettre son suicide imminent) ? Entre l'événement de son écriture et celui de sa lecture, la lettre porte aussi la trace d'un intervalle temporel trouble qui ne fait que varier, à des degrés divers, la distance physique qui institue la relation épistolaire. C'est tout l'espace de la fiction que dessine alors l'écart entre ces deux événements : « Quand j'ai reçu ta lettre, j'étais en train de lire un roman [...] », écrit le personnage épistolier de la nouvelle « De retour le 11 avril », lettre terminale anticipée et intégrée par Aquin au dernier chapitre de *Point de fuite* (1995b : 147). Ces transitions de la lettre au roman, puis du roman lu par le personnage au roman écrit par l'auteur, se veulent-elles le signe, chez Aquin, d'un « effet de réel » qui dirait non pas « *nous sommes le réel* », mais qui énoncerait ce qui, dans la « catégorie du "réel" », serait la trouée d'un imaginaire fictionnel (Barthes, 2002a : 32) ? La lettre performe-t-elle, dès lors, l'impossibilité de toute rencontre réelle en dramatisant la temporalité de l'échange épistolaire, qui semble pivoter sur elle-même comme autant de « périactes (ou décors tournants) » d'une scénographie théâtrale (Aquin, 1993 : 143) ?

Alors qu'en amont de la pensée aquinienne de l'inquiétude, comme le suggère la conférence de 1950, l'« expression » (ou le « témoignage ») de la situation existentielle de l'intellectuel trouve son départ dans une recherche de la « vérité du moi », ou d'une « vérité absolue » à l'aventure de laquelle participe le moi, c'est bien l'expression elle-même qui forme en aval le territoire inquiétant de la fragmentation de ce « moi ». La lettre spéculaire à Michèle Favreau de 1976, publiée dans la revue *Mainmise*, témoigne ainsi d'un effondrement du projet scriptural aquinien qui pointe vers le vide sidérant que ces débris découvrent plutôt qu'ils ne le recouvrent :

> Michèle,
> Il me presse de te faire part de ce texte que tu m'as demandé pour MAINMISE. « Faire part » n'est pas une expression choisie au hasard puisque mon texte est mort en chemin et je n'en finis plus d'en ramasser les débris chaque fois que je me penche. Tu ne peux pas savoir. (Aquin, 1976 : 19)

D'emblée comparée au faire-part qui annonce la mort d'une « glose énorme et affriolante » commandée par la revue, la lettre intitulée « Le texte ou le silence marginal ? » donne à lire le témoignage d'une alternative suspendue à son interrogation, comme si, parvenu à la jonction de deux chemins (le texte étant bien « mort en chemin »), Aquin apercevait dans le silence de la marge entourant le texte toute l'étendue d'une « aventure tragique et totale » de l'individuation : « Le texte ne remplit pas la page, pas plus que l'être humain n'occupe la plénitude de son champ existentiel » (*Ibid.*), écrit-il à Favreau. Dans son éditorial pour *Mainmise*, celle-ci éclaire le contexte de cet envoi épistolaire :

> Une lettre d'Hubert Aquin, qui devait nous écrire un article de fond, et qui nous réservait ce coup de théâtre : une lettre étonnante, où le texte, comme l'égo [*sic*], de plus en plus coincé, refoulé par ce qui se passe « en marge », se trouve mis en question (Aquin débouche lui aussi tout naturellement sur le thème de la fuite et de l'Unité retrouvée). (Favreau, 1976 : 3)

Coup de théâtre, dramaturgie de la sincérité, telle est bien en effet la lettre envoyée par Aquin, qui exprime l'échouage d'un projet d'écriture qui aurait voulu opérer la « jointure entre le moi et le néant » et « dessiner la frontière qui sépare le moi de l'autre » (*Ibid.* : 19). Scénographie inquiétante (la première partie se concluant par la fermeture d'un « Rideau », la seconde s'ouvrant sur un « Deuxième acte »), la lettre, qui réinvestit « la problématique de l'individu et du collectif » qu'annonçait déjà « Liberté de pensée et sincérité », s'articule en deux actes qui mettent en scène cette polarité : « À force d'être imprégné par la marge qui le guette, le texte écrit ne fait plus figure d'insertion, mais d'exsertion ».

C'est donc dire que l'expression épistolaire, dont la lettre aquinienne ne serait qu'un artefact textuel cerné par son vide marginal, se présente aussi comme un espace d'expérimentation énonciative et formelle. Entre la conférence « Liberté de pensée et sincérité » de 1950 et la lettre-débris (ou *lettre-faire-part*) de 1976 intitulée « Le texte ou le silence marginal ? » se déploie la correspondance d'Hubert Aquin. Il s'agirait dès lors de suivre, au fil de ces lettres, la variation des *èthè* aquiniens, la construction discursive d'une image d'auteur, en repérant, par ailleurs, l'intrication des motifs qui structurent un imaginaire de soi dont les romans constituent sans doute l'espace de rémanence ; il s'agirait, en somme, de retracer les diverses lignes de perspective qui se dégagent de cette problématique de la sincérité et d'observer les modulations de l'inquiétude aquinienne dans ses cheminements épistolaires.

La correspondance d'Hubert Aquin avec Louis-Georges Carrier

Les lettres de l'écrivain québécois n'ont jamais fait l'objet ni d'une édition critique, ni d'une publication spécifique, non plus que d'une étude critique qui en mesurerait l'empan et en analyserait les singularités. Or, à la lumière des apports archivistiques récents procurés par le Fonds Hubert-Aquin (Philippe et Stéphane Aquin) ainsi que par le Fonds Louis-Georges Carrier et Hubert Aquin, la lecture de la correspondance avec Louis-Georges Carrier tend à montrer que l'espace épistolaire, sans préjuger de la « littérarité » de ces lettres, est un lieu de création pour Aquin de sa propre voix d'auteur. Entretenue sur une période de plus de vingt-cinq ans, cette correspondance invite à demeurer attentif aussi bien aux formes épistolaires de leur amitié qu'à leur aspect *éthopoïétique*, c'est-à-dire à ce qui, dans ces lettres, témoigne de l'élaboration de l'« œuvre » comme de la construction d'une image de soi chez Aquin.

Sur un corpus de cent huit lettres échangées entre Aquin et Carrier, quatre-vingt-dix sont rédigées par le premier et dix-huit seulement sont de la main de Carrier, lequel était un ami intime de l'écrivain. Cette amitié s'est par ailleurs doublée d'une collaboration professionnelle et artistique, particulièrement à Radio-Canada, où Carrier a effectué une carrière de réalisateur qui l'a mené à réaliser plusieurs téléthéâtres scénarisés par Aquin[4].

4. D'Aquin, Carrier a réalisé les téléthéâtres suivants : *Moïra* (1955), *Passé antérieur* (1955), *Table tournante* (1968), *24 heures de trop* (1969) et *Double sens* (1972) (Aquin, 2017a). Né à Détroit, dans l'État du Michigan aux États-Unis, Louis-Georges Carrier (1928-2016) a d'abord effectué ses études au Collège Sainte-Marie à Montréal où il a rencontré Aquin en 1946, lequel y faisait également son année de belles-lettres. À Sainte-Marie, il a dirigé la troupe de théâtre des Comédiens-Routiers, à laquelle Aquin a participé (Massoutre, 1992 : 31, 37 et 44). À l'Université de Montréal, il a obtenu le grade de bachelier en philosophie en 1950, puis de maître ès arts le 30 avril 1952, au terme de la rédaction d'une thèse sur le théâtre de Jean Anouilh sous la direction d'Ernest Gagnon. Durant ses études universitaires, il a été directeur de la troupe de théâtre des Comédiens du Mont-Royal et a présenté, au Gesù en mars 1950, une adaptation d'*Œdipe-roi* de Sophocle. Carrier a également été « rédacteur

S'étalant donc sur une période allant de 1951 à 1977, la correspondance varie tant dans ses thèmes et ses formes que dans son ton. Si seize de ces lettres ont été publiées par Aquin lui-même en 1971 dans son recueil *Point de fuite*, dans lequel elles forment un chapitre intitulé simplement « Lettres à Louis-Georges Carrier[5] » (1995b : 119-146), et si onze autres lettres ont été publiées dans l'édition des *Téléthéâtres* (2017a : 1041-1060), et une dernière en appendice des *Mélanges littéraires II* (1995d : 573-574), ce sont quatre-vingts lettres qui sont encore inédites.

Les échanges épistolaires entre Carrier et Aquin peuvent être organisés en cinq groupes répartis sur trois décennies. La relation épistolaire des années 1950 (qui s'étend de 1951 à 1955 et qui comprend vingt-huit lettres) s'inscrit dans le contexte du séjour européen d'Aquin, de sa progressive professionnalisation journalistique (2022 : 28-31) jusqu'à son retour au Québec en mai 1954, où il commencera sa carrière à Radio-Canada, d'abord à la radio (avec Radio-Collège) (Massoutre, 1992 : 84-93). À Paris, Aquin diversifie ses productions médiatiques, notamment en collaborant, à partir de 1952, avec la Radiodiffusion française, pour laquelle il effectue « des critiques de films, de pièces de théâtre et d'expositions, de même que des entrevues et des chroniques », puis en 1953 avec *L'Autorité (Le Haut-Parleur)* et *La Patrie* (2022 : 29). Le premier des deux groupes de lettres des années 1960 (qui s'étend de juin 1966 à septembre 1967 et qui comporte quinze lettres) coïncide avec l'« exil » suisse d'Aquin, après ses activités politiques et clandestines, son arrestation, puis son internement à l'Institut Albert-Prévost en 1964 et après, surtout, le retentissement de la publication de son roman *Prochain épisode* en novembre 1965. Le troisième segment de l'échange épistolaire (du 10 mars 1969 au 10 août 1970) rassemble neuf lettres et correspond à la période durant laquelle Aquin réside à Laval. Alors que son roman

artistique » pour le journal étudiant *Le Quartier latin*, dans les pages duquel il a écrit des chroniques sur le théâtre et le cinéma. Metteur en scène, dramaturge et réalisateur à la radio, à la télévision et au cinéma, Carrier a effectué une longue et prolifique carrière à Radio-Canada.

5. Celles-ci forment l'avant-dernier chapitre du recueil, qui se clôt par la nouvelle épistolaire « De retour le 11 avril » (1995b : 119-146). Sur une période de six jours, entre le 15 et le 20 mars 1970, Aquin inscrit quotidiennement la date au bas de son document de travail destiné à Carrier que nous considérons comme une seule *lettre-projet*, ce qui porte le décompte des lettres à seize.

L'Antiphonaire vient de paraître en novembre 1969, ces lettres témoignent de la collaboration entre Carrier et Aquin à des projets de téléthéâtre, notamment *24 heures de trop* et *Hamlet* (qui ne fut jamais produit) ; six d'entre ces lettres, centrées sur la figure d'Ulysse, ont été publiées par Aquin dans *Point de fuite*. Un quatrième segment de leur correspondance, le plus volumineux, rassemble les lettres échangées entre le 29 mars 1971 (jour de la tentative de suicide d'Aquin à l'hôtel Le Reine Élizabeth de Montréal) et septembre 1972 (alors que s'amorce le trimestre d'enseignement d'Aquin à la State University of New York, à Buffalo), années qui sont marquées par une très forte intensification de la pratique épistolaire avec leurs quarante-six lettres (Aquin écrivant, par exemple, à trois reprises deux lettres dans la même journée – ou plutôt dans la même nuit – à Carrier). Enfin, le dernier segment de cette correspondance couvre toute la période qui va de juillet 1973 (alors que Aquin est en pleine rédaction intensive de son roman *Neige noire*) jusqu'à la toute dernière lettre de 1977, écrite par Aquin quelques jours avant son suicide le 15 mars. Cette séquence de la correspondance manifeste vraisemblablement un étiolement de la relation épistolaire (une seule lettre en 1973, deux en 1974, une seule encore en 1975), les divers fonds d'archives aquiniens ne conservant, en effet, pour ces cinq années que dix lettres en incluant celle envoyée par Carrier. Les quatre cartes postales envoyées à Carrier par Aquin en février 1977, depuis Genève, Agrigente, Salerne et Palerme, alors que ce dernier effectue un ultime séjour en Europe, n'en paraissent dès lors, malgré leur brièveté, que plus émouvantes.

Dans les lettres des années européennes d'Aquin, où prend forme l'amitié épistolaire entre les deux comparses, des affinités intellectuelles et morales sont perceptibles. Un souci de soi, une véritable quête d'authenticité, mais aussi une réelle inquiétude s'expriment alors dans ces lettres, où nous voyons s'élaborer un imaginaire de la rencontre. Ces lettres, tout entières aimantées par le désir viatique des deux correspondants, conservent d'ailleurs la trace de certains motifs qui marqueront la poétique et l'imaginaire du « premier » roman d'Aquin, *Prochain épisode*. Les lettres écrites par Aquin en 1971 et 1972 révèlent, quant à elles, l'imaginaire singulier d'un scripteur ayant trouvé en Carrier un destinataire privilégié qui lui permet d'exprimer, alors que tous deux travaillent à la conception d'un téléthéâtre autour de la figure d'Œdipe, tout un réseau d'obsessions et d'identifications. Au fil de ces lettres à Carrier, la conscience d'une fuite irréparable du temps se mêle à un sentiment de souillure, l'expression d'un impossible recommencement existentiel à des tournures scatologiques, l'inquiétude devant l'inachèvement d'*Œdipe* à un humour souvent trivial qui semble autoriser la plainte douloureuse à s'énoncer dans des termes inquiétants, Aquin se montrant pour ainsi dire envers Carrier scandaleusement sincère.

Les chemins de l'inquiétude

« À quel baromètre vis-tu ? Donne-moi la température artistique de Paris, parle-moi de tes solitudes, de tes joies, de tes découvertes[6] », demande Carrier à Aquin en février 1952, en inscrivant dans la relation épistolaire le lieu d'une réceptivité amicale à l'autre ; « Parle-moi parfois de ton travail, de nos amis, du nombre de jours qu'il y a jusqu'à ton départ pour l'Europe, mais parle-moi de toi puisque c'est le son de ta voix que je cherche en te lisant », lui répond Aquin le 29 mars (1995b : 126). « Donne-moi », « parle-moi » : voilà tracé l'espace d'une économie de la parole derrière laquelle, et par-delà ce qui s'échange ou se donne ou se dit, c'est la voix de l'autre qui est attendue (et entendue) par l'ami épistolaire, car c'est elle qui rend la présence de cet autre réelle, dénuée des contingences comme des artifices de l'expression. Mais la lettre devient aussi ce lieu où la recherche des traces de l'autre est possible (c'est « ta voix que je *cherche* en te lisant », écrit Aquin – nous

6. Lettre de Louis-Georges Carrier à Hubert Aquin, Montréal, 26 février 1952, Université du Québec à Montréal, Service des archives et de gestion des documents (ci-après SAGD), Fonds Hubert-Aquin (Philippe et Stéphane Aquin) (192P) (ci-après 192P), 035/3. Pour la citation des lettres de la correspondance Aquin-Carrier, nous adoptons un protocole de transcription simplifié. Ainsi, nous rectifions sans mention les erreurs typographiques (dans le cas des lettres dactylographiées), la ponctuation fautive, irrégulière ou manquante, de même que les accents. Nous faisons suivre par ailleurs les mots fautifs (orthographe, accord) laissés tels quels de la mention [*sic*]. Les soulignements simples ou doubles d'un ou plusieurs mots ont été reproduits à l'identique, à l'exception des titres d'œuvres, qui ont été placés en italique. Enfin, pour les lettres dont la datation est incertaine, nous ajoutons entre crochets l'information en la faisant suivre d'un point d'interrogation : [195-?] ou [1971 ?] ; de même, nos interventions dans le texte cité sont présentées entre crochets.

soulignons) ; produisant un effet de contiguïté, la voix circule dans la lettre, la traverse en indexant la présence de l'allocutaire. « Parle-moi » : c'est donc appeler l'autre à ses côtés ou se projeter vers lui. « Parle-moi de la télévision », demande Aquin le 25 novembre 1951 (*Ibid.* : 122) ; « Parle-moi, Hubert, j'ai de nouveaux besoins, de nouvelles aspirations[7] », demande Carrier. Cette disponibilité réceptive énoncée par la lettre s'intègre à un projet de *compréhension* de l'autre qui s'ancre avant tout dans un régime de l'affect amical, comme le formule Aquin dans sa lettre du 10 mars 1952 :

> Je voudrais ce soir te serrer fraternellement, et, sinon te comprendre jusqu'à pouvoir détailler tes motivations et tes vrais malheurs, du moins te sentir près, familier, présent; il n'y aurait sans doute ni paroles exceptionnelles, ni gestes particuliers, mais pour moi une bénéfique impression de chaleur, le sentiment d'être entouré, appuyé, aimé, ce climat d'amitié dont j'ai un affreux besoin. (*Ibid.* : 124)

Suspendant la nécessité de toute parole comme de tout geste, la lettre appelle précisément de ses vœux la rencontre climatérique même qui rendra paradoxalement caduc son appel. Car écrire la lettre, tout comme la lire, est affaire de « climat d'amitié », de « chaleur », de « température » ; la lettre est dès lors « baromètre » de la relation amicale : « Nous vivons à la température de nos désirs qui se métamorphosent inhabilement en actes[8] », comme l'énonçait déjà Carrier dans sa première lettre. Écrire la lettre, c'est aussi, comme le suggère la lettre d'Aquin du 3 mars 1952, conférer un surcroît de réalité à la situation du scripteur en imprégnant son ami lecteur du lieu où il se trouve, des sensations qu'il y éprouve : « Ce matin, j'ai acheté du nouveau papier et je suis retranché dans un café pour t'écrire. [...] À Paris, c'est le printemps; et je sens que je vais doublement aimer cette ville avec qui [*sic*] j'ai partagé toute la gamme des émotions et toutes les espèces de solitude » (Aquin, 1995b : 123). La lettre, et le « nouveau papier » qui en est le support, se trouvent dès lors à transporter matériellement jusqu'à son destinataire un peu de la

7. *Ibid.*
8. Lettre de Louis-Georges Carrier à Hubert Aquin, Montréal, 20 avril 1951, SAGD, Fonds 192P, 035/3.

réalité de qui l'a écrite, comme un fragment de matin printanier parisien envoyé par la poste. À la lire, cette lettre, comment ne pas songer à cette entrée du journal, écrite le même jour et peut-être du même café où Aquin s'était « retranché » pour écrire à son ami Carrier :

> *3 mars* [1952]
> Il fait soleil sur Paris. Je me sens léger, vagabond, et marche comme un heureux désœuvré faisant ma joie d'un livre que je découvre, d'un rayon de soleil qui traverse la rue, de rien. J'ai essayé de lire Gracq pendant presque une heure, mais je ne peux prendre goût aux exercices contractés de cet esprit. Il est une chambre fermée, et moi je ne me sens d'âme aujourd'hui que pour me promener au soleil. Il doit écrire ses livres à l'automne, moi je veux vivre le printemps. (1999 : 113)

La lettre devient aussi une occasion d'imaginer, ne serait-ce que fugacement, un Hubert Aquin heureux.

Un imaginaire de la rencontre :
« Quand nous reverrons-nous et nous reverrons-nous? »

C'est le propre de la lettre que de varier les distances, d'en atténuer les effets (lorsque cette distance devient source de solitude) ou d'en renverser la perspective (qui est au loin et à distance? Et de qui l'est-il?). La lettre permet à l'épistolier de se rejointoyer, d'exprimer déjà une forme d'*identification* à l'autre, en ce que les paroles de ce dernier se trouvent comme déjà inscrites en lui-même. Ainsi, c'est une part de son intériorité que retrouve Aquin dans les lettres de Carrier :

> J'ai été singulièrement ému, l'autre jour, en lisant les premiers paragraphes de ta lettre, sur la philosophie de l'échec; tes paroles rejoignaient en moi des états d'âme familiers, et, depuis quelque temps, je me faisais une philosophie de la consolation – contre-partie [*sic*] de ta philosophie! (1995b : 123)

Ces « états d'âme » se révèlent le lieu d'une rencontre amicale favorisée par l'échange de lettres : « Je ne suis pas désolé, mais désemparé; et à lire ta lettre, j'ai cru percevoir mes états d'âme quand je marche dans cet étrange désert qu'est Paris; j'ai aussi l'impression d'habiter une immense chambre vide » (*Ibid.* : 124). Si un sentiment d'enfermement métaphorisé par la figure de la chambre – « chambre fermée » chez Gracq, « chambre vide » chez Aquin – se double d'une forme d'errance, affleure également dans la lettre une inquiétude réelle, accentuée peut-être par la situation du voyageur, mais que partage pourtant, à Montréal, puis à Kingston, son ami Carrier qui, pour sa part, éprouve un désir lancinant de sortir de son propre enfermement :

> De quelle impatience, de quelle nostalgie suis-je tout-à-coup [*sic*] l'objet! Ta lettre me rattache au monde que je cherche; à ce paradis perdu qui se doit d'être retrouvé. [...]
> Partir, enfin partir.
> Se retrouver pour mieux se chercher à nouveau[9].

La lettre « rattache » à un monde hors de soi, perdu et à retrouver par des formes nouvelles de *recommencement*, un monde qui n'est fragmenté que parce que celui qui l'arpente l'est lui-même d'abord et qui relance sans cesse ce qui seul compte : le désir de se « chercher à nouveau ». Comme si elle traversait les années, cette réversion d'une recherche de l'autre dans une recherche de soi se retrouve d'ailleurs jusqu'en 1976, dans la lettre d'Aquin à *Mainmise* : « C'est pour te retrouver que je pars et pour te réinventer que je fais semblant de te perdre » (1976 : 19). Au fil des lettres échangées durant les années 1950 par les deux amis, en effet, c'est bien le rapport à soi qui est toujours considéré selon des modalités qui problématisent le rapport à l'autre et au monde. Derrière cette relation tensive du *pour soi* et du *pour autrui* qui se fait jour dans les lettres, les épistoliers réfléchissent à la question de l'*agir*, aux rapports de la volonté à l'acte, du désir à sa réalisation (ou à ce qu'ils nomment la « perfection de soi »). Volontiers porté à universaliser sa propre expérience personnelle, Carrier subsume dans un « nous » ce qu'il éprouve par-devers lui : « Nous vivons à la température de nos désirs qui se métamorphosent inhabilement en actes. Nous sommes toujours, par nos espoirs, irrévocablement tendus dans cette disproportion de nos vouloirs et de leurs réalisations. Nous sommes toujours sur

9. Lettre de Louis-Georges Carrier à Hubert Aquin, Kingston, 29 juillet 1952, SAGD, Fonds 192P, 035/3.

le point de[10]... » L'effet suspensif de l'énonciation est la marque de cette tension entre « nos désirs » et les « actes », entre « nos vouloirs » et « leurs réalisations ». Pour Carrier, cela se traduit aussi sur le plan de leurs aspirations créatrices communes, puisque « faire œuvre » et « se parfaire » soi-même sont un seul et même acte : « Cette immense incapacité que l'on ressent à la vue d'une œuvre, d'un travail à réaliser, ce faux acheminement vers la perfection de soi, [...] tout ce qui semble nous émouvoir et nous donner à vérifier l'authenticité de nos démarches humaines [...][11]. » Tant l'œuvre à faire que le souci de soi sont pensés en des termes qui révèlent l'inadéquation de tout acte, qui traduisent une « incapacité », voire un déficit d'agentivité, susceptibles d'accroître encore l'inquiétude que la lettre cherche à exprimer[12]. C'est donc vers une recherche d'authenticité dans le rapport à soi et à autrui que tendent dans leurs lettres aussi bien Aquin que Carrier. Mais le souci de soi, dès lors qu'il se conjugue avec la rencontre de l'autre, ne leur découvre qu'un surcroît d'inquiétude, comme l'énonce Carrier : « Comme il est difficile, dans de pareils moments, d'oublier le perpétuel retour à soi qui s'opère dès que nous sommes en présence d'un autre[13]. » De plus, cette authenticité s'énonce en des termes apparemment paradoxaux, puisqu'elle se relie à un des *leitmotive* de la correspondance, l'*abandon de soi*, que Carrier introduit dès sa première lettre : « [T]out cela, nous oblige à la concession de nous-mêmes, à un oubli, à une dépersonnalisation[14]. »

10. Lettre de Louis-Georges Carrier à Hubert Aquin, Montréal, 20 avril 1951, SAGD, Fonds 192P, 035/3.
11. *Ibid.*
12. Alors qu'il est réalisateur à Radio-Collège durant les années 1950, Carrier a sans doute été mis en contact avec le climat intellectuel, imprégné d'inquiétude, qui y régnait : « [U]n mot semble être sur toutes les lèvres, du moins à partir de 1949, tant en religion et [en] philosophie qu'en sociologie : c'est "l'inquiétude", celle [...] qu'on retrouve dans les propos de plusieurs animateurs de Radio-Collège. Cet écho d'une prise de conscience qu'il faudrait apprendre à penser par soi-même, du désarroi d'après-guerre, de cette inquiétude spirituelle devant la modernité sinon devant la modernisation, nous semble être le leitmotiv des émissions de Radio-Collège et le reflet d'une crise de la pensée des années cinquante » (Lefebvre, 2006 : 235).
13. Lettre de Louis-Georges Carrier à Hubert Aquin, Montréal, 20 avril 1951, SAGD, Fonds 192P, 035/3.
14. *Ibid.*

Ainsi, pour coïncider authentiquement avec soi-même, pour « se parfaire », il s'agit de s'oublier, de concéder son intériorité à autrui, et la « dépersonnalisation » évoquée par Carrier, qui n'est pas sans écho avec le mémoire qu'il prépare sur Anouilh, est comparée à « celle du comédien, [dépersonnalisation qui] est le gage unique de notre prise de conscience, de notre pleine réalisation[15] ». Dans cette figure de l'acteur, dans cette dépersonnalisation du comédien, se dramatise la distance qui modalise la relation à l'autre, mais qui s'insinue aussi dans la relation à soi, c'est-à-dire entre soi-même et ses actes ou ses œuvres, une distance qui est bien le propre de toute scénographie (qu'elle soit théâtrale, existentielle ou épistolaire). Car la distance entre les épistoliers inscrit une forme de dépersonnalisation de l'énonciateur, qui équivaut à un oubli de soi. La lettre a ainsi pour fonction d'appréhender le vertige de cette distance à soi et à l'autre dont la relation épistolaire ouvre le procès nécessaire. C'est que, comme la lettre, le *pour soi* est pensé par Carrier comme projet de partage : « Faire le point en soi-même, s'arrêter pour se dire qu'un recommencement est toujours possible, toujours réalisable. Ne plus se vouloir être autre chose que ce que nous sommes, continuer non plus vers un "ailleurs" mais vers un partage de soi [...][16]. » C'est la distance abolie avec soi, comme avec l'autre, que la lettre doit d'abord manifester; c'est « l'ailleurs » où se situe l'absence de l'autre (le destinataire) que la lettre doit abolir, puisqu'elle est « partage de soi ». La relation tensive du *pour soi* et du *pour autrui* qui ouvre la lettre trouve alors son provisoire dénouement dans cette formule finale de Carrier : « [D]evenir soi-même à tous les jours, à toutes les heures, devenir autre en soi-même, voilà, me semble-t-il, le véritable problème [...][17]. »

Préoccupé par cette problématique de *l'agir*, Carrier s'efforce donc de tendre vers un authentique abandon de soi à autrui, tel que l'accomplit la figure du comédien dont la dépersonnalisation apparaît comme un « partage de soi » : c'est là « devenir autre en soi-même ». Un rapport à l'altérité dont *Prochain épisode*, une décennie plus tard, conservera la trace, car « [à] vouloir me faire passer pour un autre », énoncera alors le narrateur aux prises avec H. de Heutz, « je deviens cet autre » (Aquin, 1995a : 58). De son côté, tout

15. *Ibid.*
16. *Ibid.*
17. *Ibid.*

entier livré à « l'intensité de la vie théâtrale à Paris », Aquin n'en partage pas moins des affinités avec Carrier. Il revient, dans sa lettre du 30 octobre 1951, sur la « conscience de soi » : « Plus on devient conscient, plus on s'éloigne de l'acte; plus on en sent le poids, la gravité. Je me demande même si pour agir, il ne faut pas, en un sens, confisquer la conscience, ou du moins l'arrêter à un certain point jamais ultime » (1995b : 119). Aquin reprend à son compte le paradigme énoncé par Carrier à propos du procès d'inauthenticité qui s'ouvre entre soi et ses actes. À quelques variantes près, il énonce la même idée, à savoir que le souci de soi trouble l'acte (« on s'éloigne de l'acte », écrit-il, c'est-à-dire qu'on aggrave la distance). Si « confisquer la conscience » est une variation sur cette « concession de nous-mêmes » exprimée par Carrier, de toute évidence, Aquin accentue cependant la gravité, l'intensité de cet abandon de soi; il le dramatise en lui attribuant une portée sacrificielle : « Un acte est un sacrifice; il y a tellement de choses importantes qu'il faut mettre de côté, oublier, pour agir. Plus je deviens conscient, plus l'acte à accomplir me devient un sacrifice » (*Ibid.*). Faut-il donc oublier pour agir, se demande Aquin ? Et « confisquer la conscience », comme le ferait la figure du comédien et comme le fait le spectateur de théâtre qu'il est, à ce moment de son séjour parisien, alors que « comme un enfant qui va s'asseoir devant les géants et [...] leur dit : "Étonnez-moi" », il s'abandonne tout entier à l'univers dramaturgique de Claudel, de Montherlant ou de Sartre (*Ibid.*) ?

Mais de la même manière qu'à Paris il est fasciné par l'« atmosphère pesante, obscure, mystifiante » des pièces d'Henry James, dont « [l]'univers dramatique [lui paraît être] celui du mystère » (*Ibid.* : 121), Aquin interroge dans ses lettres l'opacité problématique du langage par lequel l'intériorité s'énonce dans l'échange épistolaire : « Sous l'imagerie dont tu sembles habiller ta sincérité », écrit-il à Carrier le 30 octobre 1951, il peine à déceler un authentique rapport à soi (*Ibid.* : 119) ; l'énonciation masque, habille, comme le fait le costume du comédien, la sincérité de l'énonciateur. Il y revient dans sa lettre du 24 avril 1952 : « J'essaie de deviner les actes, les situations qui t'inspirent tes réflexions – les dépouillant ainsi de leur valeur philosophique pour te voir en toute clarté, mais je n'y parviens pas... » (*Ibid.* : 127-128). Tout comme il repère dans l'univers de James « ce mystère effroyable qui plane sur tous, ce poids de l'inconnu qui devient tellement opprimant qu'on hurlerait de peur », la scène langagière de la lettre, elle, lui paraît parfois s'obscurcir : « [T]es lettres sont emplies de mots ténébreux », écrit-il à Carrier (*Ibid.* : 121, 128). Aquin a sans doute relu à cette occasion les lettres de son ami, car il indique au verso d'un des feuillets de la lettre du 20 avril : « [T]u sembles toujours terminer ta lettre au moment précis où tu allais me parler[18] »; comme s'il avait d'abord noté la formule avant de la servir à Carrier un an plus tard, le 24 avril 1952 : « Hélas, tu termines tes lettres au moment précis où tu allais me parler. Alors, je reste, comme tes lettres, suspendu sur trois points... » (*Ibid.* : 128), créant, de ce fait, la jonction avec les premiers mots de la correspondance connue avec Carrier, dont la première phrase paraissait suspendue à son inachèvement : « Nous sommes toujours sur le point de[19]... » Tout se passe comme s'il fallait « parler », mais parler hors des mots de la lettre, hors de son économie de la parole, c'est-à-dire abolir toute distance avec l'autre comme avec soi-même, plutôt que d'errer ou de dériver. Dans sa lettre du 10 mars 1952, c'est par l'image d'une désespérante navigation que Aquin exprime cette subjectivité vécue sur le mode de l'errance, en déployant un imaginaire de la rencontre dont les retentissements seront chez lui nombreux, tant dans son journal que dans ses œuvres littéraires ultérieures :

> [J]e me demande vers quel horizon appareiller, de quelle nouvelle façon confisquer ma vie, aux mains de qui la perdre une fois de plus... J'attends tout d'une rencontre, d'un événement, mais je ne pressens rien : si tout d'un coup rien n'allait se passer, si c'était soudain notre lot de rester devant les plaines stériles de la lucidité et du « désespoir indifférent ». (1995b : 124)

Cette rencontre appelée de ses vœux par Aquin introduit là un dernier motif, celui de l'errance orphique, et de son corollaire, la perte de l'autre,

18. *Ibid.*
19. Carrier aussi sent bien que le désir d'une forme de transparence du langage instaure une faille d'authenticité. Dans la conclusion de son mémoire de maîtrise sur le théâtre d'Anouilh (daté du 30 avril 1952), on retrouve le motif développé par Aquin le 24 avril : comme s'il s'agissait subitement de sortir hors de soi, comme si le comédien (ou l'épistolier) sortait de la scène (épistolaire), « Anouilh, parti à la conquête de ce qui est le plus intensément lui-même, a fait halte, s'est installé et là s'est tu à l'instant même où la parole aurait peut-être trouvé son sens originel » (Carrier, 1952 : 73).

l'absence définitive de soi au monde : « Il se pourrait bien qu'Eurydice, nous ne rencontrions jamais Orphée, que nous errions toujours avec notre attente et nos espoirs précis, comme ces navires égarés qui se brisent finalement dans les tempêtes » (*Ibid.*).

La lettre n'est-elle pas le lieu même qui rend possible le déploiement d'un imaginaire de la rencontre, en cherchant aussi bien à abolir la distance (mais le peut-elle sans cesser d'être?) qu'à rédimer, par l'identification entière à autrui, le sujet errant, inquiet de sa subjectivité comme de celle qu'il rencontre en l'autre? On conçoit dès lors comment la relation épistolaire peut devenir la matrice de tout un imaginaire fictionnel. Au fil des lettres échangées par Carrier et Aquin durant les années 1950, toute une intrication de motifs est repérable, de l'abandon de soi à la « confiscation » de la conscience dans l'événement de la rencontre, d'un souci de l'authenticité à la problématisation de l'acte, de la « dépersonnalisation » liée à toute scénographie à la scénographie d'errance d'un Orphée moderne, motifs qui s'agrègent en un imaginaire que Carrier et Aquin ont certes en partage, mais dont les perspectives se développeront dans la poétique romanesque d'Aquin, jusqu'à former, nous semble-t-il, le tissu même de l'énonciation du roman *Prochain épisode*. Si Aquin, l'épistolier, est déjà celui qui dit : « J'attends tout d'une rencontre » et qui, dans le même temps, s'inquiète (« [et] si tout d'un coup rien n'allait se passer »), c'est d'un imaginaire encore en suspens que donnent à lire ces lettres, dont témoigne singulièrement la citation de Charles Péguy intégrée par Carrier à sa lettre du 3 avril 1952 : « Quand nous reverrons-nous et nous reverrons-nous[20] ? », un motif, passé inaperçu jusque-là, dont la tonalité lyrique resurgira, douze ans plus tard, dans le roman d'Aquin, *Prochain épisode* :

> J'écris pour tromper le temps que je perds ici et qui me perd, laissant sur mon visage les traces ravinées de son interminable alluvion et la preuve indélébile de mon abolition. [...] J'écris sans espoir une longue lettre d'amour; mais quand donc me liras-tu et quand nous reverrons-nous et nous reverrons-nous? (1995a : 69)

20. Lettre de Louis-Georges Carrier à Hubert Aquin, Montréal, 3 avril 1952, SAGD, Fonds 192P, 035/3.

La reprise intertextuelle, voire la rémanence du motif péguyen, qui provient du « À Domrémy » figurant dans la trilogie *Jeanne d'Arc* (1897), porte d'ailleurs l'empreinte du régime fluvial des images de l'adieu à la Meuse, qui traverse parfois *Prochain épisode* :

> Ô Meuse inaltérable et douce à toute enfance,
> Ô toi qui ne sais pas l'émoi de la partance,
> […]
> Quand verrai-je tes flots qui passent par chez nous?
> Quand nous reverrons-nous? Et nous reverrons-nous? (Péguy, 1975 : 81)

Sans doute s'agissait-il là pour les deux amis d'un trope commun, puisque Aquin, le 23 mars 1952, quelques jours avant la lettre de Carrier, consignait dans son journal une phrase qui en est presque une variante : « Quand nous reverrons-nous, et cela même, vaudra-t-il la *peine*? » (1999 : 120). Mais surtout, avec l'alexandrin de Péguy, l'imaginaire de la rencontre paraît lié au retentissement d'une double interrogation qui n'a devant soi que le silence d'une réponse absente, interrogation qui porte aussi bien sur l'horizon temporel de cet « avenir incertain » de la rencontre que sur la possibilité même de cet horizon. *Quand nous reverrons-nous et nous reverrons-nous?* : c'est le trope par excellence de l'inquiétude aquinienne.

Recommencer à la lettre

L'épisode est connu : à onze heures cinquante, le 29 mars 1971, sous le nom fictif de « J. W. Forestier », personnage de son roman *L'Antiphonaire*, Aquin s'enregistre à l'hôtel Le Reine Élizabeth, chambre 1946, où il a projeté de s'enlever la vie par ingestion de comprimés de phénobarbital (1999 : 273 *et seq.*). Le « Journal sans tirage » conserve les traces de cet après-midi de « brouillard intense » et de « neige incessante » au cours duquel Aquin note « en cinabre » ses ultimes pensées, après avoir préparé ses lettres d'adieu (*Ibid.* : 276). À son ami Carrier, par exemple, il avait écrit :

> Tandis que tu inventes une comédie loin d'ici (trou, deuxième puissance), moi je coule sans élégance, sans hâte, mais non sans une effroyable certitude!

> Il semble que je ne serai pas « de retour le 11 avril... »; Œdipe détrôné continue de me hanter, mais pour un temps seulement... Adieu, toi qui as été et qui es mon seul ami[21] !

Comme le raconte Carrier dans des notes personnelles inédites intitulées « Le cerveau éclaté. Le journal d'un suicide », c'est lui qui a songé au pseudonyme romanesque pour retrouver Aquin *in extremis* : le 30 mars, alors qu'il se trouve à Saint-Benoît-du-Lac à corriger sa comédie musicale[22], il suggère au téléphone à Andrée Yanacopoulo « que Hubert s'est sûrement enregistré sous le nom d'un de ses personnages. [...] Je pense à Magnan [*sic*] de *Trou de mémoire* et à J. W. Forestier de *L'Antiphonaire*[23]. »

Pour qui aura lu le recueil *Point de fuite*, qui était paru quelques semaines auparavant, en janvier 1971, la scène épistolaire du 29 mars mobilise un imaginaire, omniprésent chez Aquin, dont la lettre énonce certains des aspects : dès lors que l'autre, en effet, se trouve toujours « loin d'ici » (c'est là, pour Aquin, ce qui participe de cette « effroyable certitude » modalisée par la locution conjonctive « tandis que », qui marque aussi bien la simultanéité que la distance irrémédiable de l'autre), ce lieu même du projet suicidaire n'est plus que « trou » où (s'é)coule définitivement sa vie. Dernier chapitre du recueil, la nouvelle épistolaire « De retour le 11 avril » inscrivait déjà la trouée de ce geste suicidaire sur le périacte itératif d'une scène qui

21. Lettre d'Hubert Aquin à Louis-Georges Carrier, 29 mars 1971, Université de Montréal, Division de la gestion de documents et des archives (ci-après DGDA), Fonds Louis-Georges Carrier et Hubert Aquin (P0396) (ci-après P0396), A0003.
22. Carrier note : « Je suis mal dans ma peau. Je suis écœuré. J'arrête de corriger ma comédie musicale : *Mascarade*. *Mascarade*, quelle dérision devant ce qui arrive à Hubert »; « Cette nuit-là [du 30 mars 1971] j'ai fait de terribles cauchemars. À cinq heures du matin, j'étais déjà debout. Devant ma machine à écrire, je tapais comme un enragé sur ma *Mascarade* » (Louis-Georges Carrier ([1971 ?], « Le cerveau éclaté. Le journal d'un suicide », DGDA, Fonds P0396, A0003, p. 1-2).
23. *Ibid.* Sans doute n'est-ce qu'un des effets de l'immersion fictionnelle si la chambre 1946 correspond à l'année de la rencontre avec Carrier, mais cela témoigne néanmoins du rôle prépondérant de ce dernier dans la résolution de ce drame, comme si le lieu du projet suicidaire se raccordait, à la « deuxième puissance », à celui qui allait indirectement le retrouver.

n'est que la longue stase scripturale d'un personnage hanté par « ce long hiver qui n'en finit plus, par sa froide agonie, de [lui] rappeler les mois neigeux qu'[il] a vécus » sans l'autre, loin de l'autre, et à qui il rédige une ultième lettre (Aquin, 1995a : 259-260). Réécrite par Aquin en prévision de sa publication en volume, la nouvelle donne déjà à lire, par un effet d'anticipation du réel, dans la version publiée du numéro de mars-avril 1969 de la revue *Liberté*, des traits de cet après-midi du 29 mars 1971 :

> Je vais me couvrir de nuit et, dès lors, cette lettre devient ma lettre d'adieu. Je t'épargne, cette fois, le détail des préparatifs. Sache que, entre la phrase précédente et celle-ci, j'ai avalé plus de capsules qu'il n'en faut pour mourir. Ne sens-tu pas d'ailleurs que ma main tremble, que mon écriture se dilate soudain et que je vacille déjà ? Les silences entre les mots sont autant de pores par lesquels j'absorbe mon propre néant... (1995b : 274)

D'une variante à l'autre, l'« avenir incertain » semble ainsi se révéler déjà écrit, comme s'il fallait qu'en lui s'abolisse toute incertitude (car il s'agit bien d'une « effroyable certitude »), confinant alors la pensée inquiète et son *ductus* intranquille au geste seul qui lie le temps à l'écriture épistolaire :

> J'ai encore pour une dizaine de minutes de lucidité; mais je sens déjà que mon esprit est entamé, ma main errante, ma vue assombrie. Il neige en moi doucement, sans arrêt, de plus en plus, et j'ai froid. Mon amour, j'ai froid... Et cette fois, rien, absolument rien ne viendra me rejoindre au milieu de ma nuit, car je me suis réfugié dans une chambre d'hôtel, insonorisée et luxueuse comme un cercueil géant. (Aquin, 1995a : 274-275)

Comme s'il fallait pour résoudre l'inquiétude que la « chambre fermée » de Gracq se concatène à la « chambre vide » des années parisiennes, la chambre d'hôtel, ici, renferme l'hiver tout entier dans le sujet qui va mourir, d'une mort insonore et luxueuse à l'image de la « neige incessante » du 29 mars. Singulièrement, la nouvelle d'Aquin, qui suit, dans *Point de fuite*, les « Lettres à Louis-Georges Carrier », repose tout entière sur la notion de *recommencement*. Si, sur le plan génétique, la nouvelle de 1969 est « recommencée » par Aquin en prévision du recueil de 1971, le personnage épistolier lui-même recommence en avril l'épisode suicidaire ayant échoué en novembre : « Et si je ne conçois nul ombrage de cette "interruption", c'est qu'elle est à l'image de notre amour… », écrit-il alors, « et aussi que je vais recommencer » (1995b : 274).

Recommencer à la lettre, c'est donc d'abord cerner au plus près ce qui, en elle, appartient au régime de visibilité spécifique de l'épistolarité. La « main [qui] tremble », l'« écriture [qui] se dilate » et « vacille », la « main errante » mettent littéralement *sous les yeux* du destinataire la scène épistolaire, la dotant, en quelque sorte, d'une *netteté* quasi traumatique, d'une *enargeia*. Aussi la scénographie inquiétante que construit la lettre donne-t-elle toujours à voir un sujet aux prises avec un « mal » (comme l'énonçait la conférence de 1950 : « éprouver son mal sincèrement, donc de façon urgente, totale »), qui ne cesse d'être diversement exprimé par Aquin. Chaque lettre semble réitérer à la fois l'expression d'une expérience tragique et la position scopique du sujet à l'égard de cette expérience. À la suite de l'échec de la tentative de suicide au Reine Élizabeth, les lettres d'Aquin à Carrier se font plus nombreuses, alternant elles-mêmes dans leurs encres entre le cinabre ou le « bleu-suicide » (1995a : 161), entre le noir et rouge dactylographique et le vert de « l'océan verdâtre de marde que j'incarne, tant bien que mal… », comme il l'écrit le 25 juillet 1971 (2017a : 1049). Ces lettres se font le support d'une plainte constante adressée au destinataire : qu'il envoie à Carrier une « lettre écrite par un malade mental un soir de santé[24] ! » ou qu'il recoure à des tournures d'emblée troublantes dont il ne méconnaît pas les effets (« Quand tu liras cette lettre (formule rituelle)[25] »), l'épistolier s'énonce tel un « quasi-défunt interlocuteur[26] » : « Quand tu liras cette lettre, je serai encore vivant… Eh oui ! une sorte de penchant à me détruire s'est

24. Lettre d'Hubert Aquin à Louis-Georges Carrier, 19 juillet 1971, DGDA, Fonds P0396, A0003.
25. Lettre d'Hubert Aquin à Louis-Georges Carrier, 7 septembre 1971, DGDA, Fonds P0396, A0003.
26. Lettre d'Hubert Aquin à Louis-Georges Carrier, 12 juillet 1971 (2), DGDA, Fonds P0396, A0003.

transformé, par l'accumulation de mes travestis funéraires, en son contraire virulent[27]. » C'est aussi « un fou[28] », comme il le note au bas de sa signature dans un de ses envois à Carrier, qui peut s'épancher au fil de quelque lettre insomniaque :

> Le 10 va prendre fin dans une heure, n'apportant rien d'autre que le 11 et peut-être un peu de sommeil. Aujourd'hui – tu le sais désormais – je t'ai écrit une lettre ostentatoirement timbrée : c'est comme si j'avais été effleuré, tandis que je me désâmais sur papier, par l'aile de la folie ! Et je ne ris pas[29].

Si l'expérience de la sincérité aquinienne y trouve là des formulations qui tiennent compte de la réceptivité de Carrier aux lettres envoyées, elle se double parfois du sentiment que celles-ci s'écrivent dans la démesure, l'excès maniaque, le trop-plein d'une écriture de soi : « Hostie LGC, je t'embête avec cette inflation de papiers et avec cette manie que j'ai de vouloir t'entretenir *ad vitam æternam* du vide presque vide qui n'en finit plus de projeter ses ombres léthales [*sic*] sur les parois panoramiques de ma cervelle d'oiseau de mort[30]. » Vide *presque* vide, qui « n'en finit plus » de s'évider de soi, l'espace de la lettre se disjoint, se fragmente, dirait-on, laissant béant le silence entre les lettres, tout comme chaque phrase peut ouvrir sur les « silences entre les mots » : « Oublie tout ! », écrit Aquin à Carrier, « [j]e crois t'avoir écrit (à la main) des aberrations ; j'ai sans doute versé dans la démesure, le mauvais goût, l'incohérence démentielle qui me tient lieu d'identité[31]... » Par ses lettres, Aquin se trouve paradoxalement porté à écrire à la limite de l'épistolarité, d'où le sentiment qu'il exprime que ses envois ne sont presque plus des lettres : « Les feuilles précédentes seraient-elles décuplées qu'elles n'en constitueraient pas,

27. Lettre d'Hubert Aquin à Louis-Georges Carrier, 12 juillet 1971, DGDA, Fonds P0396, A0003.
28. Lettre d'Hubert Aquin à Louis-Georges Carrier, « Le 29 ou le 30 avril 1972 », DGDA, Fonds P0396, A0003.
29. Lettre d'Hubert Aquin à Louis-Georges Carrier, [10 août 1972] (2), DGDA, Fonds P0396, A0003.
30. Lettre d'Hubert Aquin à Louis-Georges Carrier, Laval, 14 avril 1972, DGDA, Fonds P0396, A0003.
31. *Ibid.*

pour autant, une lettre[32]. » Conscient de ce que ses lettres peuvent produire comme effet chez le lecteur qui les reçoit, elles lui paraissent comme autant d'échouages : « [I]l semble que j'ai tendance à t'informer de mon naufrage en cours de nauvragerie [*sic*][33]. » À Carrier, à qui il envoie un nombre élevé de lettres durant cette période, il énonce la portée de son geste épistolaire qui ne fait que prolonger celui de 1950 (« inquiéter constamment ») : « Si j'étais toi, je serais presqu'inquiet [*sic*] de recevoir tant de messages de détresse du même fou[34]... » Par-delà les années, l'inquiétude aquinienne se trouve plus que jamais associée à la mélancolisation du regard porté sur soi, sur le monde, sur la temporalité : « Moi, je suis comme le temps : perdu, irréversible, fugace[35]... », écrit-il le 7 mai 1971 ; ou encore, le 12 juillet de la même année : « Fin sombre de la journée; tout va, tout s'effrite, tout est volatile[36] ! » ; et une semaine plus tard, le 19 juillet : « [U]ne mélancolie aussi profonde et aussi violente que la mer du Nord m'emplit et me secoue... Je perds l'équilibre; je chavire[37] » ; « Je suis invisible et fini, détruit, fade[38] !!! », constate-t-il enfin le 10 août. Retentissant dans presque toutes les lettres d'Aquin à Carrier durant cette période, réitéré sans cesse jusqu'à la nausée, au gré de phrases qui s'efforcent, dans la répétition quasi obsessionnelle, d'entrer dans le vide qui le caractérise, le « délire copromène[39] », comme le nomme Aquin, est sans doute ce qui confère sa tonalité singulière à ce segment

32. Lettre d'Hubert Aquin à Louis-Georges Carrier, [1972?], DGDA, Fonds P0396, A0003.
33. Lettre d'Hubert Aquin à Louis-Georges Carrier, 4 septembre 1972, DGDA, Fonds P0396, A0003.
34. Lettre d'Hubert Aquin à Louis-Georges Carrier, Laval, 11 ou 12 février 1972, DGDA, Fonds P0396, A0003. L'incertitude sur la date est celle d'Aquin.
35. Lettre d'Hubert Aquin à Louis-Georges Carrier, 7 mai 1971, DGDA, Fonds P0396, A0003.
36. Lettre d'Hubert Aquin à Louis-Georges Carrier, 12 juillet 1971 (3), DGDA, Fonds P0396, A0003.
37. Lettre d'Hubert Aquin à Louis-Georges Carrier, 19 juillet 1971, DGDA, Fonds P0396, A0003.
38. Lettre d'Hubert Aquin à Louis-Georges Carrier, Laval, 10 août 1971, DGDA, Fonds P0396, A0003.
39. Lettre d'Hubert Aquin à Louis-Georges Carrier, 18 novembre 1971, DGDA, Fonds P0396, A0003.

de la correspondance. Pas une lettre, en effet, où ne revienne le même mot – « marde » –, mot qui sature les propos d'Aquin, mot scandé, varié par néologisation et qui finit presque par désigner le substrat de l'existence, sa souillure essentielle. Pour celui dont le projet mortifère a échoué dans la chambre 1946 du Reine Élizabeth, c'est pour ainsi dire toute l'existence qui devient cette vaste transsubstantiation scatologique, cette présence matérielle de la mort dans la vie qui incline à des formes nouvelles de *recommencement* : « J'ai trop croisé sur le toit océanesque de la marde, j'ai trop navigué dans cette matière molle, j'ai trop caboté avec mon frêle esquif ! Il faut que j'entre dans la marde comme d'autres plongent, sans préavis, dans la mort[40]. » Nul doute qu'il s'agit pour Aquin, à travers sa correspondance avec Carrier, « d'aller au bout de son scandale », d'inquiéter par l'expression d'une inquiétude qui s'efforce de tendre vers un « achèvement » de soi qui serait un recommencement, c'est-à-dire « vers la vérité absolue en tant que le moi y participe », comme il l'énonçait déjà dans « Liberté de pensée et sincérité ».

Recommencer à la lettre, c'est donc enfin le fond de l'obsession aquinienne de cette époque au cours de laquelle, avec Carrier, il travaille à son *Œdipe*, puis à son *Œdipe recommencé*, version reprise et remaniée de ce téléthéâtre qui était destiné à Radio-Canada, mais qui demeurera inachevé. Au gré d'identifications et de projections fantasmatiques qui structurent à la fois son imaginaire et son travail d'écrivain, Aquin se dit surtout *hanté* par la figure de cet « Œdipe détrôné », alors même qu'il traverse, sur le plan personnel et professionnel, une période des plus éprouvantes : « Œdipe me hante, entre autres héros finis[41] ! », confie-t-il depuis Cleveland. Ainsi, les cheminements d'Œdipe tels qu'il les conçoit s'entrecroisent avec ses propres cheminements. Aussi « le texte inachevable[42] » d'*Œdipe* semble-t-il l'extension de son propre inachèvement : « [S]es mots désécrits totalisent le néant incomptable

40. Lettre d'Hubert Aquin à Louis-Georges Carrier, 7 septembre 1971, DGDA, Fonds P0396, A0003.
41. Lettre d'Hubert Aquin à Louis-Georges Carrier, [Cleveland, 1972 ?], DGDA, Fonds P0396, A0003.
42. Lettre d'Hubert Aquin à Louis-Georges Carrier, 12 juillet 1971 (3), DGDA, Fonds P0396, A0003.

dans lequel je me meus[43]. » Par la médiation de la figure d'Œdipe, Aquin paraît accomplir existentiellement cela même qu'il appelait de ses vœux en 1950, c'est-à-dire « l'aventure de la vérité dans chaque conscience », une « aventure tragique et totale », disait-il, qui prend la forme d'une navigation érudite à travers les textes. Dans sa lettre à Carrier du 29 janvier 1972, comme s'il était parvenu à voir enfin quelque évidence, il lui confie : « ŒDIPE me crève les yeux[44] » ; dans celle du 9 février, il reconnaît « rendre ce texte [*Œdipe*] plus aveugle encore et (peut-être…) plus déchirant[45] ! » ; quelque temps plus tard, en avril, l'expérience de l'aveuglement revient encore : « [I]l n'y a que des aveuglés qui, comme moi, tâtonnent en avançant, sur des terres mortes, pour humer le sol qui deviendra le repos de tous[46] ! » C'est tel un homme aveuglé par l'évidence qu'Aquin semble s'avancer sur ces chemins de l'inquiétude, jusqu'à ce que survienne, au printemps 1972, un événement intime des plus improbables, qui semble osciller entre l'ordre du réel et l'ordre de la fiction :

> Louis-Georges,
> Le croiras-tu ? … Moi, tel que tu me connais, cave entre les caves, perle à cochons, con suprême, je me suis métamorphosé en moitié d'Œdipe il y a déjà 11 jours de cela !
> Mais quelle moitié[?] me diras-tu avec raison. Voici : tout homme, en principe, dispose de 2 globes oculaires pour scruter les splendeurs du néant qui l'entoure. Depuis 11 jours, je ne peux me féliciter d'être comme les autres. J'avais 2 yeux ; désormais je suis monoculaire. L'autre œil, je l'ai crevé ! (Je n'ai pas la force d'accommoder sur des plaisanteries !)
> […]
> À la dilatation subite de mon écriture, je sens que ce mot que je t'écris tire à sa fin. Sache, en tout cas, que tu es le premier à qui je fais part de mon handicap – inconnu, inavouable, secret !

43. Lettre d'Hubert Aquin à Louis-Georges Carrier, 10 août 1972 (1), DGDA, Fonds P0396, A0003.
44. Lettre d'Hubert Aquin à Louis-Georges Carrier, 29 janvier 1972, SAGD, Fonds 44P, 660:02/10, 001.
45. Lettre d'Hubert Aquin à Louis-Georges Carrier, 9 février 1972, DGDA, Fonds P0396, A0003.
46. Lettre d'Hubert Aquin à Louis-Georges Carrier, « Nuit du 11 au 12 avril 1972 », DGDA, Fonds P0396, A0003.

> Je suis conscient de me rapprocher d'Œdipe après l'avoir aimé.
> Identification troublante (même si mon [œil gauche] est le seul crevé), car je me souviens que, peu après l'*Antiphonaire*, je n'ai fait que m'identifier de façon désordonnée à ses personnages.
> Œdipe, lui, m'écrase. Toutefois – j'en suis sûr dans tout mon être – cet homme n'a pas pu se crever les 2 yeux!
> Ma dernière assertion est une vérité – donc : une certitude pour moi!
> Je ne peux m'étaler aujourd'hui pour t'en fournir la preuve, mais je la possède.
> En toute amitié.
> ½ OE (Hube)[47]

Les scansions de l'inquiétude

Dans un bref texte rédigé six jours après le suicide d'Aquin le 15 mars 1977, Carrier évoque avec tendresse leur amitié, qui avait pris forme au Collège Sainte-Marie près de trente ans auparavant : « Pas une lettre, de lui à moi adressée, qui ne fut écrite dans les affres d'une mort en devenir, pas une conversation, entre nous, qui ne fut engagée sous le signe de sa délivrance prochaine[48]. » Entre les années de jeunesse de « Liberté de pensée et sincérité » et le temps du « silence marginal » des dernières années de sa vie (celui du « *fade out* » d'Aquin, comme l'écrit Harvey [2019 : 137]), les trajectoires aussi bien existentielles qu'épistolaires d'Aquin se sont délibérément portées vers tous les chemins que pouvait tracer ce qu'il avait voulu être son « aventure tragique et totale ». C'est en ce sens, comme le confiait le même Carrier dans un entretien le 19 mars 1977, que « [Aquin], dans ses lettres, dans son comportement, a toujours été participant de sa propre mort. Il a porté sa mort en lui » (Ricard, 1977 : 32). De la même manière, en somme, qu'au fil de ses lettres à l'ami intime, il s'agit d'une participation à toutes les scansions de l'inquiétude que pouvait rendre possible l'écriture épistolaire : de la lettre fragmentée à la lettre comme recommencement, et de la lettre comme impossible rencontre à la lettre comme échouage scriptural à travers laquelle se nouent les obsessions et les constructions

47. Lettre d'Hubert Aquin à Louis-Georges Carrier, [Laval], 18 mai 1972, DGDA, Fonds P0396, A0003.
48. Louis-Georges Carrier, « De noires choéphores... », 21 mars 1977, DGDA, Fonds P0396, D0002.

fantasmatiques les plus profondes. S'il est possible, comme l'écrivait Aquin dans sa lettre pour *Mainmise*, que « [l]a vie n'émerge vraiment que de son contraire absolu » et que « [l]e néant distingue, tout comme la marge invente le texte » (1976 : 19), les lettres à Carrier donnent à lire l'expression d'une parole inquiète que la pleine étendue de la marge peut seule rédimer. Comme dans le rapport qu'entretient le texte avec sa marge, chez Aquin, la figure de l'auteur (de l'épistolier) trouve dans celle du lecteur (du destinataire de la lettre) à la fois sa tangente, sa visée, son principe d'« exsertion », sa réversion :

> [L]a lecture est la réversion de l'écriture. C'est donc une expérience isolée, solitaire, au cours de laquelle le texte accède à une palingénésie, si vous voulez, à une renaissance répétée qui se redouble dans l'esprit du lecteur. Et cette répétition me paraît fondamentale; le lecteur répète le texte qu'il a rendu réversible, qui était par définition réversible. (Aquin, 1995c : 267)

Lui-même lecteur de la correspondance de Flaubert, Aquin s'est confié au micro de l'émission radiophonique *Horizons*, en avril 1976, sur son expérience de lecture :

> [D]ans la correspondance, [Flaubert] se relâche, il écrit mal même, commet des fautes, il ne surveille pas la construction de ses phrases. Et alors, du coup, il y a même des vulgarités, je veux dire, des grossièretés de termes, sans arrêt. Ça, il n'y a pas de doute possible, il se relâche complètement. Et puis, donc, on a une présence, on a juste à lire ça [...]. [O]n le sent très près de nous, et moi, je l'ai beaucoup aimé, disons, comme être humain quand je l'ai lu dans sa correspondance[49].

À lire les lettres écrites par Aquin à Carrier, c'est sans doute à un constat similaire, toutes proportions gardées, que le lecteur et la lectrice d'aujourd'hui doivent s'attendre : Aquin s'y relâche totalement, ne surveille pas toujours la construction de ses phrases, sa main erre à l'occasion sur la page où la graphie s'étire jusqu'à l'illisibilité; par moments, sa voix y « cingle comme une enluminure "hors-texte"[50] », les vulgarités traversent

49. « *Horizons. Plaisir à Flaubert* » (4 avril 1976, dans Aquin, à paraître).
50. Lettre d'Hubert Aquin à Louis-Georges Carrier, Laval, 21 février 1972, DGDA, Fonds P0396, A0003.

ses lettres, il malmène les lexèmes en les déformant à coup de formations néologiques, et il lui arrive même parfois d'espérer que la langue française éclate, qu'un à un les « syntagme[s] flasque[s] d'un temps mort » s'abolissent dans « une chierie euphorique populaire[51] » et que « la mémoire, en chacun, [en soit] lavée des souillures linguistiques du français[52] ». Mais il n'y a pas de doute possible non plus : dans les lettres d'Aquin, il y a une présence, qu'il est possible de sentir très près de nous. Peut-être est-ce justement le sens d'une certaine inquiétude, vécue comme « aventure », qui nous rapproche d'Aquin. Car s'il est vrai qu'« à la fin d'une lettre, on ne met pas le mot "Fin"[53] », l'ultième lettre à Carrier de mars 1977 est bien une lettre spectrale, réversible, qui diffracte la mort dans une renaissance de la vie : « Par amitié, je ne t'apparaîtrai pas sous la forme d'un spectre – ce serait de mauvais goût, d'ailleurs. Mais j'ensemence ta mémoire d'un peu de moi de telle sorte que je continue de vivre en toi, avec toi et par toi[54]. »

Bibliographie

Édition critique de l'œuvre d'Hubert Aquin

Aquin, Hubert (1976). « Le texte ou le silence marginal ? », *Mainmise*, n° 4 (novembre), p. 19.

Aquin, Hubert ([1968] 1993). *Trou de mémoire*, édition critique établie par Janet M. Paterson et Marilyn Randall, Montréal, Bibliothèque québécoise.

Aquin, Hubert ([1965] 1995a). *Prochain épisode*, édition critique établie par Jacques Allard avec la collaboration de Claude Sabourin et Guy Allain, Montréal, Bibliothèque québécoise.

Aquin, Hubert ([1971] 1995b). *Point de fuite*, édition critique établie par Guylaine Massoutre, Montréal, Bibliothèque québécoise.

Aquin, Hubert (1995c). *Mélanges littéraires I. Profession : écrivain*, édition critique établie par Claude Lamy avec la collaboration de Claude Sabourin, Montréal, Bibliothèque québécoise.

51. Lettre d'Hubert Aquin à Louis-Georges Carrier, [10 août 1972] (2), DGDA, Fonds P0396, A0003.
52. *Ibid.*
53. Lettre d'Hubert Aquin à Louis-Georges Carrier, Laval, 23 [mars 1972], DGDA, Fonds P0396, A0003.
54. Lettre d'Hubert Aquin à Louis-Georges Carrier, mars 1977, DGDA, Fonds P0396, A0003.

Aquin, Hubert (1995d). *Mélanges littéraires II. Comprendre dangereusement*, édition critique établie par Jacinthe Martel avec la collaboration de Claude Lamy, Montréal, Bibliothèque québécoise.

Aquin, Hubert ([1992] 1999). *Journal 1948-1971*, édition critique établie par Bernard Beugnot avec la collaboration de Marie Ouellet, Montréal, Bibliothèque québécoise.

Aquin, Hubert (2017a). *Téléthéâtres*, édition critique établie par François Harvey, Montréal, Bibliothèque québécoise.

Aquin, Hubert (2022). *Hubert Aquin et les médias. Anthologie 1949-1977, volume I : 1949-1962*, édition critique établie par Nino Gabrielli avec la collaboration d'Andrée Yanacopoulo et François Maltais-Tremblay, Montréal, Leméac Éditeur.

Aquin, Hubert (à paraître). *Hubert Aquin et les médias. Anthologie 1949-1977, Volume III : 1963-1977*, édition critique établie par Nino Gabrielli avec la collaboration d'Andrée Yanacopoulo et François Maltais-Tremblay, Montréal, Leméac Éditeur.

Archives

Bibliothèque et Archives nationales du Québec

Le Devoir, 1977, Collections de BAnQ

Mainmise, 1976, Collections de BAnQ

Université de Montréal, Division de la gestion de documents et des archives

Fonds Louis-Georges Carrier et Hubert Aquin, P0396

Université du Québec à Montréal, Service des archives et de gestion des documents

Fonds Hubert-Aquin, 44P

Fonds Hubert-Aquin (Philippe et Stéphane Aquin), 192P

Articles et ouvrages de référence

Barthes, Roland (2002a). « L'effet de réel », dans *Œuvres complètes*, vol. III : *1968-1971*, nouvelle édition revue, corrigée et présentée par Éric Marty, Paris, Seuil, p. 25-32.

Beugnot, Bernard (1999). « Présentation. Hubert Aquin diariste », dans Hubert Aquin, *Journal 1948-1971*, édition critique établie par Bernard Beugnot avec la collaboration de Marie Ouellet, Montréal, Bibliothèque québécoise, p. 15-37.

Bibliothèque nationale du Canada (1973). *Canadian Theses / Thèses canadiennes, 1947-1960*, vol. 2, Ottawa, Bibliothèque nationale du Canada.

Carrier, Louis-Georges (1952). *Le théâtre de Jean Anouilh*, mémoire de maîtrise (littérature), Montréal, Université de Montréal.

Favreau, Michèle (1976). « Éditorial », *Mainmise*, n° 4 (novembre), p. 3.

Foucault, Michel (1994). « L'écriture de soi », dans *Dits et écrits 1954-1988. Volume IV : 1980-1988*, édition établie sous la direction de Daniel Defert et François Ewald avec la collaboration de Jacques Lagrange, Paris, Gallimard.

Harvey, François (2019). « Hubert Aquin *fade out* : excentration, falsification et disparition dans les derniers écrits aquiniens », *Études françaises*, vol. 55, n° 2, p. 137-157.

Lamonde, Yvan (2021). *Émonder et sauver l'arbre : Maurice Blain, la laïcité et la transition intellectuelle après Borduas*, Montréal, Leméac Éditeur, coll. « Phares ».

Lavigne, Jacques (2023). *L'inquiétude humaine*, préface de Georges Leroux, Montréal, Les Presses de l'Université de Montréal, coll. « Essais classiques du Québec ».

Lefebvre, Marie-Thérèse (2006), « Radio-Collège (1941-1956) : un incubateur de la Révolution tranquille », *Les Cahiers des dix*, n° 60, p. 233-275.

Massoutre, Guylaine (1992). *Itinéraires d'Hubert Aquin. Chronologie*, Montréal, Bibliothèque québécoise.

Péguy, Charles (1975). *Œuvres poétiques complètes*, Paris, Gallimard, coll. « Bibliothèque de la Pléiade ».

Ricard, François (1977). « Hubert Aquin », *Le Devoir*, 19 mars, p. 32.

ANNEXE

Panorama épistolaire dans l'œuvre d'Hubert Aquin

Nous présentons ici un relevé des lettres écrites et reçues par Hubert Aquin ayant fait l'objet d'une édition dans l'un ou l'autre des volumes publiés par l'École d'acteur du Québec (ÉDAQ). Il s'agit ainsi, selon notre décompte, de deux cent trente-deux lettres, impliquant au moins quatre-vingt-quatorze épistoliers ou épistolières (auxquelles il importe d'ajouter les lettres dites « ouvertes »). Nous complétons cette esquisse de panorama épistolaire dans l'œuvre de l'écrivain québécois en indiquant quelques *usages* de la lettre repérables dans l'œuvre fictionnelle d'Aquin. Ce relevé sommaire ne tient pas compte des très nombreuses références à la correspondance d'Aquin faites par les chercheurs et chercheuses de l'ÉDAQ dans le cadre de leur édition critique, qu'il s'agisse des introductions ou des appareils de notes qui accompagnent les textes édités. Les titres sont classés selon l'ordre de leur parution.

AQUIN, Hubert (1977). *Blocs erratiques : textes (1948-1977)*, textes rassemblés et présentés par René Lapierre, Montréal, Les Éditions Quinze, coll. « Prose entière », 284 p.

Cet ouvrage posthume, recueil d'essais préparé par René Lapierre avec la collaboration d'Hubert Aquin, qui avait, avant sa mort, choisi le titre et participé à la sélection et à l'assemblage des textes, présente une lettre ouverte intitulée « Un ancien officier du R.I.N. regrette sa disparition » (lettre d'Aquin à « Monsieur le Rédacteur », *La Presse*, novembre 1968), ainsi que la lettre de « démission » d'Aquin des Éditions La Presse, publiée dans *Le Devoir* en août 1976 et intitulée « Pourquoi je suis désenchanté du monde merveilleux de Roger Lemelin ». En plus de la lettre à Michèle Favreau pour la revue *Mainmise*, « Le texte ou le silence marginal ? » (1976), dont il s'agit de la première publication en volume, le recueil intègre la nouvelle « De retour le 11 avril », déjà publiée par Aquin dans *Point de fuite* en 1971, nouvelle dont la trame narrative s'articule autour de l'épistolarité.

AQUIN, Hubert (1993). *Trou de mémoire*, édition critique établie par Janet M. Paterson et Marilyn Randall, Montréal, Bibliothèque québécoise [Le Cercle du livre de France, 1968], 346 p.

En appendice de leur édition critique, Janet M. Paterson et Marilyn Randall ont publié sept lettres, datées de 1966 à 1969, qui témoignent de la genèse et de la réception du roman : un extrait de lettre d'Aquin à Andrée Yanacopoulo (1966), deux lettres à Pierre Tisseyre (1969, ainsi qu'une lettre de l'éditeur datée aussi de 1969) et une lettre à Pierre Grenier (1968, ainsi qu'une lettre de Pierre Grenier à l'auteur). La lettre de refus d'Aquin du Prix du Gouverneur général y est aussi reproduite (1969). Ajoutons que le roman *Trou de mémoire* intègre l'épistolarité à son dispositif narratif, et ce, dès l'*incipit* qui consiste en une lettre d'Olympe Ghezzo-Quénum à Pierre X. Magnant. Si, au chapitre intitulé « L'incident du Neptune », l'« éditeur » fictif du roman cite par ailleurs une lettre écrite par Pierre X. Magnant (p. 85-86), Ghezzo-Quénum, quant à lui, évoque celles écrites par Joan à sa sœur RR (p. 210), ainsi que sa propre correspondance avec Joan à Lagos (p. 229).

AQUIN, Hubert (1995a). *Prochain épisode*, édition critique établie par Jacques Allard avec la collaboration de Claude Sabourin et Guy Allain, Montréal, Bibliothèque québécoise [Le Cercle du livre de France, 1965], 286 p.

Jacques Allard, directeur de l'ÉDAQ, a publié quatorze lettres, datées de 1962 à 1966, qui éclairent la genèse romanesque et éditoriale ainsi que la réception du roman. On y retrouve une lettre d'Hubert Aquin à Georges Simenon (1962), cinq lettres à Pierre Tisseyre (1965-1966, ainsi que deux autres envoyées par l'éditeur), une lettre à André Belleau (1965), une lettre à Jean Cayrol (1966), une lettre à Andrée Yanacopoulo (1966) et une lettre à Robert Laffont (1966). Enfin, une lettre de Georges Belmont et une autre de Roland Barthes, toutes deux envoyées à Aquin en 1966, y figurent également. Notons par ailleurs qu'en épigraphe de son roman *Prochain épisode*, Aquin choisit un extrait d'une lettre d'Alfred de Musset à George Sand. Les usages de la lettre sont variés dans le roman d'Aquin. Si l'énonciation prend des aspects parfois épistolaires (« À force de t'écrire, je vais te toucher ombre noire, noire magie, amour », p. 16 ; « Écrire, c'était t'écrire. [...] toi, interlocutrice absolue à qui je ne puis écrire clandestinement qu'en m'adressant à un public qui ne sera jamais que la multiplication de tes yeux », p. 66 ; « J'écris sans espoir une longue lettre d'amour », p. 69), le cryptogramme de l'Hôtel de la Paix (p. 17), qui éveillera la suspicion de H. de Heutz (« Et ça, c'est une lettre d'amour peut-être ? », p. 59), côtoie les « cartes postales perforées » du narrateur (p. 19) aussi bien que la correspondance de Balzac avec Mme Hanska qui est évoquée par les clients sur la terrasse du Café du Globe (p. 48). Dans le récit de H. de Heutz, c'est aussi la lettre qui agit comme subterfuge pour désorienter le narrateur : « Un soir, j'ai écrit une lettre à ma femme pour tout avouer » (p. 78) ; et c'est la lettre encore que s'imagine trouver le narrateur en scrutant le château d'Échandens, c'est-à-dire « des débris de correspondances avec des inconnues qui ne signent jamais leurs lettres d'amour que d'une initiale » (p. 128), débris qui ne sont pas sans faire écho avec le message anonyme de K remis au narrateur à son retour à l'Hôtel d'Angleterre, « un pli cacheté, en papier bleu, adressé à personne » (p. 151), « un message sibyllin que le commis à la réception m'a remis avec un sourire décourageant de greffier qui tend un *subpœna* » (p. 164).

AQUIN, Hubert (1995b). *Point de fuite*, édition critique établie par Guylaine Massoutre, Montréal, Bibliothèque québécoise [Le Cercle du livre de France, 1971], 316 p.

Dans ce recueil publié en 1971 au Cercle du livre de France, Hubert Aquin fait paraître une sélection de ses lettres envoyées à l'ami et collaborateur Louis-Georges Carrier : dix d'entre elles datent de la période européenne d'Aquin (1951-1952) ; les six autres sont toutes datées de l'année 1970, alors que Carrier et Aquin travaillent ensemble à des projets de téléthéâtre. Le contraste important entre ces lettres, en plus de la variation des *ethè* épistolaires d'Aquin, témoignent de manière significative à la fois de l'évolution esthétique de l'auteur et d'une longue amitié faite de connivence érudite. Guylaine Massoutre propose également en appendice une autre lettre d'Aquin à Carrier (1970) liée au projet médiatique « Hamlet ». Notons par ailleurs que l'appareil de variantes des lettres fournit des indices de réécriture par Aquin de ses lettres à Carrier en prévision de leur publication. Aussi, avec « Jules César », Aquin enchâsse dans une structure épistolaire le développement d'un projet de téléthéâtre de 1960 (le destinataire « Mon cher "X" » est en fait Paul Blouin de Radio-Canada); c'est le cas également de « La scène du lit » qui s'ouvre par une lettre de 1969 à un « Comte » (Louis-Georges Carrier?). Enfin, le recueil intègre la nouvelle « De retour le 11 avril » (rééditée dans *Blocs erratiques* en 1977), dont l'*incipit* est : « Quand j'ai reçu ta lettre, j'étais en train de lire un roman [...] ».

AQUIN, Hubert (1995c). *Mélanges littéraires*, vol. I : *Profession : écrivain*, édition critique établie par Claude Lamy avec la collaboration de Claude Sabourin, Montréal, Bibliothèque québécoise, 571 p.
Les trois lettres d'Hubert Aquin, éditées par Claude Lamy et présentées en appendice de ce recueil de textes variés, relèvent davantage de la lettre ouverte. C'est le cas de la lettre du « Commandant de l'Organisation spéciale » envoyée par Aquin au journal *Le Devoir*, en juin 1964, annonçant son entrée dans la clandestinité révolutionnaire; c'est le cas aussi de la lettre de refus du Prix du Gouverneur général de 1969 (publiée également dans l'édition de *L'Antiphonaire*). « Le texte ou le silence marginal? », publiée dans la revue *Mainmise* en 1976, puis dans *Blocs erratiques*, se présente comme une lettre à Michèle Favreau. Notons aussi que la conférence donnée par Aquin à l'Université Carleton, le 5 février 1975, s'intitule « Cher lecteur », une adresse typiquement épistolaire qui ouvre une réflexion sur la lecture.

AQUIN, Hubert (1995d). *Mélanges littéraires*, vol. II : *Comprendre dangereusement*, édition critique établie par Jacinthe Martel avec la collaboration de Claude Lamy, Montréal, Bibliothèque québécoise, 609 p.
Dans ce second tome des *Mélanges littéraires* se trouve éditée la « Lettre morte (à Gaston Miron) », écrite par Aquin le 10 octobre 1963, mais publiée de manière posthume dans la revue *Liberté* (vol. XXV, n° 6, décembre 1983). En plus de deux lettres d'Hubert Aquin aux membres du comité de direction de la revue *Liberté* (1965 et 1971), Jacinthe Martel publie aussi en appendice sept lettres (dont cinq écrites par Aquin) : une lettre à André Patry (extrait, 1954), une lettre de Michèle Lalonde (extrait, 1961), une lettre à Jean-Guy Pilon (extraits, 1965), une lettre d'André

Belleau (1968), deux lettres à Victor-Lévy Beaulieu (1971) et une lettre à Louis-Georges Carrier (1971).

AQUIN, Hubert (1997). *Neige noire*, édition critique établie par Pierre-Yves Mocquais, Montréal, Bibliothèque québécoise [Les Éditions La Presse, 1974], 619 p.
En annexe de sa volumineuse édition critique de *Neige noire*, Pierre-Yves Mocquais reproduit deux lettres d'Hubert Aquin à sa traductrice Sheila Fishmann (1976).

AQUIN, Hubert (1998). *Récits et nouvelles : tout est miroir*, édition critique établie par François Poisson avec la collaboration d'Alain Carbonneau, et Claudine Potvin pour *Les Rédempteurs*, Montréal, Bibliothèque québécoise, 314 p.
En appendice de ce volume réunissant le roman *Les Rédempteurs* ainsi que des textes narratifs d'Aquin écrits principalement durant ses années de formation et parus dans *Le Trait d'union*, *Le Quartier latin* ou *Le Haut-Parleur*, sont publiées deux lettres rédigées par Aquin, soit une lettre à Louis-Georges Carrier (1952, déjà publiée par Aquin en 1971 dans *Point de fuite*) et une lettre à Louis Portugais (1955, également publiée en appendice du *Journal*).

AQUIN, Hubert (1999). *Journal 1948-1971*, édition critique établie par Bernard Beugnot avec la collaboration de Marie Ouellet, Montréal, Bibliothèque québécoise [1992], 407 p.
L'édition proposée par Bernard Beugnot s'accompagne d'un choix de 22 lettres, présentées en appendice, qui témoignent des années correspondant à l'écriture diaristique : à Marcel Blouin (quatre lettres, 1950), à Lucien Pépin (quatre lettres, 1952), à Roger Martin du Gard (une lettre, 1952), à Louis-Georges Carrier (cinq lettres, 1952), à Louis Portugais (une lettre, 1955), à Roland Barthes (deux lettres, 1960), à Grant McClean (une lettre, en copies conformes à Fernand Dansereau, Pierre Juneau et Guy Roberge, 1962), à Georges Belmont (une lettre, 1966) et de Georges Belmont (deux lettres, 1966), et à Andrée Yanacopoulo (une lettre, 1971). Au fil du journal d'Aquin, la lettre est évoquée à diverses occasions : « G*** me fait lire une lettre jamais envoyée qu'elle m'avait écrite le neuf août » (5 décembre 1948) ; « je rêve d'une lettre ou d'une rencontre inespérée qui changera ma vie » (6 mars 1952) ; « Ce qui m'arrive est bouleversant. En quelques jours je reçois une lettre que j'attendais depuis octobre et m'est révélé un monde d'abandon et de promesse que je croyais avoir quitté sans émotion » (12 mai 1952) ; « Je n'ai pas de souffle pour les petites entreprises littéraires (ce qui ne veut pas dire que j'en ai pour les grandes). Mais trois pages me tuent littéralement, de même que les lettres, comme si mon esprit n'accommodait

qu'à longue échéance » (26 décembre 1960). Aquin consigne également dans son journal la réception d'une « lettre déchirante » de son ami Jean-Claude Perreault, de laquelle il transcrit un extrait (30 septembre 1952), ainsi qu'une « lettre de M.F., reçue le 13 [octobre 1961] » (« qui m'a rappelé amèrement mes deux dernières semaines à Montréal et les monstruosités que j'avais le goût de faire ») (25 octobre 1961) ; le 22 août 1952, il note aussi : « c/f lettre à Miche ». En date du 13 juillet 1962, Aquin ne consigne dans son journal que la mention « Lettre insigne », de même que l'entrée du 6 août 1962 enregistre la réception d'une lettre de l'ONF par ce seul mot : « Destitution ». Dans les notes qu'il rédige le 29 mars 1971 lors de sa tentative de suicide au Reine-Élizabeth (« Journal sans tirage »), Aquin indique : « J'ai posté mes lettres », « j'ai bien fait, en entrant ici à onze heures cinquante, de me mettre à ranger et à préparer mes lettres, sinon cette tâche – si je l'avais retardée – ne me procurerait pas la sécurité qui m'engourdit en ce moment ». Notons enfin que les *Letters and Diaries* de Byron (p. 94), les *Lettres à la comtesse de Noailles* de Proust (p. 155), les *Lettres à quelques-uns* de Valéry (p. 155), les *Lettres à un sculpteur* de Gide (p. 167) et les *Lettres à André Gide* de Proust (p. 167) figurent dans le journal parmi les listes de lecture d'Aquin.

AQUIN, Hubert (2001). *L'Invention de la mort*, édition critique établie par Manon Dumais, Montréal, Bibliothèque québécoise, 201 p.
Deux lettres à propos de *L'Invention de la mort* figurent en appendice de l'édition critique du roman posthume d'Hubert Aquin, soit une lettre de l'éditeur français Georges Belmont et la réponse de l'écrivain québécois (1966, toutes deux déjà publiées en appendice du *Journal*).

SHEPPARD, Gordon, et Andrée YANACOPOULO (2002). *Signé Hubert Aquin : enquête sur le suicide d'un écrivain*, Montréal, Bibliothèque québécoise [Boréal Express, 1985], 486 p.
Avec ses 65 lettres écrites ou reçues par Aquin, cette « enquête sur le suicide d'un écrivain », menée par Gordon Sheppard et Andrée Yanacopoulo hors du projet de l'ÉDAQ, propose un riche corpus épistolaire aquinien, édité non plus cette fois en appendice mais à même le corps du texte. Ce corpus, qui s'étend de 1971 à 1977, contient des éléments de correspondance de vingt épistolières : Andrée Yanacopoulo (dix-huit lettres, 1971, 1974-1977), H. P. Clive de l'Université Carleton (une lettre, 1974), Roger Lemelin (cinq lettres, 1975-1976), Claude Hurtubise (dix lettres, 1975-1976), Lorne Laforgue de l'Université Laval (une lettre, 1976), le sous-ministre adjoint du ministère des Affaires culturelles Claude Trudel (une lettre, 1976),

les membres du jury du ministère des Affaires culturelles (Aide à la création et à la recherche) (une lettre, 1976), Carole Langlois de la Société de développement de l'industrie cinématographique du Canada (une lettre, 1976), Pierre Desaulniers (une lettre, 1976), le président du conseil d'administration du *Jour* André Bélanger (une lettre, 1977), René d'Anjou du ministère des Affaires culturelles (deux lettres, 1976), Emmanuel Aquin (treize lettres, 1976-1977), Gordon Sheppard (deux lettres, 1976), Michèle Favreau de *Mainmise* (une lettre, 1976, déjà publiée dans *Blocs erratiques* : « Le texte ou le silence marginal? »), Félix-Antoine Savard (une lettre, 1976) et [M.] Julmy du Collège Saint-Michel (une lettre, 1976). En plus de deux lettres à « MM » (1977), l'ouvrage reproduit trois lettres de suicide d'Aquin (à Jacques Godbout, à Yvon Rivard et à Christian Benoist, 1977) et en évoque une quatrième, à Louis-Georges Carrier, qui était alors demeurée inédite et inaccessible, mais qui se retrouve aujourd'hui dans le Fonds Louis-Georges Carrier et Hubert Aquin (P0396) de l'Université de Montréal.

Aquin, Hubert (2005). *L'Antiphonaire*, édition critique établie par Gilles Thérien, Montréal, Bibliothèque québécoise [Le Cercle du livre de France, 1969], 396 p.
Dans son édition critique de *L'Antiphonaire*, Gilles Thérien a publié en appendice des lettres relatives au processus éditorial du troisième roman d'Aquin, soit huit lettres d'Aquin à son éditeur Pierre Tisseyre (1968 à 1970, ainsi que cinq lettres de Tisseyre à l'auteur) et trois lettres d'Aquin à [Mme] Gilliot des éditions du Cercle du livre de France concernant les épreuves de *L'Antiphonaire* (1969). Notons également que si le roman assemble des fragments du journal intime de la narratrice Christine Forestier, c'est par le dispositif épistolaire qu'il se conclut avec la lettre d'Albert Franconi à Suzanne B-Franconi (1969). Le pharmacien de San Diego laisse par ailleurs à Christine Forestier une brève lettre rédigée en anglais (p. 77).

Aquin, Hubert (2017a). *Téléthéâtres*, édition critique établie par François Harvey, Montréal, Bibliothèque québécoise, 1131 p.
François Harvey propose en appendice de son édition des *Téléthéâtres* une sélection de dix-huit lettres d'Hubert Aquin (dont seize écrites par lui) liées au contexte de création de l'œuvre médiatique, notamment à la Société Radio-Canada : en plus des lettres à l'ami et collaborateur Louis-Georges Carrier (onze lettres, 1969-1972, 1974, en plus d'une lettre de Carrier à Aquin de *ca* 1955), y figurent des lettres à [M.] Carter (une lettre, 1954), Gérard Robert (trois lettres, 1968 et 1971) et Jacques Beaudry (une lettre, 1971), ainsi qu'une lettre de D. B. Summer à Aquin, 1954. Harvey propose

également un ensemble de « remarques sur *Double sens* », un téléthéâtre d'Aquin réalisé par Carrier, où les notes de travail côtoient les lettres-projets.

Aquin, Hubert (2017b). *Œdipe* et *Œdipe recommencé*, édition critique établie par Renald Bérubé, Montréal, Bibliothèque québécoise, 333 p.
Aucune lettre d'Aquin n'est proposée en appendice de cette édition critique réalisée par Renald Bérubé des téléthéâtres d'Aquin *Œdipe* et *Œdipe recommencé*.

Aquin, Hubert (2022). *Hubert Aquin et les médias : anthologie 1949-1977*, vol. I : *1949-1962*, édition critique établie par Nino Gabrielli avec la collaboration d'Andrée Yanacopoulo et François Maltais-Tremblay, Montréal, Leméac Éditeur, 688 p.
Dans ce premier volume d'un projet anthologique qui se propose de réunir à terme les principaux textes d'Aquin produits pour la Radiodiffusion française, Radio-Canada et l'ONF entre 1949 et 1977, Nino Gabrielli intègre, dans l'un ou l'autre des appendices de son édition critique, un très grand nombre de lettres, mémos ou télégrammes écrits ou reçus par Aquin de 1949 à 1961. En lien avec la participation d'Aquin à la Radiodiffusion française, nous retrouvons deux lettres d'un scripteur non identifié à Aquin (ca 1953). Dans le cadre des activités professionnelles d'Aquin à Radio-Canada, l'ouvrage propose une lettre de Raymond David, directeur de Radio-Collège (1954), une lettre de Viviane Decary (1955), ainsi que des lettres écrites par Aquin à Michel Robida, directeur des échanges internationaux de la Radiodiffusion française (1956), Victor Hincz (deux lettres, 1956), Roméo Boucher, directeur des relations extérieures du Collège des médecins et des chirurgiens (1956), Fernand Guérard, Jacques Landry, Roger Rolland et Raymond David (lettre-projet de 1956), Pierre Daviault du Bureau des traductions du Secrétariat d'État (1956), Gérard Lamarche (en copies conformes à Roger Rolland, Fernand Guérard, Jacques Landry et Raymond David, 1956), André Blouin (1956), Charles Panzéra (1957), Dr Jacques Olivier (1954), François Hertel (deux lettres, 1954), Roger Duhamel de *La Patrie* (deux lettres, 1955), Gilbert Choquette (1956), André Patry de l'Université Laval (trois lettres, 1956), Fernand Guérard, J. P. Ladouceur, André Ouimet et Raymond David (1956), Jean Despréz (1956), Fernand Seguin (1956), Pierre Elliott Trudeau (1956), Jacques Languirand (1956), Huguette Proulx (1956), Simonne Chartrand (1956), Pierre Laporte (1956), Guy Beaulne (1956), Jean-Marc Léger (1956), Mme Jean Despréz (1956), Gérard Filion (1956) et Jean-Charles Bonenfant (1956). En lien avec les activités d'Aquin à l'ONF, nous retrouvons par ailleurs une lettre de G. H Vaney à Aquin (1951), ainsi que

des lettres écrites par Aquin à Pierre Juneau et Guy Glover (lettre-projet de 1960), Gilberte L'Estang (deux lettres, 1960), Claude Tresmontant (1960), Guy Glover (1960), Jean-Charles Falardeau de l'Université Laval (1960), le secrétaire général d'Incom Cortometraggi e Televisione (1960), l'American Oil Company (1960), Frank Selke du Forum de Montréal (1960), l'Officier de l'Immigration du Canada en lien avec le séjour au Canada de Roland Barthes (1961), Roland Barthes, Marion Leigh et Raymond-Marie Léger (télégrammes de 1961), B. E. Bagge d'Omnifilms France-Export (1961), R. C. Kelly d'Henry Birks & Sons (1961), R. W. Buskard (1961, ainsi qu'une lettre de Buskard à Aquin), le capitaine Miller de la Police de la Circulation de Montréal (1961), Irénée Bonnier (mémo de 1961, ainsi qu'un mémo de Bonnier à Aquin), J. A. Robert, directeur de la Police de Montréal (1961) et Armand Durette, chef du Service des incendies de Montréal (1961). Dans le corpus édité par Nino Gabrielli, nous retrouvons par ailleurs une lettre d'Hubert Aquin à lui-même (« Massacre des cinq innocents », *Le Quartier latin*, 17 novembre 1950), ainsi qu'une réponse d'Aquin à une lettre ouverte d'un lecteur du *Quartier latin*, Albert Legrand (« Mais tout de même », *Le Quartier latin*, 24 novembre 1950).

Jacques Ferron et Jean Marcel malgré eux : l'écrivain et son critique (1965-1985)

Susan Margaret Murphy
Chercheuse indépendante

> *Non, la correspondance s'établit par analogie entre soi et l'autre, un autre lointain, un étranger si loin de moi que nos rapports ne peuvent qu'avoir un intérêt cosmique;*
> *ils sont à la fois bizarres et merveilleux.*
>
> Jacques FERRON[1].

Jacques Ferron fut un épistolier prodigieux, on le sait. On lui connaît quelque trois cents correspondants (Olscamp, 2020 : 89), sans parler de ses nombreuses lettres ouvertes aux journaux[2] (Ferron, 1985a). Ferron « adore écrire des lettres[3] »; l'espace épistolaire, d'abord pour lui un lieu d'apprentissage[4],

1. Lettre de Jacques Ferron à John Grube, le 17 novembre 1973 (Ferron, 1990 : 78-79).
2. On a colligé 197 de ces lettres dans cet ouvrage.
3. Il écrit à Jean Marcel : « [...] j'adore écrire des lettres. Cela m'occupe sans me presser », lettre du 12 octobre 1968 (Jacques Ferron, Correspondance inédite avec Jean Marcel [pseud. de Jean-Marcel Paquette] (1965-1984), Montréal, Bibliothèque et Archives nationales du Québec (BAnQ), Fonds Jacques-Ferron, MSS 424, S4, SS1, SSS1, D17). Désormais, les références à cette correspondance seront indiquées par le sigle CJM, suivi de la date, et placées entre parenthèses. Je remercie M. Jean-Olivier Ferron de m'avoir permis de citer cette correspondance.
4. Il écrit à Grube : « Et j'ai un faible pour la correspondance parce que c'est en écrivant des lettres que j'ai appris à faire des livres » (1990 : 37).

devient un atelier d'écriture. Dès son adolescence, il entretient une correspondance avec ses sœurs[5] (Ferron, 1998b), et, à partir de 1946, il échangera longuement avec sa sœur Madeleine, également écrivaine, et avec le mari de cette dernière, Robert Cliche[6] (Ferron, Ferron et Cliche, 2012, 2015 et 2019). Il correspondra aussi avec des amis et des confrères de sa génération[7] de même qu'avec des écrivains plus jeunes qui s'intéressent à son œuvre[8]. Chaque fois, il se révèle un épistolier exigeant[9] et cherche à connaître son correspondant à fond, non seulement afin de dégager sa personnalité[10], mais de façon à faire de lui un personnage qui évoluera au cours de la relation épistolaire et pourra subir, selon le cas, divers degrés de fictionnalisation. Certains d'entre eux, tel Pierre Baillargeon, sortiront de l'espace épistolaire pour inspirer des portraits littéraires ; d'autres s'élèveront au rang de personnages de roman[11].

Parmi tous les correspondants transformés en personnages épistolaires, nul n'est plus étonnant que Jean Marcel (1941-2019). Parce que leur correspondance couvre la période d'écriture la plus productive de Ferron et que le destinataire des lettres a entrepris de faire une étude de son œuvre, les lettres de l'écrivain abondent en détails sur la genèse de ses écrits et sur sa pratique d'écriture. Durant les années 1990, Marcel permettra à plusieurs étudiants et critiques de consulter les lettres que Ferron lui a destinées. Parmi ceux-ci, Ginette Michaud analyse les lettres de Ferron dans l'optique

5. Ferron a également écrit à son père de 1932 jusqu'à la mort de ce dernier, le 5 mars 1947. Voir les « Lettres au père » dans Jacques Ferron (1997 : 169-267).
6. Il aura aussi une correspondance avec sa sœur Marcelle à partir de 1947 (M. Ferron, 2016).
7. Dont Pierre Baillargeon, Clément Marchand, Pierre Vadeboncoeur, Gérard Bessette et Réjean Robidoux.
8. Dont André Major, Jean Marcel, Betty Bednarski, John Grube, Pierre Cantin, Ray Ellenwood et François Hébert.
9. Il écrit à Grube : « J'aime écrire des lettres, bien entendu, mais il me faut des correspondants, non pas de simples répondants » (Grube, 1992 : 146).
10. Il écrit à Baillargeon : « J'ai besoin pour dégager ma personnalité de dégager la vôtre » (Baillargeon et Ferron, 2004 : 118).
11. Le personnage épistolaire de Baillargeon inspire trois portraits littéraires (Boucher, 2004 : 34-36), tandis que Betty Bednarski est le modèle avoué du personnage d'Ann Higgit des *Roses sauvages* (Cantin, 1985 : 36). Pour l'évolution du personnage que Ferron fait de Grube voir Michaud, [1993] 2005 : 85-87.

de ce qu'elle appelle « l'autre Ferron[12] » (1992, 1993, 1994 et 1995). Plus tard, avec la permission de Marcel, quelques-unes de leurs lettres ont été citées par moi-même, puis par Marcel Olscamp (Murphy, 2011 ; Bednarski et Murphy, 2021 ; Olscamp, 2020 : 89-102)[13]. Mais la véritable nature de leur dialogue épistolaire reste largement inconnue jusqu'ici.

Mon analyse de leur correspondance porte sur l'évolution de la relation qui s'y révèle entre Ferron, l'écrivain, et Marcel, le critique. Cette relation entre un jeune critique ambitieux et un écrivain de la génération précédente, déjà reconnu, comporte inévitablement, dès le départ, quelques éléments d'un rapport de mentorat[14]. Il s'ensuit une relation d'une complexité fascinante dont chacun des épistoliers tire des bénéfices certains, mais où il persistera une ambiguïté troublante, les attentes de l'un et de l'autre ne s'accordant jamais parfaitement. Pour saisir toute la complexité de cette relation et de la riche correspondance qui en résulte, il sera parfois nécessaire de se référer aux lettres que Ferron adresse à d'autres correspondants à qui il lui arrive de confier ses impressions sur Marcel. Car, à travers l'art épistolaire, Ferron se voile et se dévoile. Comme l'écrit Betty Bednarski, l'écrivain se sert de la multiplicité de ses destinataires pour se révéler par « fragments », fragments souvent complémentaires, certes, mais dont « l'effet cumulatif serait de constituer un tout moins composite qu'instable, fait de mouvements contradictoires, réversibles » (2002 : 307).

Rencontre de l'écrivain et de son jeune critique

Tout commence avec André Major. Renvoyé de son collège à dix-huit ans pour avoir rédigé et distribué un journal anticlérical et pro-indépendantiste, il est le premier des membres de la jeune génération à écrire à Ferron.

12. Pour Michaud, cet « autre » Ferron serait l'« écrivain aux prises avec une œuvre immaîtrisable, qui lui échappe de plus en plus » (1992 : 83-84).
13. Marcel Olscamp et Lucie Joubert travaillent à une édition de cette importante correspondance, dont le premier volume (1965-1968) est paru chez Leméac en 2024.
14. « Le mentorat se définit comme une relation d'aide, de proximité et de réciprocité entre deux acteurs de la vie littéraire, fondée sur plusieurs asymétries : déséquilibre d'âge, de statut, d'expérience, de capital (social, symbolique, culturel) ; une relation nouée à un moment de transition pour le mentoré et dont l'objectif est de "produire du littéraire" » (Bernier, 2020 : 121).

Major a rencontré le médecin chez Raoul Roy en 1960, lors de réunions de l'Association socialiste pour l'indépendance du Québec. Major, qui espère devenir lui-même écrivain, écrit à Ferron en mars 1962, après avoir lu *Les grands soleils*, pour lui dire qu'il a apprécié sa « préoccupation historique » et lui annoncer son projet de faire une étude de son œuvre théâtrale[15]. Au printemps 1965, Marcel, alors directeur de la section culturelle de *L'Action nationale*, aborde Major dans une librairie pour lui dire qu'il a écrit un article favorable sur son recueil de nouvelles, *La chair de poule*. Désireux de rédiger lui-même un essai sur Ferron, et sachant que Major jouit d'une relation privilégiée avec l'écrivain, Marcel lui demande d'intervenir en sa faveur auprès de Ferron. Major écrit à Ferron le 16 décembre 1965[16] et, trois jours plus tard, Marcel envoie lui-même un mot à Ferron. C'est le début de leur correspondance.

D'origine modeste, comme Major, Jean-Marcel Paquette – qui prendra Jean Marcel comme « demi-pseudonyme » dès l'âge de quinze ans (Marcel, 1992 : 11) –, est né à Montréal en 1941, fils aîné d'une famille du quartier Saint-Henri. Son père, d'origine franco-ontarienne, travaille comme outilleur à Canadair. Après des études primaires chez les Frères de l'Instruction chrétienne, Marcel, bénéficiant de bourses grâce à sa réussite scolaire, fait son cours classique au Collège Sainte-Marie, sauf une année comme pensionnaire au Séminaire de la Très Sainte Trinité. À la différence de Major et de Ferron, il n'a nullement envie de se rebeller. Il est en effet fier de côtoyer des fils de la bourgeoisie, envers qui il ne se sent aucunement inférieur[17], et il veut réussir. Il se marie en août 1961, à tout juste vingt ans,

15. « Enfin, je ne suis pas critique. Ou si peu. (Je suis critique au *Petit Journal* et à *Maintenant* : c'est tout dire…) Et je suis le secrétaire de Jacques Hébert… » (Ferron, 2004 : 19-20).

16. « Jean Marcel veut écrire un essai sur vous. Il voudrait votre assentiment. C'est un ami, il compte sur mon intervention. » Ferron lui répond le 21 décembre : « Si Marcel veut parler de moi, qu'il sache que je reprends tout mon théâtre. *Le Cheval de Don Juan* était une ineptie. Je l'ai refait sous le titre nouveau : *Le Don Juan chrétien*. Ce n'est pas fameux, mais c'est mieux que la première version. […] J'ai refait aussi *Les grands soleils*. C'était un trois actes. Je garde les deux premiers. À la place du 3e, les deux que voici. Vous les passerez à Marcel » (2004 : 78).

17. Message de Marcel à l'auteure. Pourtant, selon sa fille aînée, Marcel a dit à ses amis de collège que son père était médecin (message de Christine Paquette à l'auteure, 25 août 2022).

avec une puéricultrice de huit ans son aînée à qui il demande de ne plus travailler après leur mariage[18]. Il aspire à une carrière de professeur, ce qui lui permettrait d'écrire non pas de la fiction, mais de la critique[19]. De 1960 à 1966, il poursuit ses études, tout en travaillant comme professeur suppléant à temps plein à la Commission scolaire de Montréal pour faire vivre sa famille. Après avoir réussi l'école d'été de l'Université McGill, il s'y inscrit à la maîtrise, suivant des cours le soir. À la suite de l'obtention de ce diplôme en 1964, il s'inscrit au programme de doctorat. Il décide toutefois de poser sa candidature au programme de doctorat du Centre d'études supérieures de civilisation médiévale de l'Université de Poitiers, sollicite une bourse auprès du Conseil des arts du Canada, et obtient une réponse favorable de leur part.

Au moment où il écrit sa première lettre à Ferron, Jean Marcel, jeune homme de vingt-quatre ans, enseigne à l'Institut Marguerite d'Youville, signe une chronique mensuelle dans *L'Action nationale* et s'apprête à partir, en juin 1966, pour Poitiers. Il était, selon ses propres dires, très audacieux et ambitieux[20]. Le *post-scriptum* de sa lettre initiale établit les bases de leur pacte épistolaire :

---

18. Dans un message du 2 février 2010 à l'auteure, Marcel explique que, dans son milieu, « un homme devait pouvoir faire vivre sa femme qui s'occupait du foyer et des enfants... Je n'ai jamais connu personne qui ait vu des inconvénients à cette façon de penser... J'ai agi de même en demandant à ma femme de cesser de travailler au moment de notre mariage. Le féminisme n'était pas passé par là... »
19. En 1962, il rédige un court essai sur Rina Lasnier, publié en 1965 chez Fides, dans la collection « Classiques canadiens » et il dirige, dès septembre 1964, la section culturelle de *L'Action nationale*. Dans un message à l'auteure, le 24 janvier 2010, Marcel raconte avoir écrit un premier roman au collège (un devoir de français) : « [...] c'est là que je me suis bouché pour la fiction... et que je n'y suis revenu qu'à la faveur d'*Hypatie* bien plus tard [...]. » Il ajoute qu'il n'aura jamais « concurrencé » Ferron en écrivant de la fiction du vivant du médecin.
20. Le 3 avril 2015, il écrit à l'auteure : « [...] il suffit de constater que j'étais toujours au travail et en projet... le jeune Jean Marcel est tout entier dans les livres et articles de ces années-là, y compris la thèse... » et, le 12 avril 2015 : « Pour la production, je peux dire comme Ferron : J'ai peu vécu dans ces années-là... Je n'ai pas eu de jeunesse comme on l'entend... Je ne sais pas ce que c'est que d'aller danser le samedi soir... Je me suis repris plus tard... en voyageant beaucoup. »

P.S. Il est entendu que pour rédiger ladite étude il me va falloir vous rencontrer. Permettez? J'allais oublier : je suis d'obédience catholique (par hasard ou par défi), mais cela n'aura aucune espèce d'influence sur les conclusions de mon travail. Autre chose pour vous rassurer : je pars du fait que vos écrits n'ont rien à voir avec l'humour, et même que l'un de mes chapitres sera coiffé ainsi : « La Divine Tragédie ». Pour plus de précisions sur ma personne : j'ai vingt-quatre ans et presqu'autant [*sic*] d'illusions : de ces dernières il en est une au moins que je partage avec vous : la souveraineté de ma patrie. Voyez que nous ne sommes nullement des ennemis! Pour le reste mon ami Major, qui est aussi le vôtre, vous renseignera.

toujours vôtre.

j.m.

De Montréal-l'anglaise, ce 19 décembre 1965

5732 Plantagenet

Cette lettre montre que Marcel est on ne peut plus conscient de tout ce qui le sépare de Ferron. Le jeune homme est conservateur sur le plan social et politique : catholique, il favorise le maintien du rôle traditionnel de l'Église dans la société québécoise[21] et il respecte les coutumes de la société. En outre, à l'époque où il dirige la section culturelle de *L'Action nationale*, cette revue est loin d'être indépendantiste. Il a lu *Les contes*, *La nuit* et tous les textes de Ferron parus dans *Parti pris* – il enseigne d'ailleurs « Un excellent prétexte » à ses étudiantes[22] – et il connaît les prises de position de l'auteur sur la politique, l'histoire québécoise et la religion. Il s'efforce de rassurer Ferron à son sujet en mettant l'accent sur son admiration « profonde » pour son œuvre, sur le fait que son catholicisme n'aura aucune influence sur son étude et sur ce qu'ils ont tous deux en commun, notamment l'amitié de Major et le désir que le Québec devienne souverain[23]. Marcel se présente donc

21. Dans un message à l'auteure, le 17 janvier 2010, il ajoute : « [...] j'ai toujours trouvé futile l'anticléricalisme de ceux de ma génération, y compris de *Parti pris*... N'ayant pas souffert de cette "oppression", je ne l'ai jamais comprise et me suis dès cette époque fait le défenseur de l'institution religieuse dans sa dimension historique. »
22. Message de Jean Marcel à l'auteure, 3 avril 2015.
23. Bien qu'ils soient tous les deux souverainistes, leurs positions différentes sur ce sujet ressortent de la correspondance. Pour Ferron, l'indépendance est surtout une question de langue : pourvu que le français soit reconnu comme seule langue

comme un jeune homme sérieux, qui a néanmoins de l'esprit et qui veut surtout faire connaître une œuvre qu'il admire sincèrement. Il se décrit ailleurs comme un « jeune mousse » qui doit faire ses preuves auprès d'un auteur à qui on a décerné, en 1963, le prix du Gouverneur général du Canada pour *Les contes du pays incertain*. Il s'adresse à Ferron comme à un maître-écrivain dont il cherche l'aide pour produire sa propre œuvre littéraire, ce qui rappelle la posture de mentoré adoptée par Ferron dans sa correspondance avec l'écrivain Baillargeon. Marcel rédigera son livre sous le regard de l'auteur, dont il cherche le conseil et l'approbation.

Ferron s'empresse de répondre. Dans une lettre du 21 décembre 1965, il consent de façon implicite à une relation épistolaire avec Marcel. Au lieu d'aborder directement la question d'une rencontre, Ferron donne plusieurs détails biographiques sur lui, sa famille et son parcours, détails dont Marcel se servira dans son étude. Ses remarques sur la religion et la politique, les deux sujets qui, selon Marcel, les sépareraient, ont pour effet de relativiser les différences imaginées par celui-ci. Disant qu'il ne s'approche pas trop de la religion « de peur de mourir », Ferron écrit que Dieu peut se concevoir comme médiateur entre « le moi et les autres », le seul « rapport essentiel dans le monde », ajoutant : « Quelle serait ma religion ? Je ne peux être autre que catholique. » Et c'est son identité d'écrivain qui expliquerait son parcours politique :

> La politique. Si l'on oublie ma cure par le communisme (je n'ai pas d'ailleurs lu les saints livres) j'y suis venu comme écrivain. Un écrivain sans un peuple, c'est une impossibilité. En Gaspésie je me suis nourri d'un peuple. À Ville Jacques-Cartier, je suis resté sur ma faim, en suspens… etc.

Il affirme, en terminant : « *Je ne suis pas humble* », exprimant ainsi, et assez catégoriquement, son refus de l'image que Marcel fait de lui. Cette résistance de la part de l'écrivain marque une première divergence entre le personnage de Ferron, tel que le conçoit Marcel, et l'image que l'écrivain

officielle au Québec, il est prêt à conclure une entente avec le Canada anglais. Marcel, pour sa part, est plus rigide, déclarant dans ses lettres qu'il quittera le pays si l'indépendance ne se fait pas – ou même, en 1973, « […] advenant un recul du PQ [dans les élections] » (CJM, 14 octobre 1973).

veut projeter de soi. Dans une deuxième lettre, à la même date, Ferron raconte sa vie comme médecin dans l'armée canadienne au camp d'internement d'officiers allemands, à Grande-Ligne, expérience importante sur laquelle il reviendra dans son œuvre (1981 : 31-32; 1997 : 16; 1987 : 46-47; Michaud, 1995 : 277-293) en des termes semblables à ceux utilisés ici[24]. Car pour cet écrivain, c'est justement dans l'espace épistolaire, lieu d'essai ou d'ébauche, que s'opère souvent une première fictionnalisation de personnes et d'événements de sa vie. La lettre tend vers l'œuvre de fiction, l'anticipe en quelque sorte.

Si Ferron consent à collaborer à l'étude de ce jeune homme, c'est d'abord et avant tout parce qu'il a l'ambition de devenir un écrivain connu. Le 7 janvier 1966, il écrit à Jean Marcel : « Je voudrais que vous compreniez que ma carrière d'écrivain devient concertée et qu'après avoir été longtemps un amateur je me prépare à devenir professionnel. J'ai devant moi du travail pour une vingtaine d'années[25]. » Et, comme le note Marcel dans sa lettre, malgré la parution de plusieurs comptes rendus et critiques dans des journaux et des revues (Cantin, 1984 : 163-433), aucune étude de fond sur l'œuvre de Ferron n'a encore été faite, et ce, en dépit du fait que celui-ci y travaille depuis vingt ans. Ensuite, Major, que Ferron conçoit comme son « parent[26] » et en qui il a grande confiance, a recommandé Marcel. Et Ferron reconnaît que ce dernier est « une bête à plume, tout ce qu'il y a de plus naturel, qui écrit comme on parle [...] » (2004 : 97). Marcel a d'ailleurs déjà publié des lignes élogieuses au sujet de

24. « Durant la dernière guerre, on y logea les officiers allemands de novembre 45 à février 46, la vie de château pour moi. [...] La vie de château parce que je me plaisais des deux côtés, au mess des Vétérans Guards et chez les Allemands [...]. J'étais tout bonnement neutre. » Ferron joint à cette deuxième lettre des photos, deux historiettes qui paraîtront dans *L'Information médicale et paramédicale* (*IMP*) en 1966, et promet de lui envoyer deux « paquets d'articles » pour la bibliographie que Jean Marcel entend faire.

25. Pour une analyse de cette lettre dans laquelle Ferron esquisse son plan d'action d'écriture, voir Côté (1995 : 424-437).

26. « Refus global, j'en fus par ma sœur Marcelle, comme je fus du parti communiste par ma première femme. La parenté peut être conçue comme prolongement de l'individu. Par elle on est d'un mouvement tout en se réservant. [...] Quant à *Parti pris* j'en fus de loin et mon parent alors se nommait André Major » (CJM, 13 avril 1966).

La nuit dans *L'Action nationale*[27], ce que Major n'a pas manqué de relayer à Ferron (2004 : 53). Que celui-ci ait lu cette critique paraît évident. Dans une lettre à Major, le 20 octobre 1965, il écrit :

> J'aime bien Jean Marcel : il n'a pas cherché à me nuire. J'ai commencé à avoir de bonnes critiques de Roger Duhamel, puis de Gilles Marcotte. Puis ils ont commencé à moins m'aimer. Cela était normal. Je l'ai même dit à Marcotte : « Un écrivain sérieux, qui écrit comme on voyage, change de critiques comme on change de chevaux. » Le seul reproche que je pourrais adresser à Marcel : il perd parfois la mesure. La mesure, c'est de ne jamais perdre de vue des gens comme Faulkner. (*Ibid.* : 72)

Ses lettres refléteront le malaise qu'il ressent devant l'idée de perdre cette indépendance d'écrivain et devant ce qu'il voit déjà comme la démesure de celui qui deviendra son correspondant-critique.

Les malaises d'une relation transactionnelle

Si les deux hommes se lient d'amitié, leur relation n'en reste pas moins marquée par l'intérêt que recherche chacun. Leurs ambitions y sont enchevêtrées dès le début. Leurs antécédents et leur caractère sont par ailleurs très différents, sinon opposés. L'un, bourgeois, se nourrit du peuple, alors que l'autre cherche à le fuir. Du point de vue du caractère, on pourrait dire qu'ils se complètent : Ferron, quoique désinvolte, est réservé, alors que Marcel, débordant d'enthousiasme et d'énergie, se montre sociable et charmant, avec un penchant pour l'exagération,

27. « Mais la palme de cette saison littéraire revient, sans conteste, à Jacques Ferron pour son roman *La nuit*. On a dit bien peu de chose quand on a parlé de l'ironie et de l'humour de Jacques Ferron. C'est, par delà [*sic*] l'humour, par delà [*sic*] l'ironie, un monde de sensibilité littéraire à laquelle nous avons été bien peu habitués. [...] Si la France cesse un jour de nourrir à notre égard cette condescendance un peu gênante, Jacques Ferron entrera dans ce Panthéon des grands prosateurs de langue française. Venons-en à ce beau roman qui est presque un long poème : "La nuit, écrit l'auteur, c'est la méditation du jour, c'est le monde qui redevient sacré". Et dans cet univers de la nuit sur Montréal, à travers la plainte des engoulevents, un homme retrouve son visage et son humanité. Mais on ne commente pas un tel livre : on le lit "et on s'en nourrit comme d'un fruit précieux : en silence" » (Marcel, 1965 : 1027).

caractéristiques qui lui serviront bien dans ses efforts de promotion de l'œuvre de Ferron.

Leur relation sera essentiellement épistolaire, donc écrite. Pendant la période qui précède le départ de Marcel pour Poitiers, ils ne se rencontrent que deux fois, même s'ils habitent tous deux la région de Montréal. À chaque occasion, leur femme les accompagne. Quand ils se voient en personne, Marcel, convivial, s'entretient le plus souvent avec madame Ferron plutôt qu'avec son époux. Selon lui, celui-ci était « maladivement timide[28] » et préférait répondre à ses questions par lettre[29]. Pour cette raison, la première partie de l'étude que Marcel publiera, et qui se présente comme une entrevue avec Ferron, est en fait un « montage[30] » de ce que l'auteur lui a raconté dans ses lettres. On pourrait même attribuer la majeure partie de ce chapitre à Ferron épistolier[31].

Ferron destine au total au moins 294 lettres à Marcel qui, de son côté, lui en envoie au moins 306[32]. Le temps fort de leur correspondance, de 1966 à 1970[33], coïncide avec la période pendant laquelle Marcel prépare son étude. Cette corrélation entre l'activité épistolaire et la production

---

28. « [...] notre relation fut plutôt épistolaire... Lorsque l'on se voyait en famille, je parlais plutôt avec Madeleine... et souvent passait par elle pour savoir certaine chose... Il était maladivement timide et tremblait lorsqu'il me parlait... » (message de Jean Marcel à l'auteure, 12 janvier 2010).
29. « Il [Ferron] dit lui-même dans un film [*Qui êtes-vous Jacques Ferron ?*] d'Yves Taschereau (et auquel j'ai collaboré) qu'il est écrivain parce qu'il parle mal, a du mal à s'exprimer et que l'écriture fut une porte de sortie... ou d'entrée... » (message de Jean Marcel à l'auteure, 10 février 2010).
30. « Il ne me restait qu'à faire un montage des lettres, car je ne voulais pas faire de biographie... d'un vivant... et c'était la seule façon de le laisser s'exprimer lui-même... » (message de Jean Marcel à l'auteure, 4 février 2010).
31. En plus des phrases attribuées à Ferron, Marcel se sert des mots et des métaphores utilisés par l'écrivain dans ses lettres avec sa permission, mais sans les lui attribuer. Voir, par exemple, sa lettre du 17 février 1969 : « Vous venez de dire [...] que par les conteurs le Québec vous est apparu comme un pays aussi fabuleux que l'Arabie (si vous me permettez je me servirai de l'expression dans mon introduction à l'interview) », et la phrase initiale de l'étude de Marcel : « Grâce à Jacques Ferron, le Québec est désormais une terre aussi fabuleuse que l'Arabie. »
32. Marcel rapporte que certaines lettres ont été perdues (message à l'auteure).
33. Pendant cette période, Ferron destine 169 lettres à Marcel (57,8 % du total), et celui-ci lui en envoie 157 (plus de 51 % du total).

littéraire est un élément typique du pacte mentoral (Bernier, 2020 : 124). En 1969, l'année avant la parution de *Jacques Ferron malgré lui*[34] (Marcel, 1970b), Ferron expédie 45 lettres à son critique, plus que dans n'importe quelle autre année, et celui-ci lui en adresse 42. La sortie du livre ne marque pas pour autant la fin de leur correspondance : elle continuera encore quinze ans, jusqu'en janvier 1985[35].

À la demande de Ferron, Marcel, qui d'habitude rédige rapidement ses textes, remet l'écriture de son étude. Dès février 1966, l'auteur lui suggère d'en reporter la rédaction (CJM, 1er février 1966) ; ce n'est pas la dernière fois que Ferron essaiera de le persuader d'en retarder l'écriture, voire de simplement l'en dissuader. Il donne trois raisons. D'abord, l'étude serait précoce, Ferron lui ayant déjà précisé qu'il pense avoir « du travail pour une vingtaine d'années ». De fait, tout en continuant sa pratique médicale, Ferron écrit abondamment de 1966 à 1973[36]. Ensuite, il se dit lui-même un bon promoteur de ses écrits, suggérant par là qu'il pourrait très bien se passer de Marcel. Et enfin, à son avis, d'autres auteurs mériteraient plus que lui une telle étude. Mais ces arguments servent surtout à lui faire gagner du temps et apparaissent donc comme une stratégie de tergiversation. Il appert en effet de ses lettres que Ferron se défie de Marcel et qu'il cherche à mieux le connaître[37],

34. Le livre est lancé le 24 juin 1970. Une édition « revue et augmentée » paraît en 1978 et, en 2013, une réédition « augmentée » est publiée.
35. Pendant les cinq années suivant la parution originale de l'étude (de 1971 à 1975), Ferron lui adressera 62 lettres (21 % du total), soit environ un tiers des lettres de la période précédente, et Marcel lui en destinera 74. De 1976 à 1985, leurs échanges diminueront : on compte 47 lettres de Ferron et 52 de Marcel de 1976 à 1980 ; Ferron envoie 16 lettres à Marcel de 1981 à 1984 (année d'une seule lettre), et celui-ci lui en destine 24, dont la dernière datée du 22 janvier 1985.
36. Pendant cette période, il publie *Papa Boss* (1966), *La charrette* (1968), *Historiettes* (1969), *Le ciel de Québec* (1969), *L'amélanchier* (1970), *Le salut de l'Irlande* (1970), *Les roses sauvages* (1971), *La chaise du maréchal ferrant* (1972), *Le Saint-Élias* (1972), *Les confitures de coings et autres textes* (1972) et *Du fond de mon arrière-cuisine* (1973), en plus des textes parus dans *L'IMP* et ses chroniques littéraires dans *Le Petit Journal* et *Le Magazine Maclean*.
37. Voir sa lettre du 21 avril 1966 à Major : « Jean Marcel, que je vous dois, est un étrange compagnon, drôlement érudit pour son âge, qui me donne la réplique et me tient tête. Difficile aussi à situer. Je le mettais dans la trentaine. [...] Ensuite j'apprendrai que le dénommé Marcel est à peu près de votre âge. Quand il me

à se faire une meilleure image de lui[38], avant d'aller de l'avant. Il fera part de sa méfiance à Marcel lui-même, parfois sur un ton ironique et amusé, parfois de façon directe. Évoquant leur relation dans sa lettre du 22 février 1966 et la situant (comme il le fera souvent) dans un contexte littéraire, il la tourne en ridicule. Il va jusqu'à dire à Marcel qu'il le croyait « un peu fou » et qu'il l'inquiétait :

> Je voudrais tout vous dire en peu de mots. D'abord j'étais prévenu contre vous. Un écrivain doit être son bateleur, je l'ai été et c'est en tant que bateleur que j'ai commencé à vous écrire. Ce que j'ai fait ne compte plus guère. Votre intérêt correspond à mon désintérêt. D'où ma prévention. Je vous croyais un peu fou. Vous m'inquiétiez. J'appréhendais ce qui est arrivé à *Madame Homère* de P. Baillargeon, monté par une petite troupe : deux boiteux qui comptent l'un sur l'autre pour danser et qui roulent dans le trou... Je ne vous connaissais pas. André Major a de grands yeux attentifs. Je lui accorde de l'avenir, j'ai même grand'confiance en lui. Mais il est encore bien jeune. Sa recommandation ne me suffisait pas.

L'image des deux boiteux qui dansent exprime sa crainte d'une dépendance qui finirait mal, crainte qui ne le quittera pas.

Quelques mois plus tard, Ferron écrit à Major : « [I]l [Jean Marcel] est érudit comme tout [...]. Il a un autre défaut : il est complimenteur[39] » (2004 : 95). Dans une lettre de mars 1967, Ferron tient à préciser à Marcel sa conception de la nature de leurs rapports : il y a un « contrat » entre eux, et, suivant cette nature transactionnelle, il cherchera à la fois à se servir de Marcel et, en contrepartie, à lui rendre service[40]. Un mois

---

prend en faute, il laisse filer, pas pressé d'avoir raison. J'aime assez sa malice, car je ne manque pas de mon côté de lui chercher des points faibles » (2004 : 85).

38. Voir la lettre du 4 septembre 1972 de Ferron à Grube (Ferron, 1990 : 28-29) dans laquelle il explique son « jeu » avec ceux qu'il ne connaît pas. Et, en 1973, il lui écrira : « J'ai été longtemps à me méfier et à me demander qui au juste vous étiez » (*Ibid.* : 67).

39. Et de continuer : « Et je me demande toujours si subtilement si vous ne me l'avez pas envoyé pour qu'il m'embaume. Comme je vous estime beaucoup, je vous en crois capable » (2004 : 95).

40. « Mon amitié pour vous n'a jamais été pure, et vous pouviez vous y attendre, l'ayant amorcée par une entreprise qui ne pouvait me laisser indifférent, glorieux comme je suis [...] Et je ne vous demande pas de m'excuser de toujours

plus tard, lui reprochant encore ses compliments « excessifs », Ferron énonce, en « maître-écrivain », ce qu'est pour lui l'écriture : « Vous me complimentez souvent; c'est gentil, mais je ne bois plus de lait. Créateur, par exemple, le terme est excessif : nous travaillons sur un fonds commun ; la seule réussite est d'enrichir le fonds[41]. » Dans sa lettre du 9 février 1968, Ferron explique autrement sa première réticence : c'est qu'il ne connaissait pas Marcel à ce moment-là et qu'ils étaient de générations différentes[42].

Quelques jours plus tard, il manifeste encore des réticences : ses livres seraient « secondaires », écrit-il, il voudrait plutôt lire « l'histoire de [s]on cheminement durant vingt années », et de poursuivre : « Si je vous ai demandé de ne pas le faire trop vite, ce livre, c'est que ma carrière n'était pas encore significative. Et aussi parce que vous êtes encore pas mal ignorant des vingt dernières années du Québec » (CJM, 14 février 1968). Marcel, qui, selon Ferron, n'a pas de culture politique, n'aurait donc pas les connaissances nécessaires pour bien analyser ses écrits et en saisir toute la signification. Autant dire que le mentor ne pense pas que son mentoré soit prêt pour la production littéraire.

Tout en se défiant de Marcel critique, Ferron admire son érudition et voudrait la mettre à profit dans ses écrits (CJM, 9 octobre 1968). En novembre 1968, il lui répète que l'étude lui importe peu. Marcel lui est « précieux[43] », écrit-il, parce qu'il est une « bête littéraire ». Marcel,

vous écrire de moi. C'est plus naturel. D'ailleurs notre contrat le veut » (CJM, 28 mars 1967).

41. Il continue : « C'est à cette collaboration que l'écrivain trouve sa dignité. Il signe par modestie, par humilité, simplement pour que le déchet de son œuvre lui revienne et n'éclabousse pas le nom de Dieu. Ce qui est bon lui est enlevé, mais c'est ainsi qu'il se sauve. Par un mot, par trois phrases il a enrichi le fonds commun. Il a pu se libérer, s'évader de lui-même, se sauver avant de mourir. [...] Je préfère au créateur l'amateur. [...] » (CJM, 6 avril 1967).

42. « Un mort est à tout le monde, mais je restais vivant. À la rigueur je pouvais me prêter à ma génération. Mais vous n'en étiez pas. L'accommodement ne pouvait pas être facile. Il fallait réaliser une sorte d'égalité [...] » (CJM, 9 février 1968).

43. « Vous savez très bien, Jean Marcel, que je ne vous ai pas cultivé parce que vous alliez écrire un livre sur moi. À vraiment parler, ce livre m'importe peu. Mais vous êtes une bête littéraire, c'est pour cela que vous m'êtes précieux [...]. Justement *La chanson de Roland*, le *Chevalier à la Charrette*, c'est de l'or pour

pour sa part, s'empresse d'aider l'auteur de toutes les façons possibles : en lui fournissant des informations, en vérifiant l'identité de personnes dont Ferron se méfie[44], en en aidant d'autres qui interrogent l'auteur sur son œuvre[45], en faisant des recherches[46], en lui envoyant des livres, en corrigeant ses épreuves[47], ou en donnant son opinion sur la provenance de certains mots et expressions, et sur ses écrits en devenir[48]. Ferron accepte cette aide et tente, à son tour, de se rendre utile à l'essayiste. En plus de collaborer à l'étude de Marcel en répondant à ses questions et en réagissant aux chapitres que ce dernier lui envoie, Ferron l'aide à faire publier ses textes dans *L'IMP* et essaie de faire publier son *Chevalier à la charrette* chez HMH. Il tente d'obtenir la publication d'un de ses textes dans *Parti pris*, et la revue l'ayant rejeté, Ferron lui explique ce que c'est, pour lui, que d'être écrivain et l'oblige à s'interroger sur sa véritable identité d'écrivain (CJM, 20 mars 1968). Il lui donne des conseils sur la rédaction de ses textes à paraître dans *L'IMP*[49] et l'aide dans sa recherche

moi… » (CJM, 8 novembre 1968). Marcel a traduit ces deux textes qu'il fait publier, avec l'aide de Ferron, dans *L'IMP*.

44. Ferron envoie à Marcel, à Québec, un couple du nom de London (que Grube avait refilé à Ferron) ; il se méfie d'eux et demande à Marcel son opinion.
45. Quand Betty Bednarski écrit à Ferron, en mai 1969, pour lui dire qu'elle aimerait le consulter au sujet de la difficulté qu'elle éprouve à traduire certains mots des *Contes*, il lui conseille de communiquer avec Marcel qui, étant « fort érudit » à son sujet, l'aidera sans doute volontiers (lettre à Betty Bednarski, 7 mai 1969). Bednarski rencontre Marcel à Québec, en août 1969, pour discuter de ces problèmes (message de Bednarski à l'auteure, 7 octobre 2022).
46. Quand Ferron lui demande, par exemple, des informations sur Louis Hémon, Marcel lui donne des pistes à suivre (CJM, 18 avril 1969) et lorsque l'écrivain lui demande de découvrir, lors de son voyage en France, qui était Savignon, l'auteur du livre que Hémon avait demandé à sa mère de lui envoyer au Québec, Marcel s'en charge (CJM, lettres du 1er et du 16 mai 1969).
47. Dans sa lettre du 17 janvier 1969, par exemple, Marcel lui écrit, après avoir lu l'édition HMH des *Contes*, parue l'année précédente : « La prochaine fois, je vous en prie, faites-moi l'amitié de me confier la correction de vos épreuves si vous ne voulez pas le faire vous-même. »
48. Ferron lui envoie, par exemple, quatre chapitres de sa « chronique » (qui deviendra *Le ciel de Québec*), en lui en demandant son opinion (CJM, 1er janvier 1969).
49. Il écrit, par exemple, au sujet du « Chevalier à la Charrette », que le Dr Trempe a accepté de publier : « Cependant, il serait bon de présenter l'œuvre, de la

d'une maison d'édition pour son étude. C'est vraisemblablement grâce à lui que *Jacques Ferron malgré lui* a paru aux Éditions du Jour, alors l'éditeur de Ferron.

En janvier 1969, après avoir envoyé à madame Ferron les chapitres de son étude sur l'art du conte et sur le « ferronisme », Marcel demande à Ferron quelle idée il se fait de la critique. Il en profite pour expliquer comment lui-même la conçoit :

> Pour ma part j'aime assez suivre Alain là-dessus, pour qui la critique est destinée « non pas à décider si une œuvre est belle, mais à réfléchir sur l'œuvre belle » (*Propos de littérature*). Le plus difficile de mon Ferron consiste maintenant à supprimer les superlatifs, qui vous agaceraient tout en me désavantageant. Un critique ne doit jamais employer de superlatifs, c'est un principe d'art autant que de dignité. (CJM, 14 janvier 1969)

Ferron répond brièvement[50]. La semaine suivante, il revient longuement sur la question, de façon très personnelle, tout en commentant les chapitres envoyés par Marcel :

> C'est le tour qui est magistral. Le fonds [*sic*] est moins sûr, mais ingénieux et fertile en développements ; il se peut qu'il soit original et que l'inquiétant lui vienne de là ; en tout cas il se prête bien à votre propos et le soutient. C'est ça le tour. Parce qu'il impressionne, on se demande toujours s'il ne fait pas illusion. [...] Il n'en reste pas moins que je n'avais pas réfléchi à mes moyens d'expression. Je ne sais même pas ma grammaire. Je fais des contes comme Monsieur Jourdain de la prose. (CJM, 11 février 1969)

Son compliment initial tourne ainsi à l'équivoque. Il semble que Ferron, « inquiété », ne s'y reconnaît pas et qu'il se sent transformé en quelque sorte par le magicien Marcel dont le « tour » ferait « illusion ». « Mon

---

situer, d'en signaler l'importance, en peu de mots, un ou deux paragraphes, pour chapeauter le début et lancer la série » (CJM, 6 novembre 1968).

50. « Sur la critique, mon Dieu ! j'ai peu à dire sinon qu'elle est rencontre d'écrivains et qu'elle ne doit pas s'en laisser imposer. Comme vous dites, d'après Alain, l'œuvre relance l'œuvre et le premier texte devient prétexte. Et sur les superlatifs je suis bien d'accord. Ils ne sont d'usage que dans les oraisons funèbres » (CJM, 4 février 1969).

ferronnisme[51] », poursuit-il, « n'est pas le vôtre. La raison s'en trouve dans la réponse à la question que vous m'avez posée : "Qu'attendez-vous de la critique ?" Question pour moi des plus embarrassantes. Cette réponse, la voici : "J'attends tout de la critique, mais quand je l'ai, elle ne m'est plus rien". » Ensuite, soulignant la différence entre lui et le conteur traditionnel (dont Jean Marcel fait l'histoire), Ferron explique que son attitude envers la critique est intimement liée à sa vision des rapports entre l'écriture et la vie :

> Mais je ne suis pas conteur traditionnel. Le conte, je l'écris obscurément, seul. Après, je le renie, si je puis dire, car je ne saurais m'en affubler. C'est de cette coupure que me vient mon attitude envers la critique. J'y tiens parce que je n'œuvre pas dans l'immédiat ; je compte sur elle pour relancer le conte, mais je ne veux n'en rien savoir [*sic*], car elle le prend au moment où je le quitte.

Pour Ferron, la critique n'est pas son affaire. Tout ce qu'il demande, c'est qu'elle ne lui déplaise pas. C'est pour cela, écrit-il, qu'il n'a pas répondu « tout de go » à la question de Marcel : « Je vous avais enferré : que m'importait votre ferronnisme ? » Ayant rempli les termes du « contrat » qui le liait à Marcel aussi longtemps que celui-ci n'avait pas terminé son livre, il peut – et il lui faut – s'en libérer : « Il me semble que je peux sans trop d'impolitesse vous fausser compagnie pour le moment. J'aurai été un bon collaborateur, je peux me permettre d'être mauvais lecteur. Plus tard, si jamais je réfléchis sur mes moyens d'expression, je vous prendrai comme auteur. » Il explique, dans cette lettre, ce que représente pour lui la différence entre écrire et vivre, et la nécessité d'en faire le partage (« ne perdre son temps ni à trop écrire ni à trop vivre »). Et cette énonciation émouvante apparaît, avec le recul, prophétique : il lui faut se dégager de son livre, une fois écrit, pour pouvoir en écrire un autre : « Ne pas s'en dégager, y rester pris, c'est mourir. » L'écrivain se saurait donc déjà en péril. Sa pratique obsessive de l'épistolaire suggère alors que pour lui, cette zone frontalière entre la vie et l'art offre un espace « esthétique » (Schweiger, 1984) intermédiaire où il peut concilier les deux, vivre et écrire en même temps.

51. Pour lui, « ferronniser » voudrait dire « parler glorieusement, souvent à tort et à travers », au lieu d'être un « humanisme », tel que le définit Marcel (1970 : 202).

Ses lettres ultérieures à Marcel et à d'autres montrent que Ferron gardera toujours une attitude circonspecte envers Marcel en tant que critique. Quelques mois plus tard, il lui fait une autre remarque à double tranchant : « D'ailleurs il [l'ouvrage] est tellement à vous que vous pourriez fort bien l'appliquer à une autre œuvre » (CJM, 19 juillet 1969). Ce commentaire relève-t-il, du moins en partie, de la différence marquée entre leurs styles d'écriture ? Ferron prise la concision, voire l'ellipse, tandis que la prose fluide et abondante de Marcel témoigne d'une grande érudition. Sa réticence envers *Jacques Ferron malgré lui* s'exprime on ne peut plus clairement dans une lettre (écrite le lendemain du lancement du livre) à Major : « Je suis assez mal placé pour juger du livre de notre ami Jean Marcel qui, d'ailleurs, connaît mon embarras. [...] J'étais plutôt porté à craindre que Jean Marcel ne se nuisît par trop d'égards et un éloge outré (car, l'air de rien, c'est un homme excessif que notre ami). Il semble que non. Possible même que je reste le plus réticent de ses lecteurs » (Ferron et Major, 2004 : 100-101).

Ainsi, Ferron se sent-il mal à l'aise par rapport à ce livre « flatteur » qui, écrit-il à Marcel, rend leur relation « pénible[52] » ; il veut en finir avec le livre et la publicité. L'essayiste, pour sa part, voit la chose autrement. La réception de *Jacques Ferron malgré lui* dans la presse est favorable (Martel, 1970 : 23). Le 15 juillet 1970, il écrit à Ferron (à l'encre rouge) : « Le petit livre porte un premier fruit : on m'a téléphoné il y a quelques instants pour me demander de superviser le tournage d'un petit film de 25 minutes sur vous[53]. » La métaphore hippique dont Ferron se sert en réponse montre à la fois la divergence de leurs points de vue et l'évolution de leur relation dans son esprit :

52. Dans sa lettre du 28 avril 1969, Ferron écrit, au sujet d'un rendez-vous manqué : « Il faudra se voir autrement [...], car, après tout, l'affaire n'est pas urgente. Elle a ceci de bon cependant, c'est que pour la première fois, nous pourrons nous rencontrer en terrain neutre, en dehors de la relation que nous imposait votre ouvrage sur moi, qui, pour être flatteur, la rendait pénible. »

53. Expliquant qu'il s'agit « d'une co-production de l'Office du film du Québec et du ministère de l'Éducation », Marcel continue : « J'ai dit oui, à condition qu'on ne vous dérange pas trop et que le soin de votre santé serve à fixer les bornes de ce que vous pouvez nous accorder. Il faudra vous ménager, sinon je coupe tout. Je vous donnerai de plus amples détails, on vient me voir vendredi. »

> Le « petit livre », n'en parlons plus ! Il me donne l'impression d'avoir gagné un concours hippique et d'être le cheval, les yeux gros et comprenant de moins en moins de quoi il s'agit. Le Mouton[54] a aimé *Le Devoir* de ce matin parce qu'enfin vous étiez de la photo. Pour ce qui est du cinéma, je ne crois pas disposer du temps qu'il y faudrait, deux ou trois jours, et je n'en ai surtout pas le goût. (CJM, 18 juillet 1970)

L'écrivain qui disait vouloir faire « chevalier seul » et « change[r] de critiques comme on change de chevaux », s'assimile ici à un cheval de course monté par son jockey-critique. Le cheval se sent-il exploité ? Il ronge son mors, c'est le moins que l'on puisse dire, et il donne surtout l'impression d'être épouvanté. La photo en question, qui montre l'écrivain et son critique, accompagne un compte rendu très favorable de Jean Éthier-Blais, intitulé « Jean Marcel et Jacques Ferron malgré eux ». En faisant allusion à cette photo et, implicitement, à l'article, Ferron semble suggérer que le critique a déjà tiré profit de leur relation et que l'écrivain pourrait donc se passer de la publicité supplémentaire qu'apporterait un film. La photo est en effet emblématique de l'article où Éthier-Blais écrit que « le romancier et le critique ne font plus qu'un » et où quelques-unes des craintes de Ferron se trouvent confirmées : selon Éthier-Blais, par le livre, c'est Marcel qui « irradie », qui sert de « héros » à Ferron et qui « se laisse parfois emporter par sa fougue admirative[55] ».

54. « Le Mouton » est le surnom de Madeleine Lavallée-Ferron (1925-2015). Dans ses lettres à Ferron, Marcel appelle sa propre femme sa « chèvre », calque de ce surnom, ce qui apparaît comme une tentative de se rapprocher de l'écrivain, voire d'émuler ce dernier.

55. « Le livre que M. Jean Marcel consacre à Jacques Ferron est plein d'idées, de digressions, d'analyses qui lui donnent une allure bien particulière. Jacques Ferron est au centre de l'ouvrage : mais, par lui, c'est M. Jean Marcel qui irradie. Le romancier et le critique ne font plus qu'un et cette osmose nous permet de lire enfin un livre original. [...]. Il fallait que Jacques Ferron écrivît vingt volumes pour que la qualité de son entreprise éclate. Et M. Jean Marcel vient à point servir de héros. Il lui reste le mérite d'avoir découvert le réseau sanguin de cette œuvre et de nous l'expliquer ; mieux encore, de nous convaincre. [...] Qu'est-ce à dire, sinon que M. Jean Marcel, qui se laisse parfois emporter par sa fougue admirative, a trouvé le ton (et les arguments) qu'il fallait pour me faire comprendre l'évolution esthétique de Jacques Ferron [...] C'est un homme qui sait s'emporter » (Éthier-Blais, 1970 : 9).

Marcel, piqué au vif, réagit fortement à ce qu'il considère comme une insinuation, voire un reproche de la part de Ferron : ne serait-il pas en train de profiter de son association avec Ferron ? En réponse, il semble suggérer qu'il aurait fait beaucoup plus pour Ferron que celui-ci ne saurait le reconnaître : « Vous avez bien raison de dire que le cheval a les yeux ronds d'étonnement, et plus que vous ne sauriez croire. Aussi ai-je décidé de mettre fin à ma carrière de ferroniste pour votre santé et la mienne[56]. » Pour lui aussi, leur relation comporterait des risques, ajoute-t-il, parce qu'il est « malséant » de vivre comme « l'ombre » d'un auteur. Cette comparaison montre qu'il considère toujours Ferron comme son maître (l'appelant ainsi un peu plus loin), celui qu'il suit et qu'il aspire à égaler. Devinant la réticence de l'écrivain et soupçonnant peut-être que l'article d'Éthier-Blais y soit pour quelque chose, le critique essaie de minimiser l'importance de l'article, voire de le discréditer : en louant son livre, Éthier-Blais aurait tenté de s'attirer ses bonnes grâces[57]. Bref, Marcel cherche par tous les moyens à persuader l'écrivain de participer au film.

Ferron ne semble pas avoir répondu à cette lettre. Il est possible que Marcel lui ait téléphoné et/ou soit passé le voir à Montréal, comme il le suggère dans sa lettre. Quoi qu'il en soit, il en résulte que l'écrivain participera à ce film dans lequel Marcel joue le rôle d'intervieweur et, malgré son intention déclarée, celui-ci ne renonce pas à sa carrière de

---

56. « Je lirai Cazotte avec plaisir, mais ne l'utiliserai guère dans mon article [sur *L'amélanchier*] pour cette excellente raison que cet article, j'ai décidé de ne pas le terminer. [...] Je mets notre amitié au-dessus de tout, voilà pourquoi je trouve plus sain de renoncer à l'hippodrome. Mais si je renonce à l'écriture, je ne renonce pas cependant au film, d'autant que j'ai la ferme assurance que mon nom n'y paraîtra pas, bien que j'aurai à voir à tout, scénario, montage, et dossier de textes accompagnant le film. Si vous renoncez à votre tour, comme semble l'indiquer votre lettre, c'est Jean Simard qui prend votre place dans la série et j'en serai fort mécontent. Imaginez donc les étudiants de CEGEP apprenant la littérature et leur pays par l'intermédiaire de Jean Simard ! Enfin, vous êtes le seul maître, et je n'ai même plus l'obligeance [la fin du mot "obligation" et le mot "d'être" sont raturés] de l'ombre. (On peut tourner les samedi et dimanche) » (CJM, 22 juillet 1970).
57. « Voici mon interprétation de l'article du *Devoir* : J. É-B. doit venir à l'automne, soutenir sa thèse de doctorat à Laval [...] ; il craint que je sois membre du jury de soutenance. Et puis, il compte ensuite postuler une chaire à Québec pour se libérer du bourbier de McGill : encore là je suis sur sa route, directeur des études... » (*Ibid.*).

« ferroniste ». Il semble que Ferron ait cédé pour faire plaisir à Marcel, à qui il est reconnaissant et qui lui est devenu indispensable. Il serait permis de voir dans cette affaire un changement dans l'équilibre de leurs rapports : pour la première fois, Marcel s'obstine à tenir tête à Ferron[58]. Il est clair que par cette obstination, il exprime toute l'admiration qu'il voue à son maître, mais ne penserait-il pas aussi que leur pacte implicite oblige son mentor à participer à la promotion de son ouvrage qui, d'après sa lettre du 15 juillet, aurait provoqué cet intérêt accru pour l'auteur et son œuvre ? D'après cette lettre, Marcel sait que la santé de Ferron pourrait être un facteur déterminant dans sa décision. Depuis quelques mois, Ferron travaille comme généraliste à l'hôpital psychiatrique Saint-Jean-de-Dieu, poste qu'il trouve passionnant, mais qui semble affecter son propre équilibre mental. Plus tard, en visionnant le film, Ferron sera dévasté[59]. Marcel, lui, le trouvera bon.

Après le « petit livre » : une relation qui évolue

Marcel s'est déjà proposé à Ferron, on l'a vu, non seulement comme critique, mais aussi comme assistant[60] et promoteur de son œuvre. Après la rédaction de *Jacques Ferron malgré lui*, il continue dans ces rôles[61], y ajoutant celui d'*editor*[62] et d'agent littéraire. Il travaille infatigablement

58. Bien que Marcel « tienne tête » souvent à Ferron dans ses lettres, surtout sur des questions de langue, il finit presque toujours par déférer à l'opinion de son correspondant.

59. « Et je les [les corneilles] avais sans doute dans la tête quand je suis allé voir le film de Taschereau. Il était content de me le montrer. Après, plus du tout. J'avais réussi à le mettre dans le doute. À tel point qu'il téléphona à Chaouac et qu'il me fallait la rassurer, lui disant que j'avais été surtout consterné par la pauvreté de mon vocabulaire, d'autant plus grave que je suis unilingue » (CJM, 7 mars 1971).

60. Marcel lui écrira : « Je n'aurai été que votre humble "concierge" selon l'amusante expression de Jacques Hébert qui le disait de lui-même dans ses rapports avec les talents de ses auteurs » (CJM, 18 mars 1975).

61. Le critique continue à chercher l'approbation de son maître. En *post-scriptum* dans sa lettre du 17 janvier 1971, il écrit : « Je vous envoie ici le post-scriptum que j'ai ajouté à mon étude sur l'*Amélanchier* pour *Livres et auteurs '70*. Si vous y voyez à corriger, il est toujours temps de me faire savoir. »

62. « Plus qu'un simple exécutant des volontés de l'auteur, l'*editor* fait à la fois œuvre d'éditeur et de critique, et c'est le plus souvent dans une longue préface

pour promouvoir l'œuvre de Ferron, faisant ce que Gaston Miron qualifie de « piar[63] ». Il met ses écrits au programme des cours qu'il donne à l'Université Laval, à l'Université de Caen et ailleurs dans le monde[64]. En mars 1970, il rapporte à Ferron ses pourparlers avec un lecteur chez Gallimard, lequel serait prêt à publier *La nuit* « sans hésitation » (CJM, 21 mars 1970). N'ayant pas de réponse, il revient à la charge, écrivant, en *post-scriptum* dans sa lettre du 9 juillet 1970 : « Vous ne m'avez point répondu au sujet de *La nuit.* » Le 15 juillet, Ferron lui écrit : « *La nuit* : je pourrais reprendre mes droits. Une clause du contrat de *Papa Boss* me le permet. Mais je ne tiens guère à Paris. De plus il me faudrait refaire le livre et je n'ai pas le temps. » Après ce rejet, Marcel essaie de faire rééditer *La nuit* chez Fides, dans la collection du Nénuphar[65], et poursuivra plus tard ses efforts auprès d'éditeurs parisiens[66].

Ferron continue d'écrire à un rythme accéléré au point que sa sœur Madeleine lui écrit, en décembre 1970 : « Toi, tu es rendu au tempo accéléré. J'en ai le vertige. J'ai l'impression que tu n'existeras plus que dans ton œuvre et par elle » (Ferron, Ferron et Cliche, 2019 : 180). Il publie en 1970 *L'amélanchier*, dédié à Marcel et lancé, avec *Cotnoir suivi de La barbe de François Hertel*, le 11 mars ; il collabore au *Magazine Maclean*

---

au livre que se déploie et s'établit, malgré les dénégations d'usage, son autorité » (Marie-Pier Luneau, *Louvigny de Montigny à la défense des auteurs*, cité dans Bernier, 2020 : 119).

63. Message de Marcel à l'auteure, 12 janvier 2010.
64. Message à l'auteure.
65. Dans sa lettre du 21 octobre 1970, Marcel écrit, en *post-scriptum* : « Vous ne m'avez pas répondu sur la question de la publication de *La nuit* au Nénuphar de Fides. » Ferron répond : « J'ai écrit *La nuit* chapitre après chapitre sans trop savoir où j'allais avec le résultat que certains déplacements ou changements sont survenus, comme la correction ci-haut vous le montre. C'est un roman lancé dès que fini. Avant de penser à le rééditer dans le Nénuphar, surtout dans le Nénuphar, il me faudrait le relire attentivement et sans doute le corrigerais-je. D'ailleurs il me faudrait aussi rencontrer Gérald Godin que je n'ai pas vu depuis des mois. J'attends l'occasion » (CJM, 27 octobre 1970).
66. Voir sa lettre du 24 mars 1972 : « Et parlant d'édition, j'ai rencontré à Paris le conseiller littéraire de Grasset qui a fort envie de publier un de vos textes : la première *Nuit* ou *L'amélanchier*. J'ai pensé que *Papa Boss* conviendrait à perfection. On m'a demandé de vous présenter. Vous me direz votre sentiment. » Il finira par obtenir, en 1979, l'édition de *La nuit* par France-Québec/Fernand Nathan, une édition préparée et présentée par Diane Potvin.

à titre de chroniqueur littéraire à compter de mars et continue à faire paraître ses historiettes dans *L'IMP*, donnant ainsi à Marcel du matériel nouveau à commenter et à enseigner. Puis, survient la crise d'Octobre, durant laquelle Ferron écrit *Le salut de l'Irlande*, qui paraît le 10 décembre 1970. Cette crise catapultera Ferron dans l'espace public. En effet, son rôle de médiateur entre les membres de la cellule Chénier du Front de libération du Québec (qui lui sont connus) et les autorités de même que ses témoignages subséquents au cours de leurs procès, font de lui une figure politique importante. Les événements entourant la crise d'Octobre affecteront grandement Ferron, qui soupçonne le gouvernement fédéral de l'avoir fomentée[67]. Telle qu'elle s'exprime dans la correspondance, sa réaction aux conséquences de la crise est beaucoup plus nuancée que celle de Marcel, qui lui annonce son désir de quitter le Québec[68]. Ferron répond alors et en profite pour ajouter quelques traits au personnage du destinataire :

> Vous êtes trop prompt. En politique vous ne valez rien. Vous vous découragez quand il faut temporiser et attendre que l'histoire, enfin présente, se dégage du quotidien qui nous en cache le fil. Vous êtes comme Fabrice au milieu de la bataille d'Austerlitz ou, si vous préférez, comme le héros de la comédie classique, qui, après 48 heures, faute d'être mort va se coucher. Quand vous vous lèverez, vous serez fort surpris d'apprendre que la crise d'octobre fut une excellente affaire. La question a changé de bord : elle n'est plus de savoir ce que le Québec veut. C'est au Canada de répondre et l'on se rend compte qu'il est fort empêtré, que s'il ne peut répondre, il sait maintenant

67. « [...] J'ai été perquisitionné au tout début. Cela m'a sauvé de l'arrestation. Vendredi dernier, les forces de l'ordre sont venues par trois fois à St-Jean-de-Dieu : j'y aurais séquestré le pauvre Cross. Il y a dans toute cette affaire une machination de police dont je possède quelques notions. Cette machination, l'intelligence branch de la gendarmerie royale cherche à la cacher aux autres polices. J'en connais juste assez pour ne pas être interrogé. Si j'en connaissais plus je ne serais que bon à tuer » (CJM, 27 octobre 1970).

68. « Au fond, mon cher docteur, il est une question que nous ne pouvons plus différer, vous et moi : nous n'acceptons plus le pays, n'en pressentons même plus l'issue. D'où votre passage à la psychologie, façon de le retrouver sur le registre intime et d'en proclamer la faillite. D'où aussi mon passage au Moyen âge, à l'esthétique et bientôt, peut-être, ma transhumance en Europe où je tenterai de fuir l'enfer. Ce n'est pas du désespoir, c'est de l'inespérance. Je suis profondément convaincu, et vous aussi sans doute, que ce pays ne vivra jamais » (CJM, 12 décembre 1970).

> que sans le Québec (ou contre le Québec) il n'a plus aucune personnalité et réagit hystériquement. (CJM, 25 décembre 1970)

À partir des années 1970, Ferron est dépressif. Il s'isole de plus en plus. Son travail à l'hôpital psychiatrique Saint-Jean-de-Dieu (de janvier 1970 à juin 1971) et son implication dans la crise d'Octobre sont sans doute des facteurs importants qui contribuent à son désarroi, comme l'est aussi sa pratique d'automédication, dont il ne fait pas de secret (Ferron, 1973 : 286). Son souci pour ses patients, voire son identification avec eux, semble provoquer chez lui une hantise grandissante de la folie. À plusieurs reprises, il fait part à Marcel de son état dépressif et même de son désespoir. Le 6 février 1971, par exemple, il écrit :

> Je ne le [le livre de Jacques de Roussan, *Jacques Ferron : quatre itinéraires*] lirai pas, bien entendu. J'aurai bien assez de voir le film. Après, finie la parade, je fais retraite. Il y a quelque chose de faux dans les noms en grosses lettres, dans l'impossibilité où l'on est d'offrir au public un personnage simple et cohérent. Ces doubles publicitaires font peut-être partie du jeu, ils donnent envie de se cacher. [...] Le jour de mes cinquante ans, comme j'arrivais en arrière de Saint-Jean-de-Dieu, le soleil se levait, des corneilles ont crié. Depuis, je n'ai que le goût de m'isoler et *ne réponds plus guère aux lettres* [nous soulignons]... Enfin je file un mauvais coton, me crois rendu à bout de corde, etc. Faute de pouvoir faire mieux, j'ai décidé de revoir *La Nuit* et d'en tirer un texte correct, définitif.

Dans sa réponse, Marcel dit concevoir « fort bien » et approuver le « projet de retraite » de Ferron, mais il réagit tout autrement à son intention de réécrire *La nuit* : « Revoir *La nuit*? C'est une œuvre parfaite, mon cher docteur [...] » (CJM, 12 février 1971). Le mois suivant, Ferron lui exprime sa reconnaissance de façon quelque peu ambiguë. Il est maintenant content de lui avoir dédié *L'amélanchier*, écrit-il, mais l'année précédente, au moment de lui *faire* cette dédicace, il se défiait de lui pour trois raisons : il le trouvait « trop complimenteux », il pensait que son correspondant se piquait de l'avoir « inventé », que Marcel le considérait « un peu comme le type que monsieur Perrichon a sauvé[69] », et

69. CJM, 7 mars 1971. Référence au *Voyage de monsieur Perrichon*, comédie d'Eugène Labiche et d'Édouard Marin. Le « type » que Perrichon a sauvé est

l'idée de faire publier *La nuit* chez Gallimard lui paraissait « folle ». Or sa reconnaissance serait la conséquence de ses efforts récents, « stériles », pour refaire *La nuit* : l'opinion du critique, qu'il n'avait pas partagée d'emblée, serait donc bonne. Cependant, ses lettres ultérieures montrent que cette reconnaissance n'annule point sa méfiance envers son critique.

À partir de 1971, avec *Les confitures de coings*[70] (1972), l'écriture de Ferron devient de plus en plus marquée par l'empreinte biographique, donnant à lire la crise qu'il traverse. Écrivain profondément confidentiel, dont l'œuvre et la lettre tendent vers la confession, il a horreur de s'exhiber, mais ne peut s'en empêcher[71]. En octobre, il confie à Marcel : « La solitude était en train de me jouer un mauvais tour. Après avoir ambitionné la notoriété littéraire, je l'obtiens et elle me fait horreur. J'ai une attitude de névrotique envers mes livres et mes articles. Et j'en arrive à être incompréhensible » (CJM, 17 octobre 1971). Ferron finit par s'appuyer de plus en plus sur son correspondant en ce qui concerne son œuvre[72], et celui-ci prend de plus en plus de place dans la gérance de celle-ci[73]. En 1973, Marcel lui propose un nouveau classement de

---

un personnage rusé qui fait semblant de tomber dans une grotte afin de se faire « sauver » par lui pour qu'il le prenne en affection et lui permette d'épouser sa fille. Dans cette remarque, on entend résonner le constat d'Éthier-Blais : dans *Jacques Ferron malgré lui*, Marcel aurait servi de « héros » à Ferron en « découvrant » le « réseau sanguin » de son œuvre.

70. L'auteur a rédigé le livre en 1971, mais en a retardé la parution pour permettre à son éditeur d'écouler le second tirage de *La nuit* (Cantin, 1984 : 464, note 100).

71. Il écrira à Marcel : « Toutes mes difficultés des dernières années viennent de là; je ne tiens pour vrai que la confession, et, en même temps, elle me fait horreur » (CJM, 22 octobre 1980).

72. Ferron lui demande, par exemple, de répondre à la lettre de Ray Chamberlain, qui lui écrit au sujet de sa traduction de *L'amélanchier* pour la maison d'édition Harvest House : « Vous êtes parrain du livre, connaissez mon œuvre mieux que moi, sans compter votre aptitude pour les langues forestières, babylonien, anglais, etc. Je l'ai dit à ce Monsieur Chamberlain que je ne connais pas, que je n'ai pas choisi, dont je n'aime guère la Maison… Si cela vous ennuyait, j'en serais le plus ennuyé » (CJM, 29 septembre 1974). Marcel en entreprend volontiers la tâche; il lira aussi la traduction de Ray Ellenwood des *Confitures de coings* et en donnera son avis à Ferron (CJM, 30 septembre 1977).

73. Dans sa lettre du 10 juin 1974, Ferron lui écrit : « "Le Retour au Kentucky", mais oui, faites-en l'usage que vous voudrez; je vous y autorise – je vous autorise à tout. »

ses contes « en vue d'une édition nouvelle[74] ». Ferron lui envoie ses manuscrits, lui en donnant « tous les droits[75] », sauf celui de les éditer sans sa permission. Puis, en janvier 1975, Ferron lui permet d'éditer ses textes épars (Ferron : 1975), recueil auquel Ferron participe peu (Cantin, 1985 : 465, note 115). Marcel en sélectionne les textes et en signe la préface, « Le texte épars ». Il y affirme que l'auteur « a bien voulu donner lui-même » le titre *Escarmouches* au livre (Marcel, 1975 : 5). Pourtant, dans une lettre à Cantin, le 13 juillet 1979, Ferron précise qu'il a « déjà parlé de l'art de l'escarmouche » à Marcel, et « c'est à partir de là qu'il [Jean Marcel] a choisi le titre ». Quand Parti pris réédite *Les confitures de coings*, en 1978, Marcel procède au changement de l'ordre des textes sans en demander la permission à l'auteur[76].

74. Marcel écrit qu'il envisage, dans un cours pour les étudiants au doctorat, de « rassembler tous vos petits contes, ceux de l'*Information* et ceux de l'édition dite intégrale, et de proposer un nouveau classement en vue d'une édition éventuelle. Je vois déjà qu'il faudrait abandonner la division "Contes du pays incertain", "Contes anglais et autres", "Contes inédits" et tout regrouper (selon un classement logique dont nous aurons précisément à chercher le principe) sous le titre de "Contes du pays incertain" ? [...] Pas question, évidemment, d'éditer tout de suite : c'est pour plus tard, beaucoup plus tard. Et surtout pas question de proposer ce classement nouveau sans votre imprimatur, lequel j'aurai tout le temps de vous demander » (CJM, 17 décembre 1973). Dans son édition critique (1998a) des *Contes*, Marcel réalise ce nouveau classement, par ordre chronologique, du premier état imprimé.

75. « Leméac me demande de réunir vos écrits épars, d'en faire un choix de 200 pages et de préfacer, pour fin de publication. Vous m'avez déjà donné tous les droits, mais enfin pas celui de vous éditer sans votre permission. Je possède photocopie de <u>tout</u> ce que vous avez pu publier dans les revues et journaux. Reste à choisir. Choix que je vous demanderai d'approuver, évidemment » (CJM, 31 décembre 1974).

76. Marcel écrira qu'il a insisté pour qu'on demande la permission de l'auteur : « Oui, c'est moi qui suis intervenu auprès de Dostie pour qu'on vous demande si vous acceptiez de revoir l'ordre des textes des *Confitures*. L'"Appendice" me semblait trop loin du texte principal, et l'on pouvait croire que "la Créance" (pour laquelle j'ai un faible) faisait partie des *Confitures* proprement dites. Tel que refait l'ordre me semble bon, quoique "Papa Boss", à mon avis, eût dû paraître à part. Là s'arrête l'initiative. J'ai surtout insisté pour qu'on vous demande votre avis. Si on ne l'a fait qu'après, je suis déçu. Un éditeur n'a pas le droit de jouer avec les textes » (CJM, mars 1978). Ferron écrira à Pierre Cantin le 14 mars 1978 : « [...] Dostie ne m'a rien demandé [...] et surtout on a changé la disposition des textes : "La Créance" était à sa place entre *les*

Ferron ne change pas d'idée sur la nature trop élogieuse des écrits de Marcel[77], mais il s'y reconnaît, au moins une fois, et avec surprise, dans son article publié dans *Études françaises*[78] (Marcel, 1976a). Ferron lui écrit une lettre qui apparaît comme le lieu d'un repliement sur soi, d'une auto-analyse, destinée autant à lui-même qu'à son destinataire :

> La conclusion de votre article de tête, dans les *Études Françaises*, m'a surpris par sa justesse : j'ai exprimé la contradiction sans pouvoir la résoudre, irrésolu moi-même, et, à la fin, coincé, essayant de m'en tirer par un dédoublement de personnage, pour me permettre de tuer Maski, l'élément actif de moi-même, et sauver le témoin, me rendant compte à la fin que ce doublement était une vue de l'esprit et le témoin [de] la mort tout simplement – d'où une maladresse dans le suicide, sa transformation en maladie – maladie dont je me remets un peu et dont je me relèverai peut-être, je n'en suis pas sûr. [...] Au moins vous rendra-t-elle [ma lettre] compte d'un état crépusculaire qui me fait honte et dont je m'excuse. (CJM, 4 décembre 1976)

En août 1980, Marcel présente une communication au colloque de Cerisy sur la littérature québécoise, intitulée « De l'essai dans le récit ou récit dans l'essai chez Jacques Ferron » (Marcel : 1985). Comme à son habitude, il envoie son texte à Ferron, qui lui répond sur un ton plutôt railleur pour le remercier, non sans ironie, de son « apologie ». Se disant au départ étonné par ce que Marcel aurait su lui révéler sur la pertinence de son œuvre (et semblant reconnaître par là, et en toute humilité, la perspicacité de celui-ci), il ne s'en exprime pas moins en des

Confitures et "l'Appendice", parce que le Notaire de "la Créance" se retrouve dans "l'Appendice" » (Cantin, 1985 : 466, note 118).

77. Il écrit à sa sœur le 9 mai 1978 : « Jean Marcel, en effet, est un garçon fort renseigné, mais un peu délirant à mon propos. Cela me gêne un peu, car je ne l'ai point empêché. Je me demande même si je ne l'ai pas abusé. Le moins que je puisse dire, c'est qu'il m'a été de bon service. Le lui ai-je rendu ? Cela ne paraît plus maintenant, mais il y a une dizaine d'années, oui, probablement » (Ferron, Ferron et Cliche, 2019 : 503-504).

78. Ferron réagit à l'ultime phrase : « Jacques Ferron s'avoue ainsi comme le lieu de contradictions idéologiques dont le choc trouvera sa résolution dans une œuvre qui n'affirmera jamais autre chose que ces contradictions mêmes » (*Ibid.* : 125).

termes équivoques qui rappellent ses reproches d'hyperbole et trahissent son sentiment d'inquiétude face à son critique et à soi :

> J'ai été assez étonné d'apprendre que j'en avais tant dit, et souvent avec pertinence, sur des sujets sérieux, par votre apologie de Cerizy [*sic*]. Vous m'avez quelque peu révélé à moi-même en ayant, il est vrai, ce préjugé favorable qui vous fait trouver ce que j'ai de mieux, à tel point que je frémis d'effroi à la pensée que vous pourrez aisément vous retourner et extraire ce que j'ai de pire. Je vous en remercie. (CJM, 25 août 1980)

La transformation de Ferron à laquelle on assiste dans cette correspondance est en effet à l'opposé de celle révélée dans ses lettres à Baillargeon, qui témoignent du changement du jeune auteur en un écrivain qui ne doute plus, ni de lui-même ni de son génie. Celles expédiées à Marcel permettent de suivre le déclin de l'auteur ambitieux et énergique de 1966 et le désespoir grandissant dont il est conscient, qu'il prédit même, contre lequel il essaie de lutter, mais qui aura finalement raison de lui. Ne parvenant plus à écrire, il perd le goût de vivre[79].

Marcel, pour sa part, gravit les échelons de l'université dans les années 1970 et, grâce en partie à son association avec Ferron, il devient un professeur, un essayiste et un écrivain de renom. Médiéviste, il se fait nommer titulaire de la chaire de littérature québécoise à l'Université de Caen, où il passera deux ans, de 1971 à 1973, et où il rédigera son pamphlet, *Le joual de Troie* (1973), lequel lui vaudra le prix France-Québec en 1974. Il fait partie du jury qui, en 1972, attribue ce prix à Ferron pour *Les roses sauvages*. Il continue à enseigner l'œuvre ferronienne, à en publier des études et à organiser des colloques et des numéros spéciaux de revues à son sujet. On l'invite à donner des conférences et des cours sur Ferron dans des universités, surtout en Europe, mais aussi ailleurs dans le monde. Après la victoire du Parti québécois, en 1976, Marcel côtoie les membres du nouveau gouvernement, devient conseiller linguistique du ministre Camille Laurin et est nommé, en janvier 1977, membre du jury du prix Athanase-David, ce qui lui permettra de favoriser la

79. « Et je pouvais alors [en 1958] me passer d'écrire tandis que pour le nouveau trou qu'on va avoir, sans pouvoir m'en passer, je n'y parvenais pas, ce qui m'a enlevé le goût de vivre [...] » (CJM, 9 février 1977).

candidature de Ferron[80]. En septembre, il écrit qu'il a « monté le dossier » de Ferron, qu'il croit que « l'affaire est dans le sac », et qu'on lui a demandé de rééditer son « petit livre » de 1970. Il essaie d'en faire paraître la nouvelle édition, précise-t-il, pour coïncider avec l'annonce du prix[81]. On remet le prix à Ferron en décembre 1977, et l'année suivante, paraît une édition « revue et augmentée » de *Jacques Ferron malgré lui* aux éditions Parti pris/L'Hexagone[82].

Cependant, l'échec de son mariage, en 1975, et celui (1981) de sa relation avec sa deuxième conjointe provoquent chaque fois de grands changements dans la vie de Marcel, changements qui feront encore évoluer son personnage épistolaire à ses propres yeux et aux yeux de Ferron. Dans la foulée du premier échec, il se plaint à Ferron de ce qu'on lui aurait refusé une promotion méritée. Dans sa réponse, Ferron réagit avec sympathie, mais il écrira, non sans amusement, à Bednarski : « Sa première femme était servante de prêtre mais quand la foudre est tombée sur lui et que, transporté par la musique de Wagner, il est devenu amoureux [...] comme un homme, il ne savait pas encore que Québec est une ville fermée [...] » (CBB, 2 janvier 1977)[83]. Et quand Marcel va en prison au lieu de payer une contravention qu'il juge imméritée, Ferron lui écrit : « Après le divorce, la prison, vous voilà engagé sur la

80. « On sait que je ne présenterai pas d'autre nom que le vôtre. Le pays vous le doit. Et puis, après, on se met à préparer le Nobel. Vous ne me croyez pas sérieux, je sais » (CJM, 30 janvier 1977).
81. « Je l'ai finalement consenti à Dostie de Parti Pris, qui le fera paraître en un rien de temps, un miracle d'éditeur pour novembre ou décembre, juste au moment, en tout cas, où on proclame ledit Prix. Cette année, [...] [a]u lieu d'un jury, on fait appel au bon peuple pour qu'il présente des candidatures d'écrivains tant aimés. On peut souscrire au nom d'un groupe – c'est ce que j'ai fait en faisant signer pas moins de 70 personnalités, y compris la plupart des anciens Prix David. [...] Désormais, c'est un écrivain qu'on couronnera, pas un militant. Et que vous soyez le premier de cette dynastie m'enchante on ne peut plus » (CJM, 11 septembre 1977).
82. Cette nouvelle édition comprend les textes de Marcel sur l'œuvre de Ferron depuis l'édition de 1970, un texte rédigé pour cette nouvelle édition, « Mieux que le prix Nobel... le prix David » (1978 : 249-251), quelques photos du médecin-écrivain et autres documents iconographiques ainsi qu'une « Bibliographie des écrits de Jacques Ferron » établie par Diane Potvin.
83. Je remercie Madame Bednarski de m'avoir permis de citer sa correspondance.

voie de l'infamie et vous pouvez peut-être, à nouveau, écrire des poèmes » (CJM, 16 mars 1978).

Dans une lettre du 1er décembre 1981, Marcel va jusqu'à s'identifier à Ferron, dépassant ainsi les bornes de la relation critique-écrivain et celle du mentorat. Sur le point de se séparer de sa deuxième conjointe, il adopte pour son propre compte les derniers mots du narrateur de l'« Appendice[84] » – qui, lui, les attribue à son père –, s'en servant assez librement pour s'assimiler à l'écrivain et se justifier : « Je suis tout fin prêt, à quarante ans, à vivre enfin ma vie de chartreux dont j'ai toujours rêvé... comme *lui (mon père mort)*, comme *votre père*, comme *vous* [je souligne], je ne tolérerai plus jamais personne au-dessus de ma tête – que cela soit bien entendu de tous! » (CJM, 1er décembre 1981). Par cette déclaration, faite dans le contexte de sa vie personnelle et non pas celui de la politique, comme c'était le cas du narrateur de Ferron, Marcel s'arrange pour ajouter de nouveaux attributs à son image et à celle qu'il se fait de son correspondant, de façon à ce que les deux se confondent. Par désir d'identification, il s'assimile d'abord à son propre père, ensuite au père de Ferron et enfin à l'auteur lui-même (« vous »), qui tous partageraient les sentiments du père du narrateur du texte, même s'ils n'ont en réalité jamais fait une telle déclaration. Et cette série de glissements, véritable tour de prestidigitation de la part du magicien-critique, est d'autant plus significative dans le cas de celui qui, en assistant érudit, s'est déjà fait fort d'énoncer à Ferron le principe narratologique de la frontière infranchissable entre auteur et narrateur[85].

Ferron réagit à la nouvelle métamorphose de son correspondant de façon plus critique, quoique sous le couvert d'amusement, dans sa lettre du 25 mai 1982, signée exceptionnellement, « Avec mes amitiés renfrognées » :

---

84. « Cessant d'être un conseiller de police, un vil procédurier, Frank peut devenir un des nôtres, rien ne l'en empêche, mais qu'il sache que mon père ne tolère personne au-dessus de sa tête » (Ferron, 1972 : 326).
85. Un an auparavant, il a écrit, à propos du narrateur de l'« Appendice » : « L'unique dogme de la narratologie [...] a établi la distinction absolue qu'il convient toujours de faire entre l'Auteur [...] et le moi narrateur qu'il met en scène dans son récit. [...] Connaissant bien vos textes, je puis vous assurer qu'il n'y a pas de quoi pour quelqu'un qui les lirait tous attentivement de reconstruire quelque biographie que ce soit. [...] » (CJM, 28 octobre 1980).

> Vous avez quarante ans et savez le sumérien, de quoi vous dilater d'aise, arrondir, bedonner, monter, flotter dans l'air et tout le monde vous applaudirait. Mais non, tout au contraire, vous vous traitez à la prussienne, la moitié d'un biscuit Matelot dans la gamelle, vous fondez et prenez l'air inquiet d'un pacha qui, dédaignant ses éléphants, se chercherait une souris. [...] César dit de lui [Cassius] ce qu'il pourrait dire de vous : « Ces hommes-là n'ont jamais de repos tant qu'ils voient quelqu'un au-dessus d'eux ». (CJM, 28 mai 1982)

À la même date, Ferron écrit à Bednarski : « Je ne pense pas revoir Jean Marcel pour quelque temps. Il est devenu Turc sur le tard » (CBB, 25 mai 1982). Plus tard, il lui confie : « Jean-Marcel Paquette, depuis qu'il fait partie de l'Office de la langue, est assez amusant ; il joue au marquis, se prend pour un irrésistible Don Juan » (CBB, 28 juin 1982). Ferron fait de semblables commentaires sur son correspondant dans ses lettres à Cantin[86]. C'est cependant dans ses lettres à François Hébert que Ferron se montre le plus cruel et, en même temps, le plus dépendant de son personnage-critique. Hébert, alors directeur de *Liberté*, envoie à l'écrivain un texte de sa propre main, intitulé « La perruque de Jean Marcel », pastiche d'une « escarmouche » ferronienne, qu'il pense publier dans *Liberté* et au sujet duquel il lui demande son avis : Marcel aurait-il le sens de l'humour ? La réponse de Ferron montre on ne peut mieux l'évolution de sa conception du personnage de son correspondant et les émotions conflictuelles qu'il éprouve envers lui. Peignant son critique comme « [c]hauve à sa sortie

86. Dans une lettre inédite du 9 mars 1982, Ferron écrit à Cantin : « Jean Marcel m'a tenu des propos contradictoires, ce matin, sur la vie universitaire. Désabusé : "C'est une jungle où les couteaux volent bas. Il faut être en place : on vous emploie. Sinon, on vous oublie, vous n'êtes plus rien". Exalté : "Nous sommes les derniers aristocrates". Et de m'énumérer tous ses voyages à l'étranger, toutes dépenses payées. Pour le moment, il s'inquiète d'une nouvelle banqueroute de VLB ; il y a deux manuscrits qu'il voudrait bien récupérer pour aller les porter chez France-Amérique. Autre souci : son énorme maison de Québec [...]. Il voudrait plus de liberté : "Je suis à un âge où on est très sollicité". [...] Il n'a rien contre vous ; il aurait volontiers guidé votre thèse, mon cher Cantin. Vous auriez tort quand même d'aller vous jeter dans ses bras. » Je remercie monsieur Cantin de m'avoir permis la consultation et la citation de sa correspondance avec Ferron.

des Trinitaires, niant contre toute vraisemblance qu'il se nommait Paquette », « une manière de gnome de savoir », un « monstre espagnol » qui, « durant sa première étape [...] semblait sortir d'un tableau de Velasquez », Ferron écrit avoir assisté à « sa transformation » en « un petit monsieur fort coquet, porté sur les dames [...] » (2000b : 127). Et de conclure : « D'une certaine façon, la perruque dans le cas de Jean Marcel est le mot juste, celui qui le stigmatise le mieux et qu'il ne vous pardonnera jamais » (*Ibid.* : 128). Hébert décide alors de refaire son pastiche pour le rendre moins offensif et envoie le texte révisé à Ferron. En réponse, l'écrivain écrit qu'il pourrait lui-même être beaucoup plus méchant, mais qu'il n'y tient pas : « Oui, certes, il [Jean Marcel] a été mon courtisan, je ne l'ai pas empêché, je l'ai plutôt encouragé, mais il n'y a rien perdu, je l'espère, comme je ne tiens pas à perdre en le renvoyant – et ce serait le renvoyer que de me moquer de lui[87] » (*Ibid.* : 131). Une maladresse que Marcel aurait commise (*Ibid.*) est sans doute pour beaucoup dans ce portrait épistolaire dévastateur que dresse l'auteur, mais il semblerait que ce dernier soit motivé aussi par le fait qu'il se sent pris, incapable de s'exprimer librement en raison de leur « contrat ». Leurs réputations sont liées. Désormais, nuire à son correspondant serait se nuire, et l'écrivain ne peut pas se permettre de faire sortir de l'espace épistolaire un portrait littéraire moqueur, comme celui qu'il a publié de Baillargeon (alors décédé)[88].

En mai 1982, Marcel déménage à Montréal, faisant la navette à Québec pour dispenser ses cours, et ne s'implique guère dans la vie de son département. Il passe une année sabbatique en Thaïlande en 1989 et, dès lors, épris de ce pays, il partage son temps entre l'Asie et le Québec jusqu'au moment de sa retraite, en 2000, quand il s'installe définitivement dans son pays d'adoption. Et celui qui, du vivant de Ferron, n'avait fait paraître que des essais et des traductions, entreprend, après la mort de ce dernier, de publier des ouvrages de fiction[89]. Tout se passe

87. Le pastiche révisé, intitulé « Les cheveux de Jean Marcel », paraît sous le nom de Ferron dans *Liberté* en février 1983.

88. Voir note 11 *supra*.

89. Son roman épistolaire *Hypatie ou la fin des dieux*, dédié « à Madeleine Lavallée-Ferron », lui assurera le prix Molson en 1989.

comme si la disparition du maître permettait à son critique-mentoré de l'émuler en écriture[90].

Malgré eux

En 1976, au moment où il traverse une période des plus difficiles[91], Ferron envoie un message empreint de regret à Marcel : avouant l'écart qui les sépare, il affirme vouloir un jour lui expliquer pourquoi il a été « si réticent » avec lui et il s'exprime sur la nature de leur relation et l'évolution de son correspondant :

> Jean Marcel, vous qui me fûtes un si gentil compagnon, avec qui pourtant j'ai été si réticent, il faudrait bien qu'un jour je vous parle. Vous avez toujours su beaucoup de choses, ça, c'est entendu, et peut-être aviez-vous pour rôle de me signifier tout ce que je ne savais pas. Et vous étiez alors une espèce de petit Trinitaire, venant de Tunis, d'Alger, des galères, d'un monde effarant, avec ses avanies incroyables, dont je ne voulais rien comprendre, rien du tout. Mais vous avez fait pas mal de chemin depuis. Et il me semble que le frère de Sylvain (qui m'a toujours semblé plus important que cet autre Garneau, nommé Saint-Denys), que ce p'tit frère devenu le grand frère, un peu comme ma pauvre mère m'est devenue cadette, vous a donné une très grande situation (ou plutôt l'a rendue définitive), celle d'être au bout du monde, au commencement des temps, celui qui de très vieux devient soudain très jeune, mais encore très complexe, avec ce Monsieur Wagner, opéras, puits de pétrole, l'explosion de la musique en couleurs [*sic*]... (CJM, 10 août 1976)

En guise de réponse, Marcel cherche à s'assimiler à l'auteur, affirmant qu'il est lui-même, comme Ferron, un homme de la solitude, un homme

90. Dans un message à l'auteure du 14 janvier 2010, Marcel écrit ceci : « Mais pour revenir à ma relation à Ferron, je viens de me rendre compte que les *Nouvelles de Nouvelle-France* [Marcel, 1994] forment une sorte d'hommage à son style, sinon une sorte de parodie... »

91. Olscamp et Joubert notent que Ferron cesse de s'auto-médicamenter en 1975, ce qui affectera profondément son moral et sa créativité (« Présentation », Ferron, Ferron et Cliche, 2019 : 13). Le 13 août 1976, Ferron tente de se donner la mort. Voir la lettre à sa sœur Madeleine, le 20 décembre 1976 (*Ibid.* : 453-455).

« distant », et qu'il a, lui aussi, passé une année « difficile[92] ». Et ce désir d'identification, devenu vers la fin quasi obsessive, dépasse de loin les aspirations d'un rapport de mentorat classique.

L'écrivain et son critique le plus dévoué auront donc entretenu une correspondance étonnante et complexe. Le but initial de leurs échanges, conjugué à l'image que chacun se faisait de soi et de l'autre, en aura déterminé la nature. Tous deux auront bénéficié de leur association, qui aura fait croître la renommée de chacun. Leur dialogue riche n'en aboutit pas moins à une impasse, chaque épistolier se sentant incapable d'assumer le rôle que veut lui assigner l'autre. Ferron s'en irrite et se tient à distance, impatient de retrouver sa liberté, tandis que le critique recherche en vain l'approbation de son maître. Marcel s'est mis au service de Ferron qui, reconnaissant, essaie de le lui rendre, mais les lettres de l'auteur ne témoignent pas de la même admiration sans réserve et de la même sympathie qu'il exprime envers Major. Ses missives révèlent, au contraire, ses sentiments très partagés à l'égard de Marcel : admiration pour son érudition, fascination pour sa personne, gratitude pour ses services, mais aversion pour certains aspects de sa personnalité, méfiance envers ses motifs[93], réticence envers sa critique et ressentiment devant la dépendance à laquelle l'oblige leur relation. Ferron se lasse vite de la publicité et, pendant ce qu'il nomme ses années « d'indignité[94] »

---

92. « Je suis devenu homme d'études pour préserver cette solitude où je vous rejoins : c'est elle peut-être qui nous lie, mon cher docteur. [...] Tout ça pour vous dire que j'ai passé moi aussi une année difficile et que je me retrouve aujourd'hui, à deux, plus seul que jamais. [...] Vous êtes un homme distant, je le suis aussi : nous nous sommes bien entendus – moins par pudeur que par principe, par cette conscience qui nous vient de la solitude et qui nous enseigne que tout cela n'a pas d'importance » (CJM, 14 août 1976). Il se dit aussi désireux, « par sympathie », d'essayer des amphétamines pour « connaître ce que [le docteur] a connu et faire l'expérience de [son] état ». Son ami médecin l'en ayant dissuadé, il compte sur Ferron pour lui en prescrire.
93. Dans une lettre du 22 mars 1982, Ferron écrit à Cantin : « [...] Je dois beaucoup à Jean Marcel. Notre correspondance est assez considérable. Seulement, je n'ai jamais tenu à devenir son entière propriété. Et comme je n'ai jamais trouvé entre vous une quelconque complicité, cela me convenait assez bien. Jugez-en : je vous ai envoyé une partie du manuscrit du *Ciel de Québec* et l'autre, à Jean Marcel. Vous serez le premier à le savoir. »
94. « Je ne vous cacherai pas que votre amitié, cher Jean Marcel, et la trop grande estime que vous me manifestez, sont loin de me laisser indifférent ; certes, vous

– période de découragement qui survient surtout à partir de l'été 1975 –, il éprouve une véritable « terreur » devant les initiatives de promotion et les éloges, jugés excessifs, de Marcel, qui ne font qu'intensifier son sentiment d'indignité. À partir de cette période, Ferron écrira de moins en moins à Marcel et à d'autres. La diminution de ses correspondances signifie alors l'échec de l'épistolaire comme lieu d'équilibre, échec qui coïncide avec celui de l'œuvre, sans laquelle vivre n'est plus possible.

En consentant à collaborer à la préparation de l'étude de Marcel, Ferron faisait en quelque sorte de celui-ci son critique « attitré » et, ayant profité de son érudition et de son aide, il avait fini par devenir, à ses propres yeux, son débiteur[95]. Ses lettres révèlent non seulement le grand malaise qu'il ressent vis-à-vis de cette dette, mais aussi son regret de ne pouvoir franchir la distance qui le sépare de cet « autre lointain » qu'est son correspondant. Marcel, de son côté, n'exprime qu'une seule fois un tel sentiment de malaise, peut-être parce qu'il n'est pas un épistolier « intimiste » comme l'est Ferron – il ne se livre que très rarement dans ses lettres –, mais peut-être aussi parce qu'il s'est plu dans le rôle d'assistant que Ferron lui confiait et dans ceux qu'il s'est attribués lui-même. Marcel a sans aucun doute joui de l'attention, voire du prestige que lui confère sa relation privilégiée avec l'auteur. Ses lettres attestent aussi sa recherche continuelle de l'estime et de l'amitié « pure » de son maître et son désir de se rapprocher de lui, d'être son émule, même de s'identifier à celui qu'il tient pour un génie et qu'il appelle, dans un moment de rare intimité, « l'être le plus considérable avec qui j'aie eu à communiquer », ajoutant ceci : « à votre insu peut-être, mais est-ce si sûr ? » (CJM, 14 août 1976).

---

m'avez terrorisé pendant mes années "d'indignité" (et je n'ai pu que me dire en recevant votre dernière lettre par express : "Mon Dieu : Mon Dieu : qu'il est fou !" – flatté néanmoins que vous le fussiez), mais maintenant j'ai quelque peu le goût de redevenir moi-même et sauver votre mise de ma banqueroute. Je passe avec le Dr Negrete des petits contrats ; j'ai commencé par m'engager à vivre trois mois, puis six mois. Hier, je l'ai renouvelé pour deux ans » (CJM, 8 avril 1981). Juan Carlos Negrete fut le psychiatre de Ferron au Montreal General Hospital.

95. Voir sa lettre du 9 mai 1978 à Madeleine Ferron (Ferron et Cliche, note 77 *supra*).

Bibliographie

Archives

Bibliothèque et Archives nationales du Québec, Vieux-Montréal
Fonds Jacques-Ferron, MSS 424

Correspondances inédites

BEDNARSKI, Betty, et Jacques FERRON (1969-1985).

CANTIN, Pierre, et Jacques FERRON (1971-1985).

Références

BAILLARGEON, Pierre, et Jacques FERRON (2004). *Tenir boutique d'esprit : correspondance et autres textes (1941-1965)*, Montréal, Lanctôt éditeur, coll. « Cahiers Jacques-Ferron ».

BEDNARSKI, Betty (1989). *Autour de Ferron : littérature, traduction, altérité*, Toronto, Éditions du Gref, coll. « Traduction, Écrire, Lire ».

BEDNARSKI, Betty (2002). « Les lettres polonaises », dans Brigitte Faivre-Duboz et Patrick Poirier (dir.), *Jacques Ferron : le palimpseste infini*, Outremont, Lanctôt éditeur, p. 295-310, coll. « Cahiers Jacques-Ferron ».

BEDNARSKI, Betty (2013). *Autour de Ferron : littérature, traduction, altérité*, Québec, Presses de l'Université Laval.

BEDNARSKI, Betty, et Susan Margaret MURPHY (2021). « Jacques Ferron, lecteur de Hémon, lecteur de soi », *Tangence*, n° 127, p. 37-72.

BERNIER, Stéphanie (2020). « Louis Dantin, mentor des Individualistes de 1925 : la correspondance au service d'une sociogenèse des textes », dans Stéphanie Bernier et Pierre Hébert (dir.), *Nouveaux regards sur nos lettres : la correspondance d'écrivain et d'artiste au Québec*, Québec, Presses de l'Université Laval, p. 119-134.

BOUCHER, Jean-Pierre (2004). « Présentation », *Tenir boutique d'esprit : correspondance et autres textes (1941-1965)*, édition préparée par Marcel Olscamp, Outremont, Lanctôt éditeur, p. 7-38.

CANTIN, Pierre (1984). *Jacques Ferron, polygraphe : essai de bibliographie suivi d'une chronologie*, Montréal, Bellarmin.

CANTIN, Pierre (1985). « Six lettres inédites de Jacques Ferron », *Cultures du Canada français*, n° 2, p. 33-40.

CÔTÉ, Jean (1995). « Jacques Ferron, écrivain : l'arrière-boutique », *Voix et Images*, vol. XX, n° 2 (59) (hiver), p. 424-437.

ÉTHIER-BLAIS, Jean (1970). « Jean Marcel et Jacques Ferron malgré eux », *Le Devoir*, 18 juillet, p. 9.

ELLENWOOD, Ray, et Jacques FERRON (1995). « Lettres de Jacques Ferron à Ray Ellenwood », dans Ginette Michaud (dir.), avec la collaboration de Patrick Poirier, *L'autre Ferron*, Montréal, Éditions Fides-CETUQ, p. 353-397, coll. « Nouvelles Études québécoises ».

FERRON, Jacques (1962). *Contes du pays incertain*, Montréal, Éditions d'Orphée.

FERRON, Jacques (1963). *La tête du roi*, Montréal, Association générale des étudiants de l'Université de Montréal.

FERRON, Jacques (1965). *La nuit*, Montréal, Éditions Parti pris, coll. « Paroles ».

FERRON, Jacques (1968). *Contes*, édition intégrale : *Contes anglais*; *Contes du pays incertain*; *Contes inédits*, Montréal, Éditions Hurtubise HMH, coll. « L'Arbre ».

FERRON, Jacques (1970a). *L'amélanchier*, Montréal, Éditions du Jour, coll. « Les romanciers du Jour ».

FERRON, Jacques (1970b). *Cotnoir*, suivi de *La barbe de François Hertel*, Montréal, Éditions du Jour, coll. « Les romanciers du Jour ».

FERRON, Jacques (1970c). *Le salut de l'Irlande*, Montréal, Éditions du Jour.

FERRON, Jacques (1971). *Les roses sauvages : petit roman suivi d'une lettre d'amour soigneusement présentée*, Montréal, Éditions du Jour, coll. « Les romanciers du Jour ».

FERRON, Jacques (1972). *Les confitures de coings et autres textes*, Montréal, Éditions Parti pris, coll. « Paroles ».

FERRON, Jacques (1975). *Escarmouches : la longue passe*, 2 tomes, Montréal, Leméac Éditeur, coll. « Indépendances ».

FERRON, Jacques (1977). *Les confitures de coings et autres textes*, suivi du *Journal des confitures de coings*, Montréal, Éditions Parti pris, coll. « Projections libérantes ».

FERRON, Jacques (1980). *Gaspé-Mattempa*, Trois-Rivières, Éditions du Bien public.

FERRON, Jacques (1981). *Rosaire*, précédé de *L'exécution de Maski*, Montréal, VLB éditeur.

FERRON, Jacques (1985a). *Les lettres aux journaux*, colligées et annotées par Pierre Cantin, Marie Ferron et Paul Lewis, Montréal, VLB éditeur.

FERRON, Jacques (1985b). « Six lettres inédites de Jacques Ferron à Pierre Cantin », *Cultures du Canada français*, n° 2, p. 33-40.

FERRON, Jacques (1987). *La conférence inachevée : le pas de Gamelin et autres récits*, édition préparée par Pierre Cantin, Marie Ferron et Paul Lewis, Montréal, VLB éditeur, p. 9-19.

FERRON, Jacques (1990). *Une amitié bien particulière : lettres de Jacques Ferron à John Grube*, suivi d'*Octobre en question* de Georges Langlois, Montréal, Éditions du Boréal.

FERRON, Jacques (1990-1991). « Dix lettres de Jacques Ferron à Pierre Vadeboncœur », *Études littéraires*, vol. 23, n° 3 (hiver), p. 105-120.

FERRON, Jacques (1992). « Neuf petites lettres de Jacques Ferron à Pierre Cantin », *Littératures*, n°s 9-10, p. 19-32.

FERRON, Jacques, et Clément MARCHAND (1995). « La correspondance de Jacques Ferron et Clément Marchand », dans Ginette Michaud (dir.), avec la collaboration de Patrick Poirier, *L'autre Ferron*, Montréal, Éditions Fides-CETUQ, p. 315-350, coll. « Nouvelles Études québécoises ».

FERRON, Jacques (1997). « Lettres au père », *Papiers intimes : fragments d'un roman familial, lettres, historiettes et autres textes*, édition préparée et commentée par Ginette Michaud et Patrick Poirier, Outremont, Lanctôt éditeur, p. 169-267, coll. « Cahiers Jacques-Ferron ».

FERRON, Jacques (1998a). *Contes*, édition critique par Jean-Marcel Paquette, Montréal, Les Presses de l'Université de Montréal, coll. « Bibliothèque du Nouveau Monde ».

FERRON, Jacques (1998b). *Laisse courir ta plume... : lettres à ses sœurs (1933-1945)*, édition préparée par Marcel Olscamp, avec « Présentation » de Lucie Joubert, Outremont, Lanctôt éditeur, coll. « Cahiers Jacques-Ferron ».

FERRON, Jacques (2000a). *Textes épars (1935-1959)*, édition préparée par Pierre Cantin, Luc Gauvreau et Marcel Olscamp, Outremont, Lanctôt éditeur, coll. « Cahiers Jacques-Ferron ».

FERRON, Jacques, et François HÉBERT (2000b). *« Vous blaguez sûrement... » Correspondance (1976 à 1984)*, édition préparée et présentée par François-Simon Labelle, Montréal, Lanctôt éditeur, coll. « Cahiers Jacques-Ferron ».

FERRON, Jacques, et André MAJOR (2004). *« Nous ferons nos comptes plus tard » : correspondance (1962-1983)*, Montréal, Lanctôt éditeur, coll. « Cahiers Jacques-Ferron ».

FERRON, Jacques, Madeleine FERRON et Robert CLICHE (2012). *Une famille extraordinaire : correspondances 1 : 1946-1960*, édition préparée et présentée par Marcel Olscamp et Lucie Joubert, Montréal, Leméac Éditeur.

FERRON, Jacques, Madeleine FERRON et Robert CLICHE (2015). *Le Québec n'est pas une île : correspondances 2 : 1961-1965*, édition préparée et présentée par Marcel Olscamp et Lucie Joubert, Montréal, Leméac Éditeur.

FERRON, Jacques, Madeleine FERRON et Robert CLICHE (2019). *Le monde a-t-il fait la culbute? correspondances 3 : 1966-1985*, édition préparée et présentée par Marcel Olscamp et Lucie Joubert, Montréal, Leméac Éditeur.

FERRON, Marcelle (2016). *Le droit d'être rebelle : correspondance de Marcelle Ferron avec Jacques, Madeleine, Paul et Thérèse Ferron*, Montréal, Éditions du Boréal.

GRASSI, Marie-Claire (1998). *Lire l'épistolaire*, Paris, Dunod.

GRUBE, John (1992). « Jacques Ferron épistolier », *Littératures*, n°s 9-10, p. 139-149.

MAJOR, André (1963). « Jacques Ferron ou la recherche du pays », *Liberté*, n° 26 (mars-avril), p. 95-97.

MAJOR, André (1965). *La chair de poule : nouvelles*, Montréal, Éditions Parti pris, coll. « Paroles ».

MARCEL, Jean ([1964] 1965). *Rina Lasnier*, Montréal, Éditions Fides, coll. « Classiques canadiens ».

MARCEL, Jean (1965). « Chroniques. Les écrits et les livres : un semestre de romans et de romanciers », *L'Action nationale*, vol. LIV, n° 10 (juin), p. 1021-1028.

MARCEL, Jean (1970a). « De Zeus à Jacques Ferron : les théogonies québécoises », *L'Illettré*, supplément « Jacques Ferron », vol. 1, n° 2 (février), p. 2-3.

MARCEL, Jean (1970b). *Jacques Ferron malgré lui*, Montréal, Éditions du Jour, coll. « Littérature du Jour ».

MARCEL, Jean ([1971a]). « Tinamer au pays des merveilles : *L'amélanchier* de Jacques Ferron », dans *Livres et auteurs québécois, 1970 : revue critique de l'année littéraire*, Montréal, Éditions Jumonville, p. 11-14.

MARCEL, Jean ([1971b]). « Post-scriptum pour sauver l'Irlande », dans *Livres et auteurs québécois, 1970 : revue critique de l'année littéraire*, Montréal, Éditions Jumonville, p. 15-17.

MARCEL, Jean (1973). *Le joual de Troie*, Montréal, Éditions du Jour.

MARCEL, Jean (1975). « Le texte épars », dans Jacques Ferron, *Escarmouches : la longue passe* (tome 1), Montréal, Leméac Éditeur, p. 5-10.

MARCEL, Jean (1976a). « Introduction à la méthode de Jacques Ferron », *Études françaises*, « Jacques Ferron », vol. XII, n°s 3-4 (octobre), p. 182-215.

MARCEL, Jean (1976b). « Jacques Ferron ou le drame de la théâtralité », dans *Le théâtre canadien-français : évolution, témoignages, bibliographie*, Montréal, Éditions Fides, p. 581-596.

MARCEL, Jean (1978). *Jacques Ferron malgré lui*, Montréal, Éditions Parti pris/L'Hexagone, coll. « Frères chasseurs ».

Marcel, Jean (1979). « La vie, la nuit, l'hiver », *Revue des sciences humaines*, tome XLV, n° 173 (janvier-mars), p. 83-39.

Marcel, Jean (1980). *La chanson de Roland : version moderne en prose*, Montréal, VLB éditeur.

Marcel, Jean (1985). « De l'essai dans le récit au récit dans l'essai », dans Paul Wyczynski, François Gallays et Sylvain Simard (dir.), *L'essai et la prose d'idées au Québec*, t. VI, Montréal, Éditions Fides, p. 621-642, coll. « Archives des lettres canadiennes ».

Marcel, Jean (1989). *Hypatie ou la fin des dieux*, Montréal, Leméac Éditeur.

Marcel, Jean (1992a). « Présence de Jacques Ferron », *Littératures*, n°s 9-10, p. 9-17.

Marcel, Jean (1992b). *Pensées, passions et proses*, Montréal, Éditions de l'Hexagone, coll. « Essais littéraires ».

Marcel, Jean (1994). *Des nouvelles de Nouvelle-France : histoires galantes et coquines*, Montréal, Leméac éditeur.

Marcel, Jean (1998). « Introduction », dans Jacques Ferron, *Contes*, Montréal, Les Presses de l'Université de Montréal, p. 7-15, coll. « Bibliothèque du Nouveau Monde ».

Marcel, Jean (2002). *Lettres du Siam : lettres à Jean Tétreau sur le Pays des Hommes libres*, Montréal, Éditions de l'Hexagone, coll. « Essais littéraires ».

Marcel, Jean ([1978] 2013). *Jacques Ferron malgré lui*, Québec, Presses de l'Université Laval.

Marcotte, Gilles (1962). *Une littérature qui se fait : essais critiques sur la littérature canadienne-française*, Montréal, Les éditions HMH, coll. « Constantes ».

Martel, Réginald (1970). « Ferron, conteur », *La Presse*, 11 juillet, p. 23.

Michaud, Ginette (1992). « De Varsovie à Grande-Ligne », *Littératures*, n°s 9-10, « Présence de Jacques Ferron », p. 81-112.

Michaud, Ginette (1993). « Jacques Ferron au regard de ses autres. Famille, nation, folie : une double version », *Voix et Images*, vol. 18, n° 3 (printemps), p. 507-536 (repris dans *Ferron post-scriptum*, p. 65-99).

Michaud, Ginette (1994). « Ferron en Faust : le contrat littéraire de *La Charrette* », préface, dans Jacques Ferron, *La charrette*, Montréal, BQ, p. 7-27 (repris dans *Ferron post-scriptum*, p. 101-117).

Michaud, Ginette (1995). « Lire à l'anglaise », dans Ginette Michaud (dir.), avec la collaboration de Patrick Poirier, *L'autre Ferron*, Montréal, Éditions Fides-CETUQ, p. 138-197, coll. « Nouvelles Études québécoises » (repris dans *Ferron post-scriptum*, p. 119-178).

Michaud, Ginette (2005). *Ferron post-scriptum*, Montréal, Lanctôt éditeur, coll. « Cahiers Jacques-Ferron ».

MURPHY, Susan Margaret (2011). *Le Canada anglais de Jacques Ferron : formes, fonctions et représentations*, Québec, Presses de l'Université Laval.

MURPHY, Susan Margaret (2018). « Entre l'admiration et le scepticisme », dans Gilles Dupuis, Karim Larose, Frédéric Rondeau et Robert Schwartzwald (dir.), *Avec ou sans* Parti pris *: le legs d'une revue*, Montréal, Éditions Nota bene, p. 65-110.

OLSCAMP, Marcel (2020). « La correspondance comme catalyseur : Jacques Ferron et la genèse épistolaire du *Ciel de Québec* », dans Stéphanie Bernier et Pierre Hébert (dir.), *Nouveaux regards sur nos lettres : la correspondance d'écrivain et d'artiste au Québec*, Québec, Presses de l'Université Laval, p. 89-102.

SCHWEIGER, Amélie (1984). « La lettre d'Orient. L'espace épistolaire : Flaubert et la position de l'artiste », *Revue des sciences humaines*, n° 195, p. 41-51.

Des fils de trame et des fils de chaîne : lettres de Pierre Vadeboncoeur

Yvan Lamonde
Université McGill

> *[L]e poids de chaque chose [que Paul-Émile Borduas] disait en mots équivalait manifestement au poids intérieur considérable qui la lui faisait dire.*
>
> Pierre VADEBONCOEUR (1984 : 89)

Que peut nous apprendre la correspondance de Pierre Vadeboncoeur sur l'homme qui a déconstruit le Québec traditionnel; qui a, comme syndicaliste, déboulonné de façon critique la structure culturelle de l'après-guerre; et qui l'a fait en donnant ses lettres de créance au genre de l'essai? Une correspondance volumineuse de 1942 à 2010 qui traverse la vie d'un essayiste incite le lecteur et l'analyste à voir comment l'écrivain a lui-même tissé des fils de trame et des fils de chaîne de sa vie et de sa pensée, à découvrir les entrecroisements où valeurs et convictions se superposent[1]. La correspondance avec son ami et collègue de collège et d'université, Pierre Elliott Trudeau, ouvre une fenêtre

1. Il est difficile pour le moment de quantifier ces centaines de lettres de Pierre Vadeboncoeur et, en sus, celles qu'il a reçues. Les archives de l'écrivain sont maintenant déposées aux Archives nationales du Québec (ci-après AnQ) à Montréal, Fonds Pierre-Vadeboncoeur, P10010. Je remercie Marie Gaboury Vadeboncoeur, qui a conservé et classifié ces lettres, de m'y avoir donné accès. Nous nous limitons ici aux lettres privées de Vadeboncoeur et non à ses « lettres » à des journaux et des revues (1969) ou incluses dans un essai (1983).

exceptionnelle sur les années cruciales et mal connues de Vadeboncoeur entre 1940 et 1950. La correspondance (1963-1972) publiée avec le partipriste et politologue Jean-Marc Piotte au début de la Révolution tranquille rend compte de l'engagement de Vadeboncoeur dans le débat public avec ses ex-amis de *Cité libre*, avec ses nouveaux interlocuteurs à *Parti pris*, avec les intellectuels de gauche (Livernois, 2018 : 111-124). Durant la décennie 1970, Vadeboncoeur échange avec des écrivains dans des lettres publiées (André Major[2], 1972-2005 ; Yvon Rivard, 1974-2010 ; André Belleau, 1978-1985) ou demeurées manuscrites (Gérald Godin, 1970 ; François Ricard, 1979 ; Pierre Trottier, 1979-1984). Au moment où il hésite à propos de son départ de la Confédération des syndicats nationaux (CSN) en 1975, il partage ce qu'il nomme l'autre « veine » de sa réflexion, qui culmine dans *Les deux royaumes* (1978) et qui gravite en partie autour de la spiritualité et de la religion. Dans les années 1980, l'œuvre de Vadeboncoeur a suscité l'attention de professeurs et d'universitaires (Paul-Émile Roy, 1984-2010 ; Jean Marcel Paquette, 1986-1996 ; Cedric May, 1988-2004 ; Yvan Lamonde, 1989-2009), axe de correspondance qui se poursuivra dans la décennie suivante avec Jean-François Nadeau (1993-1996) et Marcel Olscamp (1993-2004). L'insuccès du référendum de 1980 sur la souveraineté politique du Québec alimente, dans les années 1990 et 2000, une réflexion pessimiste et crépusculaire avec Hélène Pelletier-Baillargeon en même temps que Vadeboncoeur nomme dans des « lettres métaphysiques » (Rivard) à Roy la décadence de la culture humaniste et une inquiétude qu'en éternel dépréciateur de lui-même il qualifie de « bavardage métaphysique » (lettre du 8 novembre 2000 à Paul-Émile Roy). Les lettres à Roy aident Vadeboncoeur « à vivre », c'est « une affaire entre deux consciences, deux écrivains, en plein dans le courant de la vie ». « On pense, confie-t-il, au petit bonheur de la réflexion » (lettre du 29 novembre 2002 ; Roy et Vadeboncoeur, 2013[3]). Lues sur fond des correspondances de Louis-Joseph Papineau, de Louis-Antoine Dessaulles, d'Arthur Buies, d'Hector de Saint-Denys

2. Voir Rondeau (2015).
3. Les lettres publiées auxquelles il est fait référence dans ce texte sont présentées chronologiquement dans les ouvrages mentionnés. Les dates de ces lettres fournies entre parenthèses permettront au lecteur ou à la lectrice de les retracer aisément.

Garneau, de Paul-Émile Borduas et de Gaston Miron, les lettres au ton remarquable de Vadeboncoeur à Pelletier-Baillargeon donnent une idée de la qualité du corpus épistolaire québécois.

La « voie irrévérencieuse » : le ton des lettres

Vadeboncoeur l'écrit et le répète en faisant référence à ses « méandres[4] », il n'est pas homme à être domestiqué, à être épinglé. Admirateur critique de Borduas, il explique à Bernard Jasmin[5], réformateur de l'éducation, que son point de vue est celui de l'artiste qui est libre « en saccageant tout ce qu'il y a autour ». Vadeboncoeur fait comme il l'entend. Il ne doit rien à personne, surtout pas aux plus rationalistes des intellectuels, les philosophes, « collection de neurasthéniques ». Il prend la peine de préciser : « C'est un fait, je ne leur dois rien. » Pas plus qu'aux littéraires : « [...] je n'ai pas la religion des Églises littéraires. Je suis plutôt athée en cette matière, et même impie... » Sa voie est « la voie irrévérencieuse, celle qui manifeste ».

L'homme aura eu deux convictions de fond : l'amour et le choix d'être « avec ceux qu'on méprisait[6] ». Expliquant que son correspondant jésuite n'est pas fait pour « s'insinuer dans le relatif », que chez lui, « le levain est à côté de la pâte[7] », Vadeboncoeur utilise une métaphore qui, *a contrario*, le définit bien : chez lui, le levain est dans la pâte, il fait lever la vie au quotidien. Il est, lui, dans le réel.

Il n'est pas question d'écrire des mémoires, de « s'exposer, s'exhiber[8] », ni d'accepter l'Ordre du Québec et des honneurs qui « momifient[9] ». Il reconnaît être rude avec André Major, qui reçoit le prix du Gouverneur général en 1977 : « [...] je trouverais absolument inconcevable que, l'ayant accepté, tu le gardes et ne le fasses pas servir directement à la protestation politique. » Il ne faut pas céder, concéder : « [...] tu iras à Ottawa, au cœur même du camp ennemi. On sera extrêmement heureux

4. Lettre du 1er juin 1976 à Marie-Joseph d'Anjou, Montréal, AnQ, Fonds Pierre-Vadeboncoeur, P10010.
5. Lettre du 22 décembre 1995 à Bernard Jasmin, *Ibid.*
6. Lettre du 30 mars 1979 à Marie-Joseph d'Anjou, *Ibid.*
7. Lettre du 3 octobre 1978 à Marie-Joseph d'Anjou, *Ibid.*
8. Lettre à Louis Bourgouin du 5 novembre 2008, *Ibid.*
9. Lettre à René Lévesque, du 23 juin 1985, *Ibid.*

là-bas de t'avoir eu : on ne cherche que cela. La sensibilité des temps que nous vivons t'échappe sans doute » (lettres des 4 et 15 mai 1977; Major et Vadeboncoeur, 2016).

La « parenthèse » des années 1940 et la sortie du désarroi

Vadeboncoeur sera dès le départ attentif à la « sensibilité des temps »; le sien, de façon obligée. Les lettres échangées avec Trudeau sont uniques en ce qu'elles éclairent une décennie cruciale dans la formation de la personnalité et de la pensée de Vadeboncoeur. Trudeau, qui reçoit de nombreuses lettres à Mexico, à Harvard, à Paris, à Londres, au Pakistan et, finalement, à Ottawa, apprend le désarroi de son ami, désarroi de la sensibilité qui perdure de 1944 au printemps 1948. Cet inaccomplissement chronique, que Vadeboncoeur présentera à Gilles Marcotte[10] et à Rivard[11] comme une « névrose, de type schizoïde, point, à la ligne », est à l'époque comme des « bras tendus d'infiniment loin », comme un « cœur fermé et dur à lui-même » (lettres de décembre 1944 et du 18 avril 1946; Trudeau et Vadeboncoeur, 2021). Une seule fois, et de façon énigmatique, Vadeboncoeur fait allusion à ce qu'il pense être la cause de ce désarroi : il évoque une « attitude prise à la suite de longues, longues années de défense extrêmement pénibles contre les êtres que la vie m'a donné de côtoyer » (lettre du 7 mai 1945; *Ibid.*).

Vadeboncoeur termine malgré tout son droit et survit grâce à de multiples emplois : traduction légale, projet d'édition de dessins d'artistes, rédaction pour l'encyclopédie Grolier et le *Journal de Rosemont* de Pierre Péladeau, vente de moteurs de bateau, emploi à la Chambre de commerce. Il lit André Breton et le *Manifeste du surréalisme*, « une œuvre qui donne vigoureusement le premier temps au processus de délivrance » (lettre du 13 décembre 1944; *Ibid.*). L'idée des « puissances créatrices » entre dans son vocabulaire, tout comme celle de « l'invention ». Il soumet à son ami un projet : « [...] appliquer systématiquement la méthode de l'invention à un gouvernement » (lettre du 26 septembre 1945; *Ibid.*). Borduas lui a aussi dit que l'invention dans une œuvre fait « avancer son époque » (lettre du 17 octobre 1945; *Ibid.*). Il lit Charles Péguy,

10. Lettre du 29 avril 2001 à Gilles Marcotte, *Ibid.*
11. Lettre du 19 mai 2006 à Yvon Rivard, *Ibid.*

Paul Valéry, André Gide, Léon Bloy, Roger Martin du Gard. L'écriture pourrait être une voie de sortie; il se voit écrire : 1) « une œuvre poétique qui se distingue par un caractère quelconque suffisamment pour être viable; 2) une œuvre de pensée ou de moraliste; 3) quelque chose de plus spécial et cependant d'universel encore qui se rapporte à notre patrie, un corps d'idées qui donne à notre pensée patriotique une consistance, une confiance et un caractère, une valeur universelle, qu'elle attend toujours » (lettre du 15 mars 1945; *Ibid.*). L'écriture romanesque pourrait être thérapeutique :

> Mon roman décrirait mon cas qui peut me fournir plus d'expérience qu'il n'en faut; ce qui serait merveilleux, c'est qu'ayant écrit toute la première partie sous l'accablement de mon mal, je puisse guérir à ce moment et terminer par un [hymne] à l'amour, à la joie, par un redressement, par une victoire totale, des pages sombres à l'excès. (lettre du 9 octobre 1945; *Ibid.*)

Il appréhende que ce qu'il écrira doive être « extrêmement conscient, comme Gide ou Valéry, sans quoi je ferai de la blague » (lettre du 23 février 1946; *Ibid.*).

En mars 1945, il cherche toujours comment sortir de son désarroi; il écrit à Trudeau : « Il faut écrire. Il est impossible de posséder des idées à soi si l'on n'écrit pas. » Il précise : « [...] l'idée qui dirige aujourd'hui ma vie, l'idée de la joie, je l'ai arrachée au papier » (lettre du 15 mars 1945; *Ibid.*). Il lui avait plus tôt défini cette joie « qui est la *réponse adéquate de l'âme* à la *question totale de l'univers* (lettre du 7 novembre 1944; *Ibid.*) et lui en donne le sens global : « La découverte de la joie a été pour moi celle du spirituel, ou plutôt, (car je n'ai pas l'âme mystique) de l'ordre du spirituel, de la philosophie du spirituel » (lettre du 10 mai 1945; *Ibid.*). Le texte sur la joie – « le seul qui vaille avant 1950[12] » – paraît en juin 1945 dans *La Nouvelle Relève.* Cette joie lui aura permis de comprendre « la crise » de Saint-Denys Garneau parce qu'il « bénéficie, pour en juger, d'un avantage incomparable qui est d'être exactement passé par là[13] ».

L'ami Trudeau saisit la teneur de ce désarroi, de cet éloignement de la réalité, lui qui écrit : « Peut-être faudrait-il chercher des liens au réel

12. Lettre à Jonathan Livernois du 11 septembre 2007, *Ibid.*
13. Lettre à Gilles Marcotte du 29 avril 2001, *Ibid.*

beaucoup plus engageants, je veux dire des liens à la fois plus forts et plus compromettants (que tu ne pourrais briser en prétextant la maladie). » Il croit utile d'ajouter : « C'est peut-être vrai que l'esprit travaille seul [...], mais l'esprit ne doit pas toujours vivre seul, c'est ce que j'ai appris au contact de vous tous depuis très peu d'années, et c'est ce que je ne voudrais pas que tu oublies » (lettre du 10 février 1946 ; Trudeau et Vadeboncoeur, 2021).

Le projet d'un groupe et d'une revue anime un peu Vadeboncoeur, qui a collaboré en 1942 à *Amérique française*, qui regroupe des anciens de Brébeuf, et une fois à *La Nouvelle Relève*, qui disparaîtra en 1948. Il pense à la formation « d'un certain groupement et d'une certaine coalition d'hommes tirés [*sic*] sur le volet » et au « projet d'une revue [qui] ne m'a jamais beaucoup abandonné » (lettre du 3 décembre 1947 ; *Ibid.*) ; *Recherche de la justice* serait une publication à livraisons irrégulières. Dans la même lettre où il demande à son ami : qu'avons-nous « l'intention de faire, cette année pour le salut de l'homme ? », Vadeboncoeur poursuit le projet de former « une espèce d'équipe » dont « le but, apostolique, serait de travailler directement à accoucher cette société future rénovée », de s'occuper « de la vérité et de la justice parmi les hommes » et « d'aider à l'avènement d'un ordre nouveau » (lettre du 2 mai 1948 ; *Ibid.*).

Trudeau avait vu juste en proposant à son ami de « chercher des liens au réel beaucoup plus engageants ». Vadeboncoeur intuitionnait que la clé serait « l'amour, pas de doute » (lettre du 7 mars 1946 ; *Ibid.*). La rencontre de Marie Gaboury est déterminante. Il avouera à Marcotte : « C'est Marie qui m'a sorti de là. Et puis la CSN[14][...] ». Ils se marieront en 1949.

Le projet de fonder une étude légale pour défendre les droits ouvriers lui offre une autre porte de sortie de la névrose (lettre du 24 novembre 1947 ; *Ibid.*). Il a rencontré Jean Marchand et formule le projet de s'introduire peu à peu dans le mouvement ouvrier, « tout en conservant, pour plusieurs années, de suffisantes distances pour ne pas abandonner la souveraineté de ma pensée » (lettres du 25 mars 1947 et du 19 avril 1948 ; *Ibid.*). Il écrit à Trudeau : « Nous sommes les fils de Bloy et de quelques autres, mais nous devons être de nouveaux Bloy », de jeunes pourfendeurs (lettre du 2 mai 1948 ; *Ibid.*)

14. Lettre à Gilles Marcotte du 29 avril 2001, *Ibid.*

Trames et chaînes jusqu'en 1960

La sortie de cette névrose le mène à 1950, mais dans sa correspondance ultérieure, Vadeboncoeur se situera par rapport aux années 1930 et, minimalement, à la décennie 1940. Il a quatorze ans lorsque *La Relève* paraît en 1934. Il y publiera un texte, mais il dira ne pas avoir été atteint par *La Relève* et par Maritain[15]. Il n'est pas non plus de l'action catholique, de la Jeunesse ouvrière catholique (JOC) ou de la Jeunesse étudiante catholique (JEC). L'esprit jéciste lui tape sur les nerfs : « C'était un drôle d'esprit, tout prétentieux et tout faussement bienveillant : quoi! l'esprit chrétien quand on n'a pas authentiquement les vertus (et la simplicité) pour le porter[16]. » Caustique à l'égard du directeur jéciste Gérard Pelletier et de sa femme, Alec Leduc[17], il sera méchant envers Pelletier, maître d'œuvre de *Cité libre* (lettre du 16 octobre 1950; Trudeau et Vadeboncoeur, 2021). Il le demeurera à l'égard de *Cité libre*, longtemps après sa critique de cette revue au temps de *Parti pris* : « Donc, là où la pensée vivait, c'est-à-dire changeait quelque chose, faisait événement, faisait des ravages, soulevait l'âme, donc, à *Liberté* et chez les communistes du temps, on voyait volontiers *Cité libre* comme un petit groupe de catholiques assez obtus, mais obtus[18][...]. »

On connaît son intérêt pour Breton, les surréalistes et Borduas. Rétrospectivement, il sera critique à l'égard du groupe de *Refus global* :

> En 1948, y avait-il plus snob, plus méprisant, plus suffisant, plus théâtral que le groupe de *Refus global*? Entre autres, les frères Gauvreau, en particulier. Ou Dyne Mousseau, qui a été ma secrétaire en 1950 ou 1951 à la CSN : intransigeante, redoutable, orgueilleuse, jugeant tout de haut. Mousseau était pareil. On avait appris l'intransigeance chez Borduas, qui, lui, ne méprisait pas les gens[19][...].

La célébration, en 1998, du cinquantenaire de *Refus global* est qualifiée de « persiflage » (lettre du 1er janvier 1999; Roy et Vadeboncoeur, 2013) par

15. Lettre à Yvan Lamonde du 18 mars 2009, *Ibid.*
16. Lettre à Marcel Olscamp du 24 septembre 1993, *Ibid.*
17. Lettre à Marcel Olscamp du 9 mars 2003, *Ibid.*
18. Lettre à André Belleau du 5 mai 1985, *Ibid.*
19. Lettre à Marcel Olscamp du 13 décembre 1993, *Ibid.*

Vadeboncoeur, qui a pris ses distances d'avec Borduas, déjà, avec l'approche de la ligne du risque, plutôt que celle du refus global. Comme il l'écrira à Roy, Borduas « avait expédié des choses auxquelles je tenais encore[20] ».

Vadeboncoeur sait qu'il « trouve facilement le mot cruel[21] », qu'il peut médire d'un ami (lettre du 19 mars 2001 ; Roy et Vadeboncoeur, 2013). Pelletier en est la cible privilégiée, tout comme Pierre Baillargeon, Carl Dubuc, un journaliste du *Devoir* ou un sociologue de l'Université Laval. Ce qui ne sera pas le cas de Trudeau au moment du départ de celui-ci (et de Pelletier et Marchand) pour Ottawa ; il sera sévère au sujet de ses choix, mais fidèle à l'ami des années 1940 (lettres du 14 septembre et du 11 novembre 1965, du 14 février 1967 et du 11 novembre 1972 ; Trudeau et Vadeboncoeur, 2021). Les deux amis s'expliqueront à l'occasion de la fameuse grève des « gars de Lapalme » (lettres du 10 mai 1971 et du 27 novembre 1972 ; *Ibid.*). Et même si Vadeboncoeur confie à Belleau (Livernois, 2017 : 85-94), dans la lettre du 24 décembre 1984 : « J'ai ma petite solution toute personnelle à ce problème : j'ai mis le cas Trudeau derrière moi et je tiens celui-ci pour disparu », il le défendra contre le critique du *Devoir*, Louis Cornellier[22] : « [...] il n'était certainement ni hautain, ni méprisant, ni imbu de lui-même. » Il était « au contraire charmant, attentif, sans prétention et les gens tout naturellement l'aimaient » ; il « s'est *adapté* à sa situation de grand leader » ; « c'est en forçant aussi la note, pour faire face, qu'il a fini par contracter, superficiellement d'abord, mais plus profondément ensuite, l'apparence et peut-être la réalité des défauts que vous lui imputez ». La lutte politique poussait Trudeau « à mettre de l'avant, comme par défaut, un personnage particulièrement pugnace et, je crois, un peu voulu, plutôt contraire à une nature plus simple et authentique, la sienne ». Encore à la fin de sa vie, Vadeboncoeur sera bouleversé, pour diverses raisons, par la biographie de Trudeau écrite par l'historien John English (lettre du 10 février 2008 ; Roy et Vadeboncoeur, 2013).

Rarement, Vadeboncoeur a formulé sa conception de ce que fut la Révolution tranquille. Il le fait à Louis-Martin Doutre (lettre du 11 avril 1996), tout en situant *Cité libre* en regard de ce moment mythique :

20. Lettre à Paul-Émile Roy du 7 novembre 2000, *Ibid.*
21. Lettre à Marie-Joseph d'Anjou du 10 juillet 1979, *Ibid.*
22. Lettre à Louis Cornellier du 9 décembre 2005, *Ibid.*

« Comment savoir tout de suite si ce que l'on fait est justifié? En tout cas, en 1950, nous ne le savions guère. Je croyais pour ma part que nos interventions seraient sans conséquence, noyées dans l'impossible. Nous avons su seulement pendant la Révolution tranquille que la critique avait changé les choses. »

Il a une autre formulation pour le spécialiste irlandais des études sur le Québec, Cedric May (lettre du 16 juillet 1990) : la Révolution tranquille fut une réponse « à une condition nationale de blocage »; le Québec s'est libéré « prenant d'ailleurs, au passage, dans un tel mouvement, tout ce qui lui tombait sous la main, y compris aussi, naturellement, ce qui venait des États-Unis en libéralisations de toutes sortes ». Il ajoute : « [...] une fois l'édifice abattu (et il le fut en un rien de temps), nous nous sommes trouvés subitement dans un vide philosophique et métaphysique inouï », aidés en cela « par le phénomène américain de la contre-culture ». Il développera cette idée de décadence dans sa correspondance avec le professeur et essayiste, Paul-Émile Roy.

Le syndicalisme, le milieu « politique le plus pur »

À la suite de la grève dans le secteur de l'amiante en 1949, le syndicalisme, on le sait, l'a sauvé : « En 1951, je n'étais pas un "sacré gaillard" comme vous le supposez, mais quelqu'un de timide, de très peu sûr de lui, qu'animait la passion de la solidarité, et je n'ai jamais rien éprouvé de plus vrai[23] [...] ». Ce fut pour lui un bonheur, « le grand et tumultueux bonheur de la lutte au coude à coude avec des humains, il y a cette humanité partagée sans réserve[24] ». Il confie au père d'Anjou s'être battu « sans cesse pour l'homme et contre l'argent », convaincu qu'il était que « les syndicats sont incomparablement le milieu politique le plus pur » (lettre du 1er juin 1976). En 1967, une crise à la CSN, où l'on cherche à la « mettre au pas selon le vœu de tout ce [qu'elle peut] compter d'ennemis », sera doublement significative : sa résistance au plan de Robert Sauvé « parti comme un salaud » (lettre du 8 janvier 1967; Piotte et Vadeboncoeur, 2012), et son isolement devant « les farfelus » (lettre du 3 mai 1967; *Ibid.*) de la gauche. Il

23. Lettre à Louis-Martin Doutre, du 11 avril 1996, *Ibid.*
24. Lettre à Louis-Martin Doutre, du 14 mars 1996, *Ibid.*

doit différer son départ même si « les exigences de l'emploi et le stress continuel pèsent un peu plus chaque jour » (lettre du 6 février 1972 ; *Ibid.*). Il restera, car il voit bien qu'il est « peut-être chargé de la responsabilité de [sa] liberté à venir » (lettre du 8 décembre 1972 ; Major et Vadeboncoeur, 2016).

Son expérience du syndicalisme s'accompagne d'un virulent anti-intellectualisme contre la gauche et les universitaires. Il explique à Roy qu'il écrit à partir de « l'expérience » à la suite de son « évolution psychologique », lui qui, à 30 ans, avait longtemps vécu éloigné « d'un contact étroit avec le réel ». Ce régime, ajoute-t-il, « m'a peu à peu guéri d'une tendance à l'abstraction stérile » (lettre du 4 août 1993 ; Roy et Vadeboncoeur, 2013), comme si la pensée, la rationalité, l'intellectualisme étaient des formes de schizophrénie. Les figures de cet anti-intellectualisme ne manquent pas dans la correspondance depuis le début des années 1960. Sartre, par exemple, qui « n'achève plus de dire ce qu'il veut dire », qui « ferait des idées avec n'importe quoi » (lettre du 30 janvier 1964 ; Piotte et Vadeboncoeur, 2012). Ou Fernand Dumont, qui, à l'éclairage sur l'expérience, préfère « l'éclairage global et abstrait dans lequel seuls les intellectuels se retrouvent » (lettre du 19 mars 1969). Ou Fernande Saint-Martin, à propos de laquelle il se demande comment on peut « s'occuper d'art avec une cervelle pareille » (lettre du 9 mars 1988). Ou Piotte, dont les lettres étaient « si intellectuelles qu'au bout d'un certain temps, je crois bien que nous n'avions plus rien à nous dire » (lettre du 11 novembre 1972 ; Major et Vadeboncoeur, 2016). Ou Barthes, un « horrible intellectuel[25] ».

Le mal est répandu dans les revues. Vadeboncoeur suggère à Piotte : « Attention pour *Parti pris*. Attention pour toi. Le marxisme libère, mais il empoisonne aussi. Il faut toujours demeurer libre » (lettre du 30 janvier 1964). À Marchand, il écrit qu'il déplore « l'esprit doctrinaire de *Révolution québécoise* de Pierre Vallières », dans lequel il a publié un texte, à son plus grand regret (lettre du 30 octobre 1964). Il a lu les textes « terriblement maniérés » de *La Barre du jour*, « si loin du simple discours humain » et captive de « tous les détritus, épaves et autres sédiments qu'y ont laissés les diverses crues idéologiques » (lettre du 11 novembre 1972 ; Major et Vadeboncoeur, 2016). Le mal est aussi répandu dans le

25. Lettre à Suzanne Martin, le 18 janvier 1990, *Ibid.*

syndicalisme, où des marxistes « tout aveuglés par du tout fait » (lettre du 2 juin 1993; Roy et Vadeboncoeur, 2011; Roy et Vadeboncoeur, 2013) multipliaient les gaffes[26].

Il se méfie « des ingénieurs sophistiqués de la littérature » (lettre du 25 novembre 1989; Roy et Vadeboncoeur, 2011), des tenants de la théorie littéraire, porteurs de « l'intellectualisme des imbéciles[27] », ou des tenants du formalisme qu'il a « en assez grande exécration » (lettre du 8 février 1986; Roy et Vadeboncoeur, 2011). Vadeboncoeur prend soin de préciser à son correspondant de longue date : « Vous connaissez la vie que j'ai vécue : une longue névrose, suivi[e] de vingt-cinq années dans l'action sociale. Je ne puis soutenir une discussion étendue sur un sujet littéraire. J'ai pris mon bien dans la littérature, mais rien d'autre, vous comprenez? » (lettre du 21 juillet 1993; *Ibid.*). Il aura vécu « à part des milieux intellectuels », prétend-il (lettre du 24 octobre 1999; *Ibid.*). Quant à la critique littéraire, il n'en a que pour la critique des créateurs, celle d'un Péguy, par exemple (lettre du 8 février 1973; Major et Vadeboncoeur, 2016). La critique recevable est celle non pas qui fait écran, mais qui « accompagne sans réserve » (lettre du 25 avril 1996; Roy et Vadeboncoeur, 2011).

Une « veine » nouvelle

Vadeboncoeur dit avoir pris son bien dans la littérature, mais rien d'autre, comme il le répète dans de nombreuses lettres à des écrivains tels que André Major, Yvon Rivard, François Ricard, Pierre Trottier. Il fait peu allusion à ses lectures dans ses essais, mais il est plus disert dans ses lettres, qu'on pourra parcourir pour évaluer la marque de Péguy, de Valéry, de Bloy, de Bergson, de Claudel, de Pascal, de Weil[28].

La correspondance est éclairante sur la maturation de sa créativité et de son écriture. Lui qui avait écrit à partir de « l'expérience » depuis le

26. Lettres à Philippe Haeck, le 8 février et le 2 mars 1989, *Ibid.*
27. Lettre à Réjean Beaudoin du 29 juin 1994, *Ibid.*
28. Il écrit le 7 avril 1981 à Henri Guillemin, qui vient de publier une étude sur Péguy où sont « exposés des faits assez terribles ». Il estime que « la meilleure âme de Péguy résiste » et affirme que le dernier chapitre du livre « est d'une navrante faiblesse ».

début de la décennie 1950 avoue à Piotte (lettre du 22 décembre 1967) devenir de plus en plus contemplatif. Deux ans plus tard, il reconnaît regarder « la politique avec plus de scepticisme et aussi plus de dégoût » et vouloir « échapper aux visées que d'autres ont sur nous ». Il doit cette orientation non pas à Marx, mais à l'art, à la « pratique immanquable des bons artistes. » Il formule ainsi l'intuition de cette visée à son correspondant : « En tout cas, en écriture, j'exploite depuis un certain temps une veine qui fera que nul ne me reconnaîtra [...]. » Le sentier qui s'annonce sera celui « des aléas de la vie intérieure non linéaire » (lettre du 15 février 1969).

Un premier aléa prend la forme d'*Un amour libre* (1970), où l'accompagnement de l'un de ses enfants, de deux à quatre ans, lui révèle les chemins nouveaux de l'imaginaire, de la créativité, de la liberté.

Cette veine fait son chemin. Alors que dans sa vie professionnelle, « le cœur n'y est plus », il prend Major à témoin : « Cette mutation, il faut que je l'exprime, longuement, comme si je cherchais, à travers les mots, les chemins. Je dois me faire à elle, dénouer bien des habitudes, défaire des plis innombrables, essayer, par les mots, les choses nouvelles qui se font jour en moi » (lettre du 27 juillet 1972; Major et Vadeboncoeur, 2016). Il partage aussi avec Piotte ce qui se prépare : le regard, « qui était extérieur et qui ordonnait le monde à sa manière depuis peut-être une quinzaine d'années, passe aujourd'hui par moi et par la sensibilité » (lettre du 3 septembre 1972; Piotte et Vadeboncoeur, 2012). Les choses ont changé depuis six mois et il se dit dorénavant « incapable de rentrer dans [ses] états d'esprit d'autrefois » (lettre du 11 novembre 1972; Major et Vadeboncoeur, 2016). Ce qui lui arrive, c'est une « espèce de révolution » qui le lance « vers les objets de la sensibilité ». Il anticipe ainsi cette écriture à venir : « [...] je sens très bien que ce n'est pas un moyen de parler de cette révolution, mais principalement un moyen de l'accomplir » (lettre du 28 novembre 1972; *Ibid.*).

L'essai *Les deux royaumes* (1978) viendra nommer cette révolution. Il est alors évident à ses yeux que le plan principal de son existence sera « désormais d'ordre moral, spirituel, poétique, métaphysique ». Il précise qu'il « n'étai[t] pour rien dans ce passage ou dans ce changement d'axe » et ajoute ceci : « Je n'ai peut-être écrit *Un amour libre* que pour me placer d'emblée dans la lumière originelle » (Vadeboncoeur, 1993 : 26).

La pensée du crépuscule

Trois ans après avoir quitté la CSN, Vadeboncoeur fait le lourd constat d'une « civilisation spirituellement aussi délabrée » (1993 : 27). La conscience vive que la civilisation qui est la sienne part à vau-l'eau traverse sa perception du devenir de la culture, de la morale, de la politique, de la souveraineté. Le martèlement de la décadence commence au milieu des années 1980 ; il partage cette conviction ou en débat principalement avec Roy et avec Pelletier-Baillargeon.

Dans l'après-guerre, Vadeboncoeur est un combattant ; il est, dans le syndicalisme et à *Cité libre*, là où se passent les choses. Il est dans sa culture tout en percevant les premiers chocs d'un refus culturel global, radical, à l'égard duquel il doit se situer, auquel il finit par préférer une ligne du risque. Puis la démographie, les codes culturels, les libéralisations, le rapport Parent, la télévision, les technologies changent le paysage, et l'homme y est confronté. La culture humaniste, les croyances religieuses, sinon la spiritualité des hommes de cette génération sont secouées. Ce qui est vrai pour Gérard Pelletier, Maurice Blain, André Langevin, par exemple, l'est tout autant pour Vadeboncoeur.

À compter de 1978, le lecteur de la correspondance – et des *Deux royaumes* – a l'embarras du choix dans le repérage des désolations et des déplorations. Vadeboncoeur n'a que mépris pour la presse, « pour ce qu'on y lit de philosophies de premier venu, d'interpellations suffisantes et minables, de carnavalesque et putride impudence » ; il ne voit « là que populations de ridicules sauterelles, académies d'insectes, bêtises sur pattes, idiotie satisfaite [...] » (lettre du 26 février 1978 ; Major et Vadeboncoeur, 2016). Le choc des codes culturels alimente les alertes globalisantes : « On n'a pas idée des déclins qui nous attendent ! Ils seront de tous genres. Extérieurs et intérieurs, publics, culturels, intellectuels, personnels, collectifs, etc. » (lettre du 21 mai 1992 ; Roy et Vadeboncoeur, 2011). Vadeboncoeur pose le diagnostic suivant : « [...] il y a quelque chose dans la société moderne qui fomente l'inculture, tue la mémoire, méprise ce qui est permanent pour ne se préoccuper que de l'immédiat » (lettre du 15 janvier 1993 ; *Ibid.*). Il entrevoit « la disparition des espèces culturelles » (lettre du 29 novembre 1994 ; *Ibid.*), un « fiasco de civilisation » (lettre du 9 mars 1996 ; *Ibid.*). Ce monde « est vide *exactement* de ce dont Péguy est plein » (lettre du 4 avril 1996 ; *Ibid.*). Valéry, l'homme des civilisations mortelles, « n'avait encore rien vu » (lettre du 16 novembre 1999 ; Roy et Vadeboncoeur, 2013).

À son correspondant, professeur de littérature au niveau collégial, Vadeboncoeur écrit :

> Notre situation est impossible, surtout depuis l'effondrement des enseignements de culture dans la suite du rapport Parent. C'est le *no man's land.* Une génération entière est passée par là. Comment raccrocher ça, à quoi ? [...] Le pays coule de toutes parts [...]. Le trop de choses à sauver nous perd. Les noyés nous noient. (lettre du 31 décembre 1993 ; Roy et Vadeboncoeur, 2011)

La culture littéraire « est tombée si bas, qu'on a cessé complètement dans bien des cas de prendre même une première connaissance, dans les écoles, de la densité littéraire » (lettre du 11 janvier 1990 ; *Ibid.*). Il note « l'exhibitionnisme des écrivains » (lettre du 25 avril 1999 ; Roy et Vadeboncoeur, 2013) qui va de pair avec leur ambition, le « style capsule » des médias « qui font leur profit de tous ces messages sommaires » (lettre du 17 janvier 1999 ; *Ibid.*). Personne n'écrit « sur l'extrême décadence spirituelle et morale des masses, qui ne s'abreuvent plus qu'à la culture dite de masse ». Il rêve d'un livre que, par défi, il intitulerait *Essais réactionnaires* (lettre du 2 juin 1993 ; Roy et Vadeboncoeur, 2011).

Avec cette culture de masse états-unienne, c'est la France aussi qui est menacée. Cette France dont il ne peut y avoir de plus « puissante nostalgie » (lettre du 16 mars 1996 ; *Ibid.*) et dont la chute est « le grand signe de l'implosion » de la civilisation (lettre du 17 mars 1995 ; *Ibid.*). Il se dira européen, français et n'être québécois « qu'en second lieu », car « enfin, d'une certaine manière, c'est surtout l'admiration qui m'anime, et à l'admiration il faut un objet qui en soit digne » (lettre du 16 novembre 1999 ; Roy et Vadeboncoeur, 2013). Cette admiration inconditionnelle l'anime depuis toujours. Il écrit à Suzanne Martin : « Si je pouvais aimer Dieu comme je puis aimer la France, je serais certes un mystique. Pour moi, la France est une personne et je puis l'aimer jusqu'aux larmes[29]. »

Mais « le sens du sens » ?

Après l'agnosticisme secret d'André Laurendeau, le refus religieux de Borduas, l'anticléricalisme et l'agnosticisme de Blain, la croyance savante et critique de Jean Le Moyne, le catholicisme humaniste de Dumont, Vadeboncoeur a aussi vu la religion et la spiritualité partir à vau-l'eau. Blain l'avait écrit dans *Esprit* en 1952 : « L'apparition de l'inquiétude religieuse doit être considérée comme le fait capital de ces dernières années. Elle seule explique décisivement le mouvement d'affranchissement spirituel qui frappe aujourd'hui la démarche des intellectuels » (Lamonde, 2021 : 48).

Au moment de l'exploration de la « veine » nouvelle, Vadeboncoeur aborde la question du surnaturel avec son ancien professeur à Brébeuf : « Pour moi, Dieu n'est pas clair » ; « j'étais ainsi au collège : incapable d'affirmer ce que je ne savais pas ou en tout cas ce que je ne pensais pas fermement[30] ». L'ancien collégien est toujours présent : « Je n'ai pas du tout l'intention de jouer avec vous le jeu ridicule de Gide avec Claudel. S'il y a un Dieu et s'il est tel que vous le concevez, eh bien ! Il me prendra comme j'arriverai, passablement amoché, et sans que je me sois contorsionné, et sans que j'aie fait des manières[31]. » Au jésuite avec qui il partage « le besoin de l'amitié » et « l'amour surnaturel », il se dit être « dans la position ou la disposition de l'étranger, de celui qui n'est pas du Temple, mais qui est tourné vers le Temple et qui ne fera pas un pas pour y entrer s'il ne peut le faire par vérité[32] ».

L'anticléricalisme n'a pas prise sur lui ni « un certain modernisme de la négation », comme chez Jacques Godbout, « toujours hanté par son anticléricalisme d'il y a vingt ans, ce qui finit par faire rengaine »

29. Lettre du 9 mars 1983, Montréal, AnQ, Fonds Pierre-Vadeboncoeur, P10010.
30. Lettre du 1er juin 1976 à Marie-Joseph d'Anjou, *Ibid.*
31. Lettre du 16 juin 1976 à Marie-Joseph d'Anjou, *Ibid.*
32. Lettre du 20 décembre 1977 à Marie-Joseph d'Anjou, *Ibid.*

(lettre du 13 décembre 1978; Major et Vadeboncoeur, 2016). Il écrit au père d'Anjou « avoir traversé des dizaines d'années et particulièrement celles du laïcisme ambiant sans devenir un mange-curés[33] ». À Rivard, il affirmera « qu'à Godbout je préférais les curés qu'il méprise. La philosophie de ces derniers est bien plus large; elle ne tient pas sur les pointes. Ils ne font pas du bel esprit » (lettre du 26 février 1981; Vadeboncoeur, 2019-2020 : 40-52). Il n'apprécie guère « le libertarisme invraisemblable qui a succédé sans transition à l'esprit des couvents » (lettre du 10 décembre 1986; *Ibid.*). L'athéisme le « navre » : il lui fait « penser à un écran de radar tourné vers le sol » (lettre du 16 janvier 1997; Roy et Vadeboncoeur, 2013). Lui qui n'a pas la foi, mais de l'espérance et de la charité[34], écrit :

> Les vertus étaient inscrites dans nos croyances et inextricablement mêlées à celles-ci comme les fils de trames aux fils de chaînes. Si on les sépare, elles meurent. C'est ce qui est arrivé au Québec. On s'est imaginé que les vertus étaient abstraites et que le relais pouvait être pris par une morale laïque. Vue de l'esprit. Illusion d'intellectuel. Le tissu était vivant. (lettre du 28 janvier 2003; *Ibid.*)

Il croit toujours qu'il « n'y a et [qu']il n'y aura jamais mort du divin dans l'humanité », tout en ayant reconnu : « Mon problème comme homme religieux, c'est que je n'arrive pas à me faire une représentation de Dieu ni par conséquent à l'aimer[35] », c'est-à-dire qu'il « n'arrive pas à ramener Dieu à une conscience proche, à un interlocuteur possible, à cause des dimensions qu'il doit avoir[36] ».

Ce « catholique de tendance agnostique » ou « cet agnostique de tendance catholique » (lettre du 30 septembre 2002; Roy et Vadeboncoeur, 2013) continue à chercher « le sens du sens » dans des « lettres métaphysiques » adressées à Roy, qu'il a beau qualifier « d'élucubrations », mais qui travaillent l'anti-intellectuel.

33. Lettre du 10 juillet 1979 à Marie-Joseph d'Anjou, *Ibid.*
34. Lettre du 30 mars 1979 à Marie-Joseph d'Anjou, *Ibid.*
35. Lettre du 9 mars 1983 à Suzanne Martin, *Ibid.*
36. Lettre du 10 avril 2001 à Henry Tremblay, *Ibid.*

« Le pays qui ne se fait pas »

Déjà en 1967, après le retour au pouvoir de l'Union nationale et le ressac politique, Vadeboncoeur avait confié à Piotte regarder « la politique avec plus de scepticisme et aussi plus de dégoût » (lettre du 22 décembre 1967 ; Piotte et Vadeboncoeur, 2012). Son combat pour la démocratie, dans les années 1950, est derrière lui. Celui pour l'indépendance politique du Québec se tient dans *La dernière heure et la première* (1970), dans *Indépendances* (1972), dans *Un génocide en douce* (1976), dans *Chaque jour, l'indépendance* (1978), dans *To be or not to be* (1980). Le Parti québécois accède au pouvoir en 1976 et perd le référendum du 20 mai 1980 avec 40 % de OUI. Vadeboncoeur écrit au milieu de la décennie : « [...] penser au Québec en ce temps, c'est pour moi mettre des fleurs sur une tombe » (lettre du 9 juillet 1985 ; Pelletier-Baillargeon et Vadeboncoeur, 2018). À ce moment, il estime assez radicalement que la « pensée de l'indépendance a donné tout ce qu'elle pouvait et elle ne pouvait pas donner l'indépendance » (lettre du 27 mars 1985 ; *Ibid.*). Comme pour la décadence, Vadeboncoeur a son « ton "prophétique" » (lettre du 7 février 2001 ; Vadeboncoeur, 2019-2020 : 115-130) pour parler de politique et de souveraineté. L'homme de « notre psychologie de l'action » de 1951 explique son désenchantement et son « pessimisme profond » en des formules qu'on peut trouver perspicaces : « Nous sommes pressés et brouillons, c'est un trait national. Je crains que cela, d'ailleurs, ne nous fasse rater l'indépendance, car nous avons le désenchantement facile » (lettre du 21 janvier 1973 ; Major et Vadeboncoeur, 2016). Le Québec est « comme un reste de peuplade méprisée » (lettre du 10 décembre 1986 ; Vadeboncoeur, 2019-2020). Nous « ne sommes pas désespérés, donc nous ne sommes pas révolutionnaires » (lettre du 29 avril 1993 ; Pelletier-Baillargeon, 2018). Le peuple québécois « n'a pas assez de force morale » (lettre du 10 décembre 1999 ; *Ibid.*), il fait preuve « d'une incapacité profonde » (lettre du 8 septembre 2000 ; Roy et Vadeboncoeur, 2013). C'est un « peuple viscéralement mou » (lettre du 5 février 2003 ; *Ibid.*), porteur « d'une profonde dépression chronique » (lettre du 25 juillet 2003 ; *Ibid.*). Il est en plein « affaissement » (lettre du 13 mars 1986 ; Roy et Vadeboncoeur, 2011), voué « aux misères d'une insignifiance politique rapidement croissante » (lettre du 9 décembre 1986 ; *Ibid.*) ; ce « n'est plus la surface, ce ne sont plus les éléments, des colombages, des étais qui se défont ; ce sont les fonds qui se disloquent » (lettre du 17 décembre 1987 ; Pelletier-Baillargeon, 2018).

Vadeboncoeur n'est pas le tenant d'une ligne pure et dure : « L'indépendantisme inconditionnel est une erreur » qui est « au principe de nos errements ». Une telle position ne peut que l'éloigner d'un Pierre Bourgault, « dangereux clown et fumiste », qui « a toujours été un inquiétant signe des temps[37] ».

Il explique à Nadeau : « Le fondement de mon indépendantisme, c'est que le fédéralisme n'existe pas : c'est une domination rigide et camouflée, inflexible dans son institution, vouée à la déroute historique progressive des Canadiens-français [*sic*]. » L'échec de cet ordre immuable date du temps de la commission Laurendeau-Dunton. Puis, l'illusion « se reconduit d'âge en âge, portée par des magisters comme Léon Dion et Gérard Bergeron, qui rencontrent toujours le même obstacle sans s'en instruire et qui continuent de pontifier ridiculement, ajoutant au ridicule de leur idée celui de leur entêtement ». L'illusion tient aussi au fait « que Trudeau n'avait fait qu'épouser le système hégémonique anglo-saxon, lequel subsiste après lui bien entendu ». Croire encore à une sorte de fédéralisme, « cela relève de l'imbécillité ou de l'ambition politicienne ».

Mais Vadeboncoeur épargne l'homme des diagonales, d'une autre ligne du risque : « Laurendeau a été notre premier naïf contemporain. Mais au moins, lui, il avait une excuse : il se trouvait entre deux époques et il n'a pu connaître les échecs successifs de sa pensée. Et puis il avait du style, de la classe, de la sensibilité, sans parler de sa sincérité, qui était entière[38]. »

Vadeboncoeur prend acte à sa façon des résultats du référendum du 30 octobre 1995 : le Québec est toujours sur « une pente descendante inexorable » (lettre du 27 août 1996 ; Roy et Vadeboncoeur, 2011). Il connaît une « implosion », un « effondrement » (lettre du 28 septembre 1996 ; *Ibid.*). Au tournant du millénaire, à propos de la politique

37. Lettres du 15 novembre 1987 à Pierre-Marc Johnson et du 28 janvier 1994 à Jean-François Nadeau, *Ibid.*

38. Lettre à Jean-François Nadeau du 1er juin 1993, *Ibid.*

nationale, Vadeboncoeur confie à Roy : « Sur ce sujet-là, ma pensée est maintenant un abîme dont vous n'avez peut-être pas idée » (lettre du 26 décembre 2000; Roy et Vadeboncoeur, 2013).

Conclusion

Sans chercher à brider ou à domestiquer un penseur sauvage, l'analyse de la correspondance de Vadeboncoeur permet de mettre un texte dans un contexte, une individualité dans une appartenance. Vadeboncoeur a aimé correspondre, écrire des lettres où la vigueur de la pensée et le souci constant de l'écriture ne se démentent pas, où se retrouve un ton indéfectiblement critique. La correspondance révèle les marques du désarroi des années 1940 que Vadeboncoeur est le premier à reconnaître avec des correspondants. Ce sont l'amour et le syndicalisme qui auront été de précieux ancrages dans la réalité; c'est ce besoin et ce souci constants de réalité qui, dès *Cité libre* en 1951, lui font lire « l'irréalisme » de la culture et de la mentalité québécoises. C'est encore l'impératif de l'ancrage et la vigilance de tous les instants qui contribuent à développer chez lui un anti-intellectualisme sans relâche. Dans le désarroi, la recherche de soi est passée par l'exploration du « processus de délivrance » des surréalistes, par la découverte des « puissances créatrices ». Dès 1945, Vadeboncoeur a voulu cerner ses idées par l'écriture, encouragé dans cette veine par son ami Trudeau, qui l'invitait à créer avec le réel des liens plus engageants. Il se voyait faire œuvre de pensée, de moraliste, donnant valeur universelle à une pensée patriotique. L'essayiste se façonnait dans la volonté et l'affirmation d'une pensée souveraine, engagée. Le projet est clair et réitéré en 1972 lorsqu'il écrit à Major vouloir « essayer par les mots, les choses nouvelles qui se font jour en moi ». Vadeboncoeur sera passé d'une écriture analytique, rationnelle, d'une perspicacité unique à une écriture inattendue du sensible et du spirituel. L'ouverture au sensible par l'exploration des dessins d'enfant a quelque chose de l'écriture surrationnelle, automatiste. On trouve du Borduas chez Vadeboncoeur là où on ne l'attend pas. Ou encore, dans l'idée, dont il a fait part à Trudeau en 1945, « d'appliquer systématiquement la méthode de l'invention au gouvernement ».

On découvre encore dans la correspondance de l'essayiste que la solidarité humaine et l'esprit critique se nourrissent mutuellement. Vadeboncoeur a regardé et écrit autrement parce qu'il a été syndicaliste, un essayiste en relation directe avec la réalité qu'il avait mis du temps à rejoindre, un homme qui avait choisi d'être « avec ceux qu'on méprisait ». Il a aussi tenu à sa réalité, à une réalité qu'il a contribué à dénouer, à déconstruire, à défaire. Ce qui a d'abord été changement heureux est devenu crépuscule et naufrage dramatique : dans les valeurs de son éducation, dans la religion et la spiritualité, dans les codes culturels nouveaux, dans l'usage de la langue française, dans le projet souverainiste, à la CSN même. Le questionnement religieux, sans être « ce jeu ridicule de Gide avec Claudel », a fait retour chez cet agnostique catholique, tout comme le questionnement métaphysique chez l'anti-intellectuel virulent. Son agnosticisme a été une autre détermination à ne pas se faire avoir par un Dieu qu'il ne parvenait pas à transformer en interlocuteur, en correspondant.

Vadeboncoeur a été un irrévérencieux respectueux, poli. Un homme non domesticable, incorruptible. Un nouveau Bloy ou un nouveau Péguy. Non récupérable ni par la JEC, ni par Borduas, ni par le syndicalisme, ni par les intellectuels, ni par quelque chapelle, ni par un parti, même souverainiste. Il a été un artiste libre, capable de saccage, un homme qui, dès le départ, a voulu faire les choses par vérité. C'est ce que finissent par dire ses lettres.

Bibliographie

Archives

Archives nationales du Québec, à Montréal
Fonds Pierre-Vadeboncoeur, P10010

Références

LAMONDE, Yvan (2021). *Émonder et sauver l'arbre : Maurice Blain, la laïcité et la transition intellectuelle après Borduas*, Montréal, Leméac Éditeur.

LIVERNOIS, Jonathan (2017). « "Un coup délivré de Trudeau…" : à propos de la correspondance entre André Belleau et Pierre Vadeboncoeur (1978-1985) », *Voix et Images*, vol. 42, n° 2 (hiver), p. 85-94.

LIVERNOIS, Jonathan (2018). « Ce qu'ils doivent à Pierre Vadeboncoeur : réflexions sur la place de l'essayiste dans l'entreprise partipriste », dans Gilles Dupuis, Karim Larose, Frédéric Rondeau et Robert Schwartzwald (dir.), *Avec ou sans* Parti pris *: le legs d'une revue*, Montréal, Éditions Nota bene, p. 111-124.

MAJOR, André, et Pierre VADEBONCOEUR (2016). *Nous rencontrer à mi-chemin : correspondance (1972-2005) et autres textes*, Montréal, Éditions du Boréal.

PELLETIER-BAILLARGEON, Hélène, et Pierre VADEBONCOEUR (2018). *Le pays qui ne se fait pas : correspondance 1983-2006*, édition préparée par Marie-Andrée Beaudet et Jonathan Livernois, avec la collaboration de François Ricard, Montréal, Éditions du Boréal.

PIOTTE, Jean-Marc, et Pierre VADEBONCOEUR (2012). *Une amitié improbable : correspondance 1963-1972*, présentation de Jacques Pelletier, Montréal, Lux Éditeur.

RIVARD, Yvon, et Pierre VADEBONCOEUR (2022). *Une amitié libre : correspondance (1974-2010)*, préface de Mathieu Bélisle, Montréal, Leméac Éditeur, coll. « L'écritoire ».

RONDEAU, Frédéric (2015). « Une forme supérieure d'intimité : fragments de la correspondance d'André Major avec Pierre Vadeboncoeur », *Voix et Images*, vol. 40, n° 3 (printemps-été), p. 69-85.

ROY, Paul-Émile, et Pierre VADEBONCOEUR (2011). *L'écrivain et son lecteur : correspondance (1984-1997)*, Montréal, Leméac Éditeur.

ROY, Paul-Émile, et Pierre VADEBONCOEUR (2013). *L'élève et son professeur : correspondance (1997-2010)*, Montréal, Leméac Éditeur.

TRUDEAU, Pierre Elliott, et Pierre VADEBONCOEUR (2021). *J'attends de toi une œuvre de bataille : correspondance, 1942-1996*, présentation de Jean-François Nadeau et annotations de Jonathan Livernois, Montréal, Lux Éditeur.

VADEBONCOEUR, Pierre (1984). « L'"écrivant" Borduas », *Liberté*, vol. 26, n° 5 (octobre), p. 89.

VADEBONCOEUR, Pierre (1993). *Les deux royaumes*, postface de Réjean Beaudoin, Montréal, Typo.

VADEBONCOEUR, Pierre (2014). « Lettres de Pierre Vadeboncoeur à Jean-Pierre Issenhuth [1987-2003] », *Études françaises*, vol. 50, n°s 1-2, p. 115-130.

VADEBONCOEUR, Pierre (2019-2020). « Lettres à Yvon Rivard [1975-2006] et à Jean-Pierre Issenhuth [1986] », *L'Inconvénient*, n° 79 (hiver), p. 40-52.

ANNEXE

Liste des lettres conservées par Pierre Vadeboncoeur ou remises à lui*

Nom	Prénom	Période	Nombre de lettres
Beauchataud	Jean-Pierre	Sans date	1
Beauchemin	Micheline	23 septembre 1996	1
Beaudouin	Réjean	1983-2010	6
Beaulieu	Étienne	27 janvier 2006	1
Belleau	André	1978-1995	4
Belleau	frère d'André	2 février 1987	1
Bergeron	Gérard	1980-1986	3
Bernier	Conrad	1983-1992	3
Bissonnette	Lise	1990, 1992	2
Blain	Maurice	7 décembre 1986	1
Blain	Odette	1986, 1989	2
Boivin	Jean-Roch	[2008]	1
Bouchard	Lucien	27 février 2000	1
Bourgoin	Louis	1970-2008	5
Bourneuf	Roland	23 avril 2009	1
Brière	Marc	1992, 1993	2
Brousseau	François	1992	2
Burns	Robert	11 juillet 1974	1
Cantin	Pierre	22 février 1975	1
Cellard	Jacques	4 mars 1983	1
Champagne	Monique	Sans date	1
Charron	François	29 mars 1987	1
Chartier	Jean	2 avril 1975	1
Chartrand	Francine	28 septembre 1987	1
Cohen	Betty	24 mars 1992	1

Nom	**Prénom**	**Période**	**Nombre de lettres**
Comeau	Paul-André	21 avril 1990	1
Content	René	7 avril 1988	1
Cornellier	Louis	9 décembre 2005	1
*D'Anjou	Marie-Joseph	1976-1983	29
Daunais	Isabelle	Sans date	2
De Granpré	Jean	1978, 1988	2
Dennys	Louise	12 mars 1983	1
Derouin	René	1996	2
Descoteaux	Bernard	26 septembre 1992	1
Doutre	Louis-Martin	1996-1997	5
Dumas	Evelyne	9 mars 1983	1
Dumont	Fernand	1969-1996	4
Duthel	Jean-Yves	1983	2
Émond	Bernard	2006-2009	4
Éthier-Blais	Jean	1988, 1992	2
Faucher	Françoise	25 février 1983	1
Ferland	Guy	1989, 1992	2
Ferron	Jacques	1949-1981	16
Filion	Gérard	18 mars 1978	1
Finkelkraut	Alain	6 mai 1992	1
Fortier	Colette	12 octobre 2003	1
Francoeur	Louis	1992-1995	3
Gaboury	Nicole	9 octobre 1995	1
Gagnon	Jean-Claude	30 décembre 1983	1
Gaulé	Alex	20 février 1967	1
Godbout	Jacques	18 décembre 2000	1
Guillemin	Henri	7 avril 1981	1
Haeck	Philippe	1989	2

Nom	Prénom	Période	Nombre de lettres
Harvey	Vincent	1967 ?, 1970	2
Hébert	François	1986-1987	3
*Issenhuth	Jean-Pierre	1986-2003	19
Jacques	Léo	15 octobre 2007	1
Jasmin	Bernard	2003, 2005	2
Johnson	Pierre-Marc	15 novembre 1987	1
Joubert	Suzanne	31 mai 1989	1
L'Abbé	France	5 août 1983	1
Lalonde	Michèle	1986	1
Lambert	Lucie	1989, 1993	2
Lamonde	Yvan	1989-2009	6
Lamontagne	Marie-Andrée	1996	2
Lanctôt	Jacques	28 janvier 1987	1
Lapointe	Gilles	1999-2000	3
Laurendeau	Yves	29 août 1984	1
Lebeau	Hélène	18 juillet 1992	1
Leclerc	Yves	1992, 1993	2
Lesage	Gilles	29 novembre 1993	1
Letocha	Louise	27 août 1978	1
Lévesque	René	1984, 1985	2
Lévesque	Robert	16 avril 1992	1
L'Heureux	André	13 janvier 1978	1
Major	André	12 avril 1983	1
Marchand	Jean	1953, 1964	2
Marcotte	Gilles	1994-2007	12
Martel	Réginald	9 mars 1985	1
Martin	Suzanne	1983-1985	4
May	Cedric	1988-2004	10

Nom	Prénom	Période	Nombre de lettres
Michaud	Yves	1974-1983	6
Miron	Gaston	28 avril 1985	1
Morin	Claude	1994-1995	3
Mottet	Philippe	25 mars 2009	1
Nadeau	Jean-François	1993-1996	12
Noguez	Dominique	1994-1996	3
*Olscamp	Marcel	1993-2004	17
Ouellet	Pierre	1990-2002	7
Paquette	Jean-Marcel	1986-1996	12
Paré	Jean	1979	2
Payeur	Gilbert	[1980-1981]	2
Perreault	Pierre	1991-1992	2
Petrowski	Nathalie	1999, 2008	2
Poisson	Jacques	17 avril 1990	1
Poulin	Gabrielle	1985	2
Proulx	Jean	30 novembre 1979	1
Quarrington	Paul	20 février 1997	1
Relations		19 juin 2000	1
Renaud	Jean	24 octobre 1988	1
Ricard	François	1979-2008	20
*Rivard	Yvon	1979-1996	7
Roy	Alain	2004-2005	3
Roy	Gabrielle	21 juillet 1979	1
Roy	Paul-Émile	23 avril 1997	1
Roy	Yannick	2006, 2007	2
Royer	Jean	20 février 1992	1
Sicotte	Sylvie	19 avril 1985	1
Simonneau	Jean	24 mars 1979	1

Nom	**Prénom**	**Période**	**Nombre de lettres**
Straram	Patrick	15 octobre 1987	1
Thériault	Marie José	1983-2004	9
Tremblay	Henri	2001	2
*Trottier	Pierre	1979-1984	18
Trudel	Claude	5 juin 1973	1
Trudel	Sylvain	26 mars 1994	1
Vaillancourt	Philippe	3 novembre 1991	1
Vaillancourt	Yves	4 février 1989	1
Vallières	Pierre	28 septembre 1964	1
VLB éditeur		4 février 1987	1
Vigneault	Robert	2006	3
Warren	Jean-Philippe		3
Yoken	Mel B.	Sans date	1

* Les noms précédés d'un astérisque font référence à des correspondants qui ont remis à Pierre Vadeboncoeur des lettres qu'ils avaient reçues de lui.

Jacques Brault et l'esprit de la lettre

François Dumont
Université Laval

Les documents que Jacques Brault a déposés aux Archives nationales d'Ottawa[1] montrent qu'il a tenu une vaste correspondance avec une étonnante diversité de destinataires, de Margaret Atwood, qui lui répond en français sous le nom de « Marguerite Auxbois », à son collègue et ami Robert Melançon, dont le bureau était pourtant à quelques pas du sien, en passant par le felquiste Charles Gagnon, détenu à la prison de Bordeaux. Plusieurs lettres sont liées à des projets d'écriture (les lettres d'Atwood, par exemple, évoquent la traduction de quelques-uns de ses poèmes par Brault, et certaines lettres de Melançon portent sur le recueil *Au petit matin* cosigné avec lui). D'autres lettres manifestent des appuis qui seront déterminants dans le parcours de Brault (celles du père Benoît Lacroix, par exemple, qui le guide, dans les années 1950, vers les études médiévales, ou celles d'Alain Bosquet, poète et directeur de collection, qui publiera chez Grasset ses deux premiers recueils). Inversement, de nombreux jeunes écrivains lui demandent des avis ou une aide (c'est le cas dès les années 1960, quand Paul Chamberland sollicite des lettres pour l'obtention de bourses). Dans la plupart des cas, les lettres dépassent ces divers contextes en manifestant un plaisir de l'intimité partagée que Brault semble avoir stimulé chez ses correspondants. Il faut cependant préciser que le Fonds Jacques-Brault

1. Archives nationales d'Ottawa, Bibliothèque et Archives Canada, Fonds Jacques-Brault, R11714.

ne comporte que des lettres reçues et que les fonds d'archives où les lettres écrites par Brault pourraient être retrouvées ne sont pas encore accessibles[2] ou même constitués. Exception notable, le Fonds Gilles-Marcotte[3] contient à la fois des lettres adressées par Brault à Marcotte et des copies faites par Marcotte de lettres qu'il a écrites à Brault. Ce fonds est manifestement lacunaire, et les lettres sont regroupées dans un ordre aléatoire, mais les 65 lettres de Brault et les 46 lettres de Marcotte forment un ensemble riche, que je tenterai de caractériser rapidement.

Une amitié d'écrivains

Ces lettres amicales constituent d'abord une correspondance d'écrivains. Brault et Marcotte s'échangent parfois des livres d'autres auteurs, mais, le plus souvent, c'est une de leurs parutions récentes ou un texte non encore publié qu'ils soumettent à l'autre. Malgré leurs différences[4], ils s'accordent sur une conception de la littérature fondée sur ce que Brault appelle « l'infinitude des œuvres » (lettre du 14 février 1989). Leurs échanges témoignent d'une grande confiance à l'égard du jugement de l'autre (par exemple, quand Marcotte se demande s'il doit ou non publier le livre qu'il a tiré de ses carnets, *Les livres et les jours*, ce que Brault l'encourage vivement à faire). Les commentaires sont parfois des suggestions de retouches à un manuscrit, mais ils font aussi place à des réflexions, toujours concises, sur la littérature, sur la théorie, sur la foi, sur l'état de la culture québécoise et, très souvent, sur les tracas associés au vieillissement. Une autre particularité de cette correspondance est en

2. Ainsi, dans le Fonds Benoît-Lacroix de la Division des archives de l'Université de Montréal, PO431, où se trouvent vraisemblablement des lettres de Brault, la correspondance personnelle ne sera accessible qu'en 2048.
3. Division des archives de l'Université de Montréal, Fonds Gilles-Marcotte, PO385.
4. Brault, né en 1933, a huit ans de moins que Marcotte, né en 1925; il est surtout reconnu comme un poète et son aîné comme un critique, même si les deux ont pratiqué plusieurs genres; le premier fut ouvertement indépendantiste pendant sa jeunesse, alors que l'autre est toujours resté fédéraliste. L'écart d'âge ne semble compter pour rien dans cette relation amicale. Les différences entre la poésie et la critique sont parfois abordées dans les lettres, chacun insistant volontiers sur les limites de son approche de l'écriture. Quant aux positions politiques, elles sont rarement évoquées, et jamais de façon conflictuelle.

effet d'être tardive. Même s'ils ont tous deux enseigné au Département d'études françaises de l'Université de Montréal, s'ils ont souvent participé ensemble à des émissions de radio et s'ils ont tous deux collaboré, dès les années 1960, à la revue *Liberté*, leur amitié, au vu de cette correspondance, semble s'approfondir à partir de la fin des années 1980. C'est au cours de la période qui va de 2001 à 2011 que les échanges sont les plus fréquents et que les lettres sont les plus développées ; Brault et Marcotte sont alors tous les deux reconnus comme des écrivains majeurs et ils sont à la retraite depuis plusieurs années. Le ton des lettres est souvent celui du bilan, et plus le temps avance, plus les correspondants semblent se sentir étrangers au monde qui les entoure : Marcotte renonce, par exemple, à intervenir dans le journal en raison de la « cacophonie » ambiante (lettre du 31 août 2006), alors que Brault s'ennuie des « années heureuses où la radio parlait de littérature avec intelligence et enthousiasme » (lettre du 21 juin 2012).

Ce qui caractérise les lettres échangées par Brault et Marcotte qui ont été conservées est, outre la vive amitié dont elles témoignent, qu'elles sont toujours relativement brèves et qu'elles ne sont jamais autonomes : en plus d'être liées aux précédentes (tout en appelant la suivante), elles font souvent allusion aux conversations téléphoniques et aux rencontres de même qu'aux deux œuvres en cours. Ainsi, chez Marcotte comme chez Brault, la lettre apparaît d'abord comme un complément aux entretiens, et c'est sur le terrain littéraire que la forme épistolaire semble trouver son véritable accomplissement[5].

S'il est encore prématuré, compte tenu de la rareté des documents accessibles, d'entreprendre une étude d'ensemble de la correspondance de Brault, il est d'ores et déjà possible de tenter de mesurer la part de l'épistolaire dans l'œuvre elle-même. Celle-ci est profondément marquée par les caractéristiques de la lettre, forme d'écriture à laquelle Brault a

5. Avant d'aborder l'œuvre de Brault, je souligne que Marcotte a cosigné avec André Brochu un essai sous forme d'échange épistolaire, *La littérature et le reste* (Montréal, Quinze, 1980), et que son recueil de nouvelles, *La vie réelle* (Montréal, Boréal, 1989), comporte une « Lettre à Octave Crémazie ». Par ailleurs, ses essais adoptent souvent la forme d'une adresse, aux lecteurs, mais aussi aux écrivains qui, comme l'observe Isabelle Daunais, « ne sont jamais pour lui des objets (d'étude, de réflexion, de méditation), mais des interlocuteurs » (2017 : 17).

souvent recouru dans ses publications et sur laquelle il a aussi réfléchi dans plusieurs essais. Je me propose d'explorer ici non seulement les évocations explicites de l'épistolaire, mais aussi, plus largement, les manifestations de « l'esprit de la lettre » dans l'œuvre.

Une poétique de l'adresse

Après la parution de *Mémoire*, le premier recueil de Brault, en 1965, chez Déom, et sa réédition, en 1968, chez Grasset, dans une version augmentée, André Belleau observait que « la poésie de Brault n'est pas *évocative* [...] mais *vocative* : elle s'adresse toujours à quelqu'un ou à quelque chose de façon directe » (1970 : 89). Cela était déjà perceptible dans les premières contributions de Brault à des revues, avant la publication de *Mémoire*. Il publie, par exemple, « À une désespérance » dans la *Revue dominicaine* en 1958 et « À ceux-là » dans *Liberté* en 1961, deux poèmes qui seront repris dans *Mémoire*. Dans le premier cas, le poème s'adresse à une abstraction, mais tout se passe comme si la concrétisation de la destinataire pouvait permettre de mieux lui faire face. Au début du texte, le pays est représenté par la neige, dont le poète dénonce la duperie :

> Neige de mon pays si douce et si dure
> cristalline et crispée comme un cri
> c'est toi qui m'endors et m'abuses (Brault, 1958 : 193)

Mais l'adresse, dans les premiers poèmes de Brault, prend le plus souvent la forme d'un appel. C'est le cas dans « À ceux-là », poème qui rassemble les morts et les vivants. Un constat est plusieurs fois répété : « Nos morts là-bas dorment casqués de certitude », puis le poète interpelle les victimes de la Seconde Guerre : « [Ô] frères dans la mort criez criez quand l'aile de l'effroi frôle nos tempes ». En conclusion, morts et vivants se trouvent associés : « Nous aussi nous dormons casqués de certitude » (Brault, 1961 : 725).

L'adresse aux morts est très présente dans *Mémoire*. Dans l'édition française de 1968, c'est même elle qui ouvre le recueil[6] :

6. L'édition originale de 1965 s'ouvre elle aussi sur une adresse : le poème « L'homme usiné » est dédié « à mon père », et les trois strophes débutent par le même impératif : « Consens » (Brault, 1965 : 13). Notons que dans le recueil

> Mes amis moissonneurs mes amis au profil de matin maigre mes amis souvenez-vous
> Quand vous serez revenus à la patrie du sommeil et dociles enfants de votre mort
> Toute honte dévêtue et beaux enfin dans votre seule nudité quand vous serez rendus au ventre de la dernière naissance
> Souvenez-vous mes amis souvenez-vous de ceux qui demeurent et de leur exil
> Et s'il se peut souvenez-vous de celui qui a mal de vivre à vous tant aimer (Brault, 1968 : 11)

L'appel aux morts se fait au nom de l'amitié, valeur fondamentale dans l'œuvre de Brault qui donne sa tonalité à ce qui est ailleurs une confidence : « [T]u es au seuil de l'innommé / où ma vie se malmène » (Brault, 1968 : 87). L'usage du « tu » prend très tôt chez lui une valeur littéraire particulière. En 1965, dans une réponse à une enquête de *Liberté*, il estime que « ce n'est que par mégarde que le "tu" entre en littérature, mais quand cela se produit, rien ne nous parle mieux que cette parole écrite » (Lamothe, 1965 : 540). Comme l'adresse aux amis disparus, l'usage du « tu » s'inscrit dans l'élaboration d'un « nous » qui, dans les premiers recueils, participe nettement au mouvement de ce que l'on a appelé la « poésie du pays ». L'usage du « nous », dans *Mémoire*, est cependant aussi de l'ordre de l'autocritique. Dans « Suite fraternelle », qui débute par une adresse au frère mort au combat, les « demi-révoltés confortables » (Brault, 1968 : 50) sont tenus en partie responsables de leur sort, de sorte que le recueil ressortit moins à la célébration du pays qu'à une incitation à la liberté.

Mémoire et *La poésie ce matin* s'apparentent davantage à *L'homme rapaillé* de Gaston Miron qu'à d'autres recueils associés à la « poésie du pays », comme *Recours au pays* (1961), de Jean-Guy Pilon, ou *Ode au Saint-Laurent* (1963), de Gatien Lapointe. Chez Pilon et Lapointe, un recommencement est à l'œuvre et la confiance dans le pouvoir de la parole est grande. Chez Miron et Brault, le sort du pays est beaucoup plus problématique et il dépend moins de la célébration que de

---

suivant, *La poésie ce matin*, Brault évoque explicitement le genre épistolaire : un poème s'intitule « Lettre de nuit » et est suivi d'un poème qui porte le titre « *Post-scriptum* » (1971 : 88 et 89).

la critique. L'énonciation ne se suffisant pas à elle-même, l'appel aux autres est aussi chez Miron un procédé constant : il s'adresse notamment à l'amoureuse (« Mon bel amour navigateur »), aux compagnons (« Mes camarades au long cours de ma jeunesse »), au pays (« Québec ma terre amère ») et à la poésie elle-même (« Ma désolée sereine / ma barricadée lointaine / ma poésie les yeux brûlés[7] ») (Miron, 1994 : 22, 84, 86, 36). Miron et Brault, unis par une longue amitié, se sont certainement influencés réciproquement, mais une différence reste assez nette : Miron se situe volontiers « sur la place publique avec les [s]iens » (1994 : 85), alors que Brault, plutôt que vers l'affirmation de l'identité, se tourne vers l'exploration de l'altérité. En ce sens, si l'adresse, dans la poésie de Miron, constitue avant tout une convocation, chez Brault, elle relève de l'intimisme, qui restera le registre privilégié de ses publications ultérieures.

Le « genre par excellence »

Cet intimisme, Brault le rapproche lui-même explicitement de la forme épistolaire. Dans un entretien de 1986, Robert Melançon lui demande : « Vous avez dit qu'écrire, c'est s'adresser à quelqu'un. À qui ? » Brault lui répond : « À un inconnu, vaguement imaginé. » Melançon ajoute : « À quelle fin, alors, écrit-on à quelqu'un d'inconnu et d'indéterminé ? » Brault précise :

> C'est le visage évanescent de l'autre qui m'intéresse. Je suis incapable de pratiquer le langage qui s'avale puis s'engendre lui-même. À mes yeux, le langage littéraire est sous tension : il comporte un pôle d'intransitivité et un pôle de transitivité qui est ce quelqu'un, cette présence diffuse. C'est très important cette présence indéterminée qui me soutient, m'aide à donner un sens, une direction à ce que j'écris. J'aime m'adresser à quelqu'un. J'ai toujours aimé le genre épistolaire. Maintenant, hélas! il disparaît, mais pour moi, c'est le genre par excellence. (Melançon, 1987 : 201-202)

7. Ces vers, que l'on peut lire comme l'amorce d'une lettre adressée à la poésie, s'apparentent au début du dernier poème de *Mémoire* : « Poésie hors les mots hors les murs ô patrie désaffectée ma tristesse ma très éloignée poésie » (Brault, 1968 : 102).

On peut s'étonner que Brault considère l'épistolaire comme « le genre par excellence » dans la mesure où, comme l'observe André Brochu, « quel que soit le mode d'expression qu'il choisit, Brault est un poète » (1987 : 187). Or la poésie, malgré son omniprésence, est l'objet d'une méfiance à l'égard du « langage qui s'engendre lui-même » comme de sa « grandeur déclarative » (Brault, 1989 : 217). Au solipsisme et à la hauteur, Brault oppose souvent l'attention à l'autre et les aspects concrets de l'écriture[8]. Ainsi, l'épistolaire, qui est un genre du discours avant d'être un genre littéraire, oriente l'écriture vers l'existence plutôt que vers elle-même.

Si la parenté entre l'écriture de Brault et le genre épistolaire témoigne de la différence entre l'engagement de type mironien et l'attention à la « présence diffuse » de l'autre, elle manifeste aussi l'importance du « pôle de transitivité » du langage littéraire. Au début des années 1970, Roland Barthes soutenait que l'écrivain moderne « n'est plus celui qui écrit quelque chose, mais celui qui écrit absolument : il est du côté de l'intransitivité » (2002 : 617). En élisant le genre épistolaire comme « genre par excellence », Brault se maintient dans une « tension » entre engagement et intransitivité : rejetant ce qu'il désigne comme les « pseudo-théories de l'engagement et de la responsabilité », il se tourne néanmoins vers « le visage évanescent de l'autre », en restant attentif au « "jeu" (au sens physique et psychique) entre nous et entre les choses » (1989 : 28).

En plus d'écarter la polarisation entre engagement et intransitivité, l'écriture épistolaire, comme l'observe Frédérique Bernier, « se tient en marge d'une littérature conçue comme mode de communication impersonnel et se distingue de l'œuvre en tant que produit de médiations

8. L'intérêt à l'égard des dimensions matérielles de la littérature explique que Brault ait choisi, à partir de 1975, de faire paraître ses recueils de poèmes aux Éditions du Noroît. Celles-ci, dans les années 1970 et 1980 tout particulièrement, se démarquent par l'attention portée à la matérialité de l'édition, qui a souvent des allures artisanales (c'est notamment le cas pour *Poèmes des quatre côtés* et pour *Trois fois passera*, précédé de *Jour et nuit*). Notons que Brault a aussi publié plusieurs plaquettes à tirage limité, réalisées avec des artistes et des artisans. L'auteur de *L'artisan* dit aimer « le bois pour lui-même et pour les livres qu'il nous donne. Les livres, je les soupèse, je hume leur encre ou leur colle fraîche, et la main posée à plat sur la feuille imite bien l'action de raboter » (Brault, 1989 : 27). De la même façon, comme le souligne Benoît Melançon, la lettre « est un objet que l'on pèse, que l'on serre, que l'on apprécie quantitativement, de l'œil et de la main » (1996 : 208).

institutionnelles » (2004 : 107-108). Cela n'est pas sans rappeler l'attitude d'Hector de Saint-Denys Garneau, sur qui Brault a beaucoup écrit (et travaillé, avec Lacroix, à la réalisation d'une édition critique de ses textes). Au sujet de l'œuvre de Saint-Denys Garneau, Michel Biron parle, dans *L'absence du maître*, d'une « configuration épistolaire », non seulement en raison du réseau d'amis établi par les lettres, mais aussi du transfert, dans le poème, de l'amitié elle-même. Selon Saint-Denys Garneau, observe Biron, écrire un poème,

> c'est en appeler à la sincérité du récepteur et postuler la réciprocité de la relation du poète et du lecteur. Je t'écris un poème, en échange de quoi tu m'écris une lettre, un mot d'amitié, une marque d'affection. Sans cette réciprocité, le poème reste injustifiable, irrecevable, privé du sens et de la valeur que la reconnaissance immédiate du lecteur est seule à même de pourvoir. (Biron, 2000 : 69)

La poésie pour Brault, comme pour Saint-Denys Garneau, serait, comme la lettre amicale, « compagnie fraternelle » (Brault, 1996 : 140).

Tout en connotant la poésie, l'élection de l'épistolaire comme « genre par excellence » guide aussi, chez Brault, l'orientation de la pratique de la critique. Au moment où la nouvelle critique française remet radicalement en question les usages, Brault réfléchit sur la nature du travail critique dans une série de deux articles parus dans le quotidien *Le Devoir* en 1964, textes qu'il reprendra en 1975 dans *Chemin faisant*. Il constate que la critique contemporaine doit se situer par rapport à des contradictions, entre « positivisme » et « impressionnisme », « humeur » et « démonstration », « interpellée par les voix discordantes de l'objet et du sujet » (Brault, 1975a : 61). Tentant de dépasser ces contradictions, il trouve encore une fois dans le genre épistolaire une troisième voie. En 1970, dans une analyse de la poésie de Juan Garcia, il adopte la forme de la lettre en s'adressant à son ami, de sorte qu'« objet » et « sujet » sont unis par l'intense présence de l'allocutaire :

> Non, je ne devrais pas, tournant le dos aux rituels de la critique, je ne devrais pas m'« exposer » ainsi. Je devrais plutôt rédiger en bonne et due forme une étude, un commentaire, une analyse. Rester dans le ton qui ne gêne pas. M'en tenir à la note juste. Faire preuve d'objectivité. De retenue. Et dire avec précaution les seules choses

> qui me semblent vérifiables. Mais tu es mon compagnon de nuit, Juan, notre voyage n'est pas terminé, de loin. Et tant pis pour les convenances littéraires ou autres. Tes poèmes me brûlent, moi qui les ai vus s'écrire à même tes errances de douleur et d'abandon [...]. Donc, je parlerai de toi, Juan, je te parle ouvertement, avec l'impudeur d'une amitié totale. (Brault, 1975a : 163-164)

En plus de marquer un parti pris pour la subjectivité dans la critique, la forme épistolaire permet de ne pas perdre de vue le lien entre la vie et l'œuvre et de dégager l'analyse d'un formalisme qui ne ferait qu'« empiler du langage sur du langage » (Brault, 1975a : 179). Brault ne renonce pas pour autant aux observations fines et même érudites, mais le cadre de la lettre établit clairement la préséance de l'existence.

Lettres fictives

À l'époque où il écrit son texte sur Garcia, Brault explore la forme dramatique et expérimente à cette occasion les possibilités offertes par la forme épistolaire dans « Lettre au directeur » (1972 : 135-161), radiothéâtre réalisé par son ami Gilles Archambault en 1969. Dans cette courte pièce, Alphonse Legardeur tente d'écrire une lettre de démission en y racontant la perte de la seule femme qu'il ait jamais aimée, intégrant à son récit des poèmes de Charles Baudelaire et de Gérard de Nerval. Cette confession qui vise à résumer l'essentiel d'une vie est constamment recommencée à haute voix, jusqu'à ce que le personnage renonce à terminer sa lettre, découvrant soudainement l'attention que lui porte la femme de ménage qu'il côtoyait depuis plusieurs années sans la remarquer. La pièce accorde une grande place au ressouvenir, mais l'impossibilité de redonner vie au passé par la lettre est l'occasion pour le protagoniste de découvrir le présent. L'écriture de la lettre apparaît comme une épreuve qui se transforme en exorcisme. Le pouvoir de l'approche épistolaire résiderait moins dans la confession que dans l'apparition de l'autre, non pas le directeur anonyme représentant le pouvoir, mais la femme de ménage, compagne que Legardeur ne semblait pas voir avant d'entreprendre la rédaction de sa lettre.

L'expérience épistolaire, chez Brault, ne conduit pas toujours à une résolution aussi claire. Dans « Fragments d'une lettre », l'un des textes réunis dans *Trois fois passera* en 1981, un homme s'adresse à une femme, désignée alternativement par un « tu » et par un « vous », familiarité et étrangeté se relayant à plusieurs reprises. Comme dans la « Lettre au directeur », la forme de la lettre apparaît comme une stratégie pour explorer les ressources de l'adresse :

> Vous vous demandez pourquoi je vous écris ? Ma foi, je ne sais pas.
> Écrire *à quelqu'un*, certes... et après ?
> Après, écrire encore et s'il le faut à personne [...]
> *Dans tout cela réside un sens profond. Je veux le dire... et j'ai oublié les mots.*
> Donc, je vous écris. (Brault, 1981 : 37. Brault souligne.)

Alors que le radiothéâtre se concluait par la révélation d'une présence, c'est l'absence qui reste à l'avant-plan de « Fragments d'une lettre ». L'absence marque aussi bien l'allocutaire (« écrire à personne ») que le locuteur (« *j'ai oublié les mots* », termes empruntés à Tao Yuanming, poète chinois qui parle pour ainsi dire à sa place[9]). L'adresse, dans le désarroi de l'absence de l'autre et de soi-même, apparaît comme une quête : « j'essaie de vous écrire au sujet de quelque chose que j'essaie de m'écrire » (Brault, 1981 : 46). Cette tentative ne peut cependant venir à bout d'un « vertige » qui laisse le dernier mot au « silence » (Brault, 1981 : 52, 53). Au bout du compte, l'absence persiste et, dès lors, manifeste les limites du recours à la lettre : « Je *vous* écris, cela devrait suffire, non ? Non » (Brault, 1981 : 47).

Dans le contexte de l'évolution de l'œuvre de Brault, « Fragments d'une lettre » paraît quelques années après la crise radicale dont témoignait *L'en dessous l'admirable* en 1975, au moment où il se détournait avec amertume de l'horizon politique, et montre que la recherche d'un renouvellement de perspective est toujours en cours, notamment au moyen de la fréquentation de la poésie orientale, mais qu'une aporie, comme l'a observé Jacques Paquin, continue de donner un caractère paradoxal au recours à la lettre : « une conception de l'écriture qui fonde toute sa recherche sur ce qui n'est pas » (1997 : 155). Or,

9. Dans ce livre, les auteurs cités restent souvent anonymes, comme c'est le cas ici. On retrouvera ce procédé dans le recueil *Au fond du jardin*, comme on le verra plus loin.

dans *La poussière du chemin*, en 1989, le discours de Brault manifeste une sérénité nouvelle en focalisant non plus sur l'absence, mais sur l'étrangeté. Cela se manifeste en particulier dans l'essai liminaire, qui emprunte encore une fois la forme épistolaire, « Lettre à des amis inconnus ».

Au moment de composer le recueil *La poussière du chemin*, en 1989, Brault choisit d'ouvrir le livre par un texte qui était, à l'origine, une présentation de la culture québécoise au public allemand[10]. Or, en ne donnant aucune indication au sujet de la publication originale, il fait en sorte que le texte semble s'adresser aux Québécois eux-mêmes, ce qui produit un curieux effet d'« étrangement » (Brault, 1989 : 223) :

> Nous nous accordons une âme collective. Quelle est-elle? Nous l'ignorons. Nos romans et nos chansons, nos films et nos tableaux, nos façons de bâtir, de manger, de jouer, de souffrir, d'aimer, tout notre être répandu en ouvrages et en activités n'a de cesse qu'il n'ait esquissé une réponse qui n'existe pas mais qui, pendant que nous la cherchons, donne le sentiment d'exister.
> Existons-nous vraiment? (Brault, 1989 : 14)

Contrairement à ce qu'exprimait « Fragments d'une lettre » quelques années auparavant, l'étrangeté de l'autre (et de soi) est ici assumée et « ce qui n'est pas » suscite paradoxalement un rapprochement. Le regard s'élargit par le retour du « nous » auquel Brault recourait dans *Mémoire*; toutefois, la critique a cédé la place à l'apprivoisement d'un manque. Au cours des années 1970, Brault s'était éloigné de la communauté nationale à la faveur du « pays d'en dessous » (1975b : 12), faisant le deuil de toute croyance d'ordre politique : « l'espérance de lendemains meilleurs s'est démasquée : leurre, illusion, fumisterie » (*Ibid.* : 27). Dans « Lettre à des amis inconnus », il ne s'agit plus de cette dimension politique, et le « nous » national n'est plus évacué en même temps que les idéologies. Il en résulte une sorte d'apaisement dans l'étrangeté partagée. Cette communauté réunie dans l'étrangeté s'élargit dans *Ô saisons, ô châteaux*, en même temps que s'accentue une ironie ludique qui allège les tourments antérieurs.

10. Ce texte est d'abord paru en traduction allemande sous le titre « Ein Brief an unbekannte Freunde » (Brault, 1983 : 9-12).

Les textes rassemblés dans *Ô saisons, ô châteaux* en 1991 proviennent d'une chronique portant le même titre, tenue par Brault dans la revue *Liberté* de 1983 à 1986. Dans chacun des textes, le même procédé est mis en œuvre : l'auteur, qui se présente sous les traits d'un personnage lunatique et facétieux, commence par une adresse à des destinataires, désignés par les mots « très chers », qui resteront anonymes tout au long de l'ouvrage et que l'on peut associer à l'ensemble des éventuels lecteurs. Les lettres, résolument ludiques, adoptent le ton de la confidence et s'éloignent de tout esprit de sérieux. Les allusions littéraires et philosophiques, très nombreuses, rattachent constamment la pensée à la vie la plus quotidienne, avec une légèreté qui tranche sur la gravité des écrits de l'auteur à ses débuts. Mais il s'agit toujours de la même conception de la littérature, que Brault décrit en ces termes dans *Au fond du jardin* :

> Les écrivains qui écrivent à quelqu'un, à de véritables autres, amis-étrangers-inconnus-imaginés, plutôt qu'à des reflets d'eux-mêmes, ces écrivains peuvent tous sans erreur être considérés comme des épistoliers. Voici que la lettre n'est plus guère une forme d'écriture, on la pratique de moins en moins, mais que l'écriture devient davantage une forme de lettre. Labile et sinueuse, distante et pourtant toute proche, aménageant un espace fictif où se jouent des destins réels à force de fouiller l'improbable, anxieuse, cocasse, cruelle, compatissante, nue et déguisée, cette écriture-lettre se réfugie dans les livres comme autrefois elle se confiait à la poste. (Brault, 1996 : 82)

Cette poétique peut être associée à l'ensemble de l'œuvre de Brault, qui, depuis ses premières publications, trouve dans l'adresse à des « amis-étrangers-inconnus-imaginés » le fondement de sa poétique, faisant ainsi de la lettre, « miroir de l'autre [...] plus que de soi » (Diaz, 2002 : 139), « le genre par excellence ».

L'échange

La dynamique de l'échange, que Brault cherche à provoquer de diverses façons, rapproche aussi plusieurs de ses écrits de la forme épistolaire. Catherine Kerbrat-Orecchioni souligne que la correspondance est habituellement une « interaction » qui implique des « tours d'écriture », comme la conversation implique des « tours de parole ». Elle ajoute que dans le contexte épistolaire, « on écrit parce qu'on est séparés, en même temps que pour créer l'illusion qu'on est ensemble ; du fait de l'existence de ce fossé, et pour tenter de le combler » (Kerbrat-Orecchioni, 1998 : 15, 17). L'« existence de ce fossé » est très souvent évoquée dans les textes de Brault, comme on l'a vu ; or, la simple adresse ne suffit pas à le combler, même si la présence fictive de l'allocutaire prend valeur d'invitation. Encore faut-il avoir accès à la parole de l'autre. Ce souci explique la pratique singulière de la « nontraduction » développée par Brault et la conception de l'intertextualité qui la fonde.

Avant même de faire l'expérience de la traduction au début des années 1970, Brault manifestait l'importance de l'interaction des voix en multipliant les exergues dans ses textes. Semblablement, les citations abondent dans tous ses essais, et il n'est pas rare qu'il termine un texte par un extrait d'un autre écrivain. Les poèmes et les essais, mais aussi les textes dramatiques, où Brault insère souvent des citations, créent de cette façon un concert de présences amicales. La conception de la littérature de Brault s'accorde tout à fait avec ce qu'en dit Judith Schlanger : « Le monde des lettres est [...] un monde où une œuvre rend possible d'autres œuvres » et où « [l]'œuvre qui compte agit par sa présence, comme un être » (2008 : 146, 147). La « nontraduction » constitue à cet égard un cas de figure singulier : elle relève non seulement d'une présence, mais d'une tentative de dialogue. En effet, le texte qui résulte de la « nontraduction » n'est pas la voix du texte source ni celle du texte cible, pour reprendre les termes habituels de la traductologie, mais le résultat d'une « rencontre » (Brault, 1975c : 15) et même, selon Sherry Simon, d'une « relation » qui tiendrait à distance aussi bien l'appropriation que l'effacement devant l'autorité de l'original (1994 : 60). « Un inter-texte, voilà ce que dévoile la nontraduction », résume Brault dans les notes qui figurent dans *Poèmes des quatre côtés* (1975c : 50). Comme la correspondance, où chaque lettre s'inscrit dans une relation, la « nontraduction » relèverait d'une conception dynamique de l'intertextualité basée sur la réciprocité.

Autant que l'adresse, l'intégration d'autres voix que la sienne caractérise ainsi la poétique de Brault, qui cherche à dépasser l'appel par l'interaction[11], dimension de la correspondance qui ajoute une « valeur d'entraînement par rapport au *pour soi* de l'introspection solitaire » (Gusdorf, 1991 : 153). Pour reprendre les mots de Saint-Denys Garneau, « dans la correspondance, chacun donnant son tour de roue, la machine renaît et garde son mouvement » (2020 : 24). C'est dans cet esprit qu'avec des amis, Brault s'adonne à quelques occasions à une écriture en collaboration. La première expérience de cette pratique remonte au recueil *Au petit matin*, réalisé avec Melançon en 1993. Le livre est présenté par les auteurs comme un *renga*, bien que les « règles tracassières » de cette forme traditionnelle japonaise aient été ignorées :

> Nous avons écrit ce *renga* en échangeant pendant plus d'une année un cahier dans lequel chacun inscrivait une strophe qui répondait à la précédente et créait une attente de la suivante. Très tôt une troisième voix, qui n'était ni de l'un ni de l'autre, s'est fait entendre : le poème nous échappait. *Je* n'est ici ni Jacques Brault ni Robert Melançon : nous signons pour couvrir son anonymat[12]. (Brault et Melançon, 1993 : 4)

En 1998, avec Ted Blodgett, Brault combine, dans *Transfiguration*, « nontraductions » et *renga*, en élaborant, par une correspondance avec son ami, une suite de poèmes qui sont à la fois « nontraduits » et prolongés par un autre texte :

> Poèmes dialogants [*sic*] ou poème à deux voix, nous serions en peine de définir exactement ce qui résulte d'un jeu grave mené en toute innocence. Nous ne savions pas où nous allions et nous n'avions à suivre aucune règle préétablie.
>
> Chacun a écrit dans sa langue et selon sa dictée propre, mais en répondant à l'autre par l'écriture oblique du poème. Puis nous nous sommes entretraduits librement.

11. Dans *Images à Mallarmé*, Brault étend cette interaction au jeu des images dans le cadre de la critique : « J'ai tenté ici de faire le point [...] en privilégiant le jeu des images, lesquelles viennent de l'auteur et du lecteur en un double mouvement de complémentarité » (2017 : 130).
12. Melançon et Brault publieront en 1995, sous les titres « Quelques éclaircies » et « Nouvelles éclaircies », des extraits d'une version antérieure de ce *renga* réunissant des notes en prose et des textes en vers (1995a; 1995b).

> Ainsi avons-nous écrit en étrange familiarité, grâce à une amitié qui ne s'est pas donné d'alibi en cherchant à gommer nos différences. Si la poésie est aussi la voix de l'autre en soi-même, alors ce petit livre constitue peut-être, et à maints égards, une transfiguration. (Blodgett et Brault, 1998 : 9)

Comme dans le cas du recueil *Au petit matin*, l'écriture en alternance est présentée comme l'émergence d'une autre identité, à partir d'une « étrange familiarité ».

Le « partage intimiste »

C'est dans l'intimité partagée que se manifesterait l'inédit, par le pouvoir du dialogue, ainsi que le soulignent Brault et Melançon dans l'une de leurs « éclaircies » : « L'intime s'exprime et se reçoit à la faveur de menues choses, assez ordinaires, "courantes", qui ne jouent pas à la révélation et qui en elles-mêmes ne signifient pas beaucoup. Leur valeur tient à la profonde insertion qu'en fait le dialogue » (1995a : 125). La notion d'intimisme retient l'attention de Brault dans plusieurs textes à partir de 1989, alors qu'il médite sur la tonalité de l'œuvre de Gabrielle Roy. Dans cet article, qui sera repris en 2012 dans *Chemins perdus, chemins trouvés*, il met en relation l'écriture de Roy avec celle de plusieurs autres écrivains et insiste sur le fait que « le partage intimiste implique la réciprocité » (Brault, 2012 : 106). Il ajoute :

> Nous sommes faits pour échanger nos différences, en toutes sortes de commerces, avec fantaisie comme avec gravité, non pour nous subjuguer en une fascination où chacun devient le Narcisse de l'autre. L'intimisme correspond à la conscience lucide et ouvrière de l'intime qui, malgré qu'il en ait, comprend la nécessité vitale de s'attacher en se détachant. (Brault, 2012 : 113)

Parmi tous les « commerces » qui conduisent au « détachement » intimiste, celui sur lequel Brault insiste le plus dans *Au fond du jardin*, paru en 1996, est la correspondance. Ce petit recueil d'essais a la particularité de tenir le « je » à distance et de commenter les écrits d'auteurs qui ne sont pas nommés. En ne recourant pas au « je » et en n'identifiant pas les personnes dont il parle, Brault manifeste très simplement que l'intimisme littéraire n'est pas l'exposition de l'individu, mais la rencontre de l'altérité telle qu'elle se présente en soi, comme il le précise dans *Chemins perdus, chemins trouvés*, où il définit l'intimisme en ces termes : « le produit d'une écriture tonale, une sélection affective parmi les modulations du langage tout entière tournée vers l'énigme de l'autre » (2012 : 11).

Au fond du jardin réunit, pour une large part, des textes que Brault écrivit d'abord pour la radio, notamment pour une série sur l'écriture épistolaire. Malgré l'anonymat des auteurs commentés, certains portraits laissent facilement deviner leur modèle, par exemple celui de Madame de Sévigné :

> Cet écrivain qui ne s'est pas voulu offre tout et demande tout. L'impossible. Elle divulgue, non sans charme ni coquetterie, les secrets les plus jalousement gardés. Non pas les intrigues de la cour (elle s'en moque) ou les confidences d'alcôves (elle s'en offusque). Et pas davantage ne la retiennent les rituels tatillons et ridicules des précieux qui s'imaginaient ménager à l'amour des raffinements rares et inouïs alors qu'ils s'enfonçaient dans la quintessence de la vulgarité. Non, cet écrivain terrible sous des dehors anodins s'attaque aux fondements de l'existence. (Brault, 1996 : 31)

Les multiples portraits, parfois à peine esquissés, sont toujours faits sous le signe de l'hommage et de la complicité, l'auteur se projetant manifestement dans ses modèles. Comme l'observe Pascal Riendeau, Brault s'adresse souvent directement aux auteurs dont il parle, chacun d'eux devenant de cette façon un « intermédiaire ». Par ailleurs, « [l']effacement ou l'absence de la première personne dans les textes où l'intimisme s'avère si capital ne fait que renforcer une grande présence du soi dans l'écriture » (Riendeau, 2012 : 238). La composition du recueil entremêle les époques et les nations, Madame de Sévigné côtoyant notamment les épistoliers Charles de Brosses, Jacques Chardonne, Louise Colet, Colette, Benjamin Constant, Crébillon fils, Madame du Deffand, Emily Dickinson, Léon-Paul Fargue, Gustave Flaubert, Franz Kafka, Valery Larbaud, Julie de Lespinasse, Madame Palatine, Jean Paulhan, Juliette Récamier et Rainer Maria Rilke[13]. Dans la mesure où aucun des auteurs

13. Je me base ici sur des brouillons déposés dans le Fonds Jacques-Brault de Bibliothèque et Archives Canada, à Ottawa. On notera l'absence d'épistoliers québécois, en dépit de l'intérêt manifesté ailleurs par Brault pour la

n'est nommé et où ils semblent parfois regroupés (voire inventés), les textes abordent moins des figures singulières que la tonalité intimiste et, plus particulièrement, le statut littéraire de la subjectivité.

L'écriture intimiste est d'emblée présentée non comme une affirmation, mais comme une « déprise de soi », et le moi « qui ne se connaît plus » se révèle « impossible à écrire » (Brault, 1996 : 15, 16, 14). L'effacement touche aussi le destinataire : « L'écrivain ne s'adresse à personne » (Brault, 1996 : 12). Cette dernière affirmation est pour le moins paradoxale quand on considère la poétique de Brault, où, comme on l'a vu, les adresses et les stratégies d'interaction sont nombreuses. Mais le phénomène d'« étrangement » concerne autant l'allocutaire que le locuteur, lequel, comme le clochard d'*Il n'y a plus de chemin* (1990), s'adresse à « Personne », mot paradoxal qui renvoie simultanément à la présence et à l'absence. Tout au long des textes réunis dans *Au fond du jardin*, le sentiment d'altérité est ainsi attribué à la fois à l'auteur, aux écrivains commentés et aux lecteurs, au nom d'un même constat : « Le secret que vous ne partagez pas avec vous-même ne se rejoint que par le détour, la mise à distance, et d'abord le décrochement de soi » (Brault, 1996 : 67).

Le paradoxe selon lequel l'écriture d'une lettre serait non pas une façon de se rapprocher de soi et de l'autre, mais plutôt de prendre distance a bien été décrit par Vincent Kaufmann, dans *L'équivoque épistolaire* :

> En général, on correspond pour se rapprocher de l'autre, pour communiquer avec lui, du moins le croit-on. Mais peut-être est-ce surtout de son éloignement dont on fait alors l'expérience. Il y a en effet dans le geste épistolaire une fondamentale *équivoque*, dont l'exploitation conduit aux frontières de l'écriture poétique. La lettre semble favoriser la communication et la proximité; en fait, elle disqualifie toute forme de partage et produit une distance grâce à laquelle le texte littéraire peut advenir. (Kaufmann, 1990 : 8)

Comme l'écrit Brault au sujet de l'intimisme littéraire, « l'adjectif demeure primordial » (Brault, 2012 : 11), car c'est bien la littérature,

correspondance de Saint-Denys Garneau, par exemple. Mais comme c'est souvent le cas chez Brault, le livre est conçu à partir de matériaux circonstanciels, et il semble qu'ici, l'histoire de la pratique épistolière en France ait été le principal objet de la série radiophonique.

ainsi que l'observe Kaufmann, qui fait de la distance une valeur. Si on élargit cette observation à l'ensemble de l'œuvre de Brault, l'épistolaire apparaît encore une fois comme un repère éclairant. En effet, le recours au modèle épistolaire ne permet pas seulement de combattre le solipsisme et d'assumer la tension entre la transitivité et son contraire. L'adresse aux morts et aux inconnus, l'interaction des voix, l'expérience de l'« étrangement » produit par la littérature intimiste, tout cela constitue au bout du compte une façon de créer paradoxalement une proximité dans la distance, d'établir un lieu où auteurs et lecteurs se rejoindraient dans le dépaysement. Adopter en littérature le registre épistolaire, ce serait « écrire à la solitude » (Brault, 2012 : 30), la sienne et celle des autres réunies.

Bibliographie

Barthes, Roland (2002). « Écrire : verbe intransitif? », dans *Œuvres complètes III : livres, textes, entretiens 1968-1971*, Paris, Seuil, p. 617-626.

Belleau, André (1970). « Quelques remarques sur la poésie de Jacques Brault », *Liberté*, vol. 12, n° 2, p. 85-93.

Bernier, Frédérique (2004). *Les essais de Jacques Brault : de seuils en effacements*, Montréal, Éditions Fides, coll. « Nouvelles Études québécoises ».

Biron, Michel (2000). *L'absence du maître : Saint-Denys Garneau, Ferron, Ducharme*, Montréal, Les Presses de l'Université de Montréal, coll. « Socius ».

Blodgett, Ted, et Jacques Brault (1998). *Transfiguration*, Montréal, Éditions du Noroît; Ottawa, BuschekBooks.

Brault, Jacques (1958). « À une désespérance », *Revue dominicaine*, vol. 64, n° 2, p. 193-195.

Brault, Jacques (1961). « À ceux-là », *Liberté*, vol. 3, n° 5, p. 724-725.

Brault, Jacques (1965). *Mémoire*, Montréal, Librairie Déom, coll. « Poésie canadienne ».

Brault, Jacques (1968). *Mémoire*, Paris, Grasset.

Brault, Jacques (1971). *La poésie ce matin*, Paris, Grasset.

Brault, Jacques (1972). *Trois partitions*, Montréal, Leméac Éditeur.

Brault, Jacques (1975a). *Chemin faisant*, Montréal, Les Éditions La Presse, coll. « Échanges ».

Brault, Jacques (1975b). *L'en dessous l'admirable*, Montréal, Les Presses de l'Université de Montréal, coll. « Lectures ».

Brault, Jacques (1975c). *Poèmes des quatre côtés*, Saint-Lambert, Éditions du Noroît.

Brault, Jacques (1981). *Trois fois passera,* précédé de *Jour et nuit,* Saint-Lambert, Éditions du Noroît.

Brault, Jacques (1983) « Ein Brief an unbekannte Freunde », dans Robert Stacey et Barbara Volkmann (dir.), *OKanada*, Berlin, Akademie der Künste, p. 9-12.

Brault, Jacques (1989). *La poussière du chemin*, Montréal, Éditions du Boréal, coll. « Papiers collés ».

Brault, Jacques (1990). *Il n'y a plus de chemin*, Montréal, Éditions du Noroît.

Brault, Jacques (1991). *Ô saisons, ô châteaux*, Montréal, Éditions du Boréal, coll. « Papiers collés ».

Brault, Jacques (1996). *Au fond du jardin*, Montréal, Éditions du Noroît, coll. « Chemins de traverse ».

Brault, Jacques (2012). *Chemins perdus, chemins trouvés*, Montréal, Éditions du Boréal, coll. « Papiers collés ».

Brault, Jacques (2017). *Images à Mallarmé*, Montréal, Éditions du Noroît, coll. « Chemins de traverse ».

Brault, Jacques, et Robert Melançon (1993). *Au petit matin*, Éditions de l'Hexagone.

Brault, Jacques, et Robert Melançon (1995a). « Quelques éclaircies », *Études françaises*, vol. 31, n° 2, p. 119-128.

Brault, Jacques, et Robert Melançon (1995b). « Autres éclaircies », dans Benoît Melançon et Pierre Popovic (dir.), *Miscellanées en l'honneur de Gilles Marcotte*, Montréal, Éditions Fides, p. 45-61.

Brochu, André (1987). « Jacques Brault : le quotidien transfiguré », *Voix et Images*, vol. 12, n° 2, p. 187.

Daunais, Isabelle (2017). « L'essayiste discret », *Études françaises*, vol. 53, n° 1, p. 11-22.

Diaz, Brigitte (2002). *L'épistolaire ou la pensée nomade : formes et fonctions de la correspondance dans quelques parcours d'écrivains au XIXe siècle*, Paris, Presses universitaires de France, coll. « Écriture ».

Garneau, Hector de Saint-Denys (2020). *Lettres*, édition préparée, présentée et annotée par Michel Biron, Montréal, Les Presses de l'Université de Montréal, coll. « Bibliothèque du Nouveau Monde ».

Gusdorf, Georges (1991). *Les écritures du moi : Lignes de vie 1*, Paris, Éditions Odile Jacob.

Kaufmann, Vincent (1990). *L'équivoque épistolaire*, Paris, Éditions de Minuit, coll. « Critique ».

Kerbrat-Orecchioni, Catherine (1998). « L'interaction épistolaire », dans Jürgen Siess (dir.), *La lettre entre réel et fiction*, Paris, SEDES, p. 15-36.

LAMOTHE, Arthur (1965). « Les grands thèmes du roman canadien », *Liberté*, vol. 7, n° 6 (novembre-décembre), p. 532-541.

MELANÇON, Benoît (1996). *Diderot épistolier : contribution à une poétique de la lettre familière au XVIIIe siècle*, Montréal, Éditions Fides.

MELANÇON, Robert (1987). « De la poésie et de quelques circonstances : entretien avec Jacques Brault », *Voix et Images*, vol. 12, n° 2, p. 188-211.

MIRON, Gaston (1994). *L'homme rapaillé*, Montréal, Éditions de l'Hexagone.

PAQUIN, Jacques (1997). *L'écriture de Jacques Brault : de la coexistence des contraires à la pluralité des voix*, Québec, Presses de l'Université Laval, coll. « Vie des lettres québécoises ».

RIENDEAU, Pascal (2012). *Méditation et vision de l'essai : Roland Barthes, Milan Kundera et Jacques Brault*, Québec, Éditions Nota bene, coll. « Littérature(s) ».

SCHLANGER, Judith (2008). *La mémoire des œuvres*, Paris, Éditions Verdier.

SIMON, Sherry (1994). *Le trafic des langues : traduction et culture dans la littérature québécoise*, Montréal, Éditions du Boréal.

La mobilité institutionnelle de l'artiste en milieu minoritaire : France Daigle et la fermeture des Éditions d'Acadie

Ariane Brun del Re
Centre de recherche sur les francophonies canadiennes, Université d'Ottawa[1]

Pénélope Cormier
Université de Moncton, campus d'Edmundston

La fermeture, en 2000, des Éditions d'Acadie, doyenne des maisons d'édition francophones « hors Québec[2] », a été un choc dont le milieu littéraire acadien (et, plus généralement, franco-canadien[3]) ne s'est pas complètement remis. Au début des années 2010, Raoul Boudreau estimait encore que l'édition en Acadie était « en moins bonne posture qu'elle ne l'était dans les années 1970, 1980 et 1990 » (2014 : 17-18), soit pendant la trentaine d'années d'existence de la maison d'édition fondée en 1972. Le nœud du problème réside pour Boudreau dans le fait que les auteurs acadiens les plus établis se sont ainsi retrouvés du jour au lendemain en quête d'éditeur et que

1. L'autrice tient à souligner l'appui financier du programme de bourses postdoctorales Banting, grâce auquel elle a corédigé cet article.
2. Les Éditions d'Acadie faisaient partie d'un trio d'éditeurs qui se sont établis en contexte francophone minoritaire au début des années 1970, jetant les premières bases des institutions littéraires acadienne, franco-ontarienne et francophones de l'Ouest. Les Éditions Prise de parole, fondées en 1973 à Sudbury, et les Éditions du Blé, fondées en 1974 à Saint-Boniface, sont toujours actives.
3. Nous désignons par le terme « franco-canadien » l'ensemble des francophonies en contexte minoritaire au Canada, c'est-à-dire celles de l'Acadie, de l'Ontario et de l'Ouest; ce regroupement permet l'examen des spécificités que ces communautés ont en partage, en particulier lorsqu'elles sont distinctes de la situation québécoise (Cormier et Brun del Re, 2016 : 53-74).

cette recherche les a nécessairement amenés à publier l'ensemble (ou presque) de leurs œuvres subséquentes ailleurs qu'en Acadie :

> En l'absence des Éditions d'Acadie et d'un remplacement adéquat, certains des écrivains acadiens – et surtout ceux qui disposent d'un bon capital de crédibilité – se sont tournés vers les éditeurs québécois, comme France Daigle et Herménégilde Chiasson ; d'autres, ou les mêmes, ont rejoint des éditeurs franco-ontariens comme Prise de parole, les Éditions David ou les Éditions l'Interligne [*sic*]. Si une littérature aspire à une certaine autonomie, il semblerait normal qu'elle soit en mesure de publier sur son territoire ses principaux auteurs. (2014 : 17)

Si la disparition des Éditions d'Acadie est un dur coup pour la littérature acadienne, et ce, même si la maison d'édition s'était depuis quelque temps éloignée de son mandat littéraire (publiant, par exemple, des manuels scolaires), elle a aussi permis de donner un souffle nouveau à certaines carrières individuelles, puisque les œuvres d'auteurs acadiens font maintenant partie du catalogue de maisons d'édition québécoises. Ainsi, « [l]es [écrivains acadiens] plus importants comme [Herménégilde] Chiasson et France Daigle ont facilement trouvé preneurs chez les éditeurs québécois, ce qui leur donne finalement une plus grande visibilité » (Boudreau, 2003 : 11).

Dans le contexte acadien, la disparition des Éditions d'Acadie au tournant du siècle doit également être comprise dans la foulée du débat sur l'exil des artistes au Québec, qui a éclaté dans la première moitié des années 1990, mais dont la question de fond, soit le rapport asymétrique entre les institutions littéraires québécoise et acadienne, sous-tend la littérature acadienne depuis ses débuts. Le principal acteur du débat, Herménégilde Chiasson, s'en est pris aux auteurs acadiens ayant choisi de s'établir et de publier au Québec, conjuguant exil géographique et exil institutionnel, dans une série de prises de position publiques remarquables par leur virulence (Boudreau, 2007b). À l'inverse, France Daigle, qui, à l'instar de Chiasson, habite en Acadie et publiait jusqu'alors principalement (mais pas exclusivement) aux Éditions d'Acadie, a toujours fait preuve d'une grande pudeur dans ses interventions sur la question, comme l'ont noté Catherine Leclerc et Lianne Moyes en s'intéressant à son inscription dans l'institution littéraire québécoise : « Contrairement à certains de ses collègues acadiens de sexe masculin, Daigle s'est montrée discrète au sujet du rapport compliqué qu'entretiennent les écrivains acadiens vis-à-vis du Québec » (2012 : 139).

Dans ces circonstances, il est opportun, grâce au premier versement du fonds d'archives de France Daigle acquis par Bibliothèque et Archives Canada en 2004, de se plonger dans la correspondance de l'autrice acadienne avec de multiples éditeurs (entre autres, nbj, Boréal, Leméac, l'Hexagone, Lanctôt et Prise de parole), autant avant qu'après la fermeture des Éditions d'Acadie. Outre cette correspondance, on y trouve des lettres manuscrites et des courriels échangés avec son traducteur Robert Mazjels; sa sœur Rachel Daigle, traductrice de profession, à qui l'autrice fait relire ses manuscrits; plusieurs chercheurs universitaires ainsi que d'autres acteurs du milieu littéraire. Contrairement à d'autres fonds d'archives d'écrivains acadiens, comme celui de Gérald Leblanc, reconnu pour ses échanges épistolaires[4], le Fonds France Daigle ne contient pas de correspondance personnelle. Toutefois, l'examen de sa correspondance professionnelle et, plus particulièrement, des documents produits entre 1983 et 2004 qui sont conservés dans la série intitulée « Correspondance professionnelle, événements littéraires et réception critique », permet de préciser ce qui a amené l'autrice, tout au long de sa carrière, à choisir une maison d'édition, en particulier les Éditions du Boréal comme éditeur principal, et de déterminer les raisons qui ont motivé le refus ou l'acceptation de ses manuscrits soumis aux différentes maisons d'édition. On y voit combien la trajectoire éditoriale d'un auteur ou d'une autrice est toujours le fruit d'une négociation entre ses aspirations et les offres du milieu éditorial.

De cette lecture ressort une alternative pour Daigle après la fermeture des Éditions d'Acadie : d'une part, la publication aux Éditions Prise de parole à Sudbury, et donc l'accueil de son œuvre par la maison « sœur » des Éditions d'Acadie, dont l'ambition avouée est de s'établir au centre d'une institution littéraire francophone en milieu minoritaire au Canada;

4. Voir, par exemple, les nombreuses lettres qu'il a envoyées à son ami Joseph Olivier Roy, un enseignant américain. Celles-ci sont conservées dans son fonds d'archives à Bibliothèque et Archives Canada, mais elles ont aussi fait l'objet d'une publication sous le titre *Lettres à mon ami américain : 1967-2003* (2018), un ouvrage préparé par Benoit Doyon-Gosselin.

d'autre part, et ce sera l'option retenue par Daigle, la publication au Québec, en l'occurrence aux Éditions du Boréal à Montréal, ce qui représente d'emblée pour l'autrice acadienne une reconnaissance symbolique par l'institution majoritaire, qui laisse par ailleurs miroiter la possibilité d'une véritable percée du principal marché littéraire francophone au Canada. Avant d'examiner comment l'une et l'autre de ces possibilités sont envisagées dans la correspondance de Daigle, il convient cependant de revenir sur le paysage éditorial acadien au tournant des années 2000, car au-delà de la crise, ponctuelle quoique durable, que représente la fermeture des Éditions d'Acadie, la question de la mobilité des artistes acadiens entre les espaces littéraires, partiellement élucidée par la correspondance de Daigle, s'explique par l'incomplétude institutionnelle constitutive des petits milieux littéraires.

Les Éditions d'Acadie et l'édition en Acadie

Le soin apporté par France Daigle à la préservation des documents retraçant la trajectoire de son œuvre entre les maisons d'édition est un premier indice du caractère primordial de l'activité éditoriale en Acadie. En effet, la littérature acadienne représente une de ces « petites littératures » qui, pour affirmer leur existence même, et « malgré la pauvreté de leurs institutions, mettent toute leur énergie et toutes leurs ressources dans le travail primaire de la littérature » (Paré, 1992 : 61). Il n'est donc pas étonnant que le choix d'une maison d'édition, entre la fidélité à l'institution centrale de la littérature acadienne et l'aspiration à donner un autre élan à son œuvre, figure de façon aussi déterminante dans les archives d'une autrice acadienne telle que Daigle[5].

5. Chez d'autres artistes acadiens, la centralité de cet enjeu institutionnel se manifestera certes autrement que par le réflexe de collectionneur que l'on observe dans les archives de Daigle. Chez Jacques Savoie, cible de prédilection des artistes en Acadie décriant l'attrait du Québec pour les artistes acadiens dans la première partie des années 1990, son exil québécois – en l'occurrence son déménagement à Montréal et la publication de ses œuvres chez Boréal à partir des années 1980, après avoir publié un premier roman aux Éditions d'Acadie en 1979 – est mis en scène dans son œuvre même, par le truchement de personnages-artistes se déplaçant systématiquement d'un plus petit à un plus grand espace (Cormier, 2006).

En 1972, Melvin Gallant se joint à d'autres professeurs de l'Université de Moncton pour fonder les Éditions d'Acadie. Pour la première fois, les écrivains acadiens pourront publier des livres chez eux et autrement qu'à compte d'auteur à travers les services d'imprimerie des journaux. Rapidement, cette première maison d'édition professionnelle fait paraître trois recueils de poésie, considérés comme les œuvres fondatrices de la littérature acadienne contemporaine : *Cri de terre* (1972) de Raymond Guy LeBlanc, *Acadie Rock* (1973) de Guy Arsenault et *Mourir à Scoudouc* (1974) d'Herménégilde Chiasson. Le succès populaire et critique de ces parutions, dont l'influence immédiate en littérature acadienne, au-delà de leurs qualités littéraires, est aussi redevable à une conjoncture culturelle particulièrement favorable (Lonergan, 2013), a permis d'établir aussitôt et de façon durable la réputation de la maison d'édition. Au fil des années et des décennies, d'autres maisons d'édition verront le jour en Acadie, sans parvenir à détrôner les Éditions d'Acadie, encore le principal éditeur acadien au moment de la faillite en 2000.

Parmi ces nouveaux joueurs, le principal est les Éditions Perce-Neige, fondées en 1980 à l'initiative de l'Association des écrivains acadiens afin de publier les premières œuvres d'auteurs émergents. Elles servent donc de « base de recrutement pour les Éditions d'Acadie » (Cormier, 2012 : 181), de sorte que celles-ci continuent à jouer le « rôle d'un catalyseur » (Melvin Gallant, cité dans Lonergan, 2005 : 12) pour la littérature acadienne et, plus largement, pour le milieu du livre acadien, qui était le sien depuis sa fondation. Les choses évoluent un peu dans les années 1990 à la faveur d'une nouvelle diversification du milieu éditorial. Les Éditions d'Acadie doivent alors partager certains de leurs créneaux, en particulier avec Perce-Neige, qui devient la niche de la relève poétique. En parallèle, bien que les Éditions d'Acadie publient toujours les auteurs acadiens qu'elles ont contribué à établir, elles s'éloignent de l'écriture littéraire pour investir le second aspect de leur mission initiale, soit « répondre aux besoins du milieu dans tous les domaines où le livre doit jouer un rôle indispensable : histoire et civilisation acadiennes, réalités sociales et politiques, éducation, recherche » (cité dans Lonergan, 2013 : 13). Le couperet tombe au tournant du nouveau millénaire, entre autres, parce que les ouvrages scolaires et savants ne sont plus admissibles à des subventions. Les Éditions d'Acadie, qui sont directement touchées par cette décision, sont contraintes de déclarer faillite (Lonergan, 2005 : 49).

Cinq ans plus tard, David Lonergan dresse le bilan de la « fragile édition acadienne » (c'est le titre de son article) dans la revue culturelle *Liaison*. Il dénombre quatre maisons d'édition acadiennes au Nouveau-Brunswick et une en Nouvelle-Écosse, mais précise qu'« [a]ucune ne remplit l'ensemble des mandats que s'étaient fixés les Éditions d'Acadie ». La plus importante d'entre elles reste les Éditions Perce-Neige, que Lonergan décrit comme « le lieu de publication de la littérature contemporaine en Acadie », tout en demeurant associées au réseau tissé serré d'auteurs de la relève.

Également située à Moncton, la maison d'édition Bouton d'or Acadie, fondée en 1996, se dédie entièrement à la littérature pour la jeunesse, un volet que les Éditions d'Acadie avaient d'abord investi, puis progressivement délaissé. À Tracadie, dans le nord-est du Nouveau-Brunswick, se trouve la Grande Marée, en activité depuis 1993. Cependant, la maison d'édition « éprouve [...] des difficultés à se faire reconnaître par le Conseil des Arts du Canada, en bonne partie à cause de son éclectisme et de la fragilité littéraire de plusieurs de ses titres » (Lonergan, 2005 : 50). Fondées un an après la fermeture des Éditions d'Acadie par un entrepreneur acadien à Lévis, les Éditions de la Francophonie s'installent ensuite en Acadie. Elles reprennent le volet généraliste des Éditions d'Acadie, mais avec une « approche commerciale de l'édition » (p. 50) qui favorise la production de livres populaires (incluant nombre de mémoires) destinés au grand public, mais sans la crédibilité scientifique ou éditoriale que possédait la première maison d'édition acadienne. La cinquième maison, les Éditions du Grand-Pré fondées en 1984 en Nouvelle-Écosse, est inactive depuis quelques années déjà (Lonergan, 2005 : 51).

Initialement dominé par les Éditions d'Acadie, une maison dont l'éparpillement des mandats et la concurrence entre ceux-ci ont contribué à sa faillite, le paysage éditorial acadien se retrouve, trente ans plus tard, partagé entre plusieurs plus petits éditeurs. Malgré la fragilité constitutive des espaces culturels exigus qui fait en sorte que fonder et surtout, maintenir une maison d'édition dans ce contexte est un pari qui demeure risqué[6], ces éditeurs se répartissent les différents aspects de la littérature acadienne, mais ne couvrent pas sa totalité. En définitive, la littérature acadienne se caractérise par son incomplétude institutionnelle. Dans le domaine éditorial, l'institution littéraire acadienne est en bonne partie dépendante, et ce, avant même la disparition des Éditions d'Acadie, de l'institution québécoise. Comme le résume Raoul Boudreau, la littérature acadienne « n'est pas autonome et elle se repose sur le Québec pour une partie importante de la production, la diffusion, la réception, et la consécration des ouvrages de la littérature acadienne » (Boudreau, 2007 : 6).

France Daigle aux Éditions d'Acadie : une exclusivité relative

Ainsi, lorsque les Éditions d'Acadie ferment leurs portes au début des années 2000, il existe certes quelques avenues éditoriales dans le milieu littéraire acadien. Cependant, aucune ne détient un capital symbolique suffisant pour servir de levier à une carrière littéraire à l'extérieur de l'Acadie et surtout, aucune n'engage la même loyauté que seule la première maison d'édition à s'établir dans un espace littéraire peut susciter. Les écrivains acadiens les mieux établis se tournent alors vers l'extérieur de l'Acadie pour publier. Parmi ceux-ci figure France Daigle, dont les trois premiers livres, *Sans jamais parler du vent* (1983), *Film d'amour et de dépendance* (1984) et *Histoire de la maison qui brûle* (1985) ainsi que ses deux plus récents au moment de la faillite de la maison, *1953 : chronique d'une naissance annoncée* (1995) et *Pas pire* (1998), sont parus aux Éditions d'Acadie. Au moment de trouver preneur pour son futur manuscrit, la suite de *Pas pire*, l'autrice a toutefois une longueur d'avance sur ses pairs acadiens parce qu'elle a déjà fait paraître quelques titres ailleurs, chez des éditeurs québécois.

Le premier livre que Daigle publie au Québec est le résultat d'une sollicitation. En avril 1985, les Éditions nbj, situées à Outremont, lui confiant

6. Parmi les maisons d'édition qui n'ont pas duré, mentionnons Michel Henry Éditeur dans les années 1980, qui a cessé ses activités après trois ans d'existence seulement, malgré l'expérience de son fondateur éponyme, un ancien directeur des Éditions d'Acadie.

qu'elle compte chez elles « quelques lecteurs "passionnés", des gens qui, oui, s'intéressent de près à [son] écriture[7] », l'invitent à lui soumettre un manuscrit pour sa collection « Auteur/e » : ce sera *Variations en B et K*, qui paraît plus tard cette année-là. France Daigle et Hélène Harbec prennent ensuite l'initiative de soumettre le roman qu'elles ont coécrit, *L'été avant la mort*, à plusieurs maisons d'édition québécoises[8] ; elles retiennent l'attention des Éditions du remue-ménage, à Montréal, qui le font paraître en 1986. Ensuite, Daigle relance les Éditions nbj pour leur proposer de copublier le roman *La beauté de l'affaire*, que les Éditions d'Acadie ont déjà accepté. Soupçonnant peut-être qu'elle limite son rayonnement en le confiant exclusivement à son éditeur acadien, mais sachant aussi que celui-ci est le mieux placé pour faire circuler l'œuvre en Acadie, Daigle hésite, comme elle l'écrit à son éditeur québécois : « En fait, le mieux pour moi, si je pense à l'aspect diffusion du livre, serait une coédition. Est-ce que cela pourrait vous intéresser[9] ? » Les Éditions nbj répondent par l'affirmative, et le livre paraît en 1991. Deux ans plus tard, Daigle semble inverser le processus : c'est vraisemblablement après avoir obtenu le feu vert de l'Hexagone que l'autrice met en place une coédition avec les Éditions d'Acadie pour *La vraie vie*, l'éditeur acadien n'étant pas mentionné dans la lettre d'acceptation qu'elle reçoit de l'éditeur québécois[10].

Dans tous les cas, à la suite de ces expériences, Daigle constate que la publication de ses œuvres au Québec, ou la coédition entre une maison québécoise et les Éditions d'Acadie n'influent pas de façon notable sur leur rayonnement : les ventes de ses livres sont « comparables, c'est-à-dire rien d'extraordinaire[11] », qu'ils paraissent au Québec ou en Acadie. Grâce à son expérience du milieu littéraire québécois, elle est cependant dans une meilleure posture lorsque les Éditions d'Acadie font faillite. La suite

7. Michel Gay, Lettre des Éditions nbj à France Daigle, Bibliothèque et Archives Canada (ci-après BAC), Fonds France Daigle, R12025, boîte 3, chemise 6.
8. Voir les lettres d'acceptation et de refus du manuscrit conservées à BAC dans le Fonds France Daigle, R12025, boîte 4, chemise 1.
9. Voir France Daigle, Lettre aux Éditions nbj, BAC, Fonds France Daigle, R12025, boîte 4, chemise 6.
10. Voir Jean Royer, Lettre de l'Hexagone à France Daigle, BAC, Fonds France Daigle, R12025, boîte 5, chemise 13.
11. France Daigle, « berubei@metronouvelles.com, 05/10/01 09:45-0400, Petite entrevue », BAC, Fonds France Daigle, R12025, boîte 15, chemise 8.

est connue : c'est à l'enseigne des Éditions du Boréal, à Montréal, que paraissent les trois autres tomes de la tétralogie qu'avait amorcé *Pas pire*, soit *Un fin passage* (2001), *Petites difficultés d'existence* (2002) et *Pour sûr* (2011). En plus d'éclairer les dessous des négociations de Daigle avec de multiples éditeurs ayant mené à cet arrangement avec Boréal, l'examen de ses archives permet de rendre compte d'un autre phénomène, soit l'ambition de la maison d'édition franco-ontarienne Prise de parole d'occuper une place centrale dans la francophonie canadienne en adoptant les auteurs acadiens des Éditions d'Acadie, au premier chef, Daigle elle-même.

Un relais franco-ontarien?

Le choc provoqué par la fermeture des Éditions d'Acadie se fait ressentir ailleurs dans la francophonie canadienne. À Sudbury, dans le nord de l'Ontario, les Éditions Prise de parole, désormais la doyenne des maisons d'édition franco-canadiennes, réagissent en réexaminant leur « rôle dans l'édition au Canada français[12] ». Il s'agit d'un important changement de cap pour la maison d'édition qui, au moment de sa fondation, s'était donné une vocation exclusivement franco-ontarienne : « La maison Prise de parole se veut animatrice des arts littéraires chez les francophones de l'Ontario; elle se met donc au service de tous les créateurs littéraires franco-ontariens » (cité dans Hotte, 2008 : 325). Comme l'explique Lucie Hotte, dans un article qui porte sur les premières institutions littéraires francophones à l'extérieur du Québec :

> Le mandat que se donne Prise de parole à ses débuts illustre bien l'état d'esprit qui anime les fondateurs de ces diverses institutions [...]. [...] L'expression « se met au service » désigne parfaitement l'idéologie qui anime alors tant les artistes que les intervenants du milieu culturel. Il s'agit effectivement pour eux de se mettre au service de la communauté afin de valoriser la culture locale, d'y jouer le rôle d'animateur culturel. (2008 : 325-326)

Les Éditions Prise de parole, qui sont à la littérature franco-ontarienne ce que les Éditions d'Acadie étaient à la littérature acadienne, sont bien

12. denise truax, « 1 », BAC, Fonds France Daigle, R12025-67-3.

placées pour comprendre le gouffre créé par la fermeture de leur contrepartie acadienne. Pour la maison d'édition franco-ontarienne, l'échec des Éditions d'Acadie représente certes un avertissement retentissant quant à la vulnérabilité de l'édition en milieu minoritaire, mais peut-être surtout une occasion à saisir, dans la perspective d'élargir stratégiquement son mandat, de l'Ontario français à l'ensemble du Canada francophone en milieu minoritaire.

L'époque est justement à la solidarisation institutionnelle des littératures francophones minoritaires du Canada : depuis sa création en 1989, le Regroupement des éditeurs franco-canadiens permet en effet aux principales maisons d'édition hors Québec de se concerter et de faire front commun dans certains dossiers (Cormier et Brun del Re, 2016 : 61). En juin 1998, le forum « Toutes les photos finissent-elles par se ressembler? », d'après le film du même titre d'Herménégilde Chiasson, rassemble à Sudbury des artistes, des universitaires et des acteurs du milieu communautaire, venant des principales régions de la francophonie canadienne, afin de « dresser un véritable bilan de la situation des arts au Canada français » (Dickson, Ribordy, Tremblay, 1999 : 8). L'exercice permet aux participants de prendre conscience des ressemblances entre les milieux culturels des communautés franco-canadiennes et leurs productions artistiques respectives. C'est ce qu'expliquent Robert Dickson, Annette Ribordy et Micheline Tremblay dans l'introduction des actes du forum qui paraissent chez Prise de parole en 1999 :

> Nous reconnaissions qu'il existait des points communs, tant au niveau thématique que structurel, entre la production artistique des différentes régions, des similitudes et des synchronismes marqués aussi dans la création et le développement de l'infrastructure artistique en Acadie, en Ontario, dans l'Ouest. (Dickson, Ribordy, Tremblay, 1999 : 8)

Ajoutons que denise truax, qui dirige alors Prise de parole, est l'une des participantes du forum et l'une des collaboratrices de l'ouvrage. Ces éléments permettent de saisir le contexte dans lequel denise truax communique avec France Daigle par courriel le 17 mars 2001, en réaction à la disparition des Éditions d'Acadie. Elle souhaite lui faire part des résolutions prises par son comité éditorial et son conseil d'administration, de même que lui transmettre une proposition :

> Nous avons décidé, dans un premier temps et dans la mesure de nos moyens, d'offrir d'acheter et d'intégrer à nos catalogues un certain nombre d'ouvrages qui nous paraissaient incontournables et qu'on ne pouvait pas laisser disparaître […]. Cette première réflexion nous a amené [*sic*], bien évidemment, à revoir notre politique éditoriale – essentiellement axée vers [*sic*] la littérature franco-ontarienne – afin de voir dans quelle mesure nous étions réceptifs à l'idée de nous ouvrir aux auteurs acadiens. Or, tant du côté du comité d'édition (chargé de la politique éditoriale et du choix des manuscrits) que du conseil d'administration, la réponse a été très favorable. (J'avais au préalable communiqué avec Perce-Neige pour voir s'ils étaient en mesure d'assumer une plus grande responsabilité envers les écrivains acadiens ; pour me faire confirmer qu'ils ne peuvent pas, pour l'instant, augmenter leur rôle[13].)

Le soin que met denise truax à détailler, au bénéfice de Daigle, le virage que propose Prise de parole permet de prendre conscience des coulisses de l'écosystème des institutions en contexte d'exiguïté, notamment la nécessité de bien encadrer les relations interpersonnelles. D'abord, truax fait du nouveau mandat de Prise de parole une mission salvatrice (« on ne pouvait pas laisser disparaître » les œuvres publiées aux Éditions d'Acadie). Il lui faut ensuite assurer l'écrivaine (peut-être pour la *rassurer* aussi, au lendemain de la disparition d'un éditeur de dimension comparable) que la maison d'édition franco-ontarienne met toutes les ressources nécessaires à préparer l'accueil de nouveaux auteurs. Enfin, l'éditrice lui précise que ce faisant, Prise de parole ne fera pas ombrage à la principale maison d'édition acadienne encore en activité, Perce-Neige, qui s'est elle-même exclue de la compétition pour recruter les auteurs des Éditions d'Acadie. La fermeture de celles-ci fournit ainsi à Prise de parole l'occasion de se redéfinir et de se repositionner sur l'échiquier franco-canadien. C'est alors que la maison adopte le mandat débordant les frontières de l'Ontario français qui est toujours le sien : « Ancrées dans le Nouvel-Ontario, les Éditions Prise de parole appuient les auteurs et les autrices de la francophonie canadienne » (Prise de parole, en ligne).

13. denise truax, « 1 », BAC, Fonds France Daigle, R12025-67-3.

Dans le même courriel, truax signale à Daigle son intérêt à faire paraître une réédition de *1953* et de *Pas pire*, dont les exemplaires sont déjà écoulés, de même qu'à prendre en charge « les manuscrits [qu'elle] aurai[t] en préparation et pour [lesquels] [elle] [se] chercherai[t] un éditeur[14] ». Le fonds d'archives de Daigle ne contient pas la réponse de l'autrice à truax, qui lui proposait de poursuivre la discussion par téléphone. Cependant, dès cette année-là, le catalogue papier que fait paraître Prise de parole présente le roman *1953*[15], ce qui montre que la maison d'édition franco-ontarienne a bel et bien acheté et intégré à sa collection certains ouvrages des Éditions d'Acadie. Elle sera désormais attentive à leur distribution et à leur circulation en Acadie.

Quant à *Pas pire*, les échanges de courriels conservés dans le fonds d'archives de Daigle permettent de comprendre que l'autrice s'était engagée à en confier la réédition à Prise de parole. Elle revient néanmoins sur sa décision le 25 octobre 2001 :

> Bonjour Denise,
> Je regrette d'avoir à te/vous décevoir, mais, en fin de compte, j'ai décidé d'opter pour la réédition de Pas pire en format « Boréal Compact ».
> Je suis désolée de revenir ainsi sur ma parole donnée, mais je me comprends. J'ajoute que ma compréhension de vos défis et aspirations n'a en rien faciliter [*sic*] mon choix, mais bon…
> J'espère que ma décision n'entâchera [*sic*] pas trop nos rapports,
> France[16]

Comme le prévoyait Daigle, la nouvelle est accueillie avec déception par truax, pour qui « une parole donnée, ça reste quelque chose de bien important[17] », comme elle lui répond le lendemain. L'éditrice regrette les circonstances qui l'ont empêchée de sceller l'entente :

14. denise truax, « 1 », BAC, Fonds France Daigle, R12025-67-3.
15. Prise de parole, « Catalogue 2001. Prise de parole livre le plaisir », Sudbury, Prise de parole, 2001, p. 20. Voir l'exemplaire conservé à BAC, dans le Fonds France Daigle, R12025, boîte 15, chemise 16.
16. France Daigle, « denisetruax, 25/10/01 20:56 -0400, Pas pire », BAC, Fonds France Daigle, R12025, boîte 15, chemise 8.
17. denise truax, « Re- Pas pire », BAC, Fonds France Daigle, R12025-67-3.

> Et c'est sûr que le timing de notre cambriolage et les suites qui en ont découlé n'ont sûrement pas aidé un rapprochement, vu que ça [a] grandement perturbé plusieurs de nos échéanciers chez nous. Et reporté certains gestes, comme l'envoi d'un contrat de publication. Mais tu étais, toi aussi, souvent bien occupée ces derniers mois[18]...

Prise de parole, comme toutes les petites maisons d'édition franco-canadiennes, manque de ressources pour faire face à des imprévus de taille, tout en respectant son calendrier.

Les rapports entre Daigle et truax semblent demeurer cordiaux une fois la nouvelle encaissée. Dès l'année suivante, alors que l'autrice s'inquiète de la disponibilité du roman *1953*, dont les exemplaires restants ont été achetés par Prise de parole, qui en assume la distribution, truax conclut leur échange en la félicitant pour la publication de son dernier livre, paru aux Éditions du Boréal, dont elle a entendu une critique élogieuse à la radio[19]. C'est à l'enseigne de Prise de parole et dans la collection « Bibliothèque canadienne-française » consacrée aux classiques franco-canadiens que paraissent ensuite les rééditions des livres de Daigle d'abord publiés, en coédition ou non, aux Éditions d'Acadie. Ses trois premiers livres, *Sans jamais parler du vent*, *Film d'amour et de dépendance* et *Histoire de la maison qui brûle*, que certains critiques considèrent comme une trilogie (Boudreau et Robichaud, 1998), sont regroupés dans un même ouvrage en 2013, tout comme les romans *Variations en B et K*, *La beauté de l'affaire* et *La vraie vie* en 2016. Entre ces deux volumes, la maison d'édition sudburoise fait également paraître, en 2014, la deuxième édition de *1953*, livre que truax semble affectionner particulièrement.

18. denise truax, « Re- Pas pire », BAC, Fonds France Daigle, R12025-67-3. Dans un échange de courriels datant de juin 2001, Daigle écrit qu'elle a effectivement « trop de pain sur la planche ces temps-ci » pour téléphoner à Prise de parole avant le mois suivant, mais qu'elle est « d'accord pour le format Gabrielle Poulin » (France Daigle, « Re- Bonjour Denise », BAC, Fonds France Daigle, R12025-67-3). Daigle fait sans doute référence à la deuxième édition du *Livre de déraison* de Poulin que Prise de parole a fait paraître en 1996 et qui devait vraisemblablement servir de modèle pour la réédition de *Pas pire*. Prise de parole avait peut-être déjà enclenché le processus de réédition de *Pas pire*, même en l'absence de contrat signé entre les deux parties, lorsque Daigle s'est désistée à l'automne suivant.
19. denise truax, « Re- 1953 », BAC, Fonds France Daigle, R12025-67-3.

Avec son mandat élargi, Prise de parole exerce rapidement une force gravitationnelle sur la littérature acadienne, y compris sur des écrivains qui publiaient chez d'autres éditeurs que les Éditions d'Acadie ou qui en sont à leurs premières publications. Après quelques détours par le Québec, Herménégilde Chiasson s'établit pour de bon à Prise de parole, où le rejoignent Daniel Dugas et Rose Després, dont les livres précédents étaient principalement parus chez Perce-Neige. C'est aussi à Sudbury que Pierre-André Doucet publie son premier roman; les pièces de théâtre, autre genre peu publié en Acadie, de quelques dramaturges acadiens paraissent également chez Prise de parole. D'autres écrivains acadiens établis ou émergents migrent vers les maisons d'édition franco-ontariennes durant les années 2000 ou 2010 : Hélène Harbec, Jocelyne Mallet-Parent et Anne-Marie Couturier font paraître des livres aux Éditions David, à Ottawa, tandis que Marie Cadieux publie un recueil de nouvelles chez L'Interligne, également à Ottawa, qui se charge aussi de la réédition d'ouvrages d'Herménégilde Chiasson et de Gérald Leblanc. À la même époque, la revue culturelle *Liaison*, gérée par L'Interligne, élargit sa portée pour englober les arts de l'Acadie et de l'Ouest, de sorte qu'une partie non négligeable de la littérature acadienne est désormais publiée et recensée à l'extérieur de ses frontières. Cette conjoncture fait dire à Raoul Boudreau que « l'Acadie a une dette envers l'Ontario français, où on s'intéresse davantage aux écrivains des autres littératures francophones du Canada » (2014 : 20). Par la réédition de ses œuvres chez Prise de parole, France Daigle participe à ce mouvement de consolidation de l'institution franco-canadienne, même si elle choisit un éditeur québécois pour publier ses nouvelles œuvres.

Une tétralogie monctonienne à Montréal

Parallèlement à ses échanges avec denise truax et l'équipe de Prise de parole à l'hiver 2001, France Daigle est donc en discussion avec des éditeurs québécois. Les courriels conservés dans son fonds d'archives révèlent qu'elle a soumis le manuscrit de son prochain livre, qui s'intitulait *Les mains ouvertes*, mais qui allait devenir *Un fin passage*, à deux maisons d'édition montréalaises : Leméac Éditeur, avec le désir de le copublier avec Actes Sud, un éditeur français avec lequel la maison collabore régulièrement, et les Éditions du Boréal. À l'époque, les deux maisons d'édition comptent dans leurs rangs d'importants écrivains acadiens domiciliés au Québec. Antonine Maillet publie tous ses livres chez Leméac depuis *La Sagouine* (1971) – au moment où Daigle se cherche un nouvel éditeur, *Madame Perfecta* (2001) paraît justement en coédition avec Actes Sud –, tandis que Jacques Savoie confie ses textes pour adultes au Boréal à compter des années 1980.

Daigle avait déjà tenté sa chance auprès de ces deux éditeurs : Boréal et Leméac font partie des maisons d'édition qui ont refusé de publier *La vraie vie*[20]. Dans une lettre datée du 10 mars 1993, Jean Bernier, le directeur littéraire du Boréal, donnait son avis sur le manuscrit en ces termes : « Nous avons tous été grandement séduits par les qualités d'écriture et de structure de votre texte et nous serions très heureux de lire une œuvre de vous qui se rapproche plus des dimensions habituelles du roman[21]. » Ses remarques font écho à celles de Pierre Filion, son homologue chez Leméac, qui avait également refusé le manuscrit deux jours plus tôt, le 8 mars 1993. Ayant mal saisi le projet d'écriture presque cinématographique de Daigle, il renvoyait l'autrice à sa table de travail : « Le roman, à mon avis, est là : il vous reste à l'écrire maintenant que vous en avez fixé l'architecture et grossi les personnages[22]. » Cependant, lorsque Daigle reçoit ces lettres de refus, le manuscrit a déjà été accepté par l'Hexagone depuis le 21 janvier précédent. La lettre dans laquelle Jean Royer, le directeur littéraire de la maison d'édition, lui fait part de son intention de publier *La vraie vie* laisse entendre que Daigle lui avait soumis son premier manuscrit, *Sans jamais parler du vent* :

> Je vous remercie d'avoir soumis votre manuscrit à l'Hexagone. En attendant votre réponse, je vous répète que je serai très heureux de publier *La vraie vie* à l'Hexagone (en des retrouvailles heureuses

20. Outre Leméac et les Éditions du Boréal, XYZ, Québec Amérique, les Éditions de Minuit et les Éditions du Seuil ont également refusé le manuscrit. Voir les lettres conservées à BAC dans le Fonds France Daigle, R12025, boîte 5, chemise 13.
21. Jean Bernier, Lettre des Éditions du Boréal à France Daigle, BAC, Fonds France Daigle, R12025, boîte 5, chemise 13.
22. Pierre Filion, Lettre des Éditions Leméac à France Daigle, BAC, Fonds France Daigle, R12025, boîte 5, chemise 13.

> – dès la lecture de votre premier texte, j'avais vu en vous un écrivain de qualité, vous vous souvenez...) [...][23].

Le roman *La vraie vie* paraît aux Éditions de l'Hexagone, en coédition avec les Éditions d'Acadie, au troisième trimestre de 1993.

Huit ans plus tard, Daigle, qui n'a plus d'éditeur en Acadie, mais qui détient un manuscrit de facture plus traditionnelle que les précédents, revient à la charge auprès du Boréal et de Leméac. Cette fois, les réponses sont très enthousiastes. Le 5 février 2001, Monic Robillard, qui dirige Leméac, lui envoie un courriel insinuant que les discussions entre elles sont amorcées depuis un moment puisque l'éditrice remercie l'autrice de lui avoir envoyé son dossier de presse, « qui révèle un très beau parcours d'écriture[24] ». Robillard lui indique que la maison d'édition « sera honorée de [la] compter parmi ses auteurs[25] ». Elle avertit cependant Daigle que la coédition avec Actes Sud n'est pas assurée puisque les « deux services éditoriaux sont [t]otalement indépendants[26] ».

Bien que Leméac s'engage à publier le manuscrit, que la maison accueille avec un grand d'intérêt, Robillard demande à Daigle d'y apporter quelques « améliorations (mineures)[27] » :

> La principale concerne le couple d'Acadiens, dont le portrait et l'histoire sont particulièrement réussis, mais au sujet desquels un détail manque de vraisemblance. Ils se révèlent tout à coup être de grands connaisseurs de peinture, alors que par ailleurs ils ne semblent manifester aucun intérêt à visiter des musées en France, et qu'ils nous ont été présentés de telle sorte que nous les croyons sans grande culture, voire sans beaucoup d'éducation (personnages naïfs et populaires). Ce point me paraît assez important pour que je vous recommande de le rectifier avant que j'envoie le fichier à Actes Sud, ne serait-ce que de façon temporaire en diminuant la longue liste de peintres acadiens que le couple connaissait sans s'en rendre compte. (p. 78-79)[28]

23. Jean Royer, Lettre des Éditions de l'Hexagone à France Daigle, BAC, Fonds France Daigle, R12025, boîte 5, chemise 13.
24. Monic Robillard, « MO suite 2 », BAC, Fonds France Daigle, R12025-67-3.
25. *Ibid.*
26. *Ibid.*
27. *Ibid.*
28. *Ibid.*

Le couple d'Acadiens dont parle Robillard est composé de Carmen et de Terry, que les lecteurs et les lectrices de Daigle connaissent depuis son livre précédent, *Pas pire* (1998). Sans le savoir, Robillard demande à Daigle de réécrire une scène qui contient en germe son projet pour la suite de sa tétralogie où, emboîtant le pas au poète acadien Gérald Leblanc, elle travaille à faire de Moncton la capitale culturelle de l'Acadie en y faisant graviter une importante communauté de personnages d'artistes, qu'ils et elles soient fictifs ou inspirés de personnes réelles (Boudreau, 2007a; Brun del Re, 2016). C'est d'ailleurs parce que Carmen et Terry l'ont convaincu, dans le passage que Robillard propose de couper, que Moncton est une ville propice à la création artistique qu'Étienne Zablonski, peintre de profession, y déménage avec son épouse, Ludmilla, dans *Petites difficultés d'existence*, où il travaille à repousser les limites de l'art avec d'autres artistes locaux. Quant à Ludmilla, dans le dernier tome de la série, *Pour sûr*, qui permet de prendre la mesure de l'autodidaxie des personnages que Robillard trouve peu crédibles (Cormier, 2014 : 72), elle ouvre avec Terry une librairie francophone qui contribue à la vitalité culturelle de la ville.

Parmi les autres modifications, de moindre importance, qu'elle demande à Daigle, Robillard suggère de revoir le personnage du pope, qui « n'apparaît qu'au début et à la fin[29] » : « [Y] aurait-il lieu de lui donner au moins une autre apparition ? Je laisse ce point à votre discrétion car il se peut que vous trouviez un intérêt à le laisser en position de "passeur"[30]. » Elle conclut en réitérant son intérêt pour le manuscrit :

> C'est [...] un texte qui révèle un auteur en pleine maîtrise de ses moyens littéraires, un texte dont la forme si particulière s'impose avec une évidence parfaite, comme une nécessité intérieure au sujet, et où la légèreté de touche n'exclut pas la profondeur. J'aime énormément ce roman et soyez assurée que Leméac le défendra avec conviction[31].

Daigle n'a plus qu'à faire les modifications demandées et à soumettre à nouveau le manuscrit pour qu'il soit publié par Leméac et évalué par Actes Sud.

---

29. Monic Robillard, « MO suite 2 », BAC, Fonds France Daigle, R12025-67-3.
30. *Ibid.*
31. *Ibid.*

Or, au même moment, Daigle est aussi en discussion avec Jean Bernier, des Éditions du Boréal. Le courriel qu'il lui envoie le 1er février 2001 révèle que leurs premiers échanges remontent également à quelques mois :

> Je reprends ce jour le fil de notre conversation amorcée avant la fin de l'année dernière. J'ai relu avec grand plaisir le manuscrit des *Mains ouvertes*. Comme je vous le disais alors, nous (les membres du comité éditorial du Boréal) avons été charmés par cette histoire – ces histoires ? – dont les entrelacs reprennent les figures subtiles du hasard, du désir et du destin[32].

Bernier se montre également favorable à la publication de « ce texte intelligent, à la fois dense et léger[33] », sous réserve que Daigle lui apporte quelques modifications, qui recoupent en partie celles demandées par Robillard au sujet du personnage du pope :

> Par contre, le manuscrit nous laisse un peu sur notre faim. Serait-il possible pour vous de l'étoffer ? Le pope-rabbin est le seul personnage qui ne revienne pas avant la toute fin du roman, n'aurait-il pas lui également une vie ? N'y a-t-il rien d'autres [*sic*] à raconter à son sujet ? Il y a également ce mort qui s'adresse au lecteur par un procédé qui me semble un peu artificiel. Est-il essentiel à l'économie du roman ? Y aurait-il un moyen plus « naturel » de l'introduire[34] ?

Bien que la discussion ait déjà été amorcée, il semble que c'est la première fois que Boréal s'engage à publier le roman. Le 6 février 2001, c'est-à-dire le lendemain de la réception du courriel de Robillard cité plus tôt, Daigle répond à Bernier qu'elle prévoit « lire "Les mains ouvertes" à tête reposée, et en tenant compte de [ses] observations, en fin de semaine[35] ». Elle en profite pour lui faire part de l'acceptation du manuscrit par Leméac, qui remonterait à la mi-janvier, soit deux semaines avant le courriel de Robillard conservé dans son fonds d'archives :

> Je me dois d'ajouter que Leméac est également intéressée à ce manuscrit. La maison s'est manifestée il y a deux semaines, alors

32. Jean Bernier, « MO suite 3 », BAC, Fonds France Daigle, R12025-67-3.
33. *Ibid.*
34. *Ibid.*
35. France Daigle, « MO suite 1 », BAC, Fonds France Daigle, R12025-67-3.

> que j'attendais de vos nouvelles. Je lirai « Les mains ouvertes » en tenant compte des observations et propositions de vos deux maisons d'édition[36].

Bernier lui répond dès le lendemain en réitérant son intérêt : « Je me permets de vous dire encore une fois combien nous serions ravis de vous accueillir au Boréal[37]. » Il se montre disponible pour discuter par téléphone des « commentaires succincts dont [il lui a] fait part[38]. » Daigle, qui, quelques mois plus tôt, n'avait plus d'éditeur en Acadie, est soudainement courtisée par deux des plus importants joueurs québécois.

La suite est connue : c'est Boréal qui fait paraître *Un fin passage* au troisième trimestre de 2001. Les documents conservés dans le fonds d'archives de Daigle ne permettent pas d'établir avec certitude les motivations qui l'ont poussée à retenir les services de cette maison d'édition. On peut toutefois supposer que la nature des modifications demandées par Bernier, d'une ampleur moins importante et concernant un aspect moins essentiel du roman que celles de Robillard[39], de même que les difficultés anticipées pour la coédition avec Actes Sud aient joué en faveur du Boréal.

Robillard avait pourtant pris au sérieux la préférence de Daigle pour une collaboration entre Leméac et Actes Sud. Le 5 mars 2001, la directrice littéraire lui écrit en lui demandant une réponse rapide, justement dans le but de favoriser la copublication : « [J]e rencontre vendredi la directrice d'Actes Sud, qui sera de passage à Montréal, et ce serait pour moi l'occasion de lui recommander personnellement votre texte[40]. » C'est alors que Daigle, qui a eu quelques semaines pour soupeser ses options,

36. *Ibid.*
37. Jean Bernier, « MO suite 1 », BAC, Fonds France Daigle, R12025-67-3.
38. *Ibid.*
39. Par ailleurs, Daigle a choisi de ne pas tenir compte des modifications demandées concernant le personnage du pope, comme le montre la comparaison entre le roman publié et un état du manuscrit daté de décembre 1999, vraisemblablement très proche de la version soumise à Leméac et au Boréal (France Daigle, « *Un fin passage*. – décembre 1999. – 103 p. », BAC, Fonds France Daigle, R12025, boîte 9, chemise 5).
40. Monic Robillard, « Re- Les mains ouvertes », BAC, Fonds France Daigle, R12025-67-3.

lui annonce probablement sa décision, puisque Robillard lui répond le 13 mars :

> Je respecte votre décision de publier chez Boréal. Sachez que vous serez toujours la bienvenue chez Leméac s'il vous apparaissait que nous puissions servir votre œuvre. Espérant avoir un jour le plaisir de vous rencontrer, je souhaite beaucoup de succès à votre très beau roman[41].

Le sujet du courriel, « La porte ouverte », montre l'intérêt que la maison d'édition accorde désormais à Daigle. Mais le 8 avril 2001, c'est bien au Boréal que Daigle soumet à nouveau le manuscrit de son roman *Les mains ouvertes*, qui porte désormais le titre qu'on lui connaît, *Un fin passage*[42].

Du moment qu'*Un fin passage* paraît chez Boréal, il semble logique que cette maison d'édition se charge de la deuxième édition de *Pas pire*, le premier tome de la série. Déjà, en décembre 1999, Rachel Daigle, la sœur de l'autrice, s'interroge, après sa lecture d'*Un fin passage*, sur la capacité des lecteurs et des lectrices à suivre l'intrigue sans avoir d'abord lu *Pas pire* :

> Je ne pense pas que tu ailles chercher un nouveau public avec ce livre, ce qui n'est pas un problème en soi. On dirait qu'il faut presque connaître les antécédents, de Carmen et Terry, par exemple. D'autres lecteurs te donneront leur idée là-dessus. Je te dis surtout cela au cas où tu envisagerais d'approcher une autre maison d'édition. Je ne sais pas comment quelqu'un qui te lit pour la première fois recevrait ce livre. Peut-être merveilleusement bien[43].

Sa remarque concernant la possibilité pour Daigle de changer d'éditeur laisse entendre que l'autrice avait peut-être déjà soulevé l'idée de soumettre *Un fin passage* à une autre maison d'édition que les Éditions d'Acadie, et ce, avant leur faillite en 2000. Dans tous les cas, France

41. Monic Robillard, « Re- La porte ouverte », BAC, Fonds France Daigle, R12025-67-3.
42. Voir France Daigle, « Re- Manuscrit », BAC, Fonds France Daigle, R12025-67-3.
43. Rachel Daigle, « Rachel Daigle, 23/12/99 8:30 -0500, RE : Fiou ! », BAC, Fonds France Daigle, R12025, boîte 9, chemise 5.

Daigle semble avoir été sensible aux préoccupations de sa sœur quant à la réception du deuxième tome de sa série puisque c'est dans la collection « Boréal compact », dédiée aux rééditions et aux classiques de la littérature québécoise ou canadienne-française en format de poche, que la réédition de *Pas pire* paraît en 2002, quelques mois après la publication d'*Un fin passage.*

Les tractations de Daigle avec deux éditeurs québécois majeurs éclairent avant tout l'évolution de son statut d'écrivaine dans le milieu littéraire québécois. Au début des années 1990, on reconnaissait volontiers son talent et son potentiel, mais s'il se trouvait des maisons d'édition pour la publier, bien souvent en partageant le risque avec les Éditions d'Acadie, l'autrice ne retenait que peu l'attention des éditeurs québécois, qu'elle souhaitait mettre à contribution pour une meilleure diffusion de son œuvre. Une décennie plus tard, on peut mesurer à quel point Daigle est à présent en position de force lorsqu'elle s'adresse aux plus importantes maisons d'édition québécoises. Si l'histoire récente de la littérature acadienne a été marquée par la fermeture des Éditions d'Acadie, considérée comme un échec institutionnel, force est de reconnaître que ces dernières ont permis d'établir la crédibilité littéraire de leurs auteurs, à l'extérieur comme à l'intérieur de l'Acadie.

Au cours de l'été 2011, Daigle communique son choix de publier aux Éditions du Boréal à une autre maison d'édition québécoise, Lanctôt éditeur. L'échange, moins bienveillant qu'avec Leméac et Boréal, confirme qu'accueillir l'autrice acadienne parmi ses auteurs est un bon coup pour un éditeur québécois, mais présente aussi, de façon inédite, les lignes de tension et la compétition entre les institutions québécoises. Après avoir terminé sa lecture de *Je suis fatigué* de Dany Laferrière, Daigle écrit à l'éditeur Jacques Lanctôt pour lui proposer une sorte de suite acadienne. Elle mentionne au passage la publication à venir de son prochain roman chez Boréal. Ignorant l'offre de Daigle, Lanctôt lui répond en la félicitant sarcastiquement pour son choix d'éditeur :

> Madame Daigle,
> Je vois que vous avez choisi une maison d'édition qui a de la classe, et que vous avez par conséquent rejeté la mienne (et quelques autres). Il faut viser grand dans la vie. C'est bien. Faut croire que mes auteurs ne doivent pas tous avoir les mêmes buts. Dommage

> pour eux, sans doute. C'est papa Godbout qui doit être content.
> Il y a ceux du Boréal, et il y a les autres.
> La marge. J'y suis toujours et c'est tant mieux pour moi.
> Bon succès dans vos entreprises, comme on dit.
> Jacques Lanctôt[44]

Notons l'ironie de voir un éditeur québécois se réclamer de la marge pour reprocher à une autrice acadienne son choix de maison d'édition dans l'institution dominante. Bien sûr, l'épisode reste anecdotique, et c'est du reste ainsi que l'a interprété l'autrice acadienne en transférant cet échange à sa sœur, indiquant que soit le message « en dit long sur l'ambiance de l'édition au Québec », soit Lanctôt souffrait d'« une *bad hairday*[45] » ce jour-là.

À l'aube du XXIe siècle, France Daigle est en voie de s'imposer comme la principale romancière de la littérature acadienne contemporaine. Son roman *Pas pire*, en particulier, a été fort bien reçu des milieux littéraires, à l'extérieur comme à l'intérieur de l'Acadie, et l'autrice a en main la suite des aventures de son sympathique couple de personnages monctoniens, Terry et Carmen, qui assureront le succès de son œuvre. Au lieu de limiter ses choix éditoriaux, la disparition de son principal éditeur, les Éditions d'Acadie, en a multiplié les possibilités. L'examen de la correspondance de Daigle avec différentes maisons d'édition à ce moment charnière de la littérature acadienne, mais aussi de sa carrière, permet de lever quelque peu le voile sur une face habituellement cachée de l'activité littéraire. En l'occurrence, les échanges de Daigle avec différents éditeurs permettent de tirer des conclusions sur la mobilité institutionnelle de l'autrice entre trois espaces littéraires : l'institution acadienne, plombée par la disparition de son principal éditeur, l'institution québécoise, qui souhaite fortement accueillir une autrice acadienne dont le talent est reconnu, et l'institution franco-ontarienne, qui cherche sans doute à profiter de la chute des Éditions d'Acadie pour se redéfinir en institution franco-canadienne.

Certes, l'examen du fonds d'archives de Daigle permet avant tout de montrer qu'elle a toujours envisagé l'édition au Québec comme un moyen de mieux faire connaître ses œuvres. On peut interpréter

44. Jacques Lanctôt, « Re- Surench[è]re », BAC, Fonds France Daigle, R12025-67-3.
45. France Daigle, « RE- Pour ton info », BAC, Fonds France Daigle, R12025-67-3.

sa négociation de coéditions entre différents éditeurs québécois et les Éditions d'Acadie, dans les années 1990, comme une première stratégie de compromis pour résoudre la tension, constitutive de l'art minoritaire, entre la loyauté envers le milieu d'origine et les aspirations littéraires. À l'occasion du lancement d'*Un fin passage* en 2001, Daigle revient en entrevue sur le fait qu'elle se sentait obligée de publier en Acadie jusqu'à la fermeture des Éditions d'Acadie : « Dans le passé, j'ai souvent commencé un livre en me disant que j'allais le faire éditer ailleurs [...]. Mais rendue à la fin, je me suis toujours ravisée, par solidarité naturelle. Il y a une forme de loyauté culturelle qui s'établit entre nous, un besoin de s'identifier à ce qu'on est » (cité dans Bourgeault-Côté, 2001 : D10).

En regard de cette reconnaissance implicite des rapports de force entre les institutions centrale et périphérique (qui, comme on le voit, ne se soldent pas toujours à l'avantage du centre), il n'est pas étonnant de constater que des deux offres qui lui sont faites au tournant des années 2000 – soit la publication au Québec, où elle a soumis son manuscrit aux Éditions du Boréal et chez Leméac Éditeur (en vue d'une coédition avec Actes Sud), soit la publication en Ontario français, aux Éditions Prise de parole –, Daigle choisira une maison d'édition québécoise, ce qui est conforme aux démarches qu'elle a déjà entreprises par le passé avec cette institution. Bien que sa correspondance ne soit pas explicite à ce sujet, il y a fort à parier que publier la suite de son œuvre aux Éditions Prise de parole aurait reproduit le lien de loyauté qui l'unissait aux Éditions d'Acadie, sans remédier au problème de l'accès au marché québécois. Cependant, Daigle confiera certaines rééditions de ses romans à Prise de parole, comme seconde stratégie de compromis entre les institutions littéraires centrale et périphérique.

C'est toutefois les Éditions du Boréal qui prendront le relais des Éditions d'Acadie, où avait paru le premier roman de la tétralogie monctonienne de Daigle, *Pas pire* (1998), en publiant *Un fin passage* (2001), *Petites difficultés d'existence* (2002) et, enfin, le *magnum opus* de Daigle, *Pour sûr* (2011), qui méritera à son autrice le prix du Gouverneur général du Canada. Sans avoir mis fin aux rapports de force entre les institutions littéraires acadienne et québécoise, l'accueil de ces romans, abordant sans détour les réalités urbaines contemporaines de la vie en Acadie, dans une des plus importantes maisons d'édition québécoises, est le signe d'une ouverture inédite du centre sur la périphérie. La correspondance professionnelle de Daigle montre tout le travail qu'elle a accompli, pendant une vingtaine d'années, pour obtenir cette ouverture et favoriser la circulation de ses livres.

Bibliographie

Archives

Bibliothèque et Archives Canada
Fonds France Daigle, R12025

Liste des œuvres de France Daigle par ordre chronologique de parution

DAIGLE, France (1983). *Sans jamais parler du vent : roman de crainte et d'espoir que la mort arrive à temps*, Moncton, Éditions d'Acadie.

— (1984). *Film d'amour et de dépendance : chef-d'œuvre obscur*, Moncton, Éditions d'Acadie.

— (1985). *Histoire de la maison qui brûle, vaguement suivi d'un dernier regard sur la maison qui brûle*, Moncton, Éditions d'Acadie.

— (1985). *Variations en B et K : plans, devis et contrat pour l'infrastructure d'un pont*, Outremont, Éditions nbj.

DAIGLE, France, et Hélène HARBEC (1986). *L'été avant la mort*, Montréal, Éditions du remue-ménage.

DAIGLE, France (1991). *La beauté de l'affaire : fiction autobiographique à plusieurs voix sur son rapport tortueux au langage*, Outremont, Éditions nbj ; Moncton, Éditions d'Acadie.

— (1993). *La vraie vie*, Montréal, Éditions de l'Hexagone ; Moncton, Éditions d'Acadie.

— (1995). *1953 : chronique d'une naissance annoncée*, Moncton, Éditions d'Acadie.

— (1998). *Pas pire*, Moncton, Éditions d'Acadie.

— (2001). *Un fin passage*, Montréal, Éditions du Boréal.

— (2002). *Pas pire*, 2e éd., Montréal, Éditions du Boréal, coll. « Boréal compact ».

— (2002). *Petites difficultés d'existence*, Montréal, Éditions du Boréal.

— (2011). *Pour sûr*, Montréal, Éditions du Boréal.

— (2012). *Sans jamais parler du vent : roman de crainte et d'espoir que la mort arrive à temps*, édition critique établie par Monika Boehringer, Moncton, Institut d'études acadiennes.

— (2013). *Pour sûr*, 2e éd., Montréal, Éditions du Boréal, coll. « Boréal compact ».

— (2013). *Sans jamais parler du vent; Film d'amour et de dépendance; Histoire de la maison qui brûle*, 2e éd., Sudbury, Éditions Prise de parole, coll. « Bibliothèque canadienne-française ».

— (2014). *1953 : chronique d'une naissance annoncée*, 2e éd., Sudbury, Éditions Prise de parole, coll. « Bibliothèque canadienne-française ».

— (2016). *Variations en B et K; La beauté de l'affaire; La vraie vie*, 2e éd., Sudbury, Éditions Prise de parole, coll. « Bibliothèque canadienne-française ».

— (2016). *Poèmes pour vieux couples*, Moncton, Éditions Perce-Neige.

Références

Boudreau, Raoul (2003). « La littérature acadienne au sein des littératures francophones », *Zeitschrift für Kanada-Studien*, vol. XXIII, n° 2, p. 7-17.

Boudreau, Raoul (2007a). « La création de Moncton comme "capitale culturelle" dans l'œuvre de Gérald Leblanc », *Revue de l'Université de Moncton*, vol. XXXVIII, n° 1, p. 33-56.

Boudreau, Raoul (2007b). « Les rapports Acadie/Québec dans les essais d'Herménégilde Chiasson », *Québec Studies*, vol. XLIII, p. 3-22.

Boudreau, Raoul (2014). « L'institution littéraire acadienne : une étoile qui s'étiole? Bilan et perspectives », dans Benoit Doyon-Gosselin, David Bélanger et Cassie Bérard (dir.), *Les institutions littéraires en question dans la Franco-Amérique*, Québec, Presses de l'Université Laval, p. 17-18.

Boudreau, Raoul, et Anne Marie Robichaud (1998). « Symétries et réflexivité dans la trilogie de France Daigle », *Dalhousie French Studies*, n° 15, 1998, p. 143-153.

Bourgeault-Côté, Guillaume (2001). « Littérature de l'exil », 29 septembre, *Le Soleil*, p. D10.

Brun del Re, Ariane (2016). « France Daigle, héritière de Gérald Leblanc : de *Moncton mantra* à *Petites difficultés d'existence* », *Revue de l'Université de Moncton*, vol. XLVII, n° 2, p. 47-71.

Cormier, Pénélope (2006). *Jacques Savoie, ou l'attrait du centre : étude de la scénographie des rapports institutionnels dans* Les portes tournantes, Le récif du prince *et* Une histoire de cœur, thèse de maîtrise (études françaises), Moncton, Université de Moncton.

Cormier, Pénélope (2012). « Les jeunes poètes acadiens à l'école Aberdeen », dans Jacques Paquin (dir.), *Nouveaux territoires de la poésie francophone au Canada : 1970-2000*, Ottawa, Les Presses de l'Université d'Ottawa, p. 179-204, coll. « Archives des lettres canadiennes ».

Cormier, Pénélope (2014). *Écritures de la contrainte en littérature acadienne : France Daigle et Herménégilde Chiasson*, thèse de doctorat (littérature), Montréal, Université McGill.

Cormier, Pénélope, et Ariane Brun del Re (2016). « Vers une littérature franco-canadienne ? Bases conceptuelles et institutionnelles d'un nouvel espace littéraire », dans Jimmy Thibeault, Daniel Long, Désiré Nyela et Jean Wilson (dir.), *Au-delà de l'exiguïté : échos et convergences dans les littératures minoritaires*, Moncton, Éditions Perce-Neige, p. 53-74.

Dickson, Robert, Annette Ribordy et Micheline Tremblay (1999). « Présentation », dans Robert Dickson, Annette Ribordy et Micheline Tremblay (dir.), *Toutes les photos finissent-elles par se ressembler ? Actes du Forum sur la situation des arts au Canada français*, Sudbury, Éditions Prise de parole et Institut franco-ontarien de Sudbury, p. 7-14.

Hotte, Lucie (2008). « Entre l'esthétique et l'identité : la création en contexte minoritaire », dans Joseph Yvon Thériault, Anne Gilbert et Linda Cardinal (dir.), *L'espace francophone en milieu minoritaire au Canada : nouveaux enjeux, nouvelles mobilisations*, Montréal, Éditions Fides, p. 319-350.

Leclerc, Catherine, et Lianne Moyes (2012). « Littératures en contiguïté : France Daigle au Québec, France Daigle et le Québec », *Voix et Images*, vol. XXXVII, n° 3, p. 127-143.

Lonergan, David (2005). « La fragile édition acadienne », *Liaison*, n° 129, p. 49-51.

Lonergan, David (2013). *Acadie 72 : naissance de la modernité acadienne*, Sudbury, Éditions Prise de parole.

Mandat. ([s. d.]). Sur le site *Prise de parole*, [https://www.prisedeparole.ca/a-propos] (consulté le 13 décembre 2022).

Paré, François (1992). *Les littératures de l'exiguïté*, Hearst (Ontario), Le Nordir.

S'écrire pour mieux vivre ensemble : épistémologie relationnelle des correspondances autochtones au Québec (XIXe-XXIe siècles)

Marie-Hélène Jeannotte
Université Queen's

Dans *Histoire de la littérature amérindienne au Québec : oralité et écriture* (1993), Diane Boudreau situe les débuts de la littérature écrite autochtone dans les pétitions, les requêtes et les lettres adressées aux dirigeants politiques. Tout comme « [l]'histoire de l'écriture amérindienne[1] est indissociable de la réalité coloniale » (Boudreau, 1993 : 70), l'histoire de la lettre autochtone est intimement liée à la violence, aux injustices, aux tentatives d'assimilation et de génocide vécues par les Premiers Peuples. Dès le milieu du XVIIIe siècle, des personnes autochtones ont utilisé la lettre (ouverte, publique, officielle) pour communiquer avec les autorités coloniales et la population du Québec. S'adressant à l'autre, à l'envahisseur, des autochtones écrivent pour dénoncer la dépossession territoriale, l'état de pauvreté de leurs peuples et les conflits entourant l'installation coloniale en Amérique du Nord.

L'épistolaire constitue également une forme privilégiée dans la littérature autochtone contemporaine. Depuis la parution du recueil de correspondances entre autochtones et allochtones *Aimititau! Parlons-nous*[2] *!* (Morali, [2008] 2017) en 2008, cinq recueils de

1. Considéré comme péjoratif, le terme « amérindien » est aujourd'hui désuet.
2. Selon Couture-Grondin, il s'agit du premier recueil de correspondances entre autochtones et allochtones paru au Canada (2016, 131).

correspondances[3] et une œuvre épistolaire (Fontaine, 2019) ont été publiés par des autochtones, en plus de deux correspondances parues en revue[4]. Ce sont ainsi vingt-cinq auteurs et auteures autochtones du Québec ou d'ailleurs qui, dans vingt-neuf correspondances distinctes, ont fait paraître des lettres ou des poèmes échangés dans la très vaste majorité avec une personne non autochtone. Loin d'être présentée comme une forme marginale ou secondaire de littérature autochtone, la lettre constitue un genre en soi, qui permet de s'investir dans une relation littéraire, de construire une œuvre et, dans la plupart des cas, de s'engager pour une société plus ouverte et plus égalitaire.

La lettre représente une forme scripturale unique pour observer les rapports de pouvoir coloniaux, de la Nouvelle-France à aujourd'hui. Que ce soit dans le cas de revendications politiques ou de publications littéraires, lorsqu'un ou une autochtone écrit une lettre, il ou elle s'adresse à l'autre et la relation épistolaire se situe dans un rapport colonial. Dans ce contexte, quels usages de la lettre font les écrivains et les écrivaines autochtones ? Comment s'incarnent les rapports de pouvoir de la société coloniale dans les correspondances ? Quelle évolution des usages et des fonctions de la lettre se dégage des pratiques contemporaines dans la littérature autochtone : ces usages sont-ils réinvestis, reconduits, transformés dans les publications récentes ? Mon objectif, à travers cette exploration de la lettre autochtone, est de mettre en lumière les façons dont les personnes qui correspondent conçoivent leur engagement dans la société (comme intermédiaires, comme émissaires, comme porte-paroles, comme modèles, etc.) et la manière dont s'actualise cet engagement dans leurs lettres.

En m'appuyant sur les travaux en histoire de la littérature des Premières Nations, notamment ceux de Boudreau (1993), de Sylvain Rivard (2009), de Stéphanie Boutevin (2011, 2014, 2016), de Maxime

3. *Uashtessiu/Lumière d'automne* (2008b), de Jean Désy et de Rita Mestokosho ; *Nous sommes tous des sauvages* (2011), de Joséphine Bacon et de José Acquelin ; *Kuei, je te salue : conversation sur le racisme* ([2016] 2020), de Deni Ellis Béchard et de Natasha Kanapé Fontaine ; *Ki wapaminan* (2018), sous la direction de Janie Handfield ; *La bienveillance des ours* (2020), de François Lévesque et de Virginia Pésémapéo Bordeleau.
4. Les deux correspondances, de Rita Mestokosho et de Jean Désy, ont été publiées dans *Riveneuve Continents* (2008a) et dans *Mœbius* (2010).

Gohier (2014, 2021) et de Jocelyn Sioui (2020), j'ai sélectionné des figures historiques d'auteurs de lettres autochtones. Après avoir défini les enjeux liés aux correspondances et au rapport à l'écriture des Premiers Peuples, je propose d'analyser, à partir de sources secondaires retrouvées dans les travaux de Boutevin, de Boudreau, de Rivard et de Sioui[5], les pratiques épistolaires de quelques auteurs autochtones des XIXe et XXe siècles, dont Peter Paul Osunkhirhine (Abénakis), Prosper Vincent (Wendat) et Jos Laurent (Abénakis), afin d'éclairer leurs usages de la lettre dans un contexte de relations coloniales. D'autre part, je me tournerai vers des œuvres épistolaires contemporaines destinées à la publication. J'observerai comment s'y rejouent – ou y sont déjoués – les rapports d'inégalité et comment les fonctions médiatrices de la lettre s'y voient réinvesties.

Ce domaine de la recherche étant en constitution, les idées préconçues et les angles morts restent nombreux. Le caractère préliminaire de l'étude des correspondances autochtones, la disponibilité des sources écrites et des archives de même que les frontières linguistiques occasionnent un échantillonnage nécessairement artificiel, qu'on ne saurait qualifier de représentatif. Il n'en demeure pas moins qu'une telle étude permet de considérer l'œuvre d'intellectuels et d'intellectuelles autochtones souvent « oubliés » par l'histoire de la littérature. En replaçant la lettre au cœur de la littérature, et non plus en marge des formes canoniques et des œuvres publiées, l'étude des correspondances procède d'un décloisonnement des « traditionnelles frontières du littéraire » (Beaudet et Bédard, 2016 : 8) que l'on retrouve dans les travaux en histoire culturelle[6], mais aussi en études décoloniales et autochtones (Jeannotte, 2019). Nora Alba Cisneros suggère que l'étude de formes littéraires dévalorisées comme la lettre légitime des productions textuelles autochtones, autrement exclues de la catégorie du « littéraire » :

> *By elevating Indigenous writing (published/unpublished, archived or from our homes) we can unsettle the learned reverence to the literary*

5. Ces travaux proposent en annexe ou dans le corps du texte de nombreuses lettres reproduites intégralement.
6. Voir, par exemple, les travaux de Lucie Robert (2011, 2012) et de Marie-Ève Thérenty (2012, 2014) à propos de la presse périodique.

> *canon that often does not include Indigenous writers or Indigenous intellectual work.* (2018 : 192)

Les sermons et les lettres autochtones aux États-Unis, comme ceux de Samson Occom (Stirrup, 2010), sont, par exemple, depuis longtemps intégrés au corpus de la littérature autochtone américaine.

L'étude des correspondances place au centre de l'analyse les énonciations autochtones. L'épistolaire repersonnifie, voire réhumanise celles et ceux qui, longtemps, ne furent qu'objets d'étude et de « relations », celles des missionnaires notamment. La forme épistolaire remet au cœur de l'action littéraire les personnes dont on parle en littérature, mais dont on entendait peu la voix, enrichissant les représentations et les formes d'expression. En tant qu'espaces discursifs propices à l'énonciation affective et intime et à la mise en évidence des perspectives des Premières Nations, des lettres écrites par des personnes autochtones donnent prise à l'analyse des luttes menées contre la hiérarchie des genres littéraires, des identités coloniales et des lieux d'énonciation.

De tous les principes d'action de la lettre, les fonctions dialogique, performative et métonymique apparaissent particulièrement pertinentes dans les correspondances écrites par des autochtones. La correspondance est dialogique (Stanley, 2004) par opposition au monologue : elle implique une communication, un échange entre deux personnes ou plus, et, à défaut d'une parfaite réciprocité, la lettre invite à une certaine rétroaction. En contexte épistolaire autochtone, ce dialogue survient presque toujours entre autochtones et allochtones. Ensuite, la lettre comporte une valeur performative : c'est en écrivant que les correspondants et correspondantes autochtones agissent sur le monde, qu'ils font advenir une relation, une dénonciation, une réparation ou une guérison. La performativité du discours épistolaire relève de l'acte d'énonciation (on écrit : « je te salue », « nous dénonçons », « je t'offre mes excuses »), mais aussi d'une action extralinguistique dans le cas des lettres écrites en vue d'une publication littéraire. La valeur performative est, de fait, redoublée par la présence d'un public externe, relevant alors de la performance, du spectacle. Les correspondances ont enfin une fonction de métonymie. Les formules reprises par l'un et l'autre (« Tu dis ceci. Cela me rappelle ») mettent en lumière le dialogue opéré et explicitent la fonction relationnelle de la correspondance. Les mots choisis et le support (le papier, l'encre) procèdent d'une réification de la personne qui écrit, la lettre devient un « simulacre de présence[7] » (Stanley, 2004 : 208). Par extension, l'échange épistolaire représente bien souvent la relation elle-même, celle souhaitée, désirée, projetée sur la société (Stanley, 2004 : 209). L'importance quantitative et qualitative des échanges épistolaires entre autochtones et allochtones se comprend notamment par leur valeur métonymique. Ainsi, je propose de considérer les correspondances autochtones sous l'angle de l'« épistémologie relationnelle », conçue comme « un cadre de familiarité avec l'autre, où la principale préoccupation culturelle n'est pas de connaître l'autre en soi, mais de connaître l'autre pour être en mesure de coexister de manière bonne, adéquate et appropriée[8] » (traduction libre; Naveh et Bird-David, 2014 : 75).

Correspondances et oralité

Dans son étude des correspondances des femmes patriotes, Mylène Bédard souligne l'importance de considérer le rapport qu'entretiennent les épistolières à l'écrit et aux normes littéraires, puisque leurs pratiques d'écriture peuvent déceler, entre autres, les relations de pouvoir présidant à leurs échanges (2016a : 17-19). L'étude des correspondances d'auteurs et d'auteures autochtones pose de manière peut-être encore plus cruciale la question du rapport à l'écrit en raison, d'une part, d'une tradition littéraire orale et de la place prépondérante toujours occupée par les formes orales aujourd'hui et, d'autre part, du contexte colonial et génocidaire dans lequel l'écriture a été introduite chez les nations autochtones du Canada. Plusieurs chercheuses et chercheurs ont souligné qu'en contexte autochtone, l'écriture – et la publication – fait partie des outils d'assimilation du colonisateur. Karine Bertrand, dans son article sur les représentations de la lettre dans le cinéma québécois et autochtone, insiste sur le caractère exogène des pratiques scripturales et des

7. « *Simul[a]crum of presence* » (traduction libre).
8. « *Relational epistemology, as argued by Bird-David (1999), suggests, then, a framework of familiarity with the other, where the main cultural concern is to know the other not in and of itself but as someone one needs to know how to co-live with well, properly, and appropriately* » (traduction libre). Voir aussi Bird-David (1999) sur le concept d'épistémologie relationnelle.

langues européennes : « [L]es Premiers Peuples ont adopté de force la langue du colonisateur, délaissant (du moins partiellement) une culture orale pluridimensionnelle pour se conformer au système d'écriture de la société dominante » (2016 : 320). S'il faut, en effet, éviter le piège de considérer l'écriture comme la finalité de toute évolution culturelle, il ne faut pas oublier que l'écrit n'est pas le seul support matériel pouvant conserver et transmettre des messages. Contrairement à d'autres nations autochtones dans le monde, comme le peuple amazigh (Afrique du Nord), qui dispose d'un alphabet très ancien (Casajus, 2012 : 31), les peuples autochtones du nord-est de l'Amérique n'avaient pas d'alphabet. Ils disposaient toutefois de codes et de supports matériels pour soutenir des communications éloignées dans l'espace et différées dans le temps. Jonathan Lainey considère les pétroglyphes, les pictogrammes, les rouleaux d'écorce et de peaux, les totems, les hiéroglyphes et les colliers de wampum comme les six moyens principaux pour communiquer et mémoriser des informations (2012 : 94). Les colliers de wampum, par exemple, scellaient des alliances ou, au contraire, faisaient office de déclarations de guerre, jouant un rôle majeur dans les relations entre les nations, qu'elles soient diplomatiques ou conflictuelles (Lainey, 2004 et 2013). Pour leur part, les Innus utilisaient des « bâtons à message » qu'ils disposaient en forêt selon un code partagé par les familles innues. Ces bâtons donnaient des informations sur les difficultés rencontrées sur le territoire. Selon leur longueur, leur orientation, la quantité d'aiguilles et le nombre et le type d'entailles qu'on y pratiquait, les Innus pouvaient y lire la situation de leurs compatriotes : famine, maladie, mort, etc. (Kurtness, [1975 ?] : 3).

Les productions littéraires contemporaines, en particulier les correspondances, font référence à ces moyens de communication : pensons, par exemple, à l'essai du dramaturge wendat Yves Sioui Durand, « Kaion'ni, le wampum rompu » (2003), et au recueil de poèmes de l'Innue Joséphine Bacon, intitulé *Bâtons à message/Tshissinuatshitakana* (2008), où l'auteure assimile ses poèmes aux bâtons à message des anciens chasseurs innus (Jeannotte, 2016). De même, les correspondants et correspondantes autochtones qui entrent en relation par l'écriture réfléchissent à ces anciennes pratiques et les décrivent implicitement comme précurseures de l'échange épistolaire auquel ils prennent part. Dans sa correspondance avec Andrée A. Michaud, publiée en 2008 dans le recueil *Aimititau ! Parlons-nous !*, Joan Pawnee, Métisse et membre de la Première Nation de Nipissing, décrit l'acte épistolaire comme moyen d'aller à la « rencontre de l'autre » et évoque à deux reprises les « signaux de fumée de certains de [ses] ancêtres » (Pawnee, dans Morali, 2008 : 196). En liant l'acte de correspondance sur le papier et les signaux de fumée, Pawnee souligne la continuité dans les pratiques de communication et nuance l'antagonisme parfois perçu entre l'oralité et l'écriture.

Bien qu'il importe de mettre l'accent sur le continuum culturel afin d'éviter de faire de l'introduction de l'écriture dans les cultures des Premières Nations le point de départ de l'histoire ou de la littérature, force est de reconnaître que le rapport à l'écriture reste, au moins du point de vue symbolique et historique, lié à l'assimilation linguistique et religieuse, à la dépossession, à la trahison et au génocide. Dans ses travaux sur l'écriture chez les nations wendate et abénakise, Boutevin insiste sur le fait que « les questions religieuses ne sont jamais très loin de celle de l'alphabétisation » (2011 : 55) et que l'acte d'écrire et de « s'écrire » en français prend sa source dans l'établissement des structures d'assimilation religieuses et linguistiques. D'ailleurs, ce sont des missionnaires qui, pour soutenir leur entreprise de conversion des nations autochtones, ont établi les systèmes d'écriture de plusieurs langues autochtones (Boutevin, 2014).

Dans son article « Analyse antiraciste du rapport au territoire, à l'autre et à l'écriture dans *Aimititau ! Parlons-nous !* », Couture-Grondin remarque que l'opposition stéréotypée entre l'écriture vue comme une technologie culturelle et la supposée proximité avec la nature des nations autochtones « fait partie du système colonial qui justifie la prise de possession des terres » (2016 : 129). En effet, l'écriture, par le biais des formes écrites officielles que sont les traités, a été l'un des outils principaux de dépossession territoriale et d'exclusion géographique des nations autochtones. Dans la sixième livraison de la revue *Kanatha*, publiée à Wendake entre 1974 et 1977, une lettre ouverte adressée aux « hommes blancs » et signée du nom de Tsewei[9] engage une réflexion sur la valeur et les usages de l'écriture tels qu'ils ont été imposés par divers représentants du pouvoir colonial. Ses conclusions suggèrent que les écrits ont permis aux Blancs de voler les autochtones en consignant des mensonges et

9. Autre graphie de Sioui.

de fausses promesses. Tsewei souligne que l'alphabétisation et l'écriture découlent de l'« obligation [d']éduquer » les autochtones que les Blancs se sont donnée et que leurs « tristes écrits » (Tsewei, 1976 : 28) n'ont rien apporté de positif aux peuples autochtones :

> [Vos papiers] *détériorent ou empêchent nos relations* [...]. Les papiers que vous nous avez faits ont tous été imposés par la force [...]. En tant que race qui a tous les droits sur son continent, nous cessons de considérer tous ces papiers [...] [je souligne]. (Tsewei, 1976 : 31)

Ces reproches adressés aux Blancs, celui de la communication unidirectionnelle et celui du non-respect des accords couchés sur papier, constituèrent un *leitmotiv* des lettres ouvertes et des pétitions autochtones pendant plusieurs siècles[10] (Boudreau, 1993). Les images associées à la tromperie des Blancs, en opposition à la confiance initialement affichée par les autochtones, font partie, selon Boutevin, des récurrences thématiques des correspondances et des pétitions wendates et abénakises, avec le recours à la pitié par la description du sentiment de tristesse et de la situation de pauvreté vécue par les nations autochtones (2011 : 87).

L'écriture représente un outil d'autoreprésentation dont se munissent des individus et des nations autochtones pour s'adresser au colonisateur. Lorsque les missionnaires jésuites et récollets rédigent, puis font paraître leurs relations et leurs récits de voyage, ils décrivent abondamment les Premiers Peuples qu'ils rencontrent. Mais ils documentent leurs cultures, comme ils font le portrait du territoire, des animaux et de la géographie : en les « objectifiant », et ce, même lorsqu'ils cherchent à prouver l'humanité et le potentiel de conversion des autochtones qu'ils côtoient. Cette perspective est renversée lorsque des auteurs autochtones prennent la plume pour s'adresser aux Blancs. En ce sens, Boutevin rappelle que l'écriture doit être considérée comme « un objet d'un "transfert culturel" », à comprendre comme une « appropriation choisie [...], et non comme le résultat d'une acculturation imposée » (Boutevin, 2014 : 57).

10. Les travaux de Sylvie Vincent sur l'histoire orale traitent également des promesses non tenues envers les Innus (1992).

Écrire pour dénoncer les injustices

Dès le XVIIIe siècle, des autochtones écrivent – ou font écrire – des lettres, des requêtes publiques et des pétitions adressées aux autorités coloniales afin de transmettre leurs revendications (Boudreau, 1993 : 69). Souvent, c'est avec l'aide d'un écrivain public, un religieux la plupart du temps, mais aussi parfois un agent (Boutevin, 2011 : 91), que des autochtones écrivent leurs missives. À l'instar d'autres groupes marginalisés dans l'histoire[11] (Bédard, 2016a), le recours à un représentant de l'élite lettrée, un écrivain public, est nécessaire pour mettre à l'écrit les demandes adressées au gouvernement ou même à des proches (Boutevin, 2011 : 98 ; Côté *et al.*, 2020 : 191). L'écriture ayant longtemps été le fait non exclusif d'une certaine élite autochtone (Mailhot, 1992), la plupart des membres des Premiers Peuples subissent, pour se faire entendre, une certaine « dépendance aux intermédiaires blancs de leurs communautés sur la scène diplomatique », et ce, du XVIIIe au XIXe siècle (Boutevin, 2011, 98).

Selon Boudreau, au cours de cette période, sauf exception, « [t]outes les pétitions et les requêtes, qu'elles soient rédigées par des Amérindiens, des missionnaires ou d'autres Blancs, sont adressées aux dirigeants politiques : surintendant, gouverneur, premier ministre ou roi » (1993 : 78). Le plus souvent rédigées au nom d'une nation, les pétitions sont généralement d'ordre politique et concernent l'empiétement territorial. Plus rarement, elles portent des demandes d'ordre personnel (Boutevin, 2011 : 92). Par exemple, une requête est rédigée en langue micmaque[12] en 1749 par des chefs opposés à la construction d'un fort à Halifax. À l'intention du gouverneur Cornwallis, qui représente George II, la lettre dénonce l'usurpation de leur territoire en usant de métaphores pour afficher la résistance des Micmacs : « L'endroit où tu es, où tu fais des habitations,

11. Voir, par exemple, les femmes patriotes.
12. Elle sera traduite en français par l'abbé Pierre-Antoine Maillard (Boudreau, 1993 : 79). On recense d'autres lettres à cette période : Lettre des Abénakis au roi [Louis XIV] ([1715 ?], ANOM, COL C11A, vol. 1 fol. 266r-267v) et « Discours des Sauvages nepissingues et algonquins de la nouvelle mission de St Louis établie en la nouvelle France au dessus de l'Isle de Montreal et aux environs » ([1704 ?], ANOM, COL C11A, vol. 22, fol. 60r-60v.) (Côté *et al.*, 2020). À propos de la lettre pétitionnaire, on consultera à profit la thèse de Gohier (2014) entièrement consacrée à ce sujet.

où tu bâtis un fort, [...] cette terre m'appartient, j'en suis sorti comme l'herbe, c'est le propre lieu de ma naissance et de ma résidence, c'est ma terre à moy sauvage[13] » (cité par Boudreau, 1993 : 79). Au milieu du XIXe siècle, ce sont des Innus qui, dans une lettre remise à l'assistant de lord Elgin, déplorent la présence envahissante des Blancs sur leurs territoires : « Vois donc comme c'est triste, pour nous et nos enfants de voir des étrangers s'emparer de nos terres, couper les bois dans le milieu de nos forêts, y mettre le feu et détruire notre chasse » (cité par Boudreau, 1993 : 83). Ainsi, à mesure que l'occupation des territoires autochtones s'aggrave et que les colonisateurs bafouent les droits des Premiers Peuples, les pétitions et les requêtes publiques augmentent en nombre : « [L]e développement des pétitions est symptomatique de l'état des relations diplomatiques entre les Blancs et les Hurons ou Abénakis de la vallée du Saint-Laurent, dans une perspective de colonisation expansive » (Boutevin, 2011 : 98).

Au-delà de la contestation, de la dénonciation et de la revendication, des autochtones entretiennent une pratique épistolaire dans le but de participer aux débats de société et de servir d'intermédiaires entre leur communauté et des instances politiques ou religieuses. L'exemple d'Osunkhirhine[14], minutieusement décrit et documenté par Boutevin (2011, 2016), est éloquent à cet égard. Osunkhirhine, comme d'autres Abénakis de Saint-François à partir de 1774, s'instruira dans des institutions d'enseignement supérieur aux États-Unis, notamment à Dartmouth (Calloway, 2010). Converti au protestantisme, Osunkhirhine, qui sera pasteur, chef, maître d'école et interprète, a laissé une correspondance d'au moins 194 lettres (Boutevin, 2016 : 49-50). Il écrit principalement aux membres de l'American Board of Commissioners for Foreign Missions, l'organisation protestante américaine à laquelle il se joint comme pasteur en 1835 (Boutevin, 2016 : 51). Dans ses lettres, Osunkhirhine décrit les besoins et les difficultés des membres de sa communauté, de même que

13. Le terme « sauvage », offensant, relève d'un usage conforme à l'époque. Il apparaît aussi dans le nom de lois (*Acte sur les Sauvages*) et d'instances gouvernementales (Secrétariat des Affaires des Sauvages). Le terme s'est vu réapproprié subversivement dans la littérature par des auteures, comme An Antane Kapesh et Joséphine Bacon.

14. Aussi connu sous le nom de Pierre Paul Masta ou encore de Pial Pol Wzokhilain.

ses efforts pour convertir et alphabétiser les Abénakis de Saint-François, traditionnellement catholiques.

Selon Boutevin, les lettres d'Osunkhirhine se démarquent par leur teneur réflexive. En effet, le pasteur affiche une volonté remarquable de « réfléchir, de prendre position dans les débats animant le protestantisme du XIXe siècle » (Boutevin, 2016 : 51). Au cœur de sa réflexion se retrouvent les enjeux de l'éducation et de l'alphabétisation, mais aussi son interprétation de la Bible. À l'opposé, les lettres écrites par Joseph Laurent (1839-1917), Grand Chef des Abénakis de la bande d'Odanak élu pour la première fois en 1879[15], visent essentiellement à argumenter en faveur des Abénakis dans différents conflits de propriété foncière. Laurent est considéré par Boudreau comme « l'un des premiers auteurs amérindiens » (1993 : 49) en raison des nombreuses lettres ouvertes qu'il fait paraître dans des journaux comme *La Presse* et *Le Journal*. Dans la correspondance retracée par Rivard (2009) dans différents fonds d'archives[16], toutes les lettres sauf quatre[17] sont adressées aux autorités gouvernementales : surintendant général des Affaires des sauvages, agent indien, Département des Affaires des Sauvages et ministère de la Justice. Dans ses missives, outre les conflits territoriaux, Laurent aborde l'établissement de la liste des membres de la bande, déplore la dissolution des mœurs de certains Abénakis, surtout en ce qui a trait à l'alcool, et conteste la légalité des résultats électoraux du 30 janvier 1897 en raison de plusieurs manquements aux règles démocratiques (des mineurs et des non-membres ont voté). Laurent écrit aussi au superintendant aux Affaires des Sauvages à des fins plus personnelles. Par exemple, dans une lettre du 28 juin 1878, Laurent demande une subvention de 140 $ pour l'école, dont il est directeur, afin d'augmenter son propre salaire et ainsi de rembourser des dettes personnelles « contractées pour le soutien

15. Il sera élu Grand Chef aux élections de 1879, de 1884, de 1887 et de 1900. En 1897 et en 1906, il est aussi élu comme conseiller (Rivard, 2009).

16. Les fonds consultés par Rivard pour retracer les correspondances de Laurent ne sont pas tous détaillés par l'auteur. Ils comprennent le Fonds Henri-Vassal (F249), Archives du Séminaire de Nicolet ; les archives de l'évêché de Nicolet, les Archives nationales du Canada et les Archives du Québec (Rivard, 2009 : 20).

17. Trois lettres sont adressées aux autorités religieuses et témoignent de sa ferveur catholique et une seule lettre personnelle est adressée à sa fille (Rivard, 2009).

de [s]es huit enfants » et de secourir son « indigence » : « [J]e vois que le Gouvernement [...] soulage quelques fois la détresse et qu'il est toujours bien disposé à encourager l'Éducation chez les Sauvages » (Laurent, 1878, dans Rivard, 2009 : 128-129). Dans une lettre du 12 juin 1884, adressée à John A. Macdonald, alors surintendant général des Affaires des Sauvages, Laurent demande que lui soit versée la subvention de 200 $ accordée pour l'impression de 3 000 volumes cartonnés de son ouvrage *New Familiar Abenakis & English Dialogues* (Laurent, 1884) : « La pauvreté m'a obligé de m'absenter de temps en temps [...] La faiblesse de ma vue m'a opposé assez souvent de pouvoir travailler » (Laurent, 1884, dans Rivard, 2009 : 131), se plaint-il. Toutefois, ces demandes personnelles semblent n'occuper qu'une petite proportion des lettres envoyées aux autorités par Laurent et Osunkhirine. Comme le relèvent Boudreau et Boutevin, les auteurs de lettres publiques et de requêtes se font la plupart du temps les porte-paroles d'une nation ou d'une communauté (Boutevin, 2011 : 326) : ils agissent comme intermédiaires.

Le rôle d'intermédiaire : entre pouvoir et porte-à-faux

Pour intercéder auprès des colonisateurs en faveur des Premiers Peuples, des autochtones doivent partager les codes et les cadres de référence des deux groupes entre lesquels ils assurent la communication. La maîtrise de l'écriture et de la langue du colonisateur n'est pas répandue à grande échelle dans les communautés autochtones entre les XVIIIe et XXe siècles. Osunkhirhine, par exemple, a reçu une éducation « blanche », qu'il utilise pour convertir et instruire les Abénakis, mais aussi « pour jouer les intermédiaires entre leur communauté et les autorités coloniales » (Boutevin, 2016 : 49). De par son statut multiple – il est à la fois membre de la communauté et pasteur instruit –, Osunkhirhine se voit en position d'exprimer les doléances de sa communauté devant les autorités coloniales ou de tenter une médiation lors de conflits entre la communauté et les villages blancs voisins (Boutevin, 2016 : 53). À la lecture de ses écrits, dont ses lettres, Boutevin conclut qu'Osunkhirhine se retrouve « entre deux mondes » (2016 : 52), devant constamment manœuvrer entre les Abénakis de Saint-François et les protestants de l'American Board.

En analysant la correspondance d'Osunkhirhine, Boutevin a montré que le choix de la lettre, et donc le recours à l'écriture, ne suffisait pas à doter une personne autochtone d'une autorité égale à celle des non-autochtones. La correspondance d'Osunkhirhine révèle qu'il doit justifier ses actions et ses façons de faire aux révérends de l'American Board. Même de l'extérieur, les pasteurs étrangers « surveillent » Osunkhirhine et doutent de ses constats. Ils tentent de vérifier, auprès de témoins blancs, que les affirmations du pasteur abénakis au sujet de la pauvreté et de la misère des siens sont vraies. En dépit de son éducation, de son poste de pasteur et de sa maîtrise du code linguistique et des manières culturelles occidentales, l'identité abénakise d'Osunkhirhine nuit à son autorité. Pour Boutevin, cela dénote une infantilisation des autochtones, dont les affirmations écrites ne sauraient être validées de manière autonome (2011 : 92). Puisque la correspondance se construit sur les bases d'une relation inégalitaire, l'échange entre Osunkhirhine et l'American Board concentre les marques de la position, somme toute, subordonnée du pasteur abénakis et témoigne d'un certain impérialisme intellectuel.

L'écriture représente tout de même un pouvoir important pour les autochtones qui la maîtrisent et l'utilisent. Gohier (2014) souligne que la pratique pétitionnaire « s'inscrit [...] dans une dynamique propre à tout processus de formation d'une élite, où l'affirmation de son statut privilégié passe par la manifestation de sa distinction et par des stratégies de consolidation de son autorité » (2014 : 288). Chez les Abénakis et les Wendats, échanger des lettres constitue la pratique d'écriture la plus liée au pouvoir et à l'influence d'un individu dans la société : « Désormais, ceux qui détenaient le pouvoir parmi les leurs étaient ceux qui pouvaient à la fois maîtriser l'outil scriptural et le verbe afin de maintenir leur position sociale – l'un ne pouvant se séparer de l'autre » (Boutevin, 2011 : 312). Prosper Vincent, premier prêtre wendat, est de ceux pour qui la pratique épistolaire a favorisé l'obtention d'un statut social important, voire a confirmé son appartenance à l'élite. Ses relations épistolaires, de même qu'un certain « talent littéraire » (Boutevin, 2011 : 286), permettent à Vincent de se positionner avantageusement par rapport à la bourgeoisie blanche. L'écriture en elle-même est un facteur d'élévation sociale, et son utilisation, qui lui permet d'établir des relations avec les familles les plus en vue de la société blanche, devient un réel outil d'ascension.

Au xxe siècle, parmi les correspondances autochtones les plus notables, on trouve celles des Wendats Jules Sioui (1906-1990) et Éléonore Sioui (1920-2006), deux auteurs dont l'usage de la lettre – et de l'imprimé en général – est, entre autres, tourné vers le tissage d'un réseau de relations entre membres des peuples autochtones au Canada. Jules Sioui, activiste, militant et politicien controversé[18], a notamment lutté contre la conscription des autochtones et fondé, en 1944, le Gouvernement de la nation indienne de l'Amérique du Nord. En plus d'utiliser les pages du *Indian Missionary Record*, un journal oblat distribué mensuellement dans toutes les communautés autochtones du Canada (Sioui, 2020 : 115), Jules Sioui expédie des centaines de lettres tapées à la machine à écrire à travers le Canada en vue de mobiliser les personnes autochtones dans la formation d'un gouvernement autonome (Sioui, 2020 : 132). Il envoie des lettres aux différentes autorités, comme le ministre responsable des Affaires indiennes, en tant que « chef des Indiens du Canada » (Jules Sioui, 1944, cité par Sioui, 2020 : 137). La production épistolaire foisonnante de Sioui lui permet d'agir en tant que porte-parole auprès du gouvernement canadien, mais surtout de favoriser le ralliement des forces dans un contexte d'effervescence politique. La lettre lui confère le pouvoir de régénérer des relations entre les communautés et de renforcer le sentiment d'appartenance à l'identité autochtone.

Quant à Éléonore Sioui, elle aurait laissé, selon Kathryn Magee Labelle, de nombreuses lettres et pétitions dans ses archives personnelles[19] (2021 : 145). Sioui commence à écrire des lettres, des articles et de la poésie au début des années 1970, en pleine mobilisation politique autochtone au Canada. Comme d'autres personnes autochtones à la même époque (Saint-Onge André, 1972), elle fait paraître des lettres aux journaux pour dénoncer, entre autres, les visées d'assimilation du gouvernement

18. Jules Sioui a été reconnu coupable d'agressions sexuelles sur des mineurs. Ses crimes portent ombrage à son héritage politique (Sioui, 2020).

19. Il s'agit d'un fonds d'archives privé toujours détenu par la famille (Labelle, 2021). Certains documents se retrouvent également dans les annexes de la thèse de doctorat d'Éléonore Sioui (1988). Je remercie Élise Couture-Grondin de m'avoir permis de consulter la thèse de Sioui et ses annexes.

(Sioui, 1971 ; 1972 ; 1973 : 4 ; 1974 : 4). Dans une de ses premières lettres ouvertes, adressée au ministre des Affaires indiennes et du Nord canadien, Jean Chrétien[20], elle rejette le projet de loi visant l'abolition du statut d'Indien : « Annihiler le peuple Indien et l'assimiler afin qu'il se perde dans les grandes villes blanches et froides ne fera que brimer le Canada d'une de ses plus grandes ressources naturelles, "son potentiel humain et culturel" » (Sioui, 1971). Par ses lettres, Sioui diffuse ses idées, mais elle stimule aussi les débats et encourage une certaine mobilisation intellectuelle des communautés autochtones du Canada et d'autres pays dans le monde. Ce qui caractérise d'ailleurs la correspondance personnelle et professionnelle de Sioui est la portée internationale de son réseau épistolaire, qui comprend la France, la Suisse, les États-Unis, les Antilles, etc. La poète fait rayonner ses idées et ses réalisations à l'extérieur du Canada en favorisant ainsi le décloisonnement des mouvements autochtones.

Œuvres épistolaires et correspondances contemporaines : se donner en modèle (2008-2021)

L'épistolaire est bien présent dans la littérature autochtone contemporaine ; en témoignent les nombreux projets littéraires basés sur l'échange de textes poétiques ou en prose. La parole et l'écoute de même que le dialogue constituent des concepts importants dans l'interprétation des œuvres littéraires autochtones. Dans le dossier sur la poésie autochtone qu'il a préparé pour la revue *Exit* en 2010, Jean-François Létourneau explique que les poèmes constituent une invitation à aller à la rencontre de l'autre ; les poètes autochtones s'adressent aux allochtones, leur envoient un message : « La parole est offerte. Il ne reste qu'à la recevoir » (2010 : 55). Parmi les différentes déclinaisons de l'écoute répertoriées par Létourneau dans la poésie autochtone – l'écoute de la nature, de la parole des ancêtres, etc. –, l'idée que les différentes nations occupant le territoire québécois doivent se parler et s'entendre (Létourneau, 2017 : 82) me semble constitutive de la dynamique de l'acte littéraire autochtone

20. Notons que, vers 1972, une autre écrivaine autochtone en devenir, An Antane Kapesh, remettait à Jean Chrétien une lettre écrite par elle et traduite par José Mailhot pour protester contre le déménagement des Innus du Lac-John vers la nouvelle réserve de Matimekush (Mailhot, 2022 : 15).

des cinquante dernières années. La conception de la littérature comme acte de communication entre autochtones et allochtones s'incarne dans les projets de publication de correspondances. La communication en devient même un thème majeur, lisible dans les réflexions sur l'écriture, sur les mots et sur la correspondance elle-même. À l'idée d'un dialogue, ajoutons le potentiel décolonial de l'épistolaire. S'échanger des lettres sous le regard d'un lectorat externe peut constituer une forme d'*empowerment* par l'écriture, permettant de contourner les diktats du colonialisme (Lykke, Marambio et Molina Vargas, 2020). L'écriture épistolaire, par définition intimiste, laisse une place de choix aux expériences personnelles, à la subjectivité et aux émotions, des conditions propices à l'affirmation des identités et à la résurgence des épistémologies autochtones, dont l'épistémologie relationnelle.

Dialogue et réparation

Les projets littéraires de correspondances autochtones visent à jeter des ponts entre les communautés et relèvent d'une volonté de médiation interculturelle, comme le remarque Hélène Destrempes au sujet d'*Aimititau ! Parlons-nous !* (2012 : 237). Le titre même de ce premier recueil de correspondances entre écrivains et écrivaines autochtones et québécois rend compte de cette recherche de communication. Laure Morali, l'instigatrice du projet, explique son souhait de se « signifier mutuellement notre respect, et de faire taire ce silence qui sollicite les côtés sombres de l'imagination » (2017 : 6). Plusieurs participants et participantes utilisent des arguments similaires pour expliquer la valeur du projet. Pour la poète Annie Perrault, « l'écriture est un pont idéal » (Morali, 2017 : 7). L'auteur wendat Louis-Karl Picard-Sioui exprime le « besoin d'un dialogue franc » et juge que « les artistes, guerriers et gardiens de l'imaginaire sont sûrement des acteurs clés pour y arriver » (Morali, 2017 : 8). De son côté, Joséphine Bacon affirme qu'« il est important de se parler pour que nous sachions comment, tous ensemble, nous nous appelons » (Morali, 2017 : 8). En effet, à l'exception d'une seule correspondance, celle du dramaturge wendat Yves Sioui Durand et de l'auteur innu Alain Connolly, tous les échanges se déroulent entre une personne autochtone et une personne non autochtone.

Aimititau ! Parlons-nous ! a été présenté avec raison comme le recueil à l'origine de plusieurs autres correspondances entre autochtones et allochtones. C'est le cas du recueil de correspondance en vers entre Bacon et José Acquelin, *Nous sommes tous des sauvages* (Mémoire d'encrier, 2011), et des trois correspondances entre Rita Mestokosho et Jean Désy, parues dans *Riveneuve Continents* (2008a), dans *Mœbius* (2010) et dans le recueil *Uashtessiu/Lumière d'automne* (2008b). Dans leur recueil, Bacon et Acquelin souhaitent surmonter le silence entre allochtones et autochtones. Dans le poème liminaire, Bacon écrit : « Mes os ont mal / frémissant du manque de mots / une douleur se fige / sans pouvoir raconter [...] tu ne me regardes pas / tu ne me vois pas / tu ne m'entends pas / tu ne m'écoutes pas / tu ne me parles pas » (Bacon et Acquelin, 2011 : 10).

Si d'autres raisons de s'écrire animent aussi les correspondants et les correspondantes – mieux connaître l'autre, diminuer les préjugés, déplacer la perspective et le cadre de référence –, celles-ci restent subordonnées à la nécessité première de dialoguer, de communiquer. Le recueil *Kuei, je te salue : conversation sur le racisme*, de Deni Ellis Béchard et Natasha Kanapé Fontaine, paru en 2016 aux Éditions Écosociété et réédité en 2020, aborde de front la question du racisme et des préjugés contre les autochtones. La nécessité primordiale de la communication se trouve au cœur de l'argumentaire de Kanapé Fontaine et de Béchard dans leurs lettres introductives et dans le paratexte. Le livre est dédié aux femmes autochtones disparues et assassinées, aux femmes de Val-d'Or[21] et aux survivants et aux survivantes des pensionnats « pour que la parole soit dite et que celle-ci ouvre le chemin vers le dialogue entre Autochtones et Québécois·e·s, et entre tous les peuples qui en ont besoin » (Béchard et Kanapé Fontaine, 2020 [2016] : 7). L'événement déclencheur de leur correspondance représente précisément un bris de dialogue entre autochtones et allochtones. En 2015, au Salon du livre de la Côte-Nord, Kanapé Fontaine a tenté de lire une lettre ouverte à Denise Bombardier,

21. En octobre 2015, au moment où les lettres ont été écrites, un reportage de l'émission *Enquête* (Radio-Canada) donnait la parole à des femmes autochtones témoignant des abus commis à leur endroit par des policiers de Val-d'Or. Ces révélations feront partie des éléments déclencheurs de la création, en décembre 2016, de la Commission d'enquête sur les relations entre les Autochtones et certains services publics au Québec, présidée par Jacques Viens. Le rapport a été déposé en septembre 2019.

qui venait de publier, dans *Le Journal de Montréal,* une chronique jugée vexatoire à l'endroit des autochtones. Ayant été témoin du refus d'écouter de Bombardier, Béchard entre en contact avec Kanapé Fontaine dans le but de fournir une réparation : « Tu voulais seulement lui lire une lettre qui exprimait ton point de vue [...]. Mais quand tu as essayé de lui parler, elle t'a coupé la parole et a pris son microphone pour parler plus fort que toi[22] » (2020 : 12). Au contraire de Bombardier, qui a refusé de « tendre le microphone » à Kanapé Fontaine et « a préféré parler à [s]a place », Béchard écrit à la poète innue pour générer un échange qu'il veut égalitaire et bidirectionnel. Par déplacement et substitution, la lettre supplée à l'absence de communication et elle se veut réparatrice. Béchard insiste sur son impression que le dialogue entre les autochtones et le peuple québécois est inopérant, car ce dernier écoute peu, ayant tendance à occuper tout l'espace de la parole publique : « [Nous] ne savons pas écouter. Nous condamnons au silence tous ceux et celles qui sont différents de nous, et nous parlons à leur place en faisant semblant de les entendre » (Béchard et Kanapé Fontaine, 2020 : 12). La correspondance prend donc valeur de symbole, les deux individus qui s'écrivent agissant consciemment comme représentants de leur nation : « Je t'écris cette lettre pour ouvrir un dialogue entre nos peuples » (Béchard et Kanapé Fontaine, 2020 : 12), affirme Béchard.

Kanapé Fontaine est consciente du rôle d'intermédiaire qu'elle joue entre les membres des nations autochtones et la population québécoise et du pouvoir que lui confère ce statut. Sa façon de situer son écriture épistolaire et sa parole en général rappelle la fonction de médiation occupée par les autochtones lettrés des siècles précédents, comme Osunkhirhine, Laurent et Vincent. Kanapé Fontaine utilise sa maîtrise de la langue française et de l'écriture pour partager avec les allochtones les idées, les réflexions et les expériences des siens. Au sujet de l'épisode avec Bombardier, elle explique avoir voulu se faire porte-parole en écrivant la lettre ouverte qu'elle a essayé de lire lors de l'événement : « [J]'ai voulu donner une voix à ceux et celles qui ne maîtrisent pas la

22. Notons tout de même que la présentation des événements par Béchard semble omettre le fait que lors de son intervention publique, Kanapé Fontaine aurait interrompu l'activité à laquelle prenait part Bombardier. Ce serait donc Kanapé Fontaine qui aurait d'abord coupé la parole à Bombardier.

parole publique ou, simplement, la langue française » (Béchard et Kanapé Fontaine, 2020 : 15). Kanapé Fontaine embrasse la fonction d'écrivaine publique, et ce, non seulement pour parler au nom de sa nation, mais aussi « pour montrer l'exemple » (Béchard et Kanapé Fontaine, 2017 : 15). Elle explique vouloir donner un modèle où l'expression de soi se fait dans la non-violence, dans la dignité et l'humanité. Plus que la seule maîtrise de la langue et de l'écriture, c'est donc l'art du dialogue que Kanapé Fontaine souhaite mettre en évidence par la publication de la correspondance : « Toi et moi écrivons, nous avons le pouvoir de l'écriture et de la parole », explique-t-elle à Béchard, « servons-nous-en [pour] nos peuples qui n'en peuvent plus de ne pas se parler, de ne pas savoir comment se parler » (Kanapé Fontaine, 2020 : 17).

Dans les correspondances étudiées, les frontières linguistiques sont souvent pointées du doigt pour expliquer les difficultés de communication entre les peuples du Québec. Comme le remarque Couture-Grondin, les échanges dans *Aimititau! Parlons-nous!* se déroulent en français, les auteurs et auteures québécois ne maîtrisant pas les langues autochtones de leur correspondant ou correspondante. Par conséquent, des auteurs et auteures autochtones sont contraints d'écrire dans une langue seconde. L'inégalité linguistique entraîne par moments des échanges particulièrement significatifs. Je pense ici à Anne-Marie Saint-Onge André, qui transmet des contes en innu accompagnés d'une traduction en français à son correspondant, Jean-Pierre Girard, élargissant l'échange à au moins une autre réceptrice, la fille de Girard, à qui les contes sont destinés. Toutefois, l'existence d'une langue commune, le français, vient avant tout de l'assimilation, et non de l'échange interculturel (Couture-Grondin, 2016 : 132). Le choix du français comme langue de publication « détermine qui participe aux échanges et à qui s'adresse le résultat » (Couture-Grondin, 2016 : 131). Selon Muñiz Márquez et Periañez Coronado, dans leur analyse des enjeux linguistiques dans la poésie innue et dans *Kuei, je te salue*, « [c]ette domination dite linguistique conduit à d'autres dominations de nature différente, par exemple de nature sociale » (2019 : 20). *Aimititau! Parlons-nous!* renverse parfois cette inégalité, puisqu'on y trouve des passages en langues autochtones non traduits, par exemple des poèmes en innu de Mestokosho. Ces passages demeurent inaccessibles aux lecteurs et aux lectrices ne maîtrisant pas la langue innue, une manière de déstabiliser la domination du français et de lutter contre le colonialisme épistémique lié aux moyens de communication, en particulier en ce qui a trait au code.

Incarner la relation : valeur métonymique des œuvres épistolaires autochtones

Plusieurs critiques ont noté, entre autres à propos de *Aimititau ! Parlons-nous !*, que c'est l'existence même des échanges qui donne sa valeur à la publication. Destrempes affirme que l'intérêt du recueil se situe davantage dans « le non-dit de la posture énonciatrice que dans la dimension idéologique des propos échangés » (2012 : 137). Létourneau affirme pour sa part retenir principalement du recueil non pas des éléments du contenu des lettres, mais la posture de ceux et de celles qui les ont écrites, c'est-à-dire « le désir d'échanger, d'apprendre au contact de l'autre, de combler les trous de mémoire » (2017 : 136). De même, il affirmait au sujet de la poésie autochtone recueillie dans le numéro 59 de la revue *Exit* que « son intérêt ne réside pas que dans les idées [...] qui y sont défendues, mais également dans l'exercice ayant présidé à sa rédaction », soit la collaboration, l'interdépendance de nos sociétés et « l'exigence de réfléchir ensemble » (Létourneau, 2010 : 54). La publication des échanges exacerbe les valeurs métonymique et performative de la lettre. Celle-ci incarne la relation tant souhaitée entre les peuples, au sens où elle lui donne forme et l'exprime. Les correspondants et les correspondantes ne dialoguent plus seulement pour ou entre eux-mêmes : ils le font au nom de leur peuple respectif, sous l'œil des lecteurs et des lectrices invités à repenser leur propre relation à l'autre en s'inspirant du dialogue dont ils sont les témoins, les spectateurs, et pour qui, en définitive, la correspondance existe. Dans cette performance, les personnes qui correspondent incarnent, cette fois au sens de « jouer le rôle », tous les membres des peuples autochtones et québécois, pour qui ils se donnent en modèle.

Une tension existe entre le désir de donner à lire une communication et une interaction « idéales » et la réalité des échanges, qui demeure loin de cet idéal formulé par quelques participants et participantes, ou par des critiques. Couture-Grondin s'interroge sur le succès des échanges épistolaires dans *Aimititau ! Parlons-nous !* du point de vue de la médiation interculturelle et conclut que plusieurs écrivains et écrivaines québécois ont tenu des propos racistes et colonisateurs. Désy, par exemple, autant dans sa correspondance avec Nahka Bertrand que dans sa correspondance subséquente avec Mestokosho, insiste pour se réclamer d'une identité métisse qui heurte ses interlocutrices. Dans *Uashtessiu/Lumière d'automne,* Désy ne cache pas son fantasme d'une nation métissée, où tous et toutes seraient à la fois autochtones et québécois : « Nous sommes capables d'amour, avouons-le, et de rêver entre nous d'une métisserie fondamentale qui reposera sur des paroles échangées et partagées » (Désy et Mestokosho, 2008b :12). Mestokosho ne répond pas tout de suite à ses propos, mais à son second message-poème, elle se distancie du rêve de métissage de Désy. Chaque strophe commence par une connaissance que Désy ne détient pas, comme pour remettre « le Blanc à sa place » : « Toi qui ne connais pas le chant des saisons [...] Toi qui ne connais pas le nom du vent [...] Toi qui ne connais pas la montagne [...] Toi qui ne connais pas la rivière [...] Toi qui ne connais pas l'âge de la terre[23] [...] » (Désy et Mestokosho, 2010 : 15-16). Le poème se termine par une mise à distance et le mot « solitude », fort éloigné de la nation métissée évoquée par Désy :

> C'est l'esprit de la parole
> Qui guide la plume rouge
> Couleur de notre union
> Couleur de la solitude. (Désy et Mestokosho, 2010 : 16)

La correspondance poétique entre Louis-Karl Picard-Sioui et le poète québécois Jean Duval n'offre pas de véritable dialogue, la communication semblant laborieuse dans les vers échangés. Le dernier poème de Picard-Sioui, qui se termine par le vers « je ne te regarde pas », semble exprimer le « dépit envers l'absence de réponse nette de son interlocuteur » (Miron, 2010 : 273). Les délais que s'accorde Mestokosho avant de répondre à Denise Brassard, qui se demande si la correspondance a

23. Mestokosho reprend une rhétorique similaire à celle de Qalingo, l'ami inuit de Désy qui, lors d'une expédition dans le Grand Nord, alors que Désy s'était lui-même décrit comme « aussi bon qu'un Inuit », lui avait répondu que jamais il ne serait un Inuk. Cet épisode est relaté par Désy dans sa correspondance avec Bertrand dans *Aimititau! Parlons-nous!* (Morali, 2017 : 150).

échoué, font partie des difficultés que peut rencontrer quiconque entreprend de communiquer avec l'Autre :

> Chère Rita,
> J'espère que vous allez bien. Je vous écris pour savoir si vous avez reçu mon dernier texte et si vous avez toujours l'intention de participer au projet de correspondance littéraire. Je ne veux surtout pas vous brusquer (nous avons du temps devant nous), mais comme je vous ai envoyé mon texte depuis bientôt deux mois et qu'il est demeuré sans réponse, je viens aux nouvelles.
> Bien cordialement,
> Denise Brassard (Morali, 2017 : 42)

En laissant les traces des doutes et des difficultés de communication, de même que du faible engagement de certains, le recueil montre les échanges épistolaires tels qu'ils se sont déroulés, sans gommer les bégaiements ou les heurts. *Aimititau! Parlons-nous!* et les correspondances poétiques qui en découlent comportent de nombreux signes d'incompréhension, des maladresses, des préjugés, des propos relevant de l'idéologie colonisatrice ou raciste, et même de l'irritation dans certaines réponses : « Votre texte m'a beaucoup choquée, tout en m'amusant, pour le moins dire », réplique Bertrand à Désy lorsque ce dernier remet en question les appellations « autochtones » et « non-autochtones » (Morali, 2017 : 164). Des critiques, comme Létourneau, Destrempes et Couture-Grondin, décrivent d'ailleurs certains échanges du recueil comme des correspondances ratées (Létourneau, 2017 : 134-135; Couture-Grondin, 2016), se montrant assez durs quant au résultat et aux retombées des textes. Létourneau, par exemple, reproche aux Québécois et aux Québécoises d'*Aimititau! Parlons-nous!* leur propension à revendiquer une part de culture ou d'identité autochtone, une posture qui a, selon lui, « miné la qualité de certains échanges » (2017 : 134). En donnant à lire des interactions réalistes, faites de tâtonnements, d'essais, d'erreurs et d'inconfort, les écrivains et les écrivaines d'*Aimititau!* exemplifient le dialogue tel qu'il risque de survenir dans le contexte colonial de la société, à l'extérieur du cadre poétique, si des personnes autochtones et allochtones souhaitent entrer en relation.

À ce chapitre, *Kuei, je te salue* se distingue en offrant au lectorat un modèle de communication idéal. Le projet de correspondance entre

Béchard et l'artiste innue se construit comme une tentative de réparation, de la part de Béchard, de l'offense commise par Bombardier, faisant de celle-ci un contre-exemple d'ouverture à l'autre. Ainsi, le discours de Béchard est celui d'un allié humble, prêchant une culture « plus souple, plus inclusive, plus riche » (Béchard et Kanapé Fontaine, 2020 : 71). Kanapé Fontaine rêve aussi d'une société démocratique où l'exercice du dialogue, à l'instar de celui auquel elle se livre dans le recueil, se répercute sur le vivre-ensemble : « Se lire l'un et l'autre ressemble à cette démocratie tant rêvée où chacun parle à son tour et où tout le monde sait s'écouter » (Béchard et Kanapé Fontaine, 2020 : 70). Leur correspondance incarne plus qu'un dialogue. Elle donne forme à un idéal de communication entre autochtones et allochtones, un échange exempt de toute trace de racisme et de colonialisme, mais surtout à une rencontre transformatrice se déroulant dans une « éthique relationnelle et décoloniale[24] » (Lykke, Marambio et Molina Vargas, 2020 : 188). En d'autres mots, *Kuei, je te salue* performe un idéal en vue d'engager activement les personnes qui liront ce livre et de contribuer à guérir les communautés en réinstaurant une épistémologie relationnelle : il s'agit non seulement d'apprendre à connaître l'autre, mais d'éprouver la complexité de la relation pour la vivre « bien ». On peut toutefois se demander si une telle exigence de perfection ne risque pas d'entraîner, au contraire, un désengagement des lecteurs et des lectrices, voire un repli.

Le recueil *La bienveillance des ours*, de François Lévesque et de Virginia Pésémapéo Bordeleau, propose quant à lui une correspondance où l'on cherche moins à réparer les relations sociales qu'à s'offrir un retour à soi et une guérison individuelle. Lévesque constate qu'échanger des lettres avec Pésémapéo Bordeleau lui est bénéfique : « J'aime cet exercice épistolaire parce qu'il me contraint à une introspection, ce que je n'ai jamais réellement fait » (Lévesque et Pésémapéo Bordeleau, 2020 : 32). Lévesque associe directement la correspondance à sa sortie de crise, parlant de cet échange comme d'un besoin : « Or, non seulement m'y suis-je accoutumé [à cette correspondance], mais on dirait bien que j'en ai besoin ! » (Lévesque et Pésémapéo Bordeleau, 2020 : 65). Pésémapéo Bordeleau reconnaîtra cet apport salutaire dans sa dernière lettre : « À présent, je peux affirmer que cette correspondance va également me manquer, mais

24. « *a relational, decolonising ethics* » (traduction libre).

que j'en ai tiré suffisamment d'enseignements, de guérison, de beau et de bon, pour entamer une nouvelle étape de ma création » (Lévesque et Pésémapéo Bordeleau, 2020 : 116).

Conclusion

Dès le XVIIIe siècle, des autochtones rédigent des lettres et des pétitions au nom de leur nation afin de revendiquer le respect de leurs droits, en particulier leurs droits relatifs au territoire. Participant aux débats de société, des auteurs de lettres jouent le rôle d'intermédiaire entre deux groupes dont ils font partie, négociant les valeurs et les façons de faire propres à chacun. Parmi les lettres et les correspondances autochtones qui se sont rendues jusqu'à nous, par les archives ou par des publications, la plupart sont adressées à des personnes allochtones. C'est dire à quel point les rapports de pouvoir inhérents à l'échange épistolaire, dans le contexte colonial, imprègnent le phénomène de la lettre. Par la langue et le support employés, la forme épistolaire demeure un objet culturel hérité des traditions occidentales. La lettre devient un outil de dénonciation, de négociation, de mobilisation et, dans certains cas, d'élévation sociale. Bien que les relations épistolaires rapprochent les correspondants et les correspondantes, elles relèvent toujours au moins en partie de l'idéologie coloniale, même lorsqu'elles la contestent. À travers l'histoire de la lettre autochtone se lit l'évolution des rapports entre Premiers Peuples et autorités coloniales. La position subordonnée des personnes autochtones dans la société se transpose dans les relations épistolaires.

L'étude des écrits laissés par des personnes autochtones permet, comme le souligne Boutevin, de transformer l'historiographie en mettant à l'avant-plan l'agentivité des auteurs et des auteures autochtones (2016 : 50). L'étude de la lettre a de plus le potentiel de révéler des réseaux politiques et intellectuels renforcés par la pratique épistolaire. Pour les communautés démembrées par la colonisation et le génocide, elle peut ressouder les liens, comme le montre la pratique épistolaire à visée politique de Jules Sioui. L'étude des correspondances offre un apport crucial à l'histoire des pratiques littéraires autochtones, comme manière de décoloniser et de décloisonner les savoirs sur la littérature. À ce titre, les lettres et les correspondances des chefs et des activistes mériteraient à elles seules une étude approfondie, notamment en ce qui a trait au style et à la rhétorique.

Les œuvres épistolaires contemporaines offrent en ce sens une réappropriation de la lettre. Parfois conçues comme réparatrices, ces œuvres sont issues d'une volonté de dialogue et de médiation, véritables socles d'un projet de décolonisation des relations entre les peuples du Québec. Des Québécois, des Québécoises et des autochtones se proposent comme modèles, parfaits ou imparfaits, d'un échange interculturel unanimement souhaité par les participants et les participantes. À la fois intime et relationnelle, la lettre devient ainsi un outil de guérison individuelle et collective. Les lettres révèlent des points de vue uniques et donnent prise à l'étude d'histoires de vie, d'autobiographies ou de témoignages. Les écrivains et les écrivaines y dévoilent des perspectives autochtones sur la société québécoise et laissent des traces de leur marginalisation, mais aussi, celles d'une certaine réconciliation.

Bibliographie

Sources et œuvres épistolaires

Acquelin, José, et Joséphine Bacon (2011). *Nous sommes tous des sauvages*, Montréal, Mémoire d'encrier.

Béchard, Deni Ellis, et Natasha Kanapé Fontaine ([2016] 2020). *Kuei, je te salue : conversation sur le racisme*, Montréal, Éditions Écosociété.

Désy, Jean, et Rita Mestokosho (2008a). « Dialogue entre Nord-Côtiers du Québec », *Riveneuve Continents : revue des littératures de langue française*, n° 6 (automne), p. 69-77.

Désy, Jean, et Rita Mestokosho (2008b). *Uashtessiu/Lumière d'automne*, Montréal, Mémoire d'encrier, coll. « Chronique ».

Désy, Jean, et Rita Mestokosho (2010). « Suite d'automne (correspondance) », *Mœbius*, n° 124 (février), p. 23-34.

Fontaine, Naomi (2019). *Shuni : ce que tu dois savoir, Julie*, Montréal, Mémoire d'encrier.

Handfield, Janie (dir.) (2018). *Ki wapaminan*, Joliette, Bouc Productions.

Kurtness, Edouard ([1975 ?]). *Ishkigan : l'appel silencieux*, La Macaza, Thunderbird Press, Institut d'études des Aborigènes d'Amérique du Nord et ministère des Affaires indiennes et du Nord Canada.

Lévesque, François, et Virginia Pésémapéo Bordeleau (2020). *La bienveillance des ours*, Rouyn-Noranda, Éditions du Quarz, coll. « Forêts ».

Morali, Laure (dir.) ([2008] 2017). *Aimititau! Parlons-nous!*, Montréal, Mémoire d'encrier, coll. « Chronique ».

Saint-Onge André, Anne-Marie (1972). « Où vont-ils encore nous déménager? », *Le Devoir*, 24 mars, p. 4.

Sioui, Éléonore (1971). « Un appel à M. Jean Chrétien », *Le Soleil*, 17 novembre, p. 4.

Sioui, Éléonore (1972). « Éducation : le droit d'être », *Recherches amérindiennes au Québec*, vol. 2, n°s 4-5, p. 40.

Sioui, Éléonore (1973). « Point final », *Le Soleil*, 18 janvier, p. 4.

Sioui, Éléonore (1974). « Droit vs Loi », *Le Soleil*, 19 juin, p. 4.

Tsewei (1976). « New Sounds/Sons nouveaux », *Kanatha*, vol. 3, n° 1, p. 27-32.

Références

Beaudet, Marie-Andrée, et Mylène Bédard (dir.) (2016), *Relire le XIXe siècle québécois à travers ses discours épistolaires*, Montréal, Éditions Nota bene.

Bédard, Mylène (2016). *Écrire en temps d'insurrection : pratiques épistolaires et usages de la presse chez les femmes patriotes (1830-1840)*, Montréal, Les Presses de l'Université de Montréal.

Bernier, Stéphanie (2018). *Au-delà de l'influence : le mentorat littéraire. Étude de la correspondance entre Louis Dantin et les Individualistes de 1925*, thèse de doctorat (littérature), Sherbrooke, Université de Sherbrooke.

Bertrand, Karine (2016). « L'énonciation épistolaire dans le cinéma québécois et autochtone : la lettre envisagée comme vecteur identitaire et outil de mémoire », *Área Abierta : revista de comunicación audiovisual y publicitaria*, vol. 19, n° 3, p. 307-326.

Bird-David, Nurit (1999). « "Animism" Revisited: Personhood, Environment, and Relational Epistemology », *Current Anthropology*, vol. 40, n° 51, p. 67-91.

Boudreau, Diane (1993). *Histoire de la littérature amérindienne du Québec : oralité et écriture*, Montréal, Éditions de l'Hexagone.

Boutevin, Stéphanie (2011). *La place et les usages de l'écriture chez les Hurons et les Abénaquis (1780-1880)*, thèse de doctorat (histoire et anthropologie sociale), Montréal et Paris, Université du Québec à Montréal et École des hautes études en sciences sociales.

Boutevin, Stéphanie (2014). « Une histoire nord-américaine à travers les archives de missionnaires amérindiens au XIXe siècle », *Études canadiennes = Canadian Studies*, n° 76, p. 57-72.

BOUTEVIN, Stéphanie (2016). « Un penseur pragmatique : réflexions sur le protestantisme de Peter Paul Osunkhirhine, pasteur abénaquis du XIXe siècle », *Recherches amérindiennes au Québec*, vol. 46, n° 1, p. 49-62.

CASAJUS, Dominique (2012). « Écritures ordinaires en pays touareg », *L'Homme*, n° 201, p. 31-54.

CALLOWAY, Colin G. (2010). *The Indian History of an American Institution: Native Americans and Dartmouth*, Hanover, Dartmouth College Press.

CISNEROS, Nora Alba (2018). « "To My Relations": Writing and Refusal Toward an Indigenous Epistolary Methodology », *International Journal of Qualitative Studies in Education*, vol. 31, n° 3, p. 188-196.

CÔTÉ, Sébastien, Maxime GOHIER et Jean-François LOZIER (2020). « Avis aux personnes de pieté (anonyme), suivi d'une lettre de Louis Atienon, chef algonquin, à Louis XV (1724) », *Dix-huitième siècle*, vol. 52, n° 1, p. 191-198.

COUTURE-GRONDIN, Élise (2016). « Analyse antiraciste du rapport au territoire, à l'autre et à l'écriture dans *Aimititau ! Parlons-nous !* », *Voix plurielles*, vol. 13, n° 2, p. 127-149.

DESTREMPES, Hélène (2012). « Les pratiques de sociabilité comme facteurs d'autonomisation de la littérature autochtone du Québec », *Québec Studies*, n° 53 (printemps-été), p. 127-145.

GOHIER, Maxime (2014). *La pratique pétitionnaire des Amérindiens de la vallée du Saint-Laurent sous le Régime britannique : pouvoir, représentation et légitimité (1760-1860)*, thèse de doctorat (histoire), Montréal, Université du Québec à Montréal.

GOHIER, Maxime (2021). « La place de la Couronne dans la pratique pétitionnaire des Autochtones de la vallée du Saint-Laurent sous le régime britannique », dans Michel J. Doyon (dir.), *Réalités autochtones au Québec : colloque du lieutenant-gouverneur du Québec*, Montréal, Éditions Yvon Blais.

JEANNOTTE, Marie-Hélène (2016). « La poésie, nouveau territoire de l'oralité : l'auteur autochtone à la recherche d'une double légitimité », dans Marie-Pier Luneau et Denis Saint-Amand (dir.), *Jeux et enjeux de la préface*, Paris, Classiques Garnier, p. 157-171.

JEANNOTTE, Marie-Hélène (2019). *Bernard Assiniwi, l'auteur « malcommode » : trajectoire et discours d'un auteur autochtone dans le champ littéraire québécois (1971-2000)*, thèse de doctorat (littérature), Sherbrooke, Université de Sherbrooke.

LABELLE, Kathryn Magee (2021). *Daughters of Aataentsic: Life Stories from Seven Generations*, Montréal et Kingston, McGill-Queen's University Press.

LAINEY, Jonathan, (2004). *La « Monnaie des Sauvages » : les colliers de wampum d'hier à aujourd'hui*, Sillery, Éditions du Septentrion.

LAINEY, Jonathan, (2013). « Les colliers de wampum comme support mémoriel : le cas du *Two-Dog Wampum* », dans Alain Beaulieu, Stéphan Gervais et Martin Papillon (dir.), *Les Autochtones et le Québec : des premiers contacts au Plan Nord*, Montréal, Les Presses de l'Université de Montréal, p. 93-112.

LAURENT, Joseph (1884). *New Familiar Abenakis & English Dialogues: The first ever published on the grammatical system*, Québec, Léger Brousseau.

LÉTOURNEAU, Jean-François (2010). « Dialogue : la poésie amérindienne », *Exit*, n° 59, p. 51-55.

LÉTOURNEAU, Jean-François (2017). *Le territoire dans les veines*, Montréal, Mémoire d'encrier.

LYKKE, Nina, Camila MARAMBIO et Hema'ny MOLINA VARGAS (2020). « Decolonising Mourning: World-Making with the Selk'nam People of Karokynka/Tierra del Fuego », *Australian Feminist Studies*, vol. 35, n° 104, p. 186-201.

MAILHOT, José (1992). « Deux lettres montagnaises du XVIIIe siècle », *Recherches amérindiennes au Québec*, vol. 22, n° 1, p. 3-16.

MAILHOT, José (2022). *Shushei au pays des Innus*, Montréal, Mémoire d'encrier.

MIRON, Isabelle (2010). « Parler de sa famille à un inconnu : le dialogue littéraire dans *Aimititau ! Parlons-nous !* », dans Louis-Jacques Dorais et Maurizio Gatti (dir.), *Littératures autochtones*, Montréal, Mémoire d'encrier, p. 269-278.

MUÑIZ MÁRQUEZ, Alberto Alejandro et Evelyn PERIAÑEZ CORONADO (2019). « Voix révoltées : une réflexion sur la condition de la femme innue », *Synergies Mexique*, vol. 9, n° 9, p. 17-29.

NAVEH, Danny, et Nurit BIRD-DAVID (2014). « How Persons Become Things: Economic and Epistemological Changes among Nayaka Hunter-Gatherers », *Journal of the Royal Anthropological Institute*, vol. 20, n° 1, p. 74-92.

RIVARD, Sylvain (2009). *Jos Laurent*, Montréal, Éditions Cornac.

ROBERT, Lucie (2011). « De *La vie littéraire* à la *vie culturelle.* "Vie", avez-vous dit ? », *Revue d'histoire littéraire de France*, vol. 111, n° 1, p. 89-105.

ROBERT, Lucie (2012). « La "vie culturelle" et son histoire : quelques réflexions sur la notion de "vie" », *Globe : revue internationale d'études québécoises*, vol. 15, n°s 1-2, p. 231-242.

SIOUI DURAND, Yves (2003). « Kaion'ni, le wampum rompu : de la rupture de la chaîne d'alliance ou "le grand inconscient résineux" », *Recherches amérindiennes au Québec*, vol. XXXIII, n° 3, p. 55-64.

SIOUI, Éléonore Marie Andatha (1988). *A Huron-Wyandot Woman's Life Story: The Realization of an Impossible Dream*, thèse de doctorat (philosophie et spiritualité autochtone), Cincinnati, Union of Experimenting Colleges and Universities.

Sioui, Jocelyn (2020). *Mononk Jules*, Wendake, Éditions Hannenorak.

Stanley, Liz (2004). « Epistolarium: On Theorizing Letters and Correspondences », *Auto/Biography*, n° 12, p. 201-235.

Stirrup, David (2010). « "To the Indian Names are Subjoined a Mark and Seal": Tracing the Terrain of Ojibwe Literature », *Literature Compass*, vol. 7, n° 6, p. 370-386.

Thérenty, Marie-Ève (2012). « Le renouvellement de l'histoire littéraire », dans Nadine Kuperty-Tsur (dir.), *La critique au tournant du siècle : mélanges offerts à Ruth Amossy*, Louvain, Peeters, p. 117-135.

Thérenty, Marie-Ève (2014). « La civilisation du journal entre histoire et littérature : perspectives et prospectives », *French Politics, Culture & Society*, vol. 32, n° 2, p. 49-56.

Vincent, Sylvie (1992). « L'arrivée des chercheurs de terres : récits et dires des Montagnais de la Moyenne et de la Basse Côte-Nord », *Recherches amérindiennes du Québec*, vol. 22, n°s 2-3, p. 19-29.

Womack, Craig S. (1999). *Red on Red: Native American Literary Separatism*, Minneapolis, University of Minnesota Press.

L'annonce de la mort de la lettre est tout à fait exagérée

Benoît Melançon
Université de Montréal

> *Il me falloit, comme je l'ay eu autrefois, un certain commerce qui m'attirast, qui me soustinst et soulevast. […] J'eusse esté plus plus attentif et plus seur ayant une adresse forte et amie […].*
>
> MONTAIGNE ([1588] 1988 : I, xl)

Le courrier électronique, apparu au début des années 1970, n'est devenu une pratique vraiment populaire qu'au milieu des années 1990, avec l'avènement du World Wide Web. Immédiatement, on a pu entendre le cri des Cassandre : pour les pessimistes, l'arrêt de mort de la lettre papier venait d'être signé ; les rares optimistes – ils se sont également trompés – croyaient que l'art de la lettre était mort depuis longtemps et que le numérique allait lui offrir une renaissance. Le discours catastrophiste ne s'est pas résorbé avec le développement des réseaux sociaux (Facebook, Twitter, LinkedIn, Instagram, Snapchat, TikTok, etc.). Voilà pourquoi on pouvait lire en première page du quotidien français *Libération*, le 13 décembre 2013, ce titre : « La Poste. Lettres ou le néant. Le courrier est devenu mail ou SMS, une dématérialisation qui a non seulement ruiné l'entreprise, mais changé l'écriture, les liens sociaux, familiaux ou amoureux ». On ne s'écrirait plus comme dans le bon vieux temps, quoi que soit le bon vieux temps.

Ce discours crépusculaire n'a rien d'étonnant. Lorsqu'une forme d'expression artistique (la photographie, le cinéma) ou un support technique (le pneumatique, le téléphone, le télégramme, la télécopie, le numérique, les réseaux sociaux) apparaît, il est de bon ton d'imaginer que c'en est fait des formes et des supports qui existaient jusque-là. Les choses sont évidemment plus compliquées.

S'agissant de la lettre, il est incontestable que sa pratique n'est plus aussi généralisée qu'elle l'a déjà été : dès la fin des années 1990, Postes Canada, pour prendre un exemple proche, a chiffré la baisse du courrier personnel et la montée de l'envoi de colis, pour des produits souvent achetés en ligne (Tremblay, 1999). Cela ne revient pas à dire que la lettre est disparue. Elle est encore présente dans certains secteurs de la vie sociale, notamment dans le domaine politique. Lors d'événements plus ou moins traumatiques, elle est un recours qui semble naturel. L'institution scolaire, voire universitaire, s'en sert fréquemment. On a transféré vers les médias dits « sociaux » – existe-t-il des médias qui ne soient pas « sociaux » ? – beaucoup de ses usages, mais pas tous. Pareille transformation de l'imaginaire épistolaire permet de réfléchir à ce geste en apparence banal : s'adresser, par écrit, à quelqu'un. Cette transformation est pourtant lourde de conséquences pour les épistologues[1].

« Monsieur le président, je vous fais une lettre » (Vian, 1954)

Dans le premier volume de ses Mémoires, *A Promised Land* (2020), Barack Obama, le 44e président des États-Unis, évoque à plusieurs reprises sa pratique épistolaire.

Ce qui concerne l'utilisation du courriel était prévisible. D'une part, on l'a assez dit, la campagne d'investiture, puis la campagne présidentielle d'Obama ont eu très largement recours à l'univers numérique (Obama, 2020 : 130). D'autre part, comme tout organisme contemporain, le gouvernement états-unien carbure au courrier électronique de même que les militants, tous partis confondus.

Quand il devient sénateur à Washington en 2005, Obama confie à Pete Rouse une mission capitale (« *Most important* »), celle de créer

1. Le mot « épistologue » a été forgé par mon ancien collègue Michel Pierssens.

et de coordonner un bureau de la correspondance (« *the correspondence office* ») chargé de trier le courrier qu'il reçoit des citoyens et de leur répondre de la façon la plus adéquate possible : « *"People may not like your votes," Pete said, "but they'll never accuse you of not answering your mail!"* » (Obama, 2020 : 56) Ne pas répondre à son courrier, même volumineux (p. 65) ? Cela ne se fait pas. Mieux encore : Obama signe lui-même les réponses préparées par son personnel (p. 66) de même que des mots de remerciement et des cartes d'anniversaire plus personnalisés (p. 90 et 251).

Devenu président, en 2009, il demande à voir quotidiennement des lettres qui lui sont envoyées à la Maison-Blanche (p. 267-269 et 698-699). Il ne s'agit évidemment pas de toutes les lettres et de tous les courriels – il y en a environ dix mille *par jour* –, mais d'un échantillon de dix textes sélectionnés par son équipe, messages auxquels il répond à la main. Cette activité a une dimension quasi rituelle : « *They were often the last thing I looked at before going to bed* » (p. 268) ; « *I couldn't expect people to understand how much their voices actually meant to me – how they had sustained my spirit and beat back whispering doubts on those late, solitary nights* » (p. 306). Dans la nuit (« *bed* », « *nights* »), la lettre reste la possibilité d'un échange.

Plus sombres sont les lettres de condoléances qu'il fait parvenir, une fois par semaine, aux proches des militaires tombés au combat (p. 429-430).

Barack Obama ne correspond pas, sur papier, qu'avec les citoyens des États-Unis ; il a aussi des échanges avec ses collègues et ses vis-à-vis. Par exemple, le sénateur Ted Kennedy lui écrit au sujet de la réforme du système de santé, mais il demande que sa lettre ne soit transmise qu'après sa mort ; le président la citera dans un discours au Capitole (p. 410-411). Il fait parvenir une lettre secrète à l'ayatollah Khomeini, qui lui répond sèchement (p. 454). La Chine se sert du courrier pour formuler ses plaintes commerciales (p. 474)[2].

Barack Obama est un épistolier fervent.

2. On ne sache pas que Barack Obama ait jamais entretenu de correspondance avec Oussama ben Laden. Il aurait pourtant pu : le chef du réseau Al-Quaïda n'utilisait que la lettre papier, les autres modes de communication lui paraissant trop peu sûrs (Perreault, 2021).

Sur un plan différent, Amnistie internationale, fondée en 1961, a fait de la lettre un de ses moyens d'action politique privilégiés, et c'est encore le cas aujourd'hui. Si l'on en croit le site Web de la section canadienne de l'organisme humanitaire, « *Écrire, ça libère*, la campagne mondiale de rédaction de lettres d'Amnistie internationale », est « l'action la plus suivie à l'échelle planétaire en matière de droits humains ». À l'origine, la défense des droits de la personne passait essentiellement par la lettre. Aujourd'hui, d'autres moyens de communication sont mis à contribution : à côté de la « vieille tradition de rédaction de lettres », on peut préférer « des pétitions, des courriels, des tweets, des publications sur Facebook, des photos, des cartes postales ». Annuellement, cela représente « des millions de lettres ». Pourquoi ce geste ? « Une lettre peut parfois changer une vie. »

Il y a là un sujet à explorer : la communication des élus avec leurs électeurs, leurs collègues et leurs interlocuteurs étrangers – et vice versa – n'est-elle pas une des manifestations les plus concrètes, au XXIe siècle, de la nécessité, donc de la permanence de la lettre[3] ?

Écrire en temps de crise

Depuis au moins quatre décennies, une pratique épistolaire spécifique mêle le public et le privé au moment de la disparition de figures célèbres. Quand meurent l'ex-Beatles John Lennon en 1980, la princesse Diana en 1997, le joueur de hockey Maurice Richard et le chanteur Dédé Fortin en 2000 ou l'auteur et chanteur Leonard Cohen en 2016, leurs admirateurs leur dressent des autels spontanés où ils déposent des objets et par lesquels ils s'adressent à leur idole disparue : on écrit à un mort, ou à des proches, pour confier sa peine[4]. Ce n'est pas d'hier qu'on se livre à cette forme d'hommage, mais cela continue à se faire, en cette ère du tout-numérique (dit-on). Quand un train déraille au cœur de

3. L'épistolarité politique a une histoire multiséculaire. Voir, parmi d'innombrables travaux, Lebrun-Pézerat et Poublan (1996) et Bouchard (2015). Julien Fretel et Michel Offerlé (2021) ont récemment étudié le courrier présidentiel français. Hervé Le Tellier ([2016] 2022) en a, lui, exploré les potentialités romanesques.
4. J'ai consacré quelques pages d'un livre sur Maurice Richard à ces mausolées populaires ([2006] 2012). Sur les lettres déposées devant l'appartement de Dédé Fortin dans les jours qui ont suivi sa mort, voir Gagnon (2020).

Lac-Mégantic le 6 juillet 2013, faisant 47 morts, l'église de cette petite ville québécoise réserve un espace où punaiser des courts messages destinés tant aux survivants qu'aux victimes (Foglia, 2013). On fera la même chose en Corée du Sud, au moment du naufrage du *Sewol* le 16 avril 2014 (plus de 300 disparus), à Toronto, après une attaque terroriste au camion-bélier dans le centre de la ville en 2018, comme on l'avait fait lors de la tuerie de l'école états-unienne Sandy Hook en 2012[5]. À la mort de l'écrivain Gabriel García Márquez, on met à la disposition de ses admirateurs une murale à Barcelone : les témoignages manuscrits affluent. Il est manifestement des moments où le courriel, le texto et les réseaux sociaux ne suffisent pas ; il faut revenir à l'écriture manuscrite, et à une écriture manuscrite offerte au regard de tous. Les personnes endeuillées ne s'expriment pas moins numériquement que devant les autels auxquels elles viennent communier ; elles ne font tout simplement pas la même chose selon les supports qu'elles choisissent.

À ces manifestations nécessairement publiques correspondent des contextes plus intimes.

En 1993, une polyvalente de la banlieue de Montréal a mis sur pied pour la quatrième année une « Semaine du mieux-vivre » durant laquelle les élèves étaient invités à écrire à leurs camarades et à leurs enseignants afin « de briser l'isolement qui conduit certains jeunes au suicide ». Les 1325 élèves de l'école Horizon-Jeunesse de Laval ont ainsi échangé pas moins de 14 000 lettres durant la dernière semaine d'avril, ce qui a fait dire au psychologue responsable du « Courrier Horizon » qu'il y avait chez les élèves un « engouement incroyable » pour cette activité (Hétu, 1993)[6].

Au début des années 2000, le Carrefour familial des Moulins (Terrebonne, Québec) a lancé le « Courrier Plume-images » : les enfants des écoles primaires de la région – ils ont de six à douze ans – peuvent y envoyer des lettres et s'y épancher. Résultat ? « Plus de 4 000 » lettres manuscrites, souvent accompagnées de dessins, ont été reçues en 2015, auxquelles ont répondu 35 bénévoles – à la main (Handfield, 2016).

En 2011, six étudiants de l'Université Queen's (Kingston, Ontario) sont morts de causes diverses, dont le suicide, sur une courte période.

5. Un demi-million de lettres, de cartes postales et de dessins auraient été acheminés à l'école ; on peut en voir un échantillon sur le site *Letters to Newtown*.
6. Pour un autre projet scolaire, voir Bray et Heinritz (1994).

La direction de l'établissement, en plus d'affecter des ressources psychologiques aux personnes touchées, a installé des tables où les étudiants étaient invités à partager par écrit leurs sentiments (Blais-Poulin, 2016).

Après un attentat dans la grande mosquée de la ville de Québec, le 29 janvier 2017, des citoyens se sont mobilisés pour lutter contre l'intolérance. Ils ont d'abord organisé une vigile de solidarité en se servant des réseaux sociaux. Puis autre chose leur est apparu nécessaire :

> À la suite de la veillée, le groupe s'est réuni de nouveau pour en prolonger l'effet. Est née alors l'idée d'envoyer des lettres de réconfort aux familles des victimes et à leurs proches. Baptisée « Lettre à toi », cette initiative a permis de recueillir au sein du public plus de 350 lettres manuscrites en provenance de partout. « Malgré mes faibles moyens, je te promets de mettre tout en œuvre pour faire tomber autour de moi les préjugés qui divisent et pour bâtir les ponts qui nous unissent », peut-on lire dans l'une d'entre elles. « S'il te plaît ne perds pas espoir. »

Triées, photocopiées et rassemblées, ces lettres ont circulé dans plusieurs lieux de la communauté musulmane (Porter, 2018).

La pandémie de COVID-19 de 2020-2021 a encore été l'occasion de raviver la pratique de la lettre. Les résidences pour personnes âgées du Québec ont été particulièrement touchées par la maladie et la mort; beaucoup de ceux que les autorités politiques appelaient *nos aînés* ont été coupés du monde pendant plusieurs semaines. On leur a téléphoné, on leur a fourni des tablettes numériques pour voir leurs proches, on leur a proposé des lectures personnalisées par téléphone[7], mais on leur a aussi écrit, et au-delà des générations (Touzin, 2020). Il y a eu des initiatives locales où une enseignante demandait à des enfants d'écrire à des personnes âgées pour qu'elles ne sombrent pas dans la plus complète solitude : des élèves leur envoyaient, par la poste, un « câlin sur papier »

7. En France et au Québec, il a alors été possible de commander électroniquement la lecture d'un texte du répertoire théâtral et de réserver une date et une heure; à l'heure dite, un comédien professionnel téléphonait pour lire le texte de votre choix (Radio-Canada, 2020). À son tour, le personnel de Bibliothèque et Archives nationales du Québec a offert « Un brin de lecture pour les aînés » (Desjardins, 2020). En Irlande, une *Poetry Line* téléphonique a été improvisée (Carroll, 2020).

(Caillou, 2020). Des boîtes aux lettres bricolées par les habitants sont apparues dans le quartier Plateau Mont-Royal à Montréal (Morin, 2021). Antoine Charbonneau-Demers a conçu un balado en huit livraisons, « Lettres à Grand-Mom », dans l'espoir d'« accompagner » sa grand-mère « dans le deuil de son mari emporté par la COVID-19 » (Scène nationale du son, 2021). L'ordinaire des jours était rompu, en suspens ; en ces temps extraordinaires, des gestes que l'on croyait révolus sont réapparus.

Devant un drame, l'écriture manuscrite reste une ressource vers laquelle il est toujours possible de se tourner. Là où le numérique peut faire craindre une absence d'incarnation, l'écriture manuscrite adressée, au contraire, suppose une matérialité forte. Elle est d'autant plus forte qu'elle est l'objet d'un choix : dans l'arsenal des moyens de communication dont on dispose maintenant, écrire à la main, c'est ne pas envoyer un courriel ou un texto, c'est ne pas tweeter et retweeter, c'est ne pas rameuter sa communauté Facebook. *J'aurais pu m'adresser à toi à partir de mon ordinateur, de mon téléphone, de ma tablette. Je ne l'ai pas fait. Je voulais laisser une marque, ma marque.*

Le papier, la calligraphie, c'est la lenteur et la permanence (du moins espérée). À tort ou à raison, on craint souvent la disparition des communications numériques : courriels effacés, textos et tweets quasi impossibles à conserver, plateformes réfractaires à la sauvegarde. Contre cette évanescence, dans quelques circonstances particulières, un objet paraît valoir mieux que le virtuel. Pour que cet objet existe, il aura fallu y mettre du temps (et du sien), s'appliquer. *Je te laisse ma marque. Je n'ai pas fait cela à la légère. À toi d'archiver, d'inscrire dans la durée, cette trace de moi.*

L'imaginaire épistolaire

Cette nouvelle donne en matière de textes adressés signale une transformation de l'imaginaire épistolaire. Mais qu'est-ce que l'imaginaire épistolaire ? En 1992, Jean M. Goulemot et Daniel Oster publiaient un ouvrage intitulé *Gens de lettres, écrivains et bohèmes : l'imaginaire littéraire 1630-1900*. Ils y défendaient une idée féconde : au lieu de s'appuyer, comme elle le fait traditionnellement, sur l'étude des grandes œuvres, des grands auteurs ou des grandes périodes, l'histoire de la littérature aurait avantage à essayer de cerner l'imaginaire littéraire de chaque époque, puis à comparer ces imaginaires entre eux. Qu'est-ce que l'imaginaire littéraire? Un ensemble de représentations de ce que l'on appelle, depuis l'âge classique, la littérature ou, plus récemment, le littéraire, ensemble qui regroupe, entre autres choses, des conceptions historiquement différenciées du livre, de l'auteur, du texte, de la lecture, etc. Goulemot et Oster ne parlent pas d'imaginaire épistolaire, mais on pourrait concevoir celui-ci comme une composante de cet imaginaire littéraire global, au même titre que les imaginaires du livre, de l'auteur, du texte et de la lecture. Tels ceux-là, il ne saurait être isolé : chaque imaginaire littéraire est la somme d'imaginaires plus circonscrits et le lieu de leur interaction. Aucun de ces imaginaires n'est compréhensible sans les autres.

Quel serait l'imaginaire épistolaire contemporain? S'il est des situations où l'on sollicite un élu et où l'on appuie un prisonnier politique en souhaitant une amélioration de son sort, si des tragédies collectives et des drames intimes poussent à l'écriture, c'est peut-être que les sociétés actuelles ont toujours besoin de laisser des traces et de s'inscrire dans la durée. On aurait pu imaginer que pareil recours à un mode d'expression réputé en voie de désuétude, sinon archaïque, soit rapporté à une forme de nostalgie. Cela ne paraît pas être le cas. Il n'y a pas, d'un côté, la modernité numérique et, de l'autre, le vieux papier. Dans l'arsenal contemporain de l'expression de soi, les choix sont multiples; tous ne supposent pas le même type d'investissement.

Mais écrire un courriel, « poster » un statut Facebook ou tweeter, cela relève-t-il de l'imaginaire épistolaire?

Repenser l'adresse

Dans un petit livre de 1996, je m'étais posé la question des ressemblances et des divergences entre le courrier électronique et la lettre (Melançon, 1996b). Il m'apparaissait que ces deux modes d'expression différaient fortement. Des cinq traits alors considérés – la matérialité de la lettre, son rapport au temps, son étiquette, le type d'échange que suppose chaque média, sa publicité involontaire –, seul le dernier, à mes yeux, réunissait véritablement la lettre traditionnelle et le courrier; les autres les distinguaient. Quelques années plus tôt, dans ma thèse de doctorat, j'avais proposé la définition suivante de la lettre : « [L]'expression écrite d'un *je* non métaphorique (celui qui signe est bien celui qui dit *je*) à l'adresse d'un destinataire, également non métaphorique » (Melançon, 1996a : 47). Revisitant ces deux travaux un quart de siècle plus tard, après la montée massive des nouvelles formes de communication, j'aborderais de façon légèrement différente la question des rapports entre écriture épistolaire numérique et écriture épistolaire « traditionnelle » (à défaut de meilleur terme). D'une part, le numérique a offert une nouvelle visibilité à des corpus épistolaires jusque-là confidentiels ou marginalisés. D'autre part, je n'avais probablement pas donné, dans mes travaux des années 1990, tout son poids au mot *adresse*.

L'antienne selon laquelle « le numérique a tué la lettre » s'appliquerait semblablement à la carte postale : « À l'heure numérique, cette frénésie [de la carte postale] est aujourd'hui bien révolue », écrit-on, au début des années 2010, dans le quotidien montréalais *La Presse+* (Laurence, 2014) ; « Comment les médias sociaux ont tué la carte postale », soutenait sans hésiter le magazine québécois *L'Actualité* un an plus tôt (Lawrence, 2013). Est-ce bien le cas ? Sur Twitter, que proposent quotidiennement @renaud_epstein et @PostcardFromThePast ? Le premier, sous le titre « Un jour, une ZUP, une carte postale », suivi d'un nom de lieu, présente une image d'une de ces « zones à urbaniser en/par priorité » mises en place par le gouvernement français entre 1959 et 1967. À chacun de mesurer la distance qui sépare les projets de leur réalisation. Le second offre des « *[f]ragments of life in real messages on postcards from the past* » ; on a regroupé quelques-uns de ces « vrais messages », de ces « fragments de vie », en livre (Jackson, 2017). Sous couvert de nostalgie, feinte ou réelle, un nouveau média redonne vie à un mode plus ancien d'expression[8].

En 2009, Shaun Usher a fondé, sur Internet, un « musée de la correspondance » (« *museum of correspondence* »), *Letters of Note*. Il y offre des lettres plus ou moins anciennes à lire soit sur son site, soit par Twitter, soit par courriel, soit sous forme de livres papier (2013, 2015, 2020, 2021) ou audio (2020, 2021), en plus d'organiser des lectures épistolaires publiques depuis 2013. De quelles lettres s'agit-il ? De textes venus de partout dans le monde, choisis pour leur originalité et pour

8. En 2017, j'ai présenté de nombreux autres exemples des interactions entre carte postale et numérique.

leur capacité à amuser et à inspirer (« *the world's most entertaining, inspiring and unusual letters* »). Pourquoi cette entreprise? Pour célébrer le pouvoir de la correspondance écrite (« *celebration of the power of written correspondence* »).

Ces cartes postales et ces lettres avaient des destinataires premiers ; le numérique les démultiplie[9]. Adressées à quelqu'un, elles le sont dorénavant à quelqu'un d'autre grâce à Internet. D'où une interrogation : qu'est-ce que l'adresse épistolaire? Quel est son statut dans la réflexion des épistologues et des spécialistes des communications numériques[10] ?

Un tweet n'est pas nécessairement destiné à un seul destinataire ; quand il l'est (réponse personnelle à un tweet, message direct), il relève d'une forme d'interlocution épistolaire. On dira la même chose d'un statut Facebook ; un message à tous ses « amis » n'est pas de même nature que celui envoyé à un seul. Pourquoi ces différenciations? Parce que certaines formes d'échange s'inscrivent clairement dans un registre spécifique : une personne s'adresse à une autre par écrit. C'est également ce qui caractérise les messages d'amour déposés sur des autels de fortune au moment de la mort d'une idole ou à la suite d'une catastrophe, personnelle ou collective. De même, l'utilisation de la lettre dans un cadre politique ou scolaire signale la volonté de sortir des relations anonymes pour parler à quelqu'un. Cela passe parfois par le papier, mais pas toujours.

Recentrer l'activité des épistologues et des spécialistes des communications numériques sur le statut de l'adresse, ainsi que les y conviait Anne Chamayou dès 2000, devrait leur permettre de repenser leurs travaux sur trois plans au moins.

D'une part, cela écarterait la question de la littérarité supposée plus grande des correspondances d'écrivains par rapport à celles du tout-venant. Les épistologues ont perdu beaucoup de temps, et en perdent encore beaucoup, à essayer de montrer la valeur de leur objet d'étude, alors que les spécialistes des formes canoniques ont, pour l'essentiel,

9. Bernard Bray, s'agissant de la correspondance traditionnelle, appelle ce nouveau lecteur un « destinataire substitué » (2000 : 18).

10. Je laisse de côté la question de la nature technique de l'*adresse* dans l'espace numérique. Elle a été abordée, dans un article composé de… courriels, par Éric Méchoulan et Marcello Vitali-Rosati (2018).

délaissé ces interrogations stériles, au sens strict (« Qui ne produit rien, ne donne naissance à aucune création, à aucun résultat positif », selon *Le Petit Robert*). On peut très bien essayer de comprendre la narrativité propre au roman en travaillant sur n'importe quel corpus romanesque ; l'analyse de la poésie ou du théâtre n'est pas différente. Pourquoi ne pas le faire pour l'épistolarité ? Il faudrait commencer par reconnaître qu'une de ses caractéristiques est précisément l'adresse : un roman, un poème, une chanson, une pièce n'a pas besoin d'un destinataire précisément déterminé ; l'interlocution épistolaire, quelles qu'en soient les formes, si. Ce n'est pas affaire de littérarité, mais de nature formelle.

D'autre part, réfléchir à la nature de l'épistolarité à partir de la notion d'adresse devrait offrir l'occasion de sortir d'une autre discussion stérile : une lettre, c'est *intime*, *privé* ou *public* ? Pour ma part, j'ai décidé il y a longtemps de situer toute lettre dans une « société épistolaire » qui lui est propre (Melançon, 1998 ; voir Lacroix, 2005). Dès que l'on (*je*) s'adresse à quelqu'un (*tu*/*vous*), une communauté élargie (*nous*/*eux*) se dessine, parfois implicitement, parfois non. Les épistoliers ne sont jamais seuls au monde.

Enfin, on pourrait essayer de distinguer les formes de l'interlocution épistolaire selon leur type d'adresse : on ne s'adresse pas à l'autre de la même façon sur Twitter et dans une lettre d'amour (si tant est qu'il existe une telle chose que la lettre d'amour), par Facebook ou par texto. L'électeur sollicitant un de ses représentants, ce représentant voulant projeter une image d'efficacité, un ami manifestant sa présence ou une jeune personne en aidant une plus âgée ne confèrent pas à leur message la même charge affective que le fan pleurant son idole morte ou que l'amant tentant d'assurer sa présence auprès de la personne absente. De même, le choix des supports s'appuie, au moins implicitement, sur une opposition entre permanence et oubli programmé, entre pérennité et évanescence. Préférer un mode de communication plutôt qu'un autre est d'emblée chargé de sens : en 2023, on sait que taper un courriel n'a pas la même fonction symbolique que de prendre la plume, que la rareté de ce geste le pare d'une aura particulière. Déplacer la perspective d'analyse ne revient pas à uniformiser l'ensemble des formes d'épistolarité, mais, bien au contraire, doit mener à une prise en compte plus fine des spécificités de chacune autour d'un trait d'énonciation fondamental.

Les imaginaires épistolaires se succèdent et se confrontent depuis des siècles. Pièce majeure de l'arsenal dialogique d'aussi loin qu'on puisse se souvenir, la lettre aurait désormais perdu presque complètement sa raison d'être; c'est ce que répète à l'envi le discours commun. Parfois, on essaie de faire des correspondances des œuvres littéraires et, par là, de les valoriser; parfois on leur refuse ce statut en les considérant uniquement comme des alentours de l'œuvre. À certaines époques, des épistoliers – plus souvent des épistolières – ont pu entrer dans le canon littéraire par leur seule pratique épistolaire (Mme de Sévigné en France, Mme Bégon au Québec); à d'autres, non. Pendant longtemps – et c'est toujours malheureusement vrai –, on a essayé d'interpréter les échanges par lettres avec des critères impossibles à définir en bonne méthode (*sincérité*, *vérité*, *spontanéité*), critères dont on ne se sert pas pour analyser sérieusement les autres formes d'expression, du moins dans le monde savant.

Le temps n'est-il pas venu d'élargir la perspective? N'y a-t-il pas lieu de replacer l'interlocution épistolaire dans un contexte plus large, celui de l'adresse, celle-ci étant entendue comme une des formes fondamentales de la communication humaine? Sur le plan méthodologique, pareil réalignement de la réflexion ne se fera pas facilement, ne serait-ce que pour des questions de disponibilité des corpus : des lettres manuscrites sont découvertes tous les jours, et on est depuis longtemps formés à leur conservation et à leur transmission; c'est moins vrai – mais pas complètement faux – des corpus numériques. Les expressions toujours vives d'une épistolarité ancienne voisinent avec des modes d'expression neufs; profitons de l'occasion et cessons de les opposer. Il y a des leçons à tirer de leur prise en compte commune.

Bibliographie

AMNISTIE INTERNATIONALE CANADA FRANCOPHONE [site Web] ([s. d.]). [En ligne], [https://amnistie.ca/ecrire] (consulté le 15 octobre 2021).

BLAIS-POULIN, Charles (2016). « Correspondance postale. Sur l'Internet », *La Presse+*, 13 août, [En ligne], [https://plus.lapresse.ca/screens/7c569f01-8feb-4704-a9b5-d0223ddc6fc9%7CfMfIQOjXNITZ.html] (consulté le 15 octobre 2021).

BOUCHARD, Carl (2015). *Cher Monsieur le Président : quand les Français écrivaient au président Wilson (1918-1919)*, Ceyzérieu, Éditions Champ Vallon, coll. « La Chose publique ».

BRAY, Bernard, et Charlotte HEINRITZ (1994). « Des Mémoires collectifs : la correspondance tournante des anciennes élèves d'un collège de jeunes filles de Dresde », dans Mireille Bossis (dir.), *La lettre à la croisée de l'individuel et du social*, Paris, Éditions Kimé, p. 238-243, coll. « Détours littéraires ».

BRAY, Bernard (2000). « Quelques remarques sur la deuxième personne épistolaire et sur son mode d'emploi », dans Anne Chamayou (dir.), *Éloge de l'adresse : actes du colloque de l'Université d'Artois. 02-03 avril 1998*, Arras, Artois Presses Université, p. 15-25, coll. « Cahiers scientifiques de l'Université d'Artois ».

CAILLOU, Annabelle (2020). « Écriture intergénérationnelle », *Le Devoir*, 4 mai, p. B4.

CARROLL, Rory (2020). « "Solace and Healing": Ireland Turns to Poetry to Ease Lockdown Strain », *The Guardian*, 17 mai, [En ligne], [https://www.theguardian.com/world/2020/may/17/solace-and-healing-ireland-turns-to-poetry-to-ease-lockdown-strain] (consulté le 18 octobre 2021).

CHAMAYOU, Anne (dir.) (2000). *Éloge de l'adresse : actes du colloque de l'Université d'Artois. 02-03 avril 1998*, Arras, Artois Presses Université, coll. « Cahiers scientifiques de l'Université d'Artois ».

DESJARDINS, Jenny (2020). *Retour sur l'activité Un brin de lecture au téléphone*, sur le site *BAnQ chez moi*, 17 juin, [https://blogues.banq.qc.ca/chezmoi/2020/06/17/retour-sur-lactivite-un-brin-de-lecture-au-telephone] (consulté le 18 octobre 2021).

FOGLIA, Pierre (2013). « Isidore, je vous embrasse », *La Presse*, 18 juillet, p. A7.

FRETEL, Julien, et Michel OFFERLÉ (2021). *Écrire au président : enquête sur le guichet de l'Élysée*, Paris, La Découverte, coll. « Sciences humaines ».

GAGNON, Alex (2020). « "Tu vivras toujours en nous" : les écrits de la rue Rachel », dans *Les métamorphoses de la grandeur : imaginaire social et célébrité au Québec (de Louis Cyr à Dédé Fortin)*, Montréal, Les Presses de l'Université de Montréal, p. 182-192, coll. « Socius ».

GOULEMOT, Jean M., et Daniel OSTER (1992). *Gens de lettres, écrivains et bohèmes : l'imaginaire littéraire 1630-1900*, Paris, Éditions Minerve.

HANDFIELD, Catherine (2016). « Courrier Plume-images : à l'écoute des élèves, une lettre à la fois », *La Presse+*, 13 septembre, [En ligne], [https://www.lapresse.ca/vivre/famille/201609/13/01-5019926-courrier-plume-images-a-lecoute-des-eleves-une-lettre-a-la-fois.php] (consulté le 15 octobre 2021).

HÉTU, Richard (1993). « La “semaine du mieux-vivre” : un prétexte à la réconciliation au moyen d'une lettre », *La Presse*, 1er mai, p. A4.

JACKSON, Tom (2017). *Postcard From The Past*, Londres, 4th Estate.

LACROIX, Michel (2005). « Traces et trame d'une littérature dans le siècle : réseaux et archives », *Tangence*, nº 78, p. 91-110.

LAURENCE, Jean-Christophe (2014). « Combien pour votre carte postale ? », *La Presse+*, 8 avril, [En ligne], [https://www.lapresse.ca/arts/livres/biographies-recits-essais/201404/08/01-4755536-combien-pour-votre-carte-postale.php] (consulté le 15 octobre 2021).

LAWRENCE, Gary (2013). « Comment les médias sociaux ont tué la carte postale », *L'Actualité*, 29 avril, [En ligne], [https://lactualite.com/art-de-vivre/comment-les-medias-sociaux-ont-tue-la-carte-postale] (consulté le 15 octobre 2021).

LEBRUN-PÉZERAT, Pierrette, et Danièle POUBLAN (dir.) (1996). *La lettre et le politique : actes du colloque de Calais, 17-19 septembre 1993*, Paris, Honoré Champion, coll. « Champion-Varia ».

LE TELLIER, Hervé ([2016] 2022). *Moi et François Mitterrand, suivi de Moi et Jacques Chirac, Moi et Sarkozy, Moi et François Hollande*, Paris, Gallimard, coll. « Folio ».

LETTERS TO NEWTOWN [site Web] ([s. d.]). [http://letterstonewtown.tumblr.com] (consulté le 15 octobre 2021).

MÉCHOULAN, Éric, et Marcello VITALI-ROSATI (2018). « L'espace numérique (5) : négociations d'adresse », *Sens public* (mai), [En ligne], [http://www.sens-public.org/articles/1311] (consulté le 15 octobre 2021).

MELANÇON, Benoît (1996a). *Diderot épistolier : contribution à une poétique de la lettre familière au XVIIIe siècle*, Montréal, Éditions Fides.

MELANÇON, Benoît (1996b). *Sevigne@Internet : remarques sur le courrier électronique et la lettre*, Montréal, Éditions Fides, coll. « Les Grandes Conférences ». Ce texte, augmenté de deux autres, « Postface inédite : quinze ans plus tard » (2011) et « Épistol@rités, d'aujourd'hui à hier » (2011), a été repris dans le livre numérique *Épistol@rités* (2013), Saint-Cyr-sur-Loire, publie.net, coll. « Washing Machine », [En ligne], [https://www.publie.net/livre/epistolarites] (consulté le 15 octobre 2021).

MELANÇON, Benoît (1998). « La lettre *contre* : Mme du Deffand et Belle de Zuylen », dans Benoît Melançon (dir.), *Penser par lettre : actes du colloque d'Azay-le-Ferron (mai 1997)*, Montréal, Éditions Fides, p. 39-62.

MELANÇON, Benoît ([2006] 2012). « Tombeau du Rocket », *Les yeux de Maurice Richard : une histoire culturelle*, Montréal, Éditions Fides, p. 226-241, coll. « Biblio-Fides ».

MELANÇON, Benoît (2017). « Le cabinet des curiosités épistolaires », *Épistolaire. Revue de l'AIRE*, n° 43, p. 171-173.

MONTAIGNE ([1588] 1988). *Les essais*, édition de Pierre Villey, 3 vol., Paris, Presses universitaires de France, coll. « Quadrige ».

MORIN, Rose-Aimée Automne T. (2021). « Les mots d'amour de mon quartier », *La Presse+*, 18 octobre, [En ligne], [http://plus.lapresse.ca/screens/7de74d56-e8fa-47d4-9c59-4b6bd910330b__7C___0.html] (consulté le 18 octobre 2021).

OBAMA, Barack (2020). *A Promised Land*, New York, Crown.

PERREAULT, Laura-Julie (2021). « 20e anniversaire de l'intervention militaire américaine en Afghanistan : les deux mains dans la tête de Ben Laden », *La Presse+*, 8 octobre, [En ligne], [http://plus.lapresse.ca/screens/d0759544-19bb-4e0c-8294-a84db6e4648b__7C___0.html] (consulté le 15 octobre 2021).

PORTER, Isabelle (2018). « Des lettres pour panser les plaies », *Le Devoir*, 20-21 janvier, p. B2.

RADIO-CANADA (2020). *Du théâtre au creux de l'oreille pour briser l'isolement*, *ICI Radio-Canada*, 22 avril, [En ligne], [https://ici.radio-canada.ca/nouvelle/1696227/theatre-telephone-creux-de-oreille-isolement-coronavirus-covid-19] (consulté le 18 octobre 2021).

SCÈNE NATIONALE DU SON [site Web] (2021). [https://www.lafabriqueculturelle.tv/balados/33/scene-nationale-du-son] (consulté le 28 octobre 2021).

TOUZIN, Catherine (2020). « Briser l'isolement, une lettre à la fois », *La Presse+*, 9 août, [En ligne], [https://plus.lapresse.ca/screens/89937483-b950-4b10-becb-3a4a6c39cf23__7C___0.html] (consulté le 18 octobre 2021).

TREMBLAY, Odile (1999). « Poste restante : le nombre de lettres expédiées est en perte de vitesse, enregistrant une chute d'environ 1 % par année depuis trois ans : voilà le courriel montré du doigt », *Le Devoir*, 30 mars, p. B1.

USHER, Shaun ([s. d.]). *Letters of Note*, [En ligne], [https://lettersofnote.com] (consulté le 15 octobre 2021).

VIAN, Boris (1954). « Le déserteur », Paris, Société phonographique Philips.

Bibliographie des éditions de correspondances littéraires au Québec et au Canada français

Cassandre Huchon
Université de Montréal

La bibliographie a été constituée à partir du dépouillement des catalogues de Bibliothèque et Archives nationales du Québec et de Bibliothèque et Archives Canada. Les publications sont réparties en fonction des grandes périodes historiques auxquelles elles se rapportent. Ce classement chronologique permet de suivre l'évolution de l'activité épistolaire depuis la Nouvelle-France jusqu'à aujourd'hui. La bibliographie ne recense qu'une partie de l'activité épistolaire, puisqu'elle ne porte que sur les recueils de lettres publiés sous la forme de livres et exclut, par conséquent, les lettres parues dans des périodiques de même que les lettres inédites. En outre, elle se limite aux lettres rédigées par un écrivain ou une écrivaine figurant dans les histoires littéraires.

1534-1763

Élisabeth Bégon

Bégon, Élisabeth (1994). *Lettres au cher fils : correspondance d'Élisabeth Bégon avec son gendre (1748-1753)*, édition préparée par Nicole Deschamps, Montréal, Éditions du Boréal, coll. « Compact classique ».

Louis-Antoine de Bougainville

Bougainville, Louis-Antoine de (1993). *Écrits sur le Canada : mémoires, journal, lettres*, édition préparée par Roland Lamontagne, Sillery, Éditions du Pélican.

Fraisse, Paul (2009). « Louis Antoine de Bougainville (1729-1811) : lettres d'un Iroquois à sa chère mère », dans Bernard Emont (dir.), *Lettres d'outre-océan ou le Canada ancien au miroir de sa correspondance*, Paris, Le Bretteur, p. 147-158.

Marie de l'Incarnation

Martin, Dom Claude (1681). *Lettres de la Venerable Mere Marie de l'Incarnation, Premiere Supérieure des Ursulines de la Nouvelle France, Divisée en deux Parties*, Paris, Louis Billaine.

Marie de l'Incarnation, sainte (1971). *Correspondance*, édition préparée par Dom Oury, moine de Solesmes, Solesmes (France), Abbaye Saint-Pierre de Solesmes.

Marie de l'Incarnation, sainte (1971). *Marie de l'Incarnation ursuline (1599-1672) : correspondance*, édition préparée par Dom Oury, moine de Solesmes, préface de S. E. le cardinal Charles Journet, Solesmes (France), Abbaye Saint-Pierre de Solesmes.

1764-1894

Arthur Buies

Buies, Arthur ([1993] 2017). *Correspondance (1855-1901)*, édition préparée par Francis Parmentier, Montréal, Lux Éditeur.

Laure Conan

Conan, Laure (Félicité Angers) (2002). *J'ai tant de sujets de désespoir : correspondance 1878-1924*, édition préparée par Jean-Noël Dion, Montréal, Éditions Varia.

Octave Crémazie

Crémazie, Octave (1882). *Œuvres complètes*, édition préparée par Henri-Raymond Casgrain et Honoré-Julien-Jean-Baptiste Chouinard, Montréal, Beauchemin & Valois.

Crémazie, Octave (1886). *Lettres et fragments de lettres de Octave Crémazie*, Montréal, Éditions Beauchemin.

Crémazie, Octave (1972). *Œuvres*, t. II : *Prose*, texte établi, annoté et présenté par Odette Condemine, Ottawa, Éditions de l'Université d'Ottawa, coll. « Présence ».

Crémazie, Octave (1988). *Octave Crémazie : poète et témoin de son siècle*, présenté par Odette Condemine, Montréal, Éditions Fides.

Louis Fréchette

Fréchette, Louis (1872). *Lettres à Basile à propos des Causeries du dimanche de M. A. B. Routhier*, Québec, imprimé au bureau de l'Événement.

Fréchette, Louis (2004). *Lettres à l'abbé Baillairgé : à propos de l'éducation*, Montréal, La Magnétothèque.

Pierre de Sales Laterrière

Laterrière, Pierre de Sales (2003). *Les Mémoires de Pierre de Sales Laterrière, suivi de Correspondances*, édition préparée par Bernard Andrès, Montréal, Éditions Triptyque.

Chevalier de Lorimier

Chevalier de Lorimier (1848). « Dernières lettres d'un condamné », dans James Huston (dir.), *Le répertoire national ou Recueil de littérature canadienne*, vol. 2, Montréal, Lovell et Gibson, p. 97-108.

Chevalier de Lorimier (2001). *15 février 1839 : lettres d'un patriote condamné à mort*, édition préparée par Marie-Frédérique Desbiens et Jean-François Nadeau, Montréal, Comeau & Nadeau / Agone, coll. « Mémoire des Amériques ».

Edmond de Nevers

Nevers, Edmond de (2002). *Lettres de Berlin et d'autres villes d'Europe*, édition préparée par Hans-Jürgen Lüsebrink, Québec, Éditions Nota bene, coll. « NB poche ».

Julie Papineau

Papineau, Julie (1997). *Une femme patriote : correspondance 1823-1862*, édition préparée par Renée Blanchet, Québec, Éditions du Septentrion.

Papineau, Louis-Joseph (2000). *Lettres à Julie*, texte établi et annoté par Georges Aubin et Renée Blanchet ; introduction par Yvan Lamonde, Sillery, Éditions du Septentrion.

1895-1945

Germain Beaulieu

Dantin, Louis, et Germain Beaulieu (2023). *La correspondance entre Louis Dantin et Germain Beaulieu : une grande amitié littéraire (1909-1941)*, édition et présentation par Annette Hayward, Québec, Presses de l'Université Laval.

Harry Bernard

Bernard, Harry ([s. d.]). « Correspondance choisie avec les autorités religieuses », mis en ligne par Guy Gaudreau et Micheline Tremblay, sur le site *Correspondance d'Harry Bernard*, [https://harry-bernard.com/correspondance/correspondance-choisie-avec-les-autorites-religieuses] (consulté le 26 septembre 2022).

Bernard, Harry ([s. d.]). « Correspondance choisie avec ses amis », mis en ligne par Guy Gaudreau et Micheline Tremblay, sur le site *Correspondance d'Harry Bernard*, [https://harry-bernard.com/correspondance/correspondance-choisie-avec-ses-amis] (consulté le 26 septembre 2022).

Bernard, Harry ([s. d.]). « Correspondance choisie avec ses éditeurs », mis en ligne par Guy Gaudreau et Micheline Tremblay, sur le site *Correspondance d'Harry Bernard*, [https://harry-bernard.com/correspondance/correspondance-avec-editeurs] (consulté le 26 septembre 2022).

Bernard, Harry, et Alfred DesRochers (2005). *Conversation poétique : correspondance littéraire entre Harry Bernard et Alfred DesRochers*, édition préparée par Guy Gaudreau et Micheline Tremblay, Ottawa, Éditions David.

Bernard, Harry, et Lionel Groulx ([s. d.]). « Harry Bernard et Lionel Groulx », mis en ligne par Guy Gaudreau et Micheline Tremblay, sur le site *Correspondance d'Harry Bernard*, [https://harry-bernard.com/correspondance/harry-bernard-et-lionel-groulx] (consulté le 26 septembre 2022).

Bernard, Harry, et Clément Marchand (1930). « Harry Bernard et Clément Marchand », mis en ligne par Guy Gaudreau et Micheline Tremblay, sur le site *Correspondance d'Harry Bernard*, [https://harry-bernard.com/correspondance/la-correspondance-entre-harry-bernard-et-clement-marchand] (consulté le 26 septembre 2022).

Bernard, Harry, et Simone Routier (2011). *Je voudrais bien être un homme : correspondance littéraire entre Simone Routier et Harry Bernard*, édition préparée par Guy Gaudreau et Micheline Tremblay, Ottawa, Éditions David, coll. « Voix retrouvées ».

Paul-Émile Borduas

Borduas, Paul-Émile, et Rachel Laforest (2017). *Aller jusqu'au bout des mots : correspondance 1954-1959*, édition préparée par François-Marc Gagnon et Gilles Lapointe, Montréal, Leméac Éditeur.

BORDUAS, Paul-Émile (2004). *Le corps de la lettre : correspondance autographe de Paul-Émile Borduas*, choix et présentation de Gilles Lapointe, Montréal, CRILCQ.

GAUVREAU, Claude (2002). *Lettres à Paul-Émile Borduas*, édition critique par Gilles Lapointe, Montréal, Les Presses de l'Université de Montréal.

LAPOINTE, Gilles (1994). *Paul-Émile Borduas : édition critique d'un choix de lettres*, thèse de doctorat (études françaises), Montréal, Université de Montréal.

LOUIS DANTIN

Voir BEAULIEU, GERMAIN.

BERNIER, Stéphanie, et Pierre HÉBERT (dir.) (2021). *La correspondance entre Louis Dantin et la « jeunesse littéraire » des années 1930 : Jovette Bernier, Robert Choquette, Alice Lemieux, Simone Routier, Éva Senécal et les éditeurs Albert Lévesque et Albert Pelletier*, Québec, Presses de l'Université Laval.

DANTIN, Louis (1963). *Les sentiments d'un père affectueux : lettres de Louis Dantin à son fils*, édition préparée par Gabriel Nadeau, Trois-Rivières, Éditions du Bien public.

Écrits du Canada français – Louis Dantin. Études, témoignages, correspondances, n°s 44-45, 1982.

HÉBERT, Pierre, Patricia GODBOUT et Richard GIGUÈRE (2014). *La correspondance entre Louis Dantin et Alfred DesRochers : une émulation littéraire (1928-1939)*, avec la collaboration de Stéphanie Bernier, Montréal, Éditions Fides.

LE FRANC, Marie (1967). *Lettres à Louis Dantin : Marie Le Franc*, avant-propos de Gabriel Nadeau, Trois-Rivières, Éditions du Bien public.

ALFRED DESROCHERS

Voir BERNARD, Harry.

Voir DANTIN, Louis.

LÉO-PAUL DESROSIERS

DESROSIERS, Léo-Paul, Michelle LE NORMAND et Henri POURRAT (2010). *Des « amitiés paysannes » à la NRF. Henri Pourrat, Michelle Le Normand et Léo-Paul Desrosiers : correspondance 1933-1959*, édition préparée par Michel Lacroix, Québec, Éditions Nota bene.

MARCEL DUGAS

GAUTHIER, Louis-Guy (1980). *Lettres adressées à Marcel Dugas 1912-1947*, chronologie par Louis-Guy Gauthier, L'Assomption, Collège de l'Assomption, Bibliothèque.

GAUTHIER, Louis-Guy (1987). *« Que sont mes amis devenus… » : correspondance adressée à Marcel Dugas de 1912 à 1947*, chronologie de Louis-Guy Gauthier, édition préparée par Réjean Olivier, Joliette, Édition privée.

De Saint-Denys Garneau

GARNEAU, Hector de Saint-Denys (1967). *Lettres à ses amis*, Montréal, Hurtubise HMH, coll. « Constantes ».

GARNEAU, Hector de Saint-Denys (2020). *De Saint-Denys Garneau : lettres*, édition préparée par Michel Biron, [Montréal], Les Presses de l'Université de Montréal.

GARNEAU, Hector de Saint-Denys (2021). *Lettres sur la nature*, Montréal, L'Index.

ROY, Jacques (1993). *L'autre Saint-Denys Garneau, suivi de cinq lettres inédites de Saint-Denys Garneau*, Québec, Éditions du Loup de gouttière.

Charles Gill

GILL, Charles (1969). *Correspondance*, réunie, classée et annotée d'après les originaux par Réginald Hamel, Montréal, Éditions Parti pris.

GILL, Charles (2008). *Nouvelle correspondance*, édition préparée par Réginald Hamel et Pierrette Méthé, Montréal, Éditions Guérin.

Alain Grandbois

GRANDBOIS, Alain (1987). *Lettres à Lucienne et deux poèmes inédits*, avec avant-propos, introduction et notes de Lucienne, Montréal, Éditions de l'Hexagone.

Claude-Henri Grignon

ANGUELOVA, E.-Sonia (1990). *Le dossier épistolaire de* Menaud maître-draveur, t. 1 *: 1937-1938*, édité et dirigé par Jacques Blais, Québec, Nuit blanche éditeur, p. 39-40.

Voir ASSELIN, Olivar.

Lionel Groulx

GROULX, Lionel (1989). *Correspondance 1894-1967*, vol. 1 : *Le prêtre-éducateur 1894-1906*, édition préparée par Giselle Huot, Juliette Lalonde-Rémillard et Pierre Trépanier, Montréal, Éditions Fides.

GROULX, Lionel (1993). *Correspondance 1894-1967*, vol. 2 : *Un étudiant à l'école de l'Europe 1906-1909*, édition préparée par Giselle Huot, Juliette Lalonde-Rémillard et Pierre Trépanier, Montréal, Éditions Fides.

GROULX, Lionel (2003). *Correspondance 1894-1967*, vol. 3 : *L'intellectuel et l'historien novices 1909-1915*, édition préparée par Giselle Huot, Juliette Lalonde-Rémillard et Pierre Trépanier, Montréal, Éditions Fides.

GROULX, Lionel (2013). *Correspondance 1894-1967*, vol. 4 : *Le conférencier traditionaliste et nationaliste 1915-1920*, édition préparée par Giselle Huot, Juliette Lalonde-Rémillard et Pierre Trépanier, Montréal, Éditions Fides.

GERMAINE GUÈVREMONT

DEACON, William Arthur, et Germaine GUÈVREMONT (2007). *En dépit des frontières linguistiques : correspondance littéraire entre Germaine Guèvremont et William Arthur Deacon (1946-1956)*, édition préparée par Mariel O'Neill-Karch, Ottawa, Éditions David, coll. « Voix retrouvées ».

JEAN-CHARLES HARVEY

HARVEY, Jean-Charles (1984). *La correspondance étrangère de Jean-Charles Harvey 1932-1966*, édition préparée par Sylvianne Savard-Boulanger, Sherbrooke, Éditions Naaman.

LOUIS HÉMON

HÉMON, Louis ([1968]1980). *Lettres à sa famille*, édition préparée par Nicole Deschamps, Montréal, Boréal express.

HÉMON, Louis (1995). *Œuvres complètes*, t. 3 : *Lettres à sa famille; Itinéraire; Maria Chapdelaine; Récit du Canada français; Nouvelles inédites*, édition préparée par Aurélien Boivin, Montréal, Éditions Guérin.

BLANCHE LAMONTAGNE-BEAUREGARD

LAMONTAGNE-BEAUREGARD, Blanche (1989). *Anthologie de Blanche Lamontagne-Beauregard, première poétesse du Québec (13 janvier 1889-25 mai 1958)*, édition préparée par David Lonergan, Montréal, Guérin Littérature.

MARIE LE FRANC

Voir DANTIN, Louis.

MICHELLE LE NORMAND (MARIE-ANTOINETTE TARDIF)

LE NORMAND, Michelle (2017). *À toi, de tout cœur : lettres d'amour à Léo-Paul Desrosiers 1920-1922*, édition préparée par Georges Aubin, introduction d'Adrien Rannaud, L'Assomption, Point du jour.

Voir DESROSIERS, Léo-Paul.

Albert Lozeau

Lozeau, Albert (2006). *Lettres à Marie-Antoinette*, édition préparée par Michel Lemaire, Éditions Nota bene.

Frère Marie-Victorin

Marie-Victorin, frère (1969). *Confidence et combat : lettres (1924-1944)*, Montréal, Lidec.

Marie-Victorin, frère (2007). *Marie-Victorin à Cuba : correspondance avec le frère Léon*, édition annotée par André Bouchard, Montréal, Les Presses de l'Université de Montréal.

Marie-Victorin, frère (2018). *Lettres biologiques : recherches sur la sexualité humaine*, présentées par Yves Gingras, Montréal, Éditions du Boréal.

Simone Routier

Voir Bernard, Harry.

Voir Dantin, Louis.

Voir Grandbois, Alain.

Félix-Antoine Savard

Savard, Félix-Antoine (1997). *Fraternellement... Félix-Antoine Savard : lettres à André Major, 1965-1971*, édition d'André Major, Montréal, Leméac Éditeur.

Voir Grignon, Claude-Henri.

Léonise Valois

Warren, Louise (1993). *Léonise Valois : femme de lettres (1868-1936)*, Montréal, Éditions de l'Hexagone.

1946-1980

Hubert Aquin

Pour une recension complète des lettres publiées, voir l'annexe de l'article de François Maltais (*infra*, p. 351).

Victor-Lévy Beaulieu

Beaulieu, Victor-Lévy, et Jacques Ferron (2005). *Correspondances*, Notre-Dame-des-Neiges, Éditions Trois-Pistoles.

Gérard Bessette

Bessette, Gérard, et Gilbert La Rocque (1994). *Correspondance*, édition préparée par Sébastien La Rocque et Donald Smith, Montréal, Québec Amérique.

Julien Bigras

Bigras, Julien, et Jacques Ferron (1988). *Le désarroi : correspondance de Julien Bigras et Jacques Ferron*, Montréal, VLB éditeur.

Maurice Blain

Blain, Maurice, et Louise Ducharme (collab.) (1998). *La force de nos rêves : à la mémoire de Maurice Blain*, avant-propos et dernier adieu de Louise Ducharme, Montréal, Éditions Francine Breton.

André Brochu

Brochu, André, et Gilles Marcotte (1980). *La littérature et le reste : livre de lettres*, Montréal, Éditions Quinze.

Nicole Brossard

Voir Collectifs (Sara Dignard).

Brossard, Nicole, et Simon Dumas (2022). *Géométries du mauve motel : correspondance avec Nicole Brossard*, précédé de *Mélanie*, Montréal, Éditions de l'Hexagone.

Jean-Paul Desbiens

Desbiens, Jean-Paul (1973). *Dossier Untel*, Montréal, Éditions du Jour. Contient des lettres à André Laurendeau.

Desbiens, Jean-Paul (2010). *De quoi ont-ils peur? : onze lettres insolites du frère Untel au Devoir*, édition préparée par Louis-André Richard, Québec, Presses de l'Université Laval.

O'Neil, Jean, et Jean-Paul Desbiens (2001). *Entre Jean : correspondance 1993-2000*, Montréal, Libre Expression.

Jacques Ferron

Baillargeon, Pierre, et Jacques Ferron (2004). *Tenir boutique d'esprit : correspondance et autres textes (1941-1965)*, édition préparée par Marcel Olscamp, Montréal, Lanctôt éditeur.

BEAULIEU, Victor-Lévy, et Jacques FERRON (2005). *Correspondances*, Notre-Dame-des-Neiges, Éditions Trois-Pistoles.

Voir BIGRAS, Julien.

CLICHE, Robert, Jacques FERRON et Madeleine FERRON (2012). *Correspondances*, t. 1 : *Une famille extraordinaire (1946-1960)*, édition préparée par Marcel Olscamp et Lucie Joubert, Montréal, Leméac Éditeur.

CLICHE, Robert, Jacques FERRON et Madeleine FERRON (2015). *Correspondances*, t. 2 : *Le Québec n'est pas une île (1961-1965)*, édition préparée par Marcel Olscamp et Lucie Joubert, Montréal, Leméac Éditeur.

CLICHE, Robert, Jacques FERRON et Madeleine FERRON (2019). *Correspondances*, t. 3 : *Le monde a-t-il fait la culbute? (1966-1985)*, édition préparée par Marcel Olscamp et Lucie Joubert, Montréal, Leméac Éditeur.

FERRON, Jacques (1985). *Les lettres aux journaux*, colligées et annotées par Pierre Cantin, Marie Ferron et Paul Lewis, préface de Robert Millet, Montréal, VLB éditeur.

FERRON, Jacques (1990). *Une amitié bien particulière : lettres de Jacques Ferron à John Grube*, Montréal, Éditions du Boréal.

FERRON, Jacques (1997). *Papiers intimes : fragments d'un roman familial*, lettres, historiettes et autres textes édités par Ginette Michaud et Patrick Poirier, Montréal, Lanctôt éditeur.

FERRON, Jacques (1998). *Laisse courir ta plume… : lettres à ses sœurs 1933-1945*, édition préparée par Marcel Olscamp, Montréal, Lanctôt éditeur.

FERRON, Jacques, et François HÉBERT (2000). *« Vous blaguez sûrement… » : correspondance*, Montréal, Lanctôt éditeur.

FERRON, Jacques (2000). *Textes épars (1935-1959)*, édition préparée par Pierre Cantin, Luc Gauvreau et Marcel Olscamp, Montréal, Lanctôt éditeur.

FERRON, Jacques, et André MAJOR (2004). *« Nous ferons nos comptes plus tard… » : correspondance (1962-1983)*, édition préparée par Lucie Hotte, Montréal, Lanctôt éditeur.

HAMELIN, Babalou (2016). *Le droit d'être rebelle : correspondance de Marcelle Ferron avec Jacques, Madeleine, Paul et Thérèse Ferron*, Montréal, Éditions du Boréal.

MADELEINE FERRON

Voir FERRON, Jacques.

MADELEINE GAGNON

COHEN, Annie, et Madeleine GAGNON (1989). *Les mots ont le temps de venir : lettres*, Cesson, La Table rase ; Trois-Rivières, Écrits des forges.

Claude Gauvreau

Voir Borduas, Paul-Émile.

Dussault, Jean-Claude, et Claude Gauvreau (1993). *Correspondance 1949-1950*, Montréal, Éditions de l'Hexagone.

Gauvreau, Claude (1991). *Trois lettres*, Montréal, Éditions d'Orphée.

Gauvreau, Claude (2011). *Lettre à André Breton, le 7 janvier 1961*, édition préparée par Gilles Lapointe, Montréal, Le Temps volé éditeur.

Jacques Godbout

Bock-Côté, Mathieu, et Jacques Godbout (2014). *Le tour du jardin*, Montréal, Éditions du Boréal.

Voir Collectifs (Société Radio-Canada).

Pauline Julien

Julien, Pauline (1998). *Il fut un temps où l'on se voyait beaucoup*, suivi de *Lettres africaines*, et de *Tombeau de Suzanne Guité*, Montréal, Lanctôt éditeur.

Julien, Pauline, et Gérald Godin (2009). *La renarde et le mal peigné : fragments de correspondance amoureuse 1962-1993*, Montréal, Leméac Éditeur.

Julien, Pauline, et Gérald Godin (2019). *Ton métier, le mien, le Québec : fragments de correspondance amoureuse et politique 1962-1993*, édition d'Emmanuelle Germain et Jonathan Livernois, Montréal, Leméac Éditeur.

Gérald Godin

Voir Julien, Pauline.

Anne Hébert

Chassé, Bernard, et Nathalie Watteyne (2016). *Album Anne Hébert*, Montréal, Éditions Fides.

Claude Jasmin

Jasmin, Claude, et Michèle Dion (collab.) (2005). *Toute vie est un roman : correspondance / Claude Jasmin, Michelle Dion*, Notre-Dame-des-Neiges, Éditions Trois-Pistoles.

Rina Lasnier

Lasnier, Rina (2002). *L'âme sauvage, Rina Lasnier : correspondances*, édition préparée par Paul-Henri Girard, Tokyo, [s. é.].

LASNIER, Rina (2015). *Lettres de Rina Lasnier à un ami*, édition préparée par René Pageau, Montréal, Médiaspaul.

LEBLANC, GERALD

LEBLANC, Gérald (2018). *Lettres à mon ami américain : 1967-2003*, édition préparée par Benoit Doyon-Gosselin, Sudbury, Éditions Prise de parole.

LEBLANC, Gérald (2021). *Poèmes new-yorkais*; suivis de *Lettres new-yorkaises : poésie et correspondance*, édition préparée par Benoit Doyon-Gosselin, Sudbury, Éditions Prise de parole.

ANDRÉ MAJOR

Voir FERRON, Jacques.

MAJOR, André, et Pierre VADEBONCOEUR (2016). *Nous retrouver à mi-chemin : correspondance (1972-2005)*, et autres textes, Montréal, Éditions du Boréal.

Voir SAVARD, Félix-Antoine.

PAUL CHANEL MALENFANT

MALENFANT, Paul Chanel, et Micheline MORISSET (2017). *Le bleu ne fait pas de bruit : extraits de correspondances*, Trois-Rivières, Éditions d'art Le Sabord.

CLÉMENT MARCHAND

Voir BERNARD, Harry.

GILLES MARCOTTE

Voir BROCHU, André.

GASTON MIRON

MIRON, Gaston (2004). *Un long chemin : proses 1953-1996*, Montréal, Éditions de l'Hexagone.

MIRON, Gaston (2005). *Écrire à bout portant : les lettres de Gaston Miron à Claude Haeffely (1954-1965)*, édition préparée par Mariloue Sainte-Marie, Montréal, Éditions Nota bene.

MIRON, Gaston (2015). *Lettres (1949-1965)*, édition préparée par Mariloue Sainte-Marie, Montréal, Éditions de l'Hexagone.

JEAN O'NEIL

Voir DESBIENS, Jean-Paul.

Yvon Rivard

Rivard, Yvon, et Pierre Vadeboncoeur (2022). *Une amitié libre : correspondance 1974-2010*, préface de Mathieu Bélisle, Montréal, Leméac Éditeur, coll. « L'écritoire ».

Gabrielle Roy

Laurence, Margaret, et Gabrielle Roy (2013). *Entre fleuve et rivière : correspondance entre Gabrielle Roy et Margaret Laurence*, édition préparée par Dominique Fortier et Sophie Voillot, Winnipeg, Éditions des Plaines.

Marshall, Joyce, et Gabrielle Roy (2005). *In Translation : the Gabrielle Roy – Joyce Marshall Correspondence*, édition préparée par Jane Everett, Toronto, University of Toronto Press.

Roy, Gabrielle (1988). *Ma chère petite sœur : lettres à Bernadette 1943-1970*, édition préparée par François Ricard, Montréal, Éditions du Boréal.

Roy, Gabrielle (1999). *Ma chère petite sœur : lettres à Bernadette 1943-1970*, deuxième édition préparée par François Ricard et Dominique Fortier, Montréal, Éditions du Boréal, coll. « Cahiers Gabrielle Roy ».

Roy, Gabrielle (2001). *Mon cher grand fou… : lettres à Marcel Carbotte 1947-1979*, édition préparée par Sophie Marcotte, avec la collaboration de François Ricard et Jane Everett, Montréal, Éditions du Boréal.

Roy, Gabrielle (2005). *Femmes de lettres : lettres à ses amies 1945-1978*, édition préparée par Ariane Léger et François Ricard, avec la collaboration de Sophie Montreuil et Jane Everett, Montréal, Éditions du Boréal.

Henri Tranquille

Tranquille, Henri (1976). *Lettres d'un libraire*, volume 1, Montréal, Leméac Éditeur.

Tranquille, Henri (1976). *Lettres d'un libraire*, volume 2, Montréal, Leméac Éditeur.

Tranquille, Henri (1984). *Des lettres sur nos lettres : écrivains, éditeurs, critiques, libraires, lecteurs*, Montréal, Bergeron.

Tranquille, Henri (1991). *Lettres dangereuses à Yves Beauchemin*, Montréal, VLB éditeur.

Pierre Vadeboncoeur

Voir Major, André.

Pelletier-Baillargeon, Hélène, et Pierre Vadeboncoeur (2018). *Le pays qui ne se fait pas : correspondance 1983-2006*, Montréal, Éditions du Boréal.

PIOTTE, Jean-Marc, et Pierre VADEBONCOEUR (2012). *Une amitié improbable : correspondance 1963-1972*, édition préparée par Jacques Pelletier, Montréal, Lux Éditeur.

Voir RIVARD, Yvon.

ROY, Paul-Émile, et Pierre VADEBONCOEUR (2011). *L'écrivain et son lecteur : correspondance (1984-1997)*, édition préparée par Yvon Rivard, Montréal, Leméac Éditeur.

ROY, Paul-Émile, et Pierre VADEBONCOEUR (2013). *L'élève et son professeur : correspondance (1997-2010)*, édition préparée par Yvon Rivard, Montréal, Leméac Éditeur.

TRUDEAU, Pierre Elliott, et Pierre VADEBONCOEUR (2021). *J'attends de toi une œuvre de bataille : correspondance 1942-1996*, Montréal, Lux Éditeur.

Depuis 1981

Collectifs :

DIGNARD, Sara (dir.) (2018). *Ce qui existe entre nous : dialogues poétiques*, Montréal, Les Éditions du passage. Contient des correspondances de 22 écrivaines : Monique Adam, Virginie Beauregard D., Geneviève Boudreau, Sarah Marylou Brideau, Nicole Brossard, France Cayouette, Marie-Josée Charest, Louise Cotnoir, Denise Desautels, Sara Dignard, Louise Dupré, Marie-Andrée Gill, Geneviève Gosselin-G., Tania Langlais, Dyane Léger, Rita Mestokosho, Diane Régimbald, Chloé Savoie-Bernard, France Théoret, Élise Turcotte, Laurence Veilleux et Ouanessa Younsi.

MORALI, Laure (dir.) (2008). *Aimititau! Parlons-nous!*, Montréal, Mémoire d'encrier. Contient les correspondances de 29 auteurs et autrices : José Acquelin, Anne-Marie Saint-Onge, André, Joséphine Bacon, Nahka Bertrand, Yves Boisvert, Denise Brassard, Domingo Cisneros, Alain Connolly, Jean Désy, Jean Duval, Violaine Forest, Jean-Pierre Girard, Louis Hamelin, Lison Mestokosho, Rita Mestokosho, Andrée A. Michaud, Isabelle Miron, N. Scott Momaday, Laure Morali, Jean Morisset, Joan Pawnee-Parent, Annie Perrault, Louis-Karl Picard-Sioui, Jean-Charles Piétacho, Roméo Saganash, Robert Seven-Crowns, Jean Sioui, Guy Sioui Durand et Yves Sioui Durand.

SANDINO, Alexandre Fédnel *et al.* (2021). *Prendre pays : lettres, Rouyn-Noranda*, Québec, Quartz. Contient les correspondances de : Catherine Perreault, Gabrielle Izaguirré-Falardeau, Vanessa Bell, Marie-Andrée Gill, Lorrie Jean-Louis, Alexandre Fédnel Sandino, Mélodie Rheault, Hélène Frédérick, Virginie Blanchette-Doucet, Gabrielle Demers et Rosalie Roy-Boucher.

Société Radio-Canada (1996). *Dialogue d'île en île : de Montréal à Haïti*, Montréal, CIDIHCA. Dialogue épistolaire entre Jacques Godbout et Émile Ollivier, Monique Proulx et Dany Laferrière, Paul Chamberland et Serge Legagneur, Jacques Brault et Jean-Richard Laforest.

José Acquelin

Acquelin, José, et Joséphine Bacon (2011). *Nous sommes tous des sauvages*, Montréal, Mémoire d'encrier.

Voir Collectifs (Morali).

Voir Collectifs (Sandino).

Anne-Marie Alonzo

Alonzo, Anne-Marie (1990). *L'immobile*, Montréal, Éditions de l'Hexagone.

Alonzo, Anne-Marie, et Denise Desautels (1994). *Lettres à Cassandre*, Laval, Trois.

Geneviève Amyot

Amyot, Geneviève, et Jean Désy (2012). *Que vous ai-je raconté? : correspondance 1990-2000*, Montréal, Éditions du Noroît.

Joséphine Bacon

Voir Acquelin, José.

Voir Collectifs (Morali).

Deni Ellis Béchard

Béchard, Deni Ellis, et Natasha Kanapé Fontaine (2016). *Kuei, je te salue : conversation sur le racisme*, Montréal, Éditions Écosociété.

David Bélanger

Bélanger, David, et Michel Biron (2021). *Sortir du bocal : dialogue sur le roman québécois*, Montréal, Éditions du Boréal.

Joseph Bonenfant

Bonenfant, Joseph, et Andrea Moorhead (1986). *Entre nous la neige*, Trois-Rivières, Écrits des Forges, coll. « Estacades ».

Roxanne Bouchard

Bouchard, Roxanne, et Patrick Kègle (2013). *En terrain miné : correspondance entre une romancière et un soldat*, Montréal, VLB éditeur.

Denise Boucher

Boucher, Denise (1987). *Lettres d'Italie*, Montréal, Éditions de l'Hexagone.

Simon Boulerice

Boulerice, Simon (2017). *Moi aussi j'aime les hommes : Simon Boulerice, Alain Labonté*, Montréal, Stanké.

Normand de Bellefeuille

Bellefeuille, Normand (de), et Hughes Corriveau (1986). *À double sens : échange sur quelques pratiques modernes*, Montréal, Les Herbes rouges.

Michel Biron

Voir Bélanger, David.

Lisa Carducci

Carducci, Lisa (2000). *Correspondance de Beijing 1991-1997*, Montréal, Éditions XYZ.

André Carpentier

Carpentier, André (1985). *Lettres à Yves Thériault*, Montréal, Union des écrivains québécois.

Hughes Corriveau

Voir Bellefeuille, Normand (de).

Nicholas Dawson

Dawson, Nicholas, et Karine Rosso (2021). *Nous sommes un continent : correspondance mestiza*, Montréal, Éditions Tryptique.

Martine Delvaux

Delvaux, Martine, et Catherine Mavrikakis (2003). *Ventriloquies*, Montréal, Leméac Éditeur.

Denise Desautels

Voir Alonzo, Anne-Marie.

Pierre Desruisseaux

Desruisseaux, Pierre (1991). *Lettres*, Montréal, Éditions de l'Hexagone.

Jean Désy

Voir Amyot, Geneviève.

Désy, Jean, et Rita Mestokosho (2010). *Uashtessiu : lumière d'automne*, Montréal, Mémoire d'encrier.

Voir Collectifs (Morali).

Hélène Dorion

Bernier, Carol, et Hélène Dorion (2014). *Nous ne sommes pas seules…*, Trois-Rivières, Éditions d'art Le Sabord.

Nancy Huston

Huston, Nancy, et Sam Kinser (1984). *À l'amour comme à la guerre : correspondance*, Paris, Seuil.

Huston, Nancy, et Leïla Sebbar (1985). *Lettres parisiennes : autopsie de l'exil*, Paris, Barrault.

Natasha Kanapé Fontaine

Voir Béchard, Deni Ellis.

Corinne Larochelle

Larochelle, Corinne, et François Tétreau (2000). *Le loup de la lectrice*, Montréal, Éditions Princeps.

Gilbert La Rocque

Voir Bessette, Gérard.

Bernard Laverdure

Laverdure, Bernard, et Pierre Samson (2012). *Lettres crues*, Montréal, La Mèche.

Frédérick Lavoie

Lavoie, Frédérick, et Jasmin Lavoie (2018). *Frères amis, frères ennemis : correspondances entre l'Inde et le Pakistan*, Montréal, Somme toute.

Jasmin Lavoie

Voir Lavoie, Frédérick.

François Lévesque

Lévesque, François, et Virginia Pesemapéo Bordeleau (2020). *La bienveillance des ours*, Rouyn-Noranda, Éditions du Quartz, coll. « Forêts ».

Michel Lord

Voir Carpentier, André.

Gilles Marcotte

Voir Brochu, André.

Catherine Mavrikakis

Voir Delvaux, Martine.

Rita Mestokosho

Voir Désy, Jean.
Voir Collectifs (Morali).

François Ouellet

Ouellet, François, et François Paré (2008). *Louis Hamelin et ses doubles*, Québec, Éditions Nota bene.

Ouellet, François, et François Paré ([2000] 2014). *Traversées : lettres*, Québec, Éditions Nota bene.

François Paré

Voir Ouellet, François.

Gilles Pellerin

Hertmans, Stefan (2007). *Lumières du Nord. Gilles Pellerin : correspondance*, Québec, L'Instant même.

Virginia Pesemapéo Bordeleau

Voir Lévesque, François.

Louise Portal

Portal, Louise, et Marcel Portal (2005). *Les mots de mon père*, Montréal, Hurtubise HMH.

Portal, Louise, et Jeannette Rivière (2021). *L'héritage des mots : correspondance entre deux rives*, Montréal, Druide.

Karine Rosso

Voir Dawson, Nicholas.

Pierre Samson

Voir Laverdure, Bernard.

François Tétreau

Voir Larochelle, Corinne.

Marie Uguay

Uguay, Marie (2005). *Journal*, édition préparée par Stéphan Kovacs, Montréal, Éditions du Boréal. Contient de la correspondance avec ses amies.

Denis Vanier

Vanier, Denis (2012). *Lettre à un ami éditeur 1986-1998*, Québec, Éditions Huit. Contient des lettres de Josée Yvon.

Josée Yvon

Voir Vanier, Denis.

Yvon, Josée (1994). *Lettres*, Herstal (Belgique), Atelier de l'Agneau.

Collaboratrices et collaborateurs

Lucie Bartlett-Jeffrey est chargée de cours à l'Université du Québec en Outaouais et titulaire d'un doctorat en études littéraires. Membre chercheuse au Centre d'études Marie-de-l'Incarnation (CÉMI) de l'Université Laval, elle mène des recherches sur les textes profanes de Marie Guyart afin de démontrer son lien au territoire de la Nouvelle-France ainsi que la force narrative de cette épistolière. Elle a notamment publié l'article « Marie Guyart ou l'éclatante vastitude » aux Presses de l'Université Laval (2019). Afin que ce corpus soit davantage reconnu dans le champ de la littérature québécoise, elle a créé des récitals mariant la parole de Guyart à celle de poètes célébrant l'espace du Québec, ainsi qu'un dialogue entre la mère et le fils présenté aux Correspondances d'Eastman. Poétesse, elle collabore à la revue littéraire *Le Crachoir de Flaubert* de l'Université Laval. Elle a fait partie du jury au Salon du livre de l'Outaouais de 2020 pour la remise du prix Jacques-Poirier.

Mylène Bédard est professeure agrégée au Département de littérature, théâtre et cinéma de l'Université Laval. Elle est membre du Centre de recherche interuniversitaire sur la littérature et la culture au Québec (CRILCQ) et de l'équipe « La vie littéraire au Québec ». Elle mène actuellement un projet de recherche intitulé « Écrire, lire, critiquer entre amies : comment penser l'amitié féminine et ses effets sur les pratiques littéraires ? » financé par le Conseil de recherches en sciences humaines (CRSH).

Stéphanie Bernier est professeure adjointe au Département des littératures de langue française de l'Université de Montréal et membre du

Centre de recherche interuniversitaire sur la littérature et la culture au Québec (CRILCQ). Elle a fait paraître aux Presses de l'Université Laval, avec Pierre Hébert, *La correspondance de Louis Dantin avec la « jeunesse littéraire » des années trente* (2022) et *Nouveaux regards sur nos lettres : la correspondance d'écrivain et d'artiste au Québec* (2020). Grâce au soutien du Fonds de recherche du Québec – Société et culture (FRQSC, Soutien à la relève professorale - 2022-2026), elle réalise une histoire du mentorat dans la littérature québécoise.

Michel Biron est professeur au Département des littératures de langue française, de traduction et de création de l'Université McGill. Il a publié divers essais, dont *L'absence du maître : Saint-Denys Garneau, Ferron, Ducharme* (PUM, 2000) et *La conscience du désert : essais sur la littérature au Québec et ailleurs* (Boréal, 2010). Il est le coauteur de l'*Histoire de la littérature québécoise* (Boréal, 2007, avec François Dumont, Élisabeth Nardout-Lafarge et la collaboration de Martine-Emmanuelle Lapointe). Plus récemment, il a fait paraître une biographie de Saint-Denys Garneau (Boréal, 2015) ainsi qu'une édition critique des lettres du même auteur (PUM, 2000) et *La lettre comme fiction de soi : de Saint-Denys Garneau épistolier* (PUM, 2022).

Ariane Brun del Re est chercheuse associée au Centre de recherche sur les francophonies canadiennes (CRCCF) de l'Université d'Ottawa et archiviste de littérature de langue française à Bibliothèque et Archives Canada. Entre 2020 et 2023, elle a été chercheuse postdoctorale Banting au Centre de recherche interuniversitaire sur la littérature et la culture au Québec (CRILCQ) de l'Université de Montréal et à l'Université de la Colombie-Britannique – Okanagan. Elle est l'autrice d'une quinzaine d'articles sur les littératures francophones du Canada parus dans des revues savantes (*Revue de l'Université de Moncton*, *Francophonies d'Amérique*, *Tangence*, *Port Acadie*, *Voix plurielles*) et dans plusieurs ouvrages collectifs. Son ouvrage *Décoder le lecteur : la littérature franco-canadienne et ses publics* a été finaliste au Prix Gabrielle-Roy 2022.

Pénélope Cormier est professeure de littérature au campus d'Edmundston de l'Université de Moncton. Ses recherches en études acadiennes portent sur l'histoire de la littérature acadienne selon une perspective de formalisme sociologique. Elle est membre du Groupe de recherche sur l'Acadie contemporaine (GRAC) et du groupe de recherche Nouvelles solidarités en littérature franco-canadienne; comme critique artistique, elle s'intéresse à l'actualité des arts franco-canadiens depuis une vingtaine d'années. En tant que membre-fondatrice de l'équipe de recherche-action Sqotesol, elle s'est engagée à appuyer, pour la Décennie internationale des langues autochtones de l'UNESCO (2022-2032), les efforts de revitalisation linguistique et culturelle des Wolastoqiyik par la recherche scientifique et le développement de ressources en collaboration avec des partenaires autochtones.

François Dumont est professeur émérite de l'Université Laval, où il a enseigné la littérature pendant une trentaine d'années. Il est l'auteur de recueils de poèmes, dont *Brisures* (2005) et *Battements* (2017), et de plusieurs essais, dont *Usages de la poésie* (1993), *Le poème en recueil* (2010) et *L'ombre du roman* (2017). Il a tenu des chroniques au quotidien *Le Devoir* et à la revue *Voix et Images* et a réalisé plusieurs rééditions, dont l'anthologie *Approches de l'essai* (2003), la première version intégrale du *Journal* de Saint-Denys Garneau (2012) et l'édition des *Œuvres* de Jacques Brault (2023). Il a aussi cosigné *Histoire de la littérature québécoise* (2007) avec Michel Biron et Élisabeth Nardout-Lafarge et réalisé des enregistrements de poèmes et de chansons avec l'Atelier volant.

Louis-Serge Gill enseigne la littérature au Collège Laflèche. Il s'intéresse aux correspondances et aux archives d'écrivains, aux réseaux littéraires, à la critique littéraire et aux liens entre littérature, histoire et société au Québec. Sur ces sujets, il a soutenu une thèse de doctorat en études littéraires portant sur les *Représentations privées et publiques de la figure d'écrivain au Québec, 1860-1900* (2018) et a produit des articles dans différentes revues (*Francofonia*, *Tangence*, *Frontenac*, *Voix et Images*) et dans des collectifs (*La tombe ignorée : lectures d'Eudore Évanturel*, *Nouveaux regards sur nos lettres : la correspondance d'écrivain et d'artiste au Québec*). En 2021, une anthologie de textes critiques de femmes de lettres au tournant du XXe siècle est parue sous sa direction dans la collection « Les Public' de l'APFUCC ».

Pierre Hébert est professeur émérite à l'Université de Sherbrooke. Il a publié diverses études sur la littérature québécoise de même que des ouvrages sur la censure littéraire, dont le *Dictionnaire de la censure au Québec (littérature et cinéma)*, avec Yves Lever et Kenneth Landry, dont une nouvelle édition est en préparation. Il a fait paraître en 2020, avec Bernard Andrès et Alex Gagnon, un *Atlas de la littérature québécoise* (Fides) ; en 2021, *Vie(s) d'Eugène Seers/Louis Dantin, une biochronique littéraire*, aux Presses de l'Université Laval ; en 2022, *La correspondance entre Louis Dantin et la « Jeune génération »* (PUL), avec Stéphanie Bernier ; et, en 2023, *Faut-il (encore) protéger la fiction ?*, chez XYZ.

Cassandre Huchon est candidate au doctorat de littératures de langue française à l'Université de Montréal (UdeM) et au doctorat de lettres à l'Université Grenoble Alpes (UGA). Sa thèse, *Les Mots pour la redire : relecture critique et génétique de l'œuvre de Marie Cardinal*, est codirigée par Stéphanie Bernier et Catherine Mariette (UGA). Ses recherches sont financées par l'École doctorale LLSH de Grenoble à la suite de l'obtention d'un contrat doctoral, en 2022. La même année, elle a été lauréate de la bourse Laurent Mailhot-Élyane Roy (UdeM). Son mémoire, qui portait sur la transcription du corps dans les écrits de Marie Cardinal, a été publié sur le site de l'UGA et est accessible sur la plateforme HAL.

Marie-Hélène Jeannotte est spécialiste de l'histoire de la littérature, de l'édition et de l'imprimé autochtones au Québec. Membre du Groupe de recherche et d'études sur le livre au Québec et du projet Awikhiganisaskak de l'Université de Sherbrooke, ses recherches portent sur l'édition autochtone, sur la figure d'auteur autochtone et sur la valorisation des archives littéraires autochtones au Québec, notamment du théâtre Ondinnok et du Collège Manitou. Ses travaux ont notamment paru dans *Mémoires du livre=Studies in Book Culture, Studies in American Indian Literature* et dans *International Journal of Canadian Studies=Revue internationale d'études canadiennes.* Elle a codirigé l'anthologie *Nous sommes des histoires,* parue en 2018 chez Mémoire d'encrier. Elle enseigne la littérature au Cégep de Sherbrooke.

Professeur émérite à l'Université McGill, **Yvan Lamonde** est historien des idées. Il a d'abord croisé Pierre Vadeboncoeur en préparant une anthologie de *Cité libre*, en lisant *La ligne du risque*, en lui faisant une place significative dans son *Histoire de la modernité au Québec* (tome 2 : 1939-1965), en réunissant avec Jonathan Livernois ses écrits de 1945 à 1965 dans *Une tradition d'emportement*. C'est en entreprenant une biographie intellectuelle de Maurice Blain et en se demandant ce qu'avait pu être leur échange épistolaire qu'il a plongé avec l'assentiment et l'encouragement de Marie Gaboury dans le massif de sa correspondance. Le trait de génie de ce syndicaliste aura été de mettre en contraste, dans l'exergue à *La ligne du risque*, les figures de l'abbé Lionel Groulx et de Paul-Émile Borduas.

Gilles Lapointe est professeur associé au Département d'histoire de l'art de l'UQAM. Spécialiste du mouvement automatiste, il est l'auteur de plusieurs études et essais, dont *L'envol des signes : Borduas et ses lettres* et *La comète automatiste*. Il a coédité les *Écrits* de Paul-Émile Borduas et préparé l'édition critique des *Lettres de Claude Gauvreau à Paul-Émile Borduas* et, en collaboration avec François-Marc Gagnon, la correspondance de Paul-Émile Borduas et Rachel Laforest, *Aller jusqu'au bout des mots*. Il a également fait paraître aux Presses de l'Université de Montréal une biographie critique consacrée à l'artiste Edmund Alleyn et chez Classiques Garnier, à Paris, une étude intitulée *Ducharme et Rimbaud : l'océan de la beauté*. Il est membre régulier du Centre interuniversitaire de recherche sur la littérature et la culture au Québec (CRILCQ).

Jonathan Livernois est professeur titulaire au Département de littérature, théâtre et cinéma de l'Université Laval. Spécialiste de l'histoire intellectuelle et littéraire, il s'intéresse aux rapports entre politique, droit et littérature au Canada français. Il a récemment fait paraître *Entre deux feux : parlementarisme et lettres au Québec (1763-1936)* (Boréal, 2021), qui lui a valu le Prix du livre politique de l'Assemblée nationale du Québec. Il a fait paraître en octobre 2023 une biographie de Gérald Godin chez Lux Éditeur.

Étudiant au doctorat en littératures de langue française à l'Université de Montréal, **François Maltais** a collaboré à l'édition critique réalisée par Nino Gabrielli de l'ouvrage *Hubert Aquin et les médias : anthologie 1949-1977*, dont les trois volumes sont en cours de publication chez Leméac Éditeur. Il participe également depuis 2019, à titre d'assistant de recherche, aux travaux de François Harvey sur la biographie d'Hubert Aquin et collabore avec la Chaire de recherche du Canada sur les écritures numériques de l'Université de Montréal. Ses recherches actuelles portent sur l'œuvre de Roland Barthes.

Sophie Marcotte est professeure titulaire de littérature québécoise au Département d'études françaises de l'Université Concordia. Elle est membre régulière et directrice adjointe de FIGURA – Centre de recherche sur les théories et les pratiques de l'imaginaire. Elle est également cochercheuse au sein du partenariat Littérature québécoise mobile (CRSH, 2019-2025), où elle travaille à l'élaboration d'une *Histoire des pratiques littéraires en contexte numérique au Québec*, en collaboration avec René Audet, Bertrand Gervais et Mélodie Simard-Houde. Avec René Audet, elle mène, à titre de cochercheuse, un projet intitulé « Raconter hors du livre : penser les dimensions matérielles et médiatiques de la poétique du récit » (CRSH, 2023-2028). Elle a fait paraître, en 2023, avec Bertrand Gervais, le collectif *Archiver le présent : imaginaire de l'exhaustivité* aux Presses de l'Université Laval.

Benoît Melançon a été professeur au Département des littératures de langue française de l'Université de Montréal de 1992 à 2023. Essayiste et blogueur (oreilletendue.com), il est dix-huitiémiste de formation : sa thèse de doctorat portait sur la correspondance familière au Siècle des lumières (*Diderot épistolier*, 1996). Après de très nombreuses publications sur l'épistolarité (*Sevigne@Internet*, 1996 ; *Écrire au pape et au Père Noël*, 2011) et tout en restant actif au sein de l'Association interdisciplinaire de recherches sur l'épistolaire, il travaille actuellement sur les questions de langue au Québec et sur les rapports entre culture et sport. Il a reçu le prix André-Laurendeau de l'Acfas et le prix Georges-Émile-Lapalme, la plus haute distinction du gouvernement du Québec en matière de rayonnement et de qualité de la langue française. Plus récents livres parus : *L'Oreille tendue* (2016) ; *Nos Lumières* (2020).

Susan Margaret Murphy détient un doctorat de l'Université Queen's, en Ontario. Chercheuse indépendante, elle a signé *Le Canada anglais de Jacques Ferron (1960-1970) : formes, fonctions et représentations* (Presses de l'Université Laval, 2011), qui a été finaliste pour le prix Gabrielle-Roy (2013) et le Prix du Canada (2013). Son article « *Hypatie* de Jean Marcel ou la fin de l'histoire » lui a valu en 2009 le prix Jeune chercheur *Voix et Images*. Elle a publié plusieurs articles et chapitres, principalement sur l'œuvre de Jacques Ferron, dont « Entre l'admiration et le scepticisme : Jacques Ferron et *Parti pris* », dans *Avec ou sans* Parti pris (Nota bene, 2018) et, avec Betty Bednarski, « Jacques Ferron, lecteur de Hémon, lecteur de soi », *Tangence*, n° 127 (2021).

Adrien Rannaud est professeur adjoint de littérature et culture québécoises à l'Université de Toronto. Il travaille sur la littérature québécoise des XIXe et XXe siècles, sur les pratiques littéraires et culturelles des femmes, sur les rapports entre presse et littérature et sur l'histoire de la culture moyenne (*middlebrow culture*). Il est l'auteur de deux monographies : *De l'amour et de l'audace : femmes et roman au Québec dans les années 1930* (PUM, 2018 ; prix Gabrielle-Roy 2018) et *La révolution du magazine au Québec : poétique historique de* La Revue moderne, 1919-1960 (Nota bene, 2021). Il dirige le projet de recherche « Presse et culture de la célébrité au Québec, 1930-1972 », qui est subventionné par le Conseil de recherches en sciences humaines du Canada.

Nathalie Watteyne est professeure de littérature et de création littéraire, et directrice du Centre Anne-Hébert à l'Université de Sherbrooke. Elle est codirectrice du Centre de recherche interuniversitaire sur la littérature et la culture au Québec (CRILCQ). Après avoir dirigé les *Œuvres complètes d'Anne Hébert* en cinq tomes publiés aux Presses de l'Université de Montréal, elle a fait paraître chez Fides, avec Bernard Chassé, *L'Album Anne Hébert*, dans le cadre du centenaire de naissance de l'auteure. Elle vient de faire paraître un recueil de poèmes, *Le sourire des fantômes*, avec des dessins de Jacques Brault, au Noroît. Et prépare l'ouvrage critique *Le genre Anne Hébert.*

Table des matières

Archives des lettres canadiennes

Direction de la collection : Claudia Bouliane

La collection « Archives des lettres canadiennes » comprend des ouvrages de référence consacrés à la production littéraire du Canada français, du Québec et de la francophonie canadienne. Ces ouvrages, qui portent sur les genres littéraires et des thématiques particulières, constituent à la fois une mine de renseignements historiques et littéraires, et un instrument d'investigation critique indispensable à la recherche.

Œuvres les plus récentes de la collection « Archives des lettres canadiennes »

Sophie Marcotte (dir.), *Regards sur les archives d'écrivains francophones au Canada*, 2019.

Lucie Hotte et François Paré (dir.), *Les littératures franco-canadiennes à l'épreuve du temps*, 2017.

Jacques Paquin, *Nouveaux territoires de la poésie francophone au Canada 1970-2000*, 2012.

Découvrez la liste complète des titres parus
aux Presses de l'Université d'Ottawa :
www.Presses.uOttawa.ca

MIXTE
Papier
FSC® C100212

Achevé d'imprimer
en avril deux mille vingt-cinq
sur les presses de l'imprimerie Gauvin
Gatineau (Québec), Canada.